Dieter Herbst

PRAXISHANDBUCH Unternehmenskommunikation

Professionelles Management

Kommunikation mit wichtigen Bezugsgruppen

Instrumente und spezielle Anwendungsfelder

Cornelsen

Die Deutsche Bibliothek – CIP-Einheitsaufnahme

Ein Titeldatensatz für diese Publikation ist
bei Der Deutschen Bibliothek erhältlich.

Verlagsredaktion: Ralf Boden
Abbildungen: Holger Stoldt, Düsseldorf

Cornelsen online http://www.cornelsen-berufskompetenz.de

1. Auflage Druck 4 3 2 1 Jahr 06 05 04 03

Druck: CS-Druck CornelsenStürtz, Berlin

ISBN 3-464-48963-9

Bestellnummer 489639

Gedruckt auf säurefreiem Papier, umweltschonend
hergestellt aus chlorfrei gebleichten Faserstoffen.

Vorwort

In den vergangenen Jahren hat sich professionelle Unternehmenskommunikation aufgrund von hart umkämpften Märkten, gravierenden Veränderungen in den Unternehmen und der Gesellschaft zum Erfolgsfaktor entwickelt. In den kommenden Jahren wird die Bedeutung der Unternehmenskommunikation weiter steigen, denn es wird noch wichtiger werden, sich bei wichtigen Bezugsgruppen bekannt zu machen und das starke, einzigartige Vorstellungsbild seiner Unternehmenspersönlichkeit zu vermitteln. Dies wird das Erreichen der Unternehmensziele unterstützen und den Unternehmenswert steigern, da die Bezugsgruppen aufgrund ihres Vorstellungsbildes vom Unternehmen dieses einem anderen vorziehen.

Großunternehmen haben die Chancen professioneller Unternehmenskommunikation längst entdeckt. Jetzt arbeiten sie daran, noch besser zu werden, indem sie gezielt wissenschaftliche Erkenntnisse und praktische Erfahrungen nutzen. Klein- und mittelständische Unternehmen dagegen nutzen viel zu wenig die Chancen professioneller Kommunikation. Doch auch der Handwerksmeister ist durch den harten Wettbewerb zunehmend gezwungen, seinen Betrieb als kompetentes und kundenfreundliches Unternehmen zu profilieren und sich dadurch einen Wettbewerbsvorteil zu sichern. Dies muss nicht viel Geld kosten – gefragt sind vor allem Fachkunde, Kreativität und gute Ideen.

Manchmal sehen Unternehmenschefs zwar ein, dass der Austausch mit ihren Bezugsgruppen wichtig ist; jedoch sind sie zu unsicher, um den Schritt ins Rampenlicht zu wagen. Das verwundert nicht: Meist haben sie Betriebswirtschaft oder Jura studiert und hantieren sicherer mit Zahlen als mit Worten. Zudem können die Erfolgszahlen der Unternehmenskommunikation nur bei professionellem Vorgehen belegt werden – was oft fehlt. Da stellt sich mancher Unternehmenschef die Frage, ob er sein Geld nicht Gewinn bringender in der Produktentwicklung oder in der Werbung anlegt.

Was diese Chefs vergessen: Eine schlechte Presse kann verheerender sein als schlechte Zahlen. Eine wirtschaftliche Flaute kann ein gesundes Unternehmen wieder wettmachen; anders ein Unternehmen mit schwachem Profil, was sogar die wirtschaftliche Existenz bedrohen kann, weil die Bezugsgruppen das Unternehmen und seine Leistungen als austauschbar erleben.

Andere Firmenchefs investieren zwar in Informationsarbeit, doch tatsächlich sind sie Kommunikationsmuffel: Sie meiden Gespräche mit ihren Bezugsgruppen und bombardieren stattdessen Mitarbeiter, Kunden, Anwohner und Journalisten ungezielt mit Informationen. Sie verwechseln Information mit Kommunikation und vergessen, dass der geschliffenste Monolog nicht hilft, wenn keiner zuhören will.

Manche Führungskräfte melden sich nur in Schönwetterzeiten. Wird die Situation brenzlig, gehen sie auf Tauchstation. Auf die Bezugsgruppen wirkt dies sehr unglaubwürdig und sie vertrauen dem Unternehmen nicht, weil sie nicht alle seine Seiten genügend kennen.

Unsicherheit hier, fehlende Überzeugung da, mangelnde Kenntnis dort – so bleibt vieles, wie es ist. Erst in einer Krise besinnen sich die Firmenlenker auf die Chancen der Unternehmenskommunikation, doch dann ist es meist zu spät. Schade um die ungenützte Chance, die professionelle Unternehmenskommunikation bietet.

Dabei ist eine der wichtigsten Aufgaben, mit den Bezugsgruppen in Kontakt zu stehen, sie über das Unternehmen und seine Leistungen zu informieren und ein starkes und einmaliges Bild zu vermitteln, um im harten Wettbewerb langfristig bestehen zu können. Und genau das kann Unternehmenskommunikation.

Zu diesem Buch

Dieses Praxishandbuch ist eine Einführung in die moderne Unternehmenskommunikation: Es gibt einen Überblick, was Unternehmenskommunikation ist und wie sie professionell gestaltet wird:

- **Teil A** ermöglicht Ihnen den grundlegenden Einstieg ins Thema: Er erklärt, was Unternehmenskommunikation ist, welche Ziele sie verfolgt und über welche Instrumente sie verfügt. Sie erfahren, wie die Unternehmenskommunikation Ihren Unternehmenswert steigern kann und welche Trends die Unternehmenskommunikation bestimmen werden.
- **Teil B** stellt vor, wie Sie Unternehmenskommunikation professionell planen und organisieren. Dies erfordert unter anderem, die Unternehmenskommunikation auf die Gesamtkommunikation abzustimmen.
- **Teil C** stellt Ihnen vor, wie Sie die Kommunikation mit Ihren wichtigen Bezugsgruppen systematisch und langfristig gestalten können, zum Beispiel mit Mitarbeitern, Journalisten, Investoren und Kunden.
- **Teil D** geht ein auf spezielle Felder der Unternehmenskommunikation, wie internationale Kommunikation, Unternehmenskommunikation für Dienstleistungen, Unternehmenskommunikation im Wissensmanagement und Krisenkommunikation.
- **Teil E** gibt Hinweise für die kreative Gestaltung der Instrumente in Wort und Bild.
- **Teil F** erläutert ausgewählte Instrumente, wie das Internet, Events und Sponsoring.
- **Teil G** bietet umfangreichen Service mit vielen Checklisten, Adressen und Buchtipps.

Weitere aktuelle Informationen, Hinweise und Links finden Sie auf der Website des Autors: **www.dieter-herbst.de**

Folgende Hinweise:

- Dieses Praxishandbuch soll Ihnen den Einstieg in die Unternehmenskommunikation ermöglichen. Es ist daher grundsätzlich eher breit als tief aufgebaut. Zu den wichtigsten Themen der Zukunft gebe ich weiterführende Informationen, zum Beispiel über das Internet. Zu allen Themen finden Sie Buchtipps am Ende jedes Kapitels sowie im Serviceteil.
- Obwohl dies ein Praxishandbuch ist, habe ich an vielen Stellen direkt oder indirekt die Erkenntnisse der Wissenschaft (vor allem der Verhaltenswissenschaft) einfließen lassen. Dies ermöglicht, Ihnen das vorgeschlagene Praxisvorgehen zu erklären und zu begründen. Dieses Erklären und Begründen fehlt in der Praxis häufig, was zur Beliebigkeit von Lösungen führt und nicht zu deren Zwangsläufigkeit.
- Als Einführung und komprimiertes Nachschlagewerk können Sie dieses Buch von vorn nach hinten durchlesen oder Themen gezielt nachschlagen.
- Dieses Buch setzt sich zum einen aus den wichtigsten, aktualisierten Inhalten meiner bisherigen Bücher zusammen; zum anderen sind einige Kapitel neu aufgenommen, wie zum Beispiel jenes über die Unternehmenspersönlichkeit (Kapitel 2.5), die Erfolgskontrolle (4.5), die Bedeutung von Bilderwelten (Kapitel 14.4), internationale Kommunikation (Kapitel 9), Kommunikationsnetzwerke (Kapitel 5.8) sowie die Dramaturgie in der Unternehmenskommunikation (Kapitel 4.6).
- Einige Kapitel enthalten ein Top-Thema: Damit ist ein Schwerpunkt gemeint, der für die aktuelle und künftige Unternehmenskommunikation bedeutsam ist.

- Ich habe für dieses Buch den Begriff Unternehmenskommunikation gewählt. Gründe hierfür sind, dass ich mich auf Wirtschaftsunternehmen konzentriere und nicht gesondert auf nichtkommerzielle Organisationen eingehe; für diese gelten ohnehin die meisten der hier vorgestellten Methoden und Instrumente. Außerdem möchte ich die Kommunikationsformen des Unternehmens in Markt- und Unternehmenskommunikation unterscheiden (Kapitel 2), um damit den Anforderungen der integrierten Kommunikation nachzukommen, die in den kommenden Jahren wesentlich wichtiger werden wird (siehe Kapitel 3).

  In diesem Zusammenhang verstehe ich **Unternehmenskommunikation als Gestaltung des Vorstellungsbildes von der Unternehmenspersönlichkeit bei allen relevanten Bezugsgruppen des Unternehmens,** also auch bei den Mitarbeitern, die oft aus den Public Relations (PR) ausgeklammert sind.
- Unternehmenskommunikation wird hier zum einen als systematische und langfristige Kommunikation eines Unternehmens mit seinen wichtigen Bezugsgruppen verstanden; zum anderen ist Unternehmenskommunikation eine Funktion im Unternehmen, in der Kommunikationsprofis die Kommunikation aktiv gestalten. Um dies zu unterscheiden, werde ich die Funktion Unternehmenskommunikation mit UK abkürzen.
- Ich habe versucht, nicht nur die aktuelle Situation der Unternehmenskommunikation darzustellen, sondern auch den Blick in die Zukunft zu werfen. Dies soll den Leser anregen, sich auf Entwicklungen vorzubereiten und seine Unternehmenskommunikation langfristig zu gestalten.
- Dieses Buch berücksichtigt, dass in den Unternehmen die Ressourcen für Unternehmenskommunikation (Zeit, Geld, Personal) begrenzt sind. Ich möchte jedoch nicht verschweigen, dass selbst die begrenzten Ressourcen meist nicht angemessen eingesetzt sind. Diese Ressourcen könnten wesentlich sinnvoller eingesetzt werden, wenn Unternehmenskommunikation professionell gestaltet wird, zum Beispiel durch Gewichten von Bezugsgruppen (siehe Kapitel 2.2.3).
- Zur besseren Lesbarkeit verwende ich die männliche Sprachform, auch wenn ich Frauen ausdrücklich genauso anspreche.

Dank

Ich widme dieses Buch meiner Frau Emilija und Gano. Ich danke Ralf Boden und Erich Schmidt-Dransfeld vom Cornelsen Verlag für die langjährige hervorragende, kollegiale Zusammenarbeit. Ich danke Susanne Wischnewski, die das Entstehen meiner Bücher von Anfang an begleitet und professionell unterstützt hat. Ich danke Dagmar Winklhofer-Bülow für ihre fachkundigen Anmerkungen.

Berlin, im Frühjahr 2003 *Dieter Herbst*

Der Autor

Prof. Dr. Dieter Herbst ist Honorarprofessor an der Universität der Künste in Berlin und Gast an zahlreichen Universitäten im In- und Ausland. Er hat 15 Jahre lang in der Unternehmenskommunikation eines globalen Konzerns gearbeitet. Jetzt ist er Kommunikationsberater unter dem Namen SOURCE 1, er schreibt Bücher und hält international Vorträge.

Inhaltsverzeichnis

Teil A Grundlagen der Unternehmenskommunikation

Teil B Planung und Organisation

Teil C Kommunikation mit wichtigen Bezugsgruppen

Teil D Spezielle Felder der Unternehmenskommunikation

Teil E Kreation

Teil F Weitere Instrumente

Teil G Service

Teil A

Grundlagen der Unternehmenskommunikation

Mit den Unternehmen ist es wie mit den Menschen:

Manche sind interessant, manche nicht.

Die Aufmerksamkeit gilt den interessanten.

1 Bedeutung

Gravierende Veränderungen in Markt, Unternehmen und Gesellschaft

In den vergangenen Jahren haben sich die Märkte, die Unternehmen und das gesellschaftliche Umfeld gravierend geändert.

1.1 Entwicklung der Märkte

Harter Wettbewerb im Markt

Die Situation auf den Märkten hat sich dramatisch verschärft:

- **Zunehmender Wettbewerb:** Der Wettbewerb nimmt auf allen Märkten aufgrund ausgeschöpfter Marktpotenziale weiter zu. Die eigene Position kann nur jener verbessern, der seinen Konkurrenten Marktanteile abjagt.
- **Austauschbare Produkte:** Die Produkte sind austauschbar geworden. Nicht einmal Kenner schmecken heutzutage Unterschiede zwischen den vielen Biersorten und Zigarettenmarken. In vielen Autos und Elektrogeräten befinden sich die gleichen Bauteile, weil die Unternehmen beim gleichen Hersteller einkaufen. Die Stiftung Warentest hat 1993 und 1994 in 102 Tests 85 Prozent aller getesteten Produkte mit „gut" bewertet.
- **Produktqualität trivial:** Produktqualität ist für den Konsumenten selbstverständlich geworden. Sie ermöglicht kaum noch die Unterscheidung von den Konkurrenten. Da eine Abgrenzung über andere Kriterien fehlt, erlebt auch der Konsument die Angebote zunehmend als austauschbar.
- **Markeninflation:** Die Austauschbarkeit verstärkt den Trend zu Pseudo-Marken und Kopien von Originalen („Me-too"-Produkte), die dem Kunden keinen eigenständigen Nutzen bieten, kaum durch Kommunikation unterstützt sind und fast nur über den Preis verkauft werden. Ein Beispiel ist das Kopfschmerzmittel ASS RATIOPHARM, eine Kopie der Originalmarke ASPIRIN.
- **Markenflut:** Als Reaktion auf die zunehmende Austauschbarkeit der vorhandenen Produkte kommen immer neue Produkte in immer kürzeren Abständen auf den Markt, zum Beispiel Elektroartikel und Software. Viele Konsumenten reagieren hierauf, indem sie bewusst auf das neueste Produkt verzichten und den Kauf verschieben, bis die bessere und billigere Produktgeneration auf dem Markt ist. Dieses Phänomen wird „Leapfrogging Behaviour" (Bocksprungverhalten) genannt. In diesen Fällen führt der Geschwindigkeitswettbewerb nicht zum Kauf, sondern er verhindert ihn! Für die Kommunikation bedeuten die immer neuen Produkte, dass es kaum möglich ist, ein stabiles Image aufzubauen, denn dies kostet Zeit (siehe Kap. 2.7.2). Japanische Automobilfirmen haben hierauf reagiert und bringen neue Automodelle nicht länger alle 12 Monate auf den Markt, sondern nur noch alle 15 Monate.

- **Produktflops:** Gerade erst lieb gewonnene Marken verschwinden wieder vom Markt. Im Konsumgüterbereich werden zwischen 60 und 80 Prozent der Produkte innerhalb der ersten beiden Jahre nach der Einführung vom Markt genommen. Sind Produkte erfolgreich, kopiert sie die Konkurrenz innerhalb kürzester Zeit, was die Austauschbarkeit erhöht.
- **Erweiterungen, hastige Konzeptionswechsel und Umpositionierungen** verwässern ursprünglich klar profilierte Marken: MELITTA, einst für Kaffee bekannt, bot eine Zeitlang unter diesem Namen auch Staubsaugerbeutel, Luftreiniger und Teefilter an. Experten schätzen, dass rund 90 Prozent der Neueinführungen der vergangenen Jahre unter Dachmarken erfolgte. Grund hierfür ist, dass es immer teuerer wird, eine neue Marke aufzubauen. Jedoch kann die Dachmarke an Profil verlieren, wenn sie viele unterschiedliche Produkte beherbergt. Sie wird oft nur noch Absenderadresse – eine prägnante, unverwechselbare Persönlichkeit fehlt ihr. Hans Domizlaff, Vater der „Markentechnik", forderte schon in den 20er-Jahren des 20. Jahrhunderts, dass die Verwendung eines Namens auf ein Erzeugnis oder eine möglichst konzentrierte Idee begrenzt sein sollte.
- **Handelsmarken:** Der Handel profiliert sich in dessen Konkurrenzkampf mit eigens geschaffenen Marken (Handelsmarken), die oft nur die preiswertere Variante der Herstellermarken sind. Folge: Die Konsumenten sind immer weniger bereit, für klassische Markenartikel teilweise doppelt so viel zu zahlen, wenn sie keinen markanten Zusatznutzen erkennen. Handelsmarken sind mittlerweile so stark geworden, dass sie die Herstellermarken ernsthaft bedrohen.
- **Kurzfristiger Erfolg:** Produktmanager wollen in ihrer meist kurzen Wirkungszeit Spuren hinterlassen und die Marke neu positionieren. Hierdurch fehlen die Konstanz in der Markenführung und der langfristige Blick auf die sorgfältige Entwicklung der Marke. So werden einst klar profilierte Markenbilder langfristig profillos.

Folge: Vertrauen und Orientierung gehen verloren

Als Folge dieser Entwicklungen gehen Orientierung und das Vertrauen in das Einzigartige der Produkte verloren – Kunden, Mitarbeitern und nicht zuletzt den Markenmanagern ist nicht mehr klar, für was die Marke (Produktpersönlichkeit) steht und welchen einzigartigen und dauerhaften Nutzen sie bietet. Das Interesse der Konsumenten lässt nach – ursprünglich stabile Beziehungen lockern sich. Eine Herausforderung für die Marktkommunikation ist daher, den Konsumenten stärkere Orientierung und Sicherheit zu bieten. Dies ermöglicht den Konsumenten die Identifikation mit den Marken und schafft Vertrauen, das langfristige Beziehungen sichert.

Viele Anbieter haben diese Probleme erkannt. Sie ordnen ihre Marken und verringern deren Zahl: UNILEVER will 1200 Marken streichen und mehr Werbung für die bleibenden 400 Marken betreiben. Der Name ME-

LITTA steht wieder für kaffeenahe Produkte. Für die anderen Produkte sind Submarken entstanden, wie TOPPITS (Lebensmittelfolien) und ACLIMAT (Luftreiniger). Die Anbieter wollen nicht nur einzelne Marken professionell aufbauen, sondern auch in ihrem Zusammenspiel langfristig und systematisch gestalten.

Hohes Medienaufkommen

Die Kommunikation mit den Kunden erschwert das enorm gestiegene Medienaufgebot in Europa: Dieses ist in den letzten zehn Jahren derart gewachsen, dass Werber dreimal so große Budgets brauchen, um dieselbe Käuferzahl zu erreichen. Die Medienflut führt bei gleich bleibender Aufnahmekapazität der Konsumenten zur Informationsüberlastung („Information Overload"). Der Konsument nimmt nur noch zwei Prozent der angebotenen Informationen wahr – von 100 Seiten einer Zeitschrift also lediglich 2. Noch eine wichtige Zahl: In Zeitschriften werden Anzeigen nur 2 Sekunden lang beachtet. Selbst in Fachzeitschriften werden Anzeigen nur bis zu 8 Sekunden lang wahrgenommen. Ein weiteres Problem ist, dass im Zuge der Angleichung von Gesetzen in Europa das Werbeverbot für Produkte diskutiert wird. In Kürze wird es dies für Zigaretten geben und selbst für gewisses Kinderspielzeug ist das Werbeverbot im Gespräch. Die Unternehmen haben dann keine Möglichkeit mehr, ihre Produkte zu zeigen und den Markennamen zu nennen (siehe Kap. 3.3).

Insgesamt wird es für Unternehmen immer schwerer, ihre Marken gezielt am Markt zu profilieren. Wer hätte vor einigen Jahren gedacht, dass sich seriöse Banken eines Tages gegenseitig die Kunden mit Geschenken wie Kaffeemaschinen, Bohrgeräten, Saftpressen oder Reisekoffern abwerben?

Das Unternehmensimage wird immer wichtiger

Das Unternehmensimage entscheidet zunehmend über Produktkauf

Die Unternehmenskommunikation wird künftig wesentlich stärker dazu beitragen müssen, die Marke systematisch und langfristig zu führen: Steht ein Käufer vor dem Kühlregal in einem Supermarkt, entscheidet er sich bei ähnlichen Produkten und Preisen für das Unternehmen, das er kennt und sympathisch findet. Fast 70 Prozent kaufen keine Waren von Unternehmen, von denen sie eine schlechte Meinung haben, so die STERN-Studie DIALOGE 4.

Es scheint sogar einen Vertrauenstransfer zu geben: Vertrauen in die Marke bedeutet zugleich Vertrauen in das Unternehmen. Der Konsument kann also ein positives Bild vom Unternehmen gewinnen, weil er dessen Marken kennt und schätzt. Umgekehrt kauft der Konsument das neue Produkt mitunter schon deshalb, weil er gute Erfahrungen mit dem Hersteller gemacht hat. Das Unternehmen muss daher den Konsumenten klipp und klar sagen, was es kann, was es von anderen unterscheidet und welchen Nutzen es bringt.

Marken und Unternehmen sind identisch

Mitunter sind die Markennamen identisch mit dem Unternehmensnamen und damit ohnehin Teil der Unternehmenspersönlichkeit, wie im Fall von MELITTA und EBAY. In diesen Fällen werden die Vorstellungen von Unternehmen und Produkten wechselseitig übertragen. Die Unternehmenskommunikation sollte solche Wechselwirkungen künftig stärker berücksichtigen. Optimal wäre, wenn sich die Images von Unternehmen und Marken gegenseitig stärken.

ABGESTIMMTE KOMMUNIKATION WIRD SICH ZUM STRATEGISCHEN ERFOLGSFAKTOR FÜR UNTERNEHMEN ENTWICKELN!

Images von Unternehmen und Marken gemeinsam gestalten

Insgesamt wird also der Aufbau und die integrierte Gestaltung von Markenimage und Unternehmensimage wichtiger werden. HENKEL hat zum Beispiel mehrere Millionen Euro in eine Kampagne gesteckt, um das Unternehmen hinter seinen Marken (PERSIL etc.) bekannt zu machen.

Abb. 1.1: „A brand like a friend", Imageanzeige von Henkel

1.2 Entwicklung der Unternehmen

Unternehmen bieten kaum noch Orientierung

Die zunehmende Verflechtung und der schnelle Wandel der nationalen und internationalen Märkte haben dazu geführt, dass Unternehmen komplexer und undurchschaubarer geworden sind:

Entwicklung 1: Firmen werden komplexer

Aus Fachgeschäften werden Warenhäuser

Noch nie hat es so viele Firmenzusammenschlüsse und Kooperationen gegeben wie in den vergangenen Jahren. Branchenstudien zeigen, dass kaum ein Unternehmen noch die gleiche Struktur hat wie vor 5 oder gar 10 Jahren. Aus VIAG und VEBA ist E.ON entstanden, HYPO- und VEREINSBANK sind fusioniert und die ALLIANZ mit der DRESDNER BANK durch das grüne Band der Sympathie verbunden. Im Internet gab es BUECHER.DE, dann MEDIANTIS.DE, jetzt gehört alles zu BOOXTRA (Stand: Januar 2003).

Firmenzusammenschlüsse bringen den Unternehmen viele Vorteile

Diese Firmenzusammenschlüsse bringen den Unternehmen viele Vorteile:

- **Risikostreuung:** Durch den Erwerb neuer Geschäftsfelder streuen die Unternehmen das unternehmerische Risiko und sichern ihren Erfolg breiter ab. Zum Beispiel steigen Reiseveranstalter zusätzlich in das Geschäft mit Autovermietungen und Versicherungen ein.
- **Synergien:** Sie entstehen vor allem dadurch, dass nach dem Zusammenschluss beide Vertriebsorganisationen zusammengelegt und die Belegschaft drastisch verkleinert wird. In der Produktion führen Firmenfusionen dazu, dass Herstellungsbetriebe schließen.
- **Komplettlösungen:** Firmen können durch Zukauf und Übernahmen ihre Produktpalette vervollständigen, ohne selbst aufwändig und risikoreich neue Produkte entwickeln zu müssen. Für die Firmen haben Komplettlösungen den Vorteil, dass sie nicht mehr nur einzelne Marktsegmente abdecken, sondern den gesamten Markt bedienen können.

  Zum Beispiel prägt längst nicht mehr nur der GOLF das Bild der Marke Volkswagen, sondern mehrere Produktlinien – vom LUPO bis zum PASSAT. Zum Beispiel galt die Marke SEAT einst als Billignachbau von FIAT-Modellen, die vor allem im spanischen Markt angeboten wurde. Volkswagen entwickelte sie zur jungen südeuropäischen Marke, die heute unter dem Motto „automobile Lebensfreunde“ sportlich „emotionale Fahrzeuge mit mediterranem Charme“ bietet. Die Marke SKODA bietet funktionale Autos mit einem attraktiven Preis-Leistungsverhältnis.

So attraktiv wie Zusammenschlüsse für die Unternehmen sein mögen: Mega-Mergers haben ihre Schattenseiten, wie die Auswirkungen auf die Organisation und die internen Strukturen der Unternehmen zeigen:

Kaum noch Koordination und Abstimmung

- **Kaum Koordination und Abstimmung:** Nicht selten hat ein Konzern mehrere Marketingabteilungen mit noch mehr Units, die alle ein Eigenleben führen: Eine Unit ist zuständig für Produkte, eine für Preise, eine für Distribution und eine für Kommunikation. Eine Unit vermarktet Marke A und die andere Marke B, ohne gegenseitige Auswirkungen zu beachten und Absprachen zu treffen. Das gleiche geschieht in den Kommunikationsabteilungen mit Werbung, Verkaufsförderung und Unternehmenskommunikation.
- **Bereichsegoismus:** Jeder Bereich optimiert nur sich selbst. Wir-Gefühl geht verloren und macht Eigenbrötelei Platz, die den internen Ar-

beitsablauf stört und die Koordination und den Zusammenhalt hemmt.
- **Akzeptanzprobleme:** Das Stammpersonal erkennt zugekaufte Marken nicht als eigene an. Dies wird als „not invented here"-Syndrom bezeichnet („Das haben wir aber nicht selbst entwickelt"), das selbst erfolgreiche Firmen wie HEWLETT-PACKARD kennen und fürchten, denn übernommene Marken werden ohne die erforderliche Beachtung und Fürsorge weitergeführt.

Mit jeder Erweiterung der Firma verlieren die internen und externen Bezugsgruppen weiter den Überblick und erkennen den ursprünglichen Unternehmenssinn nicht mehr.

Entwicklung 2: Unternehmen werden internationaler

Lokalpatrioten werden weltmännisch

Aufgrund gesättigter Heimatmärkte weiten viele Unternehmen ihre Absatzmärkte aus: Sie werden international, multinational oder sogar global. „Global Player" sind Unternehmen, die weltweit mit allen wichtigen Unternehmensfunktionen vertreten sind. Der Heimatmarkt und der Firmensitz spielen eine untergeordnete Rolle (siehe Kap. 9.1).

Die Aussichten für global agierende Unternehmen sind verlockend: Denn heutzutage müssen sich Firmen nicht mehr entscheiden, der Billigste (Kostenführer) oder der Beste (Qualitätsführer) zu sein. Unternehmen können beides: Durch große Absatzmengen produzieren sie billig. Gleichzeitig sind sie die Besten, weil sie weltweit ihre Erfahrungen und Ressourcen in Kompetenzzentren („Centers of Competence", mehrere Zentren weltweit) und Exzellenzzentren („Centers of Excellence", ein Zentrum weltweit) bündeln.

Entwicklung 3: Firmen werden schneller

Zeit als Wettbewerbsvorteil

In Zeiten austauschbarer Produkte, zunehmender Konkurrenz, gesättigter Märkte und rasantem technologischen Fortschritt nutzen viele Firmen die Zeit als Erfolgsfaktor. Das Motto lautet: „Die Schnellen fressen die Langsamen." Diesem Wettlauf haben sich Firmen wie SIEMENS, HONDA, SEIKO, BENETTON und das amerikanische Telekommunikationsunternehmen AT&T angeschlossen.

Die Umsetzungskonzepte heißen Lean Management, Reengineering und Flexibilisierung. Dabei beschränken sich die Maßnahmen zur Steigerung der Schnelligkeit nicht auf einzelne Abteilungen oder Funktionen, sondern erstrecken sich auf die gesamte Wertschöpfungskette – von Forschung und Entwicklung über die Produktion bis hin zum Marketing.

Beispiel Produktentwicklung: Je schneller ein Produkt auf den Markt kommt, desto höher ist das Ergebnis. Verlängert sich die Entwicklungszeit eines Produkts um 6 Monate, fällt das wirtschaftliche Ergebnis um 30 Prozent geringer aus.

Schnelligkeit hat jedoch auch ihre Grenzen, nämlich dort, wo sie den Produktkauf verhindert, weil die Konsumenten auf billigere und ausgereifte Modelle warten (siehe oben).

Folge dieser Entwicklungen

Bezugsgruppen verlieren den Überblick

Als Folge dieser Veränderungen der Unternehmen verlieren deren interne und externe Bezugsgruppen den Überblick: Sie wissen nicht, was sich hinter neuen Kunstnamen wie Avanza (früher RWE-Strom), Avensis (Automarke von Toyota), Aventis (Hoechst und Rhone-Poulenc) verbirgt und welche Werte hinter diesen Namen stehen. Sie müssen umlernen: Aus Anderson Consulting wurde Accenture, aus der Quelle-Bank Entrium, aus der Metallgesellschaft MG Technology. Und für was steht Inventis? Invensys? Inventys?

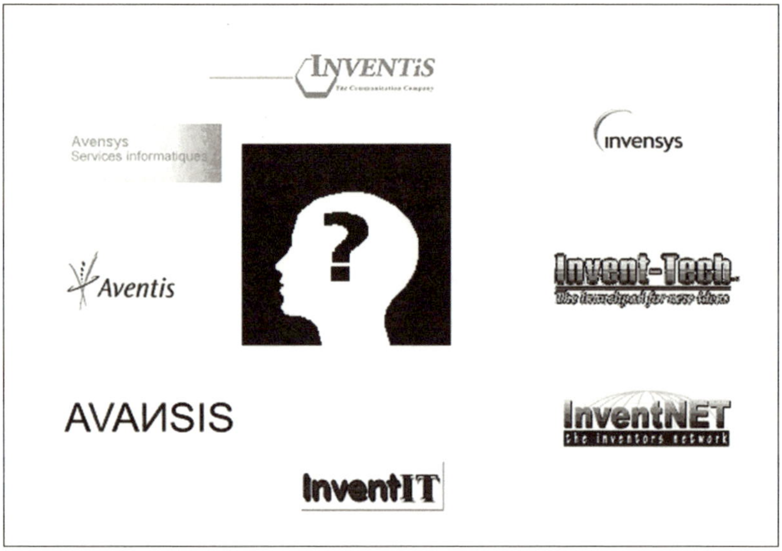

Abb. 1.2: Namen werden austauschbar

Etablierte Unternehmen kämpfen mit ihrem Image

Selbst etablierte Unternehmen haben mit ihrem Image zu kämpfen: Volkswagen hat an Profil verloren, weil der Kunde dort mittlerweile alle Autotypen kaufen kann: billige und teure, schnelle und langsame, sportliche und wirtschaftliche. In den 80er-Jahren sorgte das Zusammenfassen unterschiedlicher Firmen unter dem Dach des Daimler Benz-Konzerns für Verwirrung: Aus dem Autobauer sollte ein integrierter Technologiekonzern entstehen, Mercedes wurde zur Tochtergesellschaft: *„Früher wussten wir noch, wer wir sind: Automobilbauer. Jetzt wissen wir das nicht mehr“*, sagten Mitarbeiter von Mercedes in einer ZDF-Sendung. Seit der Fusion von DaimlerChrysler ist den internen und externen Bezugsgruppen die Orientierung über die Unternehmenspersönlichkeit vollständig verloren gegangen. Da verwundert es nicht, wenn TNS EMNID im September 2002 im Rahmen einer repräsentativen Telefonbefragung unter 1.000 PKW-Fahrern herausgefunden hat, dass sich das Image deutscher Automobilkonzerne drastisch verschlechtert hat.

Ein Volkswagen …

ist ein Volkswagen …

ist ein Volkswagen …

ist ein Volkswagen …

ist ein Volkswagen …

ist ein Volkswagen …

Was ist ein Volkswagen?

Abb. 1.3: Marken unter dem Dach von Volkswagen

Unternehmen müssen ein starkes und klares Image entwickeln

Diese Entwicklung zeigt, wie wichtig professionelle Unternehmenskommunikation geworden ist: Sie sorgt dafür, dass die Bezugsgruppen das Unternehmen wahrnehmen, erkennen, erinnern und bevorzugen. Wichtige Bezugsgruppen erfahren, welche Werte und Normen dem unternehmerischen Handeln zugrunde liegen, damit sie entscheiden können, ob sie das Handeln unterstützen wollen oder nicht. Dies gilt sowohl für die internen als auch für die externen Bezugsgruppen. Die Bezugsgruppen können sich mit den Unternehmenswerten identifizieren, was Vertrauen schafft und langfristige Beziehungen sichert.

UNTERNEHMEN MÜSSEN ZEIGEN: DAS SIND WIR, DAS KÖNNEN WIR UND DAS WOLLEN WIR!

Besonders wichtig ist Unternehmenskommunikation für Unternehmen mit einer undurchschaubaren Angebotsfülle (Autos, Zigaretten etc.), bei Produkten, die sich kaum rational prüfen lassen (Technikgeräte etc.) oder bei Luxusartikeln (Uhren, Taschen etc.).

Unternehmenskommunikation ist nicht mehr nur für die Konsumgüterindustrie wichtig, sondern auch für Dienstleistungen (Versicherungen, Suchaufträge mit Robots etc.), Investitionsgüter (Intel, IBM, Gore-Tex etc.) und für den Handel (Douglas, MediaMarkt, Otto etc.).

Der Börsenwert eines Unternehmens wird zu 40 Prozent durch seine Kommunikation bestimmt

Wie wichtig ein klares und abgegrenztes Firmenimage ist, zeigt die Meinung von Finanzexperten, dass der Börsenwert eines Unternehmens erheblich durch seine Kommunikation bestimmt wird: Die Finanzgemeinde will nicht nur gute Zahlen sehen, sondern auch von einer starken und schlüssigen Zukunftsgeschichte fasziniert und begeistert werden (Equity Story). Diese Erfolgsgeschichte muss die Unternehmenskommunikation vermitteln (siehe hierzu Kap. 8.2 und das Beispiel einer „Erfolgsgeschichte“ im Serviceteil).

1.3 Entwicklung der Gesellschaft

Werteverschiebung

In der Gesellschaft ist eine Verschiebung von Werten festzustellen: Die Bedeutung von Disziplin, Gehorsam, Selbstbeherrschung hat abgenommen. Wichtig geworden sind Genuss, Gesundheits- und Umweltbewusstsein, Selbstentfaltung, Kreativität und Spontaneität, Individualität und Gemeinschaftserlebnisse. „Erlebnis“ ist das aktuelle Schlüsselwort in der Freizeitforschung, stellt der Freizeitforscher Horst Opaschowski fest.

Die Werteprioritäten in der Gesellschaft verschieben sich:

- Abwertung von Disziplin, Gehorsam, Selbstbeherrschung
- Aufwertung von Genuss, Gesundheits- und Umweltbewusstsein, Selbstentfaltung, Kreativität und Spontaneität, Individualität und Gemeinschaftserlebnissen

Abb. 1.4: Werteverschiebung in der Gesellschaft

Unternehmerisches Handeln muss sich stärker als bisher an diesen Entwicklungen ausrichten. Hierzu gehört, dass Sie stärker Themen wie Gesundheit, Schaffen und Sichern von Arbeitsplätzen und Fördern sozialer und humanitärer Ziele berücksichtigen müssen – auch in Ihrer Kommunikation. Das Engagement für die Umwelt setzen die Bezugsgruppen heute schon als selbstverständlich voraus. Gleichzeitig werden materielle Werte wichtiger und damit verbunden Selbstentfaltung, Individualisierung und Erlebnisorientierung.

Sinn vermitteln

Zum Beispiel wollen die Mitarbeiter den Sinn ihrer Tätigkeit und die übergeordneten Ziele des Unternehmens kennen. Sie wollen stärker in das Unternehmensgeschehen eingebunden sein. Da dies durch die Spezialisierung von Tätigkeiten immer weniger gelingt, lässt die Identifikation der Mitarbeiter zu wünschen übrig – Job-Denken macht sich breit. Es fehlen Leitbilder, die gemeinsames Denken und Handeln ermöglichen und die Mitarbeiter zu Mitgestaltern gemeinsamer Herausforderungen machen, die sie mit Stolz und Selbstwertgefühl meistern.

Leitbilder fehlen

Diese Entwicklungen in der Gesellschaft bedeuten für die Unternehmenskommunikation, dass sie den Mitarbeitern erklären muss, warum es das Unternehmen gibt (Legitimation) und warum es sich lohnt, für seine Ziele einzutreten (siehe Kap. 2.7.1.3). Die Unternehmenskommunikation muss wesentlich stärker die Bezugsgruppen einbeziehen und deren Gefühlswelt berücksichtigen, zum Beispiel durch Events und einzigartige Bilderwelten (siehe Kap. 14.4).

1.4 Fazit

Die Entwicklung der Märkte, der Unternehmen und der Gesellschaft zeigt, wie wichtig professionelle Unternehmenskommunikation geworden ist:

Erfolgsfaktor Unternehmenskommunikation

> UNTERNEHMENSKOMMUNIKATION SORGT DAFÜR, DASS UNTERNEHMEN UND IHRE LEISTUNGEN WAHRGENOMMEN, ERKANNT, ERINNERT UND BEVORZUGT WERDEN!

Wichtige Bezugsgruppen erfahren, welche Werte dem unternehmerischen Handeln zugrunde liegen. Dies ermöglicht ihnen zu entscheiden, ob sie das Handeln unterstützen wollen oder nicht.

Wirtschaftliche und gesellschaftliche Entwicklung	**Konsequenz für die Unternehmenskommunikation**
• Produkte und Leistungen unterscheiden sich objektiv kaum noch. Der harte Wettbewerb wird weiter zunehmen.	➠ Die Unternehmenskommunikation sollte die Marktkommunikation durch die Gestaltung der Bekanntheit des Unternehmens und dessen Vorstellungsbild bei den Bezugsgruppen unterstützen.
• Unternehmen werden komplexer, internationaler, schneller.	➠ Die Unternehmenskommunikation muss Orientierung und Vertrauen durch das Bild der starken und einzigartigen Unternehmenspersönlichkeit ermöglichen.
• Werte verschieben sich von sachlich-rationalen Werten hin zu emotionalen Werten.	➠ Die Unternehmenskommunikation muss die Bezugsgruppen einbeziehen und deren Gefühlswelt wesentlich stärker berücksichtigen (Bilderwelten, Events etc.).

Abb. 1.5: Zentrale Entwicklungen und Konsequenzen für die Unternehmenskommunikation

Ihre Unternehmenskommunikation!

- Hat sich Ihr Unternehmen in letzter Zeit drastisch verändert?
- Haben Ihre Bezugsgruppen die Orientierung behalten? Wissen sie, für was Ihr Unternehmen steht?
- Konnten Sie das Vertrauen Ihrer Bezugsgruppen sichern?
- Haben Sie Ihre Unternehmenskommunikation an die Entwicklung der Märkte und der Gesellschaft angepasst?

Buchtipps

- Esch, F.-R. (Hrsg.): Moderne Markenführung. Wiesbaden 1999
- Köhler, Richard u.a.: Erfolgsfaktor Marke. München 2001
- Meffert, H.: Markenmanagement. Wiesbaden 2002

2 Unternehmenskommunikation

2.1 Begriff

Systematische und langfristige Kommunikation mit Bezugsgruppen

Der Begriff Unternehmenskommunikation steht für das systematische und langfristige Gestalten der Kommunikation eines Unternehmens mit seinen wichtigen internen und externen Bezugsgruppen mit dem Ziel, das Unternehmen bei diesen Bezugsgruppen bekannt zu machen und das starke und einzigartige Vorstellungsbild (Image) der Unternehmenspersönlichkeit aufzubauen und kontinuierlich zu entwickeln.

Problem vieler Definitionen

Das Problem vieler Definitionen und Beschreibungen ist, dass sie zu schwammig und abgehoben sind: „Vertrauen im gesellschaftlichen Umfeld schaffen“, „Akzeptanz erhöhen“, „Verständnis erzielen“ - dies sind nur einige Beispiele für den Nutzen, der den Entscheidern für Unternehmenskommunikation genannt wird. Wenn auch noch behauptet wird, der Nutzen der Unternehmenskommunikation ließe sich nicht konkret messen, muss man sich nicht wundern, wenn der Entscheider sein Geld in Aktivitäten investiert, die direkt und messbar helfen, dass er seine Unternehmensziele erreicht, zum Beispiel ins Marketing.

Dies ist schade, denn der einzigartige Nutzen der Unternehmenskommunikation lässt sich anschaulich und lebendig darstellen und messen:

DIE UNTERNEHMENSKOMMUNIKATION SORGT DAFÜR, DASS DIE WICHTIGEN BEZUGSGRUPPEN DAS UNTERNEHMEN KENNEN UND ES IHNEN GEDANKLICH PRÄSENT IST. SIE SORGT DAFÜR, DASS DIE BEZUGSGRUPPEN EIN STARKES UND EINZIGARTIGES BILD VOM UNTERNEHMEN HABEN, AUFGRUND DESSEN SIE DAS UNTERNEHMEN EINEM ANDEREN VORZIEHEN.

Diese Profilierung stärkt die Position des Unternehmens und unterstützt das Erreichen der Unternehmensziele. Und der Erfolgsbeweis? Bekanntheit und gedankliche Präsenz lassen sich ebenso messen wie das Vorstellungsbild und die Meinung, die die Bezugsgruppen vom Unternehmen haben (siehe Kap. 2.7). Fazit:

UNTERNEHMENSKOMMUNIKATION BIETET EINEN KONKRETEN, ANSCHAULICHEN NUTZEN!

Managementaufgabe

Unternehmenskommunikation ist eine Managementaufgabe. Der Begriff Management steht für zweierlei: zum einen für die Menschen, die das Unternehmen führen und strategische Entscheidungen treffen, also die Gruppe der Manager; zum anderen für das systematische und langfristige Vorgehen mit den vier Schritten Analyse, Planung, Umsetzung und Kontrolle: Der Kommunikationsverantwortliche analysiert seine Situation (Bekanntheit, Image etc.), bewertet seine Stärken und Schwächen und leitet seinen Handlungsbedarf ab. Er legt einen Plan fest, wie er die Schwächen beseitigen und seine Stärken nutzen will. In der Umsetzung legt er Text-, Bild- und Aktionsideen fest. Die Kontrolle bestimmt, wann und wie er sein Vorgehen bewerten wird (siehe ausführlich Kap. 4.5).

Langfristige Aufgabe

Kommunikationsmanagement bedeutet damit das systematische und langfristige Gestalten der Kommunikation. Unternehmenskommunikation sollte weitsichtig erfolgen:

Kommunikation ist glaubwürdig

- Glaubwürdige Kommunikation zwischen einem Unternehmen und seinen Bezugsgruppen entsteht nicht von heute auf morgen. Stattdessen muss Vertrauen langfristig erarbeitet und immer neu bestätigt werden (Kap. 2.5.7).
- Ein Unternehmen muss erkennen, worauf es sich künftig einstellen und mit welchen (Kommunikations-)Problemen es rechnen muss. Langfristige Planung ist lebenswichtig.

Kommunikation ist an den Wünschen des Gegenübers ausgerichtet

- Für die Kommunikation ist es wichtig, sich an den Wünschen und Erwartungen des Gegenübers zu orientieren. Nur die eigenen Ziele im Kopf zu haben und Maßnahmen zu entwickeln, die man selbst für effizient hält, birgt die Gefahr, an den tatsächlichen Kommunikationsproblemen vorbei zu handeln.

  Kommen zum Tag der offenen Tür jene Menschen, die das Unternehmen zur Durchsetzung seiner Ziele braucht? Ist es eine Zeitung, die den Wünschen und Bedürfnissen der Mitarbeiter entspricht? Sorgfältige Planung, die alle Beteiligten einbezieht, minimiert das Risiko, an den Beteiligten vorbei zu handeln.

Kommunikation ist abgestimmt und widerspruchsfrei

- Der Bedarf an koordinierter Kommunikation steigt: Die Kommunikationsfunktionen eines Unternehmens müssen abgestimmt und widerspruchsfrei kommunizieren, damit das starke und einzigartige Image entsteht (siehe Kap. 3).

- Planung ist wichtig, um die eigenen Ressourcen sinnvoll einzusetzen: „In welchen Abständen kann mein Kundenmagazin erscheinen?" „Wie baue ich mein Internetangebot auf, obwohl mir nur wenig Mittel zur Verfügung stehen?" Solche Fragen lassen sich angemessen nur im Rahmen eines Langfristkonzeptes für die Unternehmenskommunikation beantworten (siehe Kap. 3.4).

Kommunikation ist vorausschauend

- Die angemessene Dramaturgie beim Einsatz der Maßnahmen erfordert vorausschauendes Denken (Kap. 4.6).

Durch vorausschauende, geplante und geordnete Unternehmenskommunikation will das Unternehmen die Chance nutzen, die Kommunikation mit seinen Bezugsgruppen aktiv zu gestalten, anstatt nur zu reagieren, denn es weiß:

> WO INFORMATIONEN FEHLEN, FÜLLEN GERÜCHTE UND MUTMASSUNGEN DIE LÜCKE AUS.

Durch Kommunikation kann das Unternehmen seinen eigenen Standpunkt darstellen und erklären. In der Kommunikation erfährt das Unternehmen den Standpunkt des Gegenübers und kann sich damit auseinander setzen und in die eigenen Entscheidungen einfließen lassen.

In der Praxis meist nur Aktionismus

Jedoch wird Unternehmenskommunikation in der Praxis meist aktionistisch gestaltet. Mittel- und langfristige Pläne zu erstellen gilt als unnütz. Rund 40 Prozent der Unternehmen, so wissenschaftliche Studien, setzen ihre Kampagnen aus dem Bauch heraus um. Ergebnis sind bunte Fähnchen und Aufsehen erregende Aktionen, von denen aber keiner weiß, ob sie Nutzen für das Unternehmen bringen.

Gewiss: Erfahrung und Intuition spielen eine wichtige Rolle für den Kommunikationserfolg. Aber schon allein dann, wenn es um die Abstimmung mit anderen Beteiligten geht, ist ein schriftlicher Verhaltensplan sinnvoll, dem alle zustimmen und an den sie sich halten, damit kraftvolle und widerspruchsfreie Kommunikation entsteht (siehe Kap. 3).

Kommunikation als Teil des Unternehmens

Zur Unternehmenskommunikation als Managementaufgabe gehört, dass deren Ziele aus den Unternehmenszielen abgeleitet sind. Umgekehrt sollten die Erkenntnisse aus der Unternehmenskommunikation in die Unternehmensstrategie einfließen können, zum Beispiel durch die Teilnahme des UK-Verantwortlichen an Vorstandssitzungen und durch regelmäßige Workshops mit dem Vorstand. Zum Beispiel sollte das Unternehmen Entwicklungen der Märkte berücksichtigen, wie den mündigen und zunehmend kritischen Verbraucher, der wesentlich stärker als bisher ernst genommen und in die Kommunikation eingebunden sein will. Ein Instrument könnte das Internet sein (siehe Kap. 15).

Der UK-Verantwortliche sollte sich mit anderen Funktionen des Unternehmens abstimmen, vor allem den anderen Kommunikationsfunktionen. Dies stellt sicher, dass sämtliche Beteiligten keine widersprechenden Ziele verfolgen, was aber in der Praxis oft geschieht. Statt dessen sollen alle Kommunikationsaktivitäten so angelegt sein, dass sie möglichst gebündelt das Unternehmen und seine Leistungen bei den relevanten Bezugsgruppen aus dem Unternehmen und denen aus Markt und Gesellschaft durch den Aufbau und die systematische Gestaltung des starken und einzigartigen Unternehmensimages profilieren (siehe Kap. 3).

UNTERNEHMENSKOMMUNIKATION IST EIN KOMPLEXER MANAGEMENTPROZESS: ER ERFORDERT KENNTNISSE IN BETRIEBSWIRTSCHAFT, KOMMUNIKATION, PSYCHOLOGIE, ORGANISATION UND INFORMATIONSTECHNOLOGIE!

Abgrenzung

Abgrenzung von der Marktkommunikation

Unternehmenskommunikation und Marktkommunikation grenzen sich durch ihre Inhalte und die Kommunikationspartner ab:

- **Inhalt:** Im Mittelpunkt der Unternehmenskommunikation steht die Unternehmenspersönlichkeit, im Mittelpunkt der Marktkommunikation stehen die Marken bzw. Leistungen.
- **Kommunikationspartner:** Die Unternehmenskommunikation vermittelt die Unternehmenspersönlichkeit an Bezugsgruppen aus dem Unternehmen, aus Markt und Gesellschaft. Die Marktkommunikation beschränkt sich auf die Kommunikation mit Marktpartnern.

Gründe für die Abgrenzung

Hier einige Gründe, warum diese Abgrenzung sinnvoll ist:

- **Klare Zuständigkeiten** für die Kommunikation mit Bezugsgruppen aus dem Unternehmen, aus Markt und Gesellschaft.
- **Klare Aufgabenverteilung,** da es bei der Unternehmenskommunikation um die Unternehmenspersönlichkeit geht, bei der Marktkommunikation um die Produktpersönlichkeit(en).
- Die Beteiligten können sich das **erforderliche Know-how** aneignen, das sehr breit angelegt ist. Eine Person allein kann das erforderliche Wissen über die Unternehmenskommunikation und die Marktkommunikation nur schwer erwerben.

Die Praxis zeigt ohnehin, dass spätestens in einer Krise die UK-Vertreter im Vordergrund stehen, denn sie haben das Handwerkszeug der Krisenkommunikation gelernt und verfügen über die in einer Krise wichtigen Kontakte zu den Massenmedien (siehe Kap. 12).

Kriterium	Unternehmenskommunikation	Marktkommunikation
Inhalt	Unternehmen	Produkte und Leistungen
Kommunikationspartner	Intern, Markt und Gesellschaft	Markt

Abb. 2.1: Unternehmenskommunikation versus Marktkommunikation

Schnittstelle

Die Schnittstelle zwischen Unternehmens- und Marktkommunikation liegt dort, wo die Unternehmenskommunikation die Bedeutung von Produkten und Leistungen für das Unternehmen darstellt: Handelt es sich um strategisch wichtige Leistungen oder eher um eine taktische Entscheidung? Andersherum benötigt die Marktkommunikation Informationen über das Unternehmen, zum Beispiel um dessen Zuverlässigkeit darzustellen.

Kommunikation als Mosaik

Unternehmenskommunikation im Kommunikationsmix

Die Unternehmenskommunikation ist Teil des Kommunikations-Mix. Der Kommunikationsmix besteht aus den Kommunikationsinstrumenten des Unternehmens (siehe auch Kap. 2.6):

- **Marktkommunikation**
  - **Werbung** hat die Aufgabe, die Produkte und Leistungen des Unternehmens bekannt zu machen und das Bild der Produktpersönlichkeit (Marke) aufzubauen und langfristig zu entwickeln.
  - **Verkaufsförderung** hat die Aufgabe, den Handel bei seinen Verkaufsbemühungen durch geeignete Maßnahmen zu unterstützen, wie zum Beispiel Händlerschulungen, Preisausschreiben, Displays etc.
- **Unternehmenskommunikation** gestaltet Bekanntheit und Image des Unternehmens (siehe Kap. 2.7).

Instrumente sollen sich gegenseitig stärken

Die Kommunikationsinstrumente können sich gegenseitig stärken: Zum Beispiel kann die Unternehmenskommunikation die Marktkommunikation darin unterstützen, den Zusammenhang zwischen den Marken und der Unternehmenspersönlichkeit herzustellen. In diesem Fall erläutert sie den Kunden, welches Unternehmen hinter den Produkten steht (siehe Kap. 3.2.2). Sie erläutert den Analysten, wie neue Produkte in die Unternehmensstrategie einzuordnen sind und welche Bedeutung diese für das Unternehmen haben. Die Unternehmenskommunikation erklärt den Mitarbeitern die Produkte und deren Bedeutung für den künftigen Unternehmenserfolg.

Der starke und abgestimmte Einsatz der Kommunikationsinstrumente hat einen weiteren Grund: Der Mensch nimmt das Unternehmen und seine Leistungen ganzheitlich wahr. Sind die Instrumente nicht aufeinander abgestimmt, können Brüche in der Wahrnehmung des Unternehmens entstehen (siehe Kap. 2.7.2.3): Zum Beispiel zeigt die Handelskette C&A emotionale Werbespots im Fernsehen, aber vielerorts finden die Konsumenten eine triste Ladenwelt, die der STERN in einem Bericht als „Bunker" bezeichnet hat.

Koordinierter Einsatz durch das Kommunikationskonzept

Damit das Zusammenspiel der Kommunikationsinstrumente funktioniert, bietet sich dessen Festlegung in einem Kommunikationskonzept an, das alle Beteiligten einbezieht und für diese verbindlich ist (siehe Kap. 4). Das Konzept ist also schriftlich formulierter Vorgehensplan für die Kommunikation, dem alle Beteiligten zustimmen und aus dem sie Entscheidungen ableiten sollen. Gibt es einen solchen Plan nicht, kann jeder einzelne Beteiligte nur schwer angemessene Entscheidungen treffen.

Ihre Unternehmenskommunikation!

- Wie verstehen Sie den Begriff Unternehmenskommunikation?
- Wie würden Sie Ihrem Vorgesetzten den Begriff anschaulich und lebendig erklären, damit er weiß, was Unternehmenskommunikation ist und was sie einzigartig leisten kann?
- Was würde fehlen, wenn es Ihre Unternehmenskommunikation nicht gäbe?

2.2 Bezugsgruppen

Interne und externe Kommunikationspartner

Es gibt Personen und Gruppen, die entscheidend dafür sind, dass das Unternehmen seine Ziele erreicht:

- **Im Unternehmen:** Führungskräfte, Angestellte, Auszubildende, gewerbliche Mitarbeiter, Interessenvertretungen, betriebliche Vertrauensleute etc.;
- **Im Markt:** Kunden, Aktionäre, Händler, Lieferanten und Geschäftspartner etc.;
- **In der Gesellschaft:** Journalisten, Anwohner, Vereine, Verbände, Wissenschaftler, kritische Gruppen wie Bürgerinitiativen und Aktionsgemeinschaften, Behörden, Politiker etc.

Diese Menschen bilden Gruppen, die in unterschiedlicher Weise zum Unternehmen in einer Beziehung stehen und sich hinsichtlich ihrer Wünsche und Erwartungen an die Kommunikation unterscheiden. Sie werden daher als **Bezugsgruppen** der Unternehmenskommunikation bezeichnet. Die Bezugsgruppen können Interesse am Unternehmen zeigen, weshalb sie auch **Interessengruppen** genannt werden, und sogar konkrete Ansprüche entwickeln, was sie zu **Anspruchsgruppen** macht.

Die Unternehmenskommunikation gestaltet natürlich auch Kommunikation zu jenen Menschen, die institutionell formiert sind, zum Beispiel Behörden, Parteien, Verbände, Wettbewerber.

Andere Begriffe

Für die Bezugsgruppen wird meist noch der Begriff „Zielgruppen“ verwendet. Jedoch ist dieser Begriff nicht mehr zeitgemäß, weil er von Kommunikation als Technik ausgeht, die einseitig Informationen auf ein Publikum zielt.

Stattdessen ist zeitgemäß, Kommunikation als Gestaltung von Beziehungen zwischen Menschen zu verstehen.

Nicht mehr üblich ist es auch, von „Teilöffentlichkeiten" zu sprechen: Allein schon der Begriff klingt technokratisch und hölzern. Zudem werden auch Mitarbeiter als Bezugsgruppen der Unternehmenskommunikation verstanden, bei denen die Unternehmenskommunikation ebenfalls ein bestimmtes Bild vom Unternehmen erzeugen will (siehe Kap. 6). Auf jeden Fall gilt:

DIE ÖFFENTLICHKEIT GIBT ES NICHT: DIE BEVÖLKERUNG BESTEHT AUS MENSCHEN MIT UNTERSCHIEDLICHEN WÜNSCHEN UND ERWARTUNGEN AN DIE KOMMUNIKATION!

In Anlehnung an den Marketingexperten Andreas Frenko soll dies folgender Vergleich verdeutlichen: *„Klassische Kommunikation ist wie ein Schlauch, mit dem man möglichst viele Passanten nass spritzen möchte. Man muss in der Reichweite seiner Kommunikationspartner sein und bedenken, dass große Schläuche mehr Passanten nass spritzen als kleine. Die Trefferquote ist häufig nicht sehr hoch und freiwillig lässt sich niemand nass spritzen. Professionelle Unternehmenskommunikation hingegen ist wie die Bereitstellung eines Schwimmbeckens: Der Passant entscheidet, ob er hinein springt oder nicht, wann er dies tut, wie lange er drin bleibt und wann er wiederkommt. Die Herausforderung besteht nun darin, attraktive Pools zur Verfügung zu stellen."*

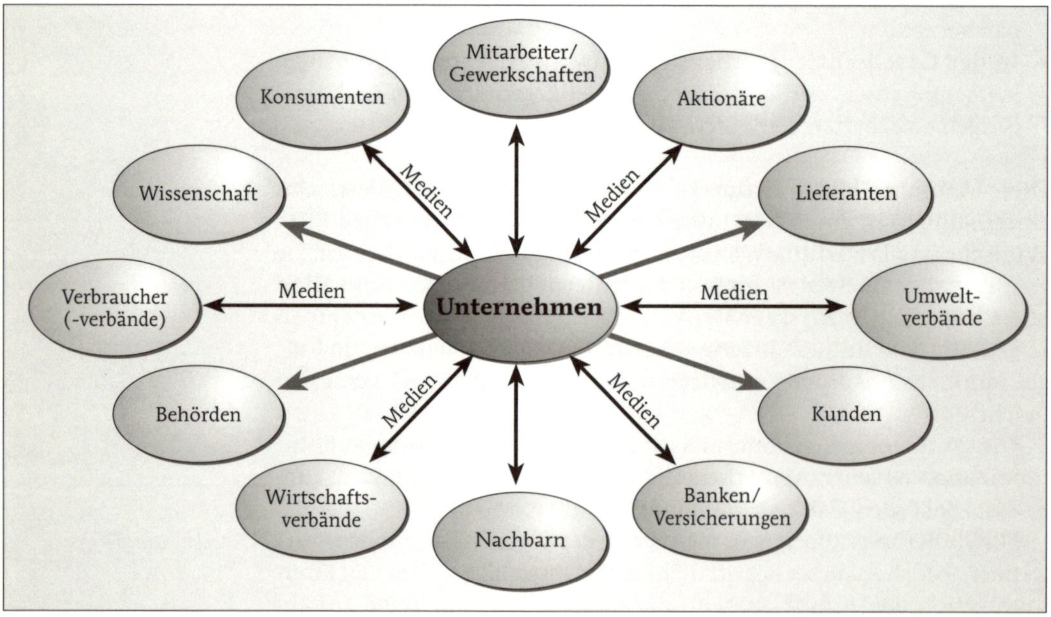

Abb. 2.2: Bezugsgruppen eines Unternehmens (nach A. Zühlsdorf)

Sachebene und Beziehungsebene

Form und Inhalt der Kommunikation

Die Bezugsgruppen des Unternehmens unterscheiden sich also hinsichtlich ihrer Wünsche und Erwartungen an die Form und/oder den Inhalt der Kommunikation mit dem Unternehmen:

- **Form** bezieht sich zum Beispiel auf die Zeit, in der die Kommunikation stattfindet (zum Beispiel rund um die Uhr im Internet) oder die eingesetzten Medien (ein Journalist bevorzugt Pressemitteilungen als E-Mail, ein anderer als Telefax).
- **Inhalt** bezieht sich auf die Themen und konkreten Informationen, die ein Mensch oder eine Gruppe von Menschen von einem Unternehmen behandelt wünschen.

Wichtige Aufgabe der Unternehmenskommunikation ist, die Wünsche und Erwartungen seiner Kommunikationspartner sorgfältig und differenziert zu erfassen und zu berücksichtigen.

Ihre Unternehmenskommunikation!

- Mit welchen Bezugsgruppen kommunizieren Sie?
- Mit welchen wollen Sie kommunizieren?
- Welche wollen mit Ihnen kommunizieren?
- Welche Wünsche und Erwartungen haben die Bezugsgruppen im Hinblick auf Form und Inhalt der Kommunikation mit Ihrem Unternehmen?
- Bringt für Sie das Internet neue Bezugsgruppen (siehe Kap. 15)?

Der Mensch in unterschiedlichen Rollen

Widerspruchsfreie Kommunikation

Zu beachten ist, dass ein Mensch unterschiedliche Rollen annehmen kann: Er ist Mitarbeiter bei BMW, besitzt als Aktionär auch Aktien des Unternehmens, er fährt einen BMW-Roadster und gehört dem Deutschen Allgemeinen Automobilclub (ADAC) an.

Unterschiedliche Kommunikationsinteressen

In jeder Rolle hat dieser Mensch unterschiedliche Wünsche und Erwartungen an die Kommunikation:

- **Als Mitarbeiter** möchte er wissen, wie er sich weiterbilden kann und welche Zukunft das Unternehmen hat.
- **Als Aktionär** möchte er wissen, wie das Unternehmen den Aktienwert steigert.
- **Als Kunde** möchte er wissen, wann die neue Fahrzeugreihe erscheint und wo er Ersatzteile kaufen kann (dies würde den Aktionär wohl kaum interessieren).

Ermöglichen Sie Kommunikation, die diese Wünsche und Erwartungen differenziert berücksichtigt!

Jede Person benötigt gezielte Informationen, um ihr Kommunikationsinteresse zu befriedigen. Sie hat in der Regel weder Zeit noch Geld, noch Geduld, um sich die Informationen aus einem großen Datenbestand herauszusuchen (zum Beispiel dem Internet).

STELLEN SIE DIE RICHTIGEN INFORMATIONEN ZUR RICHTIGEN ZEIT AM RICHTIGEN ORT ZUR VERFÜGUNG!

2.2.1 Anforderungen

Voraussetzungen für die Bildung von Bezugsgruppen

Die Bildung von Bezugsgruppen ist nur dann sinnvoll, wenn folgende Kriterien erfüllt sind:

- **Wichtig für Unternehmensziele:** Die Bezugsgruppen sollten das Erreichen Ihrer Unternehmensziele maßgeblich beeinflussen.
- **Messbar:** Die Bezugsgruppen müssen eindeutig erfassbar und messbar sein, zum Beispiel durch vorhandene Forschungsmethoden.
- **Zeitlich stabil:** Bezugsgruppen sollten sich nicht flüchtig bilden und wieder auflösen, sondern für einen längeren Zeitraum stabil bleiben.
- **Erreichbar:** Die Bezugsgruppen müssen durch die Instrumente der Unternehmenskommunikation erreichbar sein.
- **Verhaltensrelevant:** Es sollte ein Zusammenhang zwischen den Merkmalen Ihrer Bezugsgruppen und deren Verhalten bestehen.
- **Bezug zur Kommunikation:** Sie sollten Ihre Bezugsgruppen individuell ansprechen können, das heißt sie sollten einheitlicher auf die Instrumente der Unternehmenskommunikation reagieren als die übrige Bevölkerung.
- **Ausreichende Größe:** Die Bezugsgruppen müssen groß genug sein, damit sich die Ansprache ökonomisch rechtfertigt.

Prüfen Sie also genau, ob sich die Bildung von Bezugsgruppen für Sie lohnt. Werfen Sie auch einen Blick in die Zukunft, denn Bezugsgruppen, die heute vielleicht keine große Rolle für Sie spielen, können sich schon morgen zur mächtigen Kritikergruppe entwickelt haben, wie Beispiele von Bezugsgruppen im Internet zeigen (siehe Kap. 15).

VERFOLGEN SIE DIE GEGENWÄRTIGE UND KÜNFTIGE ENTWICKLUNG IHRER BEZUGSGRUPPEN!

2.2.2 Merkmale

Bezugsgruppen lassen sich durch folgende Merkmale beschreiben:

Eigenschaften der Bezugsgruppen

- **Soziodemographische Merkmale,** zum Beispiel Alter, Geschlecht, Bildung etc.
- **Psychographische Merkmale,** wie zum Beispiel Bedürfnisse (Motive), Erwartungen, Einstellungen und Präferenzen. Ein Beispiel sind

Menschen, die sich für Unternehmen interessieren, weil sie sozial und umweltbewusst sind.

- **Geographische Merkmale,** wie zum Beispiel lokal, regional, national, international, global. So können sich bestimmte Menschen deshalb für Ihr Unternehmen interessieren, weil diese Menschen in Ihrer Nachbarschaft wohnen.
- **Verhaltensmerkmale,** zum Beispiel bestimmte Angewohnheiten, Mediennutzung, Kaufverhalten.

Jedes dieser Kriterien hat Vorteile und Nachteile (siehe unten): Zum Beispiel lassen sich soziodemographische Daten leicht erfassen, aber sie können Kommunikationsverhalten nicht hinreichend erklären. So können zwei Personen das gleiche Geschlecht haben und über das gleiche Einkommen verfügen, aber dennoch unterschiedlich kommunizieren wollen. Zudem zeigt sich, dass das Kommunikationsverhalten von Menschen sehr komplex ist und sich nicht durch ein einziges Merkmal erklären lässt. Dies hat dazu geführt, Merkmale zu kombinieren und in Typologien und Lebensstilen zu beschreiben. Beispiel: Die Bezugsgruppe setzt sich zusammen aus höher gebildeten 20-30jährigen, die sich für Sport interessieren, in einer Großstadt wohnen und dem Internet gegenüber aufgeschlossen sind.

Typologien

Personen mit ähnlichen Merkmalen werden in Typologien zusammengefasst

Mit „Typen“ sind Personen mit ähnlichen Merkmalen gemeint, also soziodemographischen, psychographischen, verhaltensorientierten und geographischen. Dieses Typische ist in möglichst gleichartigen Gruppen zusammengefasst, wie im Fall der Gesundheitsbewussten, der Risikofreudigen, der Entscheidungsfreudigen, der Selbstsicheren.

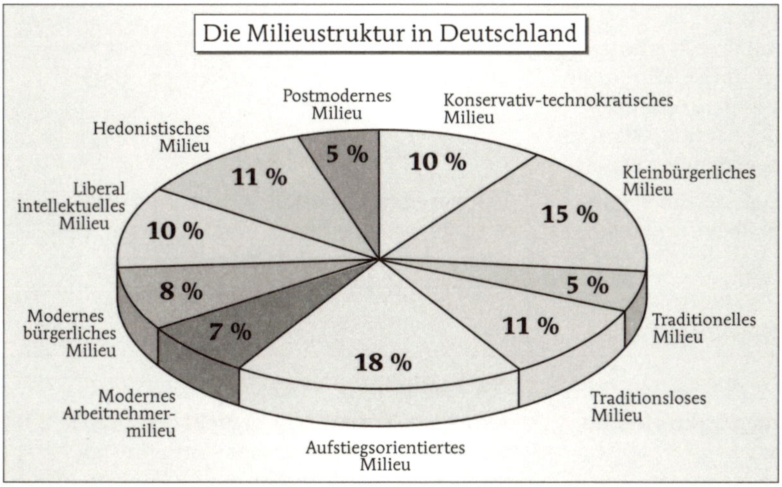

Abb 2.3: Beispiel für eine Typologie

Lebensstile

Am weitesten entwickelt ist dieser Ansatz in der „Lifestyle-Segmentierung“, einem Verfahren zur Bildung von Gruppen mit gleichem Lebensstil (Aktivitäten, Interessen, Meinungen). Die Annahme ist, dass mit jedem Lebensstil-Typ ein bestimmtes Verhalten verbunden ist. Die Lifestyle-Forschung erfasst die komplexe Persönlichkeit der Bezugsgruppe anhand von Einzelmerkmalen, wie Freizeitverhalten, Konsumgewohnheiten, Ansprüche an Lebenspartner, Weltanschauung etc. Diese Merkmale werden in Typen verdichtet, die sich im Lebensstil ähnlich sind. Diese Typen werden mithilfe demographischer Gruppenmerkmale weiter unterteilt, sodass sich Typenbeschreibungen ergeben, die sich für Unternehmens- oder Mediennutzer auch quantitativ darstellen lassen.

Kriterien im Vergleich	
Soziodemographische Merkmale	
Vorteile	Nachteile
Gute Operationalisierung: Die Merkmale sind leicht zu erfassen und zu messen, zum Beispiel durch Beobachten. Studien der Statistikämter etc. sind leicht zugänglich.	**Wenig Aussagekraft:** Diese Kriterien allein können nicht unterschiedliche Kommunikationswünsche erklären. Zum Beispiel kein gleiches Verhalten von Personen, die über das gleiche Einkommen verfügen oder das gleiche Alter haben.
Leichte Erreichbarkeit: Zum Beispiel sind Jugendliche über entsprechende Zeitschriften zu erreichen, wie z. B. die BRAVO.	**Geringe Vorhersagekraft:** Diese Merkmale können bestimmte Entscheidungen und bestimmtes Verhalten nur schwer erklären; anders ist dies bei den psychologischen Merkmalen (siehe unten).
Psychographische Merkmale	
Vorteile	Nachteile
Stark erklärungsrelevant: Diese Merkmale können das Verhalten sehr stark erklären, sie sind dessen eigentliche Beweggründe. Diese Merkmale wären am brauchbarsten, wenn sie nicht so schwer zu operationalisieren wären.	**Abgrenzung:** Es ist in der Praxis sehr schwer, gleichartige Gruppen abzugrenzen, die gleiche Einstellungen haben.
Gute Vorhersage: Merkmale erlauben gute Vorhersagen, zum Beispiel über Vorlieben.	**Schwere Operationalisierung:** Merkmale sind schwer zu erfassen und zu messen, weil sie nicht sichtbar sind und sich gewisse Erscheinungen unbewusst abspielen.
Verhaltensorientierte Merkmale	
Vorteile	Nachteile
Gute Operationalisierung: Merkmale sind leicht sichtbar und messbar.	**Keine Erklärung:** Es wird nicht deutlich, warum sich jemand in einer Situation so verhält und nicht anders.

Gute Beschreibung: Das Verhalten lässt sich leicht beschreiben und typisieren.	**Kaum prognostische Relevanz:** ob das Verhalten auch künftig gleich bleibt, lässt sich nicht zuverlässig sagen, wenn man die Gründe dafür nicht kennt.
Typologien	
Vorteile	**Nachteile**
Stark erklärungsrelevant: Diese Typologien haben einen hohen Erklärungsgehalt für das Verhalten.	**Hoher Aufwand:** Erheblicher Informationsaufwand, komplizierte Rechenmethoden und beträchtlicher Datenverarbeitungsaufwand.
Leichte Zugänglichkeit zu den Daten, weil die großen Verlage entsprechende Studien erstellen (zum Beispiel Burda, Stern, Spiegel).	**Ungeklärte Fragen** über die Zusammenhänge und die Praxisrelevanz: Zwar lässt sich zum Beispiel homogener Medienkonsum feststellen, jedoch fehlt der Nachweis, dass hieraus auch homogenes Verhalten entsteht. Existieren diese gedanklich entwickelten Typen wirklich? Wie oft kommen sie in der Realität vor?

Abb. 2.4: Vor- und Nachteile der Bezugsgruppenmerkmale

Ihre Unternehmenskommunikation!

- Durch welche Merkmale sind Ihre Bezugsgruppen gekennzeichnet? Wie alt sind sie? Was unternehmen sie in ihrer Freizeit? Wie denken sie über Ihr Unternehmen?
- Wie wirken sich diese Kriterien konkret auf die Gestaltung Ihrer Unternehmenskommunikation aus?

Linktipps

Die meisten Zielgruppenstudien geben die großen Verlage heraus, zum Beispiel Stern, Spiegel, Burda. Auf deren Websites finden sich daher weitere Informationen, Kurzfassungen, Bezugsquellen etc.

www

2.2.3 Gewichtung

Priorisieren von Bezugsgruppen

Im Fall begrenzter Ressourcen (Zeit, Geld, Menschen) ist es sinnvoll, Bezugsgruppen zu gewichten (Priorisierung). Grob können Sie zwischen Kern-Bezugsgruppen und Rand-Bezugsgruppen unterscheiden:

- **Kernbezugsgruppen** sind für das Erreichen Ihrer Unternehmensziele essenziell. Daher sollten Sie vorrangig mit diesen Bezugsgruppen kommunizieren.

- **Randbezugsgruppen** sind zwar ebenfalls für das Erreichen Ihrer Unternehmensziele wichtig, sind aber nicht so bedeutend wie Ihre Kernbezugsgruppen. Die Kommunikation ist untergeordnet, und Ressourcenentscheidungen können zulasten dieser Bezugsgruppen fallen.

Kriterien für die Priorisierung

Eine andere Form der Gewichtung ist jene nach den Kriterien „wichtig" und „eilig": Mit jenen Bezugsgruppen, mit denen die Kommunikation wichtig und eilig ist, sollten Sie zuerst die Kommunikation aufbauen. Jene Bezugsgruppen, die weder wichtig noch eilig sind, erfordern weniger Ressourcen für die Kommunikation.

Übersicht

Zur Priorisierung können Sie eine Übersicht erstellen:

Bezugsgruppe	Wichtig	Eilig	Priorität
Mitarbeiter	+	+	1
Presse	+	+	1
Nachbarn	-	-	0
Behörden	-	+	2
Verbände	+	-	2
Investoren	+	+	1
Aktionäre	-	+	2

Abb. 2.5: Priorisierung von Bezugsgruppen

Matrix zum Überblick

Zur besseren Übersicht können Sie Ihre Bezugsgruppen auch in eine Matrix einteilen:

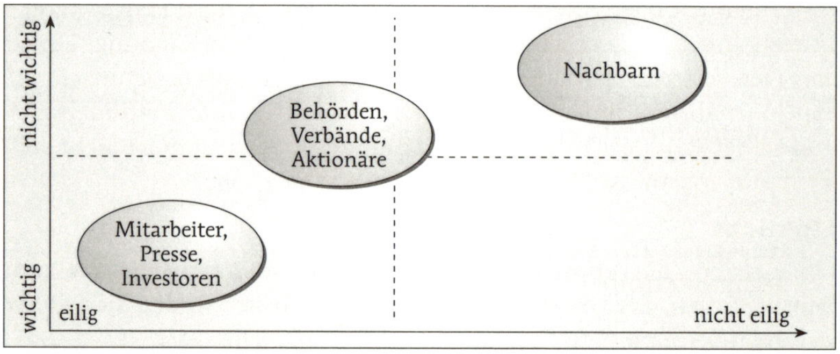

Abb. 2.6: Matrix zur Bewertung der Bedeutung von Bezugsgruppen

PRIORISIERUNG IST EINES DER GRÖSSTEN EFFIZIENZKRITERIEN DER UNTERNEHMENSKOMMUNIKATION!

Oft ist in der Praxis jenes Vorgehen zu finden, dass das Unternehmen mit möglichst vielen Menschen kommunizieren will. Dafür hat es aber langfristig betrachtet in den seltensten Fällen ausreichend Geld, ausreichend Zeit und ausreichend Personal!

SETZEN SIE STATTDESSEN IHRE RESSOURCEN FÜR DAS EIN, WAS SICH NACHWEISLICH LOHNT!

Ihre Unternehmenskommunikation!

- Mit welchen Bezugsgruppen müssen Sie kommunizieren?
- Wie wichtig ist jede dieser Bezugsgruppen?
- Wie eilig ist jeweils die Kommunikation mit ihnen? Mit welchen Bezugsgruppen müssen Sie schnell die Kommunikation aufbauen? Welche Kommunikation kann getrost später stattfinden?

2.3 Kommunikation

2.3.1 Begriff

Mitteilen und Verstehen

Der Begriff „Kommunikation" stammt aus der lateinischen Sprache (communis) und bedeutet Mitteilung, Verbindung, Verkehr. Als Synonyme gelten „Verständigung", „Übertragung" und „Interaktion".

Kommunikation bedeutet, dass sich die Beteiligten am Kommunikationsprozess verständigen, also Unternehmen und Bezugsgruppen: Beide teilen sich mit und versuchen, den Anderen zu verstehen, aber auch dessen Wahrnehmungen, Meinungen und Absichten zu gestalten. Zum Beispiel recherchiert ein Journalist, um sich eine Vorstellung von einem Unternehmen oder einem Produkt zu machen. Er stellt Fragen an das Unternehmen, äußert seine Einwände und stellt seine Sicht der Dinge dar. Der Vertreter der Unternehmenskommunikation bezieht sich auf den Journalisten, indem er ihm die gewünschten Informationen gibt und seine Sicht der Dinge erklärt, damit der Journalist diese Sicht versteht und angemessen in den Massenmedien darstellt.

ERKLÄREN IST ZENTRALE AUFGABE DER UNTERNEHMENSKOMMUNIKATION!

Kommunikation ist interaktiv

An diesem Beispiel wird deutlich, dass Kommunikation zweiseitig und damit interaktiv ist: Mitteilen und Verstehen müssen zusammentreffen und die Beteiligten sich aneinander orientieren. Kommunikation ist also mehr als das bloße technische Hin und Her von Informationen zwischen Sender und Empfänger, denn Kommunikation wäre sonst auch, wenn zwei aneinander vorbeireden. Stattdessen müssen beide Kommunikationspartner die Aussagen des Gegenübers aufnehmen und verarbeiten, damit Verständigung entsteht. Dieses aufeinander beziehen und die Verarbeitung der Botschaften ist essenziell für Kommunikation. Es kommt nicht nur darauf an, welche Informationen gegeben werden und wie: Entscheidend für den Kommunikationserfolg ist, wie das Gegenüber diese Informationen aufnimmt und bewertet (siehe auch Kap. 2.3.3).

Wollen Sie sichergehen, dass Ihre Botschaften akzeptiert werden, müssen Sie die Meinungen und Interessen Ihres Kommunikationspartners berücksichtigen!

Die Gegenseitigkeit bedeutet auch, dass alle Beteiligten darüber entscheiden, ob Kommunikation zustande kommt oder nicht. Ist einer der Beteiligten nicht bereit oder fähig, kann keine Kommunikation entstehen.

Verläuft die Kommunikation nicht für alle Beteiligten zufrieden stellend, können sie die Kommunikation abbrechen: Der Unternehmenssprecher kann im Ausnahmefall den Kontakt zu einer Kritikergruppe abbrechen, wenn er das Gefühl hat, unfair behandelt zu werden. Eine Bürgerinitiative kann sich enttäuscht zurückziehen, wenn sich das Unternehmen nicht ernsthaft mit ihren Argumenten auseinander setzt.

Will jemand keine Kommunikation mit Ihnen, können keine noch so künstlerisch gestaltete Broschüren oder ein perfektes Event die Kommunikation herstellen!

2.3.2 Kommunikationsmodell

Anwendungsnahes Konzept

Das bekannteste Kommunikationsmodell, das Verständigung sehr gut und umfassend erklären kann, stammt vom Hamburger Psychologen Friedemann Schulz von Thun. Dieses Kommunikationsmodell entstand, als ein Industrieunternehmen an die Arbeitsgruppe herantrat, in der von Thun Mitglied war, und um einen Beitrag zur besseren Kommunikation der Mitarbeiter bat. Auch Sie können dieses Modell sicher gut für Ihre Unternehmenskommunikation nutzen.

Die vier Seiten der Nachricht

Senden der Informationen

Schulz von Thun geht davon aus, dass eine Nachricht vier Seiten hat: Sachebene, Selbstoffenbarung, Beziehungsebene und Appell:

- **Der Sachinhalt:** Bei der Betrachtung des Sachaspektes geht es um die Mitteilung Ihres Sachinhalts an Ihren Kommunikationspartner. Hierfür hat die Verständlichkeitsforschung vier Merkmale der gut verständlichen Aussage erbracht (siehe auch Kap. 13.1):
  1. **Einfachheit:** Ihren Sachverhalt sollten Sie ansprechend und konkret darstellen. Sie sollten in kurzen Sätzen schreiben/sprechen und unnötige Fremdwörter vermeiden.
  2. **Gliederung:** Ihr Text sollte einen roten Faden erkennen lassen. Inhaltlich sollten Sie die Informationen folgerichtig aufeinander aufbauen. Sie sollten wichtige und unwichtige Informationen unterscheiden und die wichtigen herausstellen.

3. **Kürze/Klarheit:** Ihr Text sollte immer eine klare Botschaft haben (Prägnanz), auf die Ihr Text geradlinig zuläuft.
4. **Anregung:** Ihr Text sollte spannend sein, um zu aktivieren. Schreiben Sie also persönlich und abwechselungsreich, zum Beispiel durch Fragen an den Leser und erklärende Geschichten.

- **Die Selbstoffenbarung:** In jedem Satz, den Sie an andere richten, geben Sie etwas von sich preis. Umgekehrt kann sich Ihr Kommunikationspartner fragen, was Sie zu dieser Aussage bewegt hat. Formen Sie daher Ihre Aussagen so, dass Sie gezielt ein bestimmtes Bild von sich und Ihrem Unternehmen senden.

  Selbstoffenbarung und Selbstdarstellung

  Dieser Aspekt zeigt also immer Selbstoffenbarung und Selbstdarstellung.
- **Die Beziehung:** In dieser Seite der Nachricht drücken Sie aus, wie Sie Ihre Beziehung zum Kommunikationspartner sehen und welches Bild Sie von ihm haben, also: *„So sehe ich Dich"* und *„So sehe ich unsere Beziehung"*. Hierbei spielt die nichtsprachliche Kommunikation eine große Rolle. Schaffen Sie also Klarheit darüber, wie Sie Ihren Kommunikationspartner sehen und äußern Sie dies direkt oder indirekt.
- **Der Appell:** Mit jeder Aussage wollen Sie Ihren Kommunikationspartner zu etwas aktivieren, zum Beispiel zu einer Handlung. Die Appelle können sehr offenkundig sein (*„Bestellen Sie jetzt!"*), oder eher unterschwellig. Prüfen Sie also, welche Wirkung Sie mit Ihrer Kommunikation anstreben.

Prüfen Sie Ihre Nachrichten auf jeder dieser Ebenen. Das Kommunikationsquadrat ermöglicht Ihnen, Kommunikationsprobleme besser einzuordnen und Ihre Kommunikationsfähigkeit zu verbessern.

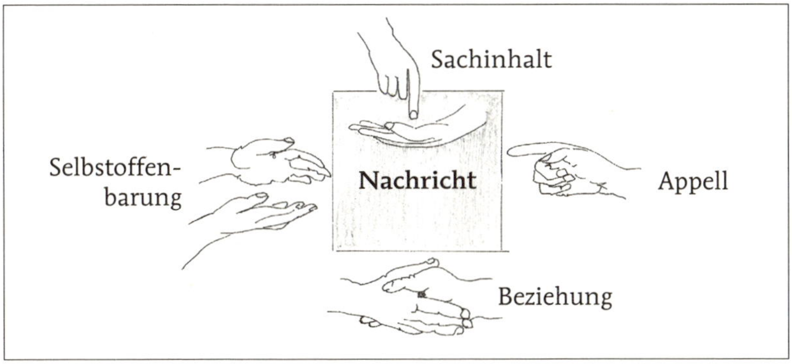

Abb. 2.7: Die vier Seiten der Nachricht

Das Vier-Ohren-Modell

Aufnahme und Verarbeitung

So wie es vier Seiten der Nachricht gibt, wird die Nachricht unterschiedlich aufgenommen und verarbeitet: Für jede Seite Ihrer Nachricht hat der Empfänger gewissermaßen ein eigenes Ohr. Auf welchem Ohr Ihre Bezugsgruppen besonders gut hören, liegt zum einen an deren Persönlichkeit und an der Situation; zum anderen gibt es übergreifende Empfangsgewohnheiten, die jeder von uns hat.

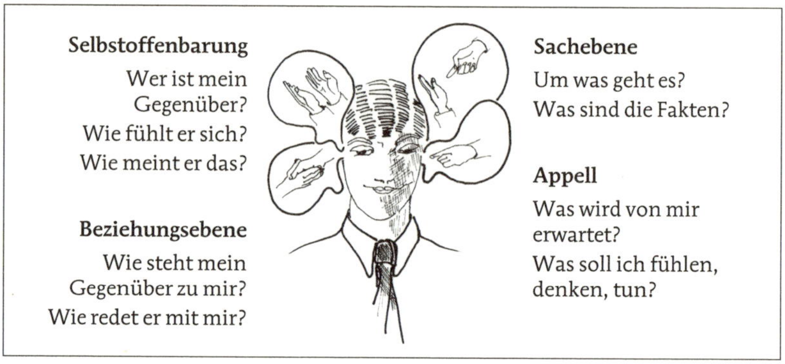
Selbstoffenbarung
Wer ist mein Gegenüber?
Wie fühlt er sich?
Wie meint er das?
Beziehungsebene
Wie steht mein Gegenüber zu mir?
Wie redet er mit mir?
Sachebene
Um was geht es?
Was sind die Fakten?
Appell
Was wird von mir erwartet?
Was soll ich fühlen, denken, tun?

Abb. 2.8: Nachrichten mit vier Ohren aufnehmen

- **Das Sach-Ohr:** Mit diesem Ohr hören Ihre Bezugsgruppen den Sachinhalt Ihrer Nachricht. Verfügt Ihre Bezugsgruppe über ein großes Sach-Ohr, kann sie die zwischenmenschlichen Töne der Beziehungsebene leicht überhören. Dies kann die Diskussion versachlichen.
- **Das Selbstoffenbarungs-Ohr:** Mit diesem Ohr nimmt Ihre Bezugsgruppe wahr, aus welcher persönlichen Situation heraus Sie etwas sagen. Oft ist es ein Abwägen zwischen Beziehungs-Ohr und Selbstoffenbarungs-Ohr: *„Sagt er das, weil er mich damit meint oder betrifft es mehr ihn selbst?“* So könnte die Bezugsgruppe für sich schlussfolgern, dass Sie durchaus berechtigte Kritik nur deshalb anbringen, weil die Situation Sie stärker betrifft als die Bezugsgruppe. So kann diese sich gegen Ihre Kritik abschotten.
- **Das Beziehungs-Ohr:** Wenn Ihre Bezugsgruppe zu sehr mit dem Beziehungsohr hört, nimmt sie alles schnell persönlich und bezieht jede Botschaft auf sich. Sie nimmt die Selbstoffenbarung der Nachricht nicht wahr und bezieht keine Stellung zum Sachaspekt der Nachricht.
- **Das Appell-Ohr:** Wer ein ausgeprägtes Appell-Ohr hat, konzentriert sich vor allem darauf, die Aufforderungen herauszuhören. Man will es allen recht machen. Handelt es sich um den Unternehmensvertreter, besteht die Gefahr, dass dieser nur noch klischeehaft-konventionell handelt, ohne seiner eigenen Persönlichkeit, seinen Wünschen und Bedürfnissen Rechnung zu tragen (siehe auch Kap. 2.5.5). Dies ist zum Beispiel dann der Fall, wenn das Unternehmen nur noch das sein will, was seine Kunden von ihm wünschen. Ergebnis wird sein, dass es selbst nicht mehr weiß, wo seine Kernkompetenzen liegen.

Orientieren Sie sich an diesem Vier-Ohren-Modell der Nachricht, wenn Sie die Kommunikation mit Ihren Bezugsgruppen prüfen und feststellen wollen, welche Botschaften bei diesen ankommen.

Sprachliche und nichtsprachliche Aussagen

Stimmige Kommunikation

Jede Nachricht besteht aus einem sprachlichen (verbalen) und einem nichtsprachlichen (nonverbalen) Teil. Beide Teile können sich gegenseitig ergänzen und unterstützen, aber sie können sich auch widersprechen.

Entsprechen und ergänzen sich sprachliche und nichtsprachliche Aussagen, wird dies als **kongruente Nachricht** bezeichnet. Widersprechen sie sich, handelt es sich um eine **inkongruente Nachricht.** Beispiel: Wenn ein Unternehmensvertreter im Fernsehinterview zwar selbstbewusst und souverän erscheinen will, tatsächlich aber sehr nervös und unsicher wirkt, schwitzt und an seiner Krawatte nestelt, dann vermittelt er eine inkongruente Aussage, da sich Worte und Taten widersprechen.

Der Grund für inkongruente Nachrichten liegt meistens in einer inneren Zerrissenheit des Senders, die Schulz von Thun als „inneres Kuddelmuddel“ bezeichnet. Hierbei handelt es sich um zwei Nachrichten, die der Sender mischt, da er sie für sich noch nicht geklärt hat (zum Beispiel die Einschätzung über einen Schadensfall in der Krise).

Metakommunikation klärt Widersprüchlichkeiten

Der Empfänger steht bei solchen inkongruenten Nachrichten vor dem Problem, auf welche der beiden widersprüchlichen Botschaften er reagieren soll. Die Lösung kann darin bestehen, die Situation durch **Metakommunikation** zu klären, also reden über das Reden, und gemeinsam mit dem Sender die vermischten Nachrichten zu ordnen.

Sollten Sie Metakommunikation anstreben, können Sie hierzu die Regeln der Rückkoppelung (Feedback) einsetzen:

- *„Ich stelle fest, dass ....“*
- *„Ich interpretiere das so, dass ....“*
- *„Ich fühle mich dabei ...“*
- *„Ich wünsche mir für die Zukunft, dass ...“*

Jedoch gibt es auch Situationen, in denen der Empfänger vom Sender abhängig ist und nicht die Fähigkeiten oder Möglichkeiten zur Metakommunikation hat, wie zum Beispiel in der Beziehung von Mitarbeiter und Vorgesetztem. Solche Konflikte bleiben dann ungeklärt und führen zur Frustration des Mitarbeiters (siehe Kap. 6). Der Ausweg kann in einer dritten Person liegen, die sich als neutraler Vermittler einschaltet (siehe Kap. 12.2.3).

2.3.3 Kommunikation als Lernprozess

Kommunikation bedeutet Lernen

Genau genommen ist Unternehmenskommunikation ein Lernprozess, also die Gestaltung von Wissen: Die Bezugsgruppen sollen lernen, was das Unternehmen kennzeichnet, was es kann und worin es sich von anderen Unternehmen unterscheidet. Die Bezugsgruppen sollen frühere, negative Erfahrungen verlernen, wenn sich das Unternehmen ändert.

Wissen soll hier als Netz aus Kenntnissen, Fähigkeiten und Fertigkeiten verstanden werden, das jemand zum Lösen einer Aufgabe einsetzt.

Fehlt einer Person das Wissen, um ihre Aufgabe zu lösen, muss sie sich Informationen beschaffen. Diese sucht sie gezielt, zum Beispiel im Internet. Die gefundenen Informationen bewertet die Person danach, ob diese ihr Problem lösen können oder zumindest dazu beitragen. Hierbei kann es zum Beispiel vorkommen, dass die Informationen zwar vorhanden sind, aber die Person diese Informationen nicht findet, deren Bedeutung nicht erkennt oder aber die Informationen nicht versteht. Wer hätte nicht schon gehört: *„Aber das stand doch schon alles in meinem Brief!"?*

Informationen müssen also wahrgenommen, aufgenommen und verarbeitet werden.

Das Drei-Speicher-Modell

Das Verarbeiten von Informationen wird mit dem Drei-Speicher-Modell beschrieben:

- **Sensorischer Speicher:** In der ersten Stufe werden Informationen über die Sinnesorgane aufgenommen. Dies kann ein visueller (sichtbarer) Reiz sein, ein auditiver (hörbarer), haptischer (den Tastsinn ansprechender), olfaktorischer (geruchlicher) oder gustatorischer (geschmacklicher). Die aufgenommenen Informationen gelangen in den sensorischen Speicher, wo mit einem geringen gedanklichen Aufwand die Organisation und Bearbeitung der Reize zur Weiterverarbeitung in den Kurzzeitspeicher stattfindet.
- **Kurzzeitspeicher:** In dieser Speicherstufe findet die eigentliche Verarbeitung der Informationen statt. In diesem System werden die Reize abhängig von schon gespeicherten Informationen entschlüsselt und bewertet. Es wird deshalb auch als **Arbeitsgedächtnis** bezeichnet. Das Kurzzeitgedächtnis kann Material aus dem sensorischen oder dem Langzeitgedächtnis enthalten. Die Speicherkapazität des Kurzzeitgedächtnisses ist normalerweise auf 2 bis 4 Einheiten begrenzt, um als Filter bestimmte Informationen aus der dargebotenen Informationsflut auszuwählen. Der Mensch kann seine gedanklichen Ressourcen klar ausrichten. Das Kurzzeitgedächtnis kann bis zu 7 Einheiten verarbeiten, wenn **Gedächtnistechniken** eingesetzt werden:
  - **Wiederholen:** Durch einfaches oder mehrfaches Wiederholen wird die Information im Kurzzeitgedächtnis festgehalten. Ohne Wiederholung verschwinden die Informationen nach drei Sekunden schrittweise aus dem Kurzzeitgedächtnis.
  - **Chunking:** Bei diesem Vorgang wird aus mehreren einzelnen Informationseinheiten eine bedeutungstragende Informationseinheit zusammengesetzt (Chunk). Beispielsweise lassen sich die vier Ziffern 1, 9, 7, 6, zu einem Chunk als Jahreszahl „1976" zusammenfassen. Durch Chunking spart der Mensch Gedächtniskapazität.

  Das **Abrufen (Retrieval)** der Inhalte aus dem Kurzzeitgedächtnis erfolgt sehr schnell. Wahrscheinlich werden hierzu alle Elemente eines im Kurzzeitgedächtnis gespeicherten Sets von Informationen seriell abgetastet.

- **Langzeitspeicher:** Im Langzeitspeicher sind die verarbeiteten Informationen abgelegt und gespeichert. Das Langzeitgedächtnis besteht aus den gesamten Erfahrungen, Informationen, Emotionen, Fertigkeiten, Wörtern, Begriffsklassen, Regeln und Urteilen, die eine Person während ihres Lebens gespeichert hat.

  Die Kapazität des Langzeitgedächtnisses ist unbegrenzt, die Informationen können ein Leben lang bestehen bleiben. Somit ist das Gesamtwissen einer Person über die Welt und sich selbst im Langzeitgedächtnis biochemisch abgespeichert. Das Langzeitgedächtnis wird wie folgt unterteilt:
  - **Prozessgedächtnis:** System für Fertigkeiten, also wie Dinge getan werden.
  - **Episodengedächtnis:** System für das Erinnern an Ereignisse, die auf persönlichen Erfahrungen beruhen; es speichert biographische Informationen.
  - **Semantikgedächtnis:** System für die grundlegende Bedeutung von Wörtern und Begriffen.

Vernetzen von Informationen beantwortet viele Fragen

Im Kurzzeitspeicher wird also geprüft, ob und wie die aufgenommenen Informationen in das vorhandene Wissen eingebaut und mit diesem vernetzt werden können.

Dieses Prinzip des Bewertens und Vernetzens beantwortet viele Fragen: Es erklärt,

- warum sich zwei Menschen unterschiedlich entscheiden, obwohl sie über die gleichen Informationen verfügen: Sie bewerten und kombinieren die Informationen unterschiedlich;
- warum trotz gleicher Informationen bei einem Menschen neues Wissen entsteht, bei einem anderen nicht: Die Informationen werden anders vernetzt;
- warum das Weitergeben von Wissen häufig persönlich erfolgen muss: Jemand muss erklären, durch welche spezielle Bewertung und Vernetzung jemand zu Wissen gelangt ist;
- warum jemand bestimmtes Wissen nicht hat: Er verfügt nicht über die geeigneten Informationen, die er vernetzen kann;
- warum jemand keine Informationen aufnimmt: Er bewertet sie als nutzlos, weil er weiß, dass er sie nicht auf seine Aufgaben beziehen kann;
- warum es Unternehmen immer wieder gelingt, besser und schneller zu sein als die Konkurrenz, obwohl sie lediglich über die gleichen Rahmenbedingungen wie andere Firmen verfügen (Maschinen, Computer etc.): Es gelingt dem Unternehmen, den Prozess der Wissensentstehung erfolgreich zu gestalten;
- warum eine Firma trotz hervorragend qualifizierter Mitarbeiter nicht schlauer ist als andere Unternehmen: Sie wissen dieses Potenzial nicht zu nutzen.

Abb. 2.9: Das Entstehen von Wissen aus Informationen

Informationen müssen in Form und Inhalt stimmen

Was bedeutet dies für die Unternehmenskommunikation? Ein Reiz muss in allen drei Speichern verarbeitet werden, bevor er gespeichert und später wieder erinnert werden kann. Sie sollten daher möglichst schnell und gezielt Zugang zum Langzeitspeicher Ihrer Bezugsgruppen bekommen, um Ihre Kommunikationsbotschaft in deren Gedächtnis zu speichern und abrufbar zu machen.

Hierzu müssen Sie sicherstellen, dass Sie die richtigen Informationen geben, nämlich jene, die die Bezugsgruppe braucht: Ein Aktionär, der die Finanzkraft und die Entwicklung des Unternehmens beurteilen muss, sucht andere Informationen als ein Anwohner, der wissen möchte, ob die Produktionsanlagen sicher und umweltgerecht sind.

Es ist sogar möglich, dass ein Mensch unterschiedliche Informationen braucht, was in seinen unterschiedlichen sozialen Rollen (siehe Kap. 2.2) begründet ist:

- Als **Mitarbeiter** sucht er Informationen über die Weiterbildung im Unternehmen.
- Als **Aktionär** möchte er wissen, wie sich seine Aktien entwickeln.
- Als **Kunde** hat er Fragen zur Produktausstattung.
- Als **Mitglied** einer kritischen Umweltgruppe möchte er sich über den Schadstoffausstoß informieren.

Ihre Unternehmenskommunikation sollte ihm für jede dieser Rollen die gewünschten Informationen bieten. Dabei sollten Sie sicherstellen, dass sich die Informationen nicht widersprechen. Dies wäre der Fall, wenn ein Unternehmen dem Mitarbeiter mitteilt, dass es um jeden Arbeitsplatz kämpft und dem Aktionär, dass der Abbau von Arbeitsplätzen die Wirtschaftlichkeit des Unternehmens und damit seinen Börsenwert steigern soll.

Der Kernsatz lautet daher:

> Die Unternehmenskommunikation sollte den Bezugsgruppen genau jene Informationen geben, die diese benötigen. Diese Informationen sollten stimmig sein!

Gezielte Information statt Überflutung

Dies klingt plausibel, doch die Praxis ist anders: Unternehmen geben Broschüren heraus, die sie an *sämtliche* Bezugsgruppen verteilen. Die Empfänger sollen sich dann aus den angebotenen Informationen jene heraussuchen, die für sie wichtig sind. Ob die so angesprochenen Bezugsgruppen diese Informationen überhaupt aufnehmen wollen und können, ob sie diese verstehen und akzeptieren, prüfen viele Unternehmen nicht. Dieses Vorgehen funktioniert jedoch aufgrund von Informationsüberflutung und Reizüberlastung nicht mehr! Wer Informationen breit und massenhaft streut, erzeugt Informationsmüll und überlastet seine Kommunikationspartner – abgesehen davon, dass dieses Vorgehen extrem teuer und unwirksam ist.

SETZEN SIE KOMMUNIKATION GEZIELT EIN!

Die geringe oder ausbleibende Wirkung der Maßnahmen wird irrtümlich als Beweis interpretiert, dass Unternehmenskommunikation nichts oder viel zu wenig bewirken könne. Folge: Die Investitionen in Unternehmenskommunikation werden zurückgeschraubt. Eine Spirale setzt sich in Gang, an deren Ende das Aus für die Unternehmenskommunikation stehen kann.

Unternehmenskommunikation gestaltet Wissen

Erkenntnisse und Konsequenzen

Die Erkenntnisse über den Zusammenhang von Unternehmenskommunikation und Wissen sind sehr wichtig für die Gestaltung Ihrer eigenen Unternehmenskommunikation:

Erkenntnis	**Konsequenz für die Unternehmenskommunikation**
Wissen ist individuell: Eine Information kann bei zwei Menschen unterschiedliches Wissen erzeugen und damit unterschiedliche Problemlösungen.	Berücksichtigen Sie die unterschiedlichen Kommunikationsinteressen Ihrer Bezugsgruppen (s. Kap. 2.2). Prüfen Sie, über welchen Hintergrund und welches bisherige Wissen Ihr Kommunikationspartner verfügt; ob und wie er Informationen aufnimmt, bewetet und interpretiert.
Wissen ist selektiv: Ein Mensch benötigt einen konkreten Hintergrund, um Informationen vernetzen und ein Problem lösen zu können.	Ermöglichen Sie den Bezugsgruppen den Zugang zu den benötigten Informationen. Hierzu ist es erforderlich, die Wünsche und Erwartungen der unterschiedlichen Bezugsgruppen genau zu kennen.
Wissen muss Probleme lösen.	Ein Mensch ist nur dann bereit zu lernen, wenn ihm dieses Wissen nutzt. Erklären Sie daher Ihren Bezugsgruppen, welchen Nutzen und welche Konsequenzen die Informationen für sie haben.

Wissen entsteht langsam.	Kommunikation muss langfristig angelegt sein, denn Ihre Bezugsgruppen müssen lernen – und das dauert. Das Gelernte vertieft sich durch Wiederholung und Erfahrungen, die die Bezugsgruppen mit Ihrem Unternehmen sammeln.

Abb. 2.10: Wissen und Unternehmenskommunikation

Ihre Unternehmenskommunikation!

- Über welches Wissen verfügt Ihre Bezugsgruppe im Hinblick auf Ihr Unternehmen?
- Welches Wissen müssen Sie neu aufbauen?
- Welches Wissen sollten Sie festigen?
- Welches Wissen sollen Ihre Bezugsgruppen verlernen?
- Welches Wissen sollten Sie ergänzen?

Buchtipps

- Anderson, J.R.: Kognitive Psychologie, 2. Auflage, Heidelberg 1996
- Baddeley, A.: So denkt der Mensch: Unser Gedächtnis und wie es funktioniert, München 1986
- Zimbardo, Ph. G.: Psychologie, 7. Auflage, Berlin/Heidelberg 1999

2.3.4 Kommunikationsformen

Monologe und Dialoge

In der Unternehmenskommunikation können Sie unterschiedliche Kommunikationsformen unterscheiden (in Anlehnung an Ansgar Zerfass), zunächst den Monolog und den Dialog:

- **Monolog** ist Kommunikation, die weitgehend nur von einem Beteiligten gesteuert oder vorbestimmt wird. Beispiele sind Vorträge und alle Formen von massenmedialer Kommunikation, wie zum Beispiel TV-Sendungen und Präsentationen im World Wide Web. Die Rollen von Sender und Empfänger sind klar verteilt. Aber auch beim Verfassen und Lesen einer Imagebroschüre oder CD-ROM gilt, dass die Inhalte einseitig vorgegeben sind.
- **Dialog** bedeutet, wenn die Rollen von Sender und Empfänger wechseln oder dies zumindest möglich ist. Beispiele sind persönliche Gespräche, Telefonate, Online-Chats im Internet, runde Tische mit Kritikergruppen oder Hintergrundgespräche mit Journalisten. Das Unternehmen gibt Informationen an seine Bezugsgruppen, die es selbst für wichtig erachtet, aber auch solche, die seine Bezugsgruppen wollen und brauchen: Zum Beispiel informiert es die Massenmedien über

die geplante Fabrikationsanlage und organisiert eine Diskussionsveranstaltung, auf der Nachbarn und Kritikergruppen ihre Bedenken und Einwände äußern – hierdurch entsteht Austausch, Kommunikation. Beide Seiten können diesen Prozess planen, steuern und eingreifen, falls die Kommunikation nicht erwartungsgemäß verläuft.

Künftig werden in der Unternehmenskommunikation weiterhin beide Formen anzutreffen sein: Studien zeigen, dass die Beteiligten entscheiden wollen, ob sie sich lediglich informieren wollen, zum Beispiel durch eine Broschüre oder eine Presseinformation oder ob sie einen Dialog eingehen wollen, zum Beispiel eine Diskussion. Es ist auch möglich, beide Formen nacheinander zu wählen: Zum Beispiel informiert sich ein Mitarbeiter zunächst durch eine „Eil-Information" und nimmt dann an einer Diskussionsveranstaltung teil, um seine Kenntnisse zu vertiefen und Fragen stellen zu können.

Das Internet bietet die Möglichkeit, zwischen den Formen zu springen

Das Internet bietet die Möglichkeit, zwischen den Formen zu springen: Der Nutzer kann sich erst auf der Anbieter-Website informieren und sich dann im Diskussionsforum mit anderen Nutzern austauschen (siehe Kap. 15).

Welche Form und welche Instrumente letztlich gewählt werden, ist stark vom Involvement der Bezugsgruppen und dem Aufwand abhängig (siehe Kap. 2.7.2.4). Prüfen Sie daher, welche Form Sie anbieten und ob Sie Ihre Bezugsgruppen entscheiden lassen, welche Form diese wählen.

Überreden und überzeugen

Welche Art der Beeinflussung streben Sie an?

Kommunikation lässt sich danach unterscheiden, welche Art der Beeinflussung die Beteiligten anstreben:

- **Überreden:** Der Kommunikator will seine eigenen Absichten durchsetzen, indem er emotionale Bindungen und bestehende Präferenzen des Empfängers ausnutzt. Der Kommunikationspartner soll überredet werden **(persuasive Kommunikation)**.
- **Überzeugen:** Der Kommunikator will nicht unbedingt seine eigene Lösung durchsetzen, sondern vor allem die gemeinsame Klärung in Gang setzen. Dies setzt zwingend einen Dialog voraus, in dem alle Beteiligten ihre Argumente, Wertvorstellungen und Interessen vortragen und gegenseitig prüfen können **(argumentative Kommunikation)**.
- **Informieren:** Die Art des Einflusses bleibt weitgehend unbestimmt. In den Vordergrund tritt eindeutig die Bedeutungsvermittlung, also das Informieren beziehungsweise das Verstehen als unabdingbarer Teil jeder Kommunikation. Das ist vor allem dann der Fall, wenn sich das Unternehmen sehr unterschiedlichen Adressaten mitteilen und diese auf verschiedene Weise beeinflussen will.

Künftig wird argumentative Kommunikation wichtiger werden

In den kommenden Jahren wird die Bedeutung der argumentativen, überzeugenden Unternehmenskommunikation zunehmen, bloßes Informieren wird unwichtiger werden. Gründe hierfür sind das generell nachlassende Interesse der Bezugsgruppen (siehe Kap. 2.7.2.4) aufgrund der Informationsüberflutung auf der einen Seite und der wahrgenommenen Austauschbarkeit der Unternehmen auf der anderen Seite.

Zudem haben die Erkenntnisse aus dem Wissensmanagement gezeigt, dass es für die Kommunikationswirkung entscheidend ist, wie die angebotenen Informationen wahrgenommen, aufgenommen, verarbeitet und gespeichert werden (siehe Kap. 2.3.3). Außerdem zeigen Studien, dass die Betroffenen beteiligt sein, den Sinn von Entscheidungen verstehen und entscheiden wollen, ob und wie sie sich an der Kommunikation beteiligen.

ARGUMENTATIVE KOMMUNIKATION WIRD DIE ZUKUNFT DER UNTERNEHMENSKOMMUNIKATION BESTIMMEN!

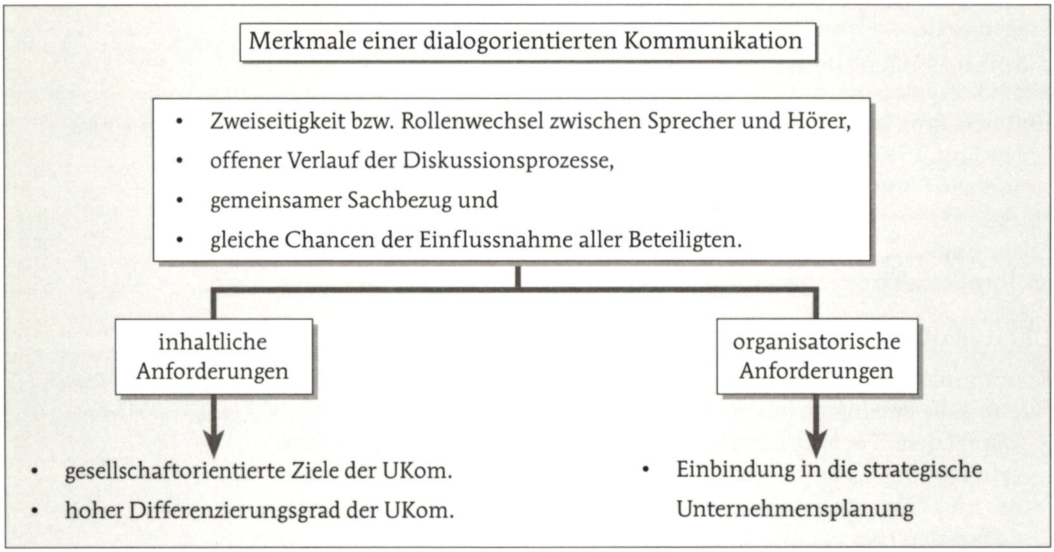

Abb. 2.11: Merkmale dialogorientierter Unternehmenskommunikation (in Anlehnung an Zühlsdorf, 2002)

Ihre Unternehmenskommunikation!

- Welche Kommunikationsform streben Sie mit Ihren Bezugsgruppen an?
- Sind Sie für den Dialog vorbereitet? Verfügen Sie über methodische und soziale Kompetenz? Oder sollten Sie sich trainieren?
- Wollen Sie Ihre Bezugsgruppen überreden? Oder sind Sie auch an deren Argumenten interessiert?
- Weichen Sie niemals von Ihrem Standpunkt ab oder sind Sie bereit zu lernen?

Buchtipps

- Ahrens, R./Scherer, H./Zerfass, A.: Integriertes Kommunikationsmanagement, Frankfurt/Main 1995
- Burkart, R.: Kommunikationswissenschaft. Grundlagen und Problemfelder, Stuttgart 2002
- Schulz von Thun, F.: Miteinander Reden, 3 Bände, Reinbek 1981 - 1998

2.4 Top-Thema: Emotionale Ansprache

2.4.1 Bedeutung

Bedeutung von Emotionen hat enorm zugenommen

In den vergangenen Jahren sind Gefühle für die Unternehmenskommunikation essenziell geworden. Einige Gründe (siehe auch Kap. 1):

- **Emotionen im Markt:** Konsumenten interessieren sich immer weniger für Informationen, da sie mit Informationen gedanklich überlastet sind und Unternehmen und Produkte für austauschbar halten. Der Aufbau und die Entwicklung einer Gefühlswelt, die den Bezugsgruppen angemessen ist, stellt sich zunehmend als einziges Unterscheidungskriterium und damit entscheidender Wettbewerbsfaktor heraus, wie das Beispiel der Automobilindustrie zeigt.
- **Emotionen im Unternehmen:** Gefühle setzen Energie frei, die den Mitarbeiter zufrieden stellen und die das Unternehmen nutzen kann, um seine Leistung zu steigern. In den vergangenen Jahren hat für die meisten Mitarbeiter die Arbeitslast enorm zugenommen, nicht jedoch der Spaß und die Befriedigung durch die Arbeit. Hier kann der Bezug zur Gefühlswelt der Mitarbeiter dazu beitragen, die Zufriedenheit mit der Arbeit und die Identifikation mit dem Unternehmen zu steigern.
- **Emotionen in der Gesellschaft:** Sachlich-rationale Werte haben sich in den vergangenen Jahren deutlich verschoben hin zu emotionalen Werten. Disziplin und Entsagung treten zurück zugunsten von Spaß und Erlebnis, zum Beispiel in Form von Sport, Reisen und Wellness.

Selbst in der Investitionsgüterindustrie, in der bisher fast immer Informationen entscheidend waren, wird die Beachtung der Gefühlswelt der Beteiligten immer wichtiger.

Emotionen im gesamten Kommunikationsmix

Das Einbeziehen der Gefühlswelt der Bezugsgruppen wird also eine zunehmend wichtige Rolle für den gesamten Kommunikationsmix der Unternehmen spielen, zum Beispiel in:

- **Werbung:** Messe-Events, Kunden-Events, Produktpräsentationen
- **Verkaufsförderung:** Händler-Events, Event-Promotions
- **Public Relations:** Unternehmensfeiern, Motivationstrainings, Ausstellungen

Bisher jedoch zu viele Informationen, zu wenig Gefühl

Die Praxis des Unternehmenskommunikation hat diesen eindeutigen Trend bisher zu wenig aufgenommen und berücksichtigt: Vor allem Informationen werden hier sachlich und nüchtern vermittelt – dies ist nicht mehr zeitgemäß. Zwei Beispiele: Der Internetauftritt der meisten Firmen macht keinen Spaß, weil er einer Datenbank gleicht (siehe Kap. 6.6). In der Krise konzentrieren sich Unternehmen meist auf das Informieren, aber vernachlässigen die mit der Krise verbundenen Gefühle, wie zum Beispiel Angst und Trauer (siehe Kap. 12).

2.4.2 Begriff

Komplexe Muster von Veränderungen

Der Psychologe Philip Zimbardo versteht unter Emotion ein komplexes Muster von Veränderungen, das physiologische Erregung, Gefühle, gedankliche Prozesse und Verhaltensweisen einschließt, die in Reaktion auf eine Situation auftreten, die ein Mensch als persönlich bedeutsam wahrgenommen hat. Emotionen können zum Beispiel Freude, Traurigkeit, Ärger, Angst, Mitleid, Enttäuschung, Erleichterung, Stolz, Scham, Schuld, Neid sein.

Merkmale von Emotionen

Emotionen haben folgende Merkmale:

- **Sie unterscheiden sich nach Qualität und Intensität:**
  - **Qualität:** Emotionen werden in Qualitätstypen eingeteilt, wie zum Beispiel „Ärger" und „Angst". Im Alltag gibt es bis 100 solcher Qualitätstypen, wobei sich einige sehr ähneln.
  - **Intensität:** Man unterscheidet starke, mittlere und schwache Emotionen. Diese Charakterisierung verwendet man meist, um Emotionen näher zu beschreiben, die schon nach ihrer Qualität gekennzeichnet sind.
- **Sie sind aktuelle Zustände von Personen.**
- **Sie richten sich auf etwas:** Ein Mitarbeiter ist stolz, für das Unternehmen zu arbeiten. Ein anderer Mitarbeiter hat Angst vor Arbeitsplatzverlust. Der Kunde freut sich, die Marke zu besitzen. Das Objekt der Emotion muss nicht wirklich vorhanden sein. Fürchtet man sich zum Beispiel vor dem Umweltschaden durch ein Unternehmen, dann ist ein solcher Schaden zwar möglich, er muss jedoch nicht eintreten. Somit sind die Überzeugung und die Sicht einer Person genauso entscheidend für Emotionen wie Ereignisse an sich.
- **Charakteristisches Erleben:** Personen, die sich in einem der genannten Zustände befinden, erleben dies normalerweise in einer charakteristischen Form. Oft treten auch bestimmte physiologische Veränderungen und Verhaltensweisen auf.
  - **Erleben:** Dies ist die subjektive Komponente von Emotionen, das Empfinden eines Gefühls.
  - **Physiologie:** Dies bezieht sich auf die körperlichen Veränderungen, die durch die Emotion ausgelöst werden, wie zum Beispiel Erröten, Veränderung der Herzrate, der Atmung, Schwitzen der Hände.
  - **Verhalten:** Hierzu gehören Gesichtsausdruck, Gestik, Körperhaltung, Körperorientierung in Bezug auf das Gegenüber, Körperbe-

wegungen wie plötzliches Zusammenzucken, Merkmale der Sprechstimme. Hierzu gehört auch beobachtbares, zielgerichtetes Handeln wie Flucht oder Angriff.

Emotion einer Person kann zweierlei bedeuten:

Bedeutung von Emotionen

- Die Person kann jetzt gerade eine Emotion erleben. Dies ist ein **aktueller emotionaler Zustand.** Zum Beispiel ärgert sich ein Aktionär über das Unternehmen, weil die Aktie gefallen ist.
- Die Person erlebt keine aktuellen Gefühle, aber sie hat eine erhöhte Bereitschaft, bestimmte Emotionen zu erleben und zu zeigen. Dies ist die **emotionale Disposition.** Nachdem die Aktie gefallen ist, zeigt der Aktionär mehr Bereitschaft, sich über das Unternehmen zu ärgern, wenn er wieder Negativmeldungen liest.

Sympathie ist diffus

Gerichtete und ungerichtete Empfindungen

Wenn in der Unternehmenskommunikation überhaupt von den Emotionen der Bezugsgruppen gesprochen wird, so bezieht sich das auf die Aufgabe, deren Sympathie für das Unternehmen zu erhöhen.

Hierbei sollten Sie beachten:

- Sympathie ist eine Stimmung. Stimmungen sind **ungerichtete Empfindungen.** Sie sind schwächer als Emotionen.
- Emotionen dagegen sind **eindeutig ausgerichtet,** wie zum Beispiel Stolz, Ängstlichkeit, Freude, Ärger, Glück, Frische, Behaglichkeit.

Anders ausgedrückt: Stimmungen sind diffus und schwach. Aus Sicht der Unternehmenskommunikation können für die Gestaltung der Sympathie jene Instrumente dienen, die eine Atmosphäre erzeugen, die positiv auf die Bewertung des Unternehmens durch die Bezugsgruppen wirkt. In diesem Fall vermitteln Sie keine spezifischen Emotionen. Ergebnis könnte sein, das Unternehmen „nett“ zu finden.
Aber:

SYMPATHIE IST KAUM GEEIGNET, SICH EINDEUTIG UND DAUERHAFT GEGENÜBER ANDEREN UNTERNEHMEN ABZUGRENZEN!

Stattdessen sollten Sie jene Gefühle eindeutig bestimmen und abgrenzen, die die Bezugsgruppen mit Ihrem Unternehmen verbinden sollen. Als Dienstleister könnten Sie Geborgenheit vermitteln, als Hersteller von Kreditkarten Freiheit. Ihr Unternehmen könnte als gemütlich, behaglich, entspannend, erholsam, heimisch beschrieben werden. Diese Gefühle sollten Sie in den Instrumenten Ihrer Unternehmenskommunikation angemessen umsetzen, wie im Fall von Events (siehe Kap. 16)!

SCHAFFEN SIE FÜR IHRE BEZUGSGRUPPEN DURCH IHRE UNTERNEHMENSKOMMUNIKATION STARKE UND EINZIGARTIGE GEFÜHLE!

Ausgeprägte Gefühle

Gefühle haben Ausprägungen

Emotionen haben unterschiedliche Ausprägungen: Freude kann zum Beispiel Glück, Helligkeit, Lachen umfassen. Behaglichkeit kann Geborgenheit bedeuten, aber auch Wärme und menschliche Nähe.

Kroeber-Riel hat mögliche Gefühlsdimensionen einer Bank aufgelistet:

Beispiel Bankerlebnisse 1	
Erlebnisdimensionen	• soziale Potenz
• Aktivsein	• Geborgenheit
• Sachlichkeit	• Umwelt und Gesundheit
• Leistung (Erfolg)	• Lebensfreude
• Ausgewogenheit	• Attraktivität

Abb. 2.12: Erlebnisdimensionen einer Bank (Kroeber-Riel, 1995)

Jede Erlebnisdimensionen lässt sich weiter nach Erlebnisclustern und Einzelerlebnissen verfeinern, zum Beispiel die Dimension „Geborgenheit" in „soziale Geborgenheit" und „materielle Geborgenheit":

Beispiel Bankerlebnisse 2

Dimension	**Erlebniscluster**	**Einzelerlebnis**
soziale Potenz	Prestige	• Ansehen • Anerkennung • Reichtum • Gold • Einfluss
	Kultur	• Kennerschaft • Kunst • Bildung • Geschmack • Ästhetik

Abb. 2.13: Erlebniscluster und Einzelerlebnisse einer Bank (Kroeber-Riel, 1995)

Gebündelte Gefühle

Erlebnisse als Bündel von Emotionen

Mehrere Gefühle bündeln sich zu Erlebnissen. Sollte also Ihr Unternehmen mit mehreren Emotionen verbunden sein, ist es sinnvoll, diesen Emotionen-Mix festzulegen. Bestimmen Sie, welche Gefühle relevant sind und gewichten Sie diese Gefühle. Dies hat folgende Vorteile:

- **Klarheit:** Sie werden sich über die relevanten Emotionen klar.

- **Umsetzung:** Sie können je nach Maßnahme entscheiden, welche Emotionen Sie ansprechen und in welcher Intensität (zum Beispiel auf einem Event).
- **Dramaturgie:** Dies erleichtert Ihnen die Dramaturgie der Veranstaltung (siehe Kap. 4.6), und die Langfristplanung, indem Sie Abwechslung schaffen und so das Interesse Ihrer Bezugsgruppen an Ihrem Unternehmen halten können.

Die herausragende Wirkung von Emotionen gründet in der multimodalen Ansprache aller Sinne: Sehen, Hören, Riechen, Fühlen und Schmecken (siehe Kap. 2.4.3).

Der Erlebnis-Mix von Fa

- frisch (30 %)
- karibisch (30 %)
- natürlich (20 %)
- wild (10 %)
- erotisch (10 %)

Abb. 2.14: Emotionen-Mix am Beispiel der Marke Fa (nach Nickel, 1998)

Ihre Unternehmenskommunikation!

- Welche Gefühle sind mit Ihrem Unternehmen und seinen Leistungen verbunden? Welche sollen verbunden sein?
- Entsprechen die Erlebnisse der Gefühlswelt Ihrer Bezugsgruppen?
- Welche Erlebnisse grenzen zur Konkurrenz ab?
- Welche Erlebnisse erschweren Imitation durch künftige Konkurrenten?
- Eignen sich die Erlebnisse zur Umsetzung durch möglichst viele Kommunikations- und Marketinginstrumente (Werbung, Produktdesign etc.)?
- Lassen sich prägnante Umsetzungen für die Erlebnisse finden?
- Können Unternehmensinformationen und Erlebnisse glaubhaft miteinander abgestimmt werden?

2.4.3 Sinnliches Erleben des Unternehmens

Appelle an die Gefühlswelt

Die zunehmende Bedeutung der Gefühlswelt der Bezugsgruppen wird dazu führen, dass die Unternehmenskommunikation die Ansprache aller Sinne in die Kommunikation einbeziehen muss. Nicht mehr allein die Information in der Broschüre wird künftig die Kommunikation mit den Bezugsgruppen bestimmen, sondern das ganzheitliche Erleben des Unternehmens. Der amerikanische Anthropologe Albert Mehrabian hat festgestellt, dass 90 Prozent einer Botschaft nonverbal aufgenommen werden.

Die Frage wird wichtig, wie die Unternehmenspersönlichkeit alle Sinne ansprechen kann. Dies ermöglicht Unterscheidung im Wettbewerb!

Einer der Forscher, der sich hiermit für die Markenführung beschäftigt hat, ist Richard Linxweiler. Dessen Erkenntnisse, die sich auf die Markenführung beziehen, möchte ich im Folgenden auf Unternehmen übertragen.

Steuerung der Gefühle

Reizverarbeitung

Informationen werden über die Sinnesorgane aufgenommen und an das Gehirn zum Verarbeiten weitergeleitet. Das Gehirn verarbeitet die Reize in unterschiedlichen Bereichen:

- **Linke Gehirnhälfte:** Sie ist für die sprachlich-logische Reizverarbeitung zuständig.
- **Rechte Gehirnhälfte:** Sie verarbeitet die nichtsprachlich-emotionalen Reize.

Die Hemisphärenforschung zeigt, dass die rechte Hemisphäre wesentlich leistungsfähiger ist, indem sie Reize schneller, gleichzeitig und automatisch verarbeitet, große Speicherkapazität hat und keiner gedanklichen Kontrolle ausgesetzt ist. Dagegen ist die linke Hälfte langsamer, sie verarbeitet Informationen sequenziell, sie hat weniger Speicher und wird gedanklich kontrolliert.

Effiziente Reizverarbeitung

Am effizientesten werden Reize durch Doppelkodieren verarbeitet, also durch Kombination von sprachlichen und nichtsprachlichen Reizen. Sie sprechen sowohl die linke als auch die rechte Hirnhälfte an.

Multisensuale Reize werden im Hirn als innere Gedächtnisbilder repräsentiert, so genannte **„Imageries“**. Als Imageries können nicht nur visuelle Reize, sondern auch andere Reize angesehen werden, zum Beispiel Akustikreize und Geruchsreize.

Zum Beispiel haben Forscher versucht, das akustische Image von Ländern zu ermitteln, indem sie die Testpersonen aufgefordert haben, Ländern Musikstücke zuzuordnen. Vielen ist das Akustiklogo der Telekom, das akustische Markenbild von Bitburger Bier („Stay a little bit longer“) und Beck's Bier („Sail away“) gut im Gedächtnis sowie das typische grüne Segelschiff der Marke Beck's. Abbildung 2.15 gibt einen Überblick über die Zeichenmodalitäten und zeigt, wie diese über die Sinnesorgane aufgenommen werden können.

Die Gestaltpsychologie weist darauf hin, dass Unternehmen ganzheitlich wahrgenommen werden und sich hierdurch Synergien ergeben; nach Aristoteles: „Das Ganze ist mehr als die Summe seiner Teile“. Die Wirkungen der Äußerungsformen von Unternehmen wie Name, Farbe, Gebäude sollten Sie in ihrem jeweiligen Zusammenhang und im Zusammenspiel betrachten, damit sich keine unerwarteten und nicht vorhersehbaren Wechselwirkungen und Widersprüche ergeben.

	Sehen	Riechen	Schmecken	Hören	Tasten Hautempfinden	Gleichgewicht
Material/Substanz (Konsistenz, hart - weich etc.)	•	•	•	•	•	
Form	•				•	
Farbe/Licht	•				•	
Räumlichkeit (oben - unten etc.)	•			•	•	•
Bewegung (Richtung, Vibration etc.)	•			•	•	
Temperatur	•	•	•		•	
Duft		•	•			
Klang				•	•	

Abb. 2.15: Reize und deren Aufnahme durch die Sinne (nach Linxweiler, 1999)

Sehen

wichtigster Sinn

Das menschliche Auge hat sich zum wichtigsten Sinn entwickelt: Der Mensch nimmt drei Viertel seiner Sinneseindrücke über das Auge auf. Diese Vorherrschaft des Auges mit ihren Chancen, aber auch Grenzen schlägt sich auch in der Sprache nieder - vor allem in Sprichwörtern, Redewendungen und allgemein üblichen Metaphern, wie die vom „Auge, das einem übergeht".

Beispiele für Optikreize

Unternehmen nutzen dies und inszenieren das Sehen ihrer Bezugsgruppen, zum Beispiel durch ausgefallene Lichteffekte auf Modenschauen und dem Feuerwerk auf einem Event. Nutzen auch Sie die optimale Gestaltung von Licht für Präsentationen Ihres Unternehmens und seiner Leistungen:

- **Lassen Sie Ihr Gebäude interessant anstrahlen.** Projizieren Sie Ihr Unternehmenslogo auf den Bürgersteig vor Ihrem Laden.
- **Gestalten Sie Räume optisch attraktiver:** Stellen Sie interessant beleuchtete Ausstellungskästen mit attraktiven Fotos am Eingang Ihres Unternehmens auf.
- Einige Agenturen bieten **computergesteuerte Licht- und Lasershows** an, die Produkte herausheben und ins optimale Licht rücken: Warum lassen Sie also nicht Ihr neuestes Produkt mit einer computergesteuerten Lasershow an die Wand projizieren? Warum nicht die hervorstechenden Merkmale eines Verkaufsschlagers durch optimale Lichteffekte betonen?
- Setzen Sie auch die Möglichkeiten der **Holographie und der 3-D-Gestaltung** ein, durch die Sie ein Produkt räumlich erscheinen lassen können. Ihrer Phantasie sind keine Grenzen gesetzt.

Einer der wichtigsten Aspekte des Sehens sind Bilderwelten, die sehr stark wirken (siehe Kap. 14.4).

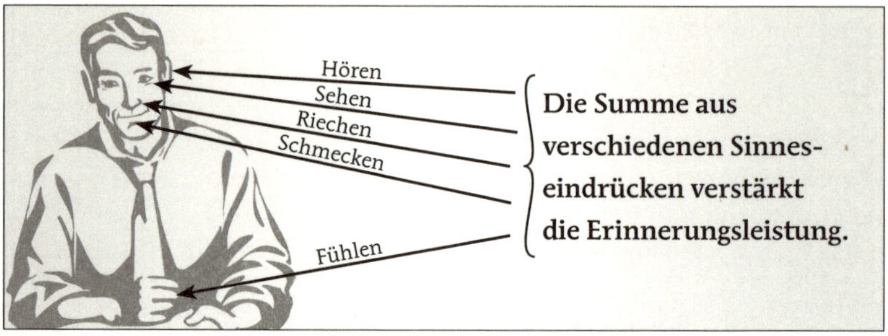

Abb. 2.16: Multimodale Ansprache festigt Sinneseindrücke

Hören

Akustische Persönlichkeit

Weit weniger als das Sehen nutzen Unternehmen das Hören ihrer Bezugsgruppen, um einen nachhaltigen Eindruck zu erzeugen. Seien Sie einen Schritt voraus: Prüfen Sie, welche Geräusche mit Ihrem Unternehmen verbunden sein sollen und welche Ihre Unternehmenspersönlichkeit charakterisieren. Setzen Sie diese Geräusche gezielt ein.

Hier einige Beispiele:

- Das eigens **für das Unternehmen komponierte Lied** können Sie vielfältig einsetzen, zum Beispiel für die Telefonschleife und auf Messen.
- Schaffen Sie **akustische Szenen,** indem Sie Geräusche kombinieren und auf Events gezielt einsetzen.
- Ein **Akustiklogo** ermöglicht schnelles Wiedererkennen und die lebendige Erinnerung an Ihr Unternehmen, wie Sie es von Akustikbildern in der Werbung kennen.

Akustikgesetze

Beachten Sie beim Einsatz die Akustikgesetze, wie das Gesetz der Ähnlichkeit von Tönen, die als zusammengehörig wahrgenommen werden oder das Gesetz der guten Verlaufsgestalt von Tönen bzw. das Gesetz der Erfahrung und das Gesetz des Gedächtnisschemas für Melodien.

Riechen und Schmecken

Unternehmen können riechen

Welches Unternehmen verbinden Sie spontan mit einem bestimmten, angenehmen Geruch? Und mit einem einzigartigen Geschmack? Wenn die Gefühlswelt Ihrer Bezugsgruppen immer wichtiger wird, sollten Sie auch diese Sinne in Ihrer Unternehmenskommunikation berücksichtigen.

DRÜCKEN SIE IHRE UNTERNEHMENSPERSÖNLICHKEIT DURCH EINEN SPEZIFISCHEN GERUCH AUS!

Emotionale Torwächter des Körpers

Geruchssinn und Geschmackssinn werden als starke emotionale Torwächter des Körpers bezeichnet. Sie dienen dazu, solche Substanzen zu erkennen und dem Hirn zu melden, die vorteilhaft oder nachteilig für den Körper sind: Gefährliche Stoffe schmecken und riechen oft unangenehm, nützliche Dinge riechen oft angenehm.

Der Mensch besitzt einen überraschend guten Geruchs- und Geschmackssinn, der wesentlich empfindlicher reagiert als bisher angenommen: Versuche haben gezeigt, dass Menschen unterschiedliche Geruchsintensitäten überraschend gut wahrnehmen und erkennen können. Gerüche werden über die Riechschleimhäute in der Nasenhöhle und ihre Sinneshärchen aufgenommen und über die Geruchsnerven und über die beiden Riechkolben an das limbische System im Gehirn weitergeleitet.

Dieser älteste Teil des menschlichen Gehirns verarbeitet Gerüche sofort und ohne Kontrolle durch das Großhirn. Er steuert zusätzlich das Gefühlsleben und beherbergt das Duftgedächtnis. Daher beschreiben manche Forscher den Geruchssinn als weit geöffnetes Tor zur Seele, das Stimmungen sofort auslösen kann, die vernunftmäßig kaum kontrollierbar sind.

Duftbilder werden im Marketing schon sehr wirkungsvoll eingesetzt. Dagegen sind Unternehmen bisher kaum mit bestimmten angenehmen Gerüchen verbunden.

Beispiele für Geruchsreize

Einige Beispiele für deren Anwendung:
- Das MÖVENPICK Hotel in Frankfurt Oberursel verströmt angenehme Düfte – schon an der Rezeption kann der Gast erfahren, was er in welchen Räumen riechen kann.
- In alten Wiener Kaffeehäusern werden die Dielenböden morgens vor Geschäftsöffnung mit frisch gemahlenem Kaffee bestreut, der mit dem Besen in die Ritzen gekehrt wird. So wird schon der erste Gast am Morgen mit einem wohligen Aroma frischen Kaffees empfangen.
- Brotläden, die nicht mehr selber backen, blasen den Duft von frischem, knusprigem Brot per Gebläse bis auf den Gehsteig.
- Eine Damenwäsche-Kette lässt Blumenduft durch die Läden wehen.
- Die Müllsäcke einer Plastik-Firma aus den USA riechen so sauber wie frisch geplättete Leintücher, weil sie mit Duftstoffen behandelt sind.
- Neue Zerstäubertechniken, kombiniert mit raffinierten Luftbefeuchtern und Klimaanlagen bringen dezente natürlich anmutende Düfte in Wohnungen, öffentliche Gebäude, Büros und Supermärkte. Manche Düfte wirken anregend, andere entspannend.
- Die Fluglinie AIR FRANCE zerstäubt CHANEL NR. 5 auf den Flugzeugsitzen.

Es gibt viele weitere Möglichkeiten für den Einsatz von Düften zur Vermittlung der Unternehmenspersönlichkeit – angefangen vom Eau de Toilette der Mitarbeiter und Kundenberater, Duft auf Messeständen und in Besprechungsräumen bis hin zu duftenden Broschüren und Geschenkartikeln.

Tasten

Viele Marken sprechen den Tastsinn an

Wie fühlt sich Ihr Unternehmen an? Ist diese Frage nicht erforderlich, wenn es darum geht, Veranstaltungen wie Events und Tage der offenen Tür zu organisieren? Reize, die durch Tasten entstehen, sind zum Beispiel Druck, Wärme, Kälte, Temperatur oder Vibration. Welcher dieser Reize kommt für Ihr Unternehmen infrage?

Ein Großteil menschlicher Kommunikation läuft über den Tastsinn ab: Mediziner behaupten, dass die Fähigkeit, Liebe und Geborgenheit zu geben und zu empfangen, zum größten Teil über die Intensität des Körperkontaktes zwischen Mutter und Kind ausgebildet wird.

Im Marketing werden die Erkenntnisse über den Tastsinn schon lange genutzt: Viele Markenprodukte wirken sich auf die Hautwahrnehmung aus, wie zum Beispiel Hautcremes, Weichspüler für Schmusewolle, Zahnbürsten, Eiscreme, Heißgetränke, Whirlpools, Tauchanzüge, Kleidung. Durch Tasten erfährt der Konsument viel über die Beschaffenheit des Gegenstands – ob er rau, glatt, heiß, kalt, rund, eckig, weich, hart, groß, klein ist etc.

Beispiele für Tastreize

Haptische Markenbilder findet man zum Beispiel in der Verpackung, wie im Fall des groben Gewebes der DRY-SACK-Sherry-Flasche, dem Strohpapier der UNDERBERG-Flasche; sie sind auch zu finden in symbolischen haptischen Markenbildern, wie der Darstellung von Daunenfedern für Weichheit.

Hier einige Beispiele, wie Sie den Tastsinn Ihrer Bezugsgruppen im Rahmen Ihrer Unternehmenskommunikation ansprechen können:

- Material Ihrer **Kommunikationsmittel**, wie Visitenkarten, Broschüren.
- **Geschenkartikel**, die danach ausgesucht werden, wie sie sich anfühlen (rund, eckig, weich, hart etc.).
- **Möbel:** In welchen Möbeln sitzt der Besucher?

Erlebniswelt Batida

- Brasilianische Exotik und Erotik
- Brasilianische Musik
- Sand, Palmen, Kokosnüsse
- Braun gebrannte, dunkelhaarige Brasilianerinnen

Erlebniswelt Cliff

- Felsen
- Springer
- karibische Wasserwelt

Erlebniswelt Freixenet

- Spanien und andalusische Kultur
- Wärme
- Dunkelhaarige Frau
- Hengst
- Flamenco-Musik
- Typische Kleidung
- Typische Architektur
- Gerüche
- Farbcodes rot-gelb und rot-schwarz

Fulda Reifen
- Sprachlich: „*Schwarz - Breit - Stark*“ in der Anzeigenwerbung
- Visuell: Farbe „schwarz“ in der Anzeigenwerbung, auf den Promotionfahrzeugen oder bei Events
- Akustisch: Musik in TV-Werbung oder bei den Events
- Olfaktorische und haptische Merkmale: typischer Gummigeruch von neuen Reifen oder typischer Eindruck beim Betasten von Gummimaterial oder Reifenprofil

Abb. 2.17: Umfassende Erlebniswelten aus der Werbung (nach Nickel, 1998)

Wie Sie in der Unternehmenskommunikation Erlebnisse gestalten können, erfahren Sie in Kap. 16.

Ihre Unternehmenskommunikation!

- Sprechen Sie mit Ihren Instrumenten der Unternehmenskommunikation sämtliche Sinne der Bezugsgruppen an, um sich umfassend, positiv und einzigartig in deren Gedächtnis zu verankern?
- Wie sieht Ihre Unternehmenspersönlichkeit aus?
- Wie hört sie sich an?
- Wie schmeckt sie?
- Wie fühlt sie sich an?

Buchtipps

- Linxweiler, R.: Marken-Design, Wiesbaden 1999
- Mikunda, C.: Marketing spüren. Willkommen am dritten Ort, Frankfurt/Wien 2002
- Nickel, O.: Event-Marketing, München 1998
- Schulz, D.: Lokal als Bühne, Düsseldorf 2000
- Opaschowski, Horst W.: Kathedralen des 21. Jahrhunderts, Hamburg 2000
- Schmitt, B./Simonson, A.: Marketing-Ästhetik, München 1998

2.5 Unternehmenspersönlichkeit

Orientierung und Vertrauen

Die Unternehmenskommunikation soll den wichtigen Bezugsgruppen durch systematische und kontinuierliche Kommunikation vermitteln, was das Unternehmen ist, was es einzigartig gut für seine Bezugsgruppen leisten kann und für was es künftig steht. Bei genauerem Nachfragen wissen dies die meisten Unternehmen selbst nicht - aber wie können die Bezugsgruppen sonst gerade Ihr Unternehmen allen anderen Unternehmen vorziehen?

Künftig wird nur jener Erfolg haben, der weiß, wer er ist und was er kann. Dies muss er seinen Bezugsgruppen lebendig und anschaulich vermitteln. Eine große Herausforderung!

Um diese Herausforderung zu meistern, hilft es, wenn Sie sich Ihr Unternehmen wie die Persönlichkeit des Menschen vorstellen.

2.5.1 Begriff

Zentrale Merkmale von Unternehmen

Die Unternehmenspersönlichkeit ist – wie die Persönlichkeit des Menschen – durch ein oder mehrere Merkmale gekennzeichnet, die das Unternehmen dauerhaft von anderen Unternehmen unterscheidet. VOLVO steht für Sicherheit, MERCEDES für Qualität, BMW für sportliches Fahren.

JEDES UNTERNEHMEN HAT EINE PERSÖNLICHKEIT – UND SEI ES EINE SCHWACHE!

Wie die starke Persönlichkeit des Menschen in einer Gruppe hebt sich die starke Unternehmenspersönlichkeit wie ein Leuchtturm aus der Flut von Unternehmen ab. Durch seine einzigartigen und unverwechselbaren Merkmale wird das Unternehmen für andere vertrauenswürdig und gilt als verlässlich, denn man weiß, mit wem man es zu tun hat: YAHOO steht für hochwertige Informationsaufbereitung, die Handelskette BODY SHOP steht für soziale Verantwortung, DISNEY für Familienwerte. Diese Merkmale sind für die Bezugsgruppen bedeutend und machen das Unternehmen für diese so attraktiv.

Merkmale von Unternehmen

FEDERAL EXPRESS: Schnelle, zuverlässige Lieferung

BIRKENSTOCK: Naturbezogene Werte, natürlicher Lebensstil

CANON: Technische Höchstleistung

3M: Innovation

MIELE: Zuverlässigkeit

BRAUN: Funktionelles Design

AIGNER: Modisches Design

Abb. 2.18: Unternehmen und ihre Merkmale

CI ist die Gestaltung der Unternehmenspersönlichkeit

Jedoch ist es gerade das Problem vieler Unternehmen, dass sie austauschbar erscheinen, weil ihnen in den Augen ihrer Bezugsgruppen jegliche Individualität und Stärke fehlt. Hier kann ein Identitätsprozess helfen, der die Aufgabe hat, die Unternehmenspersönlichkeit (Corporate Identity) systematisch und langfristig zu gestalten (CI-Management).

Für diesen Prozess wird seit kurzer Zeit auch der Begriff **„Corporate Brand“** verwendet. Diesem Begriff liegt die Überlegung zugrunde, das Unternehmen zur Marke (Brand) zu machen, also ihm ähnlich dem Produkt eine Persönlichkeit zu verleihen, die das Unternehmen aus der Masse heraushebt und einzigartig macht.

Begriffe	Und was sie bedeuten
Corporate Identity	Selbstverständnis eines Unternehmens über seine Unternehmenspersönlichkeit. (Wer sind wir? Wer wollen wir sein? Wie werden wir gesehen? Wie wollen wir gesehen werden; siehe Kap. 2.7.2)?
Corporate Identity Management	Managementprozess zur systematischen und langfristigen Gestaltung des Selbstverständnisses des Unternehmens über seine Unternehmenspersönlichkeit.
Marke (Brand)	Produktpersönlichkeit
Corporate Brand	Ein Unternehmen zur Marke machen, also zur Persönlichkeit.
Corporate Brand Management	Managementprozess zur systematischen und langfristigen Gestaltung des Selbstverständnisses des Unternehmens über seine Unternehmenspersönlichkeit. Gleichzusetzen mit CI-Management.

Abb. 2.19: Begriffe und ihre Bedeutung

Persönlichkeit mit Wert

Persönlichkeit kann für sachliche und emotionale Werte stehen

Die Unternehmenspersönlichkeit muss immer für Qualität stehen. Doch ist dieses Merkmal heutzutage meist trivial: Die Bezugsgruppen setzen hochwertige Leistungen als selbstverständlich voraus – das Qualitätsargument eignet sich immer weniger als Unterscheidungsmerkmal im Wettbewerb. Daher hat die Unternehmenspersönlichkeit meist zusätzliche Funktionen, wie etwa die Prestigefunktion im Fall von PORSCHE.

Die drei Aufgaben der Unternehmenspersönlichkeit

Die starke Unternehmenspersönlichkeit dient somit dem
- **Identifizieren:** Die Bezugsgruppen können das Unternehmen klar erkennen und ihm bestimmte Eigenschaften eindeutig zuordnen.
- **Differenzieren:** Die Bezugsgruppen können das Unternehmen deutlich von anderen Unternehmen unterscheiden.
- **Profilieren:** Für die Bezugsgruppen sind die Eigenschaften wichtig und sie befriedigen deren Bedürfnisse. Sie meinen, dass das Unternehmen dies aufgrund seiner Kompetenz auf einzigartige Weise kann.

Viele Parallelen zwischen Mensch und Unternehmen

Hinweise für Ähnlichkeiten zwischen Menschen und Unternehmen

Die Verbindung zwischen der Persönlichkeit von Menschen und Unternehmen ist eng:
- **Unternehmen bestehen aus Menschen:** Unternehmen sind nichts anderes als die soziale, organisatorische und rechtliche Verbindung von Menschen. Menschen arbeiten in Unternehmen, gestalten und

lenken sie. Sie können das Unternehmen verlassen und an anderer Stelle die gleiche Arbeit verrichten, wie das Beispiel der Topmanager zeigt, die von Unternehmen zu Unternehmen wechseln.

- **Unternehmen haben menschliche Eigenschaften:** Unternehmen lassen sich mit den Eigenschaften von Menschen beschreiben als „cool“, „amerikanisch“, „jung“, „aufregend“, „unkonventionell“ und „lustig“. Bezugsgruppen können beschreiben, welches Geschlecht und welches Alter das Unternehmen hat, woher es kommt, wie seine Freunde aussehen und wie seine Feinde.

Henkel: *Ein Unternehmen geht Beziehungen mit seinen Bezugsgruppen ein*

- **Unternehmen entwickeln sich ähnlich wie Menschen:** Unternehmen sind keine statischen Gebilde, sondern sie lernen, behalten ihr Wissen, verlernen es wieder und ersetzen es durch neues.
- **Das Unternehmen kann Beziehungen mit seinen Bezugsgruppen eingehen:** Das Unternehmen kann Freund sein, wie Apple (*„Jeder sollte einen Freund wie Apple haben“*) und Henkel (*„Henkel - A Brand like a friend“*), ein Kumpel zum Spaß haben (Virgin), Mentor (Microsoft), Berater (Morgan Stanley).
- **Menschen können ihre Persönlichkeit dem Unternehmen verleihen, wie im Fall von** Virgin, vitra und Otto.

Michelin-Männchen: Ein Unternehmen nimmt menschliche Gestalt an

- **Unternehmen können menschliche Gestalt annehmen,** wie das Michelin-Männchen oder Herr Kaiser von der Hamburg-Mannheimer (siehe ausführlich Kap. 14.4.5.1).
- **Unternehmen werden durch einen Menschen in der Kommunikation lebendig,** wie die Dekra durch Michael Schumacher, ePlus durch Franz Beckenbauer und AOL durch Boris Becker (siehe ausführlich Kap. 14.4.5.1).
- **Selbst Tiere können die Unternehmenspersönlichkeit vermitteln,** wie der Tiger von Esso, der Spürhund von Lycos und die Ameisen von Letsbuyit.com (siehe ausführlich Kap. 14.4.5.2). Solche Symbole sind besonders geeignet, innere Bilder hervorzurufen, die stark wirken und das Verhalten wesentlich beeinflussen können.

Unterschiede zwischen Persönlichkeiten von Menschen und Unternehmen

Zu den wichtigen Unterschieden zwischen den Persönlichkeiten von Menschen und Unternehmen gehört, dass Unternehmen nicht altern müssen: Professionelles Identitätsmanagement kann sie jahrzehntelang jung halten (siehe Kap. 2.5.8). Und: Menschen können ihre Persönlichkeit selbst entwickeln, die eines Unternehmens muss gestaltet werden.

Die Persönlichkeit liefert Antworten

Vorteile der Ausrichtung an der Unternehmenspersönlichkeit

Das Ausrichten der Unternehmenskommunikation an der Unternehmenspersönlichkeit kann aktuelle Fragen beantworten:

- Das Unternehmen wird sich selbst klar darüber, was es kennzeichnet und einzigartig macht. Viele Unternehmen wissen dies nicht. Diese Erkenntnis kann als dauerhafter Wettbewerbsvorteil genutzt werden.

- Die Merkmale geben den internen und externen Bezugsgruppen Orientierung und zeigen ihnen, was Halt gibt und stabil ist und was sich ändert.
- Fusionen und Akquisitionen können aus Sicht der Kommunikation danach bewertet werden, ob und wie die beteiligten Unternehmen am besten vermittelt werden (siehe Kap. 3.2.1).
- Sämtliche Instrumente der Unternehmenskommunikation lassen sich an der Unternehmenspersönlichkeit ausrichten (Koordination und Kontrolle).

Ihre Unternehmenspersönlichkeit!

- Welche Merkmale bzw. Kombination von Merkmalen kennzeichnen Ihr Unternehmen und unterscheidet es von anderen Unternehmen?
- Wenn Ihr Unternehmen ein Mensch wäre: Wie alt ist Ihr Unternehmen? Ist es männlich oder weiblich? Welche Werte sind ihm wichtig? Welchen Stil verkörpert es? Welche Hobbys hat es? Welche Freunde hat es? Welche Zeitschriften würde es lesen? Welches Auto würde es fahren? Wie würde eine Party aussehen, die Ihr Unternehmen veranstaltet? Welche Freunde würde es zu seiner Party einladen?
- Welche Persönlichkeit wird Ihr Unternehmen in 5 Jahren kennzeichnen?

2.5.2 Entwicklung

Die Unternehmenspersönlichkeit kann durch unterschiedliche Aspekte geprägt sein. Folgende Perioden lassen sich in Anlehnung an Birkigt/Stadler/Funk unterscheiden:

Gründer prägt Unternehmenspersönlichkeit

- **Traditionelle Periode:** Ursprünglich prägten die Firmengründer die Unternehmenspersönlichkeit, wie Thomas Watson von IBM, Henry Ford, David Packard von HEWLETT-PACKARD, Max Grundig, Heinz Nixdorf, Werner von Siemens und Gottlieb Daimler. Sie gaben vor, für welche Werte das Unternehmen steht, was wichtig ist und wie die Mitarbeiter handeln sollen. Selbst als der Unternehmer starb oder sich zurückzog, dienten seine Ideen, Visionen und Eigenheiten als Vorbilder für die nachfolgenden Manager, die im gleichen Sinn dachten, handelten und neue Mitarbeiter aussuchten. Unternehmen, in denen die Firmengründer beziehungsweise deren Nachfahren auch heute noch die Unternehmenspersönlichkeit wesentlich bestimmen, sind OTTO (Michael Otto), HIPP (Claus Hipp) und VIRGIN (Richard Branson).

Marke prägt Unternehmenspersönlichkeit

- **Marken-Periode:** In den 20er-Jahren prägte zunehmend die Marke (Produktpersönlichkeit) das unternehmerische Selbstverständnis. Die Marke war erforderlich geworden, als sich durch die Industrialisierung der direkte Kontakt zwischen Hersteller und Käufer auflöste. Um weiterhin das Vertrauen des Kunden zu sichern, stand die Marke für die standardisierte Fertigware mit gleich bleibender, hoher Qualität, gleichartiger Verpackung, gleich bleibender Menge und einem einheitlichen Preis.

Maßgeblich für den Aufbau und die Führung von Marken war Hans Domizlaff, der hierfür den Begriff Markentechnik prägte. In seinem Buch „Gewinnung des öffentlichen Vertrauens" beschreibt er den Zusammenhang von Marke und Firmenidentität so: *„Die Verwendung eines Namens muss auf ein einziges Erzeugnis ... beschränkt sein ... Eine Firma für eine Marke, zwei Marken sind zwei Firmen."* Domizlaff schuf für REEMTSMA die ERNTE 23, für SIEMENS das Signet und die Staubsaugermarke RAPID. Auch andere Marken entstehen: OSRAM bringt die gleichnamige Glühbirne auf den Markt, populär werden MERCEDES-BENZ, BMW, OPEL und FORD, MAGGI, KNORR und BAHLSEN, ODOL und SPALTTABLETTEN.

Design prägt Unternehmenspersönlichkeit

- **Design-Periode:** Nach dem Zweiten Weltkrieg gewinnt die visuelle Gestaltung des Produktes an Bedeutung. In den USA hat hierzu entscheidend Raymond Loewy beigetragen. In Deutschland gaben Wolfgang Schmittel und Otl Aicher der LUFTHANSA, OLIVETTI, BRAUN und den Olympischen Spielen 1972 in München die einzigartige visuelle Anmutung.

  Insgesamt schaffen Markentechnik und Design die gewünschte und zunehmend wichtige Abgrenzung im Wettbewerb – Ergebnis sind eine klare Positionierung und zunehmendes Vertrauen in die Qualität der Produkte.

Image wird entscheidend

- **Image-Periode:** Mitte der 50er-Jahre rückt das Image ins Zentrum der Aufmerksamkeit. Die beiden Amerikaner Gardener und Lewy wiesen darauf hin, dass die Produktentscheidung maßgeblich vom gesamten Vorstellungsbild (Image) geprägt ist, das der Konsument mit dem Meinungsgegenstand verbindet. Imagekampagnen verfolgen seither das Ziel, das festgelegte Firmen- und Markenbild beim Verbraucher zu erzeugen und angemessen zu gestalten. Dies soll Anonymität beseitigen und möglichst dauerhaft emotional binden.

  Jedoch brachten die Kampagnen oft nicht den erhofften Erfolg. Grund: Die Unternehmen versuchten, nach außen ein gutes Bild zu vermitteln, aber deren Handeln stimmte nicht mit den Verlautbarungen überein. Dies erzeugte Verwirrung und Unglaubwürdigkeit (siehe Kap. 2.7.2.7).

  Zudem waren die Mitarbeiter nicht in die Imagegestaltung einbezogen. Sie erkannten in der schillernden Kommunikation ihren Arbeitgeber nicht wieder und verloren das Vertrauen. Mehr noch: Sie erzählten dies abends am Stammtisch. Folge war die Erkenntnis, dass Worte und Taten übereinstimmen müssen, um ein widerspruchsfreies Bild vom Unternehmen zu erzeugen, und dass die Mitarbeiter essenziell für den Imageaufbau sind. Hieraus entwickelte sich das strategische Verständnis der Unternehmenspersönlichkeit.

- Strategie-Periode: In den 70er-Jahren verschmolzen Design, Verhalten und Kommunikation zu einem ganzheitlichen, strategischen Konzept: Das Unternehmen sollte seine Unternehmenspersönlichkeit mit einem starken Selbstverständnis kraftvoll und widerspruchsfrei in allen Äußerungsformen nach innen und außen vermitteln, also durch sein visuelles Erscheinungsbild, seine Kommunikation sowie sein Verhalten. Bis heute gelingt dies nur wenigen Unternehmen. Gründe hierfür sind zum Beispiel nicht angemessene Strukturen, Prozesse und Kultur (siehe Kap. 5).

Ganzheitliche Sicht

Diese Perioden sind nicht streng zeitlich zu verstehen: Zum Beispiel sind auch heute noch Unternehmen stark von der Gründerpersönlichkeit geprägt (zum Beispiel HIPP, SWAROVSKI) und für einige spielt Design die zentrale Rolle (zum Beispiel BRAUN, BANG UND OLUFSEN, VITRA).

2.5.3 Kennzeichnung

Die Markierung des Unternehmens

Das Kennzeichen des Unternehmens (Markierung) ermöglicht, dass die Bezugsgruppen das Unternehmen wieder klar erkennen und eindeutig zuordnen – der Mensch hat hierfür seinen Namen.

Das Kennzeichen kann ein Name, ein Logo, eine Farbe sein. Wie wichtig solche Zeichen sind, zeigt das Beispiel der TELEKOM: Das „T“ kennen 95 Prozent der Bevölkerung, die Farbe Magenta nennen 70 Prozent in Zusammenhang mit dem Unternehmen. Solche Kennzeichen sind Hinweisschilder auf das Unternehmen.

Die Telekom: Eindeutig gekennzeichnet

Formen von Markierungen

Farben

Rot: VIRGIN, EON

Blau: ARAL, AOL, AVANZA

Gelb: KODAK, DEUTSCHE POST, YELLO STROM

Farbkombination

Rot und gelb: BOOXTRA

Schwarz und gelb: LYCOS, YTONG

Schwarz und rot: HOTBOT, CONSORS

Logo

EBAY (Schriftzug)

NIKE (Swootch)

SHELL (Muschel)

Wort und Zahl

BANK24

JOBSCOUT 24

Lebewesen

LYCOS: Spürhund

LETSBUYIT.COM: Ameise

TIGER IM TANK: Esso

Visuelle Metapher

WÜRTTEMBERGISCHE VERSICHERUNG: Fels in der Brandung

DRESDNER BANK: Grünes Band der Sympathie

SCHWÄBISCH HALL: Auf diese Steine können Sie bauen

Abb. 2.20: Markierung von Unternehmen

Das Kennzeichen muss etwas bedeuten

Zeichen brauchen Sinn

Zu beachten ist, dass es zwar eindeutige Kennzeichen geben kann; jedoch gehören diese mitunter zu einer schwachen Unternehmenspersönlichkeit, wie im Fall von ARAL, SPRENGEL, BOOXTRA, AVENSIS und NOVARTIS. Es reicht daher nicht aus, wenn Bezugsgruppen den Namen oder das Logo des Unternehmens kennen. Sie müssen wissen, wofür diese stehen. Die Zeichen müssen mit einer eindeutigen Bedeutung aufgeladen sein, damit sie der Mensch mit dem Unternehmen assoziiert. Die bekannte Markierung, die für nichts oder ein altes Konzept steht, hat keinen Wert.

2.5.4 Merkmale

Grund für die Einzigartigkeit des Unternehmens

Das Ausrichten der Unternehmenskommunikation an der Unternehmenspersönlichkeit setzt voraus, dass die Verantwortlichen die Unternehmenspersönlichkeit verstehen und deren Entstehung, Entwicklung und einzigartige Merkmale kennen. Diese Merkmale können sein:

- **Hohe technische Qualität** prägt zum Beispiel die Produkte von MERCEDES-BENZ, IBM und GORE-TEX.
- Der **hohe Preis** und die damit verbundene Exklusivität, wie im Fall von CARTIER, ROLEX und DAVIDOFF.
- Das **visuelle Erscheinungsbild** kann die Persönlichkeit prägen, wie im Fall von BANG & OLUFSEN, BRAUN und CITROEN.
- Die **geografische Verankerung** des Unternehmens ist prägend, wie im Fall von HAMBURG.DE (Stadtportal), CLUB MEDITÉRRANÉE (Mittelmeerraum). Sie kann für Kompetenz stehen, wie die Braukunst aus Bayern, die Schneidekunst aus Solingen und die Käsekompetenz Hollands. Unternehmen aus Großbritannien werden vor allem mit Tradition, hochwertiger Qualität und einem guten Preis-/Leistungsverhältnis verbunden. Produktgruppen können mit Ländern assoziiert werden, wie Kleidung (Italien), Wein (Frankreich) und Uhren (Schweiz).
- Die **kulturelle Verankerung** in einer Region oder einem Land kann sich auf die Unternehmenspersönlichkeit übertragen, wie die „deutsche Gründlichkeit" auf die LUFTHANSA, der amerikanische Lebensstil auf FORD und MICROSOFT.
- Die Geschichte des Unternehmens kann Tradition verkörpern (VOLKSWAGEN). Die Erinnerung an Vergangenes ist mit starken Emotionen verbunden. Nicht zuletzt der Nostalgietrend ermöglichte der Marke HARLEY DAVIDSON in den 80er-Jahren eine Wiederauferstehung. Die Geschichte spielt auch für die Ersten ihrer Branche eine Rolle, wie CNN (erster Kabel-Nachrichtensender), INTEL (erstes Unternehmen für Mikroprozessoren). Im Internet werden sie „First-Mover" genannt und heißen DATANGO, AMAZON, CHARLES SCHWAB (Discount Broker).
- Die **Bedeutung als Marktführer** kann die Persönlichkeit prägen, wie im Fall von NOKIA, AMAZON, L'ORÉAL, PHILIP MORRIS, INTEL.
- Die **Branchenzugehörigkeit** ist wichtig, wenn Unternehmen neue Märkte erobern: Die Uhren von FERRARI sind vom Ursprung in der Au-

toindustrie geprägt. Neue Produktshops von AMAZON (zum Beispiel Videospiele, Software, Spielzeug, Elektronik) könnten vom Vertrauenskapital des Stammunternehmens profitieren.

- Die **Zugehörigkeit zum Konzern** kann eine wichtige Stütze der Unternehmenspersönlichkeit sein: MERCEDES und DEBIS sind eng mit DAIMLERCHRYSLER verbunden, SEAT und SKODA mit dem VOLKSWAGEN-Konzern und GEOCITIES mit YAHOO.
- Der **Vertriebsweg** kann eine zentrale Rolle für die Unternehmenspersönlichkeit spielen wie im Fall von VORWERK, TUPPERWARE und AVON. Dies gilt auch für EBAY, DELL und YAHOO, die eigens für das Internet geschaffen wurden.

Steuerrad für Ihre Unternehmenspersönlichkeit

brand icon navigation

Um Ihre Unternehmenspersönlichkeit zu bestimmen, können Sie die Erkenntnisse der Verhaltenswissenschaft und das hieraus abgeleitete Praxismodell des Markensteuerrades des Beratungsunternehmens BRAND ICON NAVIGATION nutzen. Es lässt sich ohne weiteres auf die Unternehmenspersönlichkeit übertragen. Demnach sollte die Unternehmenspersönlichkeit beide Gehirnhälften ansprechen (siehe Kap. 2.4.3):

- **Linke Seite:** die Kompetenz des Unternehmens (Wer bin ich?) sowie der Nutzen und die Begründung (Was biete ich an?).
- **Rechte Seite:** die Tonalität (Wie bin ich?) sowie die Ikonographie (Wie trete ich auf?).

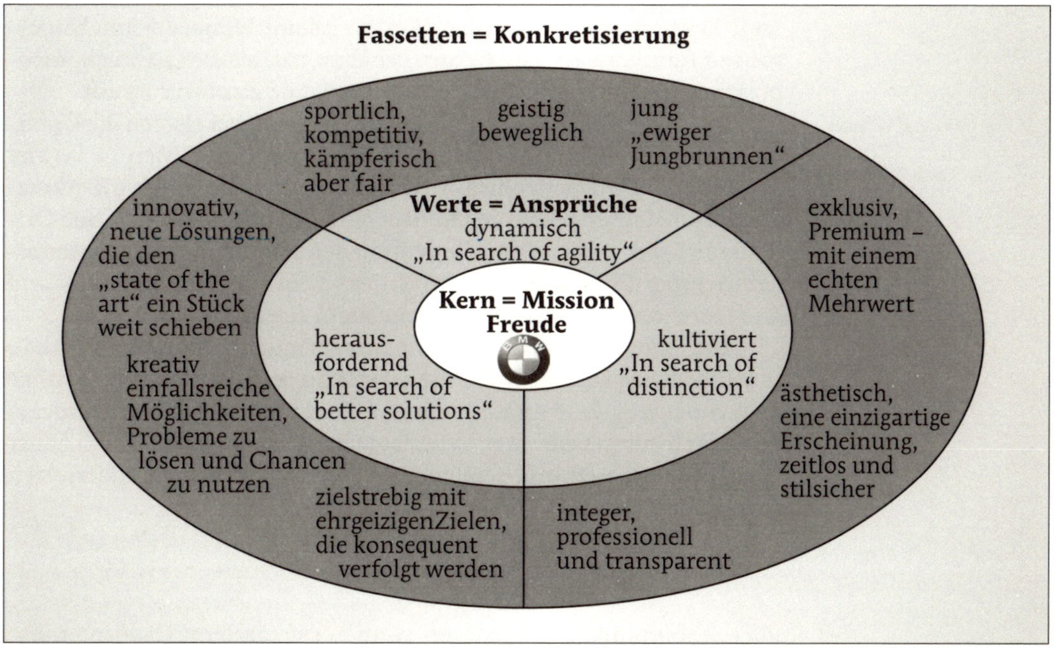

Abb. 2.21: Das Markensteuerrad am Beispiel BMW (Esch, 2003)

Die Kompetenz des Unternehmens betrifft Aspekte wie dessen Herkunft, dessen Alter usw. und bildet die Wurzeln der Unternehmenspersönlichkeit ab. Der Nutzen und die Begründungen beziehen sich auf Eigenschaften des Unternehmens sowie auf den konkreten Nutzen für die Bezugsgruppen. Die Tonalität reflektiert die Emotionen und Gefühle, die mit dem Unternehmen verbunden sind. Dazu zählen Persönlichkeitsmerkmale, Beziehungen und Erlebnisse. Die Ikonographie umfasst alle sichtbaren modalitätsspezifischen Eindrücke vom Unternehmen, wie zum Beispiel visuelle, haptische, olfaktorische, akustische und gustatorische Eindrücke, die Architektur, die Leistungen, die Kommunikation.

2.5.5 Eigenschaften

Austausch

Starke Persönlichkeiten können sich nur im Austausch mit dem Umfeld angemessen entwickeln: Nur so erfahren die Bezugsgruppen, was das Unternehmen auszeichnet und einzigartig macht; nur so erfahren die (Kommunikations-)Manager des Unternehmens die Wünsche und Erwartungen ihrer Bezugsgruppen. Robinson konnte auf seiner einsamen Insel nicht herausfinden, was ihn kennzeichnet und einzigartig macht.

Für den Austausch gilt: Je intensiver der Austausch, desto stärker nähern sich Selbst- und Fremdbild an. Damit steigt auch das dem Unternehmen entgegengebrachte Vertrauen.

Wichtig ist, dass sich das Unternehmen zwar den Interessen, Erwartungen und Wünschen des Umfeldes anpassen sollte; es darf aber nicht seine Eigenständigkeit aufgeben: DISNEY ist eine Firma, die ihre konservativen Familienwerte auch dann behalten hat, als dies ziemlich unpopulär war. Heute zeigt sich, dass dies richtig und glaubwürdig war.

Konstanz und Wandel

Ähnlich der Persönlichkeit des Menschen entwickelt sich die Unternehmenspersönlichkeit über längere Zeit. Und wie ein Mensch verfügt die Unternehmenspersönlichkeit über konstante und variable Merkmale: Die Konstanten bilden den Kern der Persönlichkeit, der Halt und Orientierung gibt. Ändern sich die zentralen Werte, ändert sich die Unternehmenspersönlichkeit. Für die Unternehmenskommunikation sind also Durchhaltevermögen und Konsequenz gefragt!

Jedoch muss sich die Unternehmenspersönlichkeit auch entwickeln, sonst bleibt sie stehen. Daher ist es wichtig, jene Variablen zu bestimmen, die sich im Zeitverlauf ändern, ohne den Kern der Unternehmenspersönlichkeit zu bedrohen. Wie diese Variablen ausgeprägt sind, hängt vom Unternehmen und seinem Umfeld ab: Modefirmen ändern sich schneller als eine Versicherung oder eine Bank.

WER SICH ÄNDERT, BLEIBT SICH TREU!

Auch Kommunikationsaussagen können sich ändern: Das Unternehmen kann immer neue Geschichten erzählen, zum Beispiel über seine

Produkte, sein Wissen, seine Mitarbeiter, seine Zukunft. Hierdurch lernen die Bezugsgruppen das Unternehmen und seine Facetten kennen, was ein vielgestaltiges Vorstellungsbild entstehen lässt (siehe Kap. 2.7.2.3). Die Bezugsgruppen können das Unternehmen immer wieder anders bzw. neu erleben, was deren Bedürfnis nach Abwechslung entgegenkommt (Variety Seeking). Jedoch sollten die Aussagen stets Ausdruck der gleichen, starken Unternehmenspersönlichkeit bleiben; sie dürfen keine Widersprüche oder Brüche enthalten, die das Vertrauen schwächen könnten.

Grundsatzentscheidungen und Anpassungsentscheidungen

Insgesamt sollten Sie also Grundsatzentscheidungen und Anpassungsentscheidungen treffen. Die Beachtung von Konstanten und Variablen eignet sich vorzüglich für das Internet, das zum einen klare Orientierung und Halt geben, zum anderen aber auch lebendig und flexibel sein muss (siehe Kap. 15.2).

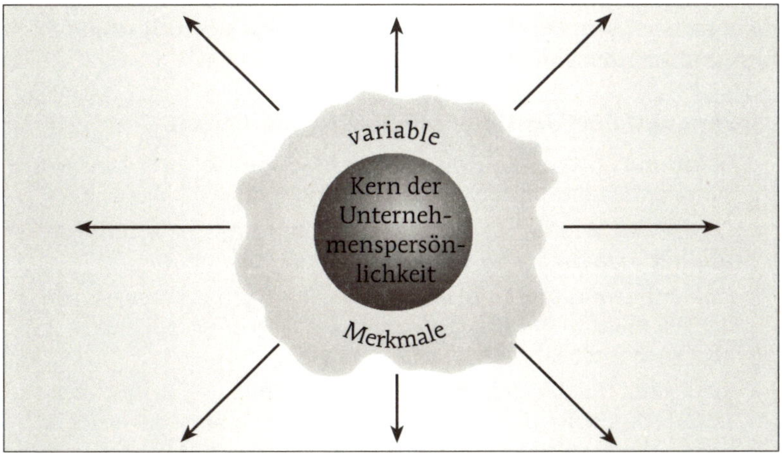

Abb. 2.22: Konstanten und Variablen der Unternehmenspersönlichkeit

Stimmige Persönlichkeit

Die Unternehmenspersönlichkeit muss in sich widerspruchsfrei (konsistent) sein, damit die Bezugsgruppen diese konsistent entlang der gesamten Erlebniskette erfahren und das starke, klare Bild vom Unternehmen entstehen kann (siehe Kap. 2.7.2).

Dies musste der Internetbuchhändler AMAZON erst lernen, denn in der Anfangszeit unterschieden sich Banner, das Logo auf der Website und auf der Rechnung, sowie die Verpackung. Ist jedoch das Auftreten nicht aufeinander abgestimmt, können sich Widersprüche ergeben, die das Vertrauen in die Zuverlässigkeit stören (siehe Kap. 2.5.7).

Individualität zählt

Die Unternehmenspersönlichkeit ist einzigartig – man kann sie nicht kopieren! Viele Unternehmenspersönlichkeiten wirken gerade deshalb so schwach, weil sie keine Unterschiede zu anderen erkennen lassen. Ein Beispiel: Das Motto des Internetanbieters ATRADA lautet: *„Auktionen & mehr"*. Es bleibt der Phantasie des Besuchers überlassen, was ATRADA mehr bietet als andere. Dies wäre zu vergleichen mit einem Stellenbewerber, der lediglich behauptet, er sei besser als die anderen Bewerber. Der Slogan *„Erfolgreiches Handeln im Internet"* besitzt zu wenig Eigenständigkeit, weil es für jegliches Handeln im Internet stehen könnte. In der Unternehmensdarstellung heißt es: *„Das einzigartige Handelsnetzwerk von Atrada bietet Ihnen innovative technologische Lösungen und Services für den sicheren, einfachen und erfolgreichen Handel im Internet."* Auch diese Beschreibung ist zu generisch, weil sie für viele Unternehmen gelten könnte; zudem sind Begriffe wie „innovativ" durch die häufige und beliebige Verwendung inhaltsleer geworden. Fazit: Einzigartigkeit fehlt, die Unternehmenspersönlichkeit wirkt schwach und profillos.

Viele Unternehmen werden durch ein falsch verstandenes Postulat der konsequenten Ausrichtung auf ihre Bezugsgruppen zum Nachläufer von Moden, indem sie einzig den aktuellen Wünschen der Bezugsgruppen entsprechen wollen. Die Gefahr ist jedoch, dass sie nach einiger Zeit nicht mehr wissen, wer sie eigentlich sind und was sie einzigartig gut und fachlundig leisten können.

Spannungsfelder der Unternehmenspersönlichkeit

- **Nähe und Distanz:** Die Unternehmenspersönlichkeit muss eigenständig sein, aber auch Nähe zu den Bezugsgruppen haben.
- **Dauer und Wandel:** Die Unternehmenspersönlichkeit muss Kontinuität vermitteln, aber sie muss sich auch entwickeln.
- **Kollektivismus und Individualismus:** Die Unternehmenspersönlichkeit muss an Werte der gesamten Bezugsgruppe appellieren, aber auch jeden Einzelnen zufrieden stellen.
- **Sicherheit und Unsicherheit:** Die Unternehmenspersönlichkeit muss Sicherheit durch Konstanz bieten, aber sie muss auch Neues bieten, damit sie nicht langweilig wird.

Abb. 2.23: Spannungsfelder der Gestaltung der Unternehmenspersönlichkeit

2.5.6 Identifikation

Gleiche Werte von Unternehmen und Bezugsgruppen

Die Kenntnis der Unternehmenspersönlichkeit ist Voraussetzung, dass sich die Bezugsgruppen mit dem Unternehmen und seinen Merkmalen identifizieren können: Die Bezugsgruppen werden jenem Unternehmen positiv gegenüber stehen, dessen Unternehmenspersönlichkeit der tatsächlichen oder der angestrebten Persönlichkeit der Bezugsgruppe entspricht. Das bedeutet, dass Menschen ein Unternehmen wie Body Shop deshalb unterstützen, weil dessen soziale Verantwortung dem Selbstbild des Verbrauchers am stärksten entspricht. Menschen können sich mit McDonald's identifizieren, weil ihnen Spaß und Familienwerte wichtig sind. Der Träger des Sportschuhs von Nike kann auf diese Weise selbst zum Sieger werden. Für die Gestaltung der Unternehmenspersönlichkeit sowie deren Kommunikation folgt hieraus:

DIE UNTERNEHMENSPERSÖNLICHKEIT SOLLTE MÖGLICHST STARK MIT DEM SELBSTIMAGE DER BEZUGSGRUPPEN ODER DEREN GEWÜNSCHTEM IMAGE ÜBEREINSTIMMEN!

Schwache Personen identifizieren sich schneller

Forscher haben außerdem herausgefunden, dass Personen mit eher schwacher Persönlichkeit sich schneller mit einem Unternehmen identifizieren als Personen mit einer starken Persönlichkeit.

Die Identifikation ist jener Faktor, der die langfristige Bindung der Bezugsgruppen an das Unternehmen am besten erklären kann. Fehlt die Identifikation, zum Beispiel weil die Bezugsgruppen keinen Identifikationsanker haben, bleiben die Bindungen an das Unternehmen schwach. Oft ist dies sogar bei den eigenen Mitarbeitern zu finden (siehe Kap. 6).

2.5.7 Vertrauen

Zuverlässigkeit des Unternehmens

Zentraler Begriff für die Unternehmenskommunikation ist Vertrauen. Vertrauen bedeutet nach Rotter die *„Erwartung eines Individuums oder einer Gruppe, dass man sich auf das Wort, die Versprechen, die verbalen oder geschriebenen Aussagen anderer Individuen oder Gruppen verlassen kann."* Vertrauen entsteht, wenn sich jemand sicher fühlt, sich auf einen anderen und dessen Zusagen verlassen zu können.
Wie es der Marketingexperte Heribert Meffert ausdrückt:

„MAN VERTRAUT NUR DEM, DEN MAN KENNT"!

Vertrauen zum Unternehmen ist für die Bezugsgruppen deshalb so wichtig, weil sich für sie das wahrgenommene Risiko verringert, vom Unternehmen und seinen Leistungen enttäuscht zu werden.

Vertrauenswürdig kann aber nur jener sein, der ein klares Bild von sich hat und dies widerspruchsfrei und damit glaubwürdig vermittelt. Der Soziologe Luhmann spricht von *„Sicherheit der sozialen Selbstdarstellung"* und meint damit, wie gut es Personen oder Sozialsystemen gelingt, *„ein konsistentes Bild von sich selbst zu entwerfen und zu sozialer Geltung zu bringen."* Andersherum: Vertrauen kann man nur jenem Unternehmen, das eine Persönlichkeit besitzt.

UNTERNEHMENSPERSÖNLICHKEIT UND VERTRAUEN HÄNGEN ENG ZUSAMMEN!

In einigen Branchen spielt Vertrauen eine herausragende Rolle, zum Beispiel in der Technologiebranche:

- Die Innovationsflut erfordert es, sich durch einen starken und prägnanten Unternehmensauftritt aus der Masse hervorzuheben und die Vorteile der Leistungen glaubwürdig zu vermitteln.
- Einige Leistungen sind erklärungsbedürftig (elektronische Bauteile), sie sind nicht sichtbar (zum Beispiel Energie) oder deren Erstellung ist

direkt an Menschen gebunden (zum Beispiel Beratung). In diesen Fällen nehmen die Marktpartner ein höheres Risiko wahr („Wird die Beratung oder die Software meine Probleme lösen?").

- Die Produkte ändern sich schnell, wie im Fall von Software. Das Prüfen jeder Neuversion vor dem Kauf ist nicht ökonomisch sinnvoll.

Eine guter Name kann hier Sicherheit bieten und das wahrgenommene Risiko verringern, vom Anbieter enttäuscht zu werden: INTEL hat es vorgemacht („*Intel inside*"), IBM folgt mit dem Hinweis auf „*IBM technology*", der auf Personal Digital Assistant (PDAs, zum Beispiel Palm), Handys, Set-Top-Boxen, Digitalkameras und Spielsystemen klebt.

Vertrauen ist auch bei Dienstleistungsunternehmen essenziell

Vertrauen ist auch bei Dienstleistungsunternehmen essenziell (siehe Kap. 10): Die ALLIANZ-GRUPPE wendet sich daher mit der Botschaft an ihre Kunden, deren Vertrauen nicht zu enttäuschen. In TV-Spots und Anzeigen präsentieren sich die Einzelmarken DRESDNER BANK, ALLIANZ, ADVANCE, ALLIANZ DRESDNER BAUSPAREN und DIT gemeinsam unter dem Motto „*Allianz Group. Ein Team, ein Versprechen: Ihr Erfolg.*"

Vertrauen spart Geld

Vertrauen hat eine ökonomische Seite: Durch Vertrauen spart der Konsument jene Kosten, die er für das Verringern des Risikos ausgegeben hätte, zum Beispiel Informationskosten für die Suche nach geeigneten, zuverlässigen Anbietern oder für finanzielle Reserven zum Abdecken von Risiken (Versicherung).

Vertrauen bindet

Vertrauen ist wichtig für dauerhafte Beziehungen

Vertrauen ist die Voraussetzung für dauerhafte Beziehungen. Auch bei Unternehmen gilt:

„NUR WEM MAN VERTRAUEN KANN, DEM BLEIBT MAN TREU!" (Meffert).

Je intensiver sich ein Unternehmen mit seinen Bezugsgruppen austauscht, desto stärker wächst das dem Unternehmen entgegengebrachte Vertrauen – dies haben Studien herausgefunden. Dies lässt sich damit erklären, dass sich Selbstbild und Fremdbild annähern und im Idealfall übereinstimmen. Auch dies ist ein Hinweis auf die Bedeutung langfristiger, kontinuierlicher Kommunikation.

Bekanntheit und Zufriedenheit bedeuten noch keine Treue

In Bezug auf Vertrauen sollten Sie zwei Aspekte beachten:

- Auch wenn Menschen mit einem Unternehmen zufrieden sind, müssen sie ihm nicht treu sein: Grund dafür ist ein Phänomen, das in der Fachsprache als **„Variety Seeking"** bezeichnet wird. Mit diesem Begriff wird das Bedürfnis des Konsumenten nach Abwechslung bezeichnet, obwohl er mit dem Unternehmen bzw. der Marke zufrieden ist. Um dieses Bedürfnis zu befriedigen und seine Bezugsgruppen trotzdem zu halten, muss sich das Unternehmen immer neu inszenieren, damit die Bezugsgruppen das Unternehmen immer neu erleben und nicht gelangweilt sind. Eine Möglichkeit ist, dass Sie wechselnde Geschichten

über das Unternehmen und seine Leistungen erzählen, die faszinieren und die Bezugsgruppen damit halten (siehe Kap. 2.5.8.3).
- Wichtig ist zu beachten, dass die Bekanntheit eines Unternehmens nicht gleichzeitig Vertrauen bedeuten muss: Eine Studie fand heraus, dass zwar 84 Prozent aller Befragten LASTMINUTE.COM kannten, aber nur 17 Prozent diesem Unternehmen vertrauten.

Die Menschen verschenken ihr Vertrauen nicht gutwillig, das Unternehmen muss es sich verdienen und das Leistungsversprechen immer neu unter Beweis stellen. *„Vertrauen kann man nicht kommunizieren, man muss es sich verdienen“*, drückt es Prof. Rajiv Lal von der Harvard Universität aus.

Wie Vertrauen entsteht

Folgende Aspekte können Vertrauen in das Unternehmen festigen:

Was Vertrauen schafft	**Konsequenzen für Ihre Unternehmenskommunikation**
Vertrauen kann durch **eigene Erfahrungen** entstehen, durch Gebrauch oder Verbrauch von Leistungen.	Sie sollten Ihren Bezugsgruppen ermöglichen, eigene Erfahrungen mit dem Unternehmen und seinen Leistungen zu sammeln, zum Beispiel auf Events und dem Tag der offenen Tür.
Die Bezugsgruppe hat die Leistungen des Unternehmens bei anderen Personen beobachtet oder ist durch **persönliche Kommunikation** darüber informiert.	Sie sollten intensiven Austausch innerhalb (!) der Bezugsgruppen ermöglichen, zum Beispiel auf Events oder in Internet-Foren.
Vertrauen entsteht durch **direkte Kommunikation des Unternehmens** mit seinen Bezugsgruppen.	Sie sollten Dialog ermöglichen. Sie sollten verdeutlichen, wer hinter dem Unternehmen steht und wartet, auf die Kommunikationswünsche der Bezugsgruppen einzugehen.
Vertrauen entsteht durch **Berechenbarkeit, durch Stabilität und Kontinuität.**	Sie sollten Ihre starke und einzigartige Unternehmenspersönlichkeit durch Ihr gesamtes Auftreten (Design, Kommunikation, Verhalten) vermitteln: Die Unternehmenspersönlichkeit sollte Merkmale umfassen, die dauerhaft sind.
Vertrauen entsteht durch **Selbstbindung des Anbieters:** Dieser muss glaubhaft signalisieren, dass er von seinen Leistungen überzeugt ist und sich dauerhaft engagieren will.	Sie sollten verbindlich darstellen und erläutern, was das Denken und Handeln Ihres Unternehmens bestimmt. Das Unternehmen kann Beweise für diese Überzeugungen anbieten, zum Beispiel auf der Website.
Vertrauen entsteht durch **Sicherheit:** zum Beispiel durch Kontrollen und Gütesiegel des Staates und anderer Institutionen.	Sie sollten Testurteile, Referenzen, Expertenmeinungen und Auszeichnungen darstellen. Das Internet bietet hierfür einzigartige Möglichkeiten durch seine Hypermedialität (siehe Kap. 15.5.1).

Abb. 2.24: Was Vertrauen fördert

Allgemeine Faktoren für das Entstehen von Vertrauen

Folgende weitere allgemeine Kommunikationsaspekte stärken das Vertrauen Ihrer Bezugsgruppen:

- **Korrekte Informationen:** Grundlage der Unternehmenskommunikation sind Daten und Fakten. Diese müssen korrekt und nachprüfbar sein.
- **Problemorientierte Kommunikation:** Unternehmenskommunikation ist keine Schönfärberei. Sie dient dem Austausch, der oft kritisch geführt werden muss. Schlechte Nachrichten sollten Sie daher weder dramatisieren noch herunterspielen oder verniedlichen. Vermitteln Sie stattdessen, wie das Unternehmen mit schlechten Nachrichten umgeht.
- **Offene Weitergabe von Informationen:** Ein glaubwürdiger Dialog entsteht dann, wenn Informationen offen getauscht werden. Informiert ein Unternehmer nur unter Druck seiner Bezugsgruppen, lässt dies an seiner Glaubwürdigkeit zweifeln. Überlebenswichtig kann die offene Weitergabe von Informationen in der Krise sein (siehe Kap. 12).
- **Langfristige Kommunikation:** Vertrauen müssen sich die Beteiligten erarbeiten und immer neu bestätigen. Ist die Unternehmenskommunikation nur Feuerwehr in der Krise, kann kein glaubwürdiger Austausch mit den Bezugsgruppen entstehen.
- **Systematisch geplante Kommunikation:** Unternehmenskommunikation bedeutet nicht das bloße Wedeln mit bunten Fähnchen oder das Verteilen von farbigen Hochglanzbroschüren. Statt dessen sollten Sie die Kommunikation mit Ihren Bezugsgruppen systematisch aufbauen und kontinuierlich entwickeln.

  ES REICHT NICHT AUS, SPEKTAKULÄRE MASSNAHMEN WIE PERLEN EINER KETTE ANEINANDER ZU REIHEN.

- **Aktive Kommunikation:** Jeder hat ein Image – sei es aktiv gestaltet oder passiv entstanden. Das aktive Gestalten bietet die Möglichkeit, Themen früh zu besetzen und die Kommunikation stärker im eigenen Sinn zu steuern als dies möglich ist, wenn man nur reaktiv handelt oder passiv bleibt.

  WER NICHT HANDELT, WIRD BEHANDELT!

  Jedoch kann auch das Reagieren notwendig sein, zum Beispiel um unwahre Behauptungen zu korrigieren. Grundsätzlich sollte aber Unternehmenskommunikation aktiv geplant und gesteuert sein, damit keine Falschinformationen, Vorurteile und Fehleinschätzungen entstehen können.
- **Verständliche Aussagen:** Nur wenn der eine die Bedeutung der Argumente des anderen versteht, kann Kommunikation entstehen. Nicht nur Worte, sondern auch deren Bedeutung müssen ausgetauscht werden, damit Verständigung entsteht (siehe Kap. 2.3.2).

- **Konsistenz im Inhalt:** Unternehmenssprecher müssen auf gleiche Fragen sinngemäß gleiche Antworten geben. Sagt der Geschäftsführer dies und der UK-Leiter jenes, entsteht Verwirrung, die am Gesagten zweifeln lässt (siehe Kap. 2.3.2).
- **Rechtzeitige Information:** Erfolgen Informationen zu spät, kann dies schädlich für die Kommunikation sein. Besonders in einer Krise kommt es darauf an, Informationen rechtzeitig zu geben, um das drängende Informationsbedürfnis der Bezugsgruppen zu stillen (siehe Kap. 12).
- **Kontinuierliche Kommunikation:** Unternehmenskommunikation sollte dauerhaft sein. Es wirkt unglaubwürdig und wenig vertrauensvoll, wenn sich ein Unternehmen nur dann meldet, wenn etwas vorgefallen ist oder wenn es aus Sicht des Unternehmens vorteilhaft ist.

Sind diese Bedingungen erfüllt, kann ein vertrauensvoller und glaubwürdiger Austausch zwischen dem Unternehmen und seinen Bezugsgruppen entstehen.

WIRD AUCH NUR EIN KRITERIUM IGNORIERT, KANN DAS AUFGEBAUTE VERTRAUEN MIT EINEM SCHLAG ZUNICHTE GEMACHT WERDEN!

Umfrage ermittelte Vertrauen in Unternehmen

Die LUFTHANSA ist übrigens das Unternehmen, das bei den deutschen Verbrauchern das größte Vertrauen genießt. Zu diesem Ergebnis kommt eine Umfrage des Magazins READER'S DIGEST, an der sich fast 38.000 Leser in 18 europäischen Ländern beteiligten. Bewertet wurden Produktqualität, Preis-Leistungsverhältnis, Image, Kenntnis der Kundenbedürfnisse und Kaufpräferenz. LUFTHANSA erzielte in Deutschland mit 74 Prozent der Nennungen in der Produktkategorie Fluggesellschaften das höchste Vertrauen. Mit Werten von über 50 Prozent entschieden auch Kreditkartenanbieter EUROCARD, Reiseveranstalter TUI und der Internet-Provider AOL ihre Branchenkategorien für sich.

Vertrauen und Kompetenz

Kompetenz als Grundlage für Vertrauen

Die Kompetenz (Fachkunde) des Unternehmens ist die Basis für seine Vertrauenswürdigkeit: Die Bezugsgruppe kann sich darauf verlassen, dass das Unternehmen fähig und bereit zur Leistung ist. Das Unternehmen gibt hierzu ein überzeugendes Leistungsversprechen ab, das es einhalten muss, damit seine Bezugsgruppen es als verlässlich wahrnehmen. Dieses Leistungsversprechen sollte schriftlich im Unternehmensleitbild fixiert sein (siehe Kap. 2.5.8.3), damit sich alle Unternehmensfunktionen an seiner Umsetzung beteiligen.

Kompetenz lebendig und anschaulich vermitteln

Wichtig ist, seine Kompetenz den Bezugsgruppen lebendig und deutlich wahrnehmbar zu vermitteln: Es reicht nicht aus zu sagen, man sei kompetent, weil dies ungenau ist und jeder behauptet! Stattdessen sollte das Unternehmen seinen Nutzen lebendig und deutlich wahrnehmbar vermitteln: Wie zeigt sich seine Kundenorientierung? Geht das Unternehmen auf Sonderwünsche ein? Beantwortet es Kundenanfragen schnell und zuverlässig? Fertigt es individuelle Produkte an? All dies kann Kundenorientierung bedeuten.

Die Leistung des Unternehmens sollte bedeutsam sein, deutlich wahrnehmbar und sie sollte auf den Kernkompetenzen des Unternehmens beruhen.

2.5.8 Gestaltung

Corporate Identity Management

Das Gestalten der Unternehmenspersönlichkeit setzt voraus, dass die Verantwortlichen wissen, wie sie das Unternehmen sehen und wie dieses von Mitarbeitern und externen Bezugsgruppen gesehen werden soll. Das gemeinsame Selbstverständnis über die Unternehmenspersönlichkeit wird als **„Corporate Identity“** bezeichnet, das systematische und langfristige Gestalten des Selbstverständnisses als **„Corporate Identity Management“** (CIM).

Begriffsherkunft

Das Wort „Corporate“ stammt aus der englischen Sprache und bedeutet „Kooperation“, „Verein“, „Gruppe“, „Unternehmen“, „Zusammenschluss“. Das Wort steht auch für die Eigenschaften „vereint“, „gemeinsam“, „gesamt“. Es geht also um eine Organisation oder eine Gemeinschaft als Ganzes: ob Unternehmen, Verein, Verband, Partei, Gewerkschaft, Polizei, Kirche, Stadt, Region oder Land.

Identity ist das gemeinsame Selbstverständnis der Mitarbeiter über die Unternehmenspersönlichkeit: Wer sind wir? Was können wir? Was wollen wir? Wer sind wir in den Augen anderer? Die Unternehmensidentität entsteht somit aus der Beziehung zwischen innen und außen. Sie zeigt sich im Denken, Handeln und den Leistungen des Unternehmens. Je mehr Mitarbeiter dieser Einschätzung zustimmen, desto einheitlicher und ausgeprägter ist das gemeinsame Selbstverständnis. Sind dagegen die Vorstellungen über die Unternehmenspersönlichkeit sehr unterschiedlich, kann das Unternehmen kein klares eindeutiges Selbstverständnis vermitteln – sein Profil gilt als unklar und diffus.

2.5.8.1 Prozess

Erkennen, gestalten, vermitteln, steuern

BMW, eSixt, Porsche – starke Unternehmenspersönlichkeiten, die jeder kennt. Sie sind nicht zufällig so stark geworden, sondern kompetente Manager haben sie in einem langwierigen Prozess dorthin entwickelt.

CORPORATE IDENTITY MANAGEMENT IST DER PROZESS, DAS SELBSTVERSTÄNDNIS DES UNTERNEHMENS SYSTEMATISCH UND LANGFRISTIG ZU ERKENNEN, ZU GESTALTEN, ZU VERMITTELN UND ZU PRÜFEN!

- **Erkennen:** Das Unternehmen erkennt bewusst und systematisch sein Selbstverständnis sowie dessen Potenzial und vergleicht dies mit den Wünschen und Erwartungen seines Umfeldes.

- **Gestalten:** Hieraus entwickelt es ein auf die Zukunft gerichtetes gemeinsames Selbstverständnis, das es in einem Leitbild verbindlich festhält.
- **Vermitteln:** Das Unternehmen vermittelt sein Selbstverständnis durch sein visuelles Erscheinungsbild (Corporate Design), durch seine Kommunikation (Corporate Communication) und sein Verhalten (Corporate Behaviour) an die internen und externen Bezugsgruppen.
- **Steuern:** Das gemeinsame Selbstverständnis wird immer wieder kritisch geprüft, um festzustellen, ob das Selbstverständnis auch weiterhin den sich ändernden internen und externen Erwartungen und Anforderungen gerecht wird. Das Unternehmen entwickelt seine Unternehmenspersönlichkeit kontinuierlich weiter mit dem Ziel, bei den Bezugsgruppen das Vorstellungsbild (Image) von der Unternehmenspersönlichkeit und ihren Merkmalen aufzubauen und zu verankern (siehe Kap. 2.7.2).

Langer und schwieriger Prozess

Das Gestalten der Unternehmenspersönlichkeit ist ein kontinuierlicher und schwieriger Prozess:
- Identitätsprozesse verlaufen parallel zu Wandlungen in Märkten, Unternehmen und der Gesellschaft. Langfristige Planung ist lebenswichtig, damit das Unternehmen künftige Chancen und Risiken erkennen kann. Das CIM soll daher vorausschauend geplant und geordnet erfolgen und sich nicht bloß reaktiv an Veränderungen anpassen.
- Das Unternehmen muss interne und externe Wünsche, Erwartungen und Ansprüche aufgreifen und prüfen, ob und wie es diese umsetzen kann. Nur die eigenen Ziele im Kopf zu haben, birgt die Gefahr, an tatsächlichen Problemen vorbei zu handeln. Sorgfältige Planung, die alle Beteiligten einbezieht, minimiert dieses Risiko.
- Das Selbstverständnis muss auf das Unternehmen, seine Stärken und Schwächen zugeschnitten sein. Es muss seinen Charakter, seine Eigenarten, seine Perspektiven berücksichtigen. Ein Unternehmen kann nur das glaubhaft versprechen, was es tatsächlich halten kann.
- Die Unternehmensidentität kann sich nur dann widerspruchsfrei entwickeln, wenn die einzelnen Aktivitäten in ein schlüssiges und damit widerspruchsfreies Konzept eingebunden sind.

Glaubwürdigkeit des Selbstverständnisses

Wichtig ist, dass ein Unternehmen nicht nur erkennt, was es sein möchte, sondern auch, wie es durch die eigene Kompetenz und Leistung glaubhaft sein kann. Will also das Unternehmen neuartige Produkte anbieten, müssen innerhalb des Unternehmens die Voraussetzungen hierfür geschaffen sein, wie zum Beispiel Einfallsreichtum und Fehlertoleranz. Und: Das Unternehmen muss prüfen, ob das, was es kann, auch vom Umfeld so gesehen und akzeptiert wird.

WORTE UND TATEN MÜSSEN ÜBEREINSTIMMEN!

Perspektiven des Corporate Identity Management
Wie sehen wir uns?
Wie werden wir von anderen gesehen?
Wie würden wir uns gern sehen?
Wie wollen wir von den anderen gesehen werden?
Wie würden die anderen uns gern sehen?

Abb. 2.25: Spannungsfeld des CI-Prozesses

2.5.8.2 Eigenschaften

Merkmale des CM-Prozesses

Corporate Identity Management ist demnach:

- **Ganzheitlich:** Corporate Identity Management ist ein Mosaik, in dem alle Steine vorhanden sein müssen, damit ein komplettes Vorstellungsbild des Unternehmens bei seinen Bezugsgruppen entsteht: CIM berührt nicht nur das Marketing und die Unternehmenskommunikation, sondern auch alle anderen Funktionen, wie Personal oder Produktion. CIM berücksichtigt nicht nur das Unternehmensumfeld, sondern auch – und vorrangig – die eigenen Mitarbeiter. Das Selbstverständnis über die Unternehmenspersönlichkeit wird nicht allein durch das visuelle Erscheinungsbild vermittelt, sondern auch durch Kommunikation und Verhalten. Diese ganzheitliche Sicht macht das Corporate Identity Management zum wichtigen Element der strategischen Unternehmensführung.
- **Systematisch geplant:** Corporate Identity Management bedeutet nicht planlosen Aktionismus durch das Auffrischen des Firmenlogos, eine Neujahrsansprache des Firmenchefs oder eine Aufsehen erregende Werbekampagne. Vielmehr müssen Identitätsprobleme zuverlässig aufgedeckt, wirkungsvoll gelöst und der Prozess sorgfältig bewertet werden. Ein solches Konzept gewährleistet, dass ein Unternehmen vorausschauend seine Chancen erkennt und seine Zukunft erfolgreich gestaltet.
- **Aktiv:** Jedes Unternehmen hat ein Selbstverständnis. Es ist nicht möglich, keines zu besitzen. Corporate Identity Management bedeutet, dieses Selbstverständnis zu erkennen und im Spannungsfeld eigener Stärken und Schwächen sowie der internen und externen Erwartungen und Wünsche aktiv zu entwickeln.
- **Kontinuierlich:** Da sich das Unternehmen und sein Umfeld ständig ändern, ist Corporate Identity Management ein lebendiger und kontinuierlicher Prozess, der Entwicklungen des Marktes und des gesellschaftlichen Umfeldes vorwegnehmen sollte.
- **Langfristig:** Corporate Identity Management ist weder Schnellschuss noch Krisenfeuerwehr. Durch spektakuläre aber vordergründige Maßnahmen leidet die Glaubwürdigkeit und das Vertrauen kann ver-

loren gehen. Wer also Erfolge quasi über Nacht durch ein neues Briefpapier und einige Werbeplakate erwartet, was dem heute noch üblichen Verständnis des CIM entspricht, sollte sein Geld und seine Energie sparen. Ein gemeinsames Selbstverständnis entwickelt sich langsam – ebenso das gewünschte Image bei den Bezugsgruppen (siehe Kap. 2.7.2).

2.5.8.3 Elemente

Die vier Elemente des CM-Prozesses

Das Gestalten der Unternehmenspersönlichkeit umfasst vier Elemente:
1. Kultur
2. Leitbild
3. Instrumente
4. Image.

Diese Elemente sind eng verknüpft und beeinflussen sich gegenseitig.

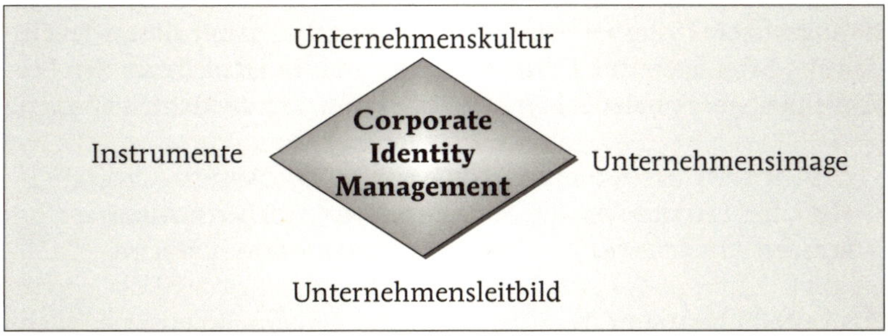

Abb. 2.26: Die vier Elemente des Corporate Identity Managements

Unternehmenskultur

Werte, Normen und Grundannahmen

Grundlage der Unternehmenspersönlichkeit ist die Unternehmenskultur. Der Begriff Kultur steht für Werte, die für das Unternehmen wichtig und wünschenswert sind, für Normen, die das Denken und Handeln aller Beteiligten bestimmen (Handlungsleitendes) und Grundannahmen, in der sich die spezielle Weltsicht des Unternehmens ausdrückt (Handlungsbegründendes). Zum Beispiel:
- Steht das Unternehmen für Dauer oder Wandel?
- Für Einzelgänger oder Gemeinschaft?
- Für Nähe oder Distanz?
- Für gleichberechtigte oder einseitige Beziehungen?

Durch seine Kultur ist jedes Unternehmen einzigartig, denn in jedem Unternehmen arbeiten andere Menschen mit anderen Erfahrungen und anderen Persönlichkeiten. Die Gestaltung der Unternehmenspersönlichkeit sollte dies berücksichtigen, um zur Einzigartigkeit des Unternehmens beizutragen.

Kultur macht verlässlich

Sind die Unternehmenswerte für die Bezugsgruppen attraktiv, können diese sich mit dem Unternehmen identifizieren, sie setzen sich für dessen Ziele ein, weil es über die gleichen Werte verfügt wie sie selbst oder über Werte, die sie gern hätten (Selbst-Image, Ideal-Image). Kultur macht verlässlich: Mitarbeiter, Kunden, Lieferanten und andere Kommunikationspartner können aufgrund der Kultur auf das künftige Verhalten des Unternehmens schließen.

Vom Ist zum Soll

Aufgabe des Corporate Identity Management ist es, die Unternehmenskultur zu erkennen, mit den Erwartungen und Anforderungen der Bezugsgruppen abzugleichen und hieraus eine auf die Zukunft gerichtete Unternehmenspersönlichkeit zu entwickeln, die im Unternehmensleitbild formuliert und verbindlich niedergeschrieben ist.

Unternehmensleitbild

Modell der Zukunft

Das Gestalten der Unternehmenspersönlichkeit setzt voraus, dass die Verantwortlichen konkret formulieren, wie sich die Unternehmenspersönlichkeit entwickeln soll und wie die Bezugsgruppen die Unternehmenspersönlichkeit sehen sollen. Hierzu legt das Unternehmensleitbild die angestrebte Unternehmenspersönlichkeit fest, damit alle an der Gestaltung Beteiligten ihre Entscheidungen und ihr Handeln an den Persönlichkeitsmerkmalen langfristig und koordiniert ausrichten können.

DIE UNTERNEHMENSKULTUR BESCHREIBT DIE VERKÖRPERTEN WERTE (IST), DAS LEITBILD FORMULIERT DIE GEWÜNSCHTE UNTERNEHMENSPERSÖNLICHKEIT (SOLL). IM IDEALFALL STIMMEN BEIDE ÜBEREIN!

Das Leitbild bestimmt den Unternehmenskurs

Das Leitbild bestimmt die Entwicklung der Unternehmenspersönlichkeit. Es steckt den Rahmen für künftiges Handeln durch einen Katalog ab, der Werte, Bekenntnisse und Kriterien zur Unternehmenspersönlichkeit enthält und Verhaltensnormen setzt.

DAS LEITBILD LEGT DEN GRUNDSTEIN FÜR DAS VERMITTELN DER UNTERNEHMENSPERSÖNLICHKEIT. UMGEKEHRT VERKÖRPERN SÄMTLICHE UNTERNEHMENSMERKMALE DAS LEITBILD!

Die Umsetzung des Leitbildes gewährleistet das eindeutige Erkennen und Unterscheiden sowie das Profilieren der Unternehmenspersönlichkeit bei den internen und externen Bezugsgruppen.

Vorteile des Leitbildes

Das Leitbild bietet folgende Vorteile:

- Es informiert die Beteiligten über die Unternehmenswerte. Es regelt, wie die Beteiligten handeln, und welche Prinzipien gelten.
- Die Verantwortlichen können Fehler erkennen und korrigieren. Das Leitbild räumt Unsicherheiten aus, die am optimalen Erfüllen von Aufgaben hindern.
- Das Unternehmensleitbild zeigt jedem Mitarbeiter, wie er durch sein Verhalten zu den Unternehmenszielen und damit zum Unternehmenserfolg beitragen kann.
- Es ermöglicht, fassbare Vorgaben für die Mitarbeiter abzuleiten, die nicht beliebig sind, sondern aus einem übergeordneten gemeinsamen Selbstverständnis stammen.

- Das Unternehmensleitbild wirkt nach außen, indem es die Bezugsgruppen über die Werte und Normen des Unternehmens informiert sowie Aussagen über dessen Wünsche und Erwartungen trifft.

WENN DAS UNTERNEHMEN ALS EINHEIT WIRKEN SOLL, MÜSSEN GEMEINSAME SPIELREGELN BEKANNT SEIN UND EINGEHALTEN WERDEN!

> *„Wissen wir nicht, wer wir sind (was unser Unternehmen ist), dann wissen wir auch nicht, was wir wollen - und was nicht.*
>
> *Wissen wir jedoch, wer wir sind, was wir wollen (= unsere Identität) - und warum oder warum nicht, dann sind wir unser selbst sicher. Also fühlen wir uns selbst sicher. Also entscheiden wir sicher.*
>
> *Sind wir unserer Identität gewiss, dann sind wir auch sicher bezüglich unserer eigenen Prioritäten, Risiken und Chancen. Dann gestalten wir unsere eigene Gegenwart und Zukunft und die unserer Unternehmen.*
>
> *Und mit unserer Identität treiben wir Identitäts-Marketing: Wir schaffen unsere ureigenen Märkte - indem wir uns unverwechselbar, einmalig zu erkennen geben - und auch so erkannt werden können. Unser Markt entsteht, indem wir uns auf den Markt ausrichten, der uns anspricht.*
>
> *Ob wir unserer eigenen Identitäts-Strategie gemäß handeln, ist keine Frage vermeintlich wissenschaftlicher Theorien: Entweder wir tun es - oder wir leben ein verfehltes Leben oder wir schaffen verfehlte Unternehmen."*
>
> C.P. Seibt in: Marketing Journal, Hamburg, Heft 1/78, Seite 6

Abb. 2.27: Bewusste Profilierung der Unternehmenspersönlichkeit

Bestandteile des Leitbildes

Die Bestandteile des Leitbildes sind die Leitidee, die Leitsätze und das Motto:

Langfristig und deutlich wahrnehmbarer Nutzen des Unternehmens

- Die **Leitidee** (auch Vision oder Mission/Auftrag genannt) enthält den langfristigen und deutlich wahrnehmbaren Nutzen des Unternehmens für seine Bezugsgruppen, der auf seiner Kompetenz basiert. Sie ist gleichzeitig die Legitimation für die Existenz des Unternehmens.

  Peter Drucker, Managementpapst, drückt dies so aus: *„Was zum Erfolg führt, ist immer dasselbe: Eine konzeptionelle unternehmerische Idee. Das heißt eine Idee von dem, was die Verbraucher wollen. Jeder der großen Unternehmensgründer hatte eine leitende und übergeordnete Idee, welche sie ihren Entscheidungen und Handlungen zugrunde legten."*

  Fritz Henkel ersetzte das mühevolle Reiben, Rubbeln und Bürsten durch einen chemischen Vorgang: Dieser brachte *„durch einmaliges Kochen ohne Mühe, ohne Reiben blendend weiße Wäsche"*, wie es in einer Ankündigung des neuen Produktes PERSIL hieß.

  Hayek und Thomke kam inmitten der Talfahrt der schweizerischen Uhrenindustrie der Einfall, eine modische Plastik-Uhr zu günstigem Preis anzubieten. Die SWATCH war geboren.

„Damit vieles im Leben leichter wird“, hieß es bei Beiersdorf. Das Ergebnis: Tesafilm, Leukoplast, Hansaplast, Tesamoll Abdichtband und atrix Handcreme.

Miele will *„der Hausfrau durch immer bessere Maschinen und immer bessere Technik die Arbeit im Haushalt immer leichter machen und so ihre Lebensqualität erhöhen.“*

Konkretisierung der Leitidee

- **Leitsätze** konkretisieren die Leitidee, damit sie die Beteiligten in Handeln umsetzen können. Leitsätze sind erläuternde Kernaussagen, die grundlegende Werte, Ziele und Erfolgskriterien festlegen (zum Beispiel zur Markenqualität). Sie bestimmen das Verhältnis des Unternehmens zu zentralen Bezugsgruppen wie Mitarbeitern und Marktpartnern. Die Leitsätze formulieren die spezifische Kompetenz des Unternehmens, seine Leistungsfähigkeit und die Wettbewerbsvorteile.

Zentrale Aussage

- Das **Motto** fasst zusammen, welche zentrale Aussage sich bei den Bezugsgruppen einprägen soll. Das Motto ist kurz, prägnant, leicht zu merken und unterscheidet sich von anderen – eine anspruchsvolle Aufgabe! Das Motto von Amazon heißt: *„Crazy for you“*. Damit will das Unternehmen ausdrücken, dass der Kundenservice bzw. die Kundenbetreuung sowie die Sicherheit der Daten und die Zufriedenstellung der Kunden das Wichtigste sind.

  Weitere Beispiele: *„Freude am Fahren“* (BMW), *„Ihr guter Stern auf allen Straßen“*, (Mercedes) *„zuhause@aol.com“* (AOL), *„Der Klügere sieht nach“* (Wissen.de). Ein schwaches Motto ist *„Kommunikation ist alles“* (debitel), weil es austauschbar ist und weder rational noch emotional anspricht. Ebenso ungenau ist *„Das Tor zur mobilen Welt“* (Xonio.de). Schwer auszusprechen und zu merken ist *„Hier findet Erstklassigkeit zueinander“* (Jobware).

  PRÜFEN SIE, OB DAS MOTTO FREMDSPRACHLICH SEIN MUSS:
  DIES VERSTEHT MAN ZWAR SACHLICH-RATIONAL;
  DOCH SPRICHT ES EMOTIONAL WENIGER AN!

Instrumente

Vermitteln der Unternehmenspersönlichkeit

Die starke Unternehmenspersönlichkeit präsentiert sich durchgängig in sämtlichen Kontakten des Unternehmens mit seinen Bezugsgruppen – also in Design, Kommunikation und Verhalten. In jedem Kontakt erkennen die Bezugsgruppen die Unternehmenspersönlichkeit.

Bilder

- **Design (Corporate Design):** Das Design vermittelt die Unternehmenspersönlichkeit durch das prägnante visuelle Erscheinungsbild.

Worte

- **Kommunikation (Corporate Communication):** Die Kommunikation vermittelt die Unternehmenspersönlichkeit in Unternehmenskommunikation und Marktkommunikation konsequent an alle internen und externen Bezugsgruppen (siehe Kap. 2.2). Der integrierte Einsatz dieser Instrumente soll die Einzelwirkungen stärken: So wirken Events oder Sponsoring nur dann dauerhaft, wenn sie gemeinsam mit anderen Kommunikationsinstrumenten eingesetzt werden und auf diese abgestimmt sind (siehe Kap. 3).

Taten

- **Verhalten (Corporate Behaviour):** Das Verhalten der Mitarbeiter ist eines der wichtigsten Instrumente zum Vermitteln der Unternehmenspersönlichkeit, denn das Unternehmen wird daran gemessen, wie es handelt. Das Handeln umfasst alle am Unternehmensauftritt beteiligten Personen einschließlich Vertrieb und Kundendienst. Besonders die Servicementalität zeigt das Bemühen, auf den Kunden einzugehen. Das Unternehmensverhalten zeigt sich unter anderem im:
  - **Verhalten gegenüber Mitarbeitern:** Wie ist der Führungsstil des Unternehmens? Wie laufen Betriebsversammlungen ab? Welche Statussymbole gibt es? Wie äußert sich die Kommunikationspolitik des Unternehmens?
  - **Verhalten gegenüber Marktpartnern:** Richtet das Unternehmen sein Produktprogramm konsequent an den Kundenbedürfnissen aus? Hält es Qualitätsgrundsätze ein? Gestaltet es seine Preise angemessen und übersichtlich? Sind seine Verkaufspraktiken ehrlich, solide und transparent? Sind Garantie und Service umfassend? Reguliert es schnell und kulant Reklamationen und Beschwerden? Liefert es zuverlässig und termingerecht?
  - **Verhalten gegenüber Aktionären und Geldgebern:** Ist die Informationspolitik offen und glaubwürdig?
  - **Verhalten gegenüber gesellschaftlichen Gruppen:** Wie verhält es sich gegenüber kulturellen Interessen, gegenüber Ökoproblemen, dem Fortschritt in Wissenschaft und Technik und dem sozialen Wandel?

Für Dienstleistungsunternehmen ist das Verhalten der Mitarbeiter besonders wichtig

Bei Dienstleistungsunternehmen (Banken, Versicherungen, Unternehmensberatern etc.) ist das Verhalten der Mitarbeiter besonders wichtig, da es für die Bezugsgruppen aufgrund der Immaterialität der Leistungen keine physischen Wahrnehmungsanker gibt (siehe Kap. 10). Unternehmen, deren Persönlichkeit besonders stark durch das Verhalten der Mitarbeiter geprägt ist, sind zum Beispiel Restaurantketten, Banken, Fluggesellschaften oder Unternehmensberatungen.

Dies erklärt sich leicht: Ein Design für Geschäftspapiere ist meist ohne allzu große Konflikte schnell gefunden. Anders das Verhalten: Es gelingt meist nicht von heute auf morgen, dass die Verkäufer den Kunden plötzlich zuvorkommend und freundlich bedienen, wenn dies vorher anders war oder dass Führungskräfte die Mitarbeiter plötzlich in Entscheidungen einbeziehen.

Verhalten ändert sich – wenn überhaupt – nur langsam. Dies zeigen AIDS-Kampagnen und Aktionen gegen Fremdenfeindlichkeit, das kennt, wer sich das Rauchen abgewöhnen oder seine Essgewohnheiten umstellen will.

Deshalb:

DAUERHAFTES VERHALTEN MUSS MÜHSAM UND LANGWIERIG ERLERNT, GELEBT UND STÄNDIG GEPRÜFT WERDEN.

Schwieriger Wandel

In Zeiten dynamischen Wandels gibt es oft keine Übereinstimmung von Design, Kommunikation und Handeln, denn das Unternehmen zeigt und kommuniziert, wie es sein möchte, aber das Handeln entspricht dem noch nicht.

Bei Unternehmen im Wandel kommt daher der Unternehmenskommunikation die entscheidende Aufgabe zu, diesen Prozess des Wandels darzustellen und zu erläutern, damit den Bezugsgruppen die widersprüchlichen Erscheinungsweisen des Unternehmens nachvollziehbar werden (siehe hierzu auch das „innere Kuddelmuddel" in Kap. 2.3.2):

- Welches Verhalten zeigt das Unternehmen derzeit?
- Welches Verhalten ist angestrebt?
- In welchen (sichtbaren) Schritten wird sich das Verhalten entwickeln?

Beantwortet das Unternehmen seinen Bezugsgruppen diese Fragen nicht, dann besteht die Gefahr, dass es unglaubwürdig wird, weil es anders redet als handelt. Voraussetzung für die professionelle Kommunikation im Wandel ist das Kommunikationskonzept, das festlegt, was, wann und mit wem über den Wandel kommuniziert wird (siehe Kap. 4).

Corporate Identity ist mehr als Kommunikation

Corporate Identity ist also mehr als Design oder Kommunikation, wie viele meinen. Sie muss auch das Handeln des Unternehmens umfassen, sonst kann es zu folgenden Situationen kommen:

- Das visuelle Erscheinungsbild präsentiert ein schillerndes, kreatives Unternehmen. Tatsächlich verhindern Bürokratie und ein autoritärer Führungsstil jegliche Eigeninitiative der Mitarbeiter.
- In der Kommunikation betont das Unternehmen seine Innovationskraft. Tatsächlich aber befinden sich keine Produkte in der Pipeline, weil Entscheidungen bürokratisch und langatmig sind.
- Die Werbung stellt das Unternehmen als flexibel dar, das spontan auf Kundenwünsche reagiert. In der Praxis weigert sich der Kundendienst beim Aufbau einer Anlage, eine Zusatzeinrichtung einzubauen, weil ihm diese Zeit von seiner Mittagspause abgeht.
- In den Stellenanzeigen stellt sich das Unternehmen als attraktiver Arbeitgeber dar, der seinen Mitarbeitern viel Mitsprache und Freiräume einräumt. Schon in der Einarbeitungsphase erkennt jedoch der neue Stelleninhaber, dass sein Arbeitsumfeld starr und sehr stark reglementiert ist.

Am deutlichsten zeigt sich mangelndes Zusammenspiel im direkten Kontakt mit der Öffentlichkeit, also im Vertrieb, auf Messen und neuerdings im Internet: Auf dem Bildschirm erscheint nicht selten im Angebot eines Unternehmens ein Sammelsurium von Elementen, Slogans und Botschaften. Und während das Online-Angebot auf Service und Flexibilität hinweist, lässt die Antwort auf eine Anfrage tagelang auf sich warten. Fazit: Durch einen Internet-Auftritt soll Innovation gezeigt werden – heraus kommt oft das Gegenteil (siehe Kap. 15).

Die neuen Medien bringen es an den Tag

Image

Ziel des CM-Prozesses

Ziel des CIM ist die Profilierung des Unternehmens nach innen und außen: Die wichtigen Bezugsgruppen sollen sich ein Bild von der Unternehmenspersönlichkeit machen.

Dieses eindeutige, konsistente und widerspruchsfreie Bild vom Unternehmen ist die Basis, damit sich Glaubwürdigkeit, Sicherheit und Vertrauen entwickeln können. Das unverwechselbare, charakteristische Image ermöglicht dem Unternehmen und seinen Produkten, aus der Anonymität und der Informationsflut herauszutreten und erkennbar zu werden. Erkennbarkeit, Sympathie und Vertrauen stabilisieren das Verhältnis des Unternehmens und seiner Bezugsgruppen und ermöglichen, dass diese die Ziele des Unternehmens unterstützen (siehe Kap. 2.7.2).

Buchtipps

- Birkigt, K., Stadler, M.M. Junk. H.J.: Corporate Identity. Landsberg 2002
- Keller, I.: Das CI-Dilemma. Wiesbaden 1993
- Meffert, H.: Markenmanagement, Wiesbaden 2002
- Wache, T. und Brammer, D.: Corporate Identity als ganzheitliche Strategie. Wiesbaden 1993

2.6 Instrumente

Persönliche und medial vermittelte Kommunikation

Die Instrumente der Unternehmenskommunikation vermitteln den Bezugsgruppen die Unternehmenspersönlichkeit und tragen damit zur Gestaltung des Vorstellungsbildes vom Unternehmen bei diesen Bezugsgruppen bei.

Instrumente mit Nutzen

Voraussetzung für die Nutzung der Instrumente ist, dass diese für die Bezugsgruppen attraktiv sind und ihnen einen Nutzen bieten. Die Forschung hat untersucht, warum Menschen Medien nutzen. Das Ergebnis zeigt vielfältige Gründe:

Gründe für die Nutzung von Medien

- Information
- Zerstreuung und Zeitvertreib
- Unterhaltung

- Gewohnheit
- Entspannung
- Fluchttendenzen
- Bedürfnis nach persönlicher Identität
- Bedürfnis nach Geselligkeit und sozialer Interaktion
- Kontrolle der Umwelt.

Prüfen Sie also, welchen konkreten Nutzen Ihre Instrumente bieten.

Medial vermittelte und persönliche Kommunikation

Die Instrumente lassen sich unterscheiden nach persönlicher Kommunikation und medial vermittelter Kommunikation. Die medial vermittelte Kommunikation besteht aus Printmedien und Onlinemedien.

Persönliche Kommunikation:

- **Gespräche,** zum Beispiel mit Journalisten
- **Veranstaltungen:** Events, Expertenrunden, Informations- und Diskussionsveranstaltungen, Betriebsbesichtigungen, Tage der offenen Tür, Aktionen, Ausstellungen und Kongresse.

Medial vermittelte Kommunikation:

- **Printmedien:** Broschüren, Magazine, Presseinformationen, Anzeigen, Mitarbeiterzeitung etc.
- **Onlinemedien:** elektronische Medien wie E-Mail, Internet, CD-ROM, Videofilme, DVD, Business-TV, Videokonferenzen

Abb. 2.28: Systematisierung der Instrumente der Unternehmenskommunikation

Jedes Instrument ist einzigartig

Jedes Instrument hat Eigenschaften, über die kein anderes Instrument verfügt: Zum Beispiel ermöglicht das Event ein einzigartiges Erlebnis und den persönlichen Austausch der Teilnehmer (siehe Kap. 16). Das Internet bietet Vernetzung und weltweiten Austausch (siehe Kap. 15).

Die Medien haben auch ihre Grenzen: Zum Beispiel ist im Radio die besondere Aktivierung der Zuhörer erforderlich, weil diese nur nebenbei zuhören. Die vermittelten Informationen sind flüchtig und können nicht nachgelesen werden.

	aktuell	ausführlich	interaktiv	zugänglich
Infobrief	+	–	–	+
Broschüre	–	+	–	+
Internet	+	+	+	–
Event	+	+	+	–

Abb. 2.29: Einige Eigenschaften der Instrumente im Vergleich

WÄGEN SIE DAHER DIE VORTEILE UND NACHTEILE DER INSTRUMENTE SORGFÄLTIG AB!

Stellen Sie die Instrumente zu einem den Bezugsgruppen angemessenen starken Mix zusammen.

Starker Mix aus Instrumenten

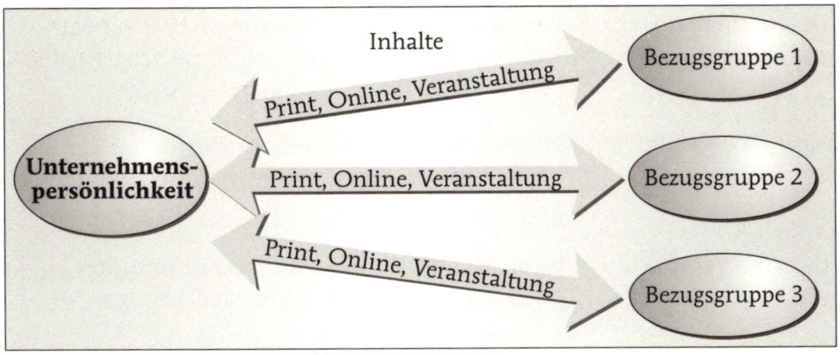

Abb. 2.30: Kraftvoller Mix für jede Bezugsgruppe

Stimmen Sie die Instrumente der Unternehmenskommunikation auch auf die anderen Kommunikationsinstrumente Ihres Unternehmens ab, also auf Werbung und Verkaufsförderung, denn nur so stellen Sie sicher, dass Ihr Unternehmen keine widersprüchlichen Aussagen vermittelt (siehe Kap. 3).

Abstimmen auf andere Kommunikationsinstrumente

Ihre Unternehmenskommunikation!

- Welche Gesamtwirkung streben Sie durch den Einsatz Ihrer Instrumente an?
- Welche Wirkung hat jedes der eingesetzten Instrumente?
- Warum ist gerade dieses Instrument erforderlich? Und warum können Sie nicht darauf verzichten?

SOLCHE FRAGEN SORGFÄLTIG ZU BEANTWORTEN, KANN ENORM VIELE RESSOURCEN SPAREN!

2.6.1 Persönliche Kommunikation

Persönliche Kommunikation ist in den vergangenen Jahren enorm wichtig geworden und deren Bedeutung wird weiter steigen. Gründe hierfür sind zum Beispiel der gestiegene Bedarf an Kommunikation, die erklärt und überzeugt und an Kommunikation, die vertrauenswürdig ist.

Bedeutung gestiegen

KEIN INSTRUMENT KANN SO STARKES VERSTÄNDNIS UND VERTRAUEN ERMÖGLICHEN WIE DIE PERSÖNLICHE KOMMUNIKATION!

Zur persönlichen Kommunikation gehören Einzelgespräche (zum Beispiel mit Journalisten), Gruppendiskussionen, große Informations- und Diskussionsveranstaltungen, Versammlungen sowie Events.

Vorteile	Nachteile
Persönliche Kommunikation ermöglicht den direkten Bezug auf den Kommunikationspartner.	Persönliche Kommunikation ist oft aufwändig zu organisieren, weil sie die gleichzeitige Anwesenheit aller Beteiligten erfordert.
Informationen können sofort besprochen und erklärt werden, um Missverständnisse zu vermeiden.	Persönliche Kommunikation erfordert die Bereitschaft und die Fähigkeit zum Dialog.
Persönliche Kommunikation kann Gefühle authentischer und glaubwürdiger vermitteln.	Persönliche Kommunikation ist mitunter schwer zu steuern, zum Beispiel in einer Pressekonferenz.
Persönliche Kommunikation kann Botschaft sein, welche Bedeutung das Unternehmen dem Thema bzw. den Teilnehmern beimisst.	Persönliche Kommunikation setzt meist hohes Interesse der Bezugsgruppen voraus, weil sie für diese mit vergleichsweise hohem Aufwand verbunden ist.

Abb. 2.31: Einige Vorteile und Nachteile persönlicher Kommunikation

2.6.2 Printmedien

Bedeutung gesunken

Printmedien haben in den vergangenen Jahren an Bedeutung verloren. Hier nur zwei Gründe: Gedruckte Medien setzen im Vergleich zu den anderen Instrumenten eine hohe Ich-Beteiligung voraus (siehe Kap. 2.7.2.4): Der Leser muss den Text wahrnehmen, aufnehmen und verarbeiten. Dieses Engagement kann heute kaum noch vorausgesetzt werden. Daher hat die Bedeutung von Printmedien in den vergangenen Jahren abgenommen – und sie wird weiter abnehmen.

Ein anderes Problem ist, dass sich die Märkte, die Gesellschaft und vor allem die Unternehmen mittlerweile derart schnell ändern, dass die Informationen schnell veralten. So bestand früher die Selbstdarstellung eines Unternehmens in einer Informationsbroschüre. Jedoch sind heutzutage die Arbeitsfelder, die Strukturen und Personen schnellen Entwicklungen ausgesetzt, sodass die Infobroschüre keine 3-5 Jahre mehr gültig ist.

Folge ist, dass es immer weniger klassische, informierende Imagebroschüren gibt. Heute konzentrieren sie sich auf Kernaussagen und sind deutlich emotionaler als früher.

Die Bedeutung von informierenden Printmedien lässt generell nach!

Vorteile	Nachteile
Der Nutzer kann bestimmen, ob, wann und wie er die Printmedien nutzt.	Printmedien erfordern ein gewisses Interesse der Bezugsgruppen, von dem heute nicht mehr selbstverständlich ausgegangen werden kann.
Informationen liegen schriftlich vor. Dies ermöglicht Nachlesen und Archivieren.	Es findet kein Dialog statt: Der Leser kann nur jene Informationen abrufen, die ihm der Anbieter zur Verfügung stellt.
Es kommt seltener zu Missverständnissen als in einem Gespräch, das mitgeschrieben wird.	Die Leser können nicht sofort fragen.
Printmedien sind organisatorisch und finanziell vergleichsweise wenig aufwändig.	Sie können kaum Gefühle transportieren wie Trauer, Mitgefühl, Bedauern und Besorgnis.
Gelesene Worte bleiben länger im Gedächtnis als gehörte Worte.	Printmedien können kaum Sichtbares verdeutlichen.

Abb. 2.32: Einige Vorteile und Nachteile von Printmedien

2.6.3 Elektronische Medien

Enorm gestiegene Bedeutung

Zu den elektronischen Medien (Onlinemedien) der Unternehmenskommunikation gehören Internet, Telefax, CD-ROM, E-Mail, Telefonkonferenz, Bildtelefon, Videokonferenz.

Elektronische Medien haben sich vielerorts zum wichtigsten Instrument in der Unternehmenskommunikation entwickelt. Gründe hierfür sind deren rasante Verbreitung, wie im Fall des Internet, und die medientypischen Eigenschaften, die Informationen in bedarfsgerechter Form transportieren können.

Die steigende Bedeutung der elektronischen Medien unterstreicht das Ergebnis der Studie „Branchenkompass Unternehmenskommunikation" von NetFederation und dem F.A.Z.-Institut aus dem Jahr 2002:

Fast 80 der 100 im Rahmen der Studie befragten UK-Verantwortlichen wollen mehr Informationstechnologie einsetzen, um die Effizienz zu steigern. Jeder Zweite erwartet einfachere Arbeitsabläufe und eine direkte Kundenansprache. 60 Prozent der Topmanager wollen bis 2005 stärker in Online-Medien investieren. Jeder Zweite will bis 2005 eine automatisierte Erfolgskontrolle als Online-Controlling einführen – 2000 sah dieses nur ein Sechstel als notwendig an. Mehr als die Hälfte der Entscheider will Softwarelösungen zur Krisenkommunikation einsetzen – 2002 war es ein Fünftel.

Weitere Felder, in die ein Viertel der Befragten bis 2005 investieren will: Online-Pressemappen, aktuelle Aktienkurse, Newsletter, mobile Kommunikation und Chat-Foren.

Vorteile	Nachteile
Hohe Verbreitung, wie im Fall von Internet und Intranet.	Teilnahme an der Kommunikation setzt den technischen Zugang voraus, zum Beispiel durch Computer, DVD-Player etc.
Große Speicherkapazitäten, wie im Fall der CD-ROM und des Internet.	Die Nutzung von elektronischen Medien setzt ein hohes Interesse der Nutzer voraus.
Informationen können durch multimediale Aufbereitung anschaulich und lebendig dargestellt werden.	Die Nutzung kann beim Nutzer Kosten verursachen.
Die elektronischen Medien erlauben Interaktivität, wie zum Beispiel das Internet.	Elektronische Medien müssen durch ihre komplexe Struktur viel Orientierung bieten, wie im Fall des Internet und vom Nutzer gesteuerter CD-ROMs.
Elektronische Medien erlauben oft die Ansprache mehrerer Sinne, was die Wirkung erhöht.	Der Umgang kann technische Fertigkeiten erfordern, die angeeignet werden müssen.

Abb. 2.33: Einige Vorteile und Nachteile elektronischer Medien

2.7 Ziele

Gestaltung von Bekanntheit und Image

Ziel der Unternehmenskommunikation ist, das Unternehmen bei seinen wichtigen Bezugsgruppen bekannt zu machen und bei diesen das starke Vorstellungsbild (Image) seiner einzigartigen Persönlichkeit aufzubauen und kontinuierlich zu entwickeln.

2.7.1 Bekanntheit

Gedankliche Präsenz des Unternehmens

Der Begriff Bekanntheit steht für gedankliche Präsenz bei den Bezugsgruppen. Bekanntheit kann sich auf das Unternehmen beziehen, aber auch auf die eingesetzten Kommunikationsinstrumente, wie zum Beispiel Anzeigen, Firmenvideos und Internet. Bekanntheit ist die Voraussetzung dafür, dass sich ein Vorstellungsbild entwickeln kann:

NUR VON DEM, DEN MAN KENNT, KANN MAN SICH EIN BILD MACHEN!

2.7.1.1 Stufen

Ausprägungen der Bekanntheit

Bekanntheit kann unterschiedlich ausgeprägt sein:

- **Keine Bekanntheit:** Die Person kennt das Unternehmen nicht, auch wenn sie dessen Namen hört.
- **Passive Bekanntheit:** Die Person kennt das Unternehmen erst, nachdem sie dessen Namen gehört hat. Dies wird auch als **„gestützte Bekanntheit"** bezeichnet.

- **Aktive Bekanntheit:** Eine Person kann den Unternehmensnamen aktiv aus dem Gedächtnis abrufen, wenn sie Unternehmen einer bestimmten Branche nennen soll. Dies wird auch **„ungestützte Bekanntheit"** genannt.
- **Intensive aktive Bekanntheit:** Das Unternehmen ist der Person als eines der ersten seiner Kategorie gedanklich präsent. Wenn also der Befragte nach einem Energieunternehmen gefragt wird, nennt dieser spontan die Firmen E.ON, YELLO und ENVIAM. Diese gedankliche Präsenz wird auch als **„Aktualisierung"** bezeichnet. Jenes Unternehmen, das er als erstes nennt, ist bei ihm „top of mind", also am stärksten gedanklich präsent. Dagegen kann ein Unternehmen von seinen Bezugsgruppen vergessen werden, wenn es sich nicht ständig in Erinnerung ruft – es ist dann keine Alternative mehr, die jemand in Betracht zieht, wenn er bestimmte Leistungen in Anspruch nehmen will.
- **Exklusive Bekanntheit:** Der Person ist nur ein einziges Unternehmen seiner Kategorie überhaupt bekannt.

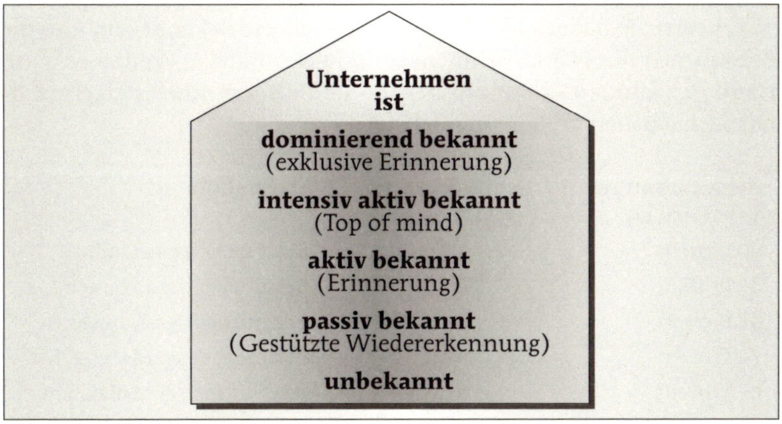

Abb. 2.34: Stufen der Bekanntheit (in Anlehnung an Aaker, 2001)

Tendenziell gilt: Je höher die Stellung des Unternehmens in der Bekanntheitspyramide, desto eher wird dieses Unternehmen präferiert (Mere-Exposure-Effekt). Jedoch bedeutet hohe Bekanntheit nicht immer, dass jemand über das Unternehmen informiert ist oder eine Meinung hat! So ist es möglich, dass jemand zwar den Namen des Unternehmens kennt, aber nichts darüber weiß und keine Eigenschaften mit ihm verbindet.

BEKANNTHEIT BEDEUTET NICHT WISSEN!

Dies mussten viele Start-up-Unternehmen erfahren, die in ihren Anzeigen auf billige, effektheischende Motive setzten, wie halbierte Kaninchen, Hinterteile mit Mückenstichen und sogar eine Kokain-Linie mit den Anfangsbuchstaben des Unternehmens. Solche Motive schrecken eher ab als zu gefallen.

Bedeutend wird der Unterschied zwischen Bekanntheit und Image auch bei der Maßnahmenplanung: Der Aufbau von Bekanntheit erfolgt über Instrumente wie Plakate, Anzeigen und Fernsehspots, wie die Beispiele von E.ON, YELLO und AOL zeigen. Diese Instrumente sind aber kaum geeignet, Informationen zu vermitteln, die Bestandteil des Images sind, weil sie sehr flüchtig wahrgenommen werden. Informationen vermitteln zum Beispiel Informationsbriefe (Mailings) und Broschüren.

Bekanntheit im Internet besonders wichtig

Bekanntheit ist vor allem für das Internet wichtig, denn Nutzer suchen Seiten gezielt auf und geben Ihren Namen als Internetadresse ein.

2.7.1.2 Formen

Absolute und relative Bekanntheit

Als Formen der Bekanntheit können Sie zwischen absoluter und relativer Bekanntheit unterscheiden: Absolute Bekanntheit ist der gemessene Wert an sich. Er steht in keinem Verhältnis zum Wert anderer Unternehmen und ist daher nur schwer zu bewerten: Was sagt etwa die gestützte Bekanntheit von 63 Prozent aus?

Erheben Sie daher möglichst auch die relative Bekanntheit, also die Bekanntheit Ihres Unternehmens im Vergleich mit den Wettbewerbern. Hierdurch können Sie entscheiden, ob Sie die Bekanntheit steigern, halten oder abbauen sollten. Beispiel:

Bekanntheit im Vergleich zu	Konkurrenzunternehmen	Maßnahme
90 Prozent	1	Bekanntheitsgrad halten
88 Prozent	2	Bekanntheitsgrad halten
82 Prozent	3	Bekanntheitsgrad steigern
70 Prozent	4	Bekanntheitsgrad steigern
67 Prozent	5	Bekanntheitsgrad abbauen

Abb. 2.35: Relative Bekanntheit im Wettbewerb

2.7.1.3 Ziele

Ziele hängen meist von mehreren Faktoren ab

Ihre Bekanntheitsziele leiten Sie aus der Bewertung Ihrer Bezugsgruppen, Ihrer angestrebten Wettbewerbsposition und Ihrer Ressourcen (zum Beispiel Geld, Zeit, Personal) ab:

- **Kriterium Wettbewerb:** Soll Ihr Unternehmen Führer in der Bekanntheit aller Unternehmen Ihrer Branche sein? Will Ihr Unternehmen die strategische Position des Zweiten besetzen (Follow-the-leadership-Strategie), wie im Fall von AVIS („*We try harder*")? Oder reichen die Ressourcen nur für einen guten Platz im Mittelfeld der Konkurrenten? Steht die Positionierung der Bekanntheit im Wettbewerb nicht fest, ist es beliebig, ob eine Anzeige 3- oder 5-mal geschaltet wird. Bedenkt man, dass eine Anzeige Tausende Euro kosten kann,

kann die sorgfältige Bestimmung der angestrebten Bekanntheit die Ressourcen erheblich schonen helfen.

- **Kriterium Bezugsgruppen:** Das Interesse Ihrer Bezugsgruppen spielt eine wichtige Rolle für die Festlegung Ihrer Bekanntheitsziele: Ist die Bezugsgruppe nur wenig interessiert (Low Involvement; siehe Kap. 2.7.2.4), benötigen Sie rund 10 bis 15 Kontakte, um eine Kommunikationswirkung zu erzielen. Ist Ihre Bezugsgruppe dagegen hochinteressiert, reichen schon 5 bis 7 Kontakte aus. Natürlich können diese Zahlen nur eine grobe Vorstellung davon vermitteln, dass über die tatsächliche Zahl der benötigten Kontakte die jeweilige Kommunikationssituation des Unternehmens entscheidet; jedoch weisen sie darauf hin, dass sich ein Unternehmen unbedingt mit seinen Bezugsgruppen auseinander setzen muss, um zu entscheiden, ob 10 oder 50 Anzeigen nötig sind. Die Entscheidung ist ein grundlegender Kostenfaktor: Reicht die Zahl der Kontakte nicht aus, ist das Geld falsch investiert. Eine zu hohe Kontaktzahl kann andererseits zu Überdruss bei den Bezugsgruppen führen oder günstigstenfalls schlichtweg überflüssig sein.
- **Kriterium Ressourcen:** Die eigenen Ressourcen sind ein wichtiges Kriterium für die Festlegung der Bekanntheitsziele, denn was nutzt es dem Unternehmen, hochtrabende Ziele zu verfolgen, wenn die Ressourcen nicht ausreichen, um diese Ziele zu erreichen. Strebt also das Unternehmen den Spitzenplatz in der Bekanntheit an und ist die Bezugsgruppe nur wenig interessiert, sind mitunter enorme Aufwendungen erforderlich, um die beabsichtigte Kommunikationswirkung zu erzeugen.

PRÜFEN SIE SORGFÄLTIG, WELCHE BEKANNTHEITSZIELE FÜR IHR UNTERNEHMEN ANGEMESSEN SIND!

2.7.1.4 Strategien

Wege zum Bekanntheitsziel

Strategien sind langfristige Verhaltenspläne beziehungsweise Grundsatzentscheidungen. Grundsätzlich ist für die langfristige Gestaltung der Bekanntheit zunächst die Entscheidung über Aufbau, Halten, Ausbau oder Abbau relevant.

Bekanntheitsgrad	langfristige Gestaltung
Neues Unternehmen	Bekanntheit aufbauen
Genügend bekanntes Unternehmen	Bekanntheit halten
Ungenügend bekanntes Unternehmen	Bekanntheit ausbauen
Geschlossenes Unternehmen	Bekanntheit abbauen

Abb. 2.36: Gestaltungsoptionen von Bekanntheit

Bekanntheit im Lebenszyklus

Diese vier Phasen sind ich im Folgenden am Beispiel des Lebenszyklus eines Unternehmens erläutert:

Der Lebenszyklus ist ein Gedankenmodell, das davon ausgeht, dass ein Unternehmen einen Lebenszyklus ähnlich eines Menschen hat: Es gibt die Einführung (Geburt), das Wachstum, die Reife und den Zerfall. Im Marketing hat sich dieses Modell in seiner Anwendung auf Produkte (Produktlebenszyklus) bewährt.

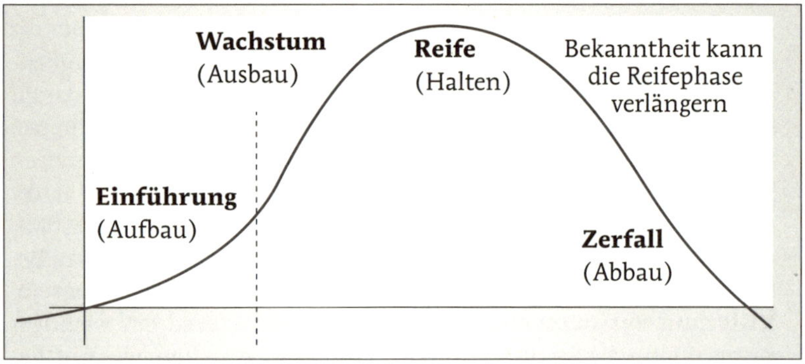

Abb. 2.37: Lebenszyklusmodell

Anwendung auf Unternehmen

Hier die Übertragung auf Unternehmen und deren Bekanntheit:

- **Aufbau:** In der Phase der Einführung muss sich das Unternehmen bei seinen Bezugsgruppen erst bekannt machen, bevor es sich deren Zustimmung einholen und die Bezugsgruppen zu einem gewünschten Verhalten veranlassen kann, zum Beispiel Produktkauf. Wie sollen die Menschen etwas von einem Unternehmen kaufen, von dessen Existenz sie nichts wissen?

  Doch so banal dies klingt: In der Praxis werden hier schwere Fehler gemacht, denn in der Einführung fallen Kosten an, aber keine Gewinne.

  WER ALSO MEINT, ERST EINMAL GELD VERDIENEN ZU MÜSSEN, UM DIES DANN IN KOMMUNIKATION ZU INVESTIEREN, KANN GEWALTIG IRREN!

- **Ausbau:** Auf die Phase des Aufbaus in der Einführungsphase des Unternehmens folgt der Ausbau in der Wachstumsphase. Da in dieser Phase erste Gewinne erzielt werden, können diese in den Ausbau investiert werden. Der Ausbau der Bekanntheit spielt auch in der vierten Phase, dem Zerfall, eine wichtige Rolle. Denn die Bekanntheit kann dazu beitragen, den Lebenszyklus zu verlängern.
- **Halten:** In der dritten Phase, der Reife, sollte die Bekanntheit meist gehalten werden, um die Position zu stabilisieren. Wird die gedankliche Präsenz nicht aufrecht erhalten, kann das Unternehmen schnell in Vergessenheit geraten.

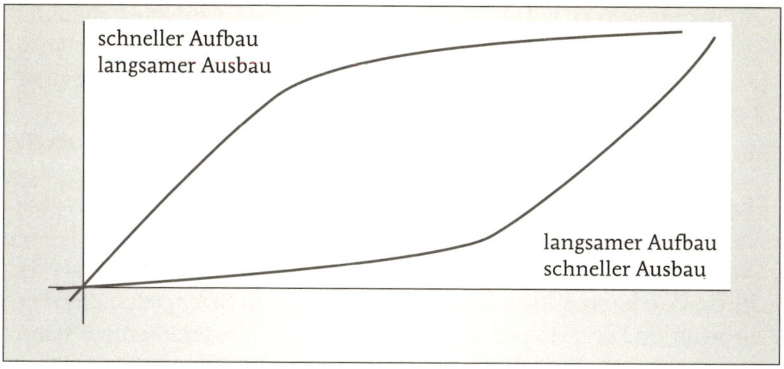

Abb. 2.38: Strategien zur Gestaltung der Bekanntheit

- **Abbau:** Der Abbau der Bekanntheit ist zum Beispiel dann sinnvoll, wenn das Unternehmen im Vergleich zum Wettbewerb zu bekannt ist und die verringerte Bekanntheit für die Stabilisierung seiner Position ausreichen würde. Auch gibt es Unternehmen, die für ihre Bezugsgruppen gerade deshalb so attraktiv sind, weil sie nicht oder kaum bekannt sind (Geheimtipps).

2.7.1.5 Messung der Bekanntheit

Befragungen ermitteln Bekanntheit

Bekanntheit ist eine gedankliche Größe, die sich erfragen lässt. Hierzu gibt es folgende Verfahren:

- **Erinnerung:** Der Erinnerungstest (Recall Test) misst die Gedächtniswirkung. Es gibt zwei Formen:
  - **Gestützte Erinnerung (Aided Recall):** Die Erfassung erfolgt durch die Frage: *„Kennen Sie das Unternehmen xy?"* Der Name des Unternehmens wird also genannt und oft zusätzlich eine Liste vorgelegt.
  - **Freie, ungestützte Erinnerung (Unaided Recall):** Die Erhebung erfolgt über die Fragen: *„Welches Unternehmen der Branche x kennen Sie?"* Die Befragten müssen ohne Unterstützung den Namen des Unternehmens nennen.
- **Wiedererkennung (Recognition):** Bei der Wiedererkennung müssen die Probanden angeben, wie bekannt ihnen bestimmte Kommunikationsmittel sind. Dabei geht der Interviewer mit jeder Testperson (zum Beispiel dem Leser einer Imagebroschüre) das Kommunikationsmittel durch und fragt, ob sich der Befragte daran erinnern kann. Im Fall einer Anzeige geht der Forscher die Zeitungen und Zeitschriften durch und fragt die Auskunftsperson nach jeder Seite, ob diese sich an die Anzeige (oder ein visuelles Merkmal wie das Firmenlogo) erinnern kann. Folgende Antworten sind möglich:
  - **Anzeige gesehen (noted):** Person gibt an, die Anzeige bereits einmal gesehen zu haben.

  - **Anzeige global betrachtet (seen/associated):** Proband behauptet, die Anzeige gesehen und Teile davon gelesen zu haben sowie sich an den Namen des Kommunikationsobjektes (Unternehmen) zu erinnern.
  - **Anzeige gelesen (read most):** Testperson bestätigt, mehr als die Hälfte des Anzeigentextes gelesen zu haben.
- **Reproduktion:** Testpersonen müssen auf die Frage nach bereits gesehenen Bildern ein Bild aus dem Gedächtnis heraus angeben. Dieses Verfahren stellt höhere Anforderungen an das Gedächtnis als das bloße Wiedererkennen, denn die Bilder müssen tiefer gedanklich verarbeitet und gespeichert werden. Dagegen ist Wiedererkennen schon bei schwachen Gedächtnisspuren möglich. Mögliche Probleme:
  - **Kategorisierungsmängel:** Hat die Auskunftsperson die Zeitschrift gesehen, überflogen, intensiv gelesen?
  - **Ausstrahlung durch andere Medien (Spill-over-Effekte):** Hat der Befragte die Anzeige in dieser Zeitschrift gesehen oder tatsächlich in einer anderen?
  - **Platzierung des Kommunikationsmittels im Träger:** Steht die Imageanzeige auf der linken oder der (besseren) rechten Seite, steht sie oben oder unten?
  - **Umfeld des Kommunikationsmittels:** Gibt es viele Anzeigen in der Zeitschrift, was das Interesse des Lesers zusätzlich verringert? Oder handelt es sich um eine auffällige Farbanzeige in einer ansonsten eher farblosen Umgebung (Fachzeitschrift)?
  - **Sozial erwünschte Antworten:** Meint der Befragte, dem Forscher einen Gefallen zu tun, wenn er Fragen bejaht?

Grundlegende Aspekte im Hinblick auf die Bekanntheit

Einige grundlegende Aspekte im Hinblick auf die Bekanntheit sind zu beachten:

- **Bekanntheit ist nicht per se positiv:** Die angestrebte Bekanntheit richtet sich nach den formulierten Kommunikationszielen. Zu hohe Bekanntheit kann sich negativ auf das Image auswirken („Massenwaren-Image"), zum Beispiel wenn das Unternehmen ein Exklusivimage aufbauen möchte. Meist gilt jedoch: Je bekannter ein Unternehmen ist, desto sympathischer gilt es.
- Das **Wiedererkennen** einer Finanzanzeige oder eines Unternehmensfilms **sagt nichts über die Bewertung der Kommunikationsinhalte aus:** So ist in einer Krise das Unternehmen besonders aktualisiert - aber oft nicht gut angesehen.

2.7.2 Image

Vorstellungsbilder gestalten

Ziel der Unternehmenskommunikation ist, das starke und einzigartige Image der Unternehmenspersönlichkeit aufzubauen und systematisch zu entwickeln.

Images sind Vorstellungsbilder, die eine Person bzw. eine Gruppe von Menschen von einem Meinungsgegenstand haben.
Meinungsgegenstände können sein
- **Personen,** zum Beispiel der Firmenchef
- **Objekte,** zum Beispiel das Unternehmen
- **Ideen,** wie der Umweltschutz.

Images können erzeugen:
- **Eigene Person oder andere:** Selbst-Image, Politiker-Image, Testimonial-Image
- **Länder und Städte:** Länder-Image, Nationen-Image, Städte-Image
- **Institutionen und Organisationen:** Parteien-Image, Behörden-Image, Branchen-Image
- **Firmen und deren Äußerungen:** Firmen-Image, Produkt-Image, Marken-Image, Verpackungs-Image.

Beispiele

Zum Beispiel haben die Bezugsgruppen das Vorstellungsbild vom Unternehmer als solidem, glaubwürdigen Gesprächspartner, sein Unternehmen gilt als sozial und kompetent.
Weitere Beispiele:
- Der **Kunde** weiß, dass das Unternehmen hochwertige Leistungen erbringt, die seine Wünsche und Erwartungen einzigartig erfüllen. Er findet dies wichtig und gut und er will deshalb die Leistungen beanspruchen.
- Der **Investor** ist über die Zukunftsperspektiven des Unternehmens informiert. Er ist überzeugt, dass es sich lohnt, in die Aktien zu investieren, und er empfiehlt sie weiter.
- Dem **Anwohner** ist bekannt, dass das Unternehmen eine neue Fabrikhalle bauen will. Er ist über deren Nutzen informiert sowie über die Maßnahmen zum Lärmschutz und zur Arbeitssicherheit. Er bewertet die Fabrikhalle als notwendig, sicher und umweltgerecht.

Images geben den Bezugsgruppen Orientierung

Warum sind **Images für Menschen** so wichtig? Images ermöglichen Orientierung, indem sie Wissen ersetzen: Kein Mensch kann heute alles wissen, was um ihn herum passiert. Images leiten, indem sie Komplexität verringern: Hat ein Bewerber ein Vorstellungsbild vom Unternehmen, kann er entscheiden, ob er sich dort bewirbt oder nicht. Der Mitarbeiter kann aufgrund seines Vorstellungsbildes bewerten, ob das Unternehmen seine Werte vertritt und ob er deshalb das Unternehmen unterstützen will.

Bezugsgruppen wollen sich ein Bild vom Unternehmen machen, um sich ihre Meinung zu bilden und hieraus Entscheidungen abzuleiten!

Images steuern das Verhalten

Warum sind **Images für Unternehmen** so wichtig? Images beeinflussen die Wahrnehmung und steuern das Verhalten der Bezugsgruppen:

Ein positives Image vom Unternehmen führt eher dazu, dass sich die Bezugsgruppen positiv verhalten, zum Beispiel durch Kauf oder eine Bewerbung. Ein schlechtes Image führt eher dazu, dass sich die Bezugsgruppen negativ verhalten, zum Beispiel durch Proteste und Boykotte.

Unternehmen versuchen daher, ein angemessenes Vorstellungsbild von ihrer Unternehmenspersönlichkeit zu erzeugen und systematisch zu entwickeln: Ist das Unternehmen innovativ und fortschrittlich, gilt aber in den Augen wichtiger Bezugsgruppen als traditionell und altmodisch, kann die Unternehmenskommunikation versuchen, dieses Vorstellungsbild zu berichtigen: Eine Broschüre informiert über Neues in der Technik, der Tag der offenen Tür stellt hochmoderne Produktionsanlagen, neuartige Verfahren oder bahnbrechende Abläufe vor; der Geschäftsführer erörtert mit Journalisten, wie er die Zukunft seines Unternehmens meistern will.

UNTERNEHMENSKOMMUNIKATION UNTERSTÜTZT DAS ERREICHEN DER UNTERNEHMENSZIELE DURCH AUFBAU UND SYSTEMATISCHES, KONTINUIERLICHES ENTWICKELN DES STARKEN UND EINZIGARTIGEN IMAGES!

2.7.2.1 Entstehen

Images bestehen aus Informationen und Emotionen

Wie entstehen Images? Es gibt Eigenschaften, die für die Bezugsgruppen wichtig sind, wenn sie ein Unternehmen beurteilen: Für Stellensuchende sind das interessante Arbeitsplätze und ein gutes Betriebsklima, für Aktionäre ist das der Aktienwert. Das Image entsteht nun dadurch, dass die Bezugsgruppen aufgrund ihres Wissens einschätzen und bewerten, inwieweit das Unternehmen über diese für sie wichtige Eigenschaften verfügt und im Vergleich zum Wettbewerb erfüllt. Das Ergebnis sind Meinungen, Wünsche und Erwartungen.

IMAGES BEINHALTEN DIE SUBJEKTIVE BEWERTUNG DER BEZUGSGRUPPEN DARÜBER, OB UND INWIEWEIT DAS UNTERNEHMEN GEEIGNET IST, DIE WÜNSCHE UND ERWARTUNGEN EINZIGARTIG ZU ERFÜLLEN!

Mit dem Unternehmen sind feste Eigenschaften verbunden

Ihre Kommunikationspartner sollen Eigenschaften mit Ihrem Unternehmen verbinden und diese Eigenschaften positiv bewerten. Optimal wäre, wenn die Kommunikationspartner bei bestimmten Eigenschaften an das Unternehmen denken und – umgekehrt – das Unternehmen sofort mit festgelegten Eigenschaften verbinden.

Dies können sachliche Eigenschaften sein wie die Beratungskompetenz einer Bank oder emotionale Eigenschaften wie die Gefühlswelt, die mit einem Energieunternehmen verbunden ist. Sachliche und emotionale Eigenschaften können kombiniert sein. Aufgabe des Identitätsmanagements ist es, solche Merkmale aufzudecken und zu gestalten (siehe Kap. 2.5.8).

Faktoren für das Entstehen von Images Welche sachlichen und emotionalen Eigenschaften sind bei der Bewertung des Meinungsgegenstandes wichtig? Verfügt das Unternehmen über diese Eigenschaften? Wie stark bzw. einzigartig verfügt es über diese Eigenschaften?

Abb. 2.39: Entstehen von Images

Images und Einstellungen

Images sind somit Einstellungen sehr ähnlich. Einstellungen sind relativ dauerhafte Haltungen gegenüber einem Meinungsgegenstand. Der Unterschied ist lediglich, dass Images mehrdimensional sind, Einstellungen eindimensional.

Images entstehen in den Bezugsgruppen

Entscheidend ist, dass Images subjektiv sind: Das Vorstellungsbild entsteht einzig in den Bezugsgruppen. Daher können auch nur sie darüber Auskunft geben, welches Vorstellungsbild sie vom Unternehmen haben. Erste Konsequenz für Ihre Unternehmenskommunikation: Images entscheiden über Ihren Unternehmenserfolg, denn die Leistung Ihres Unternehmens kann zwar besser sein als die der Konkurrenz; wenn dies aber Ihre Kommunikationspartner nicht genauso sehen, ist der Wettbewerbsvorteil unwichtig. Anstatt das objektiv beste Unternehmen zu wählen, wählen diese das subjektiv beste! Essenziell für Ihre Unternehmenskommunikation ist daher, die Vorstellungsbilder Ihrer Bezugsgruppen zu kennen und diese Vorstellungsbilder gezielt zu entwickeln.

ERGRÜNDEN SIE DAS VORSTELLUNGSBILD, DAS IHRE BEZUGSGRUPPEN VON IHREM UNTERNEHMEN HABEN. GESTALTEN SIE DIESES VORSTELLUNGSBILD SYSTEMATISCH UND LANGFRISTIG!

Gewichtige Gefühle

Emotionen werden für das Image wichtiger

Als sich Produkte noch deutlich anhand von objektiven Merkmalen unterschieden, spielten Informationen bei der Bewertung des Meinungsgegenstandes die entscheidende Rolle. Mittlerweile sind Unternehmen und Leistungen austauschbar geworden. Folge ist, dass die Konsumenten sich immer weniger für Informationen interessieren (*„Die Unternehmen sind doch ohnehin alle gleich!"*). Stattdessen wird die Gefühlswelt der Bezugsgruppen entscheidend für die Bewertung des Unternehmens. Dies zeigt zum Beispiel die sehr aufwändig gestaltete Werbung der Autoindustrie, die vor allem die Emotionen der Verbraucher anspricht (z.B. PORSCHE). Wettbewerbsvorteile lassen sich also nur dadurch erreichen, indem ein Unternehmen andere Gefühle anspricht als die Konkurrenz (Positionierung, siehe Kap. 2.7.2.5).

DIE GEFÜHLSWELT DER BEZUGSGRUPPEN WIRD IMMER WICHTIGER!

Inhaltliche und bildliche Vorstellungen

Bei Images geht es also auf der Sachebene um Informationen über das Unternehmen und seine Wettbewerber; auf der Beziehungsebene geht es um Gefühle wie Vertrauen, Verständnis, Glaubwürdigkeit und Sympathie.

Die Vorstellungen vom Unternehmen können inhaltlich sein, bildlich, oder beides: Zum Beispiel ist BMW verbunden mit der inhaltlichen Vorstellung vom sportlichen Fahren und bildlich mit dem Firmenlogo. Fehlen solche Vorstellungen oder sind sie unklar, kann das Unternehmen profillos wirken (siehe auch Kap. 14).

Ihre Unternehmenskommunikation!

- Welches Vorstellungsbild haben Ihre Bezugsgruppen von Ihrem Unternehmen?
- Was wissen Ihre Bezugsgruppen von Ihrem Unternehmen?
- Wie bewerten die Bezugsgruppen diese Informationen?
- Erfüllt Ihr Unternehmen am besten und einzigartig die Wünsche und Bedürfnisse aus Sicht Ihrer Bezugsgruppen?

2.7.2.2 Komponenten

Images haben mehrere Komponenten

Das Image setzt sich aus folgenden Komponenten zusammen:

- **Wahrgenommene Eignung des Unternehmens zur Befriedigung individueller Bedürfnisse:** Wie gut erfüllt das Unternehmen aus Sicht der Bezugsgruppen deren Wünsche und Erwartungen?
- **Einzigartigkeit der Vorstellungen, die mit dem Unternehmen verbunden sind:** Was macht das Unternehmen aus Sicht der Bezugsgruppen einzigartig?
- **Stärke und Genauigkeit der mit dem Unternehmen verbundenen Gedankenverknüpfungen (Assoziationen):** Wie stark (intensiv) und fest umrissen sind die Gedankenverknüpfungen der Bezugsgruppen mit dem Unternehmen?

Die Genauigkeit der Gedankenverknüpfungen lässt sich weiter unterteilen:

- Von der Bezugsgruppe mit dem Unternehmen assoziierte Eigenschaften, wie zum Beispiel die äußeren Merkmale Ihres Unternehmens, dessen typischen Mitarbeiter etc.
- Art der Assoziationen (emotional oder sachlich-rational) beziehungsweise die Art des von den Bezugsgruppen subjektiv erwarteten Nutzens (Grund-, Zusatz-, Geltungsnutzen beziehungsweise Funktions-, Erfahrungs- und Symbolnutzen).
- Übergreifende, wertende Globalüberzeugung über das Unternehmen, wie zum Beispiel dessen Legitimation.

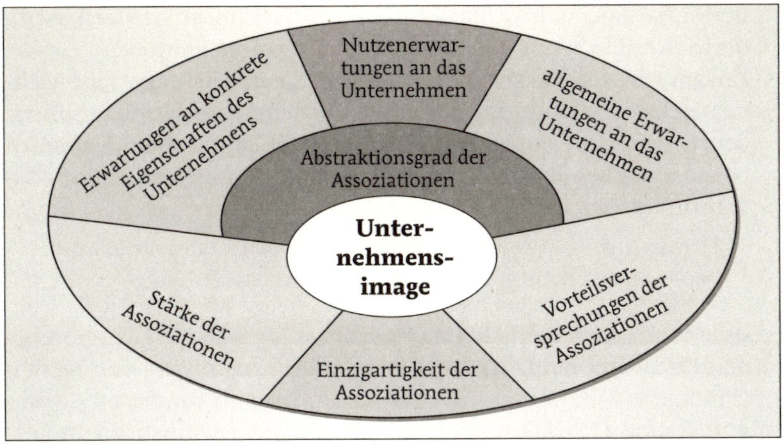

Abb. 2.40: Imagekomponenten (in Anlehnung an Meffert, 2002)

2.7.2.3 Eigenschaften

Images sind komplexe Gebilde

Es scheint einfach zu sein, das angemessene Vorstellungsbild von seinem Unternehmen aufzubauen – ist es aber nicht! Der CI-Experte Antonoff schreibt: *„Machen Sie sich ein Bild davon – das klingt so alltäglich, und doch ist es die Aufforderung zu einem komplizierten psychologischen Prozess. Sein Resultat ist die Entstehung des Images."*

Images sind komplexe Gebilde:

- **Je mehr Informationen vorliegen, desto breiter und zuverlässiger ist das Image:** Viele Informationen lassen Vorstellungsbilder mit vielen Facetten entstehen. Liegen nur wenige Informationen vor, bildet sich ein schlichtes, oft zu einfaches Bild. Dennoch sollte die Unternehmenskommunikation nicht möglichst viele Informationen geben, sondern gezielt und dauerhaft, ohne Widersprüche zu verursachen.
- **Images entstehen schnell, aber sie festigen sich langsam:** Anfangs reicht eine einzige neue Information aus, damit sich das Image ändert: So kann ein neues Unternehmen als erfolgreicher Aufsteiger gelten, bis die ersten schlechten Bilanzen bekannt werden. Das Image (Medienerfahrung) muss sich in der Praxis beweisen (Alltagserfahrung), um dauerhaft zu sein. Sie brauchen daher einen langen Atem, wenn Sie nicht Schnellschüsse produzieren wollen, die bald verpuffen. Erstellen Sie daher ein kurz-, mittel- und langfristiges Konzept, wie Sie Ihre Unternehmenskommunikation in den kommenden Jahren gestalten werden. Dieses Konzept hat den Vorteil, dass aus ihm alle Beteiligten ihre Entscheidungen ableiten können, damit ein einzigartiges, starkes und widerspruchsfreies Image entsteht (siehe ausführlich Kap. 3).
- **Images sind nie starr:** Images können stabil sein, aber sie sind nie starr: Selbst ein Unternehmen, das jahrelang als vertrauenswürdig

und sozial galt, kann schlagartig ein negatives Image erzeugen, wenn die Massenmedien schlechte Arbeitsbedingungen aufdecken.

- **Images wirken selektiv:** Gelingt es, jene für eine Bezugsgruppe wichtigsten Eigenschaften gut zu profilieren, nehmen sie weniger günstig beurteilte Dimensionen hin (Halo-Effekt): Ist für einen Stellensuchenden die Bezahlung wichtig, nimmt er das angestaubte Unternehmensimage in Kauf.

  FINDEN SIE HERAUS, WAS IHREN BEZUGSGRUPPEN WICHTIG IST UND PROFILIEREN SIE DIESE EIGENSCHAFTEN KRAFTVOLL!

- **Images sind ganzheitlich:** Images sind das Ergebnis vielfältiger Informationen und Eindrücke, die aus der Wahrnehmung von Design (Produktdesign, Kommunikationsdesign, Architekturdesign), Kommunikation (Marktkommunikation und Unternehmenskommunikation) und Verhalten (zum Beispiel gegenüber Kunden, Mitarbeitern, Aktionären) entstehen. Nimmt die Bezugsgruppe diese Elemente nicht widerspruchsfrei als Ganzes wahr, können Brüche in der Wahrnehmung der Unternehmenspersönlichkeit entstehen: Es ist, als ob eine Ente wie eine Ente aussieht und wie eine Ente watschelt, aber wie ein Hund bellt (Meffert). Um dies zu vermeiden, legt ein Konzept für alle Beteiligten nachvollziehbar fest, welche Unternehmenspersönlichkeit aufgebaut werden soll und welchen Beitrag die Beteiligten hierzu leisten sollen (siehe Kap. 3).
- **Images entstehen aus unterschiedlichen Quellen:** Vorstellungsbilder entstehen meist nicht aus den Quellen des Unternehmens allein, sondern sind auch – und vielfach sogar stärker – durch Familie und Freunde geprägt, durch soziale Gruppen (z. B. Sportverein), Massenmedien, Institutionen (Banken, Versicherungen etc.), Vereine und Verbände. Ergibt die Recherche, dass diese Quellen das Image der Bezugsgruppe stark beeinflussen, sollten Sie diese im Kommunikationskonzept berücksichtigen (siehe Kap. 3). Besonders im Internet beeinflussen andere Nutzer stark das Entstehen von Images (siehe Kap. 15): Hat jemand eine schlechte Erfahrung mit einem Produkt oder einem Unternehmen gemacht, kann er dies sofort per E-Mail, Website und Newsletter massenhaft an andere Internet-Nutzer weitergeben. Die Empfänger können sofort reagieren und eigene Erfahrungen beisteuern.

  Redaktionell aufbereitete Berichte werden besonders gern gelesen und bei Entscheidungen berücksichtigt. Wenn es also gelingt, auf diese Berichterstattung durch qualifizierte Unternehmenskommunikation einzuwirken, lassen sich andere Quellen sinnvoll für das Gestalten des Unternehmensimages nutzen.

Unternehmenskommunikation kann Vorstellungen ändern

Die Unternehmenskommunikation kann folgende Beiträge zur Gestaltung des Unternehmensimages leisten:

Imagegestaltung durch Unternehmenskommunikation

- **Neue Gedächtnisstrukturen** aufbauen, wie für den Fall neuer Unternehmen, für die es bisher keine Kommunikation gab.
- **Vorhandene Gedächtnisstrukturen stärken oder vertiefen,** indem die Unternehmenskommunikation Inhalte erlebbar macht, die schon im Gedächtnis der Bezugsgruppen verankert sind.
- **Alte Gedächtnisstrukturen überschreiben oder löschen,** indem zum Beispiel die Kundennähe herausgestellt wird, weil das Unternehmen eher als distanziert galt.
- **Vorhandene Gedächtnisinhalte erweitern:** Die Bezugsgruppen lernen neue Eigenschaften des Unternehmens kennen, wie beispielsweise dessen Dialogfähigkeit.

Einige Beispiele:
- **Beibehalten:** zuverlässig, gute Qualität
- **Ausbauen:** zuverlässige Technik, erfahren, global
- **Einschränken und löschen:** altmodisch, teuer, inflexibel
- **Hinzufügen:** innovativ, interaktiv

Wie gut sich die Gedächtnisstrukturen gestalten lassen, hängt wesentlich vom Involvement der Bezugsgruppen ab.

2.7.2.4 Involvement

Entscheidend für den Kommunikationserfolg

Mit dem Begriff „Involvement" ist das Engagement gemeint, mit dem sich jemand einem Gegenstand oder einer Aktivität zuwendet. Andere Begriffe sind „Ich-Beteiligung", „Aktivierung" und „Motivationsstärke".

Das Interesse an Informationen hat in den vergangenen Jahren aufgrund der Informationsüberflutung generell abgenommen und wird es weiter tun (siehe Kap. 1.1). In Ihrer Unternehmenskommunikation werden Sie also zunehmend auf Kommunikationspartner stoßen, die Ihrem Unternehmen kein oder nur geringes Interesse entgegenbringen.

	High Involvement	**Low Involvement**
Ich-Beteiligung	Kommunikationspartner haben großes Interesse am Unternehmen und sind stark aktiviert.	Kommunikationspartner haben kaum Interesse am Unternehmen.
Risiko	Das Unternehmen ist mit einem hohen wahrgenommenen Risiko verbunden.	Das Unternehmen ist kaum mit einem wahrgenommenen Risiko verbunden.
Beispiele	Das Unternehmen ist Arbeitgeber (Mitarbeiter), Kooperationspartner (anderes Unternehmen), Geschäftspartner (Lieferant) oder Anwohner (Nachbar).	Unternehmen, die nicht in der Nähe sind, von denen man keine Produkte kauft und Leistungen in Anspruch nimmt, bei denen man nicht arbeitet oder arbeiten möchte.

Abb. 2.41: Bedeutung des Involvement

Auswirkungen auf die Kommunikation

Das generell nachlassende Interesse der Kommunikationspartner hat gravierende Auswirkungen auf die Unternehmenskommunikation:

Hohes Involvement	**Niedriges Involvement**
Die Bezugsgruppen suchen aktiv nach Informationen.	Die Bezugsgruppen suchen nicht aktiv, sie nehmen Informationen eher passiv auf.
Die Kommunikationspartner setzen sich mit der Botschaft auseinander.	Einstellungen werden durch Emotionalität geändert.
Die Bewertung des Unternehmens erfolgt vorwiegend durch rationale Argumente.	Die Bewertung des Unternehmens erfolgt durch Erfahrungen.
Die Bezugsgruppe beachtet viele Unternehmensmerkmale.	Die Bezugsgruppe beachtet wenige Unternehmensmerkmale.
Die Bezugsgruppe sucht die beste Alternative.	Die Bezugsgruppe sucht eine akzeptable Alternative.
Das Unternehmen hat eine starke Beziehung zur Persönlichkeit der Bezugsgruppe und deren Lebensstil.	Das Unternehmen hat nur eine schwache Beziehung zur Bezugsgruppe und deren Lebensstil.

Abb. 2.42: Auswirkungen des Involvement

Aus diesen Erkenntnissen leiten sich wichtige Konsequenzen für die Image-Positionierung Ihres Unternehmens ab.

2.7.2.5 Positionierung

Ihr Platz im Kopf der Bezugsgruppen

Das Unternehmen zu positionieren bedeutet, dass Sie Ihre Unternehmenspersönlichkeit derart in den Vorstellungen Ihrer Bezugsgruppen verankern, dass sich diese von anderen (Konkurrenz-)Unternehmen deutlich abhebt und diesen vorgezogen wird. Ihr Unternehmen scheint den Wünschen und Erwartungen Ihrer Bezugsgruppen am meisten zu entsprechen.

Schemata als Erklärung

Um zu verstehen, warum die einzigartige Positionierung so wichtig ist, lassen sich Erkenntnisse der Schemaforschung heranziehen: Demnach werden Vorstellungsbilder in den Köpfen der Bezugsgruppen durch so genannte „Schemata" repräsentiert. Schemata sind große, komplexe Wisseneinheiten, die typische Eigenschaften und standardisierte Vorstellungen umfassen.

Beispiel: Wer an Chemieunternehmen denkt, öffnet gewissermaßen seine Schublade mit Schemavorstellungen wie rauchende Schornsteine, Mülldeponien, Verbrennungsanlagen. Solche Schemata erleichtern den Menschen den Umgang mit Informationen. Sie prägen mitunter erheblich, was man wahrnimmt und wie.

Für das Speichern des Wissens über die Unternehmenspersönlichkeit sind zwei Aspekte besonders wichtig:

1. Das im Gedächtnis gespeicherte Wissen ist hierarchisch strukturiert, das bedeutet dem Wissen zur Branche untergeordnet.
2. Diese Hierarchie ermöglicht Ihnen, dass Sie Wissen gewissermaßen durch „Vererben" einfacher abspeichern können: Alle Unternehmen einer Branche „erben" automatisch Ihre mit der Branche gespeicherten Vorstellungen.

Wenn Sie zum Beispiel an ARAL denken, und Ihnen nicht viele typische Eigenschaften einfallen, verbinden Sie doch mit dem Unternehmen automatisch die Eigenschaften der Branche. Voraussetzung dafür ist, dass Sie wissen, dass ARAL eine Benzinmarke ist.

Also selbst wenn die spezifischen Vorstellungen Ihrer Bezugsgruppen über Ihr Unternehmen gering sind, verbinden sie dennoch durch die hierarchische Struktur von Schemata und die Vererbungsmechanismen bestimmte branchentypische Eigenschaften mit ihm.

Ihre Aufgabe ist es nun, Ihrem Unternehmen solche Eigenschaften zu verleihen, die spezifisch und einzigartig sind:

STARKE UNTERNEHMEN HABEN ÜBER DIE BRANCHE HINAUS EINZIGARTIGE UND BEDEUTENDE VORSTELLUNGSBILDER IN DEN KÖPFEN DER BEZUGSGRUPPEN EINGEPFLANZT!

Formen der Positionierung

Grundsätzlich gibt es drei Ansätze zur Positionierung und damit zur Unterscheidung im Wettbewerb:

- **Aktualisierung:** *„Hier bin ich"* (YELLO)
- **Information:** *„Dies solltest Du/willst Du über mein Unternehmen wissen"* (Baumaschinen von ZEPPELIN).
- **Emotion:** *„Mit meinem Unternehmen fühlst Du dich am wohlsten"* (RWE).

Es gibt immer weniger einen sachlichen Vorteil, der in der Werbesprache **„USP"** heißt (**Unique Selling Proposition;** einzigartiges Verkaufsversprechen). Die Einzigartigkeit des Unternehmens kann dann darin liegen, sich zum Beispiel durch sein visuelles Erscheinungsbild anders optisch darzustellen als seine Konkurrenten **(UCP, Unique Communication Proposition;** einzigartiges Kommunikationsversprechen) oder andere Gefühle anzusprechen als seine Konkurrenten **(UFP; Unique Feeling Proposition;** einzigartiges Gefühlsversprechen).

Aktualisierung

Schwerpunkt gedankliche Präsenz

Sind die Bezugsgruppen nicht am Unternehmen interessiert, wie im vorigen Kapitel beschrieben, hat die Aktualisierung herausragende Bedeutung: Sie schafft die erforderliche gedankliche Präsenz. Beispiel: Wählt sich ein Journalist ins Internet ein und denkt an eine bestimmte Kategorie, dann fällt ihm spontan der Name des Unternehmens als kompetenter Gesprächspartner ein (siehe auch die Stufen der Bekanntheit in Kap.

2.7.1.1). Diesen Namen gibt er dann als Adresse ein. Deshalb sollten Unternehmensname und Internetadresse übereinstimmen (siehe Kap. 15.4).

Hintergrund ist, dass Menschen in Schemata denken. Hierbei ordnen sie jedem Unternehmen die Eigenschaften des gesamten Schemas zu, also zum Beispiel einer Branche. Zum Beispiel übertragen die Bezugsgruppen ihre Vorstellungen von der Chemieindustrie auf alle Chemieunternehmen. Bei geringem Interesse und gleichen Gedächtnisstrukturen wird die Bezugsgruppe jenes Unternehmen bevorzugen, das ihr gedanklich am stärksten präsent ist. Wer ein Elektrogerät sucht, und sich nicht lange mit der Suche beschäftigen will, fragt im Laden nach jenem Unternehmen, das ihm zuerst einfällt (SONY, PHILIPS, BRAUN etc.). Bei geringem Interesse kann also die Aktualisierung schon ausreichen, um Verhalten anzuregen.

Aktivierung durch Bilder

Wie das Unternehmen bei geringem Interesse der Bezugsgruppen inszeniert und erlebbar wird, spielt keine große Rolle. Entscheidend ist, Bilder zu zeigen, die aktivieren, zum Beispiel weil sie ungewöhnlich sind. Bilder werden nicht gedanklich verarbeitet und können Handlungen direkt auslösen. So lässt sich erklären, dass wir Leistungen von Unternehmen in Anspruch nehmen, deren Werbung wir eigentlich scheußlich finden (siehe Kap. 14.4).

Information

Schwerpunkt Wissen

Bei der Positionierung durch Information geht es darum, die Bezugsgruppen über die Eigenschaften des Unternehmens, seine Leistung etc. zu informieren, um deren Wissen über das Unternehmen zu gestalten.

Um sich von den Wettbewerbern abzugrenzen, sollte das Unternehmen jene Informationen geben, die die anderen Unternehmen nicht geben. Es informiert also über Eigenschaften, die kein anderes Unternehmen für sich beansprucht beziehungsweise beanspruchen kann. Aufgrund der Austauschbarkeit der Leistungen ist dies jedoch immer schwerer möglich.

SACHLICH-RATIONALE INFORMATIONEN BIETEN IMMER WENIGER MÖGLICHKEITEN, SICH VON DEN WETTBEWERBERN ABZUGRENZEN!

Emotion

Schwerpunkt Gefühle

In Zeiten austauschbarer Produkte, in denen Informationen kaum mehr interessieren, wird die Gefühlswelt der Bezugsgruppen zunehmend wichtiger, die mit dem Unternehmen verbunden sind: Zum Beispiel setzt VISA auf den Slogan *„Die Freiheit nehm' ich mir"*, die HYPOVEREINSBANK schlägt vor: *„Leben Sie, wir kümmern uns um die Details!"*.

Das Unternehmen kann eine spannende und aufregende Geschichte erzählen und seine Kommunikationspartner faszinieren. Die emotionale Ansprache kann besonders für jene Unternehmen wichtig sein, für die sich die Bezugsgruppen wenig interessieren. Die mit dem Unternehmen verknüpfte Bilderwelt spielt dabei die herausragende Rolle (siehe Kap. 14.4).

Beispiele für Unternehmen mit emotionalen Qualitäten:
- Unternehmen, die mit einem Erlebnis verknüpft sind, zum Beispiel DISNEY.
- Unternehmen, die Entfremdung und Anonymität überwinden, zum Beispiel durch persönliche Bekanntschaft mit dem Anbieter (HIPP, VIRGIN, OTTO, SWAROVSKI).
- Authentische Unternehmen, bei denen Hersteller, Herstellungsregion oder Herstellungsverfahren einen besonderen Ruf genießen und deren Echtheit verbürgt ist (WELEDA, SOLINGER SCHNEIDWAREN etc.).
- Unternehmen, die einen besonderen Prestigewert haben oder einen bestimmten Lebensstil verkörpern (MERCEDES, NIKE).
- Unternehmen, die einfach nur sympathisch sind, zum Beispiel durch entsprechende Unternehmenskommunikation (McDONALD'S, BERLINER STADTREINIGUNG etc. siehe Kap. 6.5).

Fazit: Wollen sich die Bezugsgruppen über das Unternehmen informieren, sollte die Unternehmenskommunikation dies ermöglichen – unterhalterischer Schnickschnack wäre überflüssig. Haben die Bezugsgruppen hingegen kein Interesse an Informationen, suchen sie vielleicht Unterhaltung.

Zieht man den Vergleich mit einem Menschen heran, könnte man sagen, dass Informationen den Kopf ansprechen und Emotionen das Herz. Wenn die Bezugsgruppen beides nicht suchen, beschränkt sich die Kommunikation lediglich auf die Aktualisierung, also das Erzielen von gedanklicher Präsenz in ihren Köpfen.

Positionierungsstrategien

Angemessenen Platz erobern

Folgende Positionierungsstrategien sind möglich:
- Sie können **über Eigenschaften informieren,** wenn diese die Bezugsgruppen noch nicht kennen oder nicht so sehen.
- Sie können die Position Ihres Unternehmens in den Köpfen Ihrer Bezugsgruppen **stärker an das Ideal** bringen, indem Sie über die relevanten Eigenschaften informieren.
- Sie können das **Ideal Ihrer Bezugsgruppen verschieben:** Diese Strategie eignet sich dann, wenn sich das Unternehmen nicht aus seiner Positionierung lösen kann (zum Beispiel weil es Biotechnologie machen muss, um wettbewerbsfähig zu bleiben).
- Ein **neuer Unternehmenszweig** wird gegründet, der sich näher am Ideal der Bezugsgruppen befindet, wie es die HAMBURG MANNHEIMER mit ihrer Jugendversicherung getan hat.

	Hohes Involvement	Niedriges Involvement
Kommunikationsziel	Informationen vermitteln	Aktualität/Emotionen
Inhalt der Botschaft	Eigenschaften des Angebots, die der Bedürfnisbefriedigung dienen	Unternehmensname, Erlebniswelt
Ansprache	rational/überzeugend	emotional/faszinierend
Gestaltung	Sprache	Bilder, Akustiksignale
Länge der Botschaft	Lang	Kurz
Wiederholung	Gering	Hoch
Zeitpunkt der Ansprache	Generelles Interesse	Hängt von der Stimmung und dem Umfeld ab
Kommunikations-Mix	Zeitung, Zeitschrift, Produktkommunikation, Internet	TV, Hörfunk, Plakate, Event, Sponsoring

Abb. 2.43: Auswirkungen des Involvement auf die Kommunikation

2.7.2.6 Anforderungen

Vier Voraussetzungen für starke Images

Starke Images können nur dann entstehen, wenn vier Anforderungen erfüllt sind:

- **Wechselseitig:** Das Unternehmen muss im Austausch mit seinen Bezugsgruppen stehen. Nur so erfahren die Bezugsgruppen, was das Unternehmen ist und was es unvergleichlich gut kann; und nur durch intensiven Austausch können die Verantwortlichen in den Unternehmen die Wünsche und Erwartungen ihrer Kommunikationspartner aufgreifen und berücksichtigen. Studien haben herausgefunden, dass sich das Selbstbild und das Fremdbild umso stärker annähern, je intensiver dieser Austausch ist. Die Unternehmenskommunikation muss gewährleisten, dass Meinungen, Erwartungen und Ansichten vom Unternehmen zu den Bezugsgruppen gelangen – und umgekehrt. Hören Sie also Ihren Bezugsgruppen zu. Beachten Sie deren Erwartungen und Meinungen.

  UNTERNEHMENSKOMMUNIKATION IST BEZIEHUNGSMANAGEMENT!

- **Beständig:** Starke Images entwickeln sich über längere Zeit: Die Kommunikationspartner müssen lernen, für welche Werte das Unternehmen steht, was dessen Denken und Handeln leitet. Sinnvoll ist, zwischen konstanten und flexiblen Merkmalen zu unterscheiden: Die zentralen Merkmale, die zeitlich stabil sind und den Kern des Unternehmens charakterisieren, und flexible Merkmale, die sich im Zeitverlauf ändern, ohne den Kern zu zerstören und die Unternehmenspersönlichkeit zu bedrohen. Auf diese Weise können Kommunikationsbotschaften wechseln, und die Themen der Kommunikation lassen sich abwechslungsreich gestalten (zum Beispiel Produkte, Mitarbeiter, Wissen, Partner), aber sie bleiben stets Facetten der gleichen Persönlichkeit.

- **Widerspruchsfrei:** Alle Eigenschaften des Unternehmens und seiner Marken sind widerspruchsfrei kombiniert, damit das Unternehmen als Ganzes stimmig erlebt wird. Widerspruchsfrei bedeutet auch, dass eine einzige Person in ihrer jeweiligen Rolle als Mitarbeiter, Aktionär, Kunde, Mitglied einer kritischen Verbrauchergruppe gezielt angesprochen werden kann, ohne dass sich Aussagen widersprechen (siehe Kap. 2.2).
- **Einzigartig:** Das Image ist einzigartig. Viele Technologiefirmen wirken gerade deshalb so schwach, weil Mitarbeiter und Kunden keinerlei Unterschiede zu anderen Unternehmen wahrnehmen.

  Große Gefahr entsteht dort, wo Firmen durch ein falsch verstandenes Postulat der konsequenten Kundenausrichtung nur noch das sein wollen, was die Kunden von ihnen erwarten: Sie werden zum Nachläufer von Moden. Nach einiger Zeit wissen weder sie selbst noch ihre Kunden, wer sie eigentlich sind und was sie einzigartig gut leisten.

ZEIGEN SIE PROFIL! DIES ERFORDERT MUT!

2.7.2.7 Image und Verhalten

Images können Verhalten steuern

Hat das Unternehmen bei seinen Bezugsgruppen ein gutes Image, werden diese sich ihm gegenüber eher positiv verhalten, zum Beispiel durch den Kauf von Produkten und Aktien. Dagegen führt ein schlechtes Image eher dazu, dass sich die Bezugsgruppen negativ verhalten, zum Beispiel durch Ablehnung, Proteste oder Boykotte.

Dem Zusammenhang zwischen Image und Verhalten im Vergleich mit anderen Unternehmen kann folgende Wirkungskette nachgehen:

- **Bekanntheit:** Das Unternehmen muss ins Bewusstsein der Bezugsgruppen dringen. Das Unternehmen muss bekannt sein, damit ein Image entstehen kann.
- **Sympathie:** Die Bezugsgruppen sollen das Unternehmen sympathisch und begehrenswert finden.
- **Handlungsbereitschaft:** In diesem Stadium prüft die Person, ob sie zu einem bestimmten Verhalten bereit ist.
- **Handeln:** Dieses Kriterium beantwortet die Frage, wie viele der Personen aus der Bezugsgruppe wie beabsichtigt handeln. In der Praxis besteht hier oft eine große Diskrepanz: Das Unternehmen ist zwar bekannt und sympathisch, wird aber nicht in Anspruch genommen.

Je nach dem Verhältnis der Faktoren zueinander lässt sich die Unternehmenskommunikation gezielt optimieren: Warum ist das Unternehmen zwar bekannt, gilt aber nicht als sympathisch? Warum gilt das Unternehmen als sympathisch, aber keiner will sich dort bewerben?

Wichtig zu wissen: Diese Wirkungskette funktioniert in beiden Richtungen: Durch den Besuch des Tages der offenen Tür (Handlung) kann das Unternehmen bekannt, sympathisch und attraktiv werden.

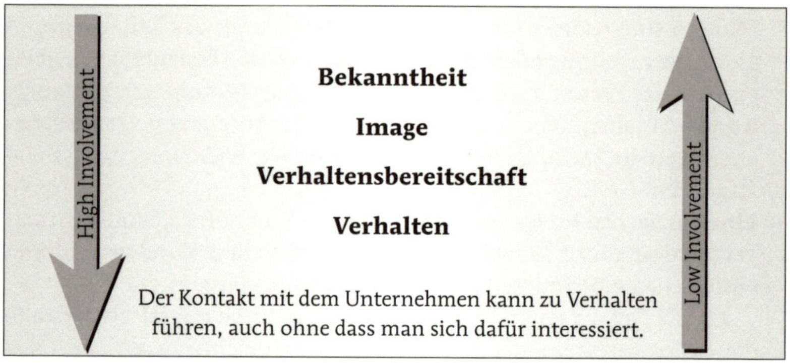
High Involvement
Bekanntheit
Image
Verhaltensbereitschaft
Verhalten
Der Kontakt mit dem Unternehmen kann zu Verhalten führen, auch ohne dass man sich dafür interessiert.
Low Involvement

Abb. 2.44: Wirkungskette bei hohem und geringem Involvement

2.7.2.8 Imagemessung

Images lassen sich messen

„Images lassen sich nicht messen." Diese Behauptung ist falsch und zeugt von Unkenntnis! Wenn Images als Vorstellungsbilder aufgefasst werden, die aus Informationen und Emotionen bestehen (siehe Kap. 2.7.2.2), so steht für deren Messung ein breites Instrumentarium zur Verfügung.

Konkret geht es um folgende Fragen:

- Wie bekannt ist das Unternehmen? Wie bekannt sind seine Marken?
- Welche Vorstellungsbilder haben die Bezugsgruppen vom Unternehmen?
- Welche Bedeutung haben einzelne Dimensionen?
- Welche Image-Stärken und -Schwächen ergeben sich im Konkurrenzvergleich?
- Wie ist das Image vor und nach einer Kommunikationskampagne?
- Welche psychologischen Hintergründe führen zur Einschätzung des Unternehmens?
- Welchen Grad der Übereinstimmung gibt es zwischen Vorstellungsbildern und den Bedürfnissen der Zielgruppe?
- Welche Änderungen des Vorstellungsbildes sind notwendig oder zweckmäßig?
- Welche unbesetzten Imageräume (Marktnischen) bestehen?
- Wie wirken sich Veränderungen im sozialen Umfeld und konkrete imagepolitische Maßnahmen auf das Image aus?

Konkurrenzimage

Zusätzlich zur Analyse des eigenen Images sollten Sie das Konkurrenzimage untersuchen – das Unternehmen soll schließlich nicht nur die Erwartungen der Bezugsgruppen erfüllen, sondern sich auch von der Konkurrenz möglichst positiv und möglichst deutlich abheben.

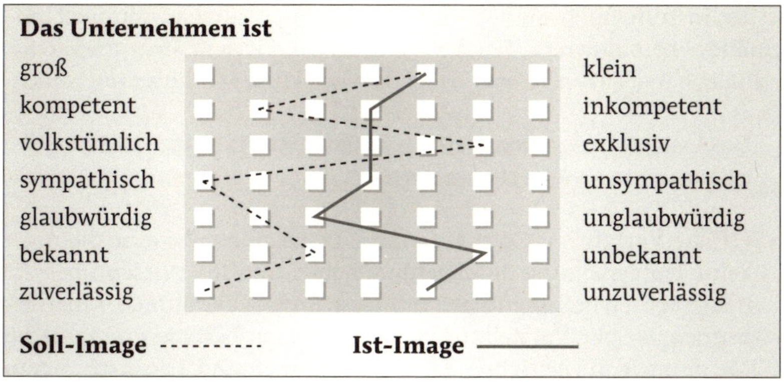

Abb. 2.45: Unterschiede im Ist-Image und Soll-Image

Vorgehen

Systematische Schritte

Forschung hat die Aufgabe, diese Fragen wirklichkeitsgetreu zu erkennen, zu beschreiben, zu systematisieren, zu erklären und vorherzusagen. Die Forschung verläuft in Phasen:

- **Definition:** Das Problem wird exakt beschrieben und dessen Bearbeitung dargestellt.
- **Informationsgewinnung:** Die erforderlichen Daten werden erhoben.
- **Auswertung:** Basisinformationen werden verarbeitet, interpretiert und ausgewertet. Schlussfolgerungen werden gezogen.
- **Dokumentation und Kommunikation:** Informationen werden mit Interpretationen versehen und als Bericht an Entscheider verteilt.

Die erforderlichen Informationen können entweder aus bereits vorliegenden Studien abgeleitet werden (Sekundärforschung; Desk-Research) oder die Daten werden selbst erhoben (Primärforschung, Field-Research).

Das ist gute Forschung

Gütekriterien der wissenschaftlichen Forschung

In jedem Fall sollten Sie die Kriterien für die Güte wissenschaftlicher Forschung einhalten:

- **Objektivität:** Jeder Forscher müsste zum gleichen Ergebnis gelangen.
- **Reliabilität:** Das Instrument muss zuverlässig und das Ergebnis unabhängig von Zeit, Ort und Situation sein. Es sollte immer das Gleiche messen.
- **Validität:** Das Instrument muss gültig sein und das messen, was es messen sollte.

Sind diese Bedingungen erfüllt, liefern die Methoden (offen, geschlossen) und Instrumente (Befragung, Beobachtung, Experiment, Panel) aussagekräftige Daten.

Methoden und Instrumente

Offene und geschlossene Verfahren

Es gibt zwei grundsätzliche Richtungen: offene und geschlossene Verfahren. Beide Verfahren unterscheiden sich in den Zielen, im Vorgehen und in den Instrumenten. Sie können diese Verfahren durchaus sinnvoll miteinander kombinieren. Welche Verfahren und welche Instrumente Sie wählen, hängt davon ab, was Sie schon wissen und was Sie wissen wollen.

DAS ERKENNTNISINTERESSE BESTIMMT ÜBER DAS VERFAHREN UND DIE INSTRUMENTE – NICHT UMGEKEHRT!

Dimensionen Aufdecken

- **Offene Verfahren:** Offene Verfahren sind sinnvoll, wenn Sie noch keine Untersuchung durchgeführt haben und Ihr Wissen über Ihr Image bei den Bezugsgruppen gering ist. Offene Verfahren können erkennen, welche Vorstellungsbilder überhaupt bestehen und welche Meinungen und Ansichten prinzipiell möglich sind. Die Instrumente sind so angelegt, dass der Forscher der Auskunftsperson gegenüber offen für alle Antworten ist, die die Auskunftsperson ihm gibt (Prinzip Offenheit). Um dies zu fördern, versucht der Forscher, eine möglichst entspannte und anregende Gesprächssituation zu gestalten (Prinzip Kommunikativität). Die Antworten muss der Forscher sortieren und sorgfältig auswerten, um typische Antworten zu bilden.

  DIE DREI PRINZIPIEN DER OFFENEN VERFAHREN: OFFENHEIT, KOMMUNIKATIVITÄT UND TYPISIERUNG!

  Zum Beispiel soll der Befragte im Leitfaden-Interview möglichst frei reden, anstatt einen vorgefertigten Fragebogen anzukreuzen. Dabei ist es nicht wichtig, dass die Ergebnisse repräsentativ sind, das heißt verallgemeinerbar (obwohl dies möglich ist): Maßgeblich ist, **dass** etwas gesagt wird und nicht **wie oft** etwas gesagt wird. Damit die Ergebnisse später vergleichbar sind und leichter ausgewertet werden können, wird ein Themenleitfaden erstellt, der eingesetzt wird, wenn der Befragte nichts mehr erzählt oder einen Aspekt ausgelassen hat.

  Das offene Interview hat den Vorteil, dass der Befragte frei von der Leber weg erzählen kann, was ihm zum Unternehmen einfällt. Auf die Frage nach der Zukunft des Unternehmens kann er munter sprudeln, wogegen der schriftliche Fragebogen eher die Fantasie durch einen Schreibkrampf hemmt. Eine schriftliche Befragung mit einem Standard-Fragebogen birgt außerdem die Gefahr, dass wichtige Erwartungen und Wünsche nicht erfasst werden, weil sie die Forscher vergessen oder unterschätzen können: Vielleicht ist den Auskunftspersonen die Sicherheit der Arbeitsplätze am wichtigsten und nicht die Sozialleistungen – wie die Geschäftsleitung annimmt.

Messen

- **Geschlossene Verfahren:** Geschlossene Verfahren sind sinnvoll, wenn ein Unternehmen mögliche Dimensionen seines Images kennt und diese lediglich messen, also prozentual bestimmen will: Wie viel Prozent der Bezugsgruppe stimmen einer Meinung über das Unternehmen zu (zum Beispiel: *„Sind Sie der Meinung, das Unternehmen ist* *sozial?"*)? Die Instrumente nutzt der Forscher, um die Auskunftsperson möglichst konkret zu fragen, was er wissen will. Der Befragte muss nur aus den vorgegebenen Antworten wählen.

Stichproben qualitativer Studien

Oft wird Forschung mit dem Argument abgelehnt, dass sie zu umfangreich sei und nicht genügend Personen für eine repräsentative Befragung zur Verfügung stünden. Qualitative Forschung, in der es nicht auf Repräsentativität ankommt, sondern auf das Vorhandensein von Inhalten, muss nicht umfangreich sein:

- Narratives Interview: Zweiergespräch
- Gruppendiskussion: 6 - 10 Personen
- Leitfaden: 30 - 60 Befragte
- Halbstrukturiert: 100 - 300 Befragte

	Schriftlicher Fragebogen	**Leitfadengestützte Interviews**
Ziel	Messen, also bekannte Dimensionen zahlenmäßig bestimmen	Dimensionen aufzeigen und beschreiben
Voraussetzung	Annahmen prüfen	Annahmen entwickeln
Kenntnisse	hoch	niedrig
Stichprobe	groß	klein
Fragetechnik	genau vorgegeben	offen
Anforderungen an Interviewer	niedrig	hoch
Interviewer einfluss	nicht möglich	groß

Abb. 2.46: Vergleich von offenen und geschlossenen Verfahren

Weitere Instrumente

Assoziative Verfahren

Anwendungen

Im **Assoziationstest** wird die Auskunftspersonen durch Reize angeregt, spontan mit Assoziationen, Zuordnungen und Meinungsäußerungen zu reagieren.

- Im **Wortassoziationstest** soll die Auskunftsperson auf einen Begriff spontan antworten: „*Was fällt Ihnen spontan ein, wenn ich Ihnen folgende Unternehmensnamen nenne ...* „
- Im **Satzergänzungstest** wird die Auskunftsperson gebeten, einen Satz zu vervollständigen, zum Beispiel: „*Wenn es keinen BMW gäbe, ...*", oder „*Bei Mercedes habe ich immer das Gefühl, ...*" und „*Leute, die bei der Commerzbank arbeiten, ...*"

Projektionen

Übertragung von Ansichten

Die Auskunftspersonen werden angeregt, ihre Meinungen, Ansichten über das Unternehmen etc. auf andere Personen oder Dinge zu übertragen. Die Annahme ist, dass die geäußerten Einfälle und Deutungen durch die Motive, Bedürfnisse und Probleme der Auskunftspersonen gesteuert sind. Die Bezugsgruppen erhalten Artikulationshilfen, da angenommen wird, dass der Befragte mit eigenen Worten kaum sagen kann, wie er über ein Unternehmen denkt und was er fühlt. Ein Beispiel sind Fragen wie: *„Wenn das Unternehmen XY ein Tier wäre ...“*. Die Nachfrage *„Was verbinden Sie mit diesem Tier?“*, soll zu den entscheidenden Eigenschaften führen.

- **Bildererzähltest:** Bilder stellen Personen in bestimmten Situationen dar, die mit dem Unternehmen verbunden sind. Die Auskunftspersonen sollen diese Bilder mit sinnvollen Texten versehen. Die Deutung der Bildergeschichten gibt einen Einblick in das Gefühlsleben, die Konflikte und Probleme der Person in Bezug auf das Unternehmen. Beispiel: *„Denken Sie sich eine Geschichte zu folgendem Bild aus ...“*
- **Zuordnungstest:** Die Auskunftsperson soll dem Unternehmen Bilder von bestimmten Personentypen zuordnen, die dort arbeiten oder Leistungen des Unternehmens nutzen (*„Welche dieser hier gezeigten Personen könnte im Unternehmen XY arbeiten?“*).
- **Szenotest:** Die Auskunftsperson gestaltet Szenen mit Hilfe biegsamer Menschenfiguren, Tierfiguren, Bausteine, Bäume etc. Die Annahme ist, dass sie unbewusst Inhalte darstellt, in die Projektionen und Identifikationen einfließen. Der Spielverlauf und die fertige Szene werden von der Auskunftsperson kommentiert und vom Versuchsleiter protokolliert.
- **Ballontest:** Der Auskunftsperson werden karrikaturähnliche Strichzeichnungen von sich unterhaltenden Personen vorgelegt. Nur ein Teil des Dialogs ist vorgegeben – meist eine Aussage oder Behauptung einer Figur über das Unternehmen. Die Auskunftsperson soll die leere Sprechblase bzw. die fehlenden Teile des Dialogs ausfüllen (*„Ich würde gern bei XY arbeiten, denn ...“*). Die Annahme ist, dass die Auskunftsperson eigene Meinungen oder Vorurteile in die dargestellte Situation überträgt.

Die vorgestellten Instrumente sind bislang noch Standardtests in der (Werbe-)Psychologie. Sie haben sich vielfach in der Praxis bewährt. In der Unternehmenskommunikation sind solche Tests die Ausnahme. Hier beschränken sich wissenschaftliche Studien, wenn es sie überhaupt gibt, auf Leserbefragungen von Mitarbeiterzeitungen und umfangreiche Fragebogenaktionen.

Grenzen der Imageforschung

Die vorgestellten wissenschaftlichen Methoden und Instrumente können Ihnen wertvolle Hinweise auf die Kommunikation mit Bezugsgruppen liefern.

Grenzen der Instrumente

Sie sollten jedoch auch ihre Grenzen kennen:

- **Personen äußern oft Pauschalurteile:** Sie nennen auf Befragen die von ihnen gelernten Eigenschaften des Marktführers. Sie geben triviale Antworten, indem sie etwa als Wünsche an eine Bank „Kompetenz" und „gute Beratung" angeben.
- **Geringes Interesse:** Häufig sind sie nicht am Unternehmen interessiert und antworten gewissermaßen nebenbei, weil sie wissen, dass die Antwort weder Bedeutung noch Konsequenz für sie hat.
- **Urteile eignen sich nicht für Facetten:** Auskunftspersonen nennen meist grobe Eigenschaften des Unternehmens, aber selten feine Nuancen der Unternehmenspersönlichkeit.
- **Ideal-Zustand führt zu Identitätsverlust:** Da jede Firma Befragungen durchführt und das Ideal der Bezugsgruppen abfragt, streben alle die gleiche Positionierung an. Hierdurch ist keine klare Alleinstellung möglich.
- **Forschung ist nicht zukunftsorientiert:** Präferenzen und Idealvorstellungen sind maßgeblich durch die bisherige und gegenwärtige Kommunikation geprägt. Eine Positionierung, die sich an Potenzialen orientiert, lässt sich so nur schwer festlegen. Welche Bezugsgruppe kann schon sagen, wie sie sich das Unternehmen in drei oder fünf Jahren wünscht?

Checklisten

Vorteile und Nachteile offener Interviews	
Vorteile	**Nachteile**
Sie ermitteln Wissen über ein wenig bekanntes Thema.	Die offene Befragung stellt hohe Anforderungen an den Frager und seine Fähigkeiten; der Interviewer kann die Qualität der Ergebnisse stark beeinflussen.
Die Befragten können alles äußern, was ihnen zu dem Thema einfällt.	Es ist nicht gewährleistet, dass unterschiedliche Forscher bei denselben Personen zu den gleichen Resultaten gelangen.
Geringe Gefahr, dass wichtige Aspekte eines Themas nicht zur Sprache kommen.	Der Interpretationsspielraum für den Forscher ist bei manchen Fragen breit.
	Die Befragten müssen zu einer Auskunft bereit sein und sich gut ausdrücken können.
	Die Befragung dauert ziemliche lange (manchmal eine Stunde und länger).
	Die Auswertung ist aufwändig.
	Die Ergebnisse vor und nach der Kommunikation sind mitunter kaum vergleichbar.

Abb. 2.47: Vorteile und Nachteile offener Interviews

Vor- und Nachteile des Standard-Fragebogens	
Vorteile	**Nachteile**
Standard-Befragungen mit vorgefertigten Fragebögen sind vergleichsweise einfach durchzuführen.	Er ermittelt kaum neues Wissen über einen wenig bekannten Gegenstand.
Unterschiedliche Forscher kommen bei denselben Personen zu den gleichen Resultaten.	Es wird genau auf das geantwortet, was gefragt wird. Aspekte, die nicht im Fragebogen stehen, werden nicht erfasst.
Der Interpretationsspielraum ist geringer als bei offenen Interviews.	Gefahr von Fragen, die schon eine Antwort beinhalten (*„Meinen Sie nicht auch ...?“*).
Die Ergebnisse sind untereinander und mit einer späteren Befragung vergleichbar.	

Abb. 2.48: Vor- und Nachteile des Standard-Fragebogens

Ihre Unternehmenskommunikation!

- Haben Sie Ziele für Bekanntheit und Image festgelegt, damit Sie bewerten können, was Sie erreicht haben?
- Wie messen Sie den Erfolg Ihrer Maßnahmen zum Steigern der Bekanntheit?
- Wie bewerten Sie die Veränderungen Ihres Images nach den Kommunikationsaktivitäten?
- Wann messen Sie?
- Mit welchen Instrumenten messen Sie?

Buchtipps

- Baerns, B. (Hrsg): PR-Erfolgskontrolle, Frankfurt/Main 1995
- Fissenewert, R. und Schmidt, S.: Konzeptionspraxis, Frankfurt/Main 2002
- Pickert, M.: Konzeption der Werbung, Heidelberg 1994

2.8 Unternehmenswert

Unternehmenskommunikation ist wertvoll

Die starke Unternehmenspersönlichkeit hat einen hohen Wert: Der Konzern PHILIP MORRIS zahlte für das Unternehmen KRAFT, mit Marken wie PHILADELPHIA, MIRACEL WHIP und SCHEIBLETTEN das Vierfache von dessen Nettovermögen. NESTLÉ übernahm ROWNTREE samt SMARTIES, KITKAT, AFTER EIGHT, ROLO und QUALITY STREET zum fünffachen Buchwert. Firmen wie YAHOO und EBAY haben kaum Eigenkapital und so gut wie kein Anlagevermögen, jedoch eine Börsenkapitalisierung in Milliardenhöhe.

Der Marktpreis eines an der Börse notierten Unternehmens ergibt sich aus der Multiplikation des Aktienkurses mit der Zahl der ausgegebenen Aktien. INTERBRAND hat in einer Studie den Börsenwert von Unternehmen ermittelt: Für MICROSOFT beträgt er 65 Milliarden Dollar, für IBM 52 Milliarden und für GENERAL ELECTRIC 42 Milliarden Dollar. Was ihren Wert ausmacht, ist die Stärke der Unternehmenspersönlichkeit. Der Unternehmenswert ergibt sich daraus, dass jemand aufgrund seiner Vorstellungen vom Unternehmen dieses einem anderen Unternehmen vorzieht: Welchen Betrag ist der Kunde bereit, für die Unternehmensberatung von ROLAND BERGER mehr zu zahlen als für die einer anderen Beratungsgesellschaft? Diese Bereitschaft lässt sich messen (siehe Kap. 2.7.2.7).

DER WERT DER UNTERNEHMENSPERSÖNLICHKEIT LIEGT NICHT IM UNTERNEHMEN, SONDERN IN DEN KÖPFEN DER BEZUGSGRUPPEN!

Vorteile des hohen Unternehmenswertes

Vorteile des hohen Unternehmenswertes:

- Die Bezugsgruppen sind bereit, einen höheren Preis für die Leistungen des Unternehmens zu zahlen, wie im Fall der Unternehmensberatung von ROLAND BERGER.
- Die Bezugsgruppen bringen einem Unternehmen mit starker Unternehmenspersönlichkeit mehr Sympathie und stärkere Treue entgegen. Hierdurch kann der Anbieter dauerhaft höhere Erträge erzielen.
- Die starke Bindung zum Unternehmen verringert Kosten, denn es ist billiger, Kunden zu halten als Neukunden zu gewinnen. Studien belegen, dass der Schaden durch den Verlust loyaler Kunden bis zu siebenmal so hoch ist wie die Kosten für das Gewinnen neuer Kunden. Eine Faustregel lautet, dass etwa 80 Prozent des Umsatzes mit 20 Prozent der Kunden erzielt werden (80 : 20-Regel).
- Die starke Unternehmenspersönlichkeit stärkt die Wettbewerbsposition, da sie eine Barriere darstellt, die Konkurrenten durch kostspielige Angriffe überwinden müssen.
- Unternehmen mit hohem Wert haben mehr Potenzial für Erweiterungen auf andere Unternehmen und Leistungen (siehe Kap. 3.2).
- Die starke Unternehmenspersönlichkeit wirkt sich auch nach innen aus: Sie ermöglicht, dass sich die Mitarbeiter mit dem Unternehmen identifizieren und ihre Leistung voll zur Verfügung stellen. Motivation und Leistung werden zwar immer wieder von den Unternehmensleitungen gefordert; jedoch ist nicht klar, wie diese erzeugt werden soll. Auch schaffen die Unternehmensleitungen nicht die Voraussetzung dafür durch die Formulierung der Unternehmenspersönlichkeit und deren Entwicklung in einem Leitbild (siehe Kap. 2.5.8.3).

Mehr Wert durch starke Persönlichkeiten

Der Düsseldorfer CI-Experte Dieter Heinrich berichtet in seinem Buch „Profit durch Profil“ von einer Untersuchung, die zwischen 1980 und 1988 stattfand und belegt, dass der Aktienkurs von Unternehmen mit identitätsorientierter Unternehmensführung um 122 Prozent gestiegen war, der Aktienkurs von Unternehmen ohne gesteuerte Identität dagegen nur um 63 Prozent.

Die Kenntnis der Unternehmenspersönlichkeit spielt für das Steigern des Unternehmenswertes die wesentliche Rolle: Sie gibt Auskunft darüber, welchen Nutzen das Unternehmen seinen Bezugsgruppen bietet, wie sich der Anbieter gegen Angriffe von Wettbewerbern verteidigen kann und auf welche neuen Unternehmensteile er ihn übertragen kann, ohne die Unternehmenspersönlichkeit zu verwässern.

Die Unternehmenskommunikation kann den Unternehmenswert steigern, indem sie beiträgt, das Unternehmen bekannter zu machen und sein Image gezielt zu entwickeln.

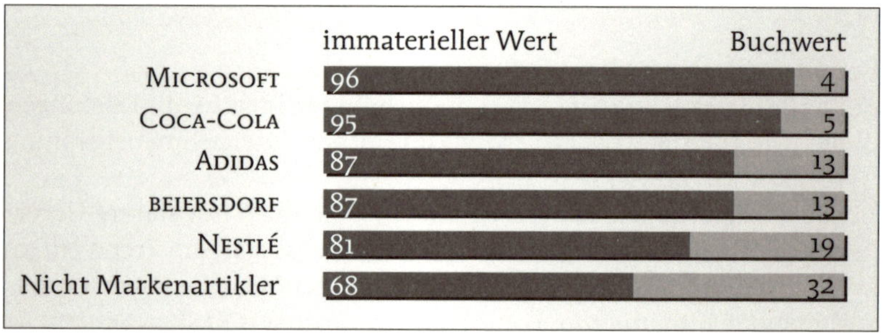

Abb. 2.49: Anteil immaterieller Faktoren am Börsenwert (Datastream, McKinsey-Research)

Starke Kategorieführer

Besonders stark sind jene Unternehmen, die die Leitfunktion in ihrer Kategorie erkämpft haben, wie zum Beispiel die Allianz für Versicherungen, Otto im Versandhandel und Amazon im Internet-Buchhandel. Künftig wird es überlebenswichtig sein, zu diesen Marktführern zu gehören, da Konsumenten zur gedanklichen Entlastung nur jeweils ein bis zwei Angebote pro Kategorie in die enge Auswahl ziehen werden.

Beim Aufbau und der Pflege der Kommunikation mit Bezugsgruppen handelt es sich um eine langfristige Investition!

Ihre Unternehmenskommunikation!

- Welchen Beitrag leistet Ihre Unternehmenskommunikation zur Steigerung des Unternehmenswertes?
- Wie stark steigert Ihre Unternehmenspersönlichkeit den Unternehmenswert?
- Welche Rolle spielt das Image für das Verhalten Ihrer Bezugsgruppen?

2.9 Gegenargumente

Für Gegenargumente gewappnet sein

Professionelle Unternehmenskommunikation steigert den Unternehmenswert durch systematische und langfristige Gestaltung von Bekanntheit und Image des Unternehmens (siehe Kap. 2.7). Jedoch werden in der Praxis oft nicht genügend Ressourcen für die Unternehmenskommunikation zur Verfügung gestellt.

Hierfür nennen die Verantwortlichen unter anderem folgende Gründe:

„Unternehmenskommunikation bringt zu wenig erkennbaren Nutzen!"

Kein erkennbarer Nutzen

Solche Äußerungen sind verständlich, denn oft wird als Nutzen formuliert: „Sympathie steigern", „Vertrauen aufbauen", „Akzeptanz schaffen". Solche allgemeinen Argumente, auch wenn sie zutreffend sind, schneiden schlecht ab gegen konkrete Argumente wie „X Prozent Marktanteile sichern" und „Umsatz um X Prozent erhöhen".

Tatsächlich trägt die Unternehmenskommunikation unmittelbar zur Stärkung der Position auf dem Absatzmarkt bei, indem wichtige Bezugsgruppen meinen, das Unternehmen befriedige deren Bedürfnisse auf einzigartige Weise. Durch diese Einschätzung, zu der Unternehmenskommunikation wesentlich beitragen kann, bilden sich dauerhafte Präferenzen, die sich in einer starken Wettbewerbsposition niederschlagen. Die Mitarbeiter können sich mit der starken Unternehmenspersönlichkeit identifizieren und sich daher für das Unternehmen stärker einsetzen. Für die Journalisten ist das Unternehmen der Experte Nummer 1 auf seinem Gebiet. Sie wenden sich daher mit Fragen zuerst an dieses Unternehmen, bevor sie ein anderes befragen.

„Wir haben kein Geld für Unternehmenskommunikation!"

Kein Geld

Unternehmenskommunikation erfordert zwar den Einsatz von Geld; jedoch ist dieses Geld sinnvoll angelegt, weil die Unternehmenskommunikation den Unternehmenswert durch ein starkes, einzigartiges Image erhöht, das dem Unternehmen Wettbewerbsvorteile verschaffen soll (siehe Kap. 2.8).

Unternehmenskommunikation ist nicht zwangsläufig an große Etats gebunden (die es heutzutage ohnehin nicht mehr gibt). Viele Möglichkeiten stehen zur Verfügung, erfolgreiche Unternehmenskommunikation ohne großen Kostenaufwand zu betreiben (siehe Beispiele in Kap. 7.10).

Oft gibt es zwar einen Werbeetat, aber kein Budget für die Unternehmenskommunikation. Und dies, obwohl

- Unternehmenskommunikation als Kommunikationsinstrument wesentlich kostengünstiger sein kann als Werbung;
- Unternehmensbotschaften über andere Instrumente übermittelt werden als Werbebotschaften und daher nicht in der Fülle von Werbung untergehen;

- Unternehmensbotschaften im Redaktionsteil der Massenmedien glaubwürdiger sind als Werbeanzeigen.

Ist nur ein geringer Etat verfügbar, ist dies immer noch besser als gar nichts. Aber: Achten Sie darauf, dass fehlende Mittel kein Zeichen von Desinteresse der Unternehmensleitung sind. Die Firmenspitze muss ein klares Bekenntnis zur Unternehmenskommunikation ablegen, sonst kann sie diese nicht effektiv betreiben (Kap. 5). In jüngster Zeit weisen sogar Werbeprofis auf die Chancen der Unternehmenskommunikation hin, denn sie kann in einem ausgereizten Werbeumfeld zum Imageaufbau von Marken in besonderer Weise beitragen.

UNTERNEHMENSKOMMUNIKATION HAT IN IHRER BEDEUTUNG FÜR DIE WERBUNG ENORM GEWONNEN!

„Wir können nicht warten, bis Unternehmenskommunikation wirkt!"

Keine Zeit

„Uns fehlt einfach die Zeit", klagen Führungskräfte in Unternehmen. Große Arbeitsbelastung gewähre zu wenig Raum für Kommunikation. Eine Folge des hohen Arbeitsdrucks ist, dass der Terminplan gefüllt ist mit Aktionen und Maßnahmen. Auf der Strecke bleiben langfristige Bemühungen um das Überleben des Unternehmens. Und hierzu gehört die Unternehmenskommunikation. Ein Beispiel: In Zeiten, in denen sich die Produkte und Leistungen kaum noch objektiv unterscheiden, müssen sich Unternehmen immer stärker durch ihr Erscheinungsbild voneinander abgrenzen. Einen wesentlichen Beitrag hierzu kann die Unternehmenskommunikation leisten, indem sie das Unternehmen bezugsgruppengerecht profiliert.

Sollte dennoch für Unternehmenskommunikation wenig Zeit zur Verfügung stehen, muss diese nicht selbst gestaltet werden, sondern sie kann von außen organisiert oder zumindest unterstützt werden (siehe Kap. 5.1).

„Wir liefern doch keine Informationen für die Konkurrenz!"

Geheimhaltung

Als Grund unzureichender Unterstützung wird vonseiten der Geschäftsführung die Furcht genannt, ungewollt Wettbewerber mit Informationen zu versorgen. Unternehmenskommunikation bedeutet aber nicht, Firmengeheimnisse auszuplaudern – oder ist etwa die Eröffnung eines neuen Produktionsgebäudes, ein Firmenjubiläum oder die Teilnahme an einer Messe ein Betriebsgeheimnis?

Eher scheinen hier mangelnde Kenntnisse über Unternehmenskommunikation vorzuliegen als tatsächliche Gefahren für den Unternehmenserfolg. Selbst auf einer Pressekonferenz müssen Sie nicht vertrauliche Informationen geben und beispielsweise Ihren Marketingetat offen legen oder ein Patent erläutern. Weisen Sie darauf hin, dass es sich hierbei um Wettbewerbsdaten handelt. Die Journalisten werden dies verstehen (siehe Kap. 7).

„Der Erfolg lässt sich nicht messen!“

Kein messbarer Erfolg

Fachleute diskutieren derzeit erhitzt darüber, wie sich der Erfolg der Unternehmenskommunikation nachweisen lässt. Manche finden das so schwer wie das Messen von Gas mit einem Gummiband.

Fest steht, dass die Akzeptanz der Unternehmenskommunikation bei der Geschäftsleitung oder einem Auftraggeber davon abhängt, ob und wie ihr Erfolg nachgewiesen werden kann. Dies ist verständlich: Wer bezahlt schon gern für Dinge, deren Erfolg sich nicht messen lässt? Der Verantwortliche für Unternehmenskommunikation muss daher – ähnlich wie sein Kollege aus dem Marketing dies mit Absatzzahlen kann – den Nutzen seiner Kommunikation belegen. Doch davon ist die Praxis oft weit entfernt: Erfolg oder Wirkung der Unternehmenskommunikation werden in den meisten Fällen nicht geprüft.

Ist dies überhaupt möglich? Ja! Wenn, wie oben festgestellt, Unternehmenskommunikation die Aufgabe hat, das Unternehmen bei seinen wichtigen Bezugsgruppen bekannt zu machen und das starke, einzigartige Vorstellungsbild zu gestalten, stehen hierfür wissenschaftliche Methoden und Instrumente zur Verfügung (siehe Kap. 2.7.1.5): Zum Beispiel äußern Mitarbeiter auf einem Fragebogen ihre Zufriedenheit mit der internen Kommunikation. Kunden schildern, was sie über das Unternehmen meinen.

Befragungen, Beobachtungen und Experimente liefern zuverlässige Ergebnisse über Bekanntheit und Image des Unternehmens und damit über den Nutzen der Unternehmenskommunikation. Allerdings muss man diese Instrumente kennen und einsetzen!

Fazit

Der Blick auf die Argumente für und wider Unternehmenskommunikation zeigt: Ein Unternehmen sollte sich gründlich mit den Argumenten auseinander setzen, bevor es vorschnell auf ihre Potenziale verzichtet.

Ihre Unternehmenskommunikation!

- Gibt es in Ihrem Unternehmen Vorbehalte gegenüber Unternehmenskommunikation?
- Welche Gründe werden konkret genannt?
- Sind Sie in der Lage, diese Argumente zu entkräften?
- Können Sie den deutlich wahrnehmbaren und messbaren Nutzen Ihrer Unternehmenskommunikation darstellen?
- Was passiert, wenn es Ihre Unternehmenskommunikation nicht (mehr) gäbe?
- Warum ist das Geld für Ihre Unternehmenskommunikation besser angelegt als in einer anderen Funktion?

2.10 Trends in der Unternehmenskommunikation

Die Zukunft hat viele Namen: Für die Schwachen ist sie das Unerreichbare.
Für die Furchtsamen ist sie das Unbekannte.
Für die Tapferen ist sie die Chance.
Victor Hugo

Ungenutzte Reserven

Welche Trends wird es in der Unternehmenskommunikation geben? Wo liegen unausgeschöpfte Reserven?

- **Zunehmender Wettbewerb:** Der Wettbewerb wird auf allen Märkten zunehmen. Für die Unternehmenskommunikation wird dies bedeuten, dass sie noch stärker dazu beitragen muss, die Position des Unternehmens im Wettbewerb zu stärken. Dies wird aber auch bedeuten, dass das Unternehmen seine Mittel noch gezielter einsetzen und noch stärker hinterfragen muss - auch in der Unternehmenskommunikation.
- **Professionalisierung:** Unternehmenskommunikation wird aufgrund dieser Rahmenbedingungen professioneller werden müssen, um die eingesetzten Mittel zu rechtfertigen und ihren Beitrag für den Unternehmenserfolg bestmöglich zu leisten. Es gibt noch viele unausgeschöpfte Potenziale, wie die bisher unzureichende Nutzung der Verhaltenswissenschaft für die Gestaltung des Images und die unzureichende Emotionalisierung der Unternehmen (siehe Kap. 2.4).
- **Integrierte Gestaltung der Markt- und Unternehmenskommunikation:** Künftig werden Unternehmenskommunikation und Marktkommunikation wesentlich stärker in ihrem Zusammenspiel gestaltet werden müssen, um Synergien zu nutzen und Widersprüche zu vermeiden. Zum Beispiel wird Unternehmenskommunikation wichtiger werden, um die Auswirkungen von Werbeverboten zu verringern (siehe Kap. 3.3).
- **Persönlichkeitsorientiertes Verständnis:** Das Verständnis von Unternehmen und Marken als Persönlichkeiten wird zunehmen, weil nur dieses für die künftigen Anforderungen der Kommunikation angemessen ist. So ist ein persönlichkeitsorientiertes Verständnis der einzige Zugang, der die Fragen rund um die integrierte Kommunikation und das Internet beantworten kann.
- **Vertrauen gestalten:** Vertrauen wird zum zentralen Konstrukt, um die langfristige Beziehung eines Unternehmens mit seinen Kommunikationspartnern zu erklären (siehe Kap. 2.5.7). Es wird daher wichtiger werden zu verstehen, was Vertrauen ist, wie es entsteht und systematisch gestaltet werden kann. Leider gibt es hierzu erst wenige Erkenntnisse.
- **Emotionale Ansprache:** Hat sich die Unternehmenskommunikation in den vergangenen Jahren vor allem auf das Vermitteln von Informationen konzentriert, zeigen die Entwicklungen der Märkte und der Gesellschaft, dass die Gefühlswelt der Menschen eine zentrale Rolle

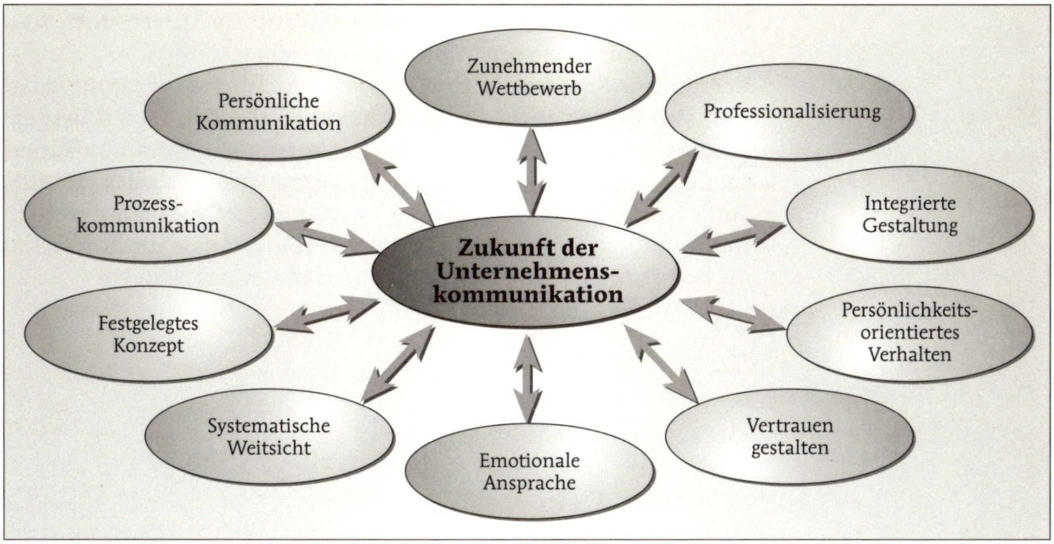

Abb. 2.50: Die Zukunft der Unternehmenskommunikation

spielt (siehe Kap. 2.4). Daher wird es erforderlich sein, jene Gefühle zu bestimmen, die mit einem Unternehmen verbunden sein sollen - auch in Abgrenzung vom Wettbewerber; zum anderen müssen hieraus operative Entscheidungen abgeleitet werden, wie der gezielte Einsatz von Events (siehe Kap. 16) und der Einsatz von starken und einzigartigen Bilderwelten (siehe Kap. 14.4). Besonders der Einsatz von Bilderwelten wird in Zukunft den Kommunikationserfolg bestimmen.

- **Systematische Weitsicht**: Zu wenige Unternehmen planen ihre Unternehmenskommunikation systematisch und langfristig. Kommunikationskonzepte sind jedoch essenziell für erfolgreiche und professionelle Kommunikation, denn sie verringern das Risiko von Fehlentscheidungen, regeln das Zusammenspiel aller Beteiligten im Unternehmen und ermöglichen größtmögliche Eigenständigkeit unter Beibehaltung gemeinsamer Ziele (siehe Kap. 4).
- **Konzepte**: Um ein festgelegtes Vorstellungsbild bei den wichtigen Kommunikationspartner aufzubauen und langfristig zu entwickeln, ist ein Kommunikationskonzept unerlässlich, also ein schriftlich fixierter Verhaltensplan, der die Zusammenarbeit in der Kommunikation regelt (siehe Kap. 4).
- **Prozesskommunikation:** In Zeiten dynamischen Wandels wird es wichtiger, die Bezugsgruppen auf dem Laufenden zu halten (Prozesskommunikation) statt nur Ergebnisse bzw. Entscheidungen mitzuteilen (Ergebniskommunikation). Dies erfordert neben angemessenen Prozessen und Strukturen auch eine Kultur, die Unsicherheit zulässt, weil Informationen noch nicht vorliegen (siehe Kap. 5). Sie sollten

dies offen sagen und Ihren Kommunikationspartnern mitteilen, wann diese mit weiteren Informationen rechen können.

- **Persönliche Kommunikation**: Sie wird ihre zentrale Bedeutung in der Kommunikation zwischen dem Unternehmen und seinen Bezugsgruppen behalten. Ein Grund ist, dass persönliche Kommunikation für den Aufbau und die Stärkung von Vertrauen essenziell ist. Ein anderer Grund ist, dass es viele Informationen gibt, die erklärt werden müssen und bei denen sichergestellt sein muss, dass die Adressaten die beabsichtigten Konsequenzen und Handlungen ableiten.

Teil B

Planung und Organisation

„Es gibt drei Arten von Unternehmen:
Die einen bewirken, dass etwas geschieht,
die anderen beobachten, was geschieht,
und wieder andere fragen sich, was geschehen ist."
(Volksmund)

Die Bedeutung der professionellen Planung und Organisation der Unternehmenskommunikation wird in den kommenden Jahren enorm zunehmen. Ein Grund ist, dass es im harten Wettbewerb immer wichtiger wird, die begrenzten Ressourcen der Unternehmen gezielt einzusetzen. Ein anderer Grund ist, dass koordiniertes Vorgehen essenziell ist, um das starke und widerspruchsfreie Vorstellungsbild von der Unternehmenspersönlichkeit zu vermitteln (siehe Kap. 2.5.).

In diesem Teil erfahren Sie, was integrierte Kommunikation ist, welche Bedeutung sie hat und wie sie professionell gestaltet wird. Sie lernen kennen, was konzeptionelles Vorgehen in der Kommunikation bedeutet und erfahren, wie Sie den Erfolg Ihrer Kommunikation bewerten können. Sie können sich informieren, welche organisatorischen Voraussetzungen Sie für Ihre gelungene Unternehmenskommunikation schaffen müssen.

3 Integrierte Kommunikation

3.1 Begriff

Koordinierter Einsatz

Die Herausforderungen in den Märkten, in den Unternehmen und in der Gesellschaft erfordern, die Unternehmenskommunikation künftig stärker mit den anderen Kommunikationsaktivitäten des Unternehmens zu koordinieren (siehe Kap. 1). Dies hat zum Konzept der integrierten Kommunikation geführt.

Integrierte Kommunikation bedeutet Analysieren, Planen, Umsetzen und Kontrollieren sämtlicher Kommunikationsaktivitäten. Alle Kommunikationsinstrumente sind systematisch geplant und koordiniert eingesetzt, um das starke, widerspruchsfreie Vorstellungsbild vom Unternehmen zu fördern.

Das Elektronikunternehmen PHILIPPS hatte bis Mitte der 90er-Jahre 20 unterschiedliche Auftritte weltweit. Internationale Studien zeigten, dass der Name PHILIPPS zwar für verlässliche Produkte eines Technikunternehmens stand, doch die Kommunikation war überall anders – jeder Unternehmensbereich und jede Region hatte einen eigenen Auftritt. Folge: PHILIPPS hatte kein prägnantes Profil. Dem Unternehmen fehlte der prägende Erkennungswert: *„Aha, das ist Philipps!"*. Seit 1995 wartet das Unternehmen mit einer einheitlichen Botschaft auf: *„Let's make things better"*. Diese Botschaft ist in ein einheitliches Konzept der Unternehmens- und Produktkommunikation eingebettet, das klare Vorgaben für die interne und externe Kommunikation sowie das Erscheinungsbild setzt. Dabei soll genügend Spielraum für die bezugsgruppengerechte Ansprache bleiben, ohne die Unternehmenspersönlichkeit in Frage zu stellen.

3.2 Beispiele für die Notwendigkeit

3.2.1 Unternehmenssysteme

Koordination mehrerer Unternehmen

Die Komplexität von Unternehmen ist in den vergangenen Jahren erheblich gestiegen (siehe Kap. 1.2). Heute sind viele Unternehmen Teil eines Unternehmenssystems, meist eines Konzerns, der Einzelfirmen miteinander verbindet. Hierbei können die Einzelunternehmen in unterschiedlicher Beziehung zueinander stehen:

Beziehungen der Persönlichkeiten

- **Eigenständige Persönlichkeiten:** Jedes Einzelunternehmen erhält eine eigene, unverwechselbare Unternehmenspersönlichkeit, deren Profil exakt auf das Bedürfnisprofil der Bezugsgruppen ausgerichtet ist, vor allem auf die Kunden. Vorteile sind, dass es keine negative Ausstrahlung auf ein anderes Einzelunternehmen oder das Konzerndach gibt; der Koordinationsaufwand bei Um- oder Neupositionierungen des Unternehmens ist gering. Jedoch sind die Kommunikationskosten vergleichsweise hoch, da das Unternehmen keine Gemeinschaftseffekte nutzen kann.

- **Mehrere eigenständige Persönlichkeiten:** Die Einzelunternehmen des Konzerns haben unterschiedliche Merkmale, die sich aber nicht widersprechen. Die Unternehmenskommunikation beschränkt sich auf die Einzelunternehmen. Synergien entstehen nicht. Ein Beispiel ist der Tierfutterhersteller MASTERFOODS, der zum MARS-Konzern gehört. Ein anderes ist der VOLKSWAGEN-Konzern, der mit den Marken ROLLS ROYCE, AUDI, VOLKSWAGEN, SEAT und SKODA mehrere Preissegmente abdeckt. Das Problem ist, dass der Name VOLKSWAGEN früher starke und eindeutige Assoziationen hervorrief; heute ist dies nicht mehr so, denn Volkswagen bietet billige und teure Autos, schnelle und langsame, wirtschaftliche und sportliche. Das Profil hat an Prägnanz verloren!
- **Konzern als Dachmarke:** Alle zum Konzern gehörigen Unternehmen übernehmen die Merkmale der Dachmarke. Ein Beispiel ist WORLD OF TUI. Ein anderes Beispiel ist der englische Konzern VIRGIN, dessen Unternehmenspersönlichkeit eng an den Gründer Richard Branson angelehnt ist und auf 250 Unternehmen übertragen wird, darunter eine Fluggesellschaft, Cola und Brautkleidung. Vorteil ist, dass die Unternehmen das Image der Dachmarke nutzen können und gleichzeitig die einzelnen Unternehmensimages die Dachmarke stützen. Nachteil ist, dass Imageprobleme der Dachmarke auf alle Unternehmen wirken.

  Internetanbieter LYCOS hat zu einer Dachmarkenstrategie gewechselt: *„Nun wollen wir die Zugehörigkeit zur Lycos-Familie in den Mittelpunkt der Kommunikation stellen“*, sagte Steffen Seifahrt, Vice President Marketing bei LYCOS Europa in einem Interview mit der Zeitschrift W&V (Ausgabe 31/2001). Zu den Marken von LYCOS gehören: LYCOS (Portal), HOTBOT, FIREBALL (Suchdienste), SONIQUE (Media Player), TRIPOD, ANGELFIRE (Communities), COMUNDO (Access).
- **Unterschiedliche, sich widersprechende Persönlichkeiten:** Die Unternehmen des Konzerns haben unterschiedliche Unternehmenspersönlichkeiten, die sich teilweise widersprechen. Beispiel wäre, wenn der Chemiekonzern auch Naturkost anbietet und das Edelunternehmen auch Billigprodukte.

Unternehmensarchitektur

Hilfreich ist es, die Unternehmensarchitektur übersichtlich niederzuschreiben und zu prüfen, was dies für die Kommunikation bedeutet. Um das Verhältnis der Unternehmen zueinander zu bestimmen, helfen wieder Vergleiche mit Menschen:

Vergleich mit einer Familie

- Gehören alle Unternehmen zu einer Familie? Wenn nein, welche nicht?
- Wer sind die Eltern? Ein Konzern?

- Wer sind die Geschwister? Wer sind die näheren und weiteren Verwandten?
- Welche Gemeinsamkeiten haben die Familienmitglieder?
- Oder unterscheiden sie sich, obwohl sie noch klar als Familie zu erkennen sind?
- Gibt es Außenseiter?

Vergleich mit Sportteam

Ein anderer Vergleich wäre jener mit den Spielern eines Sportteams: Es gibt dominante Spieler, aber auch solche, die eher zurückhaltend sind, aber eine wichtige, stabilisierende und ausgleichende Rolle spielen. Durch solche Vergleiche können Sie sich Klarheit über die Unternehmensstruktur Ihres Konzerns verschaffen und die Beziehungen glaubhaft kommunizieren – Grundlage sind die jeweiligen Unternehmenspersönlichkeiten und deren Merkmale.

Ihre Unternehmenskommunikation!

- Ist Ihr Unternehmen ein Einzelunternehmen mit einem klaren Profil oder Teil eines Unternehmensverbundes?
- Hat Ihr Unternehmen die gleiche Unternehmenspersönlichkeit wie die anderen Unternehmen des Verbundes?
- Welche Beziehung hat Ihre Unternehmenspersönlichkeit zu den anderen Unternehmen?
- Welche Chancen und Risiken bietet dies für Ihre Unternehmenskommunikation?
- In welcher Hierarchie stehen die Unternehmen zueinander? Welche sind gleichberechtigt? Welche müssen sich unterordnen?

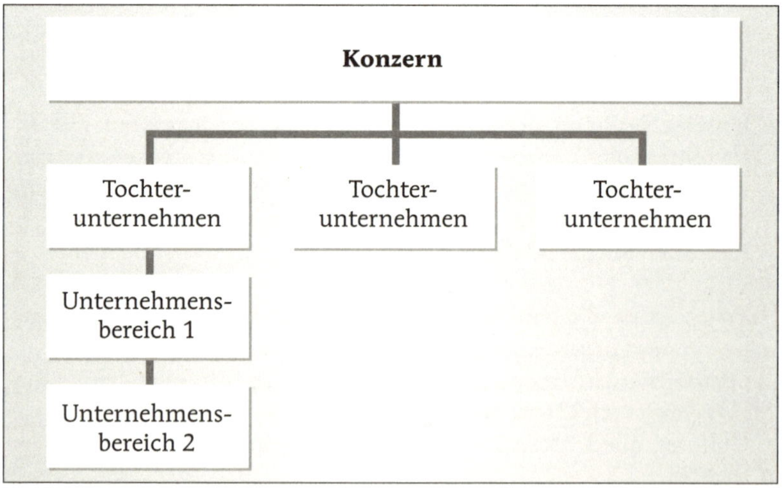

Abb. 3.1: Beispiel für die Unternehmensarchitektur

3.2.2 Unternehmen und Marken

Unternehmen und Produkte

Die Unternehmenskommunikation wird für die Markenführung immer wichtiger, weil sie als besonders glaubwürdig gilt (siehe Kap. 1). Markenführung bedeutet das systematische und langfristige Gestalten der Produktpersönlichkeit (Marke). Da Menschen Unternehmen und deren Leistungen ganzheitlich wahrnehmen (siehe Kap. 2.7.2.3), sollten Sie den Zusammenhang zwischen Unternehmenskommunikation und der Markenführung klären:

- Die Unternehmenskommunikation hat die Aufgabe, das Image der starken, stimmigen und prägnanten **Unternehmenspersönlichkeit** zu gestalten.
- Die Markenkommunikation hat das Ziel, das Image einer starken, stimmigen und prägnanten **Produktpersönlichkeit** (Marke) zu gestalten.

Beide Prozesse sollten sich gegenseitig stützen: Das Image der starken Unternehmenspersönlichkeit wirkt sich positiv auf das (neue) Produkt aus; umgekehrt wird auch das Unternehmen positiver erlebt, wenn die Bezugsgruppen positive Vorstellungen von seinen Produkten und Leistungen haben.

Entscheidend ist, dass sich die Images von Unternehmen und Produkten nicht widersprechen! Vergleichen Sie daher die festgeschriebenen Persönlichkeitsmerkmale von Unternehmen und Produkten in den jeweiligen Leitbildern.

KEIN WIDERSPRUCH ZWISCHEN DEN IMAGES VON UNTERNEHMEN UND PRODUKTEN!

Beziehungen zwischen Unternehmen und Marken

Folgende Beziehungen sind zwischen Unternehmen und Marken möglich:

- **Marken stehen im Vordergrund,** wie im Fall von RAMA, UNOX und LÄTTA der UNILEVER. Diese Form eignet sich, wenn Marken unterschiedlich positioniert sind, wie auch im Fall des MARS-Konzerns und seinen Marken WHISKAS, KITEKAT und SHEBA. Sie kann gewählt werden, wenn von den Mitarbeitern für die Marke X ein anderes Markenverhalten erwartet wird als für die Marke Y, obwohl beide zum selben Unternehmen gehören und Gemeinsamkeiten im Sinne der Unternehmenskultur erwartet werden, um Synergien zu nutzen.
- **Die Unternehmenspersönlichkeit ist Dach über den Produkten:** Viele Markenimages sind durch das Unternehmensimage geprägt, wie im Fall von MICROSOFT (Office), SIEMENS (Handys), DAIMLERCHRYSLER (SMART). In jeder Leistung drückt sich das Selbstverständnis des Unternehmens aus: Versteht es sich als Qualitätsanbieter, müssen alle Angebote durch ausgewählte Qualität, edle Verpackung und exzellenten Service angereichert sein sowie durch anspruchsvolle Werbung differenziert angepriesen werden. BMW sollte also kein Billigmodell

auf den Markt bringen, um japanischer Konkurrenz Paroli zu bieten. Besonders stark kann das Unternehmensdach als Vertrauensanker wirken, wenn dieses direkt an die Führungspersönlichkeiten gekoppelt ist, wie bei Otto, Hipp und Virgin.

- **Marken und Unternehmenspersönlichkeit stützen sich gegenseitig:** Bei Dienstleistungsunternehmen wie Roland Berger oder den Holiday Inn-Hotels steht der Unternehmensname zugleich für die Einzelleistungen. Dies hat den Vorteil, die Einzelleistungen mit einem hohen Vertrauensbonus ausstatten zu können. Ist der Kunde mit der Leistung zufrieden, profitiert das Unternehmen in hohem Maß.

Unternehmens- und Produktpersönlichkeit dürfen nicht konkurrieren

In jedem Fall gilt, dass Unternehmens- und Produktpersönlichkeit nicht konkurrieren dürfen, da sonst kein klares und starkes Image entsteht. Dies weist erneut darauf hin, dass es sich bei der Unternehmenskommunikation um einen internen Managementprozess handelt, der sorgfältiges Koordinieren erfordert (siehe Kap. 3.3).

Fazit: Die Ausrichtung der Unternehmenskommunikation an der Unternehmenspersönlichkeit ermöglicht, Aussagen zum Selbstbild und zum Fremdbild zu treffen und dies möglichst stark anzugleichen. Dieses Verständnis ermöglicht auch, Chancen und Grenzen bei der Fusion zweier Unternehmen oder im Markenportfolio aufzudecken.

3.3 Top-Thema Werbeverbot

Unternehmenskommunikation kann Auswirkungen begrenzen

Der Werbung werden in den kommenden Jahren deutliche Grenzen gesetzt: Das Europäische Parlament will Tabakwerbung verbieten, weitere Werbeverbote sind im Gespräch. Was das mit Unternehmenskommunikation zu tun hat? Unternehmenskommunikation kann die Kommunikationsleistung der Werbung zumindest teilweise ausgleichen. Drei Ansätze:

1. **Höhere Bedeutung der Unternehmenskommunikation:** Die Unternehmenskommunikation kann Leitinstrument im Kommunikationsmix werden, die Instrumente Medienarbeit und Sponsoring übernehmen zentrale Kraft. Dagegen treten Werbung und Verkaufsförderung bei der Zuweisung Ihrer Mittel in den Hintergrund (siehe Kap. 2.6).
2. **Enge Koppelung von Unternehmen und Marken:** Indem Sie die Produkte und Leistungen Ihres Unternehmens eng an die Unternehmenspersönlichkeit koppeln, können Sie Transfereffekte nutzen. Sie weisen dann zuvorderst auf das Unternehmen hin, zum Beispiel auf der Website, und nur am Rande oder gar nicht auf die Produktnamen.
3. **Aufbau von Bilderwelten:** Bilderwelten übernehmen die zentrale Rolle: Die Zigarettenmarke Marlboro könnte in ihren Anzeigen auf den Markennamen und das Produkt verzichten – der Verbraucher würde beim Anblick der trinkenden Pferde und des Cowboys sofort an

die richtige Marke denken. Genauso können Sie die Bilderwelt Ihres Unternehmens so gestalten, dass die Produktwelt integraler Bestandteil wird (siehe Kap. 14.4).

Fazit: Durch sinnvolles Abstimmen zwischen Unternehmenskommunikation und Marktkommunikation können Sie Auswirkungen von Werbeverboten verringern.

Abb 3.2: Diese Bilderwelt wird spontan der Marke Marlboro zugeordnet.

3.4 Dimensionen

Aspekte der Integration

Aufgabe der integrierten Kommunikation ist, das Gesamtbild vom Unternehmen und seinen Leistungen zu gestalten („Big Picture"). Die Integration hat mehrere Dimensionen:

- **Inhaltlich:** Die Kommunikationsaktivitäten sind thematisch abgestimmt durch einheitliche Slogans, Botschaften, Argumente, Bilder etc.
- **Formal:** Sie integrieren alle Gestaltungsrichtlinien, das heißt die bestehenden formalen Unternehmenskennzeichen wie Name, Logo und Gestaltungskonstanten (siehe Kap. 14). Selbstverständlich werden die Gestaltungselemente mediengerecht ausgelegt, wie das 3D-Logo im Internet.
- **Zeitlich:** Stimmen Sie die Maßnahmen zeitlich aufeinander ab, damit die eine Abteilung nicht Aussagen vermittelt, die eine andere noch zurückhält, um einen günstigeren Zeitpunkt abzuwarten.
- **Instrumentell:** Stellen Sie sämtliche Instrumente zu einem starken Mix zusammen, in dem sich möglichst die Vorteile der Instrumente ergänzen und die Schwächen ausgleichen.

- **Objekt:** Sie stimmen alle Einzelfirmen des Konzerns und alle Einzelleistungen des Unternehmens aufeinander ab.
- **Partnerintegration:** Koordinieren Sie Ihre eigene Kommunikation mit der Ihrer Wirtschaftspartner, Lieferanten, Unternehmen mit Handelsaufgaben etc.
- **International:** Stellen Sie sicher, dass sämtliche Kommunikationsaktivitäten in Ländern und Regionen aufeinander abgestimmt sind und zum Beispiel lokale Websites im Internet nicht andere Informationen geben als die Website des Konzerns.
- **Personell und organisatorisch:** Aus einem gemeinsamen Kommunikationskonzept leiten alle Beteiligten ihre Aufgaben und Entscheidungen ab.
- **Bezugsgruppenintegration:** Ihre Bezugsgruppen sind in Ihre Kommunikationsaktivitäten eingebunden, zum Beispiel durch persönliche Kommunikation und Diskussionsforen im Internet.

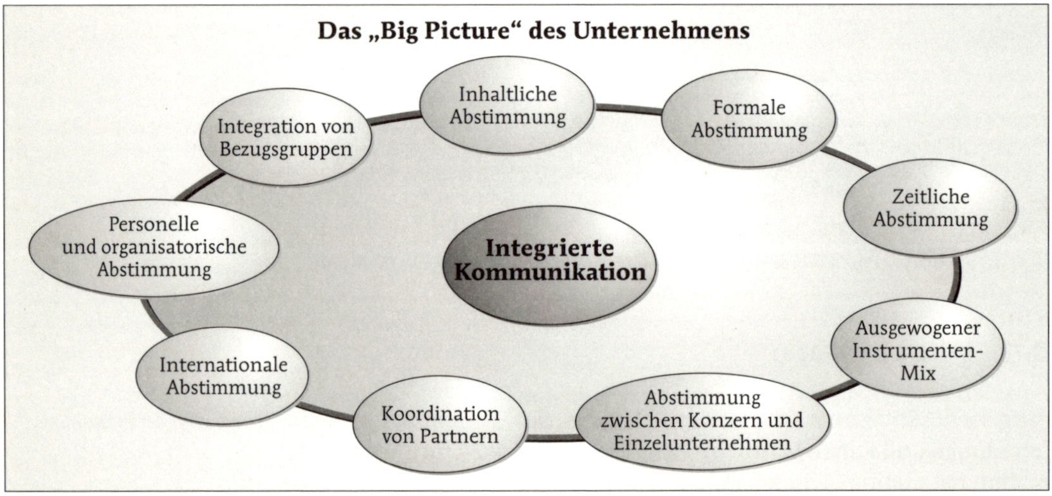

Abb. 3.3: Dimensionen der Integration

3.5 Kommunikationsinstrumente

Das Zusammenspiel erhöht die Einzelwirkungen

Integrierte Kommunikation umfasst sämtliche Kommunikationsinstrumente der Unternehmenskommunikation und Marktkommunikation. Erfolgsentscheidend ist das strategische Gesamtkonzept, das aus dem Leitbild und den Unternehmenszielen abgeleitet ist (siehe Kap. 2.5).

Werbung

Kommunikation über Produkte

Werbung orientiert sich am Produkt oder der Dienstleistung und ist markt- oder umsatzbezogen. Sie gestaltet Markenbekanntheit und Markenimage. Ziel ist, den Konsumenten zum Kauf zu bewegen und ihn langfristig zufrieden zu stellen. Hierfür stehen Werbemittel zur Verfügung wie Anzeige, Funkspot, TV-Spot, Kinospot, Plakat, Prospekt etc. Für diese Werbemittel werden Werbeträger gebucht wie Zeitschrift, Zeitung, Funk, Fernsehen, Kino, Plakatwände, Litfasssäulen, Multimedia etc.

Produktwerbung kann so konzipiert sein, dass Verbindungen zum Hersteller leichter möglich sind. Auf diese Weise können die Produkte und Dienstleistungen von der Bekanntheit und der Kompetenz des Unternehmens profitieren. Konstant eingesetzte Gestaltungsmerkmale des Corporate Design wie Logo, Typographie, Farbe und der koordinierte formale Umgang mit ihnen unterstützen das Wiedererkennen (siehe Kap. 14.2). Ein positives Produkt- oder Unternehmensimages kann neue Produkte stützen und ihnen zum Markterfolg verhelfen. Die Unternehmenspersönlichkeit trägt somit dazu bei, den Markenwert zu erhöhen.

Verkaufsförderung

Verkaufsförderung unterstützt Wiederverkäufer

Durch Verkaufsförderung unterstützt das Unternehmen den Handel und andere Wiederverkäufer beim Verkaufen der Produkte – sachlich, personell und organisatorisch. Sie richtet sich an Absatzmittler wie Handel und Verkaufsorgane der Produzenten sowie Außendienst und Endverbraucher. Ziel ist

Kommunikation am Verkaufsort

- die Werbebotschaft an den Verkaufsort heranzutragen, um so den gesamten Warenweg lückenlos zu erfassen;
- das Angebot am Verkaufsort zu aktualisieren;
- Spontankäufe zu initiieren und bestehende Kaufabsichten zu ändern;
- den Absatz zu erhöhen, zum Beispiel durch Preisausschreiben, Prämien, Wettbewerbe etc.

Diese Aktionsmittel tragen das Profil des Herstellers

Typische Aktionsmittel in der Verkaufsförderung sind Displays (Aufsteller), Prospekte für Preisausschreiben, Zweit- und Sonderplatzierungen, Preisnachlässe in Verbindung mit Sonderpackungen, Packungen mit dekorativem Zusatznutzen, Gratisproben, Gewinnspiele, die auch in Werbemedien und Fachmedien veröffentlicht werden.

Auch hier fällt es dem Unternehmen mit eindeutigem Profil und unverwechselbaren Leistungen leichter, den Handel beim Verkaufen zu unterstützen, da sich die Kunden gezielter entscheiden. Es kann sogar Druck auf den Handel entstehen, besonders nachgefragte Produkte eines Unternehmens in das Sortiment aufzunehmen, wenn Kunden diese stark nachfragen (Pull-Strategie).

Unternehmenskommunikation

Kommunikation über das Unternehmen

Die Unternehmenskommunikation gestaltet die Kommunikation des Unternehmens mit seinen wichtigen Bezugsgruppen aus Unternehmen, Markt und Gesellschaft mit dem Ziel, das Unternehmen bekannt zu machen und ein festgelegtes Vorstellungsbild seiner Unternehmenspersönlichkeit zu erzeugen (siehe Kap. 2.5). Instrumente sind zum Beispiel

Presseinformationen, Anzeigen, Broschüren, Filme, audiovisuelle Medien wie CD-ROM und DVD, Veranstaltung von Aktionen und Ereignissen wie Ausstellungen und Kongresse (siehe Kap. 2.6).

3.6 Situation

Stand in der Praxis

So plausibel sich die Forderung nach integrierter Kommunikation anhört: Die Praxis ist hiervon weit entfernt.
Hier nur 3 Gründe:

- **Getrennte Funktionen:** In den Unternehmen sind die Kommunikationsfunktionen weitgehend getrennt organisiert; meist nur in kleinen und mittelgroßen Unternehmen liegt die Verantwortung in einer Hand. Diese Trennung ist schwer aufzuheben – zu groß sind Abteilungsdenken, zu wenig ausgeprägt das Denken in Zusammenhängen und das Ausrichten an der gemeinsamen Aufgabe (siehe hierzu auch das Kap. 5.6 über Unternehmenskultur).

  Folgende Fabel verdeutlicht dies: *Ein Schwan, ein Hecht und ein Krebs wollten einen voll beladenen Wagen ziehen ... Allein, sie kamen keinen Zoll breit vom Fleck, denn der Schwan zog gen Himmel, der Hecht ins Wasser und der Krebs rückwärts.* (russische Fabel v. Ivan A. Krylow)
- Das integrierte Management von Unternehmens- und Markenimages ist eine **komplexe, anspruchsvolle und übergreifende Aufgabe,** die professionell gesteuert und koordiniert werden muss. Grundlage ist das Kommunikationskonzept, das das Vorgehen der Beteiligten regelt (siehe Kap. 4). Es ermöglicht das abgestimmte Vorgehen aller Beteiligten bei größtmöglicher individueller Entscheidungsfreiheit und Kreativität. Studien zeigen jedoch, dass solche Konzepte oft fehlen und stattdessen Aktionismus vorherrscht.
- **Es fehlt die breite Ausbildung,** die die erforderlichen Kenntnisse und Techniken zum koordinierten Einsatz der Instrumente vermittelt. Eine Ausnahme ist die Universität der Künste Berlin, die ein breites Spektrum an Veranstaltungen aus allen Disziplinen anbietet und die Studenten umfassende Kommunikationsprojekte als Bestandteil des Studienabschlusses durchführen lässt.

Fazit: Integrierte Kommunikation ist sinnvoll und notwendig. Allerdings gibt es in der Praxis viele Gründe, die das Umsetzen behindern.

3.7 Organisation

Voraussetzungen

Für abgestimmte Kommunikation müssen organisatorische Voraussetzungen geschaffen sein, zum Beispiel:

- **Menschen:** Die beteiligten Kommunikationsexperten sollten über Fachwissen in den verschiedenen Kommunikationsdisziplinen verfü-

gen, aber zum Beispiel auch in Betriebswirtschaft, um den Gesamtzusammenhang der Kommunikation und deren Wertschöpfung für das Unternehmen bewerten zu können.
- **Strukturen:** Entgegen früherer Forderungen ist es nicht für den Erfolg entscheidend, sämtliche Kommunikationsvertreter in einer einzigen Abteilung zusammenzufassen. Stattdessen sollten sich die Beteiligten angemessen austauschen und abstimmen können. Interdisziplinäre Teams, Projektmanagement und Netzwerke spielen hierbei eine entscheidende Rolle (siehe auch Kap. 5.8).
- **Prozesse:** Geeignete Prozesse müssen die gezielte Koordination und Kontrolle ermöglichen und übergreifendes Zusammenarbeiten stärken. Hierbei wird die persönliche Kommunikation durch nichts zu ersetzen sein, weil sie für das Zustandekommen von Vertrauen unerlässlich ist.
- **IT:** Sämtliche Beteiligten sollten sich angemessen austauschen und auf das Kommunikationskonzept sowie Leitbilder und Material zugreifen können, um die angemessene Umsetzung der Kommunikation zu gewährleisten.
- **Kultur:** Integrierte Unternehmenskommunikation erfordert, dass die Einzelprofilierung in den Unternehmen zumindest teilweise aufgegeben wird, um die Stärken des einheitlichen Unternehmens- und Markenimages zu nutzen. Diese Forderung umzusetzen ist die größte Herausforderung, denn noch immer scheitern moderne Konzepte an Kompetenzgerangel und alten Managementstrukturen – integrierte Kommunikation ist bisher meist nur Lippenbekenntnis deutscher Unternehmen.

Entscheidend für integrierte Kommunikation ist, dass Ziele, Maßnahmen und Botschaften aus dem Leitbild hergeleitet, aufeinander abgestimmt und konsequent und einheitlich eingesetzt werden.

So sollte ein Team funktionieren, das integrierte Unternehmenskommunikation organisiert und durchführt:
- guter Informationsfluss,
- Wissen und Fähigkeiten teilen,
- die eigene Kompetenz in den Dienst der gemeinsamen Sache stellen,
- gegenseitige Unterstützung,
- Zulassen intensiver Beziehungen,
- Anerkennung und Aufmerksamkeit geben,
- Bedürfnisse anderer ernst nehmen und eigene äußern,
- Authentizität,
- andere „neben sich lassen“ und sich für den anderen öffnen.

Abb. 3.4: Wünschenswerter Umgang im Team

Agenturauswahl

Unterstützung durch Agenturen

Ein Wort zur Unterstützung durch Agenturen: Viele haben die Bedeutung integrierter Kommunikation erkannt und bieten diese Leistungen an. Jedoch zeigt auch hier die Praxis, dass sich die Agenturen nur schwer von ihrer Herkunft und ihrem Selbstverständnis lösen können: Ursprünglich haben sie das Denken in Sparten und Abteilungen mit engen Zuständigkeiten von den Unternehmen übernommen und sich auf Werbung, PR und Verkaufsförderung (VKF) spezialisiert. Jetzt versuchen die Agenturen, sich breit aufzustellen: Werbeagenturen kaufen PR-Fachleute ein, PR-Agenturen erweitern ihren Personalstamm um Werbeexperten. Dies reicht aber für integrierte Kommunikation nicht aus! Es fehlt an übergreifenden Konzepten, an Kenntnissen über die Gestaltung und Wirkung integrierter Kommunikation und an Erfahrungen damit. Verkaufsförderung ist fast nie integriert. So wird es noch einige Jahren dauern, bis die Agenturen tatsächlich professionelle integrierte Kommunikation anbieten werden. Dies lässt eine Praxislücke entstehen, denn:

KUNDEN DENKEN IN PROBLEMEN UND NICHT IN DISZIPLINEN!

Bei der Agenturwahl zu berücksichtigen

Bei der Wahl der Agentur für integrierte Kommunikation sollten Sie folgende Aspekte berücksichtigen:

- Die Agentur sollte Kompetenz in der Unternehmens- sowie in der Markenkommunikation besitzen. Dies kann sie sich durch Kooperation mit anderen Agenturen aneignen.
- Sie sollte sowohl ein strategisches Konzept erstellen als auch operative Maßnahmen kreativ umsetzen können. Ist dies nicht der Fall, müssen Sie mitunter zwei Agenturen beauftragen.
- Die Konzepte sollten höchste Individualität besitzen – also keine Standardlösungen!
- Die Agentur sollte Sozialkompetenz besitzen, um die Zusammenarbeit der beteiligten Funktionen im Unternehmen angemessen zu koordinieren. Hierzu gehören Kommunikationsfähigkeit, Teamfähigkeit, Know-how in der Wissensvermittlung und im Umgang mit zwischenmenschlichen Konflikten.
- Sie sollte über Methodenkompetenz verfügen, vor allem Prozess-Know-how und Kompetenz im Projektmanagement, denn dies ist bei der integrierten Kommunikation besonders gefordert.

Ihre Unternehmenskommunikation!

- Welche Beteiligten an der Gesamtkommunikation gibt es?
- Sind die Kommunikationsaktivitäten koordiniert?
- Tauschen sich die Verantwortlichen regelmäßig aus und stimmen sie ihr Vorgehen ab?

- Ist sichergestellt, dass die Beteiligten widerspruchsfrei kommunizieren?
- Welche organisatorischen Maßnahmen haben Sie für die konsistente Unternehmenskommunikation getroffen?
- Ist Ihre Kommunikation inhaltlich, formal, zeitlich, instrumentell, international, personell, organisatorisch abgestimmt?
- Sind Objekte, Partner und Bezugsgruppen integriert?

Buchtipp

- Kirchner, K.: Integrierte Unternehmenskommunikation, Wiesbaden 2001

4 Konzeption der Unternehmenskommunikation

Systematisches und langfristiges Vorgehen

Unternehmenskommunikation sollte systematisch, sorgfältig und vorausschauend geplant werden, damit sie erfolgreich ist:

- Glaubwürdige Kommunikation zwischen Ihrem Unternehmen und seinen Bezugsgruppen entsteht nicht von heute auf morgen. Statt dessen muss ein vertrauensvolles Verhältnis langfristig erarbeitet und immer neu bestätigt werden.
- Für die Kommunikation ist es wichtig, sich an den Wünschen und Erwartungen des Gegenübers zu orientieren. Nur die eigenen Ziele im Kopf zu haben und Maßnahmen zu entwickeln, die man selbst für effizient hält, birgt die Gefahr, an den tatsächlichen Kommunikationsproblemen vorbei zu handeln.
- Ein Unternehmen muss erkennen, worauf es sich künftig einstellen und mit welchen (Kommunikations-)Problemen es rechnen muss. Dies wird überlebenswichtig aufgrund der sich verschärfenden Rahmenbedingungen (siehe Kap. 1).
- Der Bedarf an koordinierter Kommunikation steigt: Die einzelnen Kommunikationsfunktionen eines Unternehmens müssen abgestimmt und widerspruchsfrei kommunizieren, damit das starke und einzigartige Image entsteht (siehe Kap. 2.7.2). Die schriftliche Grundlage für dieses koordinierte Vorgehen liegt im Konzept der strategischen Kommunikationsplanung.
- Planung ist wichtig, um die eigenen Ressourcen sinnvoll einzusetzen: *„In welchen Abständen kann mein Kundenmagazin erscheinen?“*, *„Wie baue ich mein Internetangebot auf, obwohl mir nur wenig Mittel zur Verfügung stehen?“* Solche Fragen lassen sich angemessen nur im Rahmen

eines Langfristkonzeptes für die Unternehmenskommunikation beantworten.
- Die angemessene Dramaturgie beim Einsatz der Maßnahmen erfordert vorausschauendes Denken (Kap. 4.6).

IMPROVISATION KANN SICH HEUTZUTAGE KEINER MEHR LEISTEN!

In der Praxis meist nur Aktionismus

Unternehmenskommunikation sollte also vorausschauend, geplant und geordnet erfolgen. Jedoch wird Unternehmenskommunikation in der Praxis meist aktionistisch gestaltet. Mittel- und langfristige Pläne zu erstellen, gilt als unnütz. Rund 40 Prozent der Unternehmen, so wissenschaftliche Studien, setzen ihre Kampagnen aus dem Bauch heraus um. Ergebnis sind bunte Fähnchen und Aufsehen erregende Aktionen, von denen aber keiner weiß, was sie nützen.

Gewiss: Erfahrung und Intuition spielen eine wichtige Rolle für den Kommunikationserfolg. Aber schon allein dann, wenn es um die Abstimmung mit anderen Beteiligten geht, ist ein schriftlicher Verhaltensplan sinnvoll, dem alle zustimmen und an den sie sich halten, damit kraftvolle und widerspruchsfreie Kommunikation entsteht.

Die Zukunft aktiv gestalten

Strategische Planung

Konkret bedeutet strategische Planung:
- Vorausschauendes Denken, um die Zukunft möglichst weit im eigenen Sinn zu gestalten (zum Beispiel mithilfe der Szenario-Technik).
- Festlegen des Ziels, also des angestrebten Zustands.
- Ableiten von langfristigen Verhaltensplänen (Strategien) für alle an diesem Ziel Beteiligten.
- Koordination der Entscheidungen für deren bestmögliches Zusammenspiel.
- Schriftliches Festlegen dieses Vorgehens, damit dies verbindlich festgeschrieben ist und nachgelesen werden kann (Konzept).

Sie blicken also in die Zukunft und leiten hieraus einen Verhaltensplan ab, damit Sie die Zukunft möglichst aktiv in Ihrem eigenen Sinn gestalten und nicht nur auf Entwicklungen reagieren müssen.

Vom Eishockeystar Wayne Gretsky stammt das Motto: *„Ich versuche nicht dort zu sein, wo der Puck ist, sondern ich versuche dort zu sein, wo der Puck als nächstes sein wird.“*

Planung ist ein höchst anspruchsvoller, komplexer, interner und externer Managementprozess, der Absprache und Koordination zwischen allen Beteiligten erfordert. Dies gelingt häufig nur, wenn sich auch die Kultur hin zu mehr Gemeinschaftsgefühl ändert (siehe Kap. 5.6).

Geordnete Schritte

Die vier Schritte der Planung

Geordnete Planung besteht aus vier Schritten, die systematisch aufeinander aufbauen:

1. Schritt: In der **Analyse** decken Sie die Kommunikationsprobleme mit Ihren Bezugsgruppen auf und formulieren konkrete Aufgaben für die Unternehmenskommunikation.
2. Schritt: In der **Planung** entwickeln Sie die starke und stimmige Lösung des Kommunikationsproblems.
3. Schritt: In der **Gestaltung** setzen Sie die Lösung in Text, Bild und Aktionen um.
4. Schritt: Durch die **Kontrolle** stellen Sie sicher, dass Sie Ihr Kommunikationsproblem gelöst haben.

Diese vier Phasen beeinflussen sich gegenseitig: Im Planungszeitraum von drei bis fünf Jahren wird sich Ihre interne und externe Kommunikationssituation derart ändern, dass Sie die Kommunikationsprozesse kontinuierlich bewerten und anpassen müssen. Erst nach drei Jahren zu prüfen, ob Sie das Ziel erreicht haben, reicht nicht aus!

Phasen hängen eng zusammen

DIE HEUTIGEN KOMMUNIKATIONSBEDINGUNGEN ERFORDERN KONTINUIERLICHES BEWERTEN UND ANPASSEN!

Planung in der heutigen Zeit hat also nichts mehr mit der starren Finanzplanung früherer Zeit zu tun, aus der der Begriff und die Vorurteile stammen, Planung sei statisch. Stattdessen ist die Planung ein flexibles Instrument, das für professionelle Unternehmenskommunikation essenziell ist.

Planung ist flexibel

Der schriftliche Plan, der die Absprachen über das gemeinsame, koordinierte Vorgehen festhält, ist das Kommunikationskonzept.

Konzept als schriftlicher Plan

DAS KONZEPT IST EIN METHODISCH ENTWICKELTES, KREATIVES UND IN SICH SCHLÜSSIGES PLANUNGSPAPIER ZUM LANGFRISTIGEN GESTALTEN DER KOMMUNIKATION!

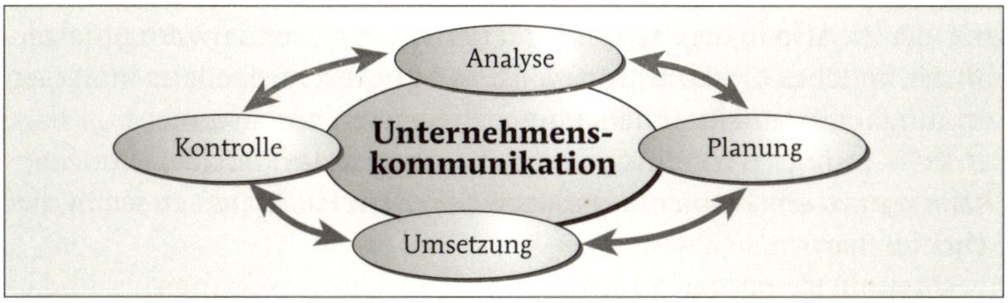

Abb. 4.1: Die vier Planungselemente

4.1 Briefing

Das Erstellen des Kommunikationskonzepts beginnt mit dem Briefing. Das Briefing ist die gründliche und umfassende Information des Auf-

Alle relevanten Informationen

tragnehmers (zum Beispiel der Verantwortliche für Unternehmenskommunikation oder eine Agentur) durch den Auftraggeber (zum Beispiel Geschäftsleitung oder UK-Verantwortlicher).

Das Briefing enthält alle Fakten, Hintergründe und Meinungen, die für die Kommunikationsaufgabe und die gesuchte Problemlösung wichtig sein können. Das Briefing legt auch den Geltungsbereich des Konzeptes fest, also ob es das Konzept für eine Einzelmaßnahme ist oder ein Fünfjahresplan des neuen Kommunikationsverantwortlichen. Damit ist das gründliche Briefing die Voraussetzung dafür, dass ein Auftragnehmer ein angemessenes Konzept entwerfen kann (siehe ausführlich die Checkliste im Serviceteil).

KEIN KONZEPT KANN BESSER SEIN ALS DAS BRIEFING ES HERGIBT!
(Akademie für Führung und Kommunikation)

Beispiele für Inhalte des Briefings

- Auftragsgegenstand
- Hintergrund / Ausgangslage
- Aufgabe
- Ziel
- Bezugsgruppen
- Positionierung / Botschaften
- Leistungsumfang / Anforderungen an die Maßnahmen
- Vorgaben zum Corporate Design
- Terminplanung
- Budgetrahmen

Abb. 4.2: Kernelemente des Briefings

4.2 Analyse

Aufdecken der Kommunikationsprobleme

In der Analyse decken Sie die Kommunikationsprobleme mit Ihren Bezugsgruppen sorgfältig und zuverlässig auf. Gehen Sie dabei vor wie ein Arzt, der nicht lediglich feststellt: „Patient krank", sondern der genau ermittelt, welches Organ betroffen ist und an welcher Stelle es krank ist, um möglichst gezielt zu behandeln. Behaupten Sie also nicht: „Image schlecht", sondern erkennen Sie Ihre Kommunikationsschwächen möglichst genau, um Probleme gezielt zu beheben. Hierzu gehen Sie in drei Schritten vor:

1. Sammeln Sie relevante Informationen.
2. Bewerten Sie diese Informationen nach Stärken und Schwächen sowie nach Chancen und Risiken.
3. Leiten Sie Ihren Handlungsbedarf bzw. Ihre Aufgaben ab.

4.2.1 Informationssammlung

Aussagekräftige Informationsplattform

Grundlage sorgfältiger Planung ist eine aussagekräftige Informationsplattform. Hierfür sammeln Sie in einer sorgfältigen Untersuchung alle erforderlichen internen und externen Informationen über Ihre Kommunikationssituation. Welche Informationen Sie konkret benötigen, hängt von Ihrer speziellen Situation und der Aufgabe ab:

- Ein Unternehmen plant den Bau eines neuen Produktionsgebäudes. Zur Untersuchung der Kommunikationssituation sind unter anderem die Meinungen und Einschätzungen der Standortnachbarn wichtig, um Befürchtungen gar nicht erst entstehen zu lassen oder ihnen gezielt entgegenzuwirken.
- Die Mitarbeiterkommunikation soll besser werden: Welche Informationen wünschen sich die Mitarbeiter? Welchen Kommunikationsbedarf haben sie? Wie soll dieser Bedarf gedeckt werden? Welche Instrumente gibt es? Wie schätzen die Mitarbeiter diese ein?
- Welches Image haben die wichtigsten Bezugsgruppen vom Unternehmen, wie zum Beispiel Nachbarn, Kunden, Vertreter der Industrie- und Handelskammer? Wie beurteilen diese Bezugsgruppen das Verhalten des Unternehmens? Welche Erwartungen haben sie an die Kommunikation mit dem Unternehmen?

Untersuchungsfeld Kommunikation

Generell können Sie zwei Untersuchungsfelder unterscheiden:

- **Management von Kommunikation,** also Bekanntheit und Image des Unternehmens:
  - Wie **bekannt** ist Ihr Unternehmen bei den relevanten Bezugsgruppen?
  - Wie **gestützt/ungestützt bekannt** ist es?
  - Welche **Vorstellungsbilder** haben die Bezugsgruppen?
  - Über welche **Informationen** verfügen sie?
  - Welche **Meinungen, Wünsche und Erwartungen** verbinden sie mit Ihrem Unternehmen?
  - Welche **Emotionen** verbinden die Bezugsruppen mit Ihrem Unternehmen?
- **Management von Organisation:** Hierzu gehören die Prozesse, Strukturen, Rollen und Verantwortlichkeiten, der IT-Einsatz, die Kommunikationskultur (siehe Kap. 5.6):
  - Wie viele **Menschen** arbeiten in der UK? Muss sie von einer externen Agentur unterstützt werden?
  - Wie sind die **Rollen und Verantwortlichkeiten** verteilt?
  - Welche **Prozesse** gib es? Wie verlaufen Abstimmungen?
  - Welche **Strukturen** müssen beachtet werden?
  - Wie ünterstützt die **Informationstechnologie** die Kommunikation?
  - Wie wirkt sich die **Kultur** auf die Kommunikation aus, also Werte, Normen und Grundannahmen?

Untersuchungsfeld Organisation

Erhebungsinstrumente

Die Informationen können Sie zuverlässig und aussagekräftig durch Befragung, Beobachtung oder Experiment erheben. Dies muss nicht teuer sein und lang dauern: Es gibt genügend Möglichkeiten, mit begrenzten Mitteln eigene kleinere Studien durchzuführen (siehe Kap. 2.7.2.8). Selbst wenn eine umfangreichere Studie erforderlich ist:

> Gründliches und systematisches Untersuchen zahlt sich aus, denn damit können Sie teure Massnahmen vermeiden, die an den tatsächlichen Problemen mit Ihren Bezugsgruppen vorbeigehen!

Beispiel: Ein Unternehmen gibt seit vielen Jahren eine Mitarbeiterzeitung heraus. Aber wird diese überhaupt beachtet? Wie wird sie gelesen: Wird sie überflogen, werden einzelne Seiten gelesen oder wird sie aufmerksam studiert? Studien zeigen Folgendes: Fast alle Mitarbeiter nutzen die Mitarbeiterzeitung. Jedoch sind die Leser oft kritisch, weil sie statt Einzelmeinungen lieber das Meinungsspektrum (also auch die kritischen Stimmen) zu einem Thema kennen wollen. Oft haben sie Vorschläge, wie die Zeitung besser werden kann, doch diese Vorschläge bleiben meist ungehört, weil sich niemand für die Meinung dieser für den Geschäftserfolg wichtigen Bezugsgruppe interessiert.

Ein anderes Beispiel: Firmen geben für ein Exemplar des Geschäftsberichts durchschnittlich etwa 25 Euro (!) aus. So kommen bei Großunternehmen leicht einige Hunderttausend Euro zusammen. Aber wer fragt die Aktionäre, wie sich der Geschäftsbericht optimieren lässt?

Das Beispiel Polaritätenprofil

Instrumente der Datenerhebung

Aussagekräftig und einfach anzuwenden ist das Polaritätenprofil: Dabei handelt es sich um Eigenschaftspaare, die einen Meinungsgegenstand beschreiben, zum Beispiel das Unternehmen oder eine Broschüre. Modern oder veraltet, fortschrittlich oder rückständig, groß oder klein, kompetent oder inkompetent, innovativ oder rückständig, schwach oder stark, reich oder arm, kleinlich oder großzügig? Die Befragten können die Antworten auf einer Skala von 1 bis 7 ankreuzen. Heraus kommt das Eigenschaftsprofil, das sich mit anderen Profilen vergleichen lässt.

Prüfen Sie nicht nur, welche Eigenschaften die Bezugsgruppen mit Ihrem Unternehmen verbinden, sondern auch, welche Bedeutung diese Eigenschaften haben: Was wäre, wenn Sie als fortschrittlich gelten wollen, dies aber für Ihre Bezugsgruppen unbedeutend ist? Die Alternative ist, nach dem Ideal der Bezugsgruppen zu fragen; dies könnte Ihr Soll-Image sein.

Weichen Selbstbild und Fremdbild bzw. Ist und Soll voneinander ab, bedeutet dies Handlungsbedarf für Ihre Unternehmenskommunikation, zum Beispiel indem sie vorhandene Meinungen ändert. Diese Änderung kann erneutes Messen nach den Maßnahmen feststellen (siehe Kap. 4.5.1).

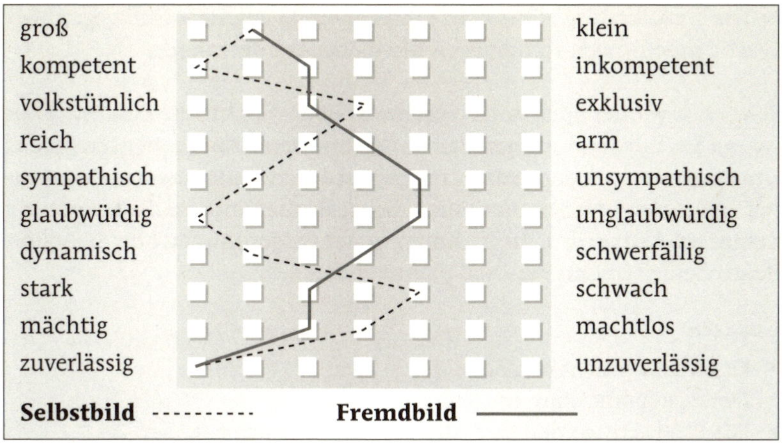

Abb. 4.3: Das Polaritätsprofil macht es sichtbar: Unterschiede zwischen Selbst- und Fremdbild

Noch zwei Tipps:

1. Lassen Sie in den Befragungen auch Ihre bisherige Kommunikation bewerten. Beziehen Sie dabei alle Kommunikationsinstrumente ein, also auch Werbung und Verkaufsförderung, da erst durch deren Zusammenspiel das ganzheitliche Vorstellungsbild vom Unternehmen und seinen Leistungen entsteht.
2. Fragen Sie nach Interessen und Freizeitbeschäftigungen Ihrer Bezugsgruppen, um zu erfahren, wo und wie Sie diese erreichen können.

4.2.2 Bewertung

Stärken und Schwächen

Die gesammelten Informationen bewerten Sie nach gegenwärtigen Stärken und Schwächen sowie künftigen Chancen und Risiken, also: Wo sind Sie gut? Was muss besser werden? Was kommt auf Sie zu, das Sie berücksichtigen müssen? Diese Bewertung wird in der Fachsprache SWOT-Analyse genannt (**S**trenght = Stärke, **W**eakness = Schwäche, **O**pportunity = Chance, **T**hreat = Risiko).

Bewertung der Gegenwart

Stärken:

- Die Mitarbeiter fühlen sich gut über das Unternehmen informiert.
- Die Aktionäre vertrauen in die Zukunft des Unternehmens.
- Das Unternehmen gilt als attraktiver Arbeitgeber.

Schwächen:

- Die Mitarbeiter bewerten die Mitgliederzeitschrift als unkritisch und wenig unterhaltsam, sie würden dies unbedingt ändern.
- Die Anwohner des Werkes fühlen sich unzureichend über Sicherheitsaspekte der Produktionsanlagen informiert.

- Die Bevölkerung steht dem Unternehmen misstrauisch gegenüber und möchte sich stärker persönlich über es informieren.

Bewertung der Zukunft

So wichtig wie der Blick in die Gegenwart ist der Blick in die Zukunft: Dies zwingt Sie, Entwicklungen aufzugreifen und deren Konsequenzen für das Unternehmen zu erkennen, zum Beispiel durch Änderungen in Strukturen, Prozessen und dem Verhalten. So ist abzusehen, dass die Bedeutung des Internet für viele Unternehmen weiter steigen wird, wofür Sie schon heute Geld, Zeit und Personal planen müssen.

Chancen:

- Der Markt entwickelt sich.
- Der eigene Marktanteil steigt.
- Die Produkte werden ihre Alleinstellung behalten.

Risiken:

- Die Marktbedürfnisse ändern sich schnell.
- Die Konkurrenten planen, das Kommunikationsbudget zu erhöhen und große Kampagnen zu starten.
- Die Konzentration der Unternehmen nimmt zu.

Prüfen Sie, ob und welche Konsequenzen solche Entwicklungen für Ihre Unternehmenskommunikation haben.

Gegenwart und Zukunft der Kommunikation	
Gegenwart	**Stärken und Schwächen:** Was läuft gut und kann beibehalten werden? Was muss sich ändern?
Zukunft	**Chancen und Risiken:** Was kommt auf die Kommunikation zu, auf das Sie sich einstellen müssen?

Abb. 4.4: Bewertung von Gegenwart und Zukunft der Kommunikation

Was Sie beachten sollten

Sauberes Handwerk

- Die Stärken, Schwächen, Chancen und Risiken sollten Sie vollständig aufdecken, um sie im weiteren Verlauf gezielt zu bearbeiten. Wird in einem wichtigen Bereich eine Schwäche festgestellt, kann sich dies gravierend auf Ihre Unternehmenskommunikation auswirken.
- Stärken und Schwächen beschreiben einen Zustand in der Gegenwart. Chancen und Risiken beschreiben Prozesse in der Zukunft (*„Die Bedeutung von Emotionen in der Unternehmenskommunikation steigt“, „Das generelle Interesse am Unternehmen sinkt“, „Die Größe der Bezugsgruppe bleibt konstant“*).
- Je genauer Sie Schwächen formulieren, desto genauer können Sie das Problem lösen. Formulierungen wie: *„Mein Unternehmen ist kaum bekannt“* reichen nicht aus, denn sie ermöglichen keine angemessene

Maßnahmenplanung – oder könnten Sie sagen, wie viele Anzeigen Sie schalten müssen, um die Bekanntheit zu steigern? Genauer ist: *„Im Vergleich zur Konkurrenz ist das Unternehmen um die Größe X bei den Bezugsgruppen zu wenig bekannt."* Diese Formulierung ermöglicht Ihnen, konkrete Aufgaben und genaue Ziele zu formulieren und davon angemessene Maßnahmen abzuleiten (siehe Kap. 4.3.3).
- Die Formulierungen sollten deutlich machen, auf **wen** sich die Bewertung bezieht, zum Beispiel Auftraggeber, Kommunikationsexperten oder Bezugsgruppen.
- Eine einzige Information kann sowohl Stärke als auch Schwäche sein. Beispiel: Unternehmen, die über eine starke Kommunikationskultur verfügen, haben meist auch ein starkes gemeinsames Selbstverständnis über ihre Unternehmenspersönlichkeit. Jedoch kann eine starke Kommunikationskultur hinderlich für neue Mitarbeiter sein oder Veränderungen hemmen (siehe Kap. 5.6).
- Bei Schwächen, die nicht vordringlich Kommunikationsprobleme sind, sollten Sie prüfen, ob sich hieraus nicht doch eine Kommunikationsaufgabe ergibt: Wenn zum Beispiel Ihr Geschäftsführer kein versierter Kommunikator ist, kann Ihre Aufgabe natürlich nicht sein, einen neuen Geschäftsführer einzusetzen (auch wenn dies in Konzepten immer wieder zu lesen ist), sondern die Kommunikation mit Mitarbeitern und externen Bezugsgruppen über andere Personen und durch den stärkeren Einsatz von Medien zu gestalten.

Gewichten lenkt die Mittel

Priorisieren hilft

Ergebnis der Bewertung ist eine lange Liste, die nur schwer im Auge zu behalten ist. Sinnvoll ist aufgrund begrenzter Mittel fast immer, die Bezugsgruppen nach ihrem Beitrag für den Unternehmenswert zu gewichten, damit Sie keine Ressourcen in unwichtige Bezugsgruppen und Details stecken. Die Gewichtung erfolgt nach den beiden Eigenschaften wichtig und eilig: Rang A haben alle Maßnahmen, die wichtig und eilig sind. Vernachlässigt oder ignoriert werden solche Maßnahmen, die weder wichtig noch eilig sind (siehe auch Kap. 2.2.3, Abb. 2.6).

4.2.3 Aufgabe

Aufgaben als Ergebnis der Analyse

Ergebnis der Analyse ist das Ableiten von Aufgaben:
- Welche Schwächen müssen Sie beseitigen?
- Welche Stärken können Sie nutzen?
- Welche Chancen eröffnen sich Ihnen?
- Auf welche Risiken müssen Sie sich vorbereiten?

Dabei gilt: Die Stärken sollten möglichst helfen, die Schwächen zu überwinden. So plausibel dies klingt: In der Praxis konzentrieren sich die Verantwortlichen häufig nur auf ihre Schwächen, ohne ihre Stärken gezielt und kraftvoll zu nutzen.

NUTZEN SIE GEZIELT IHRE STÄRKEN!

Als Aufgaben ergeben sich für die obigen Beispiele:
- Die Mitarbeiterzeitschrift soll das breite Meinungsspektrum darstellen und die gesamte Leserschaft einbeziehen.
- Die Anwohner werden stärker über Sicherheitsaspekte der Produktionsanlagen informiert.
- Die Bevölkerung soll sich persönlich ein Bild vom Unternehmen machen können.

Gibt es Schwächen oder Risiken, die Sie nicht durch Kommunikation lösen können, wie zum Beispiel einen Produktfehler, dann geben Sie dies an die zuständige Fachfunktion weiter, zum Beispiel Forschung und Entwicklung oder das Marketing.

Ende der Analyse

Mit dem Formulieren der Aufgabe (Handlungsbedarf) ist die Analyse beendet: Das Kommunikationsproblem ist sorgfältig aufgedeckt und beschrieben, die Aufgabe sorgfältig und möglichst differenziert formuliert. Wie die Aufgabe gelöst wird, beschreibt die Planung.

Aufgaben der Analyse:
- Sammeln von Informationen über die derzeitige und künftige Kommunikationssituation.
- Bewerten dieser Informationen nach Stärken und Schwächen sowie nach Chancen und Risiken.
- Ableiten des Handlungsbedarfs für die Unternehmenskommunikation.

Abb. 4.5: Überblick über die Analyse

Ihre Unternehmenskommunikation!
- Wie bewerten Sie Ihre derzeitige und künftige Kommunikationssituation?
- Welche Stärken und Schwächen, welche Chancen und Risiken gibt es in der Kommunikation mit jeder Bezugsgruppe?
- Welche Aufgaben leiten sich hieraus ab?

4.3 Planung

Kraftvoller Lösungsentwurf

„Die beste Art, die Zukunft vorherzusagen ist, sie zu erfinden" (Richard Dean Parsons, Vorstandsvorsitzender AOL TIME WARNER 2002). Nichts anderes geschieht in der Kommunikationsplanung: Sie entwickeln einen kraftvollen Gesamtplan, wie Sie die formulierten Aufgaben lösen. Die Güte dieses Plans bewerten Sie durch die Beantwortung der Frage, war-

um nur dieser Plan am besten geeignet ist, Ihre Kommunikationsprobleme zu lösen – und kein anderer!

DER PLAN IST ZWANGSLÄUFIG UND NICHT BELIEBIG!

Dieser Plan besteht aus drei zentralen Bausteinen:
1. Welchen Zustand wollen Sie erreichen **(Ziele)**?
2. Mit welchem grundsätzlichen Verhalten wollen Sie diesen Zustand erreichen **(Strategien)**?
3. Mit welchen Instrumenten können Sie dies erreichen **(Mittel und Maßnahmen)**?

Aus diesen drei Bausteinen werden Sie und andere Beteiligte alle Entscheidungen ableiten können, denn diese sind darauf gerichtet, das Lösungskonzept umzusetzen.

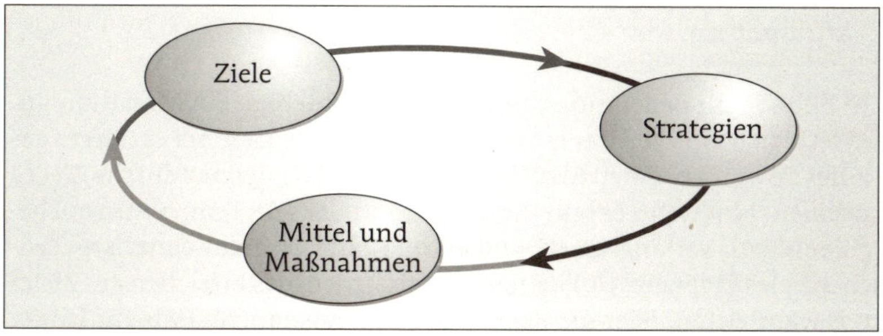

Abb. 4.6: Kernelemente der Lösung

4.3.1 Ziele

Angestrebte Zustände

Das Ziel gibt an, welchen Zustand Sie erreichen wollen. Dies ist gleichsam Ihr Leistungsversprechen, denn Sie legen fest, was Sie erreicht haben, wenn Ihre geplanten Kommunikationsaktivitäten beendet sind; also: Wie bekannt sind Sie geworden? Über welche Informationen verfügen Ihre Bezugsgruppen? Welche Meinungen haben sie?

ZIELE SIND IHR LEISTUNGSVERSPRECHEN, AN DEM SIE GEMESSEN WERDEN – UND BELOHNT!

Wie werden Ziele formuliert? Ziele sind Aussagen über angestrebte Zustände. Sie sind

- **handhabbar,** damit sie umgesetzt werden können;
- **präzise formuliert,** damit sie Grundlage für Entscheidungen sein können. Ziele wie „zufriedene Mitarbeiter" sind zu ungenau, auch weil sich hieraus keine geeigneten Maßnahmen ableiten lassen! Dies ist vergleichbar mit einem Arzt, der als Ziel seiner Behandlung formuliert: „Gesund sein" und nicht „Das Herz funktioniert wieder einwandfrei";

- **messbar,** damit sie kontrollierbar sind;
- **zu einem bestimmten Zeitpunkt erreichbar,** um den Erfolg bestimmen zu können.

Je genauer Sie Ziele formulieren, desto genauer können Sie den Erfolg Ihrer Unternehmenskommunikation prüfen.

Zielsetzung ist essenziell

Das Setzen von Zielen dient dem:

- **Koordinieren:** Alle Aktivitäten sind auf das Ziel ausgerichtet. Dies beinhaltet auch den Einsatz von Personal, Geld und Energie der Beteiligten.
- **Kontrollieren:** Durch das präzise formulierte Ziel können Sie prüfen, ob Sie den angestrebten Zustand erreicht haben. Zwischenziele zeigen Ihnen frühzeitig, ob Sie das Ziel unter den gegebenen Umständen erreichen werden.
- **Motivieren:** Das (vorzeitige) Erreichen von Zielen können Sie nutzen, um die Beteiligten durch eine Belohnung für die weitere Arbeit anzuspornen.

Ein Bild soll die Bedeutung von Zielen verdeutlichen: Ein Marathonläufer setzt sich ein Ziel, das er nicht aus den Augen lässt: sei es, Sieger des Laufes zu werden, einen Mittelplatz zu erreichen oder nur durchs Ziel zu kommen. Nur wenn er sein Ziel kennt, kann er sein Tempo sinnvoll beschleunigen, verlangsamen und seine Kräfte optimal einteilen. Zwischenziele (Etappenziele) helfen ihm zusätzlich, das Erreichen des Zieles zu gewährleisten. Hier die Regel – dort die Ausnahme: Was für Läufer selbstverständlich ist, nutzen Kommunikationsverantwortliche nur selten: Sie setzen sich keine Ziele. Aber was nutzt alle Mühe, wenn nicht feststeht, was sie erreichen soll? Daher: Ziele sind Voraussetzung für erfolgreiches Handeln!

> WIRD KEIN ZIEL VERFOLGT, IST JEDER WEG DER RICHTIGE! ODER: WER KEIN ZIEL HAT, DER VERLÄUFT SICH!

Bestandteile der Zielformulierung

Dimensionen der Zielformulierung

Ein Ziel besteht aus mehreren Dimensionen:

- Der **Inhalt** sagt aus, welcher Zustand angestrebt wird, zum Beispiel Wissen einer Bezugsgruppe über das Unternehmen.
- Das **Ausmaß** ist wichtig, um die Intensität der Maßnahmen festzulegen. Zum Beispiel können Sie später entscheiden, ob Gruppenbesprechungen wöchentlich oder monatlich stattfinden, ob Sie eine oder fünf Anzeigen schalten müssen.
- Die **Richtung** gibt an, ob etwas aufgebaut, gehalten, oder abgebaut wird.
- Der **Zeitpunkt** legt exakt fest, wann etwas erreicht sein soll.

Nur wenn alle diese Bestandteile festgelegt sind, kann von einem Ziel gesprochen werden!

Einige Beispiele für Ziele

Kommunikation:

- *„In sechs Monaten ist der Hälfte der Zielgruppe B das neue Produkt bekannt".*
- *„In einem Jahr sind ... Prozent der Zielgruppe A umfassend darüber informiert, dass ...".*
- *„In zwei Jahren meinen ... Prozent der Zielgruppe C, dass das Produkt die eigenen Wünsche und Erwartungen am besten erfüllt."*

Organisation:

- *„In drei Monaten ist ein Instrument zum Austausch im Intranet geschaffen".*
- *„In neun Monaten ist eine Kommunikationsgruppe aus Verantwortlichen etabliert".*

Wie wichtig das Festlegen des Ausmaßes beziehungsweise der Intensität der Ziele ist, zeigt folgendes Beispiel:

- **Neutralität:** Das Unternehmen bewirkt keine Anziehungskraft auf einen Aktionär.
- **Eine schwache Sympathie:** Der Aktionär interessiert sich ein wenig für das Unternehmen und empfindet es teilweise als positiv.
- **Personale Akzeptanz:** Der Aktionär akzeptiert das Unternehmen.
- **Starkes Gefühl:** Der Aktionär entwickelt ein starkes Gefühl für das Unternehmen.
- **Faszination:** Der Aktionär ist fasziniert, begeistert, bezaubert vom Unternehmen.

DIE ANGESTREBTE INTENSITÄT ENTSCHEIDET MASSGEBLICH ÜBER DEN EINSATZ IHRER INSTRUMENTE!

Ziele horizontal ableiten und vertikal prüfen

Ziele sind komplex

Die Kommunikationsziele leiten Sie aus den übergeordneten strategischen Unternehmenszielen ab. Strategische Unternehmensziele sind meist die Rentabilität und der Deckungsbeitrag. Die abgeleiteten Kommunikationsziele geben an, welchen Beitrag die Kommunikation zum Erreichen der Unternehmensziele beitragen soll.

Ziele wie die Steigerung des Deckungsbeitrages und des Umsatzes sind also selbst keine Kommunikationsziele, weil die Unternehmenskommunikation nur in den seltensten Fällen allein für deren Erreichen verantwortlich ist. Stattdessen handelt es sich um übergeordnete allgemeine Ziele, aus denen Sie spezielle Ziele für die Unternehmenskommunikation ableiten sollten: Welche Bekanntheit ist für das Erreichen der Unternehmensziele erforderlich? Welches Image?

Ihre Kommunikationsziele prüfen Sie, damit diese nicht anderen Funktionszielen widersprechen, zum Beispiel den Finanz- und Marketingzielen.

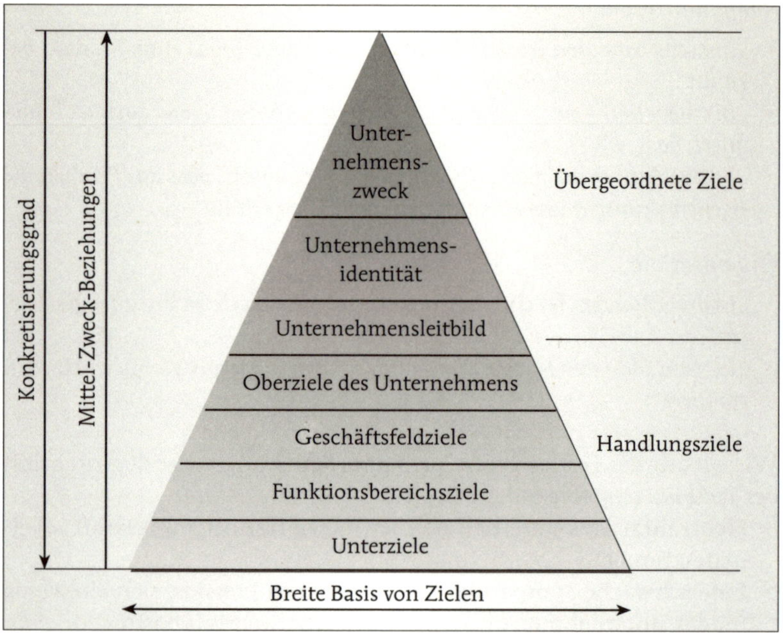

Abb. 4.7: Hierarchie der Zielebenen (in Anlehnung an Meffert, 2000)

Aus den Gesamtzielen der Funktion Unternehmenskommunikation leiten sämtliche Gruppen und Referate ihre Ziele ab, zum Beispiel einmal jährlich in einem Workshop. Dieses Ableiten richtet sich bis hin zum einzelnen Mitarbeiter, der dann genau weiß, wie er zum Erreichen der Ziele der Unternehmenskommunikation und damit zum Erreichen der Unternehmensziele beitragen kann.

Diesen Prozess sollten Sie auch, falls vorhanden, mit den internationalen Kommunikationsfunktionen und anderen Kommunikationsfunktionen im Unternehmen durchführen (zum Beispiel der Marktkommunikation).

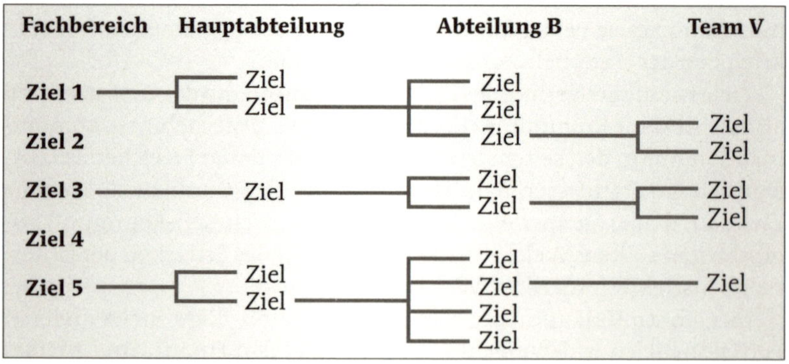

Abb. 4.8: Zielauflösung

Häufig ist es sinnvoll, zwischen Oberzielen zu unterscheiden, zum Beispiel allgemeine Imageziele, und diese dann in Unterziele zu verfeinern, zum Beispiel in Imageziele für bestimmte Bezugsgruppen.

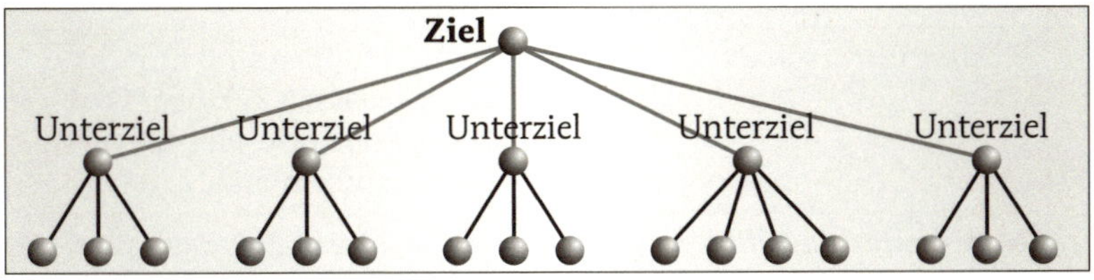

Abb. 4.9: Zielauflösung

Was Sie beachten sollten

Aufgaben sind keine Ziele

- Unterscheiden Sie zwischen Aufgaben und Zielen: Oft werden nur Aufgaben formuliert, wie etwa „Bekanntheit steigern" und „Image verbessern". Was sagt das aber aus? Welche Entscheidungen sollen die Beteiligten aus solchen Vorgaben ableiten? Wo werden Sie in einem Jahr stehen? Wo in drei Jahren?

Aufgabe	**Ziel**
Gegenwärtiger Zustand: Kommunikationsaktivitäten stehen bevor.	**Erreichter Zustand:** Kommunikationsaktivitäten liegen in der Vergangenheit
Prozess: Etwas muss aufgebaut, gehalten, ausgebaut oder abgebaut werden.	**Punkt:** Zu einem festgelegten Zeitpunkt ist ein Zustand messbar. Die Bekanntheit des Unternehmens ist z.B. am 31.12. bei der Bezugsgruppe A 60 Prozent.

Abb. 4.10: Unterschiede zwischen Aufgaben und Zielen

- Die formulierten Kommunikationsziele werden so weit im Unternehmen abgeleitet, bis jede Kommunikationsfunktion und jeder dortige Mitarbeiter weiß, was er zur Zielerreichung beitragen kann.

Unternehmensstrategie	**Kommunikationsziele**
Steigerung des Unternehmenswertes durch **Internationalisierung**	Bezugsgruppen sind innerhalb einer gewissen Zeit über Wettbewerber und mögliche Partner informiert.
Expansion in neue Märkte	Bezugsgruppen sind innerhalb einer gewissen Zeit über potenzielle Märkte und Zielgruppen informiert.

Qualitätsführerschaft	Bezugsgruppen sind innerhalb einer gewissen Zeit über Produkte und Herstellverfahren informiert.
Kostenführerschaft	Bezugsgruppen sind innerhalb einer gewissen Zeit über Prozesse, Rohstoffe, Herstellverfahren informiert.
Mitarbeiteridentifikation	Management ist innerhalb einer bestimmten Zeit über die Wünsche und Erwartungen der Mitarbeiter informiert.

Abb. 4.11: Unternehmensziele und abgeleitete Kommunikationsziele

4.3.2 Strategien

Grundrichtung des Verhaltens

Die Strategie legt die Grundrichtung Ihres Verhaltens fest. Die erforderlichen Einzelschritte stellen die Taktik dar. Manche vergleichen die Strategie mit einem Dach, unter dem sich die Einzelschritte befinden. Ein anderes Bild der Strategie ist das einer Leitplanke, die einen Autofahrer in der richtigen Richtung hält.

Ergänzend stellt die Taktik jene Einzelschritte dar, die sich der großen Linie der Strategie unterordnen. Marco Althaus schreibt in seinem lesenswerten Buch „Kampagne!“:

„Eine Strategie für eine Kampagne entwickeln heißt,
- eine richtige Botschaft zu finden und
- die richtigen Mittel, um sie
- zu den richtigen Menschen
- zum richtigen Zeitpunkt zu bringen.“

Das Festlegen von Strategie und Taktik hat den Vorteil, dass ein breites Spektrum an Maßnahmen und Projekten eingegrenzt wird. Kurzfristige Maßnahmen können Sie zuverlässiger entscheiden, weil sie an der übergeordneten Strategie ausgerichtet sind.

Beispiele

Als mögliche Strategie könnten die Nachbarn
- **einseitig** vom Unternehmen informiert oder
- **im Dialog** von der Sicherheit der Umweltanlagen überzeugt werden.

Die Taktik ordnet sich der Strategie unter

Taktische Maßnahmen, die sich der Strategie unterordnen, wären
- im ersten Fall: Broschüren und Handzettel,
- im zweiten Fall: Diskussionen und Besichtigungen.

In der Praxis zeigt sich, dass es im Rahmen der richtigen Strategie wahrscheinlicher ist, mit einer nur mittelmäßig umgesetzten gewöhnlichen Idee Erfolg zu haben als mit einer gut umgesetzten außergewöhnlichen Idee im Rahmen der falschen Strategie.

HINTER EINER GUTEN KAMPAGNE STEHT ALSO IMMER EINE GUTE STRATEGIE!

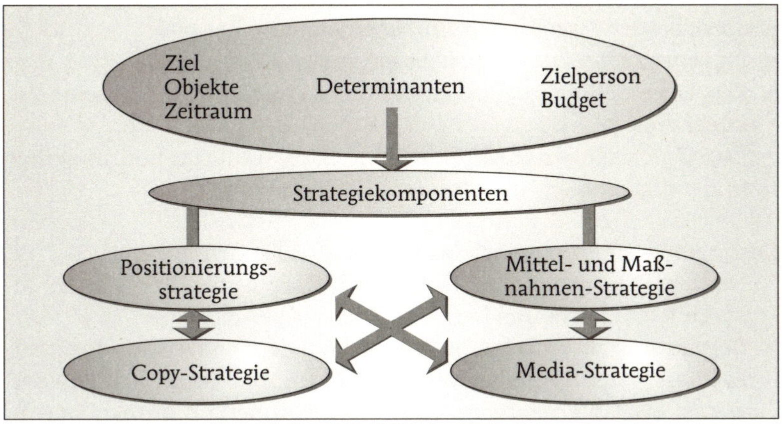

Abb. 4.12: Grundstrategien in der Unternehmenskommunikation (Pickert, 1994)

Positionierungsstrategie

Platz in den Köpfen der Bezugsgruppen

Die Positionierung legt fest, wie Sie sich im Wettbewerb abgrenzen und eine Alleinstellung in den Köpfen der Bezugsgruppen kontinuierlich entwickeln (siehe Kap. 2.7.2.5). Zur Positionierung können Sie auf Aktualität, Information und Emotionen setzen:

1. **Aktualisierung:** Soll Ihr Unternehmen bei Ihren wichtigen Bezugsgruppen im Vergleich zu Ihren Mitbewerbern am stärksten gedanklich präsent sein?
2. **Informationen:** Unterscheiden Sie sich im Wettbewerb, indem Sie andere Informationen über Ihre Unternehmenspersönlichkeit hervorheben als die Konkurrenz?
3. **Emotionen:** Unterscheiden Sie sich im Wettbewerb, indem Ihre Bezugsgruppen andere Gefühle mit Ihrem Unternehmen in Verbindung bringen?

Sie können diese Punkte kombinieren, zum Beispiel zu einer gemischt informativ-emotionalen Positionierung, bei der sowohl Informationen über ihr Unternehmen relevant sind, als auch die damit verbundenen Gefühle.

	Information	**Emotion**
Wie die Konkurrenz	x	
Nicht wie die Konkurrenz		x

Abb. 4.13: Positionierungsstrategien

Argumentationsstrategie

Zentrale Kommunikationsbotschaften

Aus der Positionierungsstrategie leiten Sie die Grundaussagen ab. Die Kernbotschaften bzw. zentralen Kommunikationsinhalte geben wieder, was sich bei den Empfängern einprägen soll, zum Beispiel:

- Das Unternehmen verfügt über sichere Umweltanlagen.
- Das Unternehmen hat neuartige Produkte, mit denen es seine Zukunft sichert.
- Das Unternehmen informiert seine Bezugsgruppen kontinuierlich und umfassend.

Drei Elemente

Die Argumentationsstrategie besteht aus drei Elementen:

- **Nutzen:** Der Nutzen Ihres Unternehmens sollte deutlich wahrnehmbar sein und auf dessen Kernkompetenzen beruhen.
- **Begründung:** Begründen Sie, warum Sie diesen Nutzen auf einzigartige Weise bieten. Diese Begründung können Sie ableiten aus den Kernwerten des Unternehmens, aus der Bedeutung und Attraktivität für die Bezugsgruppe, aus der Unterscheidung zum Wettbewerb und der Zukunftsfähigkeit.
- **Tonalität:** Sie drückt die Anmutung aus, in der Sie Ihre Botschaften vermitteln. Zum Beispiel verlangen Investoren und Journalisten eine andere Ansprache bzw. Form als Jugendliche, die einen Ausbildungsplatz suchen.

Mögliche Argumentationsstrategie

Nutzen:	Das Unternehmen bietet einzigartigen Kundenservice.
Begründung:	Das Unternehmen bietet Service rund um die Uhr. Reklamationen werden anstandslos umgetauscht. Bestellungen werden innerhalb von 2 Stunden bearbeitet. Die Installation vor Ort ist kostenlos. Die Mitglieder des Kundenclubs erhalten beispiellose Vergünstigungen. Die Mitarbeiter werden danach ausgesucht und regelmäßig geschult, dass sie die Wünsche der Kunden erkennen und schnell umsetzen.
Tonalität:	warm, freundlich, modern

Abb. 4.14: Beispiele für die Bestandteile der Argumentationsstrategie

Was Sie beachten sollten

Kernbotschaften und spezielle Aussagen

- Die **Kernbotschaften** können Sie gewichten nach allgemeinen Aussagen **(Dachbotschaften)**, die für alle Bezugsgruppen gültig sind, und **speziellen Aussagen,** die nur für die angesprochene Bezugsgruppe gültig sind. Botschaften, die auf Bezugsgruppen zugeschnitten sind, haben den Vorteil, dass sie an den speziellen Problemen und Fragen ausgerichtet und daher präziser sind als allgemeine Aussagen. Aussagen an die unterschiedlichen Bezugsgruppen dürfen sich nicht

widersprechen: Wollen Sie etwa bei Banken einen guten Eindruck durch die schillernde Darstellung des Geschäftsverlaufs hinterlassen, aber bei den Mitarbeitern durch bedrohliche Schilderungen eine Zulage einsparen, führt dies zu Irritation und Verlust an Glaubwürdigkeit.
- Sinnvoll sind **zeitlich abgestufte Aussagen,** zum Beispiel für den Zeitraum von ein bis drei Jahren *(„Das Unternehmen befindet sich in der Konsolidierung") und* drei bis fünf Jahren *(„Die Konsolidierung greift; das Unternehmen befindet sich im Aufschwung";* siehe auch das Kap. 4.6 zur Dramaturgie*)*.

Mittel- und Maßnahmenstrategie

Die Verteilung der Instrumente

Die Mittel- und Maßnahmenstrategie legt das Verhalten beim Einsatz der Instrumente fest. Einige typische Fragen:
- Welche Medien setzen Sie im Mix ein? Welchen Anteil haben persönliche Kommunikation, Printmedien und Onlinemedien?
- Greifen Sie ein Leitmedium heraus, in das Sie Ihre Mittel konzentrieren?
- Greifen Sie mehrere Instrumente heraus, auf die Sie Ihre Mittel gleichmäßig verteilen?

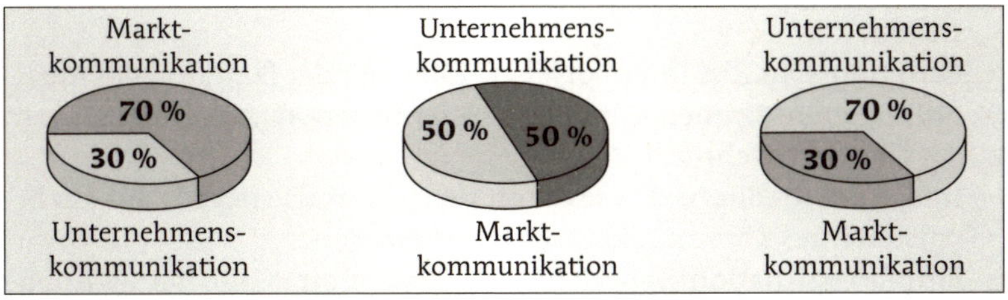

Abb. 4.15: Drei Beispiele für die Verteilung des Budgets

Hier ein Beispiel für drei unterschiedliche Strategien:

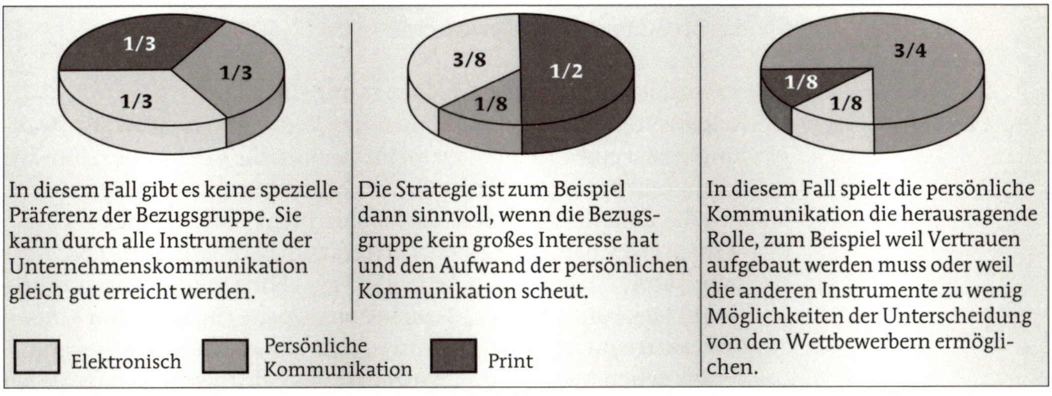

Abb. 4.16: Drei Beispiele für den Medienmix

Media-Strategie

Ressourcenzuweisung

Die Mediaplanung befasst sich im Rahmen des Kommunikations-Mix mit der Auswahl und dem Einsatz der Medien, damit der Medienmix das angestrebte Kommunikationsziel am besten erreicht. Hierfür nutzt der Mediaplaner Techniken, die von hochformalisierten Mediaselektionsprogrammen und Optimierungsmodellen bis hin zu Intuition und Erfahrungen reichen. Ziel der Mediaplanung ist der Kontakt zur richtigen Bezugsgruppe mit der ausreichenden Zahl von Kontakten zur richtigen Zeit und bei möglichst geringen Kosten.

Folgende Aspekte können hierfür entscheidend sein:
- **Verfügbarkeit des Mediums:** Wie verbreitet ist das Medium bei Ihrer Bezugsgruppe, zum Beispiel Internet und DVD?
- **Zielgenauigkeit:** Jedes Medium hat sein Publikum, das mit der Kommunikationsbotschaft übereinstimmen sollte.
- **Reichweite oder Kontakte:** Wie viele Personen der Bezugsgruppe erreichen Sie mit dem Medium?
- **Kosten:** Ihre Kommunikationsbotschaft sollte die Bezugsgruppe mit möglichst geringen Kosten erreichen.
- **Darstellungsbedingungen:** Welche Möglichkeiten bietet das Medium, Ihre Unternehmenspersönlichkeit in Bild, Text und Ton darzustellen?
- **Funktion:** Das Ziel Ihrer Botschaft sollte mit der Funktion des Mediums übereinstimmen, zum Beispiel der Beitrag über Gartengeräte in der Gartenzeitschrift.
- **Image des Mediums:** Dieses kann sich positiv wie negativ auf das Erreichen Ihres Kommunikationsziels auswirken.
- **Empfangssituation:** In welcher Situation nimmt Ihre Bezugsgruppe Ihre Kommunikationsbotschaft auf und ist nicht abgelenkt?
- **Konkurrenzverhalten:** Belegen Sie jene Medien, die Ihre Konkurrenz nicht belegt.
- **Wirkdauer durch Medienberührung:** Wie lange und wie oft wirkt das Medium auf eine Person ein?

Drei zentrale Begriffe der Mediaplanung

Drei zentrale Begriffe in der Mediaplanung sind:
- **Reichweite:** Damit ist zum einen das Verbreitungs- bzw. Ausstrahlungsgebiet eines Mediums gemeint (technische Reichweite); zum anderen steht der Begriff für die Größe des abdeckbaren Personenkreises, also die Zahl der Personen, die Sie durch ein Medium oder mehrere Medien erreichen. Angegeben wird dies zum Beispiel in „Leser pro Ausgabe (LpA)“, „Leser pro Seite (LpS)“, „Nutzer pro Einschaltung (NpE)“ bei Funk und TV, „Besucher pro Woche (BpW)“ beim Kino.
- **Kontaktfrequenz:** Die Kontaktfrequenz gibt die Zahl der Begegnungen zwischen Medium und Nutzer an. Als Faustregel gilt, dass Sie bei hoch involvierten Personen mindestens 5 bis 7 Kontakte hergestellt

haben müssen, bevor Sie Wirkungsspuren feststellen können, bei wenig involvierten Personen sind es mindestens 10 bis 12 Kontakte.

> Es reicht also nicht aus, lediglich 1 bis 2 Kontakte herzustellen, weil dies für eine Kommunikationswirkung zu wenig ist. Das hierfür erforderliche Geld können Sie sparen!

- **Kontaktqualität:** Dies ist die Summe der Eigenschaften des Mediums, wie sensorische Ansprachekraft, Wiedergabequalität, Nutzerbindung und Glaubwürdigkeit. Hierbei handelt es sich um qualitative Faktoren, über die nur der Mediennutzer Auskunft geben kann.

Aus strategischer Sicht sollten Sie also klären, wie Sie Ihre Bezugsgruppen erreichen und wie Sie sicherstellen, dass die Kontakte mit Ihrer Botschaft die gewünschte Wirkung haben.

Weitere Kommunikationsstrategien

Weitere Beispiele

Es gibt viele weitere Strategien – es kann mindestens so viele geben, wie es Ziele gibt, weil die Strategien den grundsätzlichen Weg zum Ziel festlegen.

> Legen Sie jeweils fest, auf welchem Weg Sie Ihr Ziel erreichen wollen!

- **Segmentierung:** Breit gestreut oder gezielt
- **Richtung:** Im Unternehmen von oben nach unten (top down, bottom up)
- **Intensität:** Langsam aufbauen oder schnell steigend
- **Gebietsstrategie:** Lokal, regional, national, global
- **Globalisierung:** Standardisierung, Differenzierung, Mischform
- **Allgemeine Strategien:** Anpassen, Ausweichen, bekannt machen, Imageprofilierung, Information, Kontaktanbahnung, Rückzug, Schadensvermeidung, Innovation, Antizipation, Passivität, Widerstand

4.3.3 Maßnahmen

Taktische Einzelschritte

Nachdem feststeht, was Sie erreichen wollen (Ziel) und mit welchem Verhalten (Strategie), legen Sie die Maßnahmen fest. Diese sollten einen kraftvollen Mix ergeben (siehe Kap. 2.6). Einige Beispiele:

Externe Maßnahmen

- **Persönliche Kommunikation:** Gespräche, Pressekonferenz, Fachpressekonferenz, Pressepräsentation, Presseseminar, Fachtagung, Tag der offenen Tür, Firmenjubiläen, Betriebsbesichtigungen, Symposien, Ausstellungen, Vorträge.
- **Print:** Presseinformation, Zeitungen (für Kunden, Nachbarschaft etc.), Broschüren, Faltblätter, Sozialbilanzen, Geschäftsbericht.

- **Elektronisch:** Internet, CD-ROM, DVD, Unternehmensfilme, Hörfunkbeiträge, SMS

Interne Maßnahmen

- **Persönliche Kommunikation:** Betriebsversammlungen, Präsentationen, Diskussionsrunden, Managementkonferenz, Kleingruppengespräche, Informationstreffen, Seminare.
- **Print:** Kurzinformationen, Informationsschreiben („Newsletter"), Eildienst, Faltblatt, Mitarbeiterzeitung, Magazine, Mitarbeiterhandbuch.
- **Elektronische Kommunikation:** Intranet, Mitarbeiter-TV, Videokonferenzen, CD-ROM.

Für den Einsatz der Instrumente gibt es viele Kombinationen. In der Ausschöpfung der hier möglichen Kreativität liegt der Reiz und der Unterschied zu den Mitbewerbern. Ein gewisses unvermeidliches Risiko durch die Unvorhersehbarkeit der Wirkung haben Sie durch die bisherige gute Vorarbeit minimiert.

4.3.4 Zusammenspiel

Zusammenspiel erhöht die Wirkung

Ziele, Strategien und Maßnahmen sollten gemeinsam möglichst stark wirken. Einige Beispiele für das Zusammenspiel:

- **Ziel:** Ein festgelegtes Image ist zu einem festgelegten Zeitpunkt in einem bestimmten Ausmaß erzielt.
- **Strategie:** Aktualisierung, Information, Emotion
- **Maßnahmen:**
  - **Aktualisierung:** Plakate, Anzeigen
  - **Information:** Mailing, Broschüre, Pressemitteilung
  - **Emotion:** TV-Spots, Broschüre

Prüfen Sie also, ob Ziele, Strategien und Maßnahmen stimmig sind und einen starken, einzigartigen Mix ergeben.

4.3.5 Weitere Planungselemente

Die Planung besteht nicht nur aus der Bestimmung von Zielen, Strategien und Maßnahmen, sondern umfasst weitere Elemente:

Zeitplan

Der Zeitplan kann über den Erfolg entscheiden

Der Zeitplan hält Einzelschritte, Termine und Zuständigkeiten fest. Dies dient dazu,

- Instrumente und Maßnahmen zu koordinieren und zu kontrollieren,
- aufzuzeigen, wo kritische Phasen auftreten könnten, etwa durch Terminenge,
- auf Änderungen von Terminen und Ereignissen flexibel reagieren zu können.

Der Zeitplan entscheidet mitunter über den Erfolg einer Aktion. Er muss deshalb genau auf die Bezugsgruppen abgestimmt sein:

- Eine Pressekonferenz sollte zum Beispiel nicht an Feiertagen, in der Ferienzeit oder am Tag eines großen Ereignisses stattfinden.
- Ein Tag der offenen Tür sollte am Wochenende stattfinden, damit auch Familien mit ihren Kindern kommen können.
- Bei der Pressearbeit entscheidet sogar der Zeitpunkt des Redaktionsschlusses (meist gegen 16 Uhr), ob eine Meldung erscheint oder nicht.

Praktische Instrumente der Zeitplanung

Für die Zeitplanung bewährt haben sich praktische Instrumente wie Zeitraster, Checklisten und Balkendiagramme – alle mit einer Fülle von Varianten, die auch für andere Managementaufgaben eingesetzt werden.

Zeit- und Rollenplan Pressekonferenz am 06. 05. 200 ...

Was?	**Wann?**	**Wer?**	**Status**
Organisation im Umfeld			
Abendveranstaltung im Restaurant „Schwarzwälder Reiter“	bis 31. März	Neumann	✓
Bewirtung während der Veranstaltung	30. April	Neumann	✓
Mikrofone installieren	04. Mai	Müller	
Tonband aufstellen	04. Mai	Müller	
Vorträge der Geschäftsführung			
Folien erstellen	bis 15. April	Gerlach	✓
Rede des Geschäftsführers schreiben	bis 15. April	Gerlach	✓
Probelauf des Vortrages	30. April	Gerlach und Geschäftsführer	✓
Folien zeigen	05. Mai	Neumann	
Unterlagen an die Teilnehmer			
Kurzfassung des Vortrages kopieren	bis 1. Mai	Neumann	✓
Folien kopieren	bis 1. Mai	Neumann	✓
Organisation vor Ort			
Hinweisschilder aufstellen	05. Mai	Neumann	
Schreibblocks und Kugelschreiber auslegen	05. Mai	Neumann	
Information an Mitarbeiter			
Eildienst auslegen	05. Mai	Gerlach	
Bericht in Hauszeitung	bis 12. Mai	Gerlach	

Abb. 4.17: Beispiel für einen Zeitplan (zu Pressekonferenz siehe Kap. 7.6)

Budget

Kostenplanung

Die Wahl der Instrumente und der Umfang der Aktionen ist von den Kosten abhängig. Im Rahmen der Planung werden daher der Gesamtetat sowie Etats für Aktionen und Maßnahmen kalkuliert – immerhin will auch die Geschäftsleitung wissen, mit welchen Kosten zu rechnen ist.

Wie wird das Budget für eine Maßnahme, eine Aktion oder eine Kampagne in der Praxis geplant? Hierfür gibt es mehrere Modelle:

- **Restbetrag:** Der Etat setzt sich aus dem zusammen, was in anderen Funktionen (Marketing, Produktion) übrig geblieben ist. Nachteil: Das Budget ermittelt sich nicht aus den Kosten für notwendige Maßnahmen und Aktionen, sondern aus einer sich zufällig ergebenden Summe.
- **Prozentual:** Der Etat ergibt sich aus einem prozentualen Anteil am Umsatz. Nachteil: Sinkt der Umsatz in den Keller, sinkt auch der Etat für die Unternehmenskommunikation. Dieser müsste aber steigen, da dann verstärkte Kommunikation erforderlich ist.
- **Zielorientiert:** Der Etat entspricht den Maßnahmen und Aktionen, die notwendig sind, um das Ziel zu erreichen. Vorteil: Das Budget ist exakt dazu geeignet, die Kommunikationsprobleme zu lösen.

Budget und Ziele müssen zusammenpassen

Reicht das Geld nicht aus, müssen die Ziele entsprechend nach unten angepasst werden, denn es ist nicht möglich, mit dem gleichen Geld höhere Ziele zu erreichen.

> MOTTO: „HABE ICH KEIN GELD FÜR EINEN FLUG NACH HAWAII, MUSS ICH IN DEN HARZ FAHREN!“

Stattdessen werden in der Praxis hochtrabende Ziele gesetzt, aber das Budget nach und nach gekürzt. Weist der UK-Verantwortliche nicht beharrlich darauf hin, dass er die Ziele unter diesen Umständen nicht erreichen kann, ist das Debakel programmiert.

Für die Unternehmenskommunikation gibt es keine festen Marktpreise, daher schwanken die Preise für Leistungen von Agenturen erheblich. Einen Überblick bietet unter anderem die Honorarumfrage der Berufsverbände (Anschriften und weitere Hinweise finden Sie im Serviceteil).

Unvorhergesehenes

An Überraschungen denken

Das Umsetzen der Maßnahmen ist oft genauso schwierig wie die Planung: Was geschieht, wenn sich Unvorhergesehenes ereignet? Welche Maßnahmen sollen durchgeführt werden, wenn der Etat nicht ausreicht? Wie wird verfahren, wenn nicht genügend Personal zur Verfügung steht? Daher sollten Planspiele denkbare „Katastrophen“ simulieren. Legen Sie fest, welche Mitarbeiter welche Aufgaben im Ernstfall übernehmen. Wichtig ist Flexibilität! Da manche Krisen unverhofft hereinbrechen, müssen Sie unbedingt Reserven für Notfälle einbauen.

Ihre Unternehmenskommunikation!

- Welche Ziele setzen Sie sich?
- Auf welchem grundsätzlichen Weg wollen Sie diese Ziele erreichen?
- Mit welchen Maßnahmen wollen Sie Ihre Ziele erreichen?
- Haben Sie an den Zeitplan gedacht?
- Gibt es eine Budgetplanung?
- Haben Sie Unvorhergesehenes berücksichtigt?

4.4 Gestaltung

Kreative Umsetzung

Im Rahmen der Gestaltung werden die Vorgaben aus der Planung kreativ umgesetzt. In dieser Phase erhält die Agentur die strategischen Vorgaben des Unternehmens, um diese in wirkungsvolle Texte, Bilder und Aktionen umzusetzen. Die Vorgaben sollten möglichst genau sein, aber dennoch möglichst viel Raum für Kreativität lassen. Umsetzungsbeispiele in Text und Bild finden Sie in den Kapiteln 13 und 14.

Wie müssen Ihre Maßnahmen konkret aussehen, damit Sie Ihre Ziele erreichen?

- Welche Anforderungen gibt es an die Texte?
  - Welche Formulierungen verwenden Sie?
  - Wie lauten die Überschriften?
  - Wie die Lauftexte?
- Welche Anforderungen gibt es an die Bilder?
  - Welche Motive zeigen Sie?
  - Sind die Motive einzigartig?
  - Greifen Sie auf Gedächtnisinhalte der Bezugsgruppen zurück?
  - Aktivieren Sie?
- Welche Anforderungen gibt es an Aktionen?

4.5 Top-Thema: Erfolgskontrolle

Kontrolle ist essenziell

In Zeiten stark begrenzter Ressourcen muss der Verantwortliche für Unternehmenskommunikation nachweisen, welchen Beitrag er zum Erreichen der Unternehmensziele und zum Unternehmenswert leistet. Und das ist gut so. Aber wann, woran und wie wird der Erfolg gemessen?

Der Begriff „Erfolg"

Der Begriff „Erfolg" ist subjektiv: Jeder versteht etwas anderes darunter. Daher ist es wichtig, dass die Beteiligten schon vor den Kommunikationsaktivitäten gemeinsam festlegen, welchen erreichten Zustand sie als Erfolg werten. Angestrebte Zustände sind Ziele (siehe Kap. 4.3.1).

ERFOLG BEDEUTET, SEINE ZUVOR FESTGELEGTEN ZIELE ERREICHT ZU HABEN. GIBT ES KEIN ZIEL, IST KEINE ERFOLGSBEWERTUNG MÖGLICH!

Steht kein Ziel fest oder ist es ungenau formuliert, bleibt es den Beteiligten überlassen (Vorstand, UK-Leiter etc.), wie sie das Ergebnis einschätzen: Waren 500 Besucher am Tag der offenen Tür ein Erfolg? Hat die UK gute Arbeit geleistet, wenn 1000 Imagebroschüren abgefordert wurden? Das Problem: Da im Unternehmen meist die Devise „Oben sticht unten" gilt, ist der Kommunikationsverantwortliche gegenüber der Meinung seines Chefs in der schwächeren Position. Um also die Einschätzung nicht auf die Beziehungsebene, sondern auf die Sachebene zu verlagern, ist es zwingend, zwischen den Beteiligten die Ziele festzulegen.

LEGEN SIE KOMMUNIKATIONSZIELE FEST UND STIMMEN SIE DIESE MIT DEN BETEILIGTEN AB!

4.5.1 Zeitpunkte

Die Erfolgskontrolle ist prinzipiell zu drei Zeiten möglich: vor, während und nach den Kommunikationsaktivitäten.

Pre-Test: Vorherige Untersuchung

- **Vortest:** Der Vortest (Pre-Test) bewertet die Kommunikation vor einer Maßnahme oder einer Aktion. Diese Ergebnisse können später mit den Werten verglichen werden, die nach einer Kampagne erhoben werden. Der Pretest kann auch ein Instrument testen, bevor es in einer groß angelegten Aktion eingesetzt wird. Hierzu stellt eine möglichst unabhängige Person, also nicht der Vertreter der Unternehmenskommunikation selbst, Mitgliedern der Bezugsgruppe das Instrument vor und fragt sie nach deren Meinung. So kann zum Beispiel vor dem Veröffentlichen einer Broschüre getestet werden, ob Inhalt und Gestaltung tatsächlich den Wünschen und Erwartungen der Bezugsgruppen entsprechen. Um möglichst zuverlässige Ergebnisse zu erhalten, sollten Vertreter aus möglichst allen Bezugsgruppen am Pretest beteiligt sein. Jedem Teilnehmer werden die gleichen Fragen gestellt und deren Antworten und Meinungen sorgfältig notiert und ausgewertet. Drei Beispiele:
  - **Intranet:** Vor dem Start des Intranet ermitteln Kurzumfragen den Bedarf an Inhalt und Form der Kommunikation. Zum Beispiel wünschen die Mitarbeiter meist, auf eine aufwändige Gestaltung zu verzichten, die zu langen Ladezeiten führt, und stattdessen die benötigten Informationen rasch zugänglich zu machen. Dies kann

die Behauptung von Führungskräften entkräften, die Mitarbeiter suchten nur Unterhaltung und wollten sich durch bunte Bilder die Zeit vertreiben.
  - **Magazin zur Unternehmensstrategie:** Ein Pretest kann herausfinden, ob es einen Bedarf an einer schriftlichen Informationsbroschüre zur aktuellen Firmenstrategie gibt und wenn ja, welche Wünsche und Erwartungen die Mitarbeiter daran stellen – also ob sie zum Beispiel ein kurzes Faltblatt mit zentralen Botschaften eher für geeignet halten oder ein ausführliches Magazin wünschen.
  - **Imagebroschüre:** Vor dem Erscheinen ermittelt der Kommunikationsexperte den Bedarf sowie Wünsche und Erwartungen an ein solches Medium innerhalb und außerhalb des Unternehmens.

In-Between-Test: Laufende Untersuchung

- **Laufende Untersuchung:** Die laufende Untersuchung (In-Between-Test) beantwortet die Frage, ob die Aktion wie geplant läuft. Durch fortlaufendes Prüfen und Kontrollieren erkennt der Kommunikationsprofi etwaige Schwachstellen und kann sein Handeln flexibel anpassen. Hierbei helfen die formulierten Zwischenziele, die er während einer Aktion oder Kampagne prüft und entsprechend eventuell Maßnahmen korrigiert und neue hinzufügt. Drei Beispiele:
  - **Event:** Beobachtungen zeigen, ob die Teilnehmer untereinander ins Gespräch kommen und ob sie die Veranstaltung eigenständig gestalten.
  - **Pressekonferenz:** Kurzgespräche mit den Journalisten geben Hinweise, ob sie das Thema attraktiv finden und weitere Einzelheiten wünschen.
  - **Internet:** Meinungsumfragen (Polls) durch elektronische Kurzbefragungen zeigen den Verantwortlichen kontinuierlich, wie sie den Netzauftritt optimieren können.

Post-Test: Nachträgliche Untersuchung

- **Nachträgliche Untersuchung:** Die nachträgliche Untersuchung (Post-Test) bewertet, ob die Kampagne erfolgreich war und was besser hätte laufen können, um dies beim nächsten Mal zu berücksichtigen. Vor allem interessiert, ob die Bezugsgruppen erreicht wurden, welche Informationen sie aufgenommen und wie verarbeitet haben und welches Image entstanden ist beziehungsweise verändert wurde. Drei Beispiele:
  - **Event:** Die Auswertung der Videoaufnahmen zeigt, ob die Besucher die Veranstaltung aktiv mitgestaltet haben und untereinander ins Gespräch gekommen sind.
  - **Pressekonferenz:** Eine kleine Telefonbefragung nach der Pressekonferenz unter befreundeten Journalisten zeigt, wie die Veranstaltung das nächste Mal besser werden kann.
  - **Internet:** Die Auswertung der Seitenbesuche gibt Aufschluss darüber, wie viele Besucher die Aktion im Internet besucht haben, zum Beispiel den Experten-Chat, und welche individuellen Wege die Besucher durch das Internetangebot genommen haben.

Prüfen Sie, wann Sie sich vom Erfolg Ihrer Maßnahmen überzeugen wollen. Entscheiden Sie sich zur Bewertung für das geeignete Instrument!

Zeitpunkte	Erläuterung	Erkenntnisinteresse
Vorher (Pre-Test)	Bewertung der Kommunikationsaktivitäten (Maßnahme, Aktion etc.) vor der Umsetzung.	Wie wird die Bezugsgruppe auf die gestalteten Maßnahmen reagieren?
	Ziel ist die Optimierung von Kommunikationsaktivitäten und das Verringern des Risikos durch begrenzte Feldtests.	Was lässt sich vor der endgültigen Umsetzung optimieren?
	Ergebnisse können bei Bedarf mit jenen Werten verglichen werden, die nach einer Kampagne erhoben werden (siehe Posttest).	Funktioniert die technische Umsetzung, zum Beispiel bei Websites?
Während (In-Between-Test)	Fortlaufendes Prüfen und Kontrollieren der Kommunikation.	Verlaufen die Kommunikationsaktivitäten wie geplant?
	Ziel: Schwachstellen erkennen, um das Handeln flexibel anzupassen.	Kann die beabsichtigte Wirkung erreicht werden?
	Hilfreich sind formulierte Zwischenziele bzw. definierte Meilensteine.	Was kann optimiert werden?
Nachher (Post-Test)	Bewertung der Kommunikation nach den Aktivitäten.	Sind die Ziele (Bekanntheit und Image) erreicht und ist das Kommunikationsproblem gelöst?
	Ziel: Bewertung der gesamten Kommunikation.	Was hätte besser laufen können, um dies beim nächsten Mal zu berücksichtigen?
	Vor allem interessiert, ob die Bezugsgruppen erreicht wurden, welche Botschaften sie aufgenommen haben und wie sie diese verarbeitet haben.	Was ist gut gelaufen, um dies beim nächsten Mal beibehalten zu können?

Abb. 4.18: Zeitpunkte der Erfolgskontrolle

4.5.2 Messinstrumente

Viele Instrumente

Die am häufigsten eingesetzten Instrumente der Erfolgskontrolle sind:

- **Persönliche Beurteilung:** Eine persönliche Beurteilung erfolgt zum Beispiel anhand der Hinweise von Mitarbeitern und Kollegen, beobachtbarer Verbesserung im Betriebsklima, externer Stellungnahmen wie Leserzuschriften, Hörerpost, Anrufe und Briefe. Diese Methode kostet zwar kein Geld; jedoch besteht die Gefahr, dass nur ein begrenzter Ausschnitt der Wirklichkeit erfasst und bewertet wird: Vielleicht schreiben Mitarbeiter nur dann Briefe an die Redaktion der

Hauszeitung, wenn sie das Blatt besonders positiv oder negativ beurteilen. Fazit: Einzelmeinungen lassen sich nicht verallgemeinern.

Einzelmeinungen lassen sich nicht verallgemeinern

- **Presseausschnitte:** Zu den beliebtesten Instrumenten der Erfolgskontrolle gehört das Sammeln von Presseausschnitten (siehe Kap. 7.5.1.4). In der Tat: Es ist imposant, wenn der Unternehmenssprecher dem Firmenchef eine dicke Sammlung von Pressemeldungen vorlegen kann. Nur: Der Umfang sagt nichts über die Wirkung aus, sondern lediglich darüber, dass ein Kontakt der Bezugsgruppen mit den Informationen möglich ist. Unbeantwortet bleibt:
  - ob die Bezugsgruppe tatsächlich Kontakt mit dem Artikel hatte,
  - ob sie ihn gelesen und welche Informationen sie aus der Berichterstattung entnommen hat,
  - ob sich das Vorstellungsbild vom Unternehmen geändert hat.

  Solche Fragen lassen sich nicht mit Zeitungsausschnitten beantworten: Ein Unternehmen kann trotz positiver Berichterstattung ein negatives Image in der Bevölkerung haben und umgekehrt. Weiterführende Untersuchungen bei den Bezugsgruppen sind erforderlich.
- **Systematische Studien:** Zuverlässig können Sie den Erfolg Ihrer Unternehmenskommunikation nur durch systematische Studien bewerten. Hierunter fallen Imagestudien, Mitarbeiterbefragungen oder Interviews durch Meinungsforschungsinstitute, die Ihre Bezugsgruppen direkt zur Bekanntheit und zum Vorstellungsbild befragen.

  Nur systematische Studien sind zuverlässig

  Solche Studien sind zwar organisatorisch und finanziell aufwändig, aber was nutzt Ihnen eine Mitarbeiterzeitung, die jährlich einige tausend Euro kostet, aber von der Sie nicht wissen, ob sie von den Mitarbeitern gelesen und wie sie beurteilt wird. Jede Zeitung, die aufgrund fehlender Untersuchungen weggeworfen wird, ist verschwendetes Geld.

  Die Studien können von externen Dienstleistern wie Instituten, Beratern und Agenturen durchgeführt werden. Der Kommunikationsexperte ist zuständig für Konzeption, Koordination und Kommunikation. Diese Arbeitsteilung sorgt dafür, dass Zeit, Geld und Personal optimal eingesetzt sind. Das Budget für die Studien wird möglichst fest in den Projektetats verankert. Steht kein Geld bereit, können Sie versuchen, mit Bordmitteln auszukommen nach dem Motto: So sorgfältig wie möglich, so aufwändig wie nötig!

  So sorgfältig wie möglich, so aufwändig wie nötig!

Instrumente der Erfolgskontrolle

	Erläuterung	Beispiele
Befragung	**Annahme:** Die Auskunftsperson kann auf Fragen die interessierenden Antworten geben. **Vorteil:** Leicht erfassbar	**Offenes Interview:** Es gibt (fast) keine Fragevorgabe, nur das Thema wird genannt. Der Fragende ist offen für alles, was ihm die Auskunftsperson mitteilen kann/möchte.

	Nachteil: Aussagen der Person müssen nicht zutreffen, wie im Fall unbewusster und sozial unerwünschter Antworten. Befragungen unterscheiden sich nach dem Umfang der Vorgaben durch den Forscher: Möglich sind allgemeine Themen bis hin zu konkreten Einzelfragen. Befragungen können mündlich, schriftlich, telefonisch und elektronisch durchgeführt werden.	**Leitfadeninterviews:** Sie enthalten 5 bis 10 Leitfragen, die das Gespräch strukturieren und die Vergleichbarkeit der Ergebnisse erleichtern. **Beispiele für Leitfragen:** • *Welche Meinung haben Sie über das Unternehmen?* • *Was erwarten Sie künftig von ihm?* • *Was gefällt Ihnen an dieser Broschüre insgesamt, was nicht?* • *Wie ist Ihre Meinung beim Durchblättern?* • *Was lesen Sie, was nicht?* • *Was fällt Ihnen besonders auf?* **Standard-Fragebogen:** Dieser listet konkrete Fragen auf und gibt der Auskunftsperson wenig Freiraum bei der Beantwortung.
Beobachtung	**Prinzip:** Erfasst das Verhalten von Menschen. **Vorteil:** Leicht zu erfassen. **Nachteil:** Keine Aussagen über Gründe und Motive des Verhaltens möglich. Daher sind auch nur schwer Aussagen über künftiges Verhalten möglich.	**Print:** Blättern die Leser die Broschüre nur durch, lesen sie einzelne Seiten oder lesen sie jede Seite intensiv? **Online:** Wie verhalten sich Menschen beim Surfen auf der Website: Wie schnell gehen sie vor? An welchen Stellen verweilen sie? **Veranstaltung:** Wie verhalten sich die Teilnehmer einer Veranstaltung, zum Beispiel auf einer Analystenkonferenz: Beteiligen sich alle, viele oder nur wenige? **Medienbeobachtung:** Was haben die Medien veröffentlicht? Welche Aussagen stehen im Vordergrund? Mit welchem Tenor? In welchen Medien? **Auswertung von Leserzuschriften, Hörerpost und Briefen**
Experiment	Herstellen einer künstlichen (Labor-) Situation zur Beantwortung der Forschungsfrage, um störende Außeneinflüsse zu vermeiden.	**Protokoll lauten Denkens:** Menschen „denken laut" beim Blättern in einer Broschüre oder dem Surfen im Internet. **Schnellgreifbühne:** Menschen sollen aus mehreren Broschüren spontan 3 bis 5 Favoriten wählen.

Spezialform: Panel	**Prinzip:** Regelmäßig wiederholte Befragungen der gleichen Personen aus einer Bezugsgruppe. Dies kann Auskunft geben über die Entwicklung der Meinungen der Bezugsgruppe.	**Mögliche Fragen:** • *Was hat sich in den letzten Ausgaben der Broschüre geändert?* • *Welche Meinung hatten Sie, welche haben Sie heute?*

Abb. 4.19: Instrumente der Erfolgskontrolle

4.6 Top-Thema: Dramaturgie

Spannungsbogen der Unternehmenskommunikation

Selten beachtet in der Unternehmenskommunikation ist das Thema Dramaturgie. Mit diesem Begriff wird im Theater die Lehre vom Wesen und Aufbau des Bühnenspiels bezeichnet.

4.6.1 Bedeutung

Keine Spannung ohne Ende

Für die Wirkung der Unternehmenskommunikation kann die Dramaturgie entscheidend sein. Wer kennt das nicht: Ein neues Programm soll im Unternehmen bekannt gemacht und die Mitarbeiter dafür gewonnen werden, zum Beispiel Qualitätssicherung. Die Kommunikation beginnt mit einem Paukenschlag und steigert sich, und steigert sich, und steigert sich. Irgendwann ist kaum noch eine Steigerung möglich – die Luft geht raus und das Programm sowie die Spannung stürzen ab.

Dies ist nur ein Beispiel dafür, wie wichtig Dramaturgie in der Unternehmenskommunikation ist. Um dies zu verhindern, verfügt ein intelligentes Kommunikationsprogramm über den angemessenen Wechsel von Aufbau, Halten, Ausbau und Abbau.

4.6.2 Funktion

Spannung im Theater

Besonders wichtig für die Dramaturgie ist der Spannungsbogen. Im Theater und in der Oper sorgt die Spannung dafür, dass die Zuschauer aktiviert sind und aufmerksam der Entwicklung des Stücks folgen.

Um dies zu veranschaulichen, hier ein Zitat aus dem Buch „Drama und Theater" von Elke Platz-Waury:

„Die Spannung ist häufig als Wesen der dramatischen Handlung bezeichnet worden (…). Dabei ist es wichtig, zwischen der gespannten Haltung der Zuschauer und der Spannung als Aufbauprinzip des Dramas zu unterscheiden. Die subjektive Spannung wird ausgelöst durch die Erwartungen des Publikums in Bezug auf den Handlungsverlauf. Sie wird erhöht durch den Wechsel von Vorgriffen und deren Verwirklichung. Die Erwartungen beziehen sich nicht nur auf das, was passiert, sonst wäre der Reiz eines Dramas nach der ersten Begegnung erschöpft. Vielmehr interessiert vor allem auch die Art des Handlungsverlaufs. In den Worten Brechts ausgedrückt ist der Zuschauer auf den „Ausgang" des Stücks gespannt, wenn er das Ende nicht kennt. Weiß er, was das Finale bringt,

dann wird er auf den „Gang" der Handlung gespannt sein (...). Spannung kann Gefühlsspannung oder Erkenntnisspannung sein, je nachdem ob der Zuschauer mehr emotional oder rational angesprochen ist. Sie ist ein Zustand zwischen völliger Unwissenheit und vollständiger Information. Die Spannung setzt ein Teilwissen voraus. Eine Neugier des Zuschauers wird nur geweckt, wenn etwas schon und etwas noch nicht geschehen ist (...)."

Spannung in der Unternehmenskommunikation

In der Unternehmenskommunikation sorgt Dramaturgie dafür, dass Maßnahmen optimal auf die Aufnahmekapazitäten der Bezugsgruppen abgestimmt sind. Ein Beispiel für das Vorgehen:

- **Im ersten Schritt** zerlegen Sie die große Botschaft in kleine Einheiten. Dies wird in der Fachsprache **„Storyline-Prinzip"** genannt. Durch diese kleinen, verdaulichen Informationshäppchen sorgen Sie dafür, dass die Bezugsgruppen Ihre Botschaften dauerhaft lernen und nachhaltig erinnern. Umgekehrt erscheint den Bezugsgruppen die Zeit viel kürzer und intensiver, wenn sie in viele Einzelereignisse zerfällt.
- **Im zweiten Schritt** stellen Sie die Einheiten so zusammen, dass eine angemessene Abfolge entsteht von Aufbau, Halten, Ausbau und Abbau der Kommunikationsaktivitäten.

Diese Spannung ist besonders im Internet wichtig, wo es darum geht, die Besucher durch Interaktion auf der Website zu halten (siehe Kap. 15). Spannung kann auch den Reiz Ihres Event deutlich erhöhen (Kap. 16):

Wer wird nicht gern überrascht? Wer möchte nicht nach einem spektakulären Ereignis verschnaufen, bevor das nächste kommt?

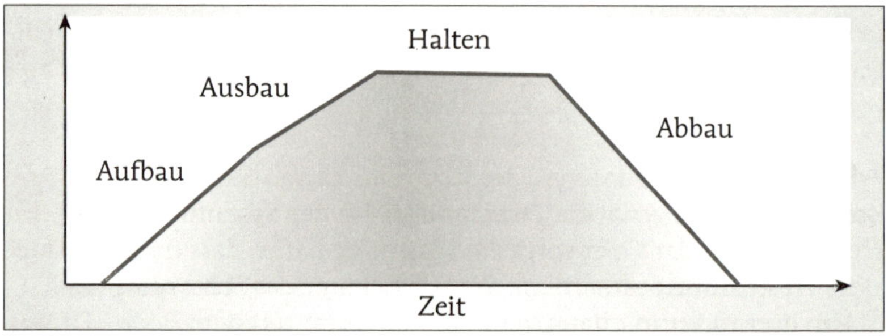

Abb. 4.20: Spannungsbogen in der Unternehmenskommunikation

4.6.3 Geltung

Dramaturgie hat in der Unternehmenskommunikation unterschiedliche Geltung:

- Sie kann sich auf ein Instrument bzw. eine Maßnahme beziehen, wie zum Beispiel eine Broschüre oder ein Event (siehe Kap. 4.6.4).
- Sie kann sich auf ein Programm bzw. eine Kampagne beziehen, wie zum Beispiel die Kundenorientierung.
- Sie kann sich auf die Langfristplanung Ihrer Unternehmenskommunikation beziehen, also den 3-Jahres-Plan.

Das Bilden von Einheiten aus dem Ganzen und sinnvolles Anordnen gilt für die gesamte Unternehmenskommunikation.

4.6.4 Beispiele

Spannung und Entspannung

Eine Broschüre erhält ein lebendiges und ansprechendes Layout durch das angemessene Verhältnis von Spannung und Entspannung (Harmonie). Zu viel Harmonie kann langweilig sein, zu viel Unruhe irritiert und wirkt überladen. Aktivieren Sie also immer wieder durch Reize – aber angemessen!

Grenzen von Events

Beispiel Events: Vor einigen Jahren haben die Kommunikationsverantwortlichen die starke Wirkung von Events entdeckt (siehe Kap. 16). Seither gibt es immer aufwändigere Events, an die sich die Teilnehmer zwar erinnern, aber vergessen, wer das Event veranstaltet hat.

Dramaturgie würde bedeuten, dass Sie einen Langfristplan anlegen und eine sinnvolle Struktur in die Events bringen. Diese kann in der zeitlichen und inhaltlichen Verteilung der Events liegen:

- **Zeitlich:** Wie viele Events finden im ersten Jahr statt, im zweiten, im dritten?
- **Inhaltlich:** Welches Motto haben die Events des ersten Jahres, welches die Events des zweiten und welches die des dritten Jahres?

So können Sie zum einen die Intensität Ihrer Events schrittweise steigern; zum anderen können die Themen sinnvoll wechseln. Weiterer Vorteil: Sie können Ihre Ressourcen optimal planen, weil Sie wissen, welcher Einsatz kurz-, mittel- und langfristig erforderlich ist.

Dramaturgie auf dem Event

In Bezug auf den Event selbst kann der Spannungsaufbau schon bei der Einladung beginnen, indem sie bestimmte Erwartungen der Teilnehmer aufbaut. Die Spannung steigt bei der Anreise oder beim Eintreffen der Teilnehmer. Höhepunkt ist der Event selbst, der aus Einzelerlebnissen besteht, die aber alle der zu vermittelnden Grundbotschaft entsprechen. Nach der Veranstaltung wird der Spannungsbogen durch Folgemaßnahmen **(Follow up)** verlängert, wie zum Beispiel Veranstaltungsfotos.

NUTZEN SIE DEN ERNEUTEN KONTAKT, UM IHRE GÄSTE AN DEN EVENT ZU ERINNERN UND DIESEN NACHHALTIG ZU VERANKERN!

Ihre Unternehmenskommunikation!

- Wenn Sie an Ihre Kommunikation denken: Wie bauen Sie Spannung auf?
- Wie gestalten Sie den Höhepunkt?
- Welche Überraschung gibt es?
- Wie halten Sie die Spannung?
- Wie bauen Sie die Spannung ab, ohne diese abrupt zu beenden?

Buchtipps

- Mikunda, C.: Marketing spüren, Frankfurt/Wien 2002
- Field, S.: Drehbuchschreiben für Fernsehen und Film, Berlin 2001
- Schütte, O.: Die Kunst des Drehbuchlesens, Bergisch-Gladbach 1999
- McKee, R.: Story – Die Prinzipien des Drehbuchschreibens, Berlin 2001

5 Organisation der Unternehmenskommunikation

Voraussetzungen für den Erfolg der Unternehmenskommunikation

Die Gestaltung von professioneller Unternehmenskommunikation ist an organisatorische Voraussetzungen gebunden: Diese betreffen die beteiligten Personen, Rollen und Verantwortlichkeiten, Prozesse, Strukturen, die eingesetzte Informationstechnologie sowie die Kommunikationskultur.

Da der Austausch mit Bezugsgruppen die Unternehmenspolitik direkt betrifft, muss Ihre Unternehmenskommunikation von der Geschäftsleitung getragen werden. Dies umfasst sowohl ein klares Ja zur Unternehmenskommunikation, frühzeitige und umfassende Informationen und Entscheidungen sowie einen ausreichenden Etat.

5.1 Menschen

Zahl, Ausbildung und Qualifizierung

Die Menschen spielen für die Organisation der Unternehmenskommunikation die zentrale Rolle, denn sie sind es, die mit den Bezugsgruppen kommunizieren. Zunächst ist die Mitarbeiterzahl der UK relevant, weil sie über deren Leistungsfähigkeit entscheidet. Steht nur eine begrenzte Zahl zur Verfügung, kann externe Hilfe vorübergehend oder dauerhaft unterstützen.

Wichtig sind auch Ausbildung und Erfahrung: Sind die Mitarbeiter ausgebildete Kommunikationsprofis oder Quereinsteiger? Wie wird im Fall des Quereinstiegs gewährleistet, dass die Mitarbeiter durch angemessene Ausbildung die Unternehmenskommunikation professionell betreiben und nicht überfordert sind?

Die Ausbildung des UK-Verantwortlichen ist besonders wichtig: Unternehmenskommunikation ist eine zukunftsgerichtete, anspruchsvolle Managementaufgabe, die vielfältige Qualifikationen erfordert:

- **Fachkompetenz:** Grundlagen der Kommunikation, aber auch Kenntnisse in Betriebswirtschaft, um den Gesamtzusammenhang der Kom-

munikation und deren Wertschöpfung für das Unternehmen bewerten zu können.
- **Methodenkompetenz:** Vernetztes Denken, strategisches Denken, Handlungsorientierung.
- **Sozialkompetenz:** Kommunikationsfähigkeit mit den vielen internen und externen Kommunikationspartnern, Kenntnisse in Teambildung.

Diese Anforderungen haben dazu geführt, dass immer weniger Journalisten die Verantwortung für die UK eines Unternehmens übernehmen, wie dies früher der Fall war, sondern Manager mit einer umfassenden Ausbildung, Konzeptionsgeschick und Weitsicht. Einige Anlaufstellen zur Ausbildung sind im Serviceteil aufgeführt.

5.2 Strukturen

Unterstützung durch die Chefetage

Unternehmenskommunikation hilft, die Unternehmensziele zu erreichen. Die Stellung der Abteilung oder des beauftragten Mitarbeiters innerhalb des Unternehmens ist für den Erfolg der Arbeit von entscheidender Bedeutung: Die UK muss in den internen Informationsfluss und die Meinungsbildung eingebunden sein.

Ist die Funktion irgendwo im Unternehmen angesiedelt, zum Beispiel als unbedeutendes Anhängsel der Marketingabteilung, kann sie ihre Aufgaben nicht optimal erfüllen: Zu lange dauert es, bis Informationen, wenn überhaupt, zum Verantwortlichen gelangen; zu gering sind seine Chancen, Entscheidungen herbeizuführen, die für seine Arbeit wichtig sind.

Stattdessen sollte die Funktion Unternehmenskommunikation organisatorisch bei der Unternehmensführung angesiedelt sein – zum Beispiel als Stabsstelle der Unternehmensleitung.

Vorteile der Zuordnung zur Geschäftsleitung

Diese Zuordnung bietet vor allem folgende Vorteile:
- **Kommunikation wird ernst genommen:** UK als Stabsstelle zeigt nach innen und außen, wie bedeutend die Kommunikation ist.
- **Informationen sind früher verfügbar:** Trifft die Unternehmensleitung wichtige Entscheidungen, können diese frühzeitig an die Mitarbeiter und externe Bezugsgruppen weitergegeben werden.
- **Entscheidungswege sind kürzer:** Entscheidungen über wichtige Maßnahmen können notfalls auch kurzfristig getroffen und ständig aktualisiert werden.
- **Ihre Meinung fließt in Entscheidungen ein:** Es wird immer wichtiger werden, die Signale des Umfeldes aufzunehmen und gezielt in die Entscheidungen des Unternehmens einfließen zu lassen. Ein enger Kontakt zwischen dem UK-Verantwortlichen und der Geschäftsleitung kann dies sicherstellen.

Kleine Firmen haben es leichter

Diese Vorteile spüren UK-Vertreter in kleinen und mittleren Unternehmen viel schneller als Kollegen in großen Firmen, in denen die Entscheidungswege oft viel länger und Diskussionen zäher sind.

Nicht unbedingt erforderlich ist es für die meisten Unternehmen, UK-Vertreter in den Vorstand zu bestellen. Die Automobilindustrie ist hier wohl Vorreiter und Ausnahme.

Was ebenfalls sehr wichtig ist: Der Unternehmenssprecher muss Achtung, Vertrauen und Wertschätzung der Geschäftsleitung erfahren. Ist er als Sektglashalter oder Frühstücksdirektor abgestempelt oder gilt er als inkompetent, hat er von vornherein geringe Chancen, die Öffentlichkeitsarbeit seines Unternehmens ernsthaft und professionell zu betreiben.

Die Chemie muss stimmen

Auch muss die Chemie zwischen UK-Vertreter und Geschäftsführer stimmen: Immerhin müssen diese beiden eng und vertrauensvoll zusammenarbeiten. Nicht selten ist daher in den Branchenzeitungen zu lesen, dass ein Unternehmenschef seinen Posten wechselt und seinen UK-Mitarbeiter mitnimmt.

Weitere Voraussetzungen

Mit der Schaffung und Einordnung der UK in das Unternehmen stellt also die Geschäftsführung wichtige Weichen für die spätere Arbeit. Es gibt jedoch noch weitere Voraussetzungen, die organisatorisch geklärt sein müssen:

- **Unternehmenskommunikation ist eigenständige Aufgabe:** Die Aufgaben der Funktion Unternehmenskommunikation müssen exakt bestimmt und von anderen Stabsaufgaben und ähnlichen Funktionen deutlich abgegrenzt sein:
  - Das eigene Aufgabengebiet ermöglicht hohe Identifikation.
  - Sie verhindert Rangeleien und Machtkämpfe mit angrenzenden Bereichen sowie Doppelarbeit.
  - Sie ermöglicht die professionelle, langfristig ausgerichtete Planung.
- **Unternehmenskommunikation ist selbst gemacht oder eingekauft.** Für das Besetzen der UK gibt es mehrere Möglichkeiten:
  - **Eigene Mitarbeiter sind für Unternehmenskommunikation verantwortlich:** Vorteil: Die Funktion wird ernst genommen. Der Mitarbeiter kann sich auf seine Aufgaben konzentrieren und muss nicht immer wieder prüfen, welche seiner vielen Aufgaben er als nächstes erfüllen kann. Nachteil: Mitunter ist ein Betrieb zu klein für eine eigene UK-Stelle, eine Faustregel hierfür gibt es nicht.
  - **Ein Mitarbeiter ist in Teilzeit angestellt, freie Mitarbeiter und Praktikanten unterstützen ihn:** Vorteil: Es gibt einen eigenständigen und verantwortlichen UK-Vertreter. Nachteil: Die Zeit reicht für die vielen Aufgaben nicht aus; Unternehmenskommunikation wird nur mit halber Kraft betrieben und ist nicht kontinuierlich und professionell genug. Es fehlt ein ständiger Ansprechpartner für eilige Rückfragen der Journalisten und aus dem Internet.

- **Ein Team aus mehreren Mitarbeitern ist auch für Unternehmenskommunikation verantwortlich:** Vorteil: Die Unternehmenskommunikation bleibt eigenständige Aufgabe, die leichter zu finanzieren ist, da die Mitarbeiter Hauptaufgaben haben. Gefahr: Unternehmenskommunikation wird nur nebenher betrieben. Das Koordinieren von Kapazitäten und Aufgaben der Teammitglieder kann schwierig sein.
- **Ein Unternehmen arbeitet vorübergehend mit einer Agentur zusammen:** Vorteil: Benötigte Kapazitäten können flexibel ergänzt werden, um die UK-Stelle in Spitzenzeiten oder für Sonderprojekte zu entlasten, zum Beispiel im Falle einer Messe oder eines Tages der offenen Tür. Die Agentur tritt in Aktion, wenn es erforderlich ist. Nachteil: Gefahr einer nicht kontinuierlichen Unternehmenskommunikation, wenn nur Projektaufträge vergeben werden. Es muss ein Ansprechpartner im Unternehmen verfügbar sein.
- **Das Unternehmen lässt seine Unternehmenskommunikation von einer Agentur gestalten:** Vorteil: Unternehmenskommunikation wird fachkundig gestaltet, ohne viel Personal und Zeit im Unternehmen zu beanspruchen. Nachteil: Vergleichsweise hohe Kosten sowie hoher Aufwand für das Einarbeiten. Es muss ein Ansprechpartner im Unternehmen zur Verfügung stehen.

Keine eigene Abteilung nötig

Das Angebot von Agenturen und Pressebüros ist sehr unterschiedlich: Manche sind spezialisiert, zum Beispiel auf den Medizinbereich, andere bieten alle Leistungen rund um die Unternehmenskommunikation („Full Service“). Adressen und Übersichten finden Sie im Serviceteil.

Ausrichtung der Funktion

Bezugsgruppen, Themen und Instrumente

Prinzipiell gibt es mehrere Möglichkeiten, die UK auszurichten. Am häufigsten wird sie an Bezugsgruppen, Themen und Instrumenten ausgerichtet. Hier einige Vorteile und Nachteile:

Bezugsgruppenverantwortlicher

- **Ausrichtung an Bezugsgruppen:** Vorteile sind, dass der UK-Mitarbeiter die Kommunikation zu „seiner“ Bezugsgruppe aufbauen und kontinuierlich gestalten kann. Durch die kontinuierliche Kommunikation zwischen bestimmten Menschen kann ein Vertrauensverhältnis entstehen. Nachteile: Die Kommunikation setzt hohe Anforderungen an das Wissen und die Fähigkeiten des Mitarbeiters voraus (Instrumente etc.). Die auf dem Mitarbeiter lastende Verantwortung ist sehr hoch. Es besteht hoher Abstimmungsbedarf innerhalb des Unternehmens mit den Verantwortlichen für die anderen Bezugsgruppen, damit es zu keinen Widersprüchen kommt.

Themenverantwortlicher

- **Ausrichtung an Themen:** Ein Vorteil ist, dass es einen festen Ansprechpartner für ein Thema gibt (Themenverantwortlicher). Dieser verfügt über die erforderliche Fachkompetenz und ist allen im Unternehmen bekannt. Die Gefahr von Widersprüchen ist gering. Nachteile: Für jedes Thema müssen die Bezugsgruppen mit einem anderen

Unternehmensvertreter reden. Wenig Vertrauen durch sporadische Kommunikation.

Medienverantwortlicher

- **Ausrichtung an Instrumenten:** Ein Vorteil ist, dass es einen festen Ansprechpartner für jedes Medium gibt (Medienverantwortlicher). Dieser verfügt über die erforderliche Medienkompetenz und ist allen im Unternehmen bekannt. Nachteile: Der Koordinationsaufwand ist hoch, um für jede Bezugsgruppe einen starken Instrumentenmix zusammenzustellen. Frustration kann entstehen, inhaltlich nicht mitreden zu können und damit die Gefahr der Trennung zwischen „Themenfürsten" und „Medienknechten".

Am sinnvollsten dürfte meist die Ausrichtung an Bezugsgruppen sein, weil sie durch kontinuierliche Kommunikation das erforderliche Vertrauen entstehen lässt!

5.3 Prozesse

Angemessene Handlungsketten

Prozesse sind Handlungsketten mit definiertem Ergebnis. Für die Unternehmenskommunikation sollen angemessene Prozesse die Ausrichtung an der Unternehmensstrategie und den Unternehmenszielen sicherstellen sowie die erforderliche Aktualität, die Internationalisierung und das widerspruchsfreie Auftreten gewährleisten. Geeignete Prozesse müssen gezielte Koordination und Kontrolle ermöglichen und die übergreifende Zusammenarbeit stärken. Dies ist zum Beispiel deshalb notwendig, damit sich die Verantwortlichen von Unternehmenskommunikation und Marktkommunikation auf gemeinsame Kommunikationsaussagen einigen und diese angemessen umsetzen. Netzwerke und Workshops spielen hierbei die herausragende Rolle.

Die persönliche Kommunikation wird nicht zu ersetzen sein, sie ist für das Zustandekommen von Vertrauen unerlässlich!

Immer wieder auftretende Prozesse können Sie schriftlich festhalten (SOPs, Standard Operating Procedures), zum Beispiel für das Erstellen und Verteilen von Presseinformationen oder das Beantworten von Telefonanfragen. Damit werden sie verbindlich und jeder kann sie nachlesen. Besonders für die Krisenkommunikation sind festgelegte Prozesse essenziell (siehe Kap. 12).

5.4 Rollen und Verantwortlichkeiten

Zuständigkeiten festlegen

Damit sich die Unternehmenskommunikation dauerhaft entwickeln kann, werden verantwortliche Funktionen eingerichtet sowie Rollen und Verantwortlichkeiten geklärt. In den meisten Unternehmen geschieht dies nicht sorgfältig genug, was dazu führt, dass keiner weiß, wer für etwas zuständig und wer verantwortlich ist. Daher werden Schlüsselrollen und Kompetenzen von Entscheidungsträgern vorab definiert, klar abgegrenzt, im Unternehmen kommuniziert und fest verankert.

Es ist wichtig, dass es einen Ansprechpartner gibt, dessen Namen die Mitarbeiter kennen.

- Der **Verantwortliche für Unternehmenskommunikation** ist ständiger Verantwortlicher für Gestaltung und Entwicklung der Unternehmenskommunikation. In kleineren und mittleren Unternehmen übernimmt diese Aufgabe oft der Inhaber, der Geschäftsführer oder ein Assistent der Geschäftsleitung. In größeren Unternehmen gibt es den Pressesprecher oder den Verantwortlichen für Unternehmenskommunikation, die oft als Stabsstelle der Geschäftsleitung verankert sind. Der UK-Verantwortliche leitet aus den kurz-, mittel- und langfristigen Unternehmenszielen die Ziele der UK ab. Er sucht Mitarbeiter aus und setzt sie angemessen ein, um die UK-Ziele zu erreichen. Er stimmt sich mit den anderen Kommunikationsfunktionen im Unternehmen ab. Er steuert und kontrolliert die Unternehmenskommunikation, damit sie den Unternehmenswert steigert.
- Der **Sponsor** in der Geschäftsführung, am besten der Vorstandsvorsitzende, sichert die erforderliche Unterstützung des Top-Managements.
- **Unterstützende Funktionen** sind zum Beispiel die Weiterbildungsabteilung, die Personalabteilung, die Finanzabteilung und die Grafikabteilung.
- **Verantwortliche in Gremien:** Jedes Gremium bestimmt den Verantwortlichen, der für jede Sitzung bestimmt, welche relevante Information entstanden ist und ob diese intern oder extern weitergegeben wird.

5.5 Informationstechnologie

Elektronisch unterstützte Kommunikation

Die Informationstechnologie spielt mittlerweile für die Unternehmenskommunikation eine wesentliche Rolle: Zum einen unterstützt sie die Durchführung der Funktion Unternehmenskommunikation durch angemessene Hardware (Computer, Drucker, Scanner etc.) und Software (Textverarbeitung, Grafikprogramm, Adressenverwaltung etc.); zum anderen ist sie Plattform für die elektronisch vermittelte Kommunikation mit Bezugsgruppen (siehe die Kap. 6.6 und 15).

Die allgemeine Frage der angemessenen Informationstechnologie für Ihre Funktion Unternehmenskommunikation ist hier schwer zu beantworten: Hardware und Software ändern sich zu rasch.

5.6 Unternehmenskultur

Wünschenswertes

Der Begriff Unternehmenskultur steht für die **Werte** (was ein Unternehmen für wünschenswert hält), **Normen** (was das Handeln regelt) und **Grundannahmen** (was das Handeln begründet). Die Unternehmenskultur prägt das Denken und Handeln aller Mitarbeiter.

- Ist das Unternehmen innovativ oder kostenorientiert? Ist es bürokratisch oder kundenorientiert?
- Ist es vergangenheits- oder zukunftsorientiert?
- Schließt ein Außendienstmitarbeiter einen Vertrag ab, auch wenn er Nachteile für den Kunden hat? Oder berät er ihn umfassend und verzichtet womöglich auf einen Vertrag?

Werte durch Firmengründer

Oft hat der Firmengründer solche Werte und Normen vor dem Hintergrund der jeweiligen Zeit und der Situation seines Unternehmens geprägt. Die Unternehmenskultur kann maßgeblich dadurch bestimmt sein, dass sie aus einer bestimmten Kultur heraus entsteht, zum Beispiel den kulturellen Gepflogenheiten einer Region, wie die „deutsche Gründlichkeit" im Fall der LUFTHANSA.

Im Lauf der Jahre bewähren sich solche Normen und Werte, gelten als selbstverständlich und werden an neue Mitarbeiter weitergegeben. Jeder weiß, was wichtig ist und zählt und was verpönt ist und Sanktionen auslöst. Werte und Normen werden zum Allgemeingut und stabilisieren das Unternehmen.

EINE UNTERNEHMENSKULTUR IST IMMER VORHANDEN. ES IST NICHT MÖGLICH, DASS ES KEINE UNTERNEHMENSKULTUR GIBT!

Mitarbeiter leben die Werte

Die Unternehmenskultur ist durch die Kultur der Mitarbeiter geprägt, wie im Fall der DEUTSCHEN BANK und BMW. Stimmen die Mitarbeiter den Werten des unternehmerischen Handelns zu, zum Beispiel Kundenorientierung, kann dies ihre Motivation und Bereitschaft erhöhen, sich für das Unternehmen einzusetzen, weil sie einen Beitrag zum Erreichen des Gewünschten leisten wollen. Unternehmerische Werte wirken auch nach außen: Kunden, Lieferanten und die Bevölkerung können auf das künftige Verhalten eines Unternehmens schließen.

Kommunikation ist Kultur ist Kommunikation

Kultur und Kommunikation hängen eng zusammen

Kultur und Kommunikation hängen eng zusammen und beeinflussen sich gegenseitig: Ist die Unternehmenskultur stark, ist es auch die Kommunikationskultur; soll sich die Unternehmenskultur ändern, muss dies gleichermaßen die Unternehmenskommunikation.

Indikatoren für Kommunikationskultur

Kommunikationskultur ist demnach das, was in der Kommunikation als wünschenswert gilt und wie hier gehandelt werden soll. Sie zeigt sich zum Beispiel darin,

- wie das Unternehmen mit seinen Bezugsgruppen redet,

- ob die Kommunikation einseitig oder wechselseitig erfolgt,
- ob das Unternehmen auf die Wünsche und Erwartungen seiner Bezugsgruppen eingeht,
- ob die Mitarbeiter rechtzeitig und umfassend informiert werden,
- wie es mit Konflikten und Kritik umgeht,
- ob und welcher Kontakt nach oben und über Abteilungsgrenzen hinweg besteht,
- ob Kommunikation ein Instrument ist, um Unterschiede im Betrieb aufzuzeigen,
- ob Kommunikation mit den Mitarbeitern eine wichtige Führungsaufgabe ist, die ernst genommen und deren Einhaltung belohnt und bestraft wird,
- ob es Tabuthemen gibt, über die keinesfalls gesprochen wird,
- wie Versammlungen ablaufen,
- wie der Briefstil des Hauses ist,
- wie die Gerüchteküche funktioniert,
- wie sich Telefonistinnen und Sekretärinnen verhalten.

Jedes Unternehmen hat seine einzigartige Kultur

Jedes Unternehmen bildet eine eigene Unternehmenssprache heraus: Die Mitarbeiter reden miteinander knapp, voll von geheimnisvollen Abkürzungen oder sehr leger. Ein neuer Mitarbeiter beachtet, ob man sich siezt oder duzt, ob Kritik offen vorgetragen oder hinter dem Berg gehalten wird.

Die Kommunikationskultur gilt als selbstverständlich und wird an neue Mitarbeiter weitergegeben – jeder weiß, was man sagt und was nicht. Sie ist stabilisierender Faktor im Unternehmensgeschehen und immer vorhanden – es ist nicht möglich, dass ein Unternehmen keine Kommunikationskultur besitzt. Jedes Unternehmen ist damit einzigartig, weil Geschichte, Erfahrungen und Mitarbeiter unterschiedlich sind.

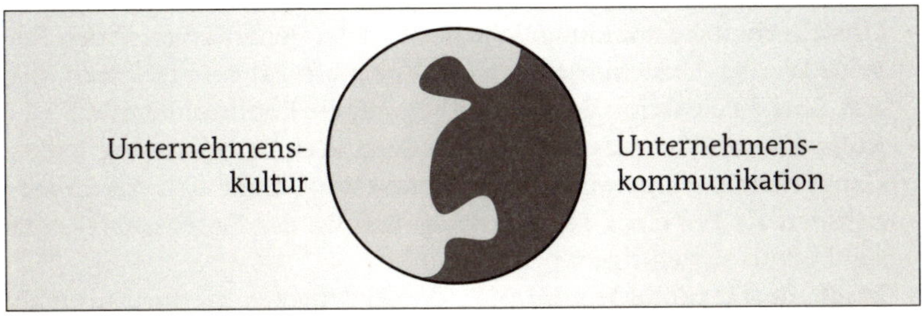

Abb. 5.1: Kultur und Kommunikation hängen eng zusammen

Stärken der Vergangenheit können Schwächen der Zukunft sein

Probleme starker Kulturen

Eine starke Kommunikationskultur wird zum Problem, wenn sie eines Tages nicht mehr zeitgemäß ist, denn sie kann sich nur langsam entwickeln – zu langsam für viele heutige Anforderungen. Konflikte sind die Folge:

- Hat die Unternehmensleitung früher nur den eigenen Standpunkt dargestellt, sollen heute Gegenargumente einbezogen und kritisch besprochen werden.

- In der internen Kommunikation soll nicht allein die eigene Meinung aufgezeigt werden, sondern das Meinungsspektrum, das die Mitarbeiter prüfen können, um sich ihre eigene Meinung zu bilden.
- Haben die Vorgesetzten bislang Anweisungen erteilt, sollen sie heute Prozesse begleiten, offen und aktiv informieren.
- Hat ein Vorgesetzter früher nur über das informiert, was der Mitarbeiter brauchte, um seine Tätigkeit korrekt auszuführen, soll er heute über alles informieren, was den Mitarbeiter interessiert - zum Beispiel auch über das Verhalten der Konkurrenz.
- Die Mitarbeiter sollen plötzlich aktiv werden, sie sollen sich an der Kommunikation beteiligen, Vorschläge machen und Ideen beisteuern. Das kennen sie so nicht.

Diese Herausforderungen muss ein Unternehmen bewältigen, denn die Dynamik des Umfeldes zwingt die Firmen zu Innovation, Flexibilität und ausgeprägter Kundenorientierung. Und dies ist vielerorts nur mit einer tief greifenden Veränderung der Kommunikationskultur durch einen systematischen Wandel möglich.

VERÄNDERUNGEN SCHEITERN OFT NICHT AN DEN SCHWÄCHEN VON UNTERNEHMEN, SONDERN AN DEREN STÄRKEN!

Modelle für Kultur

Kriterien nach Hofstede

Der Kulturexperte Geert Hofstede hat international geforscht und fünf Kriterien gefunden, anhand derer sich jede Kultur prüfen lässt:
- **Machtdistanz:** Wie groß sind die Machtunterschiede: Verläuft die Kommunikation einseitig oder wechselseitig? Wie ausgeprägt ist die Hierarchie? Wie groß sind die Gehaltsunterschiede? Welche Rolle spielen Statussymbole?
- **Unsicherheitsvermeidung:** Wie hoch ist der Bedarf an formalen Regeln? Werden Unsicherheiten in der Kommunikation zugelassen, wie z. B. über die Reaktion des Gegenübers auf die Kommunikation?
- **Kollektivismus versus Individualismus:** Welche Bedeutung haben Gruppeninteressen, welche Einzelinteressen? Sieht sich das Unternehmen als Teil eines Systems (zum Beispiel der Gesellschaft) oder sieht es nur seinen eigenen Standpunkt?
- **Maskulinität versus Femininität:** Was bedeutet es, in einer Kultur als Mann oder als Frau zu leben? Ist das Unternehmen sachlich-rational oder emotional? Ist es eher analytisch oder eher gestalterisch kreativ?
- **Vorausschauendes Handeln versus Aktionismus:** Gestaltet das Unternehmen seine Zukunft aktiv und vorausschauend oder lebt es in den Tag hinein und reagiert lediglich auf Veränderungen? Ist die Kommunikation langfristig geplant oder besteht sie aus kurzfristigen Aktionen?

Diese Aspekte der Unternehmenskultur beeinflussen maßgeblich die Kommunikationskultur: Gilt Kommunikation überhaupt als wichtig?

Die Machtdistanz bestimmt das Ausmaß formaler Kommunikationswege und die Einstellung „Wissen ist Macht". Die Unsicherheitsvermeidung entscheidet über das Maß an Abstimmung von Texten im Unternehmen, bevor sie veröffentlicht werden. Individualismus zeigt sich im fehlenden Bewusstsein für gemeinsame Kommunikationsziele, zum Beispiel in der internationalen Unternehmenskommunikation (siehe Kap. 9).

Wen wundert es angesichts solcher Ergebnisse, wenn sich Gruppen- und Projektarbeit aus japanischen Unternehmen nicht einfach in deutsche überführen lassen? Zählt dort das Gesamtergebnis des Kollektivs, zählt hier das Einzelergebnis. Und wen wundert es, dass die meisten Unternehmensauftritte im Internet von den Internetnutzern wenig akzeptiert werden, weil ihnen der Gemeinschaftsgedanke fehlt, der das Internet kennzeichnet (siehe Kap. 15)?

PRÜFEN SIE IHRE KOMMUNIKATIONSKULTUR, DENN SONST KÖNNEN WIDERSPRÜCHE IN DEM AUFTRETEN, WIE SIE SICH DARSTELLEN UND WIE SIE TATSÄCHLICH HANDELN!

Psychologie der Angst

Kriterien nach Riemann

Eine weitere Systematik zur Beschreibung der Unternehmenskultur stammt von dem Psychologen Fritz Riemann. In seinem Buch „Psychologie der Angst" hat er beschrieben, dass es in jedem Menschen ein Spannungsfeld zweier Antipoden gibt: Dauer und Wandel sowie Nähe und Distanz.

Da Unternehmen aus Menschen bestehen, sind diese Kriterien folglich auch auf sie anwendbar:

- **Dauer:** Das Unternehmen setzt auf Beständigkeit (*„Das haben wir schon immer so gemacht"*), die Mitarbeiter sind lange Jahre im Unternehmen beschäftigt, bevor sie aufsteigen können.
- **Wandel:** Das Unternehmen ist flexibel. Es greift neue Trends aus dem Markt auf und setzt sie zügig in neue Produkte um. Die Mitarbeiter wechseln häufiger ihren Arbeitsplatz und sie können sich umfassend weiterbilden, ihre Entwicklung wird gefördert.
- **Nähe:** Die Mitarbeiter duzen sich, auch den Chef. Es wird Wert auf ein familiäres Miteinander gelegt. Man greift sich gegenseitig unter die Arme, wenn es eng wird. Der Vorgesetzte ist eher Coach. Man steht in engem Kontakt mit seinen Kunden und anderen wichtigen Bezugsgruppen.
- **Distanz:** Man siezt sich, es besteht eine Kluft zwischen Vorgesetzten und Mitarbeitern. Man mischt sich nicht ein, sondern hütet sorgsam sein Arbeitsgebiet vor Einblick und Eingriffen anderer. Der Vorgesetzte ist Befehlshaber.

Derzeit findet eine gravierende Entwicklung in Unternehmen statt: Nicht mehr Dauer und Distanz sind wichtig, sondern Wandel und Nähe. Die Unternehmenskommunikation sollte diese Entwicklungen berücksichtigen, da sie maßgeblich die Beziehungen zu den Bezugsgruppen beeinflussen.

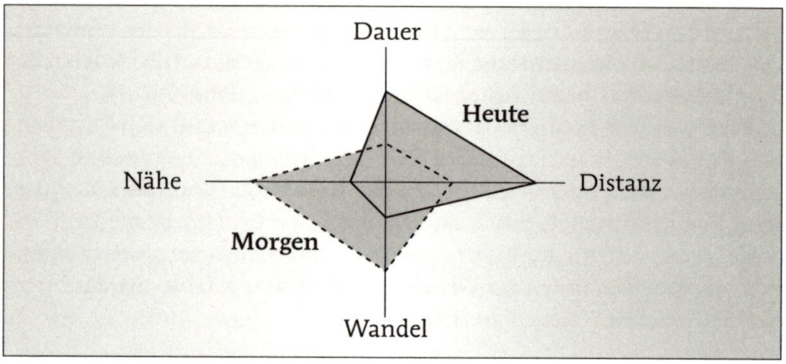

Abb. 5.2: Spannungsfelder in der Firmenkultur

„Un-heimliche" Spielregeln

Was wirklich zählt

Eine besondere Rolle in der (Kommunikations-)Kultur spielen heimliche Spielregeln. Der Unternehmensberater Scott-Morgan beschreibt sie in seinem gleichnamigen Buch. Diese „un-heimlichen" Spielregeln prägen oft entscheidend das Verhalten und müssen deshalb sorgsam aufgedeckt werden. Gelingt dies nicht, bleiben Probleme unerkannt und schlagen sich negativ auf die Kommunikation nieder.

Offizielle Spielregeln	Heimliche Spielregeln
Arbeite kooperativ!	Zeige Ellenbogen!
Äußere deine Meinung!	... solange sie nicht von der des Chefs abweicht.
Äußere offen deine Kritik!	Kritisiere niemals deinen Chef!
Der Mensch steht im Mittelpunkt!	Das System hat immer Recht!
Sei offen und ehrlich!	Sei clever und smart!
Stelle dich der Kritik!	Vermeide Kritik, sie ist unbequem!
Baue Brücken!	Grenze dich ab!
Zeige Neugier, stelle Fragen!	Besserwisserei kommt weiter!
Stelle Bestehendes in Frage!	Halte fest, was du hast!
Zeige Initiative!	Sei solide!
Zeige Kreativität und Flexibilität!	Sei stabil!
Orientiere dich am Team!	Orientiere dich an Regeln!
Sei mobil!	Sei bodenständig!
Toleriere Fehler!	Sei zuverlässig und seriös!
Zeige Verantwortungsfreude!	Sei pflichtbewusst!

Abb. 5.3: Offizielle und heimliche Spielregeln

Änderung der Kommunikationskultur

Entwicklung der Kommunikationskultur

Die Entwicklung der Kommunikationskultur setzt an der Veränderung der zentralen Kulturwerte des Unternehmens an. Voraussetzung für den Werte- und Kulturwandel ist daher ein klares Bekenntnis der Unternehmensleitung. Dies unterstreicht die Forderung, dass Unternehmenskommunikation eine Aufgabe ist, die an der Geschäftsführung angesiedelt sein muss. Die Geschäftsleitung muss Vorreiter und Vorbild sein:

> WENN SCHON DIE CHEFS SELBST DIE KOMMUNIKATION NICHT ERNST NEHMEN, WIESO SOLLTEN ES DIE ANDEREN?

Das Abstimmen der Unternehmenskommunikation mit den anderen Kommunikationsinstrumenten erfordert, die Einzelprofilierung zumindest teilweise aufzugeben, um die Stärken eines einheitlichen Unternehmens- und Markenimages nutzen zu können. Diese Forderung umzusetzen ist die größte Herausforderung in der integrierten Unternehmenskommunikation: Noch immer scheitern moderne Konzepte an Kompetenzgerangel und alten Managementstrukturen. Integrierte Kommunikation ist bis auf wenige Ausnahmen nur ein Lippenbekenntnis deutscher Unternehmen (siehe Kap. 3).

5.7 Zusammenarbeit mit Agenturen

Externe Unterstützung

Agenturen spielen für die Unternehmenskommunikation eine wichtige Rolle: Sie unterstützen die Verantwortlichen bei der strategischen Ausrichtung und setzen Maßnahmen um (siehe Kap. 5.2).

Die Zusammenarbeit gestaltet sich in der Praxis mitunter schwierig: Die Unternehmen möchten von den Agenturen eine möglichst preiswerte Leistung, die sich nach ihren Wünschen richtet. Diese Vorstellungen sind oft mehr als vage, was die Agenturen verunsichert. Die Agenturen möchten meist große Etats übernehmen und in langfristige Kampagnen eingebunden sein. Dabei wollen sie möglichst große Gestaltungsspielräume, was wiederum zu Spannungen mit den Unternehmen führt, wenn diese mit dem Vorgehen der Agenturen nicht einverstanden sind.

5.7.1 Auswahl

Schwierigkeiten

Für die Auswahl der richtigen Agentur folgende Empfehlungen:

- **Die Agentur sollte anerkennen, dass sie Ihr Dienstleister ist:** Immerhin sind es Ihre Kommunikationsprobleme, die die Agentur mit Ihrem Geld lösen soll. Sie sind es, der über die erforderlichen Kenntnisse über das Unternehmen, sein Umfeld und seine Bezugsgruppen verfügt (was die Agentur kritisch hinterfragen sollte). Ganz wichtig: Sie verfügen über Erfahrung! Letztlich zählt daher Ihre Entscheidung.

- **Überlegen Sie genau, was Sie von einer Agentur wollen** – und was nicht. Schreiben Sie dies auf und geben Sie dies auch der Agentur. Generell gilt meist:
  - Die Agentur sollte **fachkundig** sein, möglichst in der Unternehmenskommunikation und der Marktkommunikation. Dies kann sie durch Kooperation mit anderen Agenturen sicherstellen.
  - Die Agentur sollte ein **strategisches Konzept** entwickeln und die Maßnahmen kreativ umsetzen können.
  - Die Agentur sollte **Sozialkompetenz** besitzen, um die Zusammenarbeit der beteiligten Funktionen im Unternehmen angemessen zu koordinieren. Hierzu gehören Kommunikationsfähigkeit, Teamfähigkeit, Know-how in der Wissensvermittlung und im Umgang mit zwischenmenschlichen Konflikten.
  - Sie sollte über **Methodenkompetenz** verfügen, vor allem in Prozessen und im Projektmanagement.
- **Laden Sie immer mehrere Agenturen ein** (3 bis 5). Lassen Sie sich Arbeitsbeispiele vorstellen und – gegen Honorar – eine Konzeptidee (Ideenskizze) entwickeln, anhand derer Sie das geplante Vorgehen erkennen können. Wählen Sie dann sorgfältig aus. Hierbei hilft ein Kriterienkatalog, in den Sie die wichtigen Merkmale aufnehmen, über die die Agentur bzw. deren Leistung verfügen muss (kreativ, vorausschauend, kostengünstig etc.).
- **Die Beziehungsebene spielt die zentrale Rolle** für die Zusammenarbeit mit der Agentur. Studien zufolge entscheiden sich 80 Prozent der Unternehmen für die sympathischste Agentur. Prüfen Sie daher, ob die Chemie stimmt und die Agentur zu Ihnen passt. Prüfen Sie auch, ob die Agentur zu Ihrem Unternehmen passt. Immerhin muss sie oft die Lösungen der Geschäftsleitung vorstellen und mit ihr diskutieren.
- **Achten Sie darauf, wie stark die Agentur versucht, sich in Ihre Situation hineinzuversetzen.** Oft ist dies nicht der Fall. Der Auftraggeber ist dann verwundert, dass die Agentur eine Lösung entwickeln will, obwohl sie das Problem nicht verstanden haben kann.
- Sie sollten über die **Kenntnisse und Fähigkeiten** verfügen, die Agenturleistung bewerten zu können.
- Achten Sie darauf, ob und wie **schlüssig** die Agentur die vorgestellte Konzeptlösung **begründet.**
- **Die Konzepte sollten höchste Individualität besitzen** – also keine Standardlösungen!
- Achten Sie bei der Zusammenarbeit unbedingt darauf, **alle Absprachen möglichst sorgfältig schriftlich festzuhalten,** zum Beispiel in Gesprächsprotokollen, Verträgen etc.
- **Gestalten Sie den Vertrag so, dass Sie eine problematische Zusammenarbeit stets beenden können.** Trennen Sie die Konzept- und die Gestaltungsphase, weil die meisten Agenturen nicht beides gut können.

5.7.2 Zusammenarbeit

Briefing

Grundlage guter Zusammenarbeit

Das A und O der guten Zusammenarbeit ist das aussagekräftige Briefing. Das Briefing ist die schriftlich festgehaltene Zusammenstellung aller Informationen, die zur Erfüllung der Konzeptionsaufgabe erforderlich sind. Das Briefing wird in der Regel mündlich vorgetragen, erläutert und schriftlich ausgehändigt, um Missverständnisse zu vermeiden und um nachschlagen zu können.

Die Qualität des Briefings entscheidet wesentlich über das Ergebnis des entwickelten Konzeptvorschlags. Daher gilt:

DAS KONZEPT KANN NUR SO GUT SEIN WIE DAS BRIEFING!

Inhalt des Briefings sind Informationen zum Auftrag, dem Problem, zum internen und externen Umfeld, den Unternehmenszielen, Bekanntheit und Image, Produkten, Budget und Zeitrahmen.

Ein gutes Briefing zeichnet sich dadurch aus, dass der Auftraggeber alle wichtigen Informationen offen und anschaulich vermittelt und der Auftragnehmer fachkundig und einfühlsam fragt. Für Ihre Unternehmenskommunikation bedeutet dies:

VERSETZEN SIE SICH IN DIE ROLLE DER AGENTUR UND ÜBERLEGEN SIE, WELCHE INFORMATIONEN DIE AGENTUR FÜR DIE ERFÜLLUNG IHRER KOMMUNIKATIONSAUFGABE BRAUCHT!

Typische Briefingfragen

Halten Sie dies schriftlich und in übersichtlicher Form fest (siehe Checkliste im Serviceteil). Das Briefing dauert in der Regel eine bis eineinhalb Stunden.

Konzeptpräsentation

Gut vorbereitet ist halb gewonnen

Die Konzeptpräsentation sollte vor den Entscheidern erfolgen. Sie dauert zwischen 20 und 45 Minuten, je nach Problem und Situation. Sie sollten den Zeitrahmen unbedingt früh genug mit allen Beteiligten abstimmen und vor der Präsentation wiederholen. Dies gilt damit als Spielregel und kann Ausschlusskriterium für die Agentur sein, zum Beispiel weil sie die Lösung nicht auf den Punkt bringt. Dies spricht für mangelhaftes Zeitmanagement, was Sie eventuell im Fall der Auftragserteilung bezahlen müssen!

Sie sollten vor der Präsentation klären, welche Schwerpunkte präsentiert werden sollen: Der strategische Ansatz, die operativen Maßnahmen oder beides gleichermaßen. Die Aktionisten bevorzugen die Präsentation der Maßnahmen, die Planer den strategischen Ansatz.

Prüfen Sie die vorgestellte Lösungen anhand Ihres Kriterienkatalogs und entscheiden Sie, welche Agentur auf der Sachebene und auf der Beziehungsebene am besten zu Ihnen passt. Fragen Sie die Agentur, welche Alternativen es gab und warum die vorgestellte Lösung die beste aller möglichen Lösungen ist. Bedanken Sie sich bei den anderen Agenturen für den Entwurf der Ideenskizze und für die Präsentation.

Buchtipps

- Dörrbecker, K. und Fissenewert-Goßmann, R.: Wie PR-Profis Konzeptionen entwickeln, Frankfurt/Main 2000
- Fissenewert, R. und Schmidt, S.: Konzeptionspraxis, Frankfurt/Main 2002
- Haynes, M. E.: Konferenzen erfolgreich gestalten, Wien 1991
- Klebert, K.; Schrader, E.; Straub, W. G.: KurzModeration, 2. Auflage, Hamburg 1987
- Klebert, K.; Schrader, E.; Straub, W. G.: ModerationsMethode, 7. Auflage, Hamburg 1996

5.7.3 Erfolgsabhängige Honorierung

Was gemeint sein kann

In jüngster Zeit wird das Thema „Erfolgsabhängige Honorierung" diskutiert. Dieser Begriff ist mit unterschiedlichen Bedeutungen gefüllt, was die Diskussion schwierig macht.

Die Begriffsauffassungen reichen von „vollständige Honorierung nach Erfolg" bis hin zu erfolgsabhängigen Zulagen zum Basishonorar.

Wie sich die Diskussion entwickeln wird, ist heute noch unklar. Fest steht aber, dass sich die Gegner in der Mehrheit befinden. Kein Wunder, denn es ist fraglich, ob eine Agentur den Anschein erwecken will, dass sie mehr und besser arbeitet, wenn ihr dafür eine höhere Prämie winkt.

> DER KUNDE GEHT DAVON AUS, DASS DIE AGENTUR IHR BESTES GIBT UND DIES NICHT VON EINER PRÄMIE ABHÄNGIG MACHT!

Werden Ziele übererfüllt, ist fraglich, ob die Ziele angemessen definiert wurden. Andererseits besteht die Gefahr, dass Agenturen nur deshalb Ziele niedriger als möglich definieren, um von der erfolgsabhängigen Honorierung zu profitieren.

Ein weiteres Problem ist, dass sich die Diskussion um Lösungen von Agenturen auf die Diskussion verlagert, welche Agentur wie viel Prozent erfolgsabhängiger Honorierung fordert. Schließlich besteht die Gefahr, dass sich der Qualitätswettbewerb der Agenturen zu einem Preiswettbewerb hin verändert, der danach ausgetragen wird, wie viel Prozent des verfügbaren Budgets für das Erreichen definierter Ziele veranschlagt wird.

Gehen Sie also davon aus, dass die Agentur stets die beste und professionellste aller möglichen Lösungen entwickelt und somit eine Erfolgsprämie nicht sinnvoll erscheint.

5.8 Top-Thema: Netzwerke

5.8.1 Bedeutung

Bedeutung rasant gestiegen

In den vergangenen Jahren hat die Bedeutung von Netzwerken enorm zugenommen. Hier drei Gründe:

- **Kommunikation:** Mitarbeiter müssen angemessen informiert sein. Hierfür haben sich Netzwerke als wirkungsvollste Form gezeigt. Grund ist, dass dialogorientierte Kommunikation essenziell ist, um sicher zu gehen, dass Menschen eine Information erhalten und verstanden haben (siehe Kap. 2.3.2). Besonders in der internationalen Unternehmenskommunikation spielen Netzwerke die herausragende Rolle, um Schnelligkeit zu gewährleisten, Komplexität zu bewältigen und koordiniertes Vorgehen sicherzustellen (siehe Kap. 9).
- **Wissen:** Unternehmen können Ihr Wissen nicht mehr allein gestalten. Die Gründe sind stark gestiegene Kosten (zum Beispiel in Forschung und Entwicklung) sowie die drastisch abnehmende Verfallszeit von Wissen.
- **Sich auflösende Unternehmensgrenzen** zeigen sich in Beteiligungen, Joint Ventures, Kooperationen, zeitgebundenem Einsatz von Arbeitskräften etc. Daher arbeiten Unternehmen zunehmend mit anderen Unternehmen zusammen.

  Als eine Kooperationsform haben sich Netzwerke bewährt: Zum Beispiel arbeiten mehrere (externe) Programmierer aus verschiedenen Ländern gleichzeitig an einem Softwareprodukt. Unternehmen forschen und entwickeln gemeinsam per Telekooperation. Firmen bieten gemeinsam eine Plattform im Internet an (Co-Branding) und tauschen sich hierfür regelmäßig aus.

Fazit: Die Entwicklung der Märkte erfordert neue Arbeitsstrukturen, Arbeitsweisen und gewandeltes Kommunikationsverhalten! Eine der hierfür geeigneten Arbeitsformen sind Netzwerke.

5.8.2 Begriff

Soziale Beziehungen mit Nutzen

Netzwerke sind **soziale Beziehungen** zwischen Menschen, die in einem **festgelegten Raum** stattfinden (z.B. dem Internet) und **streng am Nutzen orientiert** sind. Jedes dieser drei Merkmale muss ein Netzwerk aufweisen, sonst steht sein Funktionieren in Frage. Beispiel: Gibt es zwar die Struktur eines Netzwerkes, aber kommunizieren die Menschen nicht miteinander, bleibt das Netzwerk lediglich Form – es hat keinen Inhalt.

Ziel von Netzwerken ist vor allem die Optimierung der Kommunikation und des Wissens zur optimalen Umsetzung der langfristigen Unternehmensstrategie.

Im Internet bilden sich Netzwerke, aber viele lösen sich schon nach kurzer Zeit wieder auf, da sie keinen Nutzen bieten. Es reicht also nicht aus, sich zu treffen und auszutauschen: Die Kommunikation muss für die Beteiligten auch mit einem Nutzen verbunden sein (siehe Kap. 15).

5.8.3 Formen und Funktion

Folgende Formen und Funktionen von Netzwerken lassen sich unterscheiden:

Interne und externe Netzwerke

- **Interne und externe Netzwerke:** Interne Netzwerke sind zum Beispiel Kommunikationsnetzwerke, Wissensnetzwerke. Externe Netzwerke sind zum Beispiel Netzwerke mit Universitäten und industriellen Partnern.

Formelle und informelle Netzwerke

- **Formelle und informelle Netzwerke**

Hier die jeweiligen Vor- und Nachteile:

Informelle Netzwerke	
Vorteile	**Nachteile**
Hohe Akzeptanz	Schlechte Steuerung
Schnelle Kommunikation	Gefahr von Gerüchten etc.
Hohe Glaubwürdigkeit	Gefahr von Verwirrung, wenn einer etwas weiß, was er aufgrund seiner hierarchischen Stellung nicht oder erst später wissen dürfte.
	Nutzen des Informationsvorsprungs zum Nachteil anderer.
Formelle Netzwerke	
Vorteile	**Nachteile**
Bedeutung des Netzwerkes wird deutlich	Hoher Aufwand
Ressourcen stehen zur Verfügung	Gefahr mangelnder Glaubwürdigkeit
Gute Steuerung	Gefahr von aufwändigen Abstimmungen

Abb. 5.4: Vor- und Nachteile von formellen und informellen Netzwerken

Netzwerke haben zur Aufgabe, Menschen untereinander in soziale Beziehung zu bringen. Soziale Beziehung meint Kommunikation, also Verständigung durch Aufeinanderbeziehen (siehe Kap. 2.3).

NETZWERKE, IN DENEN DIE TEILNEHMER NICHT MITEINANDER REDEN, FUNKTIONIEREN NICHT!

Netzwerke haben herausragende Bedeutung im Wissensmanagement, denn durch das Austauschen von Informationen und deren neuartiges Vernetzen können Lösungen entstehen, die die Teilnehmer einzeln nicht ermöglicht hätten (siehe Kap. 11).

KERNFRAGE: WAS BLEIBT, WENN SICH DIE TEILNEHMER DES NETZWERKES NICHT MEHR BETEILIGEN?

5.8.4 Organisation

Voraussetzung für das Funktionieren

Für das Funktionieren von Netzwerken muss eine Reihe von organisatorischen Voraussetzungen geschaffen sein:

- **Menschen:** Die Zahl der Menschen spielt eine Rolle, wenn es darum geht, die kritische Masse zu erreichen, also jene Menge, bei der das Netzwerk ausreichend Mehrwert schafft. Wichtig sind auch das Wissen der Teilnehmer und deren soziale Fähigkeiten: Sie müssen bereit und fähig zur Kommunikation sein.
- **Strukturen:** Das Netzwerk als Struktur kann Sub-Netzwerke bilden und Arbeitsgruppen einrichten, die die Arbeit des Netzwerks vorbereiten und begleiten. Arbeitsgruppen eignen sich besonders dann, wenn das Netzwerk zu groß ist, um alle Teilnehmer an der Arbeit zu beteiligen.
- **Prozesse:** Netzwerke zeichnen sich dadurch aus und sind deshalb so produktiv, weil die Prozesse hierarchieübergreifend sind: Jeder kann sich mit jedem austauschen, ohne horizontale oder vertikale Hürden überwinden zu müssen.
- **Rollen und Verantwortlichkeiten:** Es gibt den Netzwerkmanager (Treiber), die aktiven und passiven Teilnehmer, den Sponsor in der Geschäftsführung, Paten und Mentoren sowie unterstützende Funktionen wie die Weiterbildungsabteilung.
- **Informationstechnologie:** Sie ermöglicht die elektronisch unterstützte Kommunikation. Dies ist zum Beispiel für die Internationale Unternehmenskommunikation wichtig (siehe Kap. 9). Vor allem die Plattformen Intranet, Extranet und Internet ermöglichen weltumspannende soziale Beziehungen.
- **Kultur:** Netzwerke erfordern eine Kultur, die meist der noch vorhandenen Unternehmenskultur entgegensteht, wie zum Beispiel geringes Machtgefälle, offene Kommunikation und Empfängerorientierung, Gemeinschaftsgeist, Teilen von Informationen, gegenseitige Anerkennung, Unsicherheit zulassen, Prozesskommunikation und Langzeitorientierung.

Einige Tipps:

- Vermeiden Sie Schnellschüsse und übersteigerte Erwartungen an Erfolge über Nacht. Netzwerke bilden sich meist langsam, denn die Teilnehmer müssen untereinander Vertrauen aufbauen. Das dauert!
- Decken Sie unbedingt die „un-heimlichen Spielregeln“ auf, denn sie können das Funktionieren des Netzwerkes verhindern (siehe Kap. 5.6).
- Sorgen Sie dafür, dass sich alle Teilnehmer des Netzwerkes beteiligen. Dies fördert das gemeinsame Selbstverständnis und erhöht die langfristige Bindung.

5.8.5 Kommunikation

Unterscheiden Sie zwischen der Kommunikation im Netzwerk und Kommunikation über das Netzwerk:

Kommunikation zum Start

- **Kommunikation im Netzwerk:** Die Kommunikation im Netzwerk hat die Aufgabe, dass sich die Teilnehmer über ihr gemeinsames Selbstverständnis einigen und festlegen, welchen Nutzen das Netzwerk bietet. Denn:

  OHNE NUTZEN KEINE NUTZUNG!

  Später hat die Kommunikation die Aufgabe, die Entwicklung des Netzwerkes sicherzustellen und die Teilnehmer hierüber angemessen zu informieren. Kommunikation ermöglicht die Kommunikation zwischen den Teilnehmern, sie kann Begeisterung für das Netzwerk auslösen und die Feinfühligkeit für Unterstützung wecken.
- **Kommunikation über das Netzwerk:** Die Kommunikation kann das Netzwerk bei wichtigen Bezugsgruppen bekannt machen. Im Unternehmen können dies Führungskräfte sein, außerhalb des Unternehmens Kooperationspartner. Kommunikation baut ein Vorstellungsbild vom Netzwerk auf, damit die Bezugsgruppen wissen, welche Inhalte das Netzwerk hat, wer beteiligt ist und welchen Wert es schafft. Kommunikation kann dafür sorgen, dass die Bezugsgruppen das Netzwerk und seinen Nutzen positiv bewerten und bereit sind, das Netzwerk zu unterstützen, zum Beispiel durch Bereitstellen eigener Beiträge und Ressourcen.

Sie sollten vermitteln, wie das Angebot den Wünschen, Erwartungen und Möglichkeiten der Bezugsgruppen entspricht. Dem hoch involvierten Nutzen sollten Sie durch angemessene Kommunikation Orientierung und Vertrauen ermöglichen. Die Teilnehmer des Netzwerkes müssen fähig zur Kommunikation sein und sie müssen auch bereit dazu sein! Die Teilnehmer müssen bereit sein, sich auf neue Dialogformen, Verhaltensweisen, Sprachen, Kulturen einzustellen, zum Beispiel auf die Kommunikation im Chat (siehe Kap. 15.2.4).

5.8.6 Fazit

Netzwerke sind eine zeitgemäße Kommunikationsform. Sie erfordern die klare Nutzerorientierung in Form und Inhalt. Sie erfordern eine angemessene Organisation. Sie erfordern systematische und dauerhafte Kommunikation. Die Beteiligten müssen aktives Kommunikationsverhalten entwickeln. Die Kommunikationskultur muss konsequent gestärkt werden.

Folgende Tipps für den Umgang im Netzwerk:

- Das Netzwerk braucht ein gemeinsames Selbstverständnis.
- Das Netzwerk braucht Regeln, die alle Teilnehmer befolgen.

- Der Umgang mit Konflikten und Regelverstößen muss geklärt sein.
- Die Zahl der Beteiligten und deren Zusammensetzung muss angemessen sein.
- Das Netzwerk muss aktiv sein und lebendig gehalten werden, damit die regelmäßige Teilnahme für alle Beteiligten nützlich ist.

Buchtipps

- Sydow, J. und Windeler, A.: Steuerung von Netzwerken. Konzepte und Praktiken, Opladen 1999
- Kim, A. J.: Community Building. Strategien für den Aufbau erfolgreicher Web-Communities, Bonn 2001

Teil C

Kommunikation mit wichtigen Bezugsgruppen

Unternehmenskommunikation ist die Kommunikation eines Unternehmens mit seinen wichtigen Bezugsgruppen. Diese Bezugsgruppen unterscheiden sich im Hinblick auf ihre Wünsche und Erwartungen an Inhalt und/oder Form der Kommunikation (siehe Kapitel 2.2).

Teil C stellt die Kommunikation mit den Bezugsgruppen Mitarbeiter, Journalisten, Investoren, Kunden und Nachbarn vor: Sie lernen die Bezugsgruppen kennen und erfahren, **wie** Sie die Kommunikation mit diesen Bezugsgruppen bedarfsgerecht gestalten können.

6 Kommunikation mit Mitarbeitern

6.1 Bedeutung

Wichtigste Bezugsgruppe des Unternehmens

Die Mitarbeiter gehören zu den wichtigsten Bezugsgruppen der Unternehmenskommunikation. So selbstverständlich der eine diese Frage bejaht, so kritisch ist der andere, weil für ihn Unternehmenskommunikation vor allem für die Kommunikation mit Journalisten steht. Wenn aber Unternehmenskommunikation das Ziel hat, das Vorstellungsbild von der Unternehmenspersönlichkeit zu gestalten (siehe Kap. 2.5), muss dies bei den eigenen Mitarbeitern beginnen.
Hierfür gibt es mehrere Gründe:

- **Kommunikation gibt Orientierung und ermöglicht Vertrauen:** Je dynamischer und komplexer das Umfeld wird und je schneller das Entscheidungstempo im Unternehmen, desto stärker wird der Wunsch der Mitarbeiter und die Notwendigkeit, dass sie rechtzeitig und umfassend über die Entwicklungen aufgeklärt sind. Mitarbeiter müssen schnell und gezielt handeln, Lösungen und Innovationen rasch umsetzen. Dies setzt voraus, dass sie die Unternehmensziele kennen, verstehen und wissen, wie sie deren Erreichung an ihrem eigenen Arbeitsplatz unterstützen können.

  Die interne Kommunikation wird zur Grundlage der betrieblichen Zusammenarbeit und zum Erfolgsfaktor im zunehmenden Wettbewerb: Nur durch sie erhält der Mitarbeiter die erforderliche Orientierung, nur durch sie erfährt der Mitarbeiter, wie er zum Erreichen der Unternehmensziele beitragen kann. *„Nur der informierte Mitarbeiter identifiziert sich mit seinem Unternehmen, setzt sich für seine Ziele ein. Rationalisierungsexperten weisen mit Recht darauf hin, dass die größten Produktivitätsreserven nicht in neuen Maschinen stecken, sondern in der Motivation der Menschen“,* so Kommunikationsexperte Lutz Cleffmann.
- **Gute Kommunikation steigert das Wohlbefinden:** Von der Güte der Mitarbeiterkommunikation hängt das persönliche Wohlbefinden ab. Wissenschaftler haben herausgefunden, dass Mitarbeiter, die mit der Kommunikation unzufrieden sind, auch unzufriedener mit dem Arbeitsplatz und sogar mit dem Unternehmen sind. Damit nicht genug:
- **Gute interne Kommunikation wirkt nach außen:** Die Mitarbeiter tragen ihre Meinung über das Unternehmen nach außen. Sie werden sich aber nur dann positiv bei Freunden und Bekannten äußern und ihre Energie für das Unternehmen einsetzen, wenn sie ernst genommen werden und in die Kommunikation eingebunden sind. Erfahren sie vom guten Ruf ihres Unternehmens nur aus der Presse, merken aber selbst nichts davon, kann die Firmenspitze ihre Glaubwürdigkeit verspielen – Unzufriedenheit, häufiger Wechsel von Mitarbeitern, Ausschuss, hohe Krankheitsquoten sind die Folgen (siehe hierzu auch das Kommunikationsmodell in Kap. 2.3.2).

- **Kein Wandel ohne die Mitarbeiter:** Die Mitarbeiter spielen für den Unternehmenswandel die zentrale Rolle. Niko Mohr hat sich in seiner Doktorarbeit über die Bedeutung von Kommunikation bei organisatorischem Wandel viele Studien zum Thema angesehen. Alle kommen zum Ergebnis, dass Kommunikation mit den Mitarbeitern ein Erfolgsfaktor ist und als wirksamstes Mittel gegen das Scheitern von Veränderungen gesehen wird.

  Henry Mintzberg schreibt: „*Schlanke Organisationen setzen auf die Kompetenz und Wachsamkeit aller Mitarbeiter, die strategische Chancen und Bedrohungen im täglichen Handlungsvollzug erkennen und bearbeiten müssen.*" Und Doppler schreibt: „*Es gibt keine erfolgreiche Veränderung in der Unternehmung, es sei denn, begleitet durch eine offene und lebendige Kommunikationspolitik.*"
- **Zufriedene Mitarbeiter bedeuten zufriedene Kunden:** Der amerikanische Handelsriese SEARS hat – ausgehend von der Unternehmensvision – konkrete Kommunikationsziele für Kunden, Mitarbeiter und die Finanzwelt entwickelt. Mehrjährige interne Messungen bei SEARS zeigten, dass eine 5 Prozent höhere Mitarbeiterzufriedenheit zu einer 1,5 Prozent höheren Kundenzufriedenheit führt, was wiederum eine 0,5-prozentige Steigerung der Finanzleistung des Unternehmens nach sich zieht.

Mitarbeiterkommunikation wird für den wirtschaftlichen Erfolg immer wichtiger

- Die Flexibilität von Unternehmen setzt schnelles und innovatives Handeln und damit die Mitwirkung der Beschäftigten voraus. Gleichzeitig müssen die Mitarbeiter wissen, was Halt und Orientierung bietet.
- Konsequente Kundenorientierung als Chance im knallharten Wettbewerb ist nur durch qualifizierte und motivierte Mitarbeiter möglich.
- Die Ressourcen der Mitarbeiter bieten die größte ungenutzte Reserve, über die ein Unternehmen verfügt. Sie kann nur durch Einbeziehung und ständigen Austausch optimal genutzt werden.
- Jeder Beitrag zählt: Die Mitarbeiter müssen die Unternehmensziele kennen und wissen, welchen Beitrag sie zum Erreichen der Ziele beisteuern können.
- Die Unternehmensleitung muss von den Mitarbeitern wissen, wie die Arbeitsplätze optimiert werden können, wo und wie neue Ideen in Erfolg versprechende Produkte und Leistungen umgesetzt werden können.
- Produktivität heißt Doppelarbeit vermeiden und Synergien nutzen, die durch interne Kommunikation aufgedeckt werden können.

Abb. 6.1: Gründe für die Bedeutung der Mitarbeiterkommunikation

Kommunikation wird von Mitarbeitern schlecht bewertet

So einleuchtend diese Erkenntnisse sind, so wenig sind sie Praxis deutscher Unternehmen: Ergebnisse von Mitarbeiterbefragungen zeigen, dass fast die Hälfte der Belegschaften deutscher Unternehmen der internen Kommunikation die Note 3 und schlechter ausstellt.

Wie sich dies betriebswirtschaftlich niederschlägt, hat Christian Krosch untersucht: Er befragte über 130.000 Mitarbeiter in 56 Unternehmen zu Betriebsklima, Führungsverhalten, Arbeitsbedingungen, Zusammenarbeit und innerbetrieblicher Kommunikation. Ergebnis: Drei Viertel der Befragten meinten, dass ein schlechtes Betriebsklima körperlich krank machen kann. Bei den 35- bis 49-Jährigen waren es sogar 80 Prozent. In allen Untersuchungen hingen das Informationsniveau der Mitarbeiter und das Betriebsklima augenscheinlich zusammen: Mitarbeiter, die sich gut oder sehr gut informiert fühlten, bescheinigten fast immer ein sehr gutes oder gutes Betriebsklima in ihrem Arbeitsbereich – und umgekehrt. Sein Fazit:

> DAS BETRIEBSKLIMA IST SO GUT ODER SO SCHLECHT WIE DIE KOMMUNIKATION!

Wenn in einem Großunternehmen täglich 5000 Mitarbeiter aufgrund von Krankheit fehlen, müssen in der Fertigung 1000 Mitarbeiter mehr beschäftigt und bezahlt werden. Diese Zahlen sprechen eine klare Sprache und belegen eindrucksvoll die Bedeutung der Mitarbeiterkommunikation.

Manager fürchten dieses Parkett

Manager sind unsicher in Sachen Kommunikation

So sehr sich das Potenzial des Personals herumgesprochen hat: Noch machen viele Manager einen großen Bogen um das Thema Kommunikation – zu glatt ist ihnen dieses Parkett. Hinter der fehlenden Umsetzung stehen oft Vorurteile, Ängste vor Kritik durch die Mitarbeiter und deren Forderung nach mehr Mitsprache, Rechten und Entgelt. Die Folge: Fast alle Unternehmen fallen weit hinter ihre eigentlichen Möglichkeiten zurück.

Dass es mit der Effizienz der Kommunikation in deutschen Unternehmen nicht weit her ist, meint auch Daniel Jones von der CARDIFF BUSINESS SCHOOL in Wales: *„Die deutsche Industrie steht sich selbst im Weg. Nicht nur die Löhne, sondern Verschwendung und Kommunikationsprobleme behindern das Wachstum. Die Kommunikation ist die Hauptschwäche der Deutschen!"*

Solange das Betriebsergebnis einigermaßen stimmte, ging es meist irgendwie. Doch seit Sprachlosigkeit die Substanz der Unternehmen bedroht und der Leidensdruck groß genug geworden ist, geraten Führungskräfte in Bewegung: sie richten Kommunikationsabteilungen ein, suchen den Rat von Kommunikationsexperten und schulen sich in Weiterbildungskursen. Zu hoffen bleibt, dass dies ernsthaft und nachhaltig geschieht, denn in guten Zeiten sinkt die Feinfühligkeit für die Notwendigkeit von offensiver Kommunikation, um in schlechten Zeiten, sobald sich Krisen, Probleme und Misserfolge ankündigen, mit überhöhten Erwartungen zurückzukehren.

6.2 Funktion

Viele Kommunikationsbeziehungen im Unternehmen

Interne Kommunikation umfasst alle Kommunikations- und Informationsbeziehungen im Unternehmen: zwischen Management und Mitarbeitern sowie zwischen den Beschäftigten untereinander; öffentliche und private Kommunikation, formale und informelle Kommunikation, persönliche Kommunikation und über Medien, individuelle Kommunikation und Massenkommunikation.

Interne Kommunikation beinhaltet, dass die Mitarbeiter alle für sie wichtigen Informationen über ihre Tätigkeit, ihren Arbeitsplatz und das Unternehmen kennen, über Veränderungen informiert sind und diese verstehen. Durch Kommunikation nehmen sie teil am formalen und informellen Leben und identifizieren sich im Idealfall sowohl mit ihren Aufgaben als auch mit den Unternehmenszielen. Unterschiedliche Standpunkte und Meinungen zu einem Thema können offen gelegt und ausgetauscht werden.

Mitarbeiterkommunikation dient dem Austausch über:

- die Unternehmensziele,
- ein Ereignis, wie zum Beispiel eine Umstrukturierung,
- eine Idee, den Arbeitsplatz zu verbessern,
- eine Abteilung, wie das neue Rechenzentrum,
- ein Projekt, wie eine anstehende Rationalisierung,
- eine neue Aufgabe,
- Fehlentwicklungen am Markt und im Unternehmen,
- Pläne der Geschäftsleitung,
- neue Anforderungen am Markt,
- die Entwicklung der Arbeitsplätze.

Abb. 6.2: Mögliche Kommunikationsthemen

Kommunikation statt Unterrichtung

Tägliche Praxis ist jedoch, dass Vorgesetzte ihre Mitarbeiter einseitig „unterrichten“ über Dinge, die sie für richtig und wichtig halten, weil sie es so aus verstaubten Personalbüchern gelernt haben. Ob die Mitarbeiter die Nachricht auch aufnehmen wollen und können, ob sie diese verstehen, prüfen sie kaum. Auch nicht, ob die Mitarbeiter die Mitteilung akzeptieren (siehe Kap. 2.3). Viele Konzepte wie Corporate Identity, Business Reengineering und Change Management bleiben deshalb in ihren Ergebnissen weit hinter den Erwartungen zurück, weil sie den Mitarbeitern aufgedrängt werden.

Im „Manager Magazin" gaben sogar Verfechter des Reengineering an, dass 80 Prozent dieser Projekte teilweise weit hinter den Erwartungen zurückgeblieben sind. Als Grund wird fast unisono genannt, dass sich die Mitarbeiter nicht mit den Zielen – Rationalisierung und Erhöhung der Geschwindigkeit von Abläufen – identifizieren können, sie ablehnen und sich weigern, diese Projekte und Prozesse zu unterstützen.

Dies ist nicht verwunderlich, denn solche tief greifenden Veränderungen lösen Ängste aus: Verlustängste, die Furcht zu versagen, neue Aufgaben nicht bewältigen zu können, überfordert zu sein, oder Angst, dass Fehler und Versäumnisse aus der Vergangenheit sichtbar werden. Der Umgang mit diesen Ängsten verlangt von den Führungskräften ein sensibles Eingehen auf die Betroffenen. Behauptet ein Firmensprecher platt: *„Rationalisierung ist für uns alle gut!"* entsteht Widerstand, denn er ignoriert die Gefühle und Interessen der Mitarbeiter:

So sieht es die Geschäftsleitung – und so sehen es die Mitarbeiter:	
Sicht der Unternehmensleitung	Sicht der Mitarbeiter
Veränderungen sind gut. Sie ermöglichen die Anpassung an Veränderungen in Markt und Gesellschaft.	Veränderungen sind schlecht. Sie bringen Unruhe. Orientierung und Halt gehen verloren.
Sparen erhöht die Gewinne.	Sparen kürzt das Einkommen.
Rationalisierung ist langfristig gut für sichere Arbeitsplätze.	Rationalisierung bringt den schnellen Verlust von Arbeitsplätzen.
Durch Einsparungen steigt die Rentabilität.	Durch Einsparungen sinkt die Qualität.
Optimierungsprozesse erhöhen die Produktivität.	Optimierungsprozesse erhöhen den Arbeitsdruck.
Stillstand bedeutet Bedrohung.	Stillstand bedeutet Schutz und Sicherheit.

Abb. 6.3: Unterschiedliche Sicht von Firmenchefs und Mitarbeitern

Wenn die Manager dann auch noch von Dialog reden, werden sie vollends unglaubwürdig, denn jeder Mitarbeiter weiß aus täglicher Erfahrung, dass ein gleichberechtigter Austausch – und das ist ein Dialog – nicht möglich ist:

- Der Mitarbeiter verfügt nicht über die gleichen Informationen, er kennt weniger Argumente und Gegenargumente.
- Er hat nicht die gleiche Macht, denn er steht in Abhängigkeit zum Gesprächspartner.
- Das Ende des Gesprächs ist nicht offen, denn in der Regel geht die Unternehmensleitung mit einem vorgefassten Ergebnis in ein Gespräch und will nur von ihrem Standpunkt überzeugen (siehe Kap. 2.3.4).

Dennoch können sich nur durch Informieren, Diskutieren und kritische Auseinandersetzung unterschiedliche Positionen zumindest annähern, Gemeinsamkeiten erreicht und Konflikte gelöst werden. Wenn Sie also sichergehen wollen, dass Ihre Botschaft akzeptiert wird, müssen Sie die Meinungen und Interessen Ihrer Kommunikationspartner berücksichtigen. Einzig angemessen ist hier der aktive Austausch (siehe Kap. 2.3.4).

Kommunikationsexperte Hill bringt es auf den Punkt: *„Es sind nicht die Modelle wie Lean Management oder Total Quality Management, die die Welt verändern, es sind auch bei aller Notwendigkeit zum Reengineering nicht die Prozesse, die die Arbeit machen, sondern es sind die Menschen, die den Erfolg einer Organisation garantieren. In allen Organisationen arbeiten Menschen – mit und für Menschen ... Deshalb ist Kommunikation so wichtig."*

Befürchtungen und Ängste bei Veränderungen

- Was bedeuten die Veränderungen für mich und meinen Arbeitsplatz?
- Ist meine Position gefährdet?
- Wie sehr werden sich meine Aufgaben ändern?
- Werde ich dem Neuen gewachsen sein?
- Bringen mir die neuen Aufgaben auch Vorteile?
- Muss ich mich auf einen neuen Chef, auf neue Kollegen, auf eine neue Arbeitsumgebung einstellen?

... wie sie verarbeitet werden

- Der Betroffene hat die Ziele, Hintergründe und Motive einer Maßnahme nicht verstanden.
- Er hat verstanden, worum es geht, aber er glaubt es nicht.
- Er hat verstanden und glaubt auch, aber er erwartet keine positiven Konsequenzen.

... die Reaktionen

- Wird das Projekt als destruktiv empfunden, erfolgt totale Ablehnung.
- Wird das Projekt als bedrohlich empfunden, werden Widerstände aufgebaut.
- Erscheinen die Auswirkungen unklar, wird das Projekt toleriert.
- Wird „positive Unsicherheit" empfunden, wird das Projekt akzeptiert.
- Wird das Projekt uneingeschränkt positiv empfunden, wird es unterstützt und es wird mitgemacht.

... die Folgen

- Die Arbeit kommt nur mühsam und zähflüssig voran. Sitzungen werden lustlos geführt. Entscheidungsprozesse stocken.

- Es wird geblödelt, es findet keine vernünftige Diskussion statt, der rote Faden fehlt.
- Es gibt peinliche Schweigepausen, selbst engagierte Mitarbeiter halten sich zurück, es herrscht Ratlosigkeit.
- Auf klare Fragen kommen unklare Antworten.
- Hoher Krankenstand, hohe Fehlzeiten und Fluktuation.

Abb. 6.4: Veränderungen und ihre Folgen

Nicht jeder redet ständig mit jedem

Bedarfsgerechte Kommunikation

Um ein Missverständnis zu vermeiden: Kommunikation bedeutet nicht, dass jeder alles kennt und alles weiß – im Unternehmensalltag reicht oft eine knappe Information oder eine klare Anweisung völlig aus. Der Mitarbeiter, ob Führungskraft oder Arbeiter, will nicht alles wissen, sondern nur das, was für ihn wichtig ist – und das ist nur ein Teil dessen, was täglich auf ihn einwirkt. Er will nicht ständig über alles reden, sondern nur über das, was ihn betrifft und ihn interessiert.

Wissen, Perspektive, Bildung, Interessen und nationale Unterschiede driften erheblich auseinander – genauso wie die Wünsche und Erwartungen an die interne Kommunikation, deren Medien, Inhalt und Form. Gewerbliche Mitarbeiter haben andere Wünsche als Angestellte, Führungskräfte andere als Auszubildende und Pensionäre andere als der Vorstand und der Betriebsrat. Die Herausforderung einer professionellen und effizienten internen Kommunikation liegt deshalb darin, den Bezugsgruppen genau jene Kommunikation zu ermöglichen, die aus Sicht der Beteiligten sinnvoll und machbar ist. Informationen breit und massenhaft zu streuen, erzeugt Informationsmüll und überlastet – abgesehen davon, dass dies extrem ineffizient und teuer ist.

Ist interne Kommunikation bedrohlich?

Gegenargumente

Überzeugen heißt Gegenargumente aufnehmen. Und da dieses Buch von der Bedeutung der internen Kommunikation überzeugen will, sollen Gegenmeinungen und Vorbehalte von Firmenchefs und Führungskräften einfließen:

Gründe gegen ... !	Gründe gegen ... ?
„Die Mitarbeiter sind an Informationen nicht interessiert."	Alle aktuellen Untersuchungen und Gespräche mit Mitarbeitern in Firmen zeigen, dass sie grundsätzlich einen Bedarf an Informationen haben. Sie interessieren sich für ihren Arbeitsplatz und das Unternehmen.
„Die Mitarbeiter können die angebotenen Informationen nicht verstehen und verarbeiten."	Wenn die Mitarbeiter Informationen nicht verstehen, wie können sie überhaupt ihre Arbeit gezielt erledigen? Und: Informationen den Führungskräften und Mitarbeitern so darzubieten,

	dass diese sie verstehen und verarbeiten können, ist Aufgabe von geschulten Führungskräften und von Fachleuten (siehe Kap. 2.3).
„Informationen sind aus Konkurrenzgründen geheim."	Das ist okay und jeder versteht das: Ein Unternehmen muss nicht alles preisgeben - schon gar keine Rezepte und geheimen Produktionsverfahren. Darum geht es in der internen Kommunikation auch nicht, sondern um grundlegende Informationen über den eigenen Arbeitsplatz und das Unternehmen - und die sind nicht alle geheim, oder?
„Die Informationen können die vorgefasste Meinung ohnehin nicht verändern."	Informationen können sehr wohl Meinungen ändern. Voraussetzung hierfür sind glaubwürdige, überzeugende Argumente und ein faires Gespräch.
„Wenn die Mitarbeiter zu viel wissen, verlieren sie das Vertrauen in das Unternehmen."	Wenn es solche Informationen sind, die tatsächlich dazu Anlass geben, werden sie ohnehin früher oder später bekannt. Lieber frühzeitig Farbe bekennen und sagen, wie die Lage verbessert werden soll.
„Mir fehlt einfach der Mut."	Wem der Mut zur internen Kommunikation fehlt, der kann klein anfangen und erst einmal in unregelmäßigen Abständen einen kleinen Rundbrief herausgeben. Gewinnt er Sicherheit, kann der Infodienst regelmäßig erscheinen oder er kann durch weitere Medien ergänzt werden (siehe hierzu das Kap. 6.5). Sucht er einen Austausch mit seinen Mitarbeitern, kann ein erfahrener Fachmann (zum Beispiel ein Trainer) Tipps geben.
„In meiner Branche sind alle informationsscheu."	Umso besser: Hier kann sich das Unternehmen einen entscheidenden Wettbewerbsvorsprung sichern. Wer will schon genauso schlecht sein wie seine Konkurrenten? Außerdem wird sich kaum noch eine Branche in der Zukunft erlauben können, nicht mit den (internen) Bezugsgruppen zu reden.

Abb. 6.5: Gründe für Nicht-Kommunikation und Gegenargumente

6.3 Beteiligte

Alle nehmen teil

Kommunikation ist Sache aller im Unternehmen. Unterschiedlich sind aber Rollen, Zuständigkeiten und Verantwortlichkeiten:

- **Unternehmensleitung:** Interne Kommunikation ist immer auch Chefsache und damit Anliegen der Geschäftsleitung: Sie erteilt einen Kommunikationsauftrag an die Führungskräfte, mitunter auch an eine Stabsstelle für interne Kommunikation und/oder an die Personalabteilung. Die Geschäftsleitung ermuntert diese Stellen zur kontinuierlichen Kommunikation.
- **Führungskräfte:** Sie planen, steuern und koordinieren die interne Kommunikation; sie reden mit ihren Mitarbeitern, informieren sie über ihren Arbeitsplatz und das Unternehmen - auch entsprechend

den gesetzlichen Bestimmungen, erläutern ihnen die Unternehmensziele und ihren Beitrag dazu. Führungskräfte gestalten die Kommunikation, die sie brauchen und die sich die Mitarbeiter wünschen.

- **Funktion interne Kommunikation:** Sie unterstützt zum einen die Führungskräfte (zum Beispiel durch Beratung, Instrumente), zum anderen übernimmt sie die Kommunikation auf Unternehmensebene, weil ihr – je größer das Unternehmen – die Kenntnisse über die einzelnen Arbeitsplätze und die Ressourcen fehlen; die dortigen Spezialisten beraten die Führungskräfte bei der Konzeption und der Umsetzung (zum Beispiel Redaktion) von Kommunikationsmaßnahmen.
- **Mitarbeiter:** Sie möchten sich an der Kommunikation beteiligen oder zumindest die Möglichkeit dazu haben. Studien zeigen aber, dass sie sich oft über ihren Arbeitsplatz hinaus nicht aktiv für interne Kommunikation engagieren wollen, dies sollen die Führungskräfte oder eine entsprechende Funktion im Unternehmen tun. Sie bevorzugen es, Angebote des Unternehmens auf ihren Nutzen zu bewerten und sich dann für eine geeignete Informationsquelle zu entscheiden.
- **Interessenvertretungen:** Sie informieren selbst die Mitarbeiter, zum Beispiel durch schriftliche Informationsdienste („Aus dem Betriebsrat“, „Der Betriebsrat informiert“) oder auf Betriebsversammlungen, die allerdings häufiger Rechenschaftsberichte über die Arbeit des Betriebsrates sind.

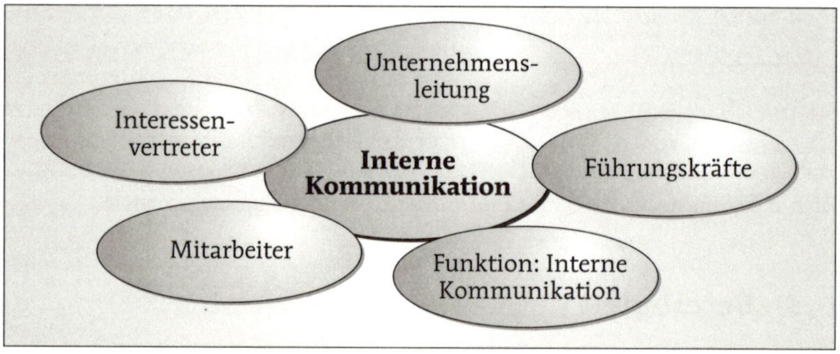

Abb. 6.6: Kommunikation ist Sache aller im Unternehmen

6.3.1 Führungskräfte

Hauptgesprächspartner

Führung ist Kommunikation. Erwin Grochla schreibt, sie ist „... *eine spezifische Art der Kommunikation zwischen zwei oder mehreren Personen. Sie beinhaltet den Vorgang, auf das Verhalten einer oder mehrerer Personen in der Weise einzuwirken, dass bestimmte Ziele durch gemeinschaftliches Handeln erreicht werden.*“ Managementpapst Peter Drucker sagt schlicht: „*Management ist Kommunikation.*“

Kommunikation ist eine Führungsaufgabe, die nicht delegiert werden kann:

- Die Vorgesetzten müssen die Mitarbeiter über alles informieren, was diese zur Erfüllung ihrer Aufgaben brauchen. Dies ist sogar im Betriebsverfassungsgesetz vorgeschrieben.
- Sie müssen ihre Mitarbeiter über Entscheidungen der Geschäftsführung informieren und sie mit ihnen diskutieren, denn nicht alle Mitarbeiter können gleichermaßen an Entscheidungen beteiligt sein.
- Sie müssen die Meinungen und Hinweise von den Mitarbeitern nach oben weitergeben - an ihre Vorgesetzten - und die eventuell weiter nach oben bis zur Unternehmensspitze.

Mitarbeiter sind die wichtigste Informationsquelle

Die Mitarbeiter selbst wünschen sich ihren Vorgesetzten als wichtige Informationsquelle. Wer sonst hat so viele Informationen über den eigenen Arbeitsplatz, die der Kollegen und Wissen über das Unternehmen? Untersuchungen bei IBM zeigen, dass die Führungskräfte wesentlich danach beurteilt werden, wie sie ihre Mitarbeiter informieren und mit ihnen reden. *„Eine Führungskraft, die diese Rolle nicht wahrnimmt oder der die Mitarbeiter die Kommunikationsfähigkeit absprechen, ist in deren Augen keine"*, heißt es aus dem Konzern. Je weniger der Vorgesetzte seine Mitarbeiter zu deren Zufriedenheit informiert, desto mehr weichen sie auf Alternativen aus - zum Beispiel auf Kollegen oder die „Gerüchteküche" in der Kantine.

Was Zufriedenheit mit dem Vorgesetzten ausmacht

- Fachkenntnis
- Organisatorische Fähigkeiten
- Umgang mit Menschen
- Verhältnis zum Vorgesetzten
- Beachtung der Meinung des Mitarbeiters
- Ungezwungen reden mit dem Vorgesetzten
- Unterstützung durch Vorgesetzten
- Interesse für die Arbeit des Mitarbeiters
- Hilfe bei Schwierigkeiten
- Anerkennung guter Leistung
- Art der Kritik durch Vorgesetzte
- Beurteilung durch Vorgesetzte

Abb. 6.7: Faktoren für die Zufriedenheit mit dem Vorgesetzten

Knoten in der Leitung

Führungskräfte als Knoten in der Leitung

Allerdings stoßen alle Untersuchungen, die sich mit Schwachstellen in der Kommunikation beschäftigen, immer wieder auf den gleichen wunden Punkt: Es sind die Führungskräfte, die sich als „Knoten in der Leitung" entpuppen. Grund ist der immer noch vorherrschende autoritäre Führungsstil: Der Vorgesetzte ist Alleinherrscher, der meint, dass seine Mitarbeiter nur jene Informationen erhalten sollten, die zum Erfüllen ihrer Aufgaben unerlässlich sind. Der Chef weiß schon längst, was er dem Mitarbeiter sagen will, wenn er mit ihm spricht, er weiß, wie dieser denken und handeln soll. Diskussionen gelten als zeitraubend und überflüssig. Kreativität, Verständnis oder Initiative sind nicht gefragt. Entsprechend ist die Organisation der internen Kommunikation strukturiert: Entlang der Kommunikationswege fließen von oben nach unten Anweisungen, von unten nach oben Vollzugsmeldungen.

WISSEN IST IMMER NOCH MACHT!

So war es	So soll es sein
Hierarchie	Team
Gehorsam	Partizipation
Disziplin	Selbstbestimmung
Karriere	Persönlichkeitsentfaltung
Effizienz	Kreativität
Status	Leistung
Kontrolle	Vertrauen
Pflicht zur Arbeit	Spaß an der Arbeit
Individualismus	Gemeinschaft

Abb. 6.8: Neue Werte in der Personalpolitik

Veränderte Arbeitswelt erfordert neuen Führungsstil

Eine veränderte Arbeitswelt setzt einen grundsätzlich anderen Führungsstil voraus: weniger autoritär, dafür beteiligend – und das jeweils auf den Mitarbeiter und die Situation zugeschnitten: Im Rahmen zeitgemäßer Führungsstile geht die Autorität des Vorgesetzten durch Hierarchie zurück zugunsten einer Autorität aufgrund fachlicher und persönlicher Kompetenz. Jeder Mitarbeiter soll stärker Einfluss ausüben können, wobei der Vorgesetzte für die getroffenen Entscheidungen auch weiter formell verantwortlich bleibt (siehe Kap. 5.6).

OFFENE KOMMUNIKATION MUSS NICHT DEN VERLUST VON FÜHRUNG BEDEUTEN!

Vertrauen ist gut, Kontrolle ist schlechter

Abschied von Statussymbolen

Gerade den Führungskräften verlangt dieser Prozess einiges ab: Sie müssen sich von lieb gewonnenen Statussymbolen verabschieden, mit anderen Abteilungen zusammenarbeiten und Verantwortung delegieren. Sie müssen lernen, Fehler zu tolerieren, auch ihre eigenen. Sie müssen ihre Mitarbeiter aus Fehlern lernen lassen – und selbst daraus lernen. Kein akademischer Titel schützt mehr davor, dass Mitarbeiter kritisch fragen. Aber woher sollen Manager offen führen und streiten können? Das haben sie nie gelernt! Außerdem ist schlechte Kommunikation bequem: Wer nur knapp anweist und nur überreden will, erspart sich lästige Diskussionen.

Erst wenn der Leidensdruck groß genug ist, wird sich dies ändern, so die Erkenntnisse aus der Psychologie. Und woher soll der Leidensdruck kommen? Oft können nur der klare Auftrag der Unternehmensleitung und Sanktionen zu Veränderungen führen. Die Unternehmensleitung darf die Qualität der Führungskraft nicht nur anhand steigender Produktionszahlen bewerten, sondern auch anhand der Zufriedenheit und der Identifikation der Mitarbeiter.

Mitarbeiter müssen aktiv werden

Für die Mitarbeiter bedeutet das neue Selbstverständnis, dass sie aktiv an der Kommunikation teilnehmen, mehr Verantwortung tragen und selbst entscheiden müssen. In der japanischen Autoindustrie kann jeder Mitarbeiter die Arbeit stoppen, wenn er einen Fehler entdeckt, den er nicht auf Anhieb selbst beheben kann. Die gesamte Arbeit seiner Gruppe kommt zum Stehen, und es wird so lange diskutiert, bis die Fehlerquelle behoben ist.

6.3.2 Kommunikationsmanager

Funktion IK

Der Leiter der Funktion interne Kommunikation (IK) hat die Aufgabe, das Vorstellungsbild von der Unternehmenspersönlichkeit bei den Mitarbeitern aufzubauen und kontinuierlich zu entwickeln.

Früher bestand diese Funktion meist aus einem Redakteur, der seine Berichte vom betrieblichen Geschehen journalistisch aufbereitet in der Mitarbeiterzeitung darbot. Mittlerweile ist die interne Kommunikation zur anspruchsvollen Managementaufgabe geworden. Der Verantwortliche ist Berater, strategischer Planer und enger Begleiter der Führungskräfte. Seine Funktion ist in die Entscheidungsprozesse des Unternehmens eingebunden und eng an die Geschäftsleitung angebunden. Hierfür muss er nicht nur über journalistische Kenntnisse verfügen, sondern allgemein über Kenntnisse in Kommunikation und Medien, Betriebswirtschaft, Marketing und Personalwesen.

6.3.3 Mitarbeiter

Emanzipierte Mitarbeiter

Die Rolle des Mitarbeiters hat sich im Lauf der Zeit erheblich gewandelt: Galt er einst gewissermaßen als Maschine, die angetrieben und durch Bonusanreize „geschmiert“ werden musste, gilt er heute zunehmend als ernst zu nehmender Beteiligter im Kommunikationsprozess. Wie ist es zu diesem Wandel gekommen?

Das Management von Unternehmen und die Gestaltung von Strukturen und Abläufen ist auch heute noch wesentlich geprägt von Frederick W. Taylor (1856-1915), der ein Managementkonzept entwickelte, um die Arbeitsleistung der Beschäftigten möglichst optimal auszuschöpfen: Er zerlegte die Arbeit in viele kleine Einheiten, und jeder Arbeiter sollte möglichst schnell die immer gleichen Handgriffe erledigen. Alle Arbeitsprozesse, nicht nur in der Produktion, wurden so zerteilt. Das Steuern und Kontrollieren der hoch spezialisierten Funktionen erfolgte über die Hierarchie, mit dem Ergebnis, dass nur die Firmenspitze und deren Stab das gesamte Unternehmen überblicken konnten. Taylors Erkenntnisse setzte Henry Ford konsequent in der Fließbandfertigung seiner Autofabriken um: Für den Arbeiter wurde der Job immer stupider, aber große Mengen gleicher Produkte konnten nun kostengünstig wie nie gefertigt werden – angeblich.

Das Bild vom Mitarbeiter entscheidet über die interne Kommunikation

Die Gestaltung von Arbeitsprozessen ist damals wie heute eng verknüpft mit dem Bild, das die Verantwortlichen von den Mitarbeitern haben: Für Taylor waren die Beschäftigten arbeitsscheu, überwiegend durch Geld zu motivieren und direkt zu kontrollieren. Wie aktuell dieses Bild ist, zeigen die Versuche von Unternehmensleitungen, die Mitarbeiter durch Zulagen und andere Geldköder zu noch besseren Leistungen anzuspornen. Der Mensch scheint in den Augen vieler eine Maschine zu sein, die angetrieben, kontrolliert und motiviert werden oder als Wesen, das „an der kurzen Leine" geführt werden muss. Aber wie kann es sein, dass ein Mitarbeiter an seinem Arbeitsplatz unselbstständig, desinteressiert und faul ist und in seiner Freizeit politische, soziale und sportliche Aktivitäten entwickelt und durch den Gang zur Wahlurne die Demokratie und unser Gesellschaftssystem mitgestaltet?

Keine Motivation durch Prämien oder Ähnliches

Taylors Annahmen sind out

Erfahrung und Forschungsergebnisse sprechen eine klare Sprache: Die Annahmen von Taylor sind nicht mehr gültig, sein Managementkonzept bringt viel – nämlich Kosten:

Grund 1: Kontrolle und Misstrauen sind teuer

Wer den Mitarbeitern mit Misstrauen begegnet, muss ständig kontrollieren, abstimmen und gegenzeichnen lassen – ein unendlich teurer Prozess.

> „WENN SIE IHREN MITARBEITERN NICHT VERTRAUEN, DANN HABEN SIE KEINE." (Sprenger)

Grund 2: Die „Human Relations" sind ausschlaggebend

Durch das Aufteilen von Arbeitsprozessen in klar umrissene Handgriffe und das Isolieren voneinander verlieren die Beschäftigten den Überblick über den Gesamtprozess – sie können ihre Tätigkeit kaum noch in das Gesamtgeschehen einordnen. Dies macht sie unzufrieden und krank. Schon in den 30er-Jahren hat Elton Mayo in den Werken der WESTERN ELECTRIC entdeckt, dass Mitarbeiter mehr Leistung zeigten und produktiver waren, wenn man sich ihnen zuwendet und wenn sie mit Kollegen reden können. Mayo forderte daher, den Mitarbeiter nicht nur als Instrument zu sehen, das eine Leistung erbringt, sondern als fühlendes Wesen, das Wünsche und Bedürfnisse in die Arbeit einbringt. Nachdem also der gesamte Betrieb bis auf den letzten Handgriff durchrationalisiert war, kam die beunruhigende Vermutung auf, die eigentliche Leistungshemmung könne ganz woanders liegen: in den menschlichen Beziehungen. Dies war die Geburtsstunde der „Human Relations".

In den 70er-Jahren fand das Aktionsprogramm zur „Humanisierung der Arbeit" heraus, dass Zufriedenheit und Motivation der Mitarbeiter erheblich steigen, wenn sie sich in das Betriebsgeschehen einbezogen fühlen, das Gefühl haben, ernst genommen zu werden und ihre Fähigkeiten und Kenntnisse anwenden zu können. Zu den Empfehlungen des Aktionsprogramms gehörten deshalb größere Handlungsspielräume, mehr Mitsprache, eine bessere Kommunikation und mehr Gruppenarbeit. Menschen sind keine Maschinen, auch wenn sie im betrieblichen Ablauf funktionieren müssen.

Grund 3: Geld allein motiviert nicht

Als Ammenmärchen stellte sich heraus, dass der Mitarbeiter allein durch Geld zu höheren Leistungen getrieben werden kann. Heute steht fest: Leistungsbereitschaft, Arbeitsfreude und Arbeitsmoral steigen auch, wenn statt Geld andere Kriterien wie Selbstständigkeit bei der Arbeit, Gelegenheit zur Entwicklung persönlicher Fähigkeiten, Anerkennung und Wertschätzung der Arbeit stärker beachtet werden. Harmonie und Erfolgserlebnisse motivieren wesentlich stärker als der Lohn.

Zum Beispiel interessieren sich IBM-Mitarbeiter in erster Linie und immer stärker für die Ziele und Strategien des Unternehmens – erst dann für Sozialleistungen und Geld. IBM-Manager Werner Zorn in einem Beitrag der Zeitschrift MANAGEMENT WISSEN: *„Der Mitarbeiter will vor allem wissen, wohin die Reise geht. Er will beurteilen können, ob er mit seiner Tätigkeit einen sinnvollen Beitrag für das Unternehmensganze leistet. Außerdem will er über Probleme informiert sein und verstehen, was das Unternehmen tut, um mit ihnen fertig zu werden."* Werden Studenten gefragt, was ihnen bei der ersten Anstellung „sehr wichtig" sei, spielt Geld nur eine untergeordnete Rolle. Wichtiger sind Spaß an der Arbeit, gutes Betriebsklima, sinnvolle Tätigkeiten, Qualifikationsmöglichkeiten, Entscheidungsfreiheit und die Möglichkeit eigenen Engagements.

Grund 4: Mitarbeiter sind generell am Unternehmen interessiert

Eine beliebte, aber trotzdem falsche Behauptung ist, dass sich Mitarbeiter nicht für ihr Unternehmen interessieren. Erfahrungen und Umfragen beweisen das Gegenteil. Klar, es gibt auch Desinteressierte, aber das sind Einzelfälle. Dagegen weisen viele Studien eindeutig darauf hin, dass von einem generellen Interesse des Mitarbeiters am Unternehmensgeschehen auszugehen ist.

Nur die Kommunikation hat sich nicht verändert

Keine Entwicklung in der internen Kommunikation

Vieles hat sich seit Taylors Zeiten verändert. Jedoch ist die Kommunikation im Unternehmen kaum diesen Veränderungen angepasst worden:

- **Tätigkeiten haben sich geändert:** Wo Spezialisierung durch Flexibilität ersetzt wird, muss sich auch der Kommunikationsstil ändern, denn es ist ein Unterschied, ob jemand sein Leben lang den gleichen

Handgriff ausführt oder komplexe und häufig neue Projekte bearbeiten soll.

- **Wissen hat sich geändert:** Kannte der Vorgesetzte zu Taylors Zeiten genau die Handgriffe, die seine Mitarbeiter ausführen mussten, sind sie ihm heute im Wissen um ihren Arbeitsplatz und die Tätigkeiten häufig überlegen.
- **Unternehmen haben sich geändert:** Schon lange befinden sich Unternehmen im Wandel von der Produktions- zur Dienstleistungsgesellschaft. Hier sind Weiterbildung, kreative Potenziale und Beteiligung an den Entscheidungsprozessen gefragt. Seelische Gesundheit und Kräfte wie Kreativität, Lern- und Kooperationsbereitschaft werden Erfolg und Misserfolg bestimmen.
- **Der Führungsstil hat sich geändert:** Anweisungen von oben nach unten und Vollzugsmeldungen von unten nach oben führen hier geradewegs ins Abseits des Wettbewerbs! Und Branchen, die auf qualifizierte Newcomer angewiesen sind, können sich eine schlechte Kommunikation nicht mehr erlauben, denn Stellenanwärter sind nur dann bereit, einen Job anzutreten, wenn er ihnen Selbstständigkeit, eine interessante Tätigkeit und ein gutes Betriebsklima bietet – und hierzu gehört funktionierende interne Kommunikation.

Der Mitarbeiter – das neu entdeckte Wesen

Aktuelle Erkenntnisse

Wie lassen sich die aktuellen Erkenntnisse für Ihre Mitarbeiterkommunikation zusammenfassen:

Erkenntnis	Was das bedeutet
Die Mitarbeiter sind grundsätzlich aktiv und suchen gezielt Information und Austausch, um damit Bedürfnisse zu befriedigen.	Mitarbeiter haben prinzipiell Interesse an Arbeitsplatz und Unternehmen. Sie wollen darüber informiert sein und suchen sich gezielt aus, woher sie die benötigten Informationen bekommen und entscheiden selbst, wie sie die Informationen einschätzen.
Die Mitarbeiter bestimmen damit, ob eine Kommunikation mit anderen Mitarbeitern, mit Vorgesetzten und der Firmenleitung zustande kommt oder nicht.	Mitarbeiter entscheiden, ob sie mit dem Chef reden wollen, ob sie die Mitarbeiterzeitung lesen (oder nicht) nicht), ob sie diese für glaubwürdig halten (oder nicht) oder statt dessen an Gerüchte glauben (oder nicht).
Quellen der Information und Kommunikation konkurrieren in einem Unternehmen miteinander.	Ein Mitarbeiter kann auswählen, ob er Informationen sucht vom Vorgesetzten, dem Betriebsrat, von Kollegen, aus der Mitarbeiterzeitung und sogar aus Berichten in Tageszeitungen und Fernsehen.
Befragt man Mitarbeiter, was sie sich von der Kommunikation wünschen und versprechen, können sie dies formulieren.	Mitarbeiter sagen, was sie interessiert, welche Wünsche und Erwartungen sie an die interne Kommunikation haben und was besser werden kann.

Abb. 6.9: Untersuchungsergebnisse zur Mitarbeiterkommunikation

6.4 Prozess

Komplexität muss gesteuert werden

Ein Unternehmen ist ein lebendiges, kompliziertes und vielgestaltiges System, in dem viele Kräfte wirken – teils zusammen, teils nebeneinander, aber auch gegeneinander. Alle Beteiligten müssen sich daher abstimmen. Interne Kommunikation muss koordiniert verlaufen – also zwischen Führungskräften, Personalabteilung, Betriebsrat, Geschäftsleitung, den Mitarbeitern und mit den Verantwortlichen für die externe Kommunikation. Hierfür ist ein Gesamtkommunikationskonzept unerlässlich (siehe Kap. 4).

Ein Gesamtkommunikationskonzept ist unerlässlich

Außerdem sollten folgende Grundlagen gelten:
- Interne Kommunikation soll zum Erreichen der Unternehmensziele beitragen.
- Sie muss die Kultur des Unternehmens und gesellschaftliche Werte und Normen berücksichtigen.
- Sie muss das Selbstverständnis des Unternehmens berücksichtigen.
- Sie muss die Unternehmensgrundsätze und Führungsgrundsätze berücksichtigen.
- Sie muss die Einstellungen und das Verhalten der Mitarbeiter berücksichtigen.

6.4.1 Kommunikation und Kultur

Kommunikation sind Werte und Normen

Kommunikationskultur bezieht sich auf das, was in der Kommunikation wünschenswert ist und wie hier gehandelt werden soll (siehe Kap. 5.6). Sie zeigt sich in der internen Kommunikation beispielsweise darin,
- wie Kollegen untereinander und Vorgesetzte mit ihren Mitarbeitern reden,
- ob die Mitarbeiter rechtzeitig, umfassend und offen informiert werden,
- ob und welcher Kontakt nach oben und über Abteilungsgrenzen hinweg besteht,
- ob Kommunikation ein Instrument ist, um Hierarchiegrenzen im Betrieb zu demonstrieren,
- ob Mitarbeiterkommunikation eine wichtige Führungsaufgabe ist, die ernst genommen und deren Einhaltung positiv oder negativ sanktioniert wird,
- ob es Tabuthemen gibt, über die zu reden unmöglich ist,
- in welchem Stil betriebliche Versammlungen ablaufen,
- wie die informellen Kontakte verlaufen,
- wie Konflikte und Kritik behandelt werden.

Unternehmenssprache

Jedes Unternehmen bildet seine spezifische Sprache heraus: Die Kommunikation der Mitarbeiter beschränkt sich auf Belange des jeweiligen Arbeitsplatzes oder bezieht auch private Inhalte mit ein, Vorgesetzte geben lediglich knappe, fest umrissene Anweisungen oder delegieren komplexere Aufgabenstellungen. Ein neuer Mitarbeiter spürt sehr schnell, welche Kommunikationskultur herrscht und registriert, welche Kommunikationsregeln gelten und zu beachten sind.

Aus Mit-Arbeitern sollen Mit-Denker werden

Die Anforderungen des gesellschaftlichen und wirtschaftlichen Umfeldes machen eine grundlegende Veränderung der Kommunikationskultur in Unternehmen erforderlich. Aus Mit-Arbeitern, die lediglich Aufträge ausführen, sollen Mit-Denker werden, die eigenständig und problemlösungsorientiert handeln. Arbeitsabläufe verlaufen nicht mehr schematisiert, sondern werden vielfach in Projekten organisiert. Mitarbeiter werden in Zielvereinbarungsprozesse eingebunden und so an Entscheidungen beteiligt.

Unternehmen müssen die damit verbundenen Herausforderungen bewältigen, denn die Dynamik des Umfeldes zwingt zu Innovation, Flexibilität und ausgeprägter Kundenorientierung. Und dies ist nur im Rahmen eines systematischen Wandels der Kommunikationskultur möglich (siehe Kap. 5.6).

6.4.2 Kanäle und Richtungen

6.4.2.1 Formale Kommunikation

Interne Kommunikation findet formal und informell statt: Formale Kommunikation umfasst alle Inhalte und Kanäle, die beabsichtigt und dauerhaft eingerichtet sind.

Kanäle formaler Information

Sie können danach unterschieden werden, in welche Richtung sie verlaufen:

- **Information von oben nach unten (top down):** Der Vorgesetzte gibt Informationen an seine Mitarbeiter weiter, er erteilt einen Auftrag und gibt die zur Ausführung notwendigen Informationen. Dies setzt sich als Kaskade im Unternehmen fort: Der Vorstand informiert seine unmittelbaren Führungskräfte, zum Beispiel Fachbereichsleiter. Diese geben die Informationen an ihre unmittelbaren Mitarbeiter weiter: die Hauptabteilungsleiter. So gelangen Informationen weiter bis zum Abteilungsleiter, der seine Gruppenleiter unterrichtet und diese schließlich die Mitarbeiter.
- **Information von unten nach oben (bottom up):** Hier läuft der Kommunikationsfluss andersherum: Der Mitarbeiter informiert seinen Vorgesetzten (Meister oder Fachgruppenleiter) zum Beispiel über den Erfolg einer Dienstreise oder einer Verhandlung, dieser wiederum informiert seinen Vorgesetzten (Abteilungsleiter) und so weiter. So sollen auch Wünsche und Erwartungen der Mitarbeiter bis zur Geschäftsleitung gelangen.
- **Querinformation:** Kollegen informieren sich über Vorfälle, die sich für den anderen zu wissen lohnen. Der Weg ist schnell und unbürokratisch, das Einhalten des Dienstweges nicht notwendig. Die Information zwischen Stab und Linie kann ebenfalls als Querinformation gesehen werden.

Kommunikationskanäle lassen sich prüfen, ob sie funktionieren, verstopft sind oder in die Leere laufen. Das Ergebnis zeigt Schwachpunkte und Kommunikationslücken.

In großen Unternehmen **kann** das Prinzip „von oben nach unten" kaum funktionieren: Nur selten gibt es durchgängige Kommunikationswege – in diversen Gremien und Arbeitsgruppen ist unklar, wer sich um die Kommunikation kümmert, was weitergegeben wird und an wen. Hinzu kommt, dass im Lauf der Zeit immer mehr Hierarchien geschaffen wurden – mitunter 5 bis 10 Ebenen.

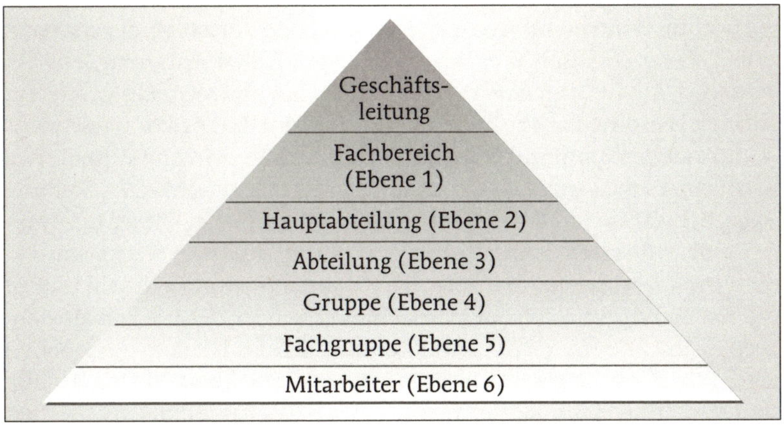

Abb. 6.10: Hierarchie im Unternehmen

Die Folgen sind lange Entscheidungswege und ineffiziente Abläufe. Die Kommunikation muss sich über immer mehr Stationen nach unten fortsetzen, die Informationen müssen also jeweils aufgenommen, ausgewählt und weitergegeben werden. Man kann sich leicht vorstellen, was am Ende von einer Nachricht ankommt – besser: was übrig bleibt – wenn 6 bis 8 Hierarchiestufen zu überwinden sind. Der Volksmund hat dies erkannt und als Prinzip der „Stillen Post" bezeichnet.

Probleme bei der Übertragung von Informationen

Welche Probleme können an den unterschiedlichen Stationen auf dem Weg zum Mitarbeiter auftreten?

- Fehler in der Übertragung, der Wahrnehmung, der Auswahl und in der Deutung,
- zeitliche Verzögerungen,
- äußere Einflüsse können Form, Inhalt und Schnelligkeit beeinträchtigen,
- „Pförtner" (Gatekeeper) können Informationen und Informationsflüsse bewusst oder unbewusst ändern. Solche Pförtner sind zum Beispiel Vorgesetzte, die eigene Fehler und Mängel verschleiern, um die Position oder Karriere nicht zu gefährden. Kommunikationskiller können mitunter auch Inhaber von Schlüsselfunktionen wie Sekretärinnen, Vorstandsassistenten, Stabs- und Koordinierungsstellen sein.

IMMER MEHR SETZT SICH HIERARCHIEUNABHÄNGIGE KOMMUNIKATION DURCH, DIE DURCH ELEKTRONISCHE MEDIEN STARK UNTERSTÜTZT WIRD!

6.4.2.2 Informelle Kommunikation

Schnelle, hierarchieunabhängige Kommunikation

Informelle Kommunikation ist der Austausch über Instanzen hinweg, ohne formale Dienstwege beachten zu müssen. Gut daran ist, dass sich Menschen schnell und vollständig besprechen können. Kurze und schnelle Kommunikationswege sind für das betriebliche Vorschlagswesen wichtig, denn nichts ist frustrierender als ein Vorschlag, der erst nach einem schier endlosen Weg durch die betrieblichen Instanzen verwirklicht wird. Auf informellem Weg kann sich ein Vorgesetzter informieren, ob seine Weisung auch zu anderen Mitarbeitern durchgedrungen ist.

Informelle Kommunikation kann aber auch Verwirrung stiften, etwa wenn einer etwas weiß, was er aufgrund seiner hierarchischen Stellung eigentlich gar nicht oder erst viel später wissen dürfte. Dieser Informationsvorsprung steht ihm nicht zu, und er kann ihn zum Nachteil anderer nutzen. Kritisch kann informelle Kommunikation auch sein im Fall von Kantinengesprächen, der Gerüchteküche oder Gesprächen auf dem Betriebsfest. Keiner prüft nämlich, über welche Themen gesprochen wird, keiner, ob die ausgetauschten Informationen korrekt sind. Häufig sind diese Informationen verfremdet, falsch und führen zu Unsicherheit und Unruhe, sie lösen Spannungen, Misstrauen und sogar Aggressionen aus. Umfassende Kommunikation kann dies verhindern.

ES IST LEICHTER FÜR SIE, GERÜCHTEN DURCH INFORMATION VORZUBEUGEN ALS ENTSTANDENE GERÜCHTE ZU BESEITIGEN!

6.4.3 Interne und externe Kommunikation

Mitarbeiter müssen Versprechen einlösen

Kommunikation ist ein komplexer Prozess, der nach innen und außen gerichtet ist: Ein Anwalt kommuniziert mit seinen Klienten und Gutachtern, ein Bäcker hat Kontakt zu seinen Kunden und Lieferanten, die Mitarbeiter eines Theaters betreuen Abonnenten und reden mit Gästen.

Wenn eine Bank ihren potenziellen Kunden zeigt, dass sie kreativ und kundenfreundlich ist, dann müssen die Mitarbeiter diesen Anspruch im direkten, persönlichen Kontakt auch einlösen.

INTERNE UND EXTERNE KOMMUNIKATION SIND ENG VERKNÜPFT!

Kommunikation wirkt von innen nach außen

Ihre Mitarbeiter sind Botschafter nach außen: Macht ihnen die Arbeit Spaß und engagieren sie sich mit Schwung für ihre Aufgaben, sind sie auch freundlicher zu Kunden, wenden sich ihnen mehr zu und lassen die

Zusammenarbeit als angenehm, sympathisch und problemlos erscheinen. Der Kunde wird sich unter mehreren Wettbewerbern gleicher Produktqualität und Serviceleistung jenen Lieferanten aussuchen, dessen Mitarbeiter ehrlich, geradlinig, bescheiden, freundlich und zuvorkommend sind.

DAS „FREUNDLICHE MÖBELHAUS" MUSS AUCH EINES SEIN!

Was nutzen Ihnen Produkte, die Ihre Kunden schätzen, wenn die Verkäufer mufflig und unfreundlich sind und der Service schlecht ist?

Mitarbeiter sind Multiplikatoren

Ihre Mitarbeiter sind die ersten, die von Freunden und Bekannten angesprochen werden, wenn es Ereignisse und Neuigkeiten aus Ihrem Unternehmen gibt. Aber was ist, wenn sie selbst nichts wissen? Wenn das Unternehmen draußen einen vorzüglichen Ruf genießt, sie selbst aber davon nichts merken? Die Mitarbeiter werden an der Glaubwürdigkeit der Unternehmensleitung zweifeln – ganz abgesehen davon, dass ein solches Image nach außen nicht lange halten wird. Erst wenn die Mitarbeiter selbst gut informiert sind und das Gefühl haben, ernst genommen zu werden, werden sie die Interessen ihres Unternehmens vertreten. Daher der Grundsatz:

INFORMIEREN SIE IHRE MITARBEITER IMMER VOR DEN EXTERNEN. KEIN MITARBEITER DARF NEUIGKEITEN ÜBER SEIN UNTERNEHMEN AUS DER ZEITUNG ERFAHREN!

Was häufig übersehen wird: Die Mitarbeiter sind grundsätzlich dem Unternehmen gegenüber positiver eingestellt als externe Bezugsgruppen.

Unternehmen wie 3M haben dies erkannt: *„Die Informationspolitik der Unternehmensleitung und die innerbetriebliche Kommunikation zwischen den einzelnen Funktionsverantwortlichen des Unternehmens sind wichtig für den Erfolg des Unternehmens. Ihr Einfluss ist vielschichtig. Sie bestimmen die Motivation der Mitarbeiter/innen gegenüber ihrer Arbeit und damit deren Qualität. Eine wesentliche Bedeutung besteht auch in Bezug auf die Identifikation mit dem Unternehmen und dadurch auch auf die Art und Weise, wie die Mitarbeiter/innen nach außen kommunizieren (ein Element der Corporate Identity)."*

NUTZEN SIE IHRE MITARBEITER ALS BOTSCHAFTER!

Kommunikation wirkt von außen nach innen

Die Mitarbeiter verfolgen aufmerksam die Berichterstattung über ihr Unternehmen in Zeitung, Fernsehen und Radio sowie die Meinungen von Externen. Die Auswirkungen kritischer Artikel sind stark und wirken lange nach – die Reaktionen reichen von persönlicher Betroffenheit bis zum intensiven Nachdenken über die eigene Situation im Unternehmen.

Je unvorbereiteter die Mitarbeiter mit solchen Meldungen konfrontiert werden – sei es in der Morgenzeitung oder auf dem Weg zur Arbeit – desto nachhaltiger können die Folgen sein. Ist Ihr Unternehmen in einer sensiblen Branche tätig, stellt als kritisch beurteilte Produkte her, setzt umstrittene Produktionsmethoden ein, beeinflusst die öffentliche Auseinandersetzung immer auch das eigene Bild und die interne Kommunikation. War früher die Arbeit in der öffentlichen Verwaltung hoch angesehen, ist das Fremdbild heute eher schlecht. Die Beschäftigten leiden darunter, verlieren Motivation und Verbundenheit mit dem Arbeitgeber und landen schlimmstenfalls in der inneren Kündigung.

Kommunikation in der Krise ist besonders wichtig

Kommunikation auf dem Prüfstand

Spätestens in einer Krise wird das Vertrauen auf eine harte Probe gestellt (siehe ausführlich Kap. 12): Die Mitarbeiter wollen schnellstens wissen, was genau geschehen ist, welche Auswirkungen die Krise auf das Unternehmen und ihren Arbeitsplatz hat und wie das Management die Krise abwenden will. Sind sie schlecht informiert, können sie nicht in der Familie, im Freundes- und Bekanntenkreis Rede und Antwort stehen. Sie werden sich abfällig äußern – auch außerhalb der Werkstore.

KOMMUNIKATION KANN VERTRAUEN STÄRKEN ODER VERNICHTEN!

Eine kleine Rechnung zeigt, was das bedeuten kann: Lebt der Mitarbeiter in einem Haushalt von drei Personen und hat jeder zehn Freunde und Bekannte, kann die Beschäftigtenzahl mit 30 multipliziert werden. Wenn man bedenkt, dass sich schlechte Nachrichten schneller verbreiten als gute, wird deutlich, dass Versäumnisse bei der internen Kommunikation fatale Folgen haben können.

Was viele Führungskräfte übersehen: Mitarbeiter vertragen die härteste Wahrheit besser als falsche Informationen und Hoffnungen, die schließlich enttäuscht werden. Aufgabe des Unternehmens ist es, die Mitarbeiter sofort und umfassend über das Vorgefallene und das Weitere zu informieren. Besonders wichtig ist, Einsicht und Verständnis für die Entscheidungen der Unternehmensleitung zu stärken. Mitarbeiter, die selbst in schweren Zeiten zu ihrem Arbeitgeber stehen, werfen ein gutes Licht auf das Unternehmen.

Kommunikation ist eng abgestimmt

Mehr Durchschlagskraft durch koordiniertes Vorgehen

Was ist die Konsequenz? Sie sollten Ihre Kommunikation nach innen und außen sorgfältig abstimmen, damit sie mehr Durchschlagskraft besitzt und widerspruchsfrei ist. Ein integriertes Gesamtkonzept für die Kommunikation verstärkt die Wirkung der Einzelinstrumente, indem Sie die Einstellungen der Bezugsgruppen gezielter beeinflussen; durch koordinierte Kommunikation können Sie einheitliche Botschaften vermitteln. Deshalb noch einmal die Forderung: Kommunikation ist an der Geschäftsleitung angebunden und sie wird nach einem Konzept systematisch gestaltet, das dem Unternehmensleitbild entspringt (siehe Kap. 4).

6.5 Instrumente

Sinnvolle Kombination

Bei der Fülle von internen und externen Medien, die auf die Beteiligten wirken, liegt der Erfolg in der wirkungsvollen Mischung (siehe Kap. 2.6): Die Mitarbeiter erfahren eine Neuigkeit beim Gang durch das Werkstor, sie können sich über Hintergründe im Intranet informieren und Fragen in einer Infoveranstaltung mit dem Vorstand stellen. Für jede Maßnahme gilt, dass sie in Inhalt und Form zu den Bezugsgruppen passen und dem Erscheinungsbild Ihres Unternehmens entsprechen sollte (siehe Teil E).

Externe Maßnahmen können intern wirken

Vergessen Sie nicht, dass auch Ihre externen Maßnahmen nach innen wirken. Wie dies erfolgreich gelingen kann, hat die BERLINER STADTREINIGUNG BSR gezeigt: Aufgrund der witzigen, einfallsreichen Anzeigen hat nicht nur die Einschätzung der Berliner zugenommen, die Stadt sei sauberer geworden; die Mitarbeiter konnten sich mit den Motiven identifizieren und die Anzeigen nutzen, um zu zeigen, wie sympathisch die Mitarbeiter der Stadtreinigung sind.

Abb. 6.11: Anzeigen der Berliner Stadtreinigung BSR

6.5.1 Persönliche Kommunikation

Erklärende Kommunikation

Persönliche Kommunikation ist in Zeiten dynamischen Wandels zur wichtigsten Kommunikationsform geworden. Große Veränderungen, wie zum Beispiel eine Umstrukturierung oder eine Neuausrichtung, müssen der Belegschaft erklärt und Bedenken abgebaut werden. Gedruckte Medien reichen hierfür nicht aus!

Persönliche Kommunikation hat den Vorteil, dass Sie Informationen direkt geben, Gegenmeinungen aufnehmen und besprechen können. Und Sie können die mit dem Anlass verbundenen Gefühle der Mitarbeiter beachten. Die Mitarbeiter können sofort fragen, der Vorgesetzte kann Dinge erläutern und Missverständnisse klären. Die bisherige Kommunikation, die eher einer Verlautbarung entspricht, kann dies nicht.

PERSÖNLICHE KOMMUNIKATION SPRICHT DIE SACHEBENE UND DIE BEZIEHUNGSEBENE AN!

Jedoch birgt gerade die persönliche Kommunikation die Gefahr, dass Informationen aus einem Vier-Augen-Gespräch verzerrt, unzureichend oder gar nicht weitergegeben werden. Deshalb sollte sie durch schriftliche Informationen ergänzt sein, die die wichtigsten Botschaften enthalten.

Veranstaltungen

Austausch im größeren Umfang

Durch Veranstaltungen schaffen Sie Austausch im größeren Umfang: Sie erreichen viele Mitarbeiter gleichzeitig am selben Ort mit derselben Botschaft. Sie können Missverständnisse klären, Gefühle authentischer und glaubwürdiger vermitteln. Veranstaltungen unterstreichen die Bedeutung eines Themas. Sie verdeutlichen Sichtbares besser als ein Text. Zu den Nachteilen von Veranstaltungen gehört, dass sie aufwändig sind und gut vorbereitet sein müssen. Diskussionen lassen sich mitunter schwer steuern.

VERMEIDEN SIE VERANSTALTUNGEN, WENN SIE NICHT AUF KRITISCHE FRAGEN ANTWORTEN WOLLEN UND NICHT ÜBERZEUGEND ARGUMENTIEREN KÖNNEN!

Sie haben viele Möglichkeiten, um mit Mitarbeitern ins Gespräch zu kommen: In der Betriebsversammlung erreichen Sie die Mitarbeiter direkt und können sie umfassend informieren – selbst über schwierige Themen. Weitere Veranstaltungen sind zum Beispiel:

- Präsentationen,
- Diskussionsveranstaltungen,
- Managementkonferenzen,
- Gespräche in Kleingruppen,
- Informationstreffen,

- Seminare,
- Veranstaltungen für spezielle Bezugsgruppen, wie zum Beispiel Auszubildende, leitende Angestellte oder Interessierte am Umweltschutz.

6.5.2 Schriftliche Kommunikation

6.5.2.1 Kurzinformationen

Aktuelles auf einen Blick

Es gibt viele Themen, über die sich Bezugsgruppen nur kurz informieren möchten. Für diese Zwecke bieten sich schriftliche Kurzinformationen an. Sie erreichen den Adressaten gezielt und direkt und lenken die Aufmerksamkeit auf ein Thema. Die Informationen liegen schriftlich vor und können dadurch nachgelesen und gesammelt werden. Sie sind vergleichsweise günstig in der Herstellung, können an einen größeren Empfängerkreis geschickt werden und ihre Verbreitung ist nicht an den Computer gebunden. Und: Sie kommen dem Wunsch noch vieler Mitarbeiter nach, etwas in der Hand halten und blättern zu können. Allerdings fehlen Kontakt und Rückmeldung. Auch können schriftliche Kurzinformationen nicht ausführlich erläutern und Hintergründe liefern. Sie können Sichtbares nur schwer verdeutlichen und Gefühle nur schwer transportieren; die Wirkung der Information ist nicht direkt zu erkennen und der Informationsfluss meist zu langsam.

Beispiele für schriftliche Informationen

Einige Beispiele für schriftliche Informationen:

- **Informationsschreiben** können in regelmäßigen Abständen alle Mitarbeiter informieren oder sich gezielt an ausgewählte Bezugsgruppen richten: *„Führung aktuell"* oder *„Führungskräfte Information"* heißt zum Beispiel der Dienst für Abteilungsleiter und deren Vorgesetzte. Er bietet Informationen zu Mitarbeiterführung, neuen Arbeitsabläufen oder sonstigen Managementthemen. Dieser Dienst bietet zusätzlich zur aktuellen Information auch Argumentationshilfen für die Diskussion mit den Mitarbeitern. *„Azubi Blitz"* könnte der Eildienst für den Nachwuchs heißen. Inhalt: Themen rund um die Ausbildung, Informationen über Bundeswehr und Berufschancen. *„Sport aktuell"* informiert über Aktivitäten der Betriebssportgruppe.
- **Eildienst:** Ein Eildienst informiert die Mitarbeiter kurz und aktuell, zum Beispiel über Ereignisse, Termine und Veranstaltungen. Titel könnten lauten: *„Schon gehört?"*, *„XY informiert"*, *„Schnell Information"*, *„Eil Info"*, *„Info Express"*. Ein Eildienst informiert, ähnlich einem Flugblatt, die Mitarbeiter kurz und aktuell über ein Ereignis, einen Termin oder eine Veranstaltung. Weitere Anlässe können sein: Wichtige Entscheidungen im Unternehmen, Personalwechsel, Erscheinen des Jahresberichtes, Ankündigungen jeglicher Art, Unfälle, Änderung von Öffnungs- oder Sprechzeiten.
- **Faltblatt:** Gestalten Sie eine Einladung oder eine Firmendarstellung als Faltblatt. Einfach zu handhaben ist das Format DIN-A-4 (Briefpapier), mehr Aufmerksamkeit erregen DIN-A-3 (doppeltes A-4-For-

mat) oder DIN-A-5 (halbes A-4-Format). Günstig hergestellt wird das Faltblatt, indem Papier oder leichter Karton bedruckt/kopiert und kunstvoll gefaltet oder beschnitten wird.

Ausführliche Erklärungen gehören in ein anderes Medium, zum Beispiel in eine Abteilungsbesprechung, in die Mitarbeiterzeitung oder in das Intranet.

6.5.2.2 Mitarbeiterzeitung

Hintergrundberichte und Interviews

Die Mitarbeiterzeitung gehört zu den ältesten und wichtigsten Instrumenten der Mitarbeiterkommunikation. Die Mitarbeiterzeitung kann:

- die Mitarbeiter eines Unternehmens miteinander bekannt machen,
- Vorurteile gegen das Unternehmen und seine Leistungen abbauen,
- Anregungen und Unterstützung für die tägliche Arbeit und die persönliche Weiterbildung bieten,
- einen Blick über den Tellerrand vermitteln,
- verhindern, dass Falschinformationen von außen wirksam werden,
- durch Informationen ermöglichen, dass Mitarbeiter leichter Entscheidungen treffen.

Vorteile	Nachteile
Sie ist für regelmäßige, ausführliche Informationen und Hintergründe geeignet.	Sie ist nicht tagesaktuell, außer als Sonderausgabe.
Sie kann sich für schwierige Themen und komplexe Sachverhalte eignen.	Sie ermöglicht kein sofortiges Rückfragen.
Sie kann unterschiedliche Meinungen und Standpunkte verdeutlichen.	Sie kann nur schwer Gefühle wie Trauer, Mitgefühl, Bedauern und Besorgnis transportieren.
Sie erreicht die Mitarbeiter direkt und ohne Streuverluste.	Sie richtet sich an alle Mitarbeiter, ohne deren unterschiedliche Wünsche und Erwartungen berücksichtigen zu können.
Auch hier liegen die Informationen schriftlich vor, was Nachlesen und Archivieren ermöglicht und Missverständnisse vermeidet.	Sie ist vergleichsweise aufwändig zu erstellen (organisatorisch, finanziell), wenn sie professionell wirken soll.
Gelesene Worte bleiben länger im Gedächtnis als gehörte Worte.	
Informationen liegen schriftlich vor zum Nachlesen und Archivieren.	
Sie kann Sichtbares verdeutlichen, wie z.B. einen Schaden.	
Durch schriftliche Informationen kommt es seltener zu Missverständnissen als in einem Gespräch, das mitgeschrieben wird.	

Abb. 6.12: Einige Vor- und Nachteile der Mitarbeiterzeitschrift

Meinungsspektrum anbieten

Die schlechte Meinung von der Mitarbeiterzeitung als „Sprachrohr des Vorstands“ und „Hofberichterstattung“ entsteht dann, wenn die Blattmacher ausschließlich die Sicht der Geschäftsleitung darstellen. Stattdessen wollen die Leser ein Forum für unterschiedliche Meinungen im Unternehmen sehen. Sie wollen die unterschiedlichen Argumente prüfen und sich ihre eigene Meinung bilden.

Bieten Sie dieses Forum als eigene Rubrik. Alternativ können Sie im Rahmen der üblichen Berichterstattung zwei oder drei Firmenvertreter unterschiedliche Standpunkte darlegen lassen, zum Beispiel über Arbeitszeitregelung oder Firmenurlaub am Jahresende. Diese Firmenvertreter können der Betriebsrat, ein Vorstandsmitglied oder der Personalleiter sein. Selbstverständlich sollten auch Mitarbeiter zu Wort kommen, ob anonym oder mit Namensnennung. Dies signalisiert den Lesern, dass die Unternehmensleitung offen und kritikfähig ist. Dies bringt ein deutliches Plus für Akzeptanz und Glaubwürdigkeit.

Mitarbeiterzeitung und Intranet

In vielen Unternehmen wird derzeit geprüft, ob das Intranet die Mitarbeiterzeitung ersetzen kann. Zu dieser Diskussion folgende Anmerkungen:

- Beide Medien haben ihre Besonderheiten: Die Mitarbeiterzeitung als Printmedium (siehe oben), das Intranet als Onlinemedium (siehe Kap. 6.6). Werden diese Besonderheiten berücksichtigt und gezielt genutzt, müsste die Onlineversion der Mitarbeiterzeitung völlig anders aufbereitet sein als die Printversion, um einen Mehrwert zu schaffen und den Möglichkeiten des Intranet gerecht zu werden. Doch dies wird meist nicht bedacht.
- Durch die Umstellung schließen Sie Pensionäre, Vorruheständler und Familienmitglieder aus. Prüfen Sie sorgfältig, ob Sie dies wirklich wollen.
- Sinnvoll ist die Onlineversion der Mitarbeiterzeitung dann, wenn sie aktuelle Ergänzungen zur Printausgabe liefert und den Austausch mit der Redaktion und zwischen den Lesern fördert, zum Beispiel durch ein Diskussionsforum.

6.5.2.3 Weitere Printmedien

Von der Druckschrift bis zum Magazin

Es muss nicht immer eine Zeitung sein: Für die interne Kommunikation gibt es viele weitere Möglichkeiten, Informationen schriftlich zu verteilen:

- **Kleine Druckschrift:** Sie mutet an wie ein kleiner Prospekt: Sie hat vier bis zwölf Seiten und es gibt farbige Abbildungen. Das Papier und der Druck sind anspruchsvoll.
- **Journal:** Vorbild für das Journal sind einfache Publikumszeitschriften. Sie haben Zeitschriftenformat, es wird einfacheres Papier verwendet, das mit mehreren Farben bedruckt wird. Der Umfang beträgt selten mehr als 16 Seiten.

- **Magazin:** Ein Magazin ist eine Mischung aus Information und Unterhaltung. Meist ist es ein aufwändig hergestelltes Produkt auf wertvollem Papier in Mehrfarbdruck.

6.5.3 Elektronische Kommunikation

Neue Instrumente sind gefragt

Künftig wird der Bedarf an interner Kommunikation weiter zunehmen, unternehmerisches Handeln ist noch komplexer geworden und setzt Arbeiten in funktionsübergreifenden Projekten und Geschäftsprozessen voraus. Die traditionellen Kommunikationsinstrumente reichen für diese Anforderungen nicht mehr aus.

Schon heute sind Internet, E-Mail, Telefon und Telefax in einem Gerät vereint. Die Mitarbeiter stehen über Videokonferenzen in Verbindung, Ort und Zeit spielen keine Rolle mehr. Die Unternehmen sind überrollt von den neuen Möglichkeiten, denen sie teils skeptisch, teils zustimmend, teils hilflos gegenüberstehen. Da Entscheidungen immer schneller getroffen werden müssen, müssen auch die Informationen schneller fließen.

Elektronische Medien können die Kommunikation im Unternehmen erheblich erleichtern und nach einer Anfangsinvestition schnell ihr Geld einspielen. Jedoch bergen elektronische Medien noch stärker die Gefahr, dass die Nutzer von einer Informationsflut erschlagen werden. Alles ist jederzeit abrufbar. Daher sind eine vernünftige Auswahl der Daten und Fakten und damit eine sorgfältige Planung und Betreuung zwingend notwendig, damit nicht eine Informationslawine die Mitarbeiter überrollt.

6.5.3.1 Mitarbeiter-TV

Mitarbeiter multimedial erreichen

Ein Geschäftsleiter spricht und die Beschäftigten sehen und hören ihn, egal wo sie sich landauf, landab befinden. Keine Utopie, sondern Wirklichkeit in mittlerweile einigen deutschen Unternehmen: Sie nutzen ein hauseigenes Fernsehen: Mitarbeiter-TV, auch Business-TV, genannt. Noch keine Sache für Mittelständler, aber heute schon geeignet für Großunternehmen wie die DEUTSCHE BAHN, die hierüber einen Großteil ihrer Mitarbeiter erreicht.

Mitarbeiter-TV gab es bereits in den 60er-Jahren in den USA, der Durchbruch kam dort in den 80er-Jahren. Pionier in Deutschland war Autobauer MERCEDES-BENZ, der 1989 erstmals Mitarbeiter-TV zur Mitarbeiterschulung einsetzte. Die Einführung von digitalem Fernsehen und die damit verbundene größere Übertragungskapazität der Satelliten brachte einen weiteren Schub.

Der Sendeumfang liegt zwischen der monatlichen Außendienstschulung bis zum zwölfstündigen Programm täglich – allerdings mit Wiederholungen.

Wichtig zu wissen: Mitarbeiter-TV muss sich an geschlossene Nutzergruppen richten, denn sonst müssten die Sendungen als Rundfunk zugelassen werden. Zur Verschlüsselung wird ein Dekoder eingesetzt – ähnlich dem Pay-TV. So können auch Mitbewerber vom Mitsehen am Fernsehen ferngehalten werden.

Mit TV-Sendungen lässt sich einiges vermitteln: Unternehmensinformationen, Fernkurse für Mitarbeiter, Erläuterungen und Gebrauchsanweisungen für neue Produkte und Reparaturanleitungen für bereits verkaufte. MERCEDES nutzte das Mitarbeiter-TV zum Krisenmanagement: Als die neue A-Klasse durch den „Elchtest" fiel, geriet auch das Vertrauen der Mitarbeiter in das eigene Produkt ins Wanken. Das firmeneigene TV bot die Chance, technische Informationen, Argumente und Strategien via Satellit in Sekundenbruchteilen an die Angestellten zu verteilen.

Wie sich das Mitarbeiterfernsehen in Deutschland entwickeln wird, ist noch nicht abzusehen: Einerseits bietet es zwar viele Vorteile; andererseits ist es sehr teuer und die Firmen scheuen den Gedanken, dass die Mitarbeiter während ihrer Arbeitszeit vor der Mattscheibe sitzen. Ein Nachteil ist sicher auch, dass Fernsehen kaum interaktiv ist: Der Zuschauer kann nur begrenzt reagieren und schon gar nicht die Inhalte der Sendung an seine Bedürfnisse anpassen. Schon heute ist abzusehen, dass Mitarbeiter-TV mit dem Intranet gekoppelt beziehungsweise in dieses integriert wird. Als Mattscheibe fungiert dann der Computer am Arbeitsplatz.

6.5.3.2 Video- und Telefonkonferenzen

Ressourcen sparen

Wo früher zeitaufwändig und kostspielig gereist wurde, nutzen die Entscheider heutzutage Telefon- und Videokonferenzen, ohne ihren Arbeitsplatz zu verlassen. Dies kann enorm viel Zeit und Geld sparen, zum Beispiel für Reisen, Besprechungsräume, Speisen und Getränke. Video- und Telefonkonferenzen fördern auch die Flexibilität der Beteiligten, zum Beispiel dann, wenn diese Konferenzen kurzfristig einberufen und vorbereitet werden.

Videokonferenzen

In Videokonferenzen können sich die Teilnehmer samt ihrer Mimik und Körpersprache sehen – ein wesentlicher Teil nonverbaler Kommunikation kann so stattfinden, die in einer Telefonkonferenz sonst wegfällt. Digitale Konferenzen lassen sich durch viele nützliche Instrumente ergänzen und ausbauen: In der Regel können Sie Schriftstücke und sogar Kurzvideos und Animationen übertragen. Am Whiteboard, der elektronischen Schreibtafel, die über eine Schnittstelle an einen Computer angeschlossen wird, können die Sitzungsteilnehmer Präsentationen bearbeiten und diskutieren.

Da es unterschiedliche Videoanwendungen gibt, werden sie miteinander kombiniert (Multipoint) und mehrere Teilnehmer zugeschaltet: Zum Beispiel sind verschiedene Konferenzräume mit der Geschäftsleitung verbunden und zugleich Personen von außerhalb zugeschaltet. Ein zusätzlicher Vorteil ist, dass man hier ohne weiteres zwischen der Aufnahme des Raums und der Einzelpersonen wechseln kann.

Bei der Anschaffung eines Systems gilt es einige Punkte zu beachten: Teilnehmer sollten sich mit dem System über die verschiedensten Technologien anbinden lassen – per Computer, Telefon oder Handy. Da nicht für jede Konferenz unbedingt Bilddaten verfügbar sein müssen, sollte ein Konferenzsystem außerdem reine Sprachkonferenzen unterstützen. Genau überlegen muss man sich auch, wie viele Teilnehmer an wie vielen Standorten konferieren sollen. Bei umfangreichen Konferenzen ist auch die sorgfältige Terminabstimmung der Teilnehmer nicht zu vernachlässigen.

Telefonkonferenzen

Bei Telefonkonferenzen wählen sich mehrere Teilnehmer zu einem verabredeten Zeitpunkt über eine Rufnummer und eine PIN-Kombination ein. Der Teilnehmerzahl sind dabei keine Grenzen gesetzt. Allerdings sollte ein Moderator die Gespräche steuern; dies können externe Dienstleister übernehmen.

6.6 Top-Thema: Intranet

Firmeninternes Internet

Das Intranet ist die firmeneigene Form des Internet und sie funktioniert auch wie dieses: Es ist Kommunikations- und Arbeitsplattform, auf der Daten in Text, Bild und Ton auf elektronischem Wege (digitalisiert) schnell und zu vergleichsweise niedrigen Kosten übertragen werden. Und dies schnellstmöglich und unabhängig von Ort, Zeit und Hierarchie.

Das Intranet hat interaktive Elemente, wie Newsgroups, Chats und Videokonferenz, die einen direkten, zeitgleichen Austausch („realtime") zwischen den Mitarbeitern ermöglichen, also auch die Beziehungsebene beeinflussen.

Das Intranet ist nicht von außen zugänglich, um die Datensicherheit zu gewährleisten. Der Zugang für die Mitarbeiter kann unabhängig vom Zugang zum Internet eingerichtet werden. Mitarbeiter können auch beides nutzen.

Das Intranet kann allen Mitarbeitern zugänglich sein. Der Zugang erfolgt über einen Standard-Browser, das ist ein Programm zum Betrachten der Webseiten (Pages). Für jene Mitarbeiter (zum Beispiel gewerbliche), die keinen Computerzugang haben, bietet sich das Einrichten von Infoterminals („Point of Information") an zentralen Stellen des Unternehmens an, zum Beispiel an der Pforte, vor der Kantine und in Pausenräumen.

Geschlossene Nutzerkreise

Im Intranet können geschlossene Nutzerkreise bestimmt werden, an die sich spezielle Angebote richten, wie zum Beispiel an Führungskräfte oder Mitglieder eines Projektes.

Extranet

Wird das Intranet auf Externe erweitert, wie zum Beispiel Agenturen, Berater, Kunden und Mitgliedsfirmen, spricht man vom Extranet. Die Informationsangebote können also auf den Informationsbedarf der Bezugsgruppen abgestimmt werden.

Das Intranet hat sich zum Leitmedium der internen Kommunikation entwickelt. Mehr noch: Unternehmen können diese neue Technologie nutzen, um ihre Geschäftsprozesse zu optimieren. Jedoch können die Chancen des Intranet nur dann bestmöglich genutzt werden, wenn die Verantwortlichen dessen Besonderheiten kennen und gezielt einsetzen.

6.6.1 Besonderheiten

Das Intranet verfügt über Besonderheiten, die Sie gezielt nutzen sollten, um den Mehrwert des Mediums auszuschöpfen und den Kommunikationsmix durch ein einzigartiges Instrument zu bereichern:

- **Multimedialität:** Das Intranet kann mehrere Medien einbinden: Texte, Fotos, Grafiken, Videosequenzen, Animationen und Töne. Der multimediale Einsatz spricht mehrere Sinne des Nutzers an und wirkt hierdurch stärker.
  - 3D-Präsentationen ermöglichen, dass der Mitarbeiter ein Produkt drehen und skalieren kann.
  - Glas, Metall, Holz und andere Werkstoffe sehen realistisch aus.
  - Die Objekte können mehrfach verwendet werden, zum Beispiel für CD-ROMs, Internet, Terminals, Live-Präsentationen.
  - Zusatzfunktionen und Animationen sind möglich, wie zum Beispiel sofortiges Wechseln von Farbe oder Material.

  Durch Multimedialität können Sie eine nahezu reale Kommunikationssituation herstellen: Gesprächspartner können sich auf Fotos oder im Kurzfilm sehen, sie können sich hören und unterhalten - zeitgleich über Videokonferenz oder zeitlich versetzt über ein Diskussionsforum oder E-Mail.
- **Zeitunabhängig:** Das Intranet ist jederzeit abrufbar - jeder Mitarbeiter findet die Informationen dann, wenn er sie braucht. Da die Nutzer die zeitliche Nutzung des Angebotes selbst bestimmen, wird es ihren individuellen Anforderungen stärker gerecht. Das Intranet kann kurzfristig und schnell angepasst und dadurch inhaltlich und gestalterisch auf dem neuesten Stand gehalten werden, ohne dass relevante zusätzliche Kosten entstehen - im Gegensatz beispielsweise zu einem Katalog, der einmal gedruckt zumindest für einen gewissen Zeitraum das Sortiment und die Preise eines Unternehmens bestimmt.
- **Ortsunabhängig:** Mitarbeiter können sich austauschen, ohne an einen Ort gebunden zu sein. Dies ist für die internationale Unternehmenskommunikation wichtig (siehe Kap. 9).
- **Unbegrenzter Speicher:** Das Intranet verfügt, im Gegensatz etwa zur Broschüre, über unbegrenzte Speicherkapazität. Hierdurch kann ein Unternehmen umfangreiche Informationen zur Verfügung stellen, zum Beispiel detaillierte Produktangaben in Datenbanken. Der Mitarbeiter kann entscheiden, wie breit (Themen) und wie tief (Details) er diese Informationen abruft.

- **Mit anderen Netzen vernetzt:** Das Intranet kann mit dem Internet und dem Extranet verbunden sein. Anwendungen wie Groupware und Dokumentenverwaltung, ermöglichen das Arbeiten in einer gemeinsamen Umgebung, die passwortgeschützt sein kann und auf die alle Beteiligten zugreifen können. An Informationsterminals (POI, Point of Information) fließen alle drei Dienste samt CD-ROM zusammen: Hier können sich Mitarbeiter informieren, mit anderen Mitarbeitern reden und Transaktionen mit Externen auslösen (zum Beispiel Bestellungen). Die Kombination von Intranet, Internet und Extranet wird künftig zunehmen, da sich die herkömmlichen Unternehmensgrenzen immer mehr auflösen – Firmen werden weitaus stärker Beteiligungen, Joint Ventures und Kooperationen eingehen und Arbeitskräfte nur zeitweise einsetzen.
- **Mit anderen Technologien vernetzt:** Das Intranet wird künftig wesentlich stärker mit anderen Formen technisch vermittelter Kommunikation kombiniert sein: mit Fax, Personal Digital Assistant (PDA, zum Beispiel Palm Pilot), Technologien wie WAP/UMTS und sogar dem Fernsehgerät. Mitarbeiter wählen sich von jedem Ort der Welt aus an ihrem Arbeitsplatz ein: vom Funktelefon, per Handy, PDA und dem Laptop mit Funkadapter.
- **Hypermedialität:** Im Intranet kann jede Information mit jeder anderen verknüpft sein, egal, wo diese sich befindet. Der Nutzer springt durch Hyperlinks zu den Inhalten, die ihn interessieren: So beginnt er einen Text zu lesen, zwischendurch schaut er sich ein Foto an, parallel hört er einer Audio-Datei zu und kehrt dann zum Text zurück.

  Dies könnte etwa im Fall eines neuen Herstellverfahrens so geschehen: Der Verfahrenstechniker stellt das Verfahren vor, indem er es beschreibt und einige Fotos, Grafiken und kurze Videoclips aus unterschiedlichen Perspektiven zeigt. Ein Audio-File vermittelt den ordnungsgemäßen Klang der Anlage. Links führen zu den Anweisungen der Mitarbeiter, die bereits mit diesem Verfahren gearbeitet haben. Ein anderer Link führt zum Zitat des Geschäftsführers, der die strategische Bedeutung des Verfahrens erläutert. Ein Testbericht lässt Testanwender mit ihren Erfahrungen zu Wort kommen.
- **Interaktivität:** Nutzer können die Kommunikation selbst gestalten – dies betrifft sowohl die technische Kommunikation mit dem Angebot als auch die persönliche Kommunikation mit dem Anbieter sowie anderen Nutzern des Intranet. Das Intranet muss daher den Nutzer ständig einbeziehen, weil es ein aktives Medium ist – der User will nicht warten, bis etwas passiert, sondern er will etwas passieren lassen.
  - **Technische Interaktivität:** Der Mitarbeiter kann Nutzung, Art, Inhalt, Zeitpunkt, Dauer, Abfolge und Häufigkeit des Informationsabrufs weitgehend selbst bestimmen. Beispiel: Der Mitarbeiter kann durch unterschiedliche Kameraführung um eine Maschine

herumlaufen, sie aus unterschiedlichen Blickwinkeln prüfen und einen Blick in das Innere werfen.

- **Persönliche Interaktivität:** Im Intranet ist wechselseitige Kommunikation möglich. Hierbei kann die Zahl der Kommunikationsteilnehmer erheblich variieren – von Einzelpersonen, über Kleingruppen bis hin zum Massenpublikum:
  - Zwei Menschen können sich per E-Mail austauschen.
  - Einer wendet sich an eine klar begrenzte Bezugsgruppe, zum Beispiel über eine Newsgroup.
  - Einer wendet sich an viele, zum Beispiel über einen Newsletter oder Mitarbeiter-TV.
  - Viele reden mit vielen, zum Beispiel in Diskussionslisten und virtuellen Gemeinschaften. Diese Kommunikationsform ist so nur durch die Internet-Technologie möglich.

Diese einzelnen Kommunikationsformen sind nicht statisch, sondern können schnell wechseln: Ein Mitarbeiter stellt eine Frage per E-Mail an den Anbieter einer Information, danach wendet er sich an eine Diskussionsgruppe. Quasi öffentliche Kommunikation in Diskussionsforen und Chats kann abwechseln mit vertraulicher Kommunikation per E-Mail.

Vorteile	**Nachteile**
Informationen können schnellstmöglich angeboten und aktualisiert werden.	Die Informationen müssen aktiv gesucht und am Bildschirm aufgerufen werden („Pull").
Die Mitarbeiter können jederzeit auf Informationen zugreifen.	Mögliche Probleme durch geringe Leitungskapazitäten.
Ein Intranet bietet nicht nur Text, sondern auch Fotos, Grafiken und sogar Kurzvideos.	Seine Verbreitung ist in manchen Unternehmen noch nicht groß.
Das Intranet hat interaktive Elemente (zum Beispiel Newsgroups, Chat, Videokonferenz), die einen direkten Austausch („realtime") ermöglichen, der auch die Beziehungsebene beeinflussen kann.	Häufig sind gerade Führungskräfte „Intranet-Muffel".
Das Intranet kann in einem internationalen Konzern viele Mitarbeiter erreichen.	Auch gewerbliche Mitarbeiter verfügen in der Regel nicht über einen Intranet-Zugang, außer wenn dieser durch Infoterminals („Point of Information") sichergestellt ist.
Listen mit E-Mail-Adressen ermöglichen den Aufbau von Verteilerlisten.	

Abb. 6.13: Einige Vor- und Nachteile des Intranet

Intranet – ein Baukasten

Intranet als Plattform für Dienste

Das Intranet ist ein Bausatz, aus dem sich das Unternehmen bedarfsgerecht zusammenstellt, was es elektronisch abwickeln möchte. Bevor es sich aber zur Spielwiese entwickelt, was zu Beginn oft geschieht, sollte das

Unternehmen die Frage beantworten, was genau es mit dem Intranet bezweckt: Dient es zur Information oder ist es Arbeitsplattform? Soll das Intranet Austausch ermöglichen? Haben alle Mitarbeiter Zugang oder ist er auf bestimmte Mitarbeitergruppen begrenzt?

Drei Funktionen: Information, Kommunikation und Transaktion

Grundsätzlich hat das Intranet drei Funktionen: Information, Kommunikation und Transaktion. Diese Grundfunktionen bauen oft aufeinander auf. Daher macht es Sinn, im entsprechenden Projekt stufenweise vorzugehen: Zunächst kann das Intranet zur Informationssuche genutzt werden; die Mitarbeiter werden hierdurch mit den Möglichkeiten des neuen Mediums vertraut. In den weiteren Schritten werden eigene Informationen bereitgestellt, Möglichkeiten zum Austausch mit den Betreibern des Intranet und zwischen den Anwendern geschaffen und geprüft, welche Bestellungen, Formulare und Ähnliches durch das Intranet unterstützt, neu zugeschnitten oder ersetzt werden können.

Das Intranet kann die Informations- und Wissensbasis für betriebliche Entscheidungen verbessern und damit die Qualität auf allen betrieblichen Ebenen steigern, es kann die Flexibilität erhöhen, Kosten für Routinevorgänge senken und durch marktgerechtere und dem Unternehmen angemessene Leistungen nachhaltige Wettbewerbsvorteile erzielen.

Information

Im einfachsten Fall unterstützt das Intranet die Kommunikation durch zentrales Bereitstellen von Informationen, wie Statusberichte, Datenbanken, Produktinformationen und Projektpläne. Beispielsweise ist für Geschäftsprozesse die richtige Information zur richtigen Zeit am richtigen Ort und in der angemessenen Art und Weise entscheidend, um Aufträge kostengünstig, termingerecht und hochwertig abzuwickeln. Alle Unternehmensfunktionen können Sie übersichtlich und strukturiert darstellen samt der dazugehörigen Daten, der Organisation von Projekten und Aufgaben sowie der schrittweisen Abbildung von Arbeitsprozessen. Damit sind die Voraussetzungen geschaffen, wiederkehrende Prozessschritte leicht zu erkennen, zu systematisieren und wertschöpfend zu optimieren.

In diesem Sinn ermöglicht das Intranet bei Tchibo allen rund 10.000 Tchibo-Mitarbeitern, interne Informationen intuitiv zu finden und schnell abzurufen. In vier Kategorien werden die Inhalte und Services benutzerfreundlich angeboten: Unter den Überbegriffen „Unternehmen“, „Zentrale Services“, „Zentraler Infopool“ und „Funktionen“ sind Organigramme, Pressemitteilungen und Mitarbeiterzeitung, Arbeitsprozesse (Workflows) zum Beispiel für Raumbuchungen, Speisepläne und Freizeitangebote und Informationen zur Arbeitsplatzsicherheit abgebildet. Damit will Tchibo deutlich mehr Transparenz im Unternehmen erzeugen. Durch die bessere Kenntnis der Strukturen und Vorgänge soll die Tagesarbeit wesentlich effizienter gestaltet werden.

Weitere Beispiele:
- Funktionen nutzen das Intranet zur Selbstdarstellung und informieren über Ziele, Aktivitäten, Ansprechpartner. Sie stellen verbindliche Richtlinien und Dokumentationen bereit und aktualisieren bei Bedarf.
- Mitarbeiter recherchieren in Patentdatenbanken.
- Projektteams können auf einen aktuellen Informations- und Dokumentationsstand zugreifen.
- In einer Krise stehen die neuesten Meldungen abrufbereit. Der Außendienst ist über Produktneuheiten, Preise und Markttrends auf dem Laufenden und in alle Geschäftsabläufe eingebunden.

Information wird zur Holschuld

Für den Einsatz des Intranet zur Information müssen die bisherigen Abläufe meist nur wenig geändert werden. Wichtige Ausnahme: Im Intranet hat es der Mitarbeiter in der Hand, sich Informationen zu besorgen – Information wird zur Holschuld.

Kommunikation

Einen Schritt weiter geht die Nutzung des Intranet zur Kommunikation: Das Intranet ermöglicht aktiven, zeitgleichen und hierarchieunabhängigen Austausch, zum Beispiel über Themen und Projekte. Dieser Austausch kann genauso geplant und gesteuert werden wie in den bekannten Einrichtungen des Internet: den Diskussionsforen und Newsgroups. Hier ist die Umstellung deutlich aufwändiger, weil Prozesse geändert werden müssen. Beispiele:
- Projektteams können sich an Pinnwänden über aktuelle Ereignisse und offene Fragen austauschen sowie Texte und Grafiken zeitgleich abstimmen.
- Mitarbeiter unterhalten sich per E-Mail oder Videokonferenz und verzichten teilweise auf persönliche Treffen.
- Die Mitarbeiter sind aufgerufen, neue Produktideen in die Produktentwicklung einzubringen und diese kritisch zu diskutieren.

Transaktion

Unterstützung betrieblicher Transaktionen

Der nachhaltigste Schritt ist die Unterstützung betrieblicher Transaktionen durch das Intranet:
- Projektberichte, Studiendokumentationen, Bestellungen, Anträge, Kostenrechnungen werden verschickt, Ressourcen geplant und ausgetauscht.
- Termine für Sitzungen werden per Computer abgesprochen und die Besprechungsräume in der Firmenzentrale online reserviert.

Die Transaktion unterstützt nicht nur Information und Kommunikation, sondern auch Entwicklung, Herstellung und Vertrieb von Produkten bzw. Dienstleistungen mit dem Intranet:
- Einige Softwarefirmen arbeiten in der Entwicklung mit freien Mitarbeitern in verschiedenen Ländern zusammen (Telekooperation). Diese Arbeitsaufteilung wird erst durch neue Technologien möglich.

- Das Intranet wird genutzt, um die Neuorganisation von Vertriebswegen (Direktverkauf an Endkunden/E-Commerce) und neue Serviceangebote hausintern vorzubereiten.

Solche Umstellungen setzen aber häufig voraus, dass bisherige Abläufe grundlegend infrage gestellt und geändert werden. Dies ist aufwändig, bietet aber auch weitreichende Chancen.

6.6.2 Optimierung der Wertekette

Strategisch wichtige Aufgaben

In jüngster Zeit wird verstärkt der Einsatz des Intranet über die Kommunikation hinaus geprüft. Ergebnis: Das Intranet kann alle Geschäftsprozesse im Unternehmen entlang der Wertekette optimieren.

Die Wertekette wurde entwickelt von Michael Porter in Harvard und ist zu einem wichtigen Instrument der Analyse der strategischen Unternehmensplanung geworden. Die Wertekette gliedert die Prozesse im Unternehmen in strategisch wichtige Tätigkeiten und erkennt jene, für die der Kunde zu zahlen bereit ist. Werteaktivitäten sind demnach die Bausteine, aus denen das Unternehmen ein für seine Abnehmer wertvolles Produkt schafft. Die Wertekette kann die betriebliche Leistungserstellung anschaulich abbilden und ermöglicht so, Bereiche für eine Optimierung systematisch aufzuzeigen.

Primäraktivitäten und unterstützende Tätigkeiten

Die Wertekette unterscheidet Primäraktivitäten und unterstützende Aktivitäten: Primäraktivitäten sind unmittelbar mit der Herstellung und dem Vertrieb eines Produktes bzw. einer Dienstleistung verbunden, wie Eingangslogistik, Produktion, Marketing, Vertrieb und Service. Unterstützende Aktivitäten bereiten Primäraktivitäten vor, ermöglichen und steuern sie: Hierzu gehören Verwaltung, Finanzen, Personalmanagement, Forschung und Entwicklung sowie die Beschaffung.

Hier einige Beispiele, wie Sie durch das Intranet Ihre Wertekette optimieren können:

Optimierung unterstützender Aktivitäten

- **Verwaltung und Finanzen:**
  - Sie unterstützen den schnellen Informationsfluss durch E-Mail.
  - Sie führen interne Verrechnungssysteme im Finanzwesen ein.
  - Wenn ein Mitarbeiter einen Verbesserungsvorschlag für das Optimieren eines Geschäftsprozesses hat, hängt er ihn als elektronische Nachricht in das eigens dafür eingerichtete Online-Forum.
  - Durch das Intranet können Sie Zweigwerke und Niederlassungen besser informieren und in Entscheidungen einbinden – sogar im Ausland.
- **Personal:**
  - In der Weiterbildung setzen Sie multimediale Lernprogramme ein, die weltweit von jedem Arbeitsplatz aus abrufbar sind (Corporate University). Die Mitarbeiter können sich weiterbilden, wann es ihnen am angenehmsten ist.

- Weltweit können sich Stellen suchende Nachwuchs- und Führungskräfte über offene Stellen im Unternehmen informieren.
- Pools von Experten können sich zu Gemeinschaften zusammenschließen, die Mitarbeiter bei schwierigen Fragen als Experten konsultieren können.
- Das Intranet unterstützt den mobilen Mitarbeiter: Er kann von überall auf seinen Arbeitsplatz zugreifen – auch von zu Hause. 70 Prozent der europäischen Führungskräfte wünschen sich mobile Arbeitskonzepte wie Telearbeit oder ein Homeoffice. Dies ergab die Studie „Nextra eEuropeReports" des Service Providers NEXTRA. Von den dezentralen und flexiblen Arbeitsformen versprechen sich die Manager mehr Produktivität, sinkende Kosten, eine höhere Arbeitsmoral und effektivere Kommunikation. Knapp die Hälfte der Befragten erwartet übrigens keine negativen Auswirkungen für das Privatleben. Über 40 Prozent versprechen sich sogar bessere Lebensumstände.

- **Forschung und Entwicklung:**
  - Das Intranet kann Informationen über Angebotslücken im Markt, Erkenntnisse über Kunden, Lieferanten, Experten bereitstellen. Mitarbeiter, zum Beispiel aus Produktion oder Vertrieb, können diese Informationen kommentieren, ergänzen und Vorschläge entwickeln.
  - Mitarbeiter können online nach Patenten, Kooperationspartnern, Außenwirtschaftsinformationen suchen.
  - Durch Telekooperation per Videokonferenz und gemeinsames Arbeiten über das Intranet kann das Wissen von Ingenieuren und Technikern von verschiedenen Standorten zu Kompetenzzentren gebündelt werden.
  - Telekooperation in der Produktentwicklung: Ein Unternehmen der Automobilindustrie will ein neues Auto für den internationalen Markt entwickeln. Im Intranet können weltweit verschiedene Konstruktionsteams am gleichen Projekt mitwirken, um die Besonderheiten der Weltmärkte zu berücksichtigen. Die Beteiligten tauschen untereinander die Konstruktionspläne aus. Über den ständigen Kontakt durch das Intranet werden umständliche Treffen der Konstrukteure und die Koordination der Vermarktung durch ein virtuelles Entwicklungs- und Vermarktungsteam ersetzt.
  - Das Intranet kann Plattform für das Experimentieren mit neuen Produkten, Diensten und Prozessen sein.
  - Neue Produkte können den Mitarbeitern vorgestellt und von ihnen getestet werden, zum Beispiel Software.
- **Beschaffung:** Der Einkauf ist in vielen Firmen der Bereich, der das größte Einsparpotenzial durch elektronische Umstrukturierung verspricht.

- Das Intranet kann Produktdatenbanken von Lieferanten bereitstellen.
- Mithilfe von elektronischen Preisagenten und Beschaffungssystemen können Angebote weitaus kostengünstiger als bisher verglichen werden.
- Global agierende Unternehmen können Mengeneffekte durch Bestellungen über das Intranet nutzen, wie zum Beispiel globale Einkaufsangebote, und Transparenz schaffen, zum Beispiel über unterschiedliche Preise für Produkte in unterschiedlichen Ländern.
- Die Bestellabwicklung lässt sich über das Intranet deutlich vereinfachen und damit kostengünstiger durchführen, wie im Fall von Büromaterial und Computerzubehör (z.B. Toner, Disketten).

Unterstützung der Primäraktivitäten

Beispiele für Optimierungen

- **Eingangslogistik:** Die Eingangslogistik stellt sicher, dass alle benötigten Betriebsmittel, Werkstoffe und Waren rechtzeitig und in hinreichender Menge vorhanden sind. Das Intranet kann dies erleichtern, indem der Lieferant eine automatische Auftrags- und Frachtverfolgung bereitstellt, mit der die Mitarbeiter den aktuellen Stand ihrer Aufträge, Lieferungen und Rücksendungen verfolgen können.
- **Produktion:** In der Produktion kommt es stark auf Schnelligkeit und Einhaltung der festgelegten Kosten und Qualitätsstandards an. Durch den Einsatz des Intranet wird es möglich, bei zeitkritischen Aufträgen kurzfristig Kapazitäten aus anderen Teilen des Unternehmens einzubinden.
  - Fertigungsroboter können über große Entfernungen überwacht werden.
  - Nach Ende der Spätschicht in einem Fertigungsbetrieb beginnen Servicetechniker mit Wartung und Programmierung der Maschinen von weit entfernten Telearbeitsplätzen aus, wo der Arbeitstag gerade beginnt.
  - Das Qualitätsmanagement wird deutlich verbessert, wenn die wichtigsten Informationen online im Intranet zur Verfügung gestellt werden und so jederzeit an jedem Arbeitsplatz verfügbar sind – beispielsweise Arbeitsabläufe, Kontrollpläne, Fehlerprotokolle. Die Einführung eines solchen Systems lohnt sich auch für kleinere Unternehmen.
  - Elektronisch vernetzte Unternehmen können enger als je zuvor weltweit an gemeinsamen Projekten zusammenarbeiten: Beispiele sind Simulationsstudios, die das virtuelle Modell einer Automobilmontage darstellen. Konstrukteure aus mehreren Ländern können hierbei miteinander arbeiten, um Produktionsabläufe zu prüfen und weiterzuentwickeln. Fehler oder Möglichkeiten der Optimierung sind auf diese Weise viel schneller als in herkömmlichen Tests zu erkennen.

- **Marketing:** Das Intranet kann erheblich dazu beitragen, das Marketing zu optimieren:
  - Erklärungsbedürftige Produkte lassen sich durch Multimedialität in Produktkatalogen mit Bild, Ton, Animationen und Videosequenzen deutlich besser darstellen als in herkömmlichen Prospekten. Statt mit gedruckten Marketingbroschüren führt der Verkaufsleiter den Servicemitarbeitern die Vorzüge der Firmenprodukte am Bildschirm vor.
  - Unternehmen mit einem umfangreichen Produktspektrum können ihren Intranet-Auftritt um eine Datenbank mit Bestellnummern, Produktbeschreibungen und Preisinformationen ergänzen. Hierdurch sind Mitarbeiter und der Außendienst stets tagesaktuell informiert.
  - Produktkataloge gibt es in elektronischer Form. Anhand dieses Katalogs wird ein individuelles Produkt vom Außendienstmitarbeiter beim Kunden vor Ort nach dessen Wünschen konfiguriert. Die Daten werden gespeichert und an die ausführenden Funktionen übermittelt.
- **Vertrieb:** Das Intranet kann den Vertrieb an die Mitarbeiter unterstützen (Mitarbeiterverkauf). Damit wird die Informations- und Kommunikationsplattform zum vollwertigen Transaktionsmedium ausgebaut. Ein Online-Produktkatalog und Online-Shops weisen im Intranet tagesaktuelle Preise und Verfügbarkeit aus. Der Mitarbeiter kann am Bildschirm die Bestellmenge eingeben und so einen virtuellen Warenkorb füllen. Nachdem zusätzlich Versandart und Lieferanschrift angegeben wurden, wird die Bestellung automatisch übermittelt.
- **Service:** Das Intranet ist sehr geeignet, die Kundenbindung zu unterstützen:
  - Mitarbeiter können sich selbst bei Fragen helfen, indem sie auf Datenbanken zugreifen können.
  - Es gibt ein offenes Forum für Mitarbeiter mit Kundenkontakt, in dem sie sich über Erfahrungen und Verbesserungen austauschen können.
  - Bei erklärungsbedürftigen Produkten bietet es sich für die Servicemitarbeiter an, interaktive Bedienungsanleitungen ins Intranet zu stellen und so die Nutzung zu erleichtern.
  - Standardanfragen von Mitarbeitern an den Service werden durch elektronische Fragen- und Antwortenkataloge (FAQ; Frequently Asked Questions) im Netz beantwortet. Dies verhindert, dass die teure Arbeitszeit von Kundendienstmitarbeitern für die Beantwortung von Standardanfragen oder für Auskünfte über Reparaturdauer, Fehlerursachen usw. verwendet wird.
  - Zur Reparatur eingeschickte Produkte können in der Serviceabteilung mit einer Digitalkamera fotografiert und in einer Online-Da-

tenbank abgelegt werden. Der Servicemitarbeiter kann sich die defekten Teile nach Eingabe der Schadensnummer jederzeit ansehen und das Dokument für seine Unterlagen ausdrucken.

Fazit

Intranet kann alle Phasen der Wertekette optimieren

Durch die Besonderheiten des Intranet können Sie alle Phasen der Wertschöpfung durch Information, Kommunikation und Transaktion optimieren. Jede Aktivität können Sie so kostengünstiger, besser oder kundenspezifischer abwickeln. Sie können Prozesse entlang der Wertschöpfungskette anschaulich darstellen. Sie bieten Links zu tiefer gehenden Informationen, falls ein Nutzer danach sucht. Durch die Interaktivität kann er Kontakt zu Mitarbeitern aufnehmen, um Fragen zu stellen und Verbesserungsvorschläge zu machen.

STATT VORSCHNELL AUF BESTIMMTE ANWENDUNGEN ODER TECHNIKEN ZU SETZEN, SOLLTEN SIE IMMER DIE GESAMTE WERTEKETTE EINBEZIEHEN UND VOR DEM HINTERGRUND DER EIGENEN WETTBEWERBSPOSITION ÜBER DEN SINNVOLLEN EINSATZ DES INTRANET ZU DEREN OPTIMIERUNG ENTSCHEIDEN!

6.6.3 Probleme beim Einsatz

Informationen müssen auffindbar sein

Unternehmen haben derzeit mit einigen Problemen beim Einsatz des Intranet zu kämpfen:

- **Orientierung:** Das Auffinden von Informationen zeigt sich als größtes Problem des Intranet. Die nutzerfreundliche Navigation sowie eine effiziente Suchmaschine sind das A und O. Wo sie fehlen, müssen die Nutzer das Gewünschte aufwändig und langwierig suchen – der Vorsprung durch Aktualität ist dahin.
- **Kultur:** Die Nutzung des Intranet erfordert meist eine Entwicklung der Unternehmenskultur:
  - Der Einsatz des auf offene und aktuelle Information und Kommunikation ausgerichteten Intranet macht nur Sinn, wenn die Unternehmensleitung diese Werte trägt und stützt.
  - Die Teilnahme an dialogorientierten und gemeinschaftsbildenden Kommunikationsformen wie Newsgroups und virtuelle Gemeinschaften, erfordert einen stärkeren Gemeinschaftssinn.
  - Früher hat die Unternehmensleitung nur den eigenen Standpunkt dargestellt, heute soll es das Meinungsspektrum sein.
  - Hat ein Unternehmen bisher nur über das informiert, was es für richtig hielt, soll es heute darüber informieren, was die Nutzer des Intranet interessiert – selbst über das Verhalten der Konkurrenz.

  Es ist daher ratsam, im Rahmen der Einführung des Intranet ein Programm zur Kulturentwicklung durchzuführen.
- **Vertrauen:** Durch die elektronisch vermittelte Kommunikation über das Intranet allein kann nur sehr schwer Vertrauen entstehen. Daher

sollten Sie begleitende Maßnahmen entwickeln und die Kommunikationspartner möglichst persönlich zusammenbringen, zum Beispiel im Rahmen einer Projektgruppe.

Noch eine Zahl: Mehr als 60 Prozent der Intranets werden sechs Monate nach Einführung nicht mehr genutzt (Studie der Cranfield University). Gründe für die mangelnde Akzeptanz sind fehlende Orientierung und fehlender persönlicher Kontakt als Vertrauensbasis.

DAS INTRANET FORDERT HÖCHSTE NUTZERORIENTIERUNG IN FORM UND INHALT!

Ihre Unternehmenskommunikation!

- Welche Aufgabe hat das Intranet im Rahmen der Gesamtkommunikation?
- Ändert es bestehende Kommunikationskonzepte und Strukturen?
- Welchen Mehrwert schafft es?
- Wie kann dieser Wert als Wettbewerbsvorteil optimiert werden?
- Wie kann der Wettbewerbsvorteil dauerhaft gesichert werden?

Buchtipps

- Schick, S.: Interne Unternehmenskommunikation, Strategien entwickeln, Strukturen schaffen, Prozesse steuern, Stuttgart 2002
- Klöfer, F. (Hrsg.): Erfolgreich durch interne Kommunikation, Mitarbeiter besser informieren, motivieren, aktivieren, Neuwied/Kriftel 1999

7 Kommunikation mit Journalisten

7.1 Bedeutung

Wichtige Aufgabe der Unternehmenskommunikation

Die Kommunikation mit Journalisten ist für 90 Prozent der Unternehmen die wichtigste Aufgabe der Unternehmenskommunikation. Die Gründe liegen auf der Hand: Über die Berichterstattung in den Massenmedien können Sie viel mehr Menschen erreichen als über andere Instrumente, wie zum Beispiel eine Broschüre. Journalisten gelten als sehr glaubwürdig, wie im Fall des Nachrichtenmagazins DER SPIEGEL, der TAGESSCHAU und des HEUTE JOURNAL. Der Grund ist, dass der Mediennutzer davon ausgeht, dass die Nachrichten gut recherchiert und durch unterschiedliche Quellen untermauert sind.

In der Tat ist es Aufgabe von Journalisten, Nachrichten zu finden, zu recherchieren, journalistisch aufzubereiten und an ihr Publikum zu vermitteln. Hierbei sind sie an einem langfristigen und vertrauensvollen Austausch mit den Unternehmen interessiert, um aktuelle und hochwertige Informationen, Meinungen und Bewertungen von den Unternehmen zu erhalten.

SEHEN SIE JOURNALISTEN NIE NUR ALS VERTEILER IHRER NACHRICHTEN!

Journalisten sind eine Bezugsgruppe

Die Massenmedien entscheiden, wann ein Thema öffentlich wird und in welcher Weise. Sie gestalten die Meinung über das Thema wesentlich mit. Dies beantwortet auch die Frage, ob die Journalisten eine eigene Bezugsgruppe sind oder nur Mittler oder Transporteur von Nachrichten an die eigentliche Bezugsgruppe: Die Journalisten sind Ihre Kommunikationspartner, mit denen Sie Kommunikation systematisch aufbauen und langfristig gestalten. Hierbei richten Sie sich nach deren Wünschen und Erwartungen an Form und Inhalt der Kommunikation. Konsequenz:

JOURNALISTEN SIND BEZUGSGRUPPE DER UNTERNEHMENSKOMMUNIKATION!

Unternehmenskommunikation beeinflusst Berichterstattung

Obwohl die Journalisten bestimmen, was sie berichten und wie, kann eine professionell gemachte Presseinformation Ihre Chancen beträchtlich erhöhen, von den Journalisten berücksichtigt zu werden. Mehr noch: Durch guten und engen Kontakt mit den Journalisten können Sie erfahren, ob es Themen gibt, die Sie den Journalisten anbieten können, damit diese sich einen Wettbewerbsvorteil verschaffen. Die Journalisten und ihr Medium sind nämlich selbst ein Produkt auf dem Pressemarkt und den dortigen Wettbewerbsbedingungen ausgesetzt – ein Exklusivthema kann daher gute Beziehungen fördern und Ihnen den Sprung in die Massenmedien sichern.

Vor allem in mittleren und kleinen Unternehmen kennen die Kommunikationsverantwortlichen häufig die für sie wichtigen Journalisten nicht persönlich. Die Kommunikationsverantwortlichen stellen sich lediglich eine Liste von Journalisten zusammen, an die sie ihre Presseinformationen verschicken. So kann keine vertrauensvolle Kommunikation entstehen!

Stattdessen sollten Sie gründlich prüfen, mit welchen Journalisten Sie dauerhafte Kommunikation aufbauen wollen. Suchen Sie den Kontakt zu den Journalisten. Fragen Sie, welche Meinung die Journalisten über Ihr Unternehmen haben und prüfen Sie, welche Informationen sie brauchen, um die Meinung zu festigen oder zu ändern. Mit anderen Worten:

BAUEN SIE SYSTEMATISCH EINE EIGENSTÄNDIGE UND LANGFRISTIGE KOMMUNIKATION MIT DEN JOURNALISTEN AUF. AM INTENSIVSTEN SIND PERSÖNLICHE KONTAKTE!

Rufen Sie Journalisten an oder schreiben Sie ihnen und stellen sich als Verantwortlicher für Unternehmenskommunikation vor. Teilen Sie den Journalisten mit, dass Ihnen an einer langfristigen und vertrauensvollen Zusammenarbeit gelegen ist und versuchen Sie, sich mindestens mit den für Sie wichtigsten Journalisten persönlich bekannt zu machen. Sei es, dass Sie die Journalisten zum Besuch in Ihr Unternehmen einladen, sei es, dass Sie diese in der Redaktion besuchen oder sie bei einem Essen treffen. Sie können auch eine Pressekonferenz nutzen (siehe Kap. 7.6).

Die Kommunikation mit den Journalisten verläuft nicht immer persönlich, sondern kann durch Printmedien vermittelt sein, wie im Fall der Presseinformation oder Onlinemedien, wie im Fall des Internet.

7.2 Kommunikationsbeziehung

Beziehung funktioniert marktorientiert

Die Beziehung zwischen Journalisten und dem Unternehmen können Sie mit Marktbedingungen vergleichen. Ziel des Austauschs ist der Aufbau und die kontinuierliche Gestaltung der Beziehung zwischen Unternehmen und Journalisten, die durch Vertrauen gekennzeichnet ist:

- Es findet ein Austausch von Dingen von Wert statt (siehe hierzu die Nachrichtenwertfaktoren in Kap. 7.5.1.1).
- Der Austausch findet nur dann statt, wenn er für beide von Nutzen ist (wo kein Bedarf, da keine Nachfrage).
- Es besteht Konkurrenz in Angebot und Nachfrage.
- Der Austausch ist durch ökonomische Ziele bestimmt.
- Den Erfolg bestimmen letztlich die Absatzmärkte.
- Entscheidungen und Handeln sind letztlich marktorientiert.
- Die Güte des Austauschs hängt von der Zufriedenheit der Beteiligten ab.

Hierbei sind die Rollen der Marktpartner wie folgt verteilt:

Der Journalist

Der Journalist

- wählt aktiv aus,
- bewertet Angebot und Alternativen im Hinblick auf seine Bedürfnisse, wie Aktualität, Neuigkeitswert, Bedeutung für sein Publikum etc.,
- entscheidet sich für jenes Angebot, das seinen Wünschen, Erwartungen und Bedürfnissen am meisten entspricht.

Das Unternehmen

Das Unternehmen

- muss dem Journalisten den Nutzen seiner Informationen im Vergleich zur Konkurrenz aufzeigen,

- muss sich kontinuierlich bemühen, Wünsche und Bedürfnisse des (Medien-)Marktes zu erkennen,
- muss ständig seine Leistungen verbessern, um am Markt bestehen zu können (Qualität, Verpackung, Programm, Distribution über das Internet etc.).

Unternehmenskommunikation als Marktprodukt

Am Beispiel der Produktpolitik lässt sich die Übertragung zeigen:
- **Produkt:** Wie in der Produktpolitik des Marketing ist auch für den Journalisten die Qualität der Information entscheidend. Zu den Kriterien gehören, wie aktuell, verständlich und korrekt die Informationen sind.
- **Verpackung/Ausstattung:** Die Informationen sind ansprechend aufgemacht, zum Beispiel in der unternehmenseigenen Pressemappe und im Internet.
- **Markierung:** Der Journalist erkennt die Informationen des Unternehmens an den Gestaltungskonstanten des visuellen Erscheinungsbildes, wie Name, Schrift, Farben etc. (siehe Kap. 14).
- **Programm:** Dies betrifft die Zusammenstellung, also ob die Informationen als Meldung, Reportage/Erfahrungsbericht oder Hintergrundinformationen aufgemacht sind.
- **Service:** Hierunter fallen Exklusivinterviews, Exklusivberichte und Besichtigungen.

Dem Journalisten ist vor allem wichtig, dass die Nachricht neu und für sein Publikum wichtig und interessant ist.

BEREITEN SIE DAHER WICHTIGES SO AUF, DASS ES INTERESSANT UND LEICHT VERSTÄNDLICH IST!

Eine große Rolle für die Auswahl und Aufbereitung von Informationen spielen auch die Meinungen und Einstellungen des Redakteurs, die inhaltliche Linie des Mediums, die Konkurrenzsituation, technische Bedingungen, das Budget sowie die Leserorientierung, die mit klaren Themengrenzen verbunden ist. Die Medien entwerfen durch ihre Nachrichtenauswahl ein konstruiertes Bild der Wirklichkeit. Hinzu kommt, dass Menschen allgemein ihre Umwelt nur subjektiv wahrnehmen können. Hansgeorg Gareis sagt dazu: *„ ... allein durch die Tatsache, dass Menschen Nachrichten vermitteln, verlieren die Nachrichten an Objektivität."*

7.3 Medienlandschaft

Besonderheiten der Medien

Die Journalisten entscheiden, ob und wann sie Informationen aufnehmen und wie sie diese bewertend darstellen: BILD-Redakteure bearbeiten eine Agenturmeldung nach anderen Aspekten als Redakteure der SÜDDEUTSCHEN ZEITUNG, die in der TAZ erscheinende Nachricht unterscheidet sich von der in der FAZ abgedruckten usw. Für die Unternehmenskommunikation ist es essenziell, die unterschiedlichen Bedingungen gezielt zu berücksichtigen. Beispiele:

Eigenschaften der Medien	
Fernsehen	
Beispiele: N24, N-TV	Diese Medien setzen stark auf die Wirkung des Bildes (rund 80 %). Sie vermitteln häufig nur ein Thema pro Sendung.
Onlinemedien	
Beispiele: WALLSTREET ONLINE, FOCUS ONLINE, GOLEM NETWORKS	Die Kommunikation verläuft in Echtzeit (Realtime). Großer Vorteil ist die Interaktivität, zum Beispiel in einem Chat (siehe Kap. 15.2.4). Medium erfordert den aktiven Nutzer und dessen Interesse.
Hörfunk	
Beispiele: DEUTSCHLANDFUNK, INFO RADIO BERLIN	Häufig lokaler Bezug. Radio ist tagesaktuell. Die Hörer hören das Medium meist nur nebenbei.
Nachrichten-Agenturen	
Beispiele: REUTERS, DEUTSCHE PRESSE AGENTUR (DPA), ASSOCIATED PRESS (AP), AFX, DEUTSCHER DEPESCHEN DIENST (DDP), VEREINIGTE WIRTSCHAFTSDIENSTE (VWD)	Hohe Aktualität, enorme Reichweite. Zielpublikum sind Tageszeitungen bzw. deren Leser.
Tageszeitungen (lokal/ überregional)	
Beispiele: FRANKFURTER ALLGEMEINE ZEITUNG, HANDELSBLATT, SÜDDEUTSCHE ZEITUNG, FINANCIAL TIMES	Breite Leserschaft. Themen sind tagesaktuell, relativ knapp behandelt und von allgemeinem Interesse. Hintergrundartikel/ Meinungen.
Wochenzeitungen/Magazine/Fachpresse	
Beispiele: SPIEGEL, WIRTSCHAFTSWOCHE, MANAGER MAGAZIN, CAPITAL, COMPUTERWOCHE	Themen – nicht tagesaktuell, dafür umfassend recherchiert und exklusiv. Reportagen, Features, Meinungen, Hintergründe.

Branchenpresse	
Beispiele: LEBENSMITTELZEITUNG, MARKT & MITTELSTAND, LOGISTIK HEUTE	Hochspezialisierte Leserschaft. Themen sind nicht tagesaktuell, aber umfassend recherchiert und anwendungsbezogen.
Publikumspresse	
Beispiele: AUTO, MOTOR, SPORT, COSMOPOLITAN, TV-SPIELFILM	Breite Leserschaft. Themen sind nicht tagesaktuell, knapp behandelt und von Spezialinteresse. Sie enthalten Hintergrundartikel/ Meinungen, Reportagen, Features, viele Bilder.

Abb. 7.1: Eigenschaften der Medien

Konsequenzen für Ihre Unternehmenskommunikation

Aus den Besonderheiten der Medien ergeben sich Konsequenzen für Ihre Unternehmenskommunikation. Beispiele:

- **Print:** Richten Sie sich mit einer Meldung an Printmedien, sollten Sie das hier erforderliche hohe Engagement des Publikums berücksichtigen (Medieninvolvement): Der Leser kann sich nicht zurücklehnen wie beim Fernsehen, sondern er muss sich aktiv dem Medium zuwenden und die Nutzung steuern, zum Beispiel durch Suchen von Artikeln. Texte können in Ruhe gelesen und archiviert werden. Es kommt seltener zu Missverständnissen durch Schriftform als durch das gehörte Wort. Gelesenes bleibt länger im Gedächtnis als Gehörtes. Für Ihre Unternehmenskommunikation bedeutet dies, dass Sie informative, interessante und verständliche Informationen bieten müssen (siehe Kap. 13). Sie müssen so aufbereitet sein, dass sie die Aufmerksamkeit des Lesers halten, weil dieser jederzeit den Text verlassen kann.
- **Radio:** Dieses Medium wird im Allgemeinen nur nebenbei gehört (geringes Medieninvolvement). Die Informationen sind flüchtig, der Zuhörer kann sie nicht ohne weiteres nachlesen. Bilder lassen sich nur schwer transportieren, zum Beispiel ein neues Gebäude. Daher dient dieses Medium vor allem der Aktualisierung (*„Hallo, hier bin ich"*). Aussagen müssen aufmerksamkeitsstark, prägnant und plakativ sein.
- **TV:** Auch beim Fernsehen kann sich das Publikum zurücklehnen, es erfordert wenig aktive Zuwendung. Aussagen können nicht wiederholt und archiviert werden. Es besteht eher die Gefahr von Missverständnissen als beim gesprochenen Wort. Fernsehen wirkt sehr stark durch Bilder. Es gilt als sehr glaubwürdig, nach dem Motto: *„Ich glaube nur, was ich sehe"*. Allerdings ist wie bei Print und Radio kein Dialog möglich!

- **Online:** Hier sucht der Besucher aktiv nach Inhalten (hohes Medieninvolvement), diese müssen daher gut strukturiert sein. Durch Multimedialität können Sie Themen gut darstellen, das Verlinken (Hypermedialität), ermöglicht neue Formen der Dramaturgie. Die wichtigste Eigenschaft des Internet ist seine Interaktivität: Der Nutzer kann in den Dialog mit dem Anbieter und mit anderen Nutzern treten (siehe Kap. 15.2.4).

Berücksichtigen Sie die entsprechenden Eigenschaften der Medien, wenn Sie sich an Journalisten wenden. Es macht keinen Sinn, einem Fernsehjournalisten eine Geschichte anzubieten, die sich nur für die Zeitung eignet, weil sie keine attraktiven Bilder liefert.

7.4 Journalistische Darstellungsformen

Informativ oder meinungsbildend

Wer Informationen an die Journalisten gibt, sollte wissen, wie diese das Ergebnis ihrer Arbeit verstehen. Die Journalisten unterscheiden informative und in meinungsbildende Darstellungsformen: Informative Darstellungsformen sind Nachricht, Bericht und Interview. Diese Darstellungsformen vermitteln Informationen sachlich. Meinungsbildende Darstellungsformen sind zum Beispiel Kommentar, Glosse, Kritik bzw. Rezension. In ihnen bewertet der Journalist die Informationen.

Informative Darstellungsformen

- **Nachricht:** Botschaft, Mitteilung, Neuigkeit. Der britische Nachrichtensender BBC versteht unter einer Nachricht: „neue sowie wahrheitsgemäß und sorgfältig wiedergegebene Informationen,
  - die aktuelle Ereignisse überall in der Welt zum Gegenstand haben,
  - die anderen wahrheitsgemäß und sorgfältig erarbeiteten Hintergrundinformationen gegenübergestellt werden, die zuvor jedoch wie Nachrichten behandelt werden müssen,
  - die auf faire Weise von ausgebildeten Journalisten ausgewählt werden, dies jedoch ohne künstliches Ausbalancieren und ohne persönliche politische Motivation oder redaktionelle Einfärbung,
  - die in eine Nachrichtensendung aufgenommen werden, weil sie interessant, von allgemeiner Bedeutung oder aber in den Augen der erwähnten Journalisten für die Zuhörer von persönlichem Belang sind und
  - die ohne Furcht objektiv gestaltet werden mit Blick auf die geltenden Gesetze und auf die Programmgrundsätze bezüglich guten Geschmacks und journalistischer Grundsätze." (zitiert nach Pape, M.: Wörterbuch der Kommunikation, Neuwied 1997).
- **Bericht:** Der Bericht ist eine ausführliche, erläuternde Nachricht. Der Bericht zeigt Zusammenhänge auf, erzählt statt nur aufzuzählen und erläutert Hintergründe.

- **Interview:** Das Interview ist eine für die Öffentlichkeit bestimmte Unterhaltung zwischen einem Berichterstatter und einer meist bekannten Person über aktuelle Zeitfragen oder sonstige Dinge, die durch die Person des Befragten interessant sind. Der Fragende versucht, den Interviewpartner durch gezieltes Fragen zu persönlichen oder sachlichen Aussagen zu bewegen.

Meinungsbildende Darstellungsformen

- **Kommentar:** Der Kommentar ist Erläuterung, Auslegung, Bemerkung, kritische Stellungnahme. In der Länge liegt er zwischen dem Leitartikel (länger) und der Glosse (kürzer).
- **Glosse:** Erklärende, deutende, spöttische Randbemerkung. Die Glosse ist eine Form des Kommentars. Der Journalist Reinhard Stumm charakterisiert die Glosse so: *„Die Glosse ist polemisch, ohne Zugeständnisse, ohne Einräumungen, die Schwäche des Gegenstandes genau erfassend. Sie ist nicht argumentierend, sondern bloßstellend, nicht abwägend, sondern hart, ironisch, witzig, listenreich. Die Pointe muss überraschen, überzeugen, schlagend sein."* Sie ist die schwerste Darstellungsform, weil sie am leichtesten daherkommt.
- **Kritik bzw. Rezension:** Meinungsäußernde Darstellungsformen des Kulturteils; Theater- und Filmkritik, Museums- und Ausstellungskritik, Buchrezension und andere bewertende journalistische Beiträge aus dem Kulturleben. Sie unterscheiden sich vom Kommentar nicht nur dadurch, dass sie sich (ähnlich der Glosse) stärker der Sprachkunst bedienen; wesentlicher ist, dass die Kritik Unterrichtung und Beurteilung kombiniert.

Genau genommen sind auch Nachricht, Bericht und Interview nicht objektiv, also unbeeinflusst von der Person, denn auch bei den informativen Darstellungsformen muss der Journalist die Informationen auswählen und verarbeiten.

IMMER IST DER JOURNALIST DIE VERMITTELNDE INSTANZ!

7.5 Instrumente

7.5.1 Presseinformation

Gedruckte Meldungen

Die Presseinformation informiert die Medien schriftlich über Wissenswertes aus dem Unternehmen. Sie ist neben der Pressekonferenz das meist genutzte Instrument der Medienarbeit.

Eigentlich müsste sie „Medieninformation" heißen, denn längst sind nicht mehr nur Pressevertreter die Adressaten der Unternehmensinformationen, sondern auch Agenturen, freie Journalisten, Fernsehreporter und Internetjournalisten.

Die Kurzform der etwa zwei- bis dreiseitigen Presseinformation ist die einseitige Pressemeldung.

Presseinformation	
Vorteile	**Nachteile**
Die Presseinformation erreicht die Journalisten auf kürzestem Weg.	Es gibt keine Garantie oder gar einen Anspruch, dass Ihre Informationen von den Journalisten berücksichtigt und wie sie veröffentlicht werden. Es entscheiden der Redakteur und sein Chefredakteur.
Die Informationen liegen den Journalisten schriftlich vor – im Gegensatz zu telefonischen oder persönlichen Gesprächen. Hierdurch kommt es seltener zu Missverständnissen als in einem Gespräch, das mitgeschrieben wird.	Informationen können nicht sofort besprochen und erklärt werden. Der Journalist muss telefonisch nachfragen, wenn er etwas nicht verstanden hat. Um Fragen und Thesen zu umstrittenen Produkten oder Verfahren zu diskutieren, muss also der Redakteur den Ansprechpartner im Unternehmen anrufen oder aufsuchen. Kann oder will er dies nicht, kann es zu Missverständnissen und Fehlinterpretationen kommen.
Die Presseinformation ermöglicht intensiveres Beschäftigen mit den Informationen, ein Nachschlagen, Hervorheben und Archivieren. Zudem bleiben gelesene Informationen länger im Gedächtnis als gehörte Worte.	Die Presseinformation eignet sich meist nicht optimal für schwierige Themen und komplizierte Abläufe, die erklärt werden müssen.
Das Erstellen einer Presseinformation ist organisatorisch und finanziell vergleichsweise wenig aufwändig: Sie wird geplant, recherchiert, getextet, in Form gebracht und an die Medien geschickt, gefaxt oder gemailt.	Die Presseinformation kann kaum Gefühle wie Trauer, Freude, Mitgefühl, Bedauern und Besorgnis vermitteln, die mit einer Nachricht verbunden sind.
Das Veröffentlichen einer Presseinformation kostet grundsätzlich kein Geld – im Gegensatz zur Werbeanzeige.	Die Presseinformation kann Sichtbares oft nur unzureichend verdeutlichen: Ein verbessertes Herstellverfahren oder die Fahreigenschaften eines neues Autos werden besser durch eine Präsentation als durch einen gedruckten Text vermittelt.

Abb. 7.2: Einige Vor- und Nachteile der Presseinformation

Sie sollten also entscheiden, ob Sie die Informationen optimal mit einer Presseinformation weitergeben oder ob sich andere Medien besser eignen, wie zum Beispiel eine Pressekonferenz oder eine Besichtigung. Vergessen Sie nicht: Die persönliche Kommunikation mit den Journalisten hat herausragende Bedeutung für das Vertrauen.

7.5.1.1 Planung

Der Anlass muss stimmen

Erfolgreiche Presseinformationen sind das Ergebnis solider Planung und professioneller Umsetzung. Einige Regeln sollten Sie beachten, denn die meisten Meldungen landen in den Papierkörben der Journalisten. Allem voran: Prüfen Sie, ob der Anlass eine Presseinformation rechtfertigt.

IHRE NACHRICHT MUSS FÜR DIE NUTZER DER MEDIEN WICHTIG SEIN. ENTSCHEIDEND IST NICHT, OB IHNEN ALLEIN AN DER VERÖFFENTLICHUNG LIEGT!

Eine Umfrage ergab, dass 86 Prozent der Presseinformationen deshalb ausgewählt wurden, weil sie Neuigkeitswert hatten. Werden Meldungen nicht veröffentlicht, sind sie unbedeutend oder richten sich an die falsche Bezugsgruppe. Deshalb:

SEHEN SIE MIT DEN AUGEN DER JOURNALISTEN!

Themenplanung

Die DEUTSCHE PRESSE-AGENTUR (DPA) liefert über 70.000 Wörter täglich, dies entspricht 300 DIN-A4-Seiten zu 240 Wörtern. REUTERS bietet täglich fast 200 solcher Seiten an, je 170 Seiten die ASSOCIATED PRESS (AP) und der DEUTSCHE DEPESCHEN DIENST (DDP). Dazu kommen die rund 120 Manuskriptseiten der AGENCE FRANCE PRESS (AFP). Aus knapp 1000 Seiten Agenturmaterial werden also die Nachrichten eines einzigen Tages herausgefiltert – für eine durchschnittliche Tageszeitung das, was sie auf vier bis fünf Zeitungsseiten unterbringen muss. Der Journalist muss aus dieser Flut von Informationen jene bewerten, die für ihn wertvoll sind.

Nachrichtenwert

Die Forschung hat herausgefunden, welche Nachrichtenfaktoren es gibt:

- **Frequenz:** Je mehr der zeitliche Ablauf eines Ereignisses der Erscheinungsperiodik der Medien entspricht, desto wahrscheinlicher wird das Ereignis zur Nachricht.
- **Schwellenfaktor:** Es gibt einen bestimmten Schwellenwert der Auffälligkeit, den ein Ereignis überschreiten muss, damit es registriert wird, zum Beispiel durch dessen Ungewöhnlichkeit.
- **Eindeutigkeit:** Je eindeutiger und überschaubarer ein Ereignis ist, desto eher wird es zur Nachricht.
- **Bedeutsamkeit:** Je größer die Tragweite eines Ereignisses, je mehr es persönliche Betroffenheit auslöst, desto eher wird es zur Nachricht (kulturelle Nähe/Betroffenheit/Relevanz).
- **Überraschung:** Unvorhersehbares und Seltenes hat die größte Chance, zur Nachricht zu werden, wie zum Beispiel Bier-Eis.
- **Kontinuität:** Ein Ereignis, das bereits als Nachricht definiert ist, hat eine hohe Chance, von den Medien auch weiterhin beachtet zu werden.

- **Variation:** Ereignisse werden eher beachtet, wenn sie zur Ausbalancierung und Variation des gesamten Nachrichtenbildes beitragen.
- **Personalisierung:** Je stärker ein Ereignis personalisiert ist, sich im Handeln oder Schicksal von Personen darstellt, desto eher wird es zur Nachricht.

Anlässe, die potenziellen Nachrichtenwert haben

Es gibt viele Anlässe, die für Sie wichtig sind und potenziellen Nachrichtenwert haben:

- **Kooperationen:** Zusammenarbeit mit einem anderen Unternehmen, zum Beispiel, um die Leistungen gegenseitig zu ergänzen.
- **Produktneuheiten:** Produkte, die neu und entscheidend besser sind als vorhandene.
- **Neue Produktbereiche:** Das Unternehmen hat sein Leistungsspektrum erweitert und bietet statt Einzelleistungen jetzt umfangreichen Service.
- **Spektakuläre Aufträge:** Das Unternehmen erhält einen besonders großen, langfristigen oder ungewöhnlichen Auftrag.
- **Neue Forschungsergebnisse:** Das Unternehmen kann deutliche Fortschritte in Forschung und Entwicklung vorweisen, zum Beispiel ein neuartiges Produkt oder einen ungewöhnlichen Verfahrensablauf.
- **Sonderaktionen:** Einmalige und zeitlich befristete Sonderaktionen, wie zum Beispiel Aktionswochen, die unter einem bestimmten Motto stehen.
- **Wirtschaftliche Entwicklung:** Meldungen über Exporterfolge, Kooperationen, Fusionen oder einen Unternehmenskauf.
- **National bedeutende Ereignisse:** Ihr Unternehmen hat einen umfangreichen oder wichtigen Auftrag erhalten.
- **Neue Märkte und Filialen:** Das Unternehmen filialisiert in China.
- **Änderungen auf dem Arbeits- oder Absatzmarkt:** Das Unternehmen schafft neue Stellen.
- **Sicherung von Arbeitsplätzen:** Das Unternehmen führt neuartige Arbeitszeitmodelle ein.
- **Standortwechsel:** Das Unternehmen verlagert Betriebsteile an einen anderen Standort.
- **Wichtige Entscheidungen:** Das Unternehmen errichtet neue Gebäude, plant umfangreiche Investitionen oder baut Arbeitsplätze an.
- **Umweltschutz:** Das Unternehmen nimmt eine neue Anlage in Betrieb oder setzt innovative Verfahren ein.
- **Ausbildung:** Es bildet in neuen Ausbildungsberufen aus oder bietet Praktika für Berufseinsteiger.
- **Stiftungen:** Das Unternehmen fördert Nachwuchs oder Fortschritte in der Entwicklung seiner Arbeitsgebiete.
- **Öffentliche Ausstellungen und Vorträge:** Das Unternehmen veranstaltet eine Kunstausstellung, bietet einen Expertenvortrag in einem Hotel oder finanziert eine Musikveranstaltung mit jungen Künstlern.

- **Besuche von Persönlichkeiten des öffentlichen Lebens:** Politiker, Prominente oder bedeutende Persönlichkeiten aus der Wirtschaft besuchen Ihr Unternehmen.
- **Soziale Einrichtungen:** Das Unternehmen richtet eine Sozialberatung ein oder beschäftigt Mitarbeiter aus sozialen Rehabilitationseinrichtungen.
- **Öffentliche Informationsveranstaltungen:** Das Unternehmen lädt zum Tag der offenen Tür oder einer Diskussionsrunde.
- **Teilnahme an Wettbewerben:** Das Unternehmen beteiligt sich an einem Wettbewerb oder schreibt einen Wettbewerb aus.

Themen für das ganze Jahr

Das Beispiel eines Warmwasserinstallateurs

Das ganze Jahr hindurch kann Ihr Unternehmen Themen bieten, die den Leser in interessanter und verständlicher Weise mit Ihren Leistungen vertraut machen. Hier das Beispiel für einen Heizungs- und Warmwasserinstallateur:

- *„Badezimmerarmaturen - Schutz und Schönheit"*
- *„Badewannen im Wandel der Zeit"*
- *„Regelmäßige Wartung garantiert wohlige Wärme"*
- *„Zeit für einen Neuanstrich: Nur kalte Heizkörper lassen sich renovieren"*
- *„Moderne Boiler: Sicherheit steht im Mittelpunkt"*

Geben Sie Hinweise zur Wartung und Pflege von Heizung und Warmwasseranlagen und melden Erfolge beim Verbessern von Heizungstechnik und Produktqualität. Jahreszeitschwerpunkte ergänzen den regelmäßigen Pressedienst, denn Frühjahr und Herbst sind wichtige Termine für die Anwender: Nach dem Winter müssen Brenner gereinigt und Heizkörper auf Hochglanz gebracht werden. Im Herbst wird die Heizung winterfest gemacht. Weitere Ideen:

- *„Frühjahrsputz für die Heizung"* - eine Mappe mit mehreren Pressetexten, die wertvolle Tipps geben, dazu eine Aktions-Illustration.
- *„Wohlig durch den Winter"* - ebenfalls eine Mappe mit mehreren Texten, Aktions-Illustration und Tipps, wie die Heizung auf den Winter vorbereitet wird.
- *„Frühjahrsparade"* - Texte zu notwendigen Arbeiten an und um Heizung und Warmwasserboiler, Aktions-Illustration.

Einen Überblick über geplante Sonderveröffentlichungen in den deutschen Printmedien bietet „Der Themenplan" aus dem ZIMPEL-Verlag (*www.zimpel.de*).

Adressaten

Mediengattungen

Steht das Thema fest, müssen Sie sich entscheiden, an welche Redaktionen Sie sich damit wenden (siehe Abb. 7.1). Hierbei können Sie unterscheiden:

- **Tageszeitung:** ABENDZEITUNG MÜNCHEN, FRANKFURTER ALLGEMEINE ZEITUNG, FRANKFURTER RUNDSCHAU, SÜDDEUTSCHE ZEITUNG etc.

- **Publikumspresse:** ARCHITEKTUR UND WOHNEN, HANDBALL MAGAZIN, ESSEN UND TRINKEN, HÖRZU, IMPULSE etc.
- **Fachpresse:** ÄRZTEBLATT, DEUTSCHE LEHRERZEITUNG, DAS GASTGEWERBE, KARTOFFELBAU, HANDWERKER MAGAZIN etc.
- **Rundfunk:** ANTENNE BAYERN, SENDER FREIES BERLIN, SÜDWESTFUNK, NORDDEUTSCHER RUNDFUNK, BAYERISCHER RUNDFUNK etc.
- **Fernsehen:** ZDF und ARD, RTL, SAT.1, VOX etc.
- **Agenturen:** DEUTSCHE PRESSE-AGENTUR (DPA), ASSOCIATED PRESS (AP), REUTERS, AGENCE FRANCE PRESS (AFP) etc.
- **Pressebüros und freie Journalisten:** Sie versorgen Zeitungen und Zeitschriften mit Themen.
- **Portale und Online-Pressedienste:** Pressedienste, wie zum Beispiel NEWS AKTUELL verteilen die Presseinformationen über E-Mail, Satellit, im Internet oder in einer Datenbank. Sie stellen Archive für Presseinformationen bereit und bieten Faxverteilung an. Die Redaktionen von e-Zines (Electronic Magazins) sollten nicht vergessen werden.

Nachrichtenagenturen

Die Informationen, die über Nachrichtenagenturen verbreitet werden (in der Fachsprache heißt das: *„Sie laufen über den Ticker"*), gelten in den Redaktionen als geprüft und für gut befunden. Dieses Prädikat müssen sich die Meldungen auf dem Schreibtisch des Redakteurs erst verdienen. Wer es schafft, über den Ticker der DEUTSCHEN PRESSEAGENTUR (DPA) zu laufen, erreicht die gesamte deutsche Presselandschaft sowie Radio- und Fernsehsender.

Weitere Agenturen

Eine weitere Möglichkeit, Meldungen unbearbeitet und unverfälscht über Agenturen an die Medien zu verbreiten, bieten Agenturen wie NEWS AKTUELL: Die Beiträge laufen wie Agenturmeldungen über den Ticker oder direkt auf die Bildschirme der Journalisten. Diese Dienste stellen sicher, dass Informationen nicht nur zeitgleich, sondern auch im Original bei allen Medien, Nachrichtenagenturen und sonstigen Beziehern des Dienstes vorliegen *(www.newsaktuell.de)*.

Inhalt und Aufbereitung

Die Wahl der Adressaten entscheidet über Inhalt und Aufbereitung: Sind es Informationen für die breite Öffentlichkeit oder für ein Fachpublikum? Können Sie Wissen und Aufgeschlossenheit voraussetzen? Jedes Medium informiert in einem eigenen Stil, jedes Medium setzt andere Akzente: Ein Nachrichtenmagazin wird die Informationen anders aufbereiten als eine Boulevardzeitung; eine Tageszeitung berichtet anders als eine Illustrierte.

Für das regelmäßige Aussenden der Presseinformationen sollten Sie über eine aktuelle Adressenliste (Verteiler) verfügen. Diese Kontaktkartei enthält Redaktionen, Ansprechpartner, Telefonnummern, Telefaxnummern, E-Mail-Adressen und weitere Daten, wie Spezialgebiete von Journalisten sortiert nach Tagespresse, Lokalpresse, Wirtschaftspresse, Fachpresse, Branchen, Agenturen und elektronische Medien (über Quellen informiert Sie Kap. 7.5.1.3).

Zeitplanung

Der Zeitplan umfasst sowohl die Aussendungen im Jahresverlauf als auch Einzelaktionen.

Jahresplanung Presseinformationen	
Anlass und Material	**Aussendung**
Frühjahrsparade – Texte zu notwendigen Arbeiten rund um Heizung und Warmwasserboiler, Aktionsfoto	März
Badezimmerarmaturen – Schutz und Schönheit	April
Der Winter ist vorbei: Reinigen Sie Ihren Brenner	April
Frühjahrsputz für die Heizung eine Mappe mit mehreren Pressetexten, die wertvolle Tipps geben, dazu ein Aktionsfoto	April
Badewannen im Wandel der Zeit	Mai
Zeit für einen Neuanstrich: Nur kalte Heizkörper lassen sich renovieren	Mai
Regelmäßige Wartung garantiert wohlige Wärme	September
Moderne Boiler: Sicherheit steht im Mittelpunkt	September
Der Winter naht: Bringen Sie Ihre Heizkörper auf Hochglanz	September
Wohlig durch den Winter ebenfalls eine Mappe mit mehreren Texten, Aktions-Illustration und Tipps, wie die Heizung auf den Winter vorbereitet wird.	Oktober

Abb. 7.3: Jahresplan der Presseaussendungen

Der Zeitplan für eine Aussendung listet alle Tätigkeiten und die hierfür benötigte Zeit auf, zum Beispiel für das Beschaffen der Informationen, das Formulieren des Textes und das Aussenden (siehe Abb. 7.4). Der Plan legt fest, an welchem Tag die erste Aktion beginnt und wann andere folgen – nach und nach oder zeitgleich. Bewährte Hilfen sind Balken- oder Verlaufsdiagramme, die es auch als Computerprogramm gibt.

Feinplan

Zum Timing gehört der Feinplan (siehe Abb. 7.5): Den Versand einer Presseinformation sollten Sie so planen, dass die Meldung bis spätestens 16 Uhr in den Redaktionen eingeht, damit sie in der aktuellen Ausgabe berücksichtigt wird. Manche Redaktionen nehmen spätere Meldungen für die aktuelle Ausgabe entgegen, aber gehen Sie von 16 Uhr aus, damit Sie sicher in der Zeit liegen.

Mai 200 ...

DO	**1**	Informationen über neues Produkt beim Marketing holen	SA 10	
FR	**2**	Mit Entwicklern über Produkt sprechen	SO 11	
SA	3		**MO 12**	Textentwurf mit Marketingleiter besprechen
SO	4		**DI 13**	Änderungen in Text übertragen und Geschäftsleitung vorlegen
MO	5			
DI	**6**	Material sichten und auswählen, Adressaten festlegen	**MI 14**	Redaktionsadressen prüfen und ausdrucken
MI	7		**DO 15**	Text auf Vordruck kopieren, eintüten und aussenden
DO	8			
FR	**9**	Erste Textfassung erstellen	FR 16	

Abb. 7.4: Zeitplan für die Erstellung einer Presseinformation

Zeitplan für die Presseinformation zur Bilanzpressekonferenz

21.10. (bis spätestens 15 Uhr)

Daten über Umsatz des Unternehmens nach Geschäftsfeldern (nach Inland/Ausland), bekommt die UK-Stelle (Frau Müller) von Herrn Mauker.

Weitergabe dieser Daten an Frau Kleinholz (freie Grafikerin) zur Grafikerstellung sowie Skalierung für Gewinn-Grafiken.

28.10. (nachmittags)

1. Daten über Ergebnis nach Steuern
2. Daten über Personalstand
3. Mit Finanzvorstand abgestimmten Text zur Bilanzpressekonferenz bekommt die UK-Stelle (Frau Müller) von Dr. Schreiber auf Diskette.
4. Weitergabe der Daten zum Setzen durch Frau Kleinholz
5. Text wird ins Englische übersetzt

01.11. (vormittags)

Übersetzung an Setzerei

05.11. Druckfreigabe der Presseinformation, genaue Anzahl „Vorabexemplare“ an die UK-Stelle (meldet Frau Siebenhaar an Druckerei).

07.11.	Auslieferung der Presseinformation (7500 deutsche, 2750 englische Exemplare)
11.11.	Veröffentlichung zur Bilanzpressekonferenz, Versand an die Bezugsgruppen
12.11.	Anzeigenschaltung im Bundesanzeiger

Abb. 7.5: Feinplan

7.5.1.2 Erstellung

Die Presseinfo als Visitenkarte des Unternehmens

Die Presseinformation ist die Visitenkarte Ihrer Unternehmenskommunikation: Sie ermöglicht den Journalisten den ersten Eindruck von Ihrem Unternehmen und der Professionalität Ihrer Arbeit.

Format

Die herkömmliche Presseinformation ist meist ein bis zwei Seiten lang und hat das Format DIN A 4 (Briefformat). Sie wird einseitig beschrieben. Besteht eine Presseinformation aus mehreren Seiten, werden diese geklammert, um fliegende Zettel auf den Schreibtischen der Journalisten zu vermeiden. Sie können Presseinformationen zusätzlich auf Diskette anbieten und auf die Internetversion hinweisen (siehe Kap. 7.8).

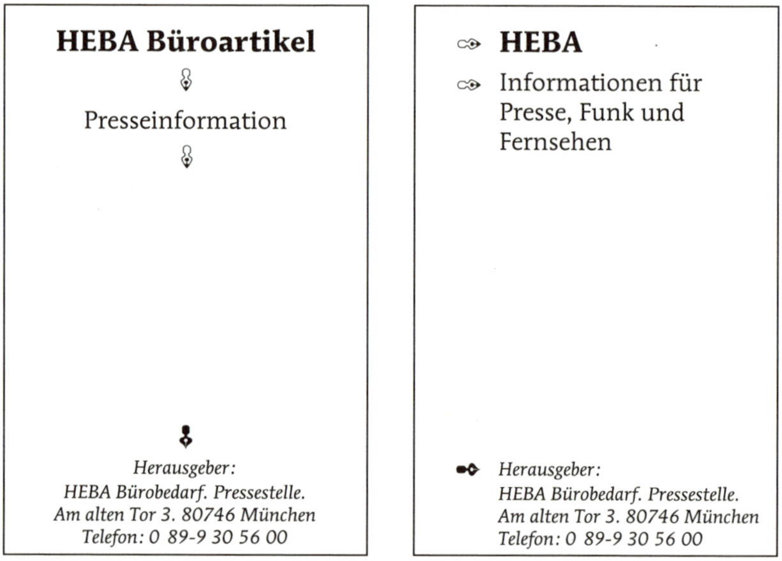

Abb. 7.6: Vordrucke von Presseinformationen

Absender sofort erkennbar

Der Empfänger kann auf den ersten Blick erkennen, dass die Presseinformation von Ihrem Unternehmen stammt. Dies erleichtert den Journalisten Auswahl und Zuordnung, wie Umfragen unter Journalisten belegen: Ist es ein kleiner Betrieb, ein mittleres Unternehmen, eine soziale Einrichtung oder eine Bürgerinitiative? In den Redaktionen gehen täglich Dutzende von Nachrichten ein, viel mehr als gedruckt werden können: Die DEUTSCHE PRESSE-AGENTUR (DPA) versendet täglich Hunderte von Presseinformationen. Eine Orientierung für den Journalisten ist daher unabdinglich.

Die erste Seite sieht immer gleich aus und wird daher als Vordruck gestaltet. Die Folgeseiten kopieren Sie auf herkömmliches weißes Papier. Das Deckblatt sollte Ihr Unternehmenslogo enthalten (siehe Kap. 14) und in großer Schrift den Hinweis „Presseinformation" tragen (Abb. 7.6).

Um sicherzugehen, dass die Presseinformation auch für Außenstehende interessant und verständlich ist, geben Sie den Text einigen Kollegen oder privaten Bekannten zu lesen – Hauptsache, sie gehören zu den Nutzern der Medien.

Ihrer ersten Aussendung können Sie einen persönlichen Begleitbrief an die Redaktion und/oder den Journalisten beifügen, in dem Sie sich vorstellen und zu verstehen geben, dass Ihnen an der langfristigen, vertrauensvollen Zusammenarbeit gelegen ist. Später ist ein Begleitschreiben überflüssig. Hinweise wie: *„Wir bitten Sie, folgende Mitteilung zu veröffentlichen"* erübrigen sich, da jeder das Ziel einer Presseinformation kennt, nämlich die Veröffentlichung.

Pressefoto

Bilder wirken stark

Ein gut gemachtes Foto kann eine Leistung veranschaulichen. Grafiken und Abbildungen lockern die Presseinformationen auf. Ist das Foto interessant und professionell gemacht, wird es von den Journalisten eher gedruckt und von den Lesern eher beachtet als ein Text – als Grund für das Veröffentlichen einer Meldung nannten Journalisten in einer Studie das attraktive Foto an zweiter Stelle. Wie sagt schon der Volksmund: Ein Bild sagt mehr als 1000 Worte!

Sorgfältige Auswahl und Erstellung

Fotos sollten sorgfältig erstellt und ausgewählt sein, am besten von einem Profifotografen (Adressen in den „Gelben Seiten" und im Internet). Die meisten entwickeln selbst und liefern schnell. Außerdem beraten sie bei der Motivwahl, da sie oft auch für Zeitungen und Zeitschriften arbeiten und die Auswahlkriterien kennen.

Fotos ohne Handlung sind meist langweilig. Eine kunstlichterhellte Maschine eignet sich ebenso wenig wie statische Hostessen vor einer blitzenden Apparatur. Stattdessen sollten Sie Situationen aus dem Betriebsalltag zeigen, in denen Mitarbeiter zu sehen sind.

BIETEN SIE KEIN STATISCHES UND NICHTSSAGENDES GRUPPENFOTO AN!

Format

Pressefotos haben das Format 13 x 18 Zentimeter oder 18 x 24 Zentimeter. Bieten Sie zwei oder drei Motive zum Auswählen an auf Hochglanzpapier in schwarz-weiß (für Tageszeitungen) und ohne Rand. Magazine und Journale (evtl. auch Tageszeitungen mit Farbdruck) bekommen Farbfotos. Sind Sie unsicher, können Sie Schwarz-weiß-Fotos mitschicken und darauf verweisen, dass Farbfotos auf Anfrage erhältlich sind.

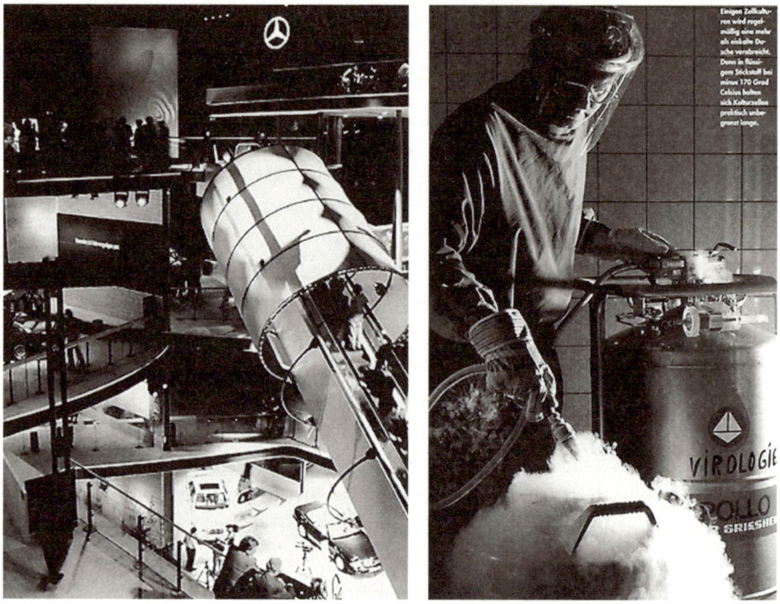

Abb. 7.7: Professionelle Fotos erhöhen die Chance eines Abdrucks Beispiele von Mercedes-Benz und Henkel

Bildtexte und Quellenhinweis

Die Rückseite der Fotos trägt den Bildtext („Legende"), der die wichtigsten Informationen über den Inhalt des Fotos enthält: Motiv (Gebäude, Gelände etc.), abgebildete Personen mit vollständigem Namen und Funktion im Unternehmen. Vergessen Sie nicht, deren Zustimmung einzuholen, denn sie haben ein persönliches Recht am Bild!

Tipp: Wenn Sie den Bildtext als doppelten Aufkleber anbringen, kann der Journalist einen Aufkleber zum Formulieren der Bildzeile verwenden; der andere bleibt auf dem Bild kleben, damit die Informationen über das Foto nicht verloren gehen, wenn es nach der Veröffentlichung im Bildarchiv landet.

Auf der Rückseite des Fotos ist auch die Quelle angegeben, zum Beispiel der Name des Unternehmens oder des Fotografen. Der Hinweis „honorarfrei" teilt dem Journalisten mit, dass er das Foto ohne Honorar für Veröffentlichungsrechte drucken kann.

Für den Versand der Fotos verwenden Sie Bildhüllen für Papierfotos, die neutral und preiswert sind. Sie können das Bildmaterial auch als Dia oder auf CD-Rom anbieten. Die Kosten für eine Foto-CD sind überraschend gering und sie speichert hunderte von Motiven.

Bieten Sie die Motive im Internet an, ist eine Auflösung in 72 dpi ratsam. Fordern die Journalisten die Motive ab, haben diese eine Auflösung von 300 dpi, damit sie hochwertig abgedruckt werden können.

Schicken Sie nie unaufgefordert Motive als Anhang von E-Mails (siehe Kap. 7.8)!

Sollten Sie öfter Fotos erstellen oder einkaufen, dann legen Sie ein eigenes Bildarchiv an, damit Sie die Motive auf Anfrage schnell herausgeben können.

Pressemappe

Gebündelte Informationen

Besteht Ihre Aussendung aus mehreren Teilen – zum Beispiel aus einer Presseinformation, einem Geschäftsbericht und Fotos – stellen Sie dieses Material in einer Pressemappe zusammen, um fliegende Blätter in den Redaktionen zu vermeiden. Als Pressemappe können Sie einen Schutzumschlag aus Karton mit Einstecklasche erstellen lassen, der das Unternehmenslogo trägt. Billigere Varianten sind der Schnellhefter mit Firmenaufkleber oder, als billigste Lösung, eine Klarsichthülle, die Sie im Schreibwarengeschäft kaufen können. Hauptsache ist, dass die Unterlagen in einwandfreiem Zustand beim Journalisten ankommen – also nicht geknickt oder zerfetzt.

Register für Ihren Presseordner

Eine gelungene Idee, Informationen zu bündeln, ist der Presseordner („Press-Kit"). Dieser enthält Informationen, Erläuterungen und Illustrationen rund um ein Thema. Das Register für Ihren Presseordner könnte lauten:

- Presseinformation
- nähere Informationen
- weitere Informationen zum Thema (Historie, sozio-ökonomische Aspekte, Produktion, Umwelt etc.)
- Perspektiven
- Glossar
- Illustrationsmaterial (Fotos, Grafiken)
- Buchtipps

Diese kompletten Informationen können Sie je nach (Fach-)Medien auf bestimmte Register beschränken: Publikums- und Lokalpresse werden Details zum Sachthema nicht so stark interessieren wie die Fachpresse.

Besonders bei Produkteinführungen oder gesellschaftlichen Ereignissen lohnt sich, über Beigaben zu den Presseinformationen nachzudenken, wie zum Beispiel Produktproben oder Streuartikel („Give aways") wie Kugelschreiber und Reisewecker.

Freigabe

Inhalte müssen stimmen

Vor dem Versand sollten Sie die Presseinformation den Fachverantwortlichen vorlegen, damit die Informationen korrekt sind und um Bedenken gegen die Veröffentlichung auszuräumen (Abstimmung, Freigabe). Dies können die Geschäftsleitung und die Fachfunktionen Forschung und Entwicklung, Produktion, Personalabteilung oder die Umweltschutzabteilung sein.

Konflikte bei der Freigabe

Diese Abstimmungen sind in der Praxis mitunter leidvoll, weil die Abstimmungspartner keine Profis sind und den Text zur Veröffentlichung aus Unsicherheit so exakt wie möglich formulieren wollen. Dies steht der Verständlichkeit der Texte entgegen sowie der interessanten, ansprechenden Aufmachung der Information – der Konflikt ist programmiert.

Der Journalist erkennt solche Texte sofort am Stilbruch: Der Unternehmenstext, ursprünglich vom Ingenieur geschrieben, wurde stellenweise nach journalistischen Kriterien aufbereitet, aber wiederum nicht konsequent genug, um letztlich aus einem Guss zu sein.

Ein Ausweg kann in der Vereinbarung liegen, dass für die Inhalte die Fachposition verantwortlich ist, aber für die journalistische Aufbereitung (!) der Kommunikationsprofi der Unternehmenskommunikation.

FÜR DEN INHALT IST DIE FACHABTEILUNG ZUSTÄNDIG, FÜR DIE FORM DIE UNTERNEHMENSKOMMUNIKATION!

Wenn die Fachfunktionen argumentieren, dass ihre Formulierungen ein Ausweis von Fachkundlichkeit seien, dann entgegnen Sie, dass Verständlichkeit oberstes Gebot sein sollte, was bestimmte Formulierungen ausschließt. Mit anderen Worten: Sie müssen entscheiden, ob Sie mit der Presseinformation eine Botschaft auf der Beziehungsebene senden wollen (*„Wir sind toll", „Wir sind intelligent"*), oder ob Sie eine Leistung in verständlicher Sprache darstellen und erläutern möchten (Sachebene).

VERSTÄNDLICHKEIT SOLLTE VORRANG VOR PROFILIERUNGSSUCHT HABEN!

Rechtliche Aspekte

Oft wissen die Verfasser von Presseinformationen nicht, dass Texte und Illustrationen Rechtsaspekte berühren: Müssen Persönlichkeitsrechte beachtet werden? Sind Informationen mitbestimmungspflichtig? Muss die Presseinformation mit Kooperationspartnern, Auftraggebern und Lizenzgebern abgestimmt werden? Sind Patentrechte geklärt? Sind Veröffentlichungsrechte berührt, zum Beispiel durch die Veröffentlichung von Fotos von freien Fotografen? Solche Aspekte sollten Sie prüfen, um Missverständnisse und Auseinandersetzungen zu vermeiden.

Sperrfrist

Die Presseinformation kann mit einer Sperrfrist versehen werden. Sie soll sicherstellen, dass die Information nicht vor dem eigentlichen Ereignis veröffentlicht wird (zum Beispiel Produktpräsentation auf einer Messe). Mögliche Formulierungen lauten: *„Frei ab 31.3.2003" oder „Achtung Sperrfrist: Nicht vor dem 31.3.2003, 12 Uhr veröffentlichen".*

7.5.1.3 Versand

Journalistenverteiler

Damit die Presseinformation schnell und zuverlässig ankommt, sollten Sie ein Verzeichnis der Journalisten erstellen (Journalistenverteiler). Dieses Verzeichnis können Sie mit einem gängigen Computerprogramm erstellen (zum Beispiel EXCEL von MICROSOFT) oder mit Spezialsoftware für die Adressverwaltung (zum Beispiel WINAV, ADEBAR).

Aktualisieren Sie die Adressen regelmäßig, mindestens aber einmal jährlich. Schreiben Sie hierzu die Journalisten freundlich an und bitten um Bestätigung der Angaben. Fragen Sie, ob und wie sie weiterhin mit Informationen beliefert werden wollen. Mittlerweile ist der E-Mail-Versand stark erwünscht – 80 Prozent wünschen dies.

Gedruckte Adressensammlung

Hilfreich für das Zusammenstellen der Adressen sind gedruckte oder elektronische Nachschlagewerke wie die KROLL Pressetaschenbücher, der STAMM-LEITFADEN DURCH PRESSE UND WERBUNG und das TASCHENBUCH DES ÖFFENTLICHEN LEBENS. Der ZIMPEL, eine Loseblattsammlung in mehreren Bänden, enthält verantwortliche Redakteure aller Ressorts der Zeitungen, Publikums- und Fachzeitschriften, der Anzeigenblätter, Journalisten in Funk und TV sowie die freien Journalisten. Jedes Handbuch enthält Informationen zu Redaktion, Verlag, Herausgeber, Verbreitungs- und Sendegebiet, Auflage, Anzeigen- und TV-Spotpreisen, Charakteristik, Zielgruppe, Erscheinungsweise, Online-Diensten und die kompletten Anschriften mit Telefonnummer, Faxnummer und E-Mail.

Elektronische Adressensammlungen

Apropos Internet: Sie können Ihre Informationen im Internet anbieten. Alle Journalisten nutzen diese Informationsquelle (siehe Kap. 7.8). Der elektronische Textversand ist einfach und hilft bei Termindruck, wertvolle Zeit zu gewinnen. Außerdem gibt es immer mehr Redaktionen, die direkt in das System eingespielte Texte favorisieren. Dateien können an einzelne Redaktionen überspielt werden. Um mehrere Abnehmer gleichzeitig zu bedienen, muss man Kunde bei einem elektronischen Textverteiler, einer Mailbox, sein. Zum Beispiel versorgt COM.BOX über 100 angeschlossene deutschsprachige Redaktionen mit Texten und Bildern von mehr als 1200 Korrespondenten weltweit *(www.combox.de)*.

Ein Unterschied zur herkömmlichen Aussendung besteht darin, dass sich die Interessenten die Informationen aktiv holen müssen. Außerdem ist es schwieriger, einen Text für alle Journalistengruppen zu formulieren. Die Entwicklung geht jedoch eindeutig in Richtung Internet.

7.5.1.4 Erfolgskontrolle

Bewertung der Berichterstattung

Hat sich die Mühe gelohnt? Sie haben eine interessante Presseinformation vorbereitet, getextet und verschickt. Die Frage lautet: Haben die Journalisten berichtet? Sind Ihre Informationen wie beabsichtigt angekommen? Haben Sie alle Beiträge erfasst? Haben Sie geprüft, ob Ihre Botschaft korrekt wiedergegeben wurde?

Werten Sie Zeitungen, Rundfunk und Internet qualitativ und quantitativ aus, um den Erfolg Ihrer Bemühungen zuverlässig zu kontrollieren, also sowohl den Inhalt als auch die Menge. Erstellen Sie eine Liste der Redaktionen, an die Sie Ihre Presseinformation geschickt haben. Legen Sie Mitarbeiter fest, die im so genannten „Sonderfrühdienst" helfen, die Berichterstattung zu durchsuchen und Beiträge zusammenzustellen.

Presseauswertung/Frühdienst			
Name	Zeitung/Zeitschrift	Name	Zeitung/Zeitschrift
	Die Woche		Süddeutsche Zeitung, Natur, Öko-Test, Grünstift, Process, Umwelt Magazin
	Die Zeit, Berliner Kurier		Frankfurter Rundschau
	Connect, Wochenpost		Financial Times, Wallstreet Journal, Welt am Sonntag
	Welt		Capital, Manager Magazin, Impulse, Industrie-Magazin, Börsen-Zeitung, Blick durch die Wirtschaft
	Handelsblatt, Börse-Online, Wirtschaftswoche, Das Wertpapier		Spiegel, Spectrum der Wissenschaft, Medical Tribune, Selecta
	Frankfurter Allgemeine Zeitung		
	Focus, Morgenpost		
	Hör zu, Bild, Bild am Sonntag		
	Stern, Berliner Zeitung		
	TAZ, Bild der Wissenschaft		

Abb. 7.8: Zeitungsliste für den Sonderfrühdienst

Professionelle Medienbeobachtung

Mit dieser Aufgabe können Sie auch einen professionellen Medienbeobachtungsdienst beauftragen, der veröffentlichte Beiträge aufspürt, sammelt und – am Tage des Erscheinens oder wenige Tage danach – an sie weitergibt. Die Agenturen schneiden die gefundenen Zeitungsausschnitte (Clippings) aus und kleben sie auf vorgefertigtes Papier, auf dem der Name des Mediums, der Erscheinungstag und die Auflagenhöhe angegeben sind. Aufzeichnungen von Fernsehsendungen und Radiosendungen können Sie als Videokassette bzw. Audio-Kasette anfordern oder eine Abschrift erstellen lassen (Adressen im Serviceteil).

Keine Rückfragen in den Redaktionen

Auch wenn es anders empfohlen wird: Vermeiden Sie Rückfragen in den Redaktionen! Redakteure wollen nicht ständig mit Nachfragen bombardiert werden. Das ist nicht verwunderlich: Kein Redakteur hat einen Überblick, wann seine Artikel erschienen sind und an welcher Stelle. Soll er das Material suchen oder die Artikel aus der Zeitung als Belegexemplar ausschneiden und dem Unternehmen senden, lenkt ihn das nur unnötig von seiner Arbeit ab. Unschwer vorzustellen, wie viel Arbeit es macht, wenn ein Journalist 5 bis 20 kürzere und längere Artikel pro Tag schreiben und auch noch das Ausschneiden für die Unternehmen übernehmen soll. Ausnahme könnten Fachzeitschriften sein – zumal wenn Ihnen der Journalist persönlich bekannt ist.

Der Medienspiegel

Sammeln Sie die veröffentlichten Beiträge und stellen Sie diese im „Medienspiegel" zusammen. Die Beiträge können Sie bei Bedarf kommentieren und hinweisen, wenn Informationen falsch wiedergegeben sind.

Elektronische Medienspiegel haben den Vorteil, dass die Beiträge im Computer erfasst, mit einer Kennzeichnung versehen und unter Schlagwörtern archiviert sind. Damit nicht genug: Sind die Arbeitsplätze im Unternehmen vernetzt, kann der morgendliche Medienüberblick in Sekundenschnelle an beliebige Adressaten im Unternehmen verschickt werden. Dies ist mittlerweile unter bestimmten Bedingungen rechtlich erlaubt. Informieren Sie sich über die aktuelle Rechtslage (z.B. *www.pr-guide.de*)

Ob über PC oder als Papier: Senden Sie den Medienspiegel an alle Beteiligten, zum Beispiel an die beteiligten Fachfunktionen und an die Geschäftsführung, die sicher auf die Beiträge angesprochen wird. Sie können diese Aussendung nutzen, um sich in einem Begleitschreiben für die Unterstützung der Aktion zu bedanken.

Einspruch

Was geschieht, wenn Sie die Ausschnitte erhalten und der Journalist hat falsche Daten und Zahlen veröffentlicht? Was tun, wenn Sie in den Medien schlecht abschneiden? Zunächst einmal sollten Sie davon ausgehen, dass Journalisten fair berichten wollen. Es kann jedoch vorkommen, dass sie einen Sachverhalt anders verstanden und Zahlen falsch notiert haben.

Prüfen Sie zunächst, ob durch die Berichterstattung überhaupt ein Schaden für Ihr Unternehmen entstanden ist oder zu entstehen droht. Meist sind unkorrekte Veröffentlichungen und falsche Zitate ärgerlich, aber sie schaden nicht. In solchen Fällen sollten Sie überlegen, überhaupt aktiv zu werden. Mögliche Gegenmaßnahmen sind:

Mögliche Gegenmaßnahmen

- **Anruf beim Redakteur:** Drohen Ihnen durch die Berichterstattung Probleme zu entstehen, können Sie zum Beispiel den Journalisten anrufen und fragen, warum Falschinformationen erschienen sind. Stellen Sie Ihren korrekten Standpunkt dar und versuchen Sie mit ihm zu besprechen, ob und wie die Informationen in der Zeitung richtig gestellt werden können.
- **Leserbrief:** Sollten Sie keine Lösung finden, können Sie einen Leserbrief schreiben, in dem Sie die unwahren Behauptungen richtig stellen. Allerdings werden Sie so die Aufmerksamkeit mancher Leser überhaupt erst auf die (falschen) Informationen ziehen.
- **Gegendarstellung:** Schließlich bleibt Ihnen die Gegendarstellung, die die Zeitung nach dem Presserecht abdrucken muss – ob die Gegendarstellung stimmt oder nicht. Auch hier kann es leicht passieren, dass Sie überhaupt erst Aufmerksamkeit auf einen Vorfall ziehen. Zudem wirken Gegendarstellungen oft wenig glaubhaft, weil man schon damit rechnet, dass ein Unternehmen den aufgestellten Behauptungen widerspricht nach dem Motto: „Das ist ja klar, dass die sich gegen solche Anschuldigungen wehren".

Daher: Prüfen Sie genau, ob und wie Sie auf die Veröffentlichung von falschen Zahlen, Fakten oder Meinungen reagieren wollen. Lassen Sie sich von Ihrem Rechtsvertreter beraten.

So mancher unkundige Firmenvertreter hat nach solchen Veröffentlichungen von seinem Kommunikationsfachmann gefordert, sich die Artikel vor dem Erscheinen vorlegen zu lassen. Es versteht sich von selbst, dass die Medien nicht mehr ihrer Pflicht zur Berichterstattung nachkommen könnten, wenn sie nur drucken dürften, was ihnen Unternehmenschefs erlauben.

ACHTEN SIE DIE FREIHEIT DER BERICHTERSTATTUNG!

7.5.1.5 Aufbewahrung

Archivieren Sie Ihre Unterlagen nach Ende der Aktion, damit Sie jederzeit auf das Material zurückgreifen können, falls weitere Anfragen eingehen:

- **Textarchiv:** Das im Unternehmen recherchierte Material, das Ihnen als Ausgangsbasis für das Formulieren der Presseinformation gedient hat, kommt mit Stichwort versehen in das Textarchiv. Hier archivieren Sie auch die Presseinformationen in fortlaufender Reihe.
- **Bildarchiv:** Fotos und andere Illustrationen sammeln Sie im Bildarchiv. Heutzutage geschieht dies meist elektronisch im Intranet. Strukturieren Sie das Angebot sinnvoll und lassen Sie die Nutzer Bilder auswählen und bei Ihnen anfordern. Vergessen Sie nicht das Datum des Fotos, Hinweise zum Motiv, den Namen des Fotografen und Hinweise zu den Abdruckrechten.
- **Belegarchiv:** In dieses Archiv gehören die Ergebnisse der Medienbeobachtung wie der Medienspiegel. Titel: „XY im Spiegel der Medien", „Medienspiegel" oder „Medienecho".

7.6 Pressekonferenz

Persönliche Kommunikation mit Journalisten

Die Pressekonferenz ist eine Veranstaltung, auf der ein Unternehmen die Journalisten persönlich über ein interessantes und wichtiges Ereignis informiert. Meist findet die Pressekonferenz im eigenen Unternehmen statt. Auch hier gilt: Der Anlass darf nicht nur aus Sicht des Unternehmens interessant sein, sondern sollte auch die Journalisten sowie deren Leser, Hörer und Zuschauer interessieren.

PRÜFEN SIE, OB DER ANLASS UND DIE INFORMATIONEN EINE AUFWÄNDIGE PRESSEKONFERENZ RECHTFERTIGEN!

Vorteile	Nachteile
Sie erreichen mehrere Journalisten gleichzeitig am selben Ort mit derselben Botschaft.	Die Pressekonferenz ist in jeder Hinsicht sehr aufwändig – finanziell wie organisatorisch.
Gegenüber der Presseinformation oder anderen schriftlichen Informationen hat die Pressekon-	Die Diskussion kann der Kommunikationsverantwortliche nur begrenzt steuern: Greifen

ferenz den Vorteil, dass die Informationen sofort besprochen und erklärt werden können. So werden etwa Fragen und Thesen zu umstrittenen Produkten oder Verfahren mit den Medienvertretern diskutiert, um Missverständnisse zu vermeiden. Sie eignet sich daher besonders für schwierige Themen und komplizierte Abläufe, die erklärt werden sollen wie zum Beispiel Arbeitszeitverkürzung, Stellenabbau, Zukunftssicherung, Umweltschutz. Hierzu ermöglicht eine Pressekonferenz, den Standpunkt des Unternehmens ausführlich darzulegen und mit den Journalisten zu diskutieren.	die Journalisten plötzlich Randthemen auf und machen sie zum zentralen Thema, kann dies mitunter nur schwer verhindert werden. Außerdem müssen die Fachvertreter aus dem Unternehmen geschult werden; und deren Verhalten/Aussagen auf der Pressekonferenz können nur schwer vom Kommunikationsverantwortlichen gesteuert werden.
Die Pressekonferenz kann Gefühle vermitteln, die mit einer Information verbunden sind, zum Beispiel Trauer, Mitgefühl, Bedauern und Besorgnis. Dies wirkt authentischer und glaubwürdiger als schriftliche Stellungnahmen.	Abzuraten ist von einer Pressekonferenz, wenn man nicht bereit ist, sich den kritischen Fragen der Journalisten zu stellen.
Sie verdeutlicht Sichtbares: Ein innovatives Verfahren in der Herstellung oder die Fahreigenschaften eines neuen Autos können besser präsentiert werden als durch Text vermittelt.	Die Pressekonferenz informiert alle Journalisten gleichzeitig und gleichermaßen. So ist kein Wettbewerbsvorteil für die Journalisten durch Exklusivinformationen möglich, außer durch ein Einzelinterview im Anschluss an die Pressekonferenz.
Die Pressekonferenz bietet die Chance, die Journalisten persönlich kennen zu lernen. Wie wichtig dies ist, zeigt eine Studie, nach der rund die Hälfte der 150 wichtigsten deutschen Redaktionen persönlichen Kontakt zu den Absendern von Informationen wünscht - seien es PR-Agenturen oder Öffentlichkeitsarbeiter der Unternehmen. Halten Sie also genügend Visitenkarten bereit! Wichtig ist, dass Sie auf die Journalisten zugehen, sie begrüßen und betreuen - genauso wie Sie es im Privatleben mit Gästen tun.	
Die Journalisten können nachfragen, was die Verständigung verbessert.	
Die Pressekonferenz unterstreicht die Bedeutung eines Themas für das Unternehmen.	
Ein Vortrag oder eine Rede könnten falsch oder missverständlich zitiert werden. Eine begleitende Presseinformation bzw. ein Ausdruck der Reden und Statements verringert dieses Risiko.	

Abb. 7.9: Einige Vor- und Nachteile der Pressekonferenz

7.6.1 Planung

Gute Vorbereitung

Die Pressekonferenz muss gut vorbereitet sein. Eine gute Hilfe besteht darin, sich in die Rolle der Journalisten hineinzuversetzen und die gesamte Pressekonferenz aus deren Blickwinkel ablaufen zu lassen – von der Einladung bis zum Verlassen des Geländes: Stellen Sie sich also beispielsweise vor, Sie erhalten eine Einladung oder Sie steuern mit dem Lageplan in der Hand das Werkgelände an und suchen einen Parkplatz.

Den Überblick über die vielen Aufgaben behalten Sie durch eine Grob- und Feinplanung: Die Grobplanung legt wichtige Meilensteine fest. Geben Sie auch an, wie lange die Einzeltätigkeiten dauern und wer die Aufgaben wann in Angriff nimmt. Ein Feinplan, der etwa vier bis sechs Wochen vorher erstellt wird, listet die Teilaufgaben detailliert auf.

Für die Veranstaltung selbst ist ein Rollenplan hilfreich, aus dem alle Beteiligten ihre Aufgaben ablesen können. Gehen Sie schließlich noch einmal alle Punkte durch und überlegen Sie sich, wo Probleme auftreten könnten, um auf diese vorbereitet zu sein.

Rollenplan Herbstpressekonferenz am 11.10.200 ...

Teilnehmer:	Frau Müller, Herr Dr. Ranze, Frau Gerharz, Herr Bischof
Gäste:	Herr Lange, Herr Schulz, Herr Breitscheidt
Verteiler:	Herr Abendroth, Herr Kanzer, Frau Zaner, Frau Gold, Herr Mansfeld, Frau Müller, Herr Dr. Ranze, Frau Gerharz, Herr Bischof

Donnerstag 7. 10.		
Interne Mappen vorbereiten (20 Stück)	Frau Zaner	Nachmittag
Freitag 8. 10.		
Gültige Fassung der Rede und Presseinformationen zum Druck	Frau Zaner	Vormittag
Prüfen der Räume	Frau Zaner	Vormittag
Interne Mappen komplett an die Geschäftsführer und den Rest des Verteilers; Packen der Pressemappen	Frau Gold und Hilfe	Nachmittag
Zwischenberichte an die Filialen per Fax	Frau Gold	Nachmittag
Montag 11. 10.		
Vorbesprechnung mit den Geschäftsführern	Frau Zaner	9 Uhr
Empfang der Gäste an der Pforte, Aushändigen der Namensschilder, Anwesenheitsliste	Frau Gold Frau Zaner	bis 10 Uhr
Verteilen der Pressemappen an anwesende Journalisten	Herr Kanzer	ab 9.30 Uhr
Startschuss für Auslegen der Informationen für die Mitarbeiter	Herr Mansfeld	12 Uhr
Mitschnitt der Veranstaltung	Herr Abenroth	10 bis 12 Uhr

Abb. 7.10: Rollenplan einer Pressekonferenz

Anlässe

Wichtige Informationen

Die Pressekonferenz ist für das Unternehmen und die Journalisten in jeder Hinsicht aufwändig. Sie wird deshalb überlegt und gezielt eingesetzt; viele veranstalten sie nur in der Krise (siehe Kap. 12). Es gibt jedoch eine Reihe von Anlässen, für die sich eine Pressekonferenz gut eignet, wie etwa

- **Jubiläen,** bei denen auf einem Rundgang bestimmte Gebäude oder Bereiche besucht werden können, die einen Bezug zur Geschichte des Unternehmens darstellen.
- **Grundsteinlegungen,** die Ausdruck von Investitionskraft des Unternehmens sind und zu denen meist auch Lokalpolitiker und sogar der Bürgermeister kommen.
- **Neue Anwendungen, Methoden, Bauvorhaben,** die Sie unmittelbar vor Ort zeigen, erklären oder schildern können.
- **Neugründung eines Unternehmens,** die Sie zum Anlass nehmen, sich und Ihre Pläne den Medien vorzustellen.
- **Teilnahme an Messen oder Ausstellungen,** die Sie zum Anlass nehmen können, auf Ihr Unternehmen und seine Leistungen hinzuweisen (siehe Kap. 18.3).

Aber denken Sie daran:

> JOURNALISTEN STEHEN UNTER ZEITDRUCK. ÜBERLEGEN SIE, OB SICH DER ANLASS AUS SICHT DER JOURNALISTEN EIGNET!

Nur wenn Sie das Thema im persönlichen Gespräch mit den Journalisten und nicht schriftlich oder telefonisch am besten darstellen können, sollten Sie eine Pressekonferenz veranstalten. Natürlich müssen Sie auf der Veranstaltung bereit sein, Daten und Fakten zu nennen und detaillierte Auskünfte über Umsatz, Produktion oder Mitarbeiter zu geben, andernfalls sollten Sie auf eine Pressekonferenz verzichten.

Vorbereitung

Die ausführliche Checkliste zur Vorbereitung einer Pressekonferenz finden Sie im Serviceteil.

Teilnehmende Journalisten

Laden Sie jene Journalisten zur Pressekonferenz, deren Medien sich für die Informationen interessieren könnten: Bei Fachthemen sind dies vor allem Fachjournalisten, Wirtschaftsthemen sind vor allem für die Wirtschaftsjournalisten interessant, allgemeine Informationen richten Sie an die Publikums-, Tages- und Lokalpresse. Manche Themen sind für mehrere Bezugsgruppen wichtig, wie ein neu gegründetes Werk: Dies interessiert Politiker ebenso wie die Regionalpresse und die Wirtschaftsmedien; dagegen ist ein städtisches Bauprojekt kein Thema für die überregionale Presse.

Manchmal sind zwei Pressekonferenzen empfehlenswert, dann nämlich, wenn das Thema sowohl für die Fachpresse als auch die Publikumspresse interessant ist. Mit getrennten Veranstaltungen erreichen Sie, dass sich der Vertreter der Fachpresse bei allgemeinen Fragen nicht langweilt und der Vertreter der Publikumspresse nicht große Mühe hat, wissenschaftliche Fakten zu verstehen und einer Fachdiskussion zu folgen.

Zahl der Eingeladenen

Das Thema entscheidet auch über die Zahl der geladenen Journalisten: Mitunter ist ein Thema nur für eine Handvoll Journalisten interessant, dann reicht ein Pressegespräch aus (siehe Kap. 7.7). Andere Themen rufen Heerscharen von Medienvertretern herbei. Etwas Planungssicherheit verschafft die Anmeldung der Journalisten mit Antwortfax.

Anstatt möglichst viele Journalisten einzuladen, sollten Sie das Thema und die Medienvertreter sorgfältig auswählen. Wenige gute Gespräche mit wenigen wichtigen Journalisten sind besser als viele Teilnehmer, zu denen kein Kontakt entsteht. Außerdem: Kommen zu viele Journalisten, wird die Veranstaltung unübersichtlich und schwer zu steuern.

DIE ZAHL DER JOURNALISTEN SAGT NICHTS ÜBER DIE QUALITÄT IHRER MEDIENARBEIT AUS!

@vertize

Einladung zur Pressekonferenz

Werbeagentur veranstaltet Internet-Kongress

„DAS INTERNET UND SEINE FOLGEN FÜR DAS MARKETING“

Das Internet revolutioniert gegenwärtig das Marketing. Die neu gegründete Werbeagentur @vertize veranstaltet daher einen Kongress, auf dem internationale Fachleute in Berlin die langfristigen Auswirkungen dieses neuen elektronischen Mediums diskutieren werden.

Zur Eröffnungs-Pressekonferenz laden wir Sie herzlich ein:

Wo:	Im Theater am ERPL, Knesebeckstraße 103, 10623 Berlin
Wann:	Am 13. März 200 ... , 10 Uhr
Teilnehmer:	Philip Rotler, USA; Heribert Memmert, Deutschland; Geert Hausstede, Niederlande und Carl Sundström, Schweden.

Bitte teilen Sie uns auf beiliegender Antwortkarte mit, ob wir Sie begrüßen dürfen.

Berlin, 20. Februar 200 ...

Weitere Informationen: Karin Wabschke Telefon: 030-31 27 ...
Telefax: 030-31 26 ...

Abb. 7.11: Einladung an die Journalisten

Meist erscheinen weniger Journalisten als erwartet, selbst die sorgfältigste Vorbereitung kann dies nicht verhindern. Dennoch sollten Sie den Termin für die Veranstaltung möglichst genau planen. Haben Sie Zweifel, ob sich ein bestimmter Termin eignet, können Sie den Termin mit den wichtigsten Journalisten telefonisch abstimmen.

Schriftliche Einladung

Laden Sie die Journalisten etwa drei bis vier Wochen vor der Pressekonferenz schriftlich ein. Sollte weniger Zeit für die Vorbereitung zur Verfügung stehen, langt auch ein Vorlauf von 10 bis 14 Tagen. Wird die Einladung zu früh verschickt, besteht die Gefahr, dass die Journalisten den Termin vergessen. Zu kurzfristige Termine können dagegen mit bestehenden Terminen kollidieren.

Als Einladung verwenden Sie den Vordruck der Presseinformation; Sie können auch per Briefpapier mit Unternehmenslogo einladen. Die Einladung verdeutlicht, warum die Pressekonferenz wichtig ist (siehe Abb. 7.11). Verraten Sie aber nicht zuviel, damit der Journalist die Meldung nicht schon vor der Pressekonferenz veröffentlicht. Vergessen Sie nicht Termin, Ort und Zeitpunkt der Veranstaltung sowie Namen und Positionen der Referenten und Korreferenten.

Lageskizze beifügen

Hilfreich für Journalisten sind eine Lageskizze und der Hinweis auf Parkmöglichkeiten. Müssen Journalisten anreisen, können Sie Bahnverbindungen nennen und Anschlussverbindungen für Bus und Straßenbahn.

Um die Veranstaltung zuverlässiger planen zu können, sollten die Journalisten ihre Teilnahme an der Pressekonferenz bestätigen, durch Antwortkarte, Fax, Telefon oder E-Mail. Eine Zusage ist aber noch keine endgültige Bestätigung: Zur Konferenz werden einige Journalisten trotz Anmeldung nicht kommen. Einige werden Vertreter schicken, andere werden kommen, die Sie nicht eingeladen haben. Ermöglichen Sie auch diesen Journalisten die Teilnahme an Ihrer Pressekonferenz, außer Sie befürchten, dass sie die Veranstaltung stören.

Antwort

❑ Ja, ich komme zur Bilanzpressekonferenz der HEBA am 11.10.200 ..., um 10 Uhr.

❑ Nein, ich kann leider nicht kommen. Senden Sie mir bitte nach der Veranstaltung die Unterlagen zu.

❑ Ich benötige keine Informationen.

Datum: .... Unterschrift: ....

Abb. 7.12: Antwort auf die Einladung

Doch nur im äußersten Notfall sollten Sie Journalisten ausladen. Rechnen Sie in diesem Fall damit, dass die Betroffenen sich ihrerseits an die Medien wenden und Sie der Informationsblockade bezichtigen.

Zum Verschicken der Einladung benutzen Sie ein aktuelles Verzeichnis der Redaktionsadressen (siehe Kap. 7.5.1.3). Tritt ein Ereignis überraschend ein, können Sie für den folgenden Tag kurzfristig per Telefax oder E-Mail einladen. Richten Sie die Einladung gezielt an einen Journalisten oder eine Redaktion, damit die Einladung nicht in den Bergen täglich eingehender Meldungen untergeht.

Laden Sie Journalisten von auswärts ein, sollten Sie im Vorfeld klären, wer die Kosten übernimmt. Sind die Journalisten für Sie wichtig, sollten Sie die Auslagen erstatten; viele Verlage können oder wollen solche Kosten nicht übernehmen.

Medienbeobachtungsdienst beauftragen

Schließlich sollten Sie, wie schon bei der Aussendung von Presseinformationen, einen Medienbeobachtungsdienst beauftragen, der die veröffentlichten Beiträge sammelt und mit Auflagenhöhe, Erscheinungsdatum etc. versieht. Professionelle Agenturen eignen sich besonders für überregionale Themen, denn diese Büros suchen in allen bundesdeutschen Medien nach Ihren Stichworten – zum Beispiel nach dem Namen Ihres Unternehmens oder nach dem Thema der Pressekonferenz.

Durch die Sammlung der veröffentlichten Artikel haben Sie einen Überblick über Verbreitung und Tendenz der Berichterstattung, das heißt, Sie können prüfen, ob die Medien eher positiv, neutral oder eher negativ berichtet haben. Dies bereitet Sie auf weitere Anfragen von Journalisten vor.

Für den Tag der Pressekonferenz bereiten Sie eine Teilnehmerliste für die Journalisten vor; dies erleichtert das Auffinden von veröffentlichten Artikeln. Diese Liste liegt am Eingang Ihres Unternehmens oder des Veranstaltungsraumes aus. Außerdem sollten Sie Namensschilder anhand der Anmeldungen vorbereiten. Diese dienen dem Kontakt der Journalisten untereinander sowie dem Kontakt zu den Unternehmensvertretern.

Gebündelte Informationen in der Pressemappe

Das Infomaterial liegt am Eingang des Konferenzraumes aus. Wollen Sie mehrere Druckschriften ausgeben – zum Beispiel eine Presseinformation, eine Image-Broschüre und einen Geschäftsbericht – können Sie dieses Material in einer Pressemappe sammeln. Verwenden Sie hierfür einen eigens angefertigten, mit Firmenaufdruck versehenen Schutzumschlag aus Karton, einen Schnellhefter oder eine stabile Klarsichthülle.

Das Deckblatt in der Pressemappe ist das Inhaltsverzeichnis, das den Journalisten das Auffinden wichtiger Informationen erleichtert. Dem Deckblatt folgt der Ablaufplan der Veranstaltung sowie die Presseinformation. Fügen Sie die Kopie der Vorträge und Referate der Mappe bei, damit der Journalist später gezielt nachlesen und wortgetreu zitieren kann. Es gilt das gesprochene Wort. Zeigen Sie Folien oder Dias, sollten Sie den Papierausdruck der Pressemappe beilegen.

Ist Ihr Unternehmen wenig bekannt, kann die Pressemappe weiteres Informationsmaterial enthalten, wie zum Beispiel den Geschäftsbericht, die Sozialbilanz oder den Umweltbericht. Achtung: Fotos nicht in die Pressemappe packen, sondern auf dem Tisch zum Auswählen anbieten. Bildmaterial ist teuer, aber Radio- und Fernsehjournalisten können es nicht einsetzen.

Anfragen vor der Konferenz

Häufig fordern Journalisten schon vor der Veranstaltung eine Pressemappe an. Lehnen Sie dies ab: Zum einen werden sich sonst die Reporter den Weg in Ihr Unternehmen sparen; zum anderen verschaffen Sie einigen Journalisten einen Zeitvorsprung vor der Konkurrenz - die wird es Ihnen verübeln. Legen Sie stattdessen notfalls eine Sperrfrist fest, die angibt, ab wann die Informationen veröffentlicht werden dürfen. Versehen Sie hierzu das Informationsmaterial mit dem Vermerk: *„Frei für Veröffentlichung am ... ab ... Uhr“*. Die Journalisten beachten Sperrvermerke in der Regel.

Abfassung der Stellungnahmen und Erklärungen der Podiumsvertreter

Neben dem Infomaterial für die Journalisten sollten Sie die Stellungnahmen und Erklärungen der Podiumsvertreter ausarbeiten. Legen Sie hierzu gemeinsam mit der Geschäftsführung fest, welche Kernbotschaften und welcher Eindruck bei den Medienvertretern haften bleiben sollen. Für das Formulieren der Erklärungen sollten Sie Folgendes beachten:

- Erste Entwürfe müssen zur Abstimmung mit den Fachvertretern im Unternehmen nicht endgültig formatiert sein; es reichen normaler Zeilenabstand und Schriftgrad. Lassen Sie ausreichend Raum für Korrekturen. Später erhöhen Sie den Zeilenabstand und verwenden einen Schriftgrad, der auch aus einiger Entfernung gut lesbar ist.
- Für Abstimmungen in den Fachabteilungen und im Vorstand setzen Sie ein Zeitlimit: Ideal ist meist, wenn letzte Änderungen spätestens 5 Tage vor dem Redetermin vorliegen, damit sich der Redner noch 4 Tage in die Endfassung einlesen kann.
- Endkorrekturen, Umbruch und Betonungen sollte der Redner seinem Redefluss entsprechend selbst anfertigen. Der Redenschreiber („Ghostwriter“) kann aber auch Vorschläge machen, falls gewünscht. Diese Endkorrekturen sollten der Funktion Unternehmenskommunikation zwei Tage vor der Rede wieder vorliegen, um eingearbeitet und in die endgültige Form übertragen zu werden. Handschriftliche Korrekturen sollten vermieden werden, da diese zu Versprechern führen können. Notfalls können Sie Textänderungen noch bis kurz vor dem Redetermin vornehmen.
- Texten Sie einfache, kurze Sätze. Als Richtschnur gilt: Kein Satz sollte länger als 15 Wörter sein, besser sind höchstens 12! Vermeiden Sie gestelzte oder literarische Formulierungen. Verzichten Sie auf Fremdworte. Vielfach kommen auch Zitate nicht mehr an, denn sie werden als Versuch entlarvt, Bildung zu beweisen.
- Die Statements bauen logisch aufeinander auf und sind nachvollziehbar. Die Rede sollte einen dramaturgischen Aufbau haben, das heißt sie sollte mit der - aus Sicht der Zuhörer - zweitwichtigsten Aussage anfangen. Die wichtigste Aussage kommt als Höhepunkt etwa in der Mitte der Rede. Tipp: Sympathiegewinn, wenn eine für die Zuhörer gute Nachricht nach vorne gestellt wird.
- Kein Zuhörer kann länger als 3 Minuten reine Informationen verdauen. Nach 3 Minuten sollte daher als Pause ein plastisches Beispiel eingeschoben werden, ehe es mit Informationen weitergeht.

- Versuchen Sie sich nie als Überredungskünstler und Schönfärber. Formulieren und argumentieren Sie stattdessen glaubwürdig!
- Übertreiben Sie es nicht mit der Genauigkeit: Statt „Umsatz von 12,953 Millionen Euro" können Sie sagen „Umsatz von rund 13 Millionen Euro" (außer natürlich bei Bilanzpressekonferenzen).

Informationen veranschaulichen

Vor der Pressekonferenz überlegen Sie, ob sich die Statements der Podiumsteilnehmer veranschaulichen lassen, zum Beispiel durch Folien, Dias, Videofilme oder Flipcharts. Das Gezeigte sollte – wie auch die wichtigsten Statements – der Pressemappe als Papierausdruck beiliegen.

Genauso wichtig wie die glaubwürdige und schlagkräftige Argumentation eines Redners ist, dass alle Teilnehmer auf dem Podium die Fragen einheitlich beantworten. Dies gewährleistet ein Fragen- und Antworten-Katalog, der vor der Pressekonferenz erstellt, mit den Firmenvertretern abgestimmt und den Podiumsteilnehmern ausgehändigt wird – nicht aber den Medienvertretern. Diese Mühe lohnt sich: Das Material leistet auch nach der Pressekonferenz für Medienanfragen gute Dienste.

Die gleiche Funktion erfüllt das Faktenheft („Fact Book"), das auch Hintergrunddetails enthält. Im Unterschied zum Fragen- und Antwortenkatalog erscheint das Faktenheft regelmäßig, zum Beispiel vierteljährlich. Es wird an Führungskräfte des Unternehmens verteilt, damit diese über aktuelle Unternehmensinformationen verfügen.

Fragen-Antworten-Katalog: Pressekonferenz aus Anlass der Gründung der TEOBA Zu erwartende Fragen zur Firmengründung:	
1. *Wann wurde die TEOBA gegründet?*	Die TEOBA wurde am 29. März 200 ... gegründet. Sie hat zum 1. Juli 200 ... ihre Geschäfte aufgenommen.
2. *Wer sind die Geschäftsführer?*	Die Geschäftsführer sind Herbert Walter, Lothar Bansch und Jürgen Grütters.
3. *Welche Tätigkeit übten die Geschäftsführer vorher aus und über welche unternehmerischen Qualifikationen verfügen sie?*	Herbert Walter war zuvor technischer Direktor der Firma Hanesta, Lothar Bansch war Geschäftsführer in einem Mechanisierungsbetrieb und Jürgen Grütters war Marketingleiter eines Handelsbetriebes.
4. *Wie hoch ist das Stammkapital der TEOBA?*	Bei Firmengründung 35.000 Euro. Das Stammkapital wurde auf 500.000 Euro erhöht.
5. *Die TEOBA ist eine Muttergesellschaft. Wie heißen die Töchter? Was sind deren Haupttätigkeitsbereiche?*	Die TEOBA ist eine Holding, die aus drei Unternehmen besteht: Die TEOBA Hoch- und Tiefbau GmbH arbeitet im Bereich Sanierung, Rekonstruktion und Modernisierung von Gesellschafts- und Industriebauten. Die TEOBA Straßen- und Tiefbau GmbH arbeitet im Straßenbau, Ingenieurtiefbau, städtischen Tiefbau. Die TEOBA Monolithbau GmbH beschäftigt sich mit Neubau im Hochbau und Stahlbeton-Konstruktionen.

Abb. 7.13: Fragen- und Antworten-Katalog

Podiumsbesetzung

Da Pressekonferenzen nur bei wichtigen Anlässen stattfinden, sind Vertreter der Geschäftsleitung anwesend. Auf dem Podium sitzen außerdem etwa drei bis vier Fachleute aus dem Unternehmen, die kompetent über wichtige Themenaspekte informieren – zum Beispiel der Finanzdirektor, der kaufmännische Direktor und der Entwicklungschef. Für Fragen zum Sozialwesen sitzen Mitglieder des Betriebsrates oder der Personalchef auf dem Podium. Weitere kompetente Firmenvertreter sind im Publikum anwesend, um Detailfragen der Journalisten zu beantworten.

Platzierung der Journalisten

Platzieren Sie die Journalisten so, dass sie die Referenten gut hören und Dias oder Folien gut sehen können. Sorgen Sie für ausreichend Arbeitsfläche, also Platz für mindestens zwei nebeneinander liegende DIN-A-4-Seiten. Klären Sie vorher ab, welcher Journalist Tonbandaufzeichnungen machen möchte. In diesem Fall sollten Sie Platz für Mikrofone schaffen. TV-Journalisten können Filmaufnahmen machen.

Legen Sie Schreibblocks und Kugelschreiber mit dem Firmensignet auf dem Pressetisch am Eingang aus. Gut wäre, wenn Sie einige Telefone, Handys und Computer bereitstellen können, damit die Journalisten die Nachrichten fernmündlich übermitteln können. Heutzutage haben jedoch fast alle Journalisten ihr Handy dabei.

Verköstigung

„Satter Bauch studiert nicht gern": Bieten Sie den Journalisten erst nach der Veranstaltung Speisen an: Geeignet sind leichte Speisen wie Sushi oder Quiche, dagegen sind belegte Brötchen langweilig. Als Getränke für Journalisten und Podiumsteilnehmer stellen Sie Mineralwasser, Saft sowie Gläser und Flaschenöffner bereit. Kein Alkohol vor und während der Veranstaltung, keine Zigaretten oder Zigarren!

Geschenke

Zum Thema Geschenke sind die Meinungen geteilt: Die einen empfehlen kleinere Geschenke, andere lehnen sie rundweg ab. Sie könnten kleine Präsente vorbereiten und diese auslegen, zum Beispiel einen attraktiven Wecker, einen Kugelschreiber, Mousepads oder Streuartikel Ihres Unternehmens (Give aways). Aber: Überlassen Sie den Journalisten, ob sie zugreifen oder nicht. Schenken Sie nicht mit der Absicht, in den Medien beachtet zu werden!

Verschiedenes

Während der Pressekonferenz steht ein Hilfsdienst bereit, der kopieren, ein Taxi bestellen und Fragen beantworten kann und der auch als Springer einsetzbar ist. Die Springer kennen sich gut im Unternehmen aus. Informieren Sie Ihre Mitarbeiterinnen und Mitarbeiter sowie Pförtner, Telefonzentrale und andere Betroffene über die Pressekonferenz, damit sie vorbereitet sind.

Checkliste

Vor dem Beginn der Pressekonferenz sollten Sie anhand einer Checkliste erneut alle wichtigen Punkte durchgehen, die den Ablauf der Veranstaltung beeinflussen könnten (siehe auch Serviceteil):

- Ist der Raum gut belüftet?
- Ist im Gebäude eine Hinweistafel angebracht, die den Weg zum Veranstaltungsraum weist?

- Sind Wegweiser im Gebäude notwendig?
- Sind Reservestühle griffbereit?
- Sind Verstärker, Mikrofone und Projektoren überprüft?
- Liegen Reservelampen für den Tageslichtprojektor bereit?
- Sind Parkplätze reserviert und markiert?
- Ist die Dekoration angebracht?
- Stimmen die Steckdosen mit den Gerätesteckern der verwendeten Geräte überein?
- Sind Verlängerungskabel vorhanden?
- Sind Leinwand, Wandtafel, Flipchart, Mehrfachstecker, Filzstifte, Folien für Tageslichtprojektor, Schreibmaterial für Teilnehmer, Werkzeugkasten mit Schere, Klebeband, Nägel, Hammer, Messer, Klebstoff, Reißnägel, Aschenbecher vorhanden?
- Liegen Namensschilder bereit?
- Liegen Pressemappen und Fotos zum Auswählen bereit?
- Ist ein Tonbandgerät für die Aufzeichnung der Konferenz verfügbar? Wer bedient es?

7.6.2 Ablauf

Gästeempfang

Behandeln Sie die Journalisten als Gäste Ihres Unternehmens: Sie werden nach ihrer Ankunft vom Empfangsdienst begrüßt und zum Ort der Veranstaltung begleitet, damit sie nicht ziellos in der Gegend umherlaufen. Mitunter können auch Hinweisschilder den Weg weisen.

Teilnehmerliste

Am Veranstaltungsort tragen sich die Journalisten in die ausliegende Teilnehmerliste mit Namen und Redaktion ein. Sie erhalten ein beschriftetes Namensschild, das sie anheften, um den Kontakt untereinander sowie zu den Firmenvertretern zu fördern.

Rolle des UK-Vertreters

Was ist die Rolle des Kommunikationsvertreters? Er begrüßt, betreut und verabschiedet die Journalisten. Meist kommen sie rechtzeitig oder einige Minuten zu früh, sodass Zeit für ein persönliches Gespräch bleibt. Stellen Sie sich vor, falls Sie sich noch nicht kennen und fragen, ob der Journalist spezielle Wünsche an ein Interview oder Ähnliches hat. Die Zeit bis zum Veranstaltungsbeginn nutzen Sie auch, um geeignete Standorte für Aufnahmegeräte, Kameras oder Fotostative abzusprechen.

Klären Sie mit den Fotografen und Kameraleuten, dass diese möglichst nur in den ersten zehn Minuten der Veranstaltung filmen und fotografieren, weil dies sonst die Konzentration der Journalisten und der Podiumsteilnehmer stört.

Hilfreicher Tipp

Ein Tipp: Es ist hilfreich, die Sitzordnung der Journalisten aufzuzeichnen, damit die Podiumsvertreter die Journalisten mit Namen ansprechen und gezielter antworten können, weil sie deren Medium und Ressort kennen.

Ablauf der Veranstaltung

Die Veranstaltung selbst läuft in der Regel folgendermaßen ab: Der Kommunikationsverantwortliche begrüßt als Moderator offiziell die Journalisten und eröffnet die Veranstaltung. Er stellt den Anlass sowie die Teilnehmer auf dem Podium vor. Der erste Redner, in der Regel der Geschäftsführer oder der Vorstandsvorsitzende, verliest sein Statement, das meist aus einem Überblick über das Thema und der Bewertung durch die Firmenleitung besteht. Die Journalisten erhalten dabei einen ersten Eindruck von der Person an der Unternehmensspitze. Danach erteilt der Moderator weiteren Rednern das Wort.

Umgang mit Fragen

Als Spielregel im Umgang mit Fragen hat sich Folgendes bewährt: Verständnisfragen lassen Sie sofort zu, eine Diskussion folgt nach den Statements der Podiumsteilnehmer. Nach dem letzten Statement eröffnet also der Moderator die Fragerunde der Journalisten. Entweder sammelt der Moderator die Fragen oder er lässt sie gleich beantworten.

Stellt ein Journalist betriebsinterne Fragen, zum Beispiel über Werbeausgaben oder Marketingpläne, können Sie dies mit der Begründung ablehnen, keine wettbewerbsrelevanten Details veröffentlichen zu wollen.

KEIN JOURNALIST ERWARTET, DASS SIE ALLES ÜBER SICH ERZÄHLEN. WENN SIE ABER ANTWORTEN, MÜSSEN DIE AUSKÜNFTE WAHR, PRÄZISE UND VERSTÄNDLICH SEIN!

Immer wieder kommt es vor, dass einzelne Frager den Ablauf der Veranstaltung mit Detailfragen verzögern, die andere Journalisten nicht interessieren. In diesem Fall bremsen Sie und weisen darauf hin, dass Sie Einzelheiten im persönlichen Gespräch nach der Konferenz geben werden.

Sind sonst alle Fragen beantwortet, beendet der Moderator die Konferenz und dankt den Journalisten für die Teilnahme.

Nachbereitung

Einzelinterviews

Journalisten wünschen mitunter Einzelinterviews nach der Veranstaltung, um sich einen Informationsvorsprung vor der Konkurrenz zu sichern oder ein Thema zu vertiefen. Der Kommunikationsverantwortliche notiert diese Anfragen, um sie zu koordinieren und Interviewzeiten zu vergeben. Er ist später bei diesen Interviews anwesend, um ausstehende Informationen zügig zu beschaffen und den Sendetermin zu erfahren.

Versenden der Pressemappen

Im Anschluss an die Veranstaltung prüfen Sie die Liste und senden vorbereitete Pressemappen an die Nichtanwesenden: Das Material für die Tageszeitungen schicken Sie per Boten, Fax oder Mail (vorher klären!). Wochen- und Monatszeitschriften beliefern Sie per Post. Für telefonische Anfragen von Journalisten ist ein Telefondienst vorbereitet und das Telefon bis mindestens 18 Uhr besetzt (eventuell auf Handy umleiten).

Dank an die Beteiligten

Die Geschäftsleitung oder der Kommunikationsverantwortliche sollte allen Beteiligten für die Mühe und die Durchführung der Pressekonferenz danken. In einer Manöverkritik können Sie klären, was gut und was weniger gut gelaufen ist, um dies beim nächsten Mal zu beachten.

Medienecho

Am folgenden Tag richtet sich Ihr Blick auf das Medienecho. Stellen Sie auf Basis der gesammelten Resonanz einen Medienspiegel für die Geschäftsleitung und Interessierte im Haus zusammen. Mehrere Exemplare verwahren Sie im Textarchiv (siehe Kap. 7.5.1.5).

Vergessen Sie die Mitarbeiterinnen und Mitarbeiter Ihres Unternehmens nicht: Informieren Sie mit einem Eildienst (siehe Kap. 6.5.2.1) über das Ergebnis der Pressekonferenz, bevor dies die Mitarbeiter aus den Medien erfahren .

Was in den Tagen danach passiert

Weitere Anfragen

Auch in den Tagen nach der Pressekonferenz müssen Sie mit Anfragen rechnen. Deshalb einige Tipps:

- Halten Sie weiteres Informationsmaterial (Pressemappen) bereit. Klären Sie außerdem, wer von der Geschäftsleitung Interviews geben kann.
- Erteilen Sie Drehgenehmigungen im Unternehmen und auf dem Werksgelände dann, wenn aufgrund der Vorgespräche ein konstruktiv-kritischer Beitrag zu erwarten ist.
- Sollte sich im Vorgespräch herausstellen, dass ein positiver oder negativer Meinungsbeitrag (beide unberechenbar) geplant ist, erteilen Sie Drehgenehmigungen nur dann, wenn Sie gemeinsam mit der betroffenen Fachabteilung ausreichend Zeit zur Vorbereitung haben (einige Tage).
- Formulieren Sie Antworten auf die angekündigten Fragen. Auf nicht verabredete und unvorbereitet gestellte Fragen antworten Sie nur dann, wenn die Fragen fair sind und das Sachthema ergänzen.
- Kündigen Sie die Sendung im Haus an, sobald der Sendetermin feststeht, zum Beispiel der Geschäftsführung, dem Vertrieb, der Rechtsabteilung sowie beteiligten und interessierten Abteilungen.
- Zeichnen Sie die Sendung auf.
- Bieten Sie den im Verteiler genannten Personen an, sich den Beitrag in Ihrer Abteilung anzusehen bzw. anzuhören.
- Genehmigen Sie Foto-, Film- und Mikrofonaufnahmen im Haus. Über Projekte, die Mitarbeiter einbeziehen (zum Beispiel durch Interviews in den Werkshallen), sollten Sie rechtzeitig die Personalabteilung informieren.
- Als Grundsatz für Zu- oder Absagen gilt, wie wichtig die Themen für das Unternehmen sind, wie sich das Unternehmen als Experte engagieren muss oder sollte.
- Über wichtige telefonische Auskünfte gegenüber Journalisten fertigen Sie Telefonnotizen an, die den Namen und die Redaktion enthalten sowie die Grundbotschaften Ihrer Auskunft.
- Grundsätzlich sollten Inhalte, bei denen die Gefahr besteht, dass sie bewusst oder unbewusst falsch interpretiert werden, nicht per Telefon, sondern schriftlich (zum Beispiel per Telefax herausgegeben) werden.

7.7 Weitere persönliche Medienkontakte

Essenziell für Vertrauen

Essenziell für die Medienarbeit ist es, den persönlichen Kontakt zu den Journalisten aufzubauen und zu halten. Nur so kann ein vertrauensvolles Verhältnis entstehen. Nur so erfahren Sie, was den Journalisten interessiert. Nur so erfährt er, was Ihr Unternehmen bietet, wie es sich entwickelt und wie Neuigkeiten zu bewerten sind.

HALTEN SIE PERSÖNLICHEN KONTAKT ZU DEN JOURNALISTEN!

Melden Sie sich also hin und wieder persönlich bei den Journalisten und informieren Sie über den Geschäftsverlauf oder andere interessante Ereignisse. Im Gespräch können Sie so auch gemeinsame Ideen über die Veröffentlichung von Artikeln entwickeln.

Zeigt auch der Journalist Interesse am regelmäßigen Kontakt, können Sie ihn an seinem Arbeitsplatz besuchen. So lernen Sie den Zeitdruck kennen, unter dem er arbeiten muss, Sie erfahren, wie er Beiträge auswählt und bearbeitet. Dies vertieft das gegenseitige Verstehen der Arbeit. Aber Achtung:

SIE MÜSSEN EINFÜHLUNGSVERMÖGEN BEWEISEN, WENN ES DARUM GEHT, DIE KONTAKTE RICHTIG ZU DOSIEREN. DRÄNGEN SIE SICH KEINESFALLS AUF!

Journalisten stehen meist unter Zeitdruck, sie müssen sich auch um andere Unternehmen kümmern und sie haben ein Privatleben. Warten Sie daher nach dem ersten oder zweiten Kontakt die Reaktion des Journalisten ab, zum Beispiel seine Veröffentlichungen oder Einladungen. Entscheiden Sie dann, wann und wie oft Sie sich weiter an ihn wenden.

- **Pressegespräch:** Gibt es ein aktuelles oder wichtiges Thema, das Ihr Unternehmen betrifft, laden Sie die Journalisten zu einem Pressegespräch. Im Gegensatz zur Pressekonferenz ist dieser Medienkontakt auf einen kleineren Teilnehmerkreis beschränkt – meist fünf bis acht Journalisten.

  Ein Pressegespräch eignet sich, wenn der Anlass keine große und aufwändige Pressekonferenz rechtfertigt. Im Mittelpunkt stehen meist Hintergrundinformationen, die sogar vertraulich sein können. Weisen Sie in diesem Fall darauf hin, dass die Mitteilungen nicht für eine Veröffentlichung bestimmt sind. Meist halten sich die Journalisten daran, und es zeigen sich die Früchte der guten Zusammenarbeit. Bereiten Sie das Gespräch sorgfältig vor: Sie können sich hierbei an Pressekonferenzen orientieren (siehe Kap. 7.6) – nur eben, dass sich das Ganze im kleineren Rahmen abspielt.
- **Präsentationen:** Wollen Sie es den Journalisten einmal zeigen? Veranstalten Sie eine Präsentation! Zum Beispiel kann ein Autokonzern

die Journalisten zur Präsentation des neuesten Automodells einladen. Es geht aber auch kleiner: Der mittelständische Maschinenbauer kann den Journalisten zeigen, wie er arbeitet und welche neuen Produkte er fertigt. Ein weiteres Beispiel: Ein Berliner Malermeister hatte ein Mittel gefunden, mit dem sich die Oberfläche von Gebäuden so präparieren lässt, dass sich unerwünschte Farbschmierereien mühelos entfernen lassen. Zur Vorführung lud er an einen Originalschauplatz: eine U-Bahn-Station. Die Aufmerksamkeit der Medien war ihm gewiss!

- **Fachpressekonferenz:** Mitunter richten sich Informationen an ein Fachpublikum. Für solche Anlässe eignet sich eine Fachpressekonferenz – im Gegensatz zur Publikumspressekonferenz. Für die Durchführung können Sie sich an einer allgemeinen Pressekonferenz orientieren (siehe Kap. 7.6). Die eindeutige Ankündigung als Fachpressekonferenz verhindert, dass sich Medizin- und Wirtschaftsjournalisten langweilen, wenn ein Kollege der Publikumspresse Verständnisfragen stellt und umgekehrt.
- **Fachtagung:** Laden Sie Fachleute zu einem Thema ein, die sich mehrere Tage lang über aktuelle Fragen austauschen. Immer mit dabei: die Journalisten. Als Themen betreffen das Unternehmen, die Branche oder das Umfeld, zum Beispiel allgemeine Entwicklungen in der Branche, Aus- und Weiterbildung.
- **Medienseminar:** Journalisten müssen für ihre Arbeit auf dem Laufenden sein. Leisten Sie hierzu einen Beitrag: Bereiten Sie ein ausgewähltes, aktuelles Thema auf, das einen Bezug zu Ihrem Unternehmen hat. Vermitteln Sie dieses den Journalisten im Rahmen eines Tagesseminars. Infrage kommen unter anderem Managementthemen wie „Chancen und Risiken durch internationales Marketing“ oder andere Fachthemen wie z.B. die Rolle von Probanden in Testreihen für Arzneimittel. Hier einige Medizinthemen: *„Facts oder Fake: Klinische Studien auf dem Prüfstand“, „Beispiel Diabetis: Einführung in die Praxis des Wissenschaftsjournalismus“. „Diagnose Brustkrebs: Neue Wege in der Vorbeugung, Therapie und Berichterstattung“.* In jedem Fall sollten Sie externe Fachleute einladen, um das Angebot attraktiv und ausgewogen zu gestalten. Sind Sie sich unsicher in der Themenwahl, können Sie die Journalisten vorher fragen. Bei Erfolg sollten Sie die Aktion natürlich wiederholen und vielleicht sogar als Veranstaltungsreihe planen.
- **Journalistenreise:** Eine Pressereise kann ein willkommener Anlass für eine Berichterstattung sein, denn der Journalist hat eine außergewöhnliche Chance, eine attraktive Story und spannende Bilder zu kombinieren. Hierfür bieten sich unter anderem folgende Anlässe an:
  - **Standortthemen:** Eine Rundreise durch weitere Standorte Ihres Unternehmens im In- und Ausland macht die Journalisten mit den dortigen Themen vertraut.

- **Unternehmensnahe Themen:** Eine Reise führt zu den Orten, an denen die Rohstoffe oder Hilfsstoffe für Ihre Produkte gewonnen werden.
- **Branchenthemen:** Sie schließen sich mit befreundeten Firmen zusammen und organisieren eine Rundreise zu Themen, die alle diese Firmen betrifft. Infrage kommen unter anderem Themen wie die Zukunftssicherung am Standort Deutschland (Europa).

Kommt eine Journalistenreise für Sie infrage, sprechen Sie gezielt wichtige Journalisten an und fragen Sie nach deren Interesse. Begrenzen Sie die Zahl der Teilnehmer auf vier bis fünf Reporter, um das Ganze überschaubar zu halten – auch finanziell – und die Journalisten individuell betreuen zu können. Wichtig zu wissen: Eine Teilnahme bedeutet nicht zwingend eine Berichterstattung. Um es nochmals zu betonen: Die Journalisten sollten zwar ihr ernsthaftes Interesse bekunden, einen Artikel zu veröffentlichen, denn immerhin ist eine Journalistenreise mit viel Aufwand verbunden; die Journalisten entscheiden aber selbst, ob sie etwas veröffentlichen und wie sie das Thema aufbereiten.

- **Firmenbesichtigung:** Laden Sie die Journalisten zu einer Betriebsbesichtigung ein. Überlegen Sie vorher, wer Ihr Unternehmen noch nicht kennt oder wer sich sonst noch für einen Gang über das Werksgelände interessieren könnte. Sprechen Sie diese Journalisten an und klären Sie, was sie sehen wollen. Organisieren Sie dann eine Führung durch einen Betrieb, Teile des Unternehmens oder das gesamte Werk. Sorgen Sie dafür, dass an den einzelnen Stationen kompetente Mitarbeiter die Führung übernehmen. Die Besichtigung endet in der Kantine oder bei einem Mittagessen, bei dem alle Teilnehmer des Rundganges noch einmal Fragen und Antworten austauschen.
- **Tag der offenen Tür:** Öffnen Sie Ihre Werkstore für wichtige Bezugsgruppen und denken Sie dabei auch an die Journalisten. Ermöglichen Sie interessierten Gästen einen Blick hinter die Kulissen Ihres Unternehmens. Wichtig ist in jedem Fall eine Diskussion, in der Sie auf Fragen der Journalisten eingehen. Nichts ist für sie unbefriedigender, als das Gefühl zu haben, durch ein Unternehmen durchgeschleust und mit Fragen nicht ernst genommen zu werden. Schlimmstenfalls kann Ihre gute Absicht sogar ins Gegenteil umschlagen, dann nämlich, wenn sich die Journalisten durch Ihr Verhalten in ihren Vorurteilen bestätigt sehen.
- **Journalistenpreis:** Vergeben Sie einen Journalistenpreis für Medienbeiträge, die sich durch eine allgemein verständliche, journalistische Vermittlung eines neuen, beispielsweise medizinisch-wissenschaftlichen Themas auszeichnen. Stellen Sie hierzu eine renommierte Expertenjury zusammen und suchen Sie die Kooperation mit einem exklusiven Medium.
- **Journalistenfest:** Entspannt geht es auf einem Journalistenfest zu. An Anlässen und geeigneten Veranstaltungsorten dürfte es nicht man-

geln: Laden Sie zum Sommerfest an einen nahe gelegenen See – mit kulturellem und informativem Beiprogramm versteht sich. Im Jahr darauf versetzen Sie die Redakteure in ihre Lehrjahre zurück und lassen das Journalistenfest in einer attraktiven Ausbildungsstätte stattfinden, die natürlich Ihre Auszubildenden gestaltet haben. Im folgenden Jahr nehmen Sie ein neues Gebäude zum Anlass für eine Eröffnungsparty. Lautet das Thema „Sport", bestücken Sie den Veranstaltungsort mit allerlei Sportgeräten, welche die Journalisten nutzen können: Ein Billiardspieler bringt den Anwesenden den nötigen Schwung bei, am „Pferd" oder „Stufenbarren" kann sich mancher Journalist als Turner versuchen. Zusätzliche Attraktion kann ein Wettbewerb mit Preisen sein.

Aber: Lassen Sie genügend Raum für Gespräche mit Unternehmensvertretern. Neben der Unterhaltung sollten Sie Zeit und Gelegenheit haben, um mit den Journalisten zusammenzusitzen und persönlich zu sprechen.

7.8 Internet

Wichtigstes Instrument

Die Medienarbeit im Internet ist mittlerweile fester Bestandteil der Kommunikationsarbeit in Unternehmen:

- **Für die Unternehmen** ist das Internet wichtig, weil sie hier ihre Informationen schnell und für jeden Journalisten zugänglich bereitstellen können.
- Das Internet ist **für Journalisten** ein wichtiges Arbeitsinstrument: Sie können weltweit in Datenbanken recherchieren, neue Themen aufspüren, an virtuellen Pressekonferenzen teilnehmen und sich im Netz austauschen. Bei der Recherche nutzen Journalisten am häufigsten Suchmaschinen, Online-Publikationen und die Internetauftritte von Unternehmen und Verbänden.
- **Für die Nutzer im Netz** sind Journalisten wichtig, weil sie Informationen zusammentragen, auswählen und bewerten. Sie haben damit eine bedeutende Orientierungs- und Vertrauensfunktion, denn im Netz ist nicht die Verfügbarkeit von Informationen das Problem, sondern deren Bewertung, denn häufig ist unklar, wer Informationen ins Netz gestellt hat und wie zuverlässig diese sind.

Journalisten finden Informationen häufig nicht

Die Qualität des Angebotes zählt

Voraussetzung für eine zufrieden stellende Nutzung des Internet für die Medienarbeit ist die inhaltliche Qualität des Angebots und eine nutzerfreundliche Gestaltung. Hierzu liegen mittlerweile mehrere Untersuchungen vor, wie zum Beispiel die „mediastudie 2002" von NEWSAKTUELL *(www.newsaktuell.de)*. Tendenz: Journalisten nutzen zunehmend das Netz, jedoch beurteilen sie die Qualität der Unternehmensangebote kritisch. Hier drei Beispiele:

- Laut einer Studie der DR. DOEBLIN WIRTSCHAFTSFORSCHUNG interessiert sich von den 232 befragten Wirtschaftsjournalisten rund die Hälfte für die Recherche im Internet allgemein, 49 Prozent nutzen Internet-Datenbanken. In den Angeboten von Unternehmen suchen die Reporter vor allem aktuelle Presseinformationen (77 Prozent), ein Verzeichnis der Ansprechpartner für Pressearbeit (77 Prozent), Daten über Vorstände (48 Prozent) und den Geschäftsbericht (54 Prozent). Jedoch zielt ein Drittel der Pressearbeit im Netz an den Nutzerbedürfnissen vorbei, so die Studie.
- Die Media Studie 2002 „Journalisten online" der DPA-Tochter NEWS AKTUELL ergab, dass alle Journalisten Online-Medien für ihre Arbeit nutzen (98 Prozent). Alle nutzen E-Mail häufig und 60 Prozent sind länger als eine Stunde pro Tag online. Zu den am häufigsten besuchten Websites gehören Suchmaschinen, Onlinepublikationen und Internetauftritte von Unternehmen und Verbänden. Jedoch entspricht kaum eine Internet-Site den Anforderungen von Journalisten und Redakteuren: Für 95 Prozent der Journalisten ist es schwierig, hochwertige Informationen im Internet zu finden.

  Weitere Ergebnisse: In Zukunft werden digitale Pressemappen am wichtigsten. Eine geringere Rolle spielen Bildtelefon, Internetradio, Onlinepressekonferenzen sowie WAP/UMTS.
- Viele Unternehmen richten ihren Internet-Auftritt nicht am Medium aus und sind zu wenig nutzerorientiert. Zu diesem Ergebnis kommt die Fachhochschule Dortmund aufgrund von über 25 Internet-Branchenstudien. Mit den Bezugsgruppen ist die Kommunikation offenbar nicht gewünscht oder wichtig. Fazit: *„Die realen Bedürfnisse der Journalisten werden zu wenig bis überhaupt nicht berücksichtigt"*, so Projektleiter Dr. Peer Walter Jahn. Von 50 erreichbaren Punkten erhielten die Unternehmen durchschnittlich 15.

Wie können Sie vor dem Hintergrund solcher Erkenntnisse Ihre Medienarbeit im Internet angemessen gestalten?

7.8.1 Pressecenter

Pressecenter als zentrale Anlaufstelle

Das Pressecenter ist Ihre zentrale Informations- und Austauschplattform für Journalisten. Journalisten recherchieren im Internet aktuelle Informationen, historische Daten und Hintergrundinformationen, Vorstandsinformationen, Branchenthemen und Informationen über die Pressestelle (Adressen und Ansprechpartner). Sie wollen Fotos und Grafiken herunterladen können.

Bestandteile

Das Pressecenter besteht mindestens aus:
- **Presseinformationen** mit Archiv
- **Hintergrundinformationen:** Unternehmen, Leistungen, Personen, Geschäftsbericht etc.
- **Illustrationsmaterial:** Fotos, Grafiken, Abbildungen etc. mit Bestellservice

- Im **Download-Bereich** stehen Presseinfos bereit, Reden der Vorstände, Fotos, Grafiken, Publikationen, Interviews aus TV und Radio.
- **Kontaktmöglichkeiten** zu Ansprechpartnern im Unternehmen mit E-Mail, Telefon, Fax, Handy und Postanschrift. Verwenden Sie hierbei keine anonymen E-Mail-Adressen wie „info" oder „webmaster". Hilfreich für eine schnelle Kontaktaufnahme ist ein E-Mail-Formular, das sich für jeden Ansprechpartner automatisch öffnet. Hinter einem Call-Back-Button verbirgt sich eine Eingabemaske, in die der Journalist seinen Namen und seine Redaktion eingibt und mitteilt, wann er zurückgerufen werden möchte. Immer mehr setzt sich auch das sog. „Instant-Messaging" durch, zum Beispiel mit AOL oder MICROSOFT, eine Möglichkeit, sofort Kontakt aufzunehmen (siehe Kap. 15.3.4.2). Hilfreich ist auch eine Wegbeschreibung („Ihr Weg zu uns").

Journalisten fanden sehr wichtig (in Prozent)			
Verzeichnis der Ansprechpartner für Pressearbeit	77	Produktinformationen	29
Aktuelle Presseinformationen	77	Zeitreihen, 5-Jahresübersichten	26
Pressearchiv	58	Fotos und Grafiken zum Herunterladen	24
Geschäftsbericht	54	Linksammlung zu Branchenthemen	23
Verzeichnis der Vorstände/ Geschäftsführer mit Zuständigkeit und Lebenslauf	48	Unternehmensgeschichte	22
		Umweltbericht	15
Organigramm	34	Reden, Vorträge der Geschäftsleitung	10
Firmenstandorte mit Geschäftsfeldern	32	Firmenzeitung	8

Abb. 7.14: Erwartungen der Journalisten an das Pressecenter (nach Wirtschaftsforschung Dr. Doeblin, 2000)

Zugang zum Pressecenter

Begrenzter Zugang?

Durch den deutlichen Hinweis auf der Startseite finden die Journalisten Ihr Pressecenter schnell. Verwenden Sie hierfür Buttons wie „Presse", „Pressecenter", „Presseforum". Zu ungenau sind „Aktuelles" und „Nachrichten", weil dies Journalisten nicht gezielt anspricht.

Umstritten ist die Frage, ob der Zugang zum Pressecenter erst nach vorheriger Anmeldung möglich sein sollte:

- **Argumente dafür**
  - Die Wünsche und Erwartungen der Journalisten als wichtige Bezugsgruppe werden gezielt berücksichtigt. Dies fördert das vertrauensvolle Verhältnis.
  - Die Presseinformation besitzt keine Aktualität mehr, wenn sie jeder Besucher lesen kann.

  - Sie erhalten eine bessere Übersicht über die Nutzung Ihres Angebots durch die Journalisten.
- **Argumente dagegen**
  - Es ist umständlich, sich bei jedem Unternehmen zu akkreditieren, ein Passwort zu holen und dies zugriffsbereit zu lagern.
  - Das Internet ist prinzipiell ein offenes Medium.

Was diese Argumente nicht berücksichtigen: Der Mehrwert des Internet als Pull-Medium kann nicht darin liegen, den Journalisten die Meldung aus dem Unternehmen als erste zukommen zu lassen. Wenn dies so wäre, würde eine aktiv verschickte E-Mail ausreichen.

Den Journalisten Mehrwert bieten

Stattdessen liegt der Mehrwert des Internet darin, den Journalisten durch zusätzliche, mediengerecht aufbereitete Informationsangebote, Erklärungen und Erläuterungen die Recherche und das Aufbereiten der Informationen zu erleichtern. Es scheint also mehr dagegen als dafür zu sprechen, den Zugang zu beschränken!

Sollten Sie sich dennoch für ein registriertes Forum entscheiden, sollten Sie den Journalisten verdeutlichen, warum dies sinnvoll ist, zum Beispiel weil es einen Chat gibt, der ausgewählten Journalisten vorbehalten sein soll.

Orientierung ist das A und O

Gute Navigation und klare Struktur

Das Angebot ist so gestaltet, dass sich die Journalisten leicht orientieren, durch die angebotenen Themen klicken und damit die Informationstiefe selbst bestimmen können. Die Inhalte sind hierfür durch eine erkennbare Dramaturgie festgelegt und mediengerecht aufbereitet:

Bieten Sie zu einem neuen Produkt eine Presseinformation mit einem interessanten Texteinstieg. Verweisen Sie durch Links auf Hintergrundinformationen, wie zum Beispiel Ihre bisherigen Produkte. Externe Links führen zu Stellungnahmen von Experten, Produkttests etc. Bieten Sie Produktfotos oder ein Kurzvideo, in dem das Produkt inszeniert ist. Ermöglichen Sie, Muster des Produktes zu bestellen und Fragen zu stellen. An jeder Stelle kann der Journalist entscheiden, welche weiteren textlichen, bildlichen oder auditiven Informationen er haben möchte. Wenn er Fragen oder Wünsche hat, kann er sich jederzeit mit dem Unternehmen in Verbindung setzen – im gleichen Medium über E-Mail oder mit Medienbruch über Telefon und Fax. Hierzu bietet sich an, bei jeder Presseinformation den Ansprechpartner anzugeben, zum Beispiel in einer Marginalienspalte, ohne Umweg über die „Kontakt"-Seite. Durch Anklicken eines Links öffnet sich ein E-Mail-Formular.

Schnelle Antworten

Antworten Sie schnell: Immer wieder ist zu lesen, dass Anfragen im Internet innerhalb von 48 Stunden beantwortet werden sollten. Aber welcher Journalist einer Tageszeitung wollte hierauf warten? Häufig benötigen die Medienvertreter – wie in der herkömmlichen Medienarbeit auch – eine Antwort innerhalb von 1 bis 2 Stunden! Das gilt umso mehr für das Internet, in dem Aktualität zählt.

Weitere Tipps

- Prüfen Sie, worin der Mehrwert Ihres Internet-Angebots besteht: Legen Sie lediglich Ihre gedruckten Presseinformationen elektronisch ab, dann nutzen Sie die Besonderheiten des Internet nicht aus, sondern bleiben weit hinter Ihren Möglichkeiten zurück!
- Mit den wichtigsten Journalisten sollten Sie persönlichen Kontakt herstellen – sie sind essenziell für das Entstehen von Vertrauen und durch nichts zu ersetzen!
- Nutzen Sie die Chance des Internet zur personalisierten Information der Journalisten: Ermöglichen Sie ihnen, sich in einem Menü ihr persönliches Profil zusammenzustellen, dies betrifft sowohl die Inhalte als auch die gewünschten Medien, zum Beispiel E-Mail, Newsletter, SMS, Presseinformation als Fax.

7.8.2 Presseinformation

Presseinformationen als wichtiges Element

Zentrales Element im Pressecenter sind die Presseinformationen. Der Journalist findet sie in absteigender chronologischer Reihenfolge, also die neuesten Meldungen zuoberst. Sind die Meldungen älter als zwei Monate, legen Sie diese in einem Archiv ab, das nach Monaten und Jahren geordnet ist.

Aufbereitung

Aufbereitung der Meldung

Für die Aufbereitung der Presseinformation bietet das Internet durch seine Hypermedialität (siehe Kap. 15.2.3.1) den Vorteil, ein Thema sowohl für die Laienpresse als auch die Fachpresse durch vertiefende (Fach-)Informationen darstellen zu können. Offline sind hierfür meist mehrere Versionen der Presseinformation nötig!

Gestaltung der Presseinformation

Klickt der Journalist den Titel der Presseinformation in der Übersicht an, erhält er zunächst einen Kurztext mit den wichtigsten Informationen (Wer? Was? Wann? Wo? Warum?). Ist die Meldung für ihn interessant, kann er zu ausführlicheren Informationen weiterklicken.

> Die Presseinformation im Netz muss noch prägnanter und klarer sein als offline, damit sich die Journalisten nicht schon nach kürzester Zeit wegklicken!

Die visuelle Gestaltung der Presseinformation sollte berücksichtigen, dass Journalisten die Seiten ausdrucken, daher sollte der Absender in Form des Logos oder Ähnlichem immer schnell erkennbar sein.

Der Text sollte in einem Gestaltungsraster aufgebaut sein, dass nicht über die gesamte Bildschirmbreite läuft, sondern aus etwa 40 bis 50 Buchstaben pro Zeile besteht, damit das Lesen leichter fällt.

Marginalspalte erleichtert Orientierung

Besteht die eigentliche Presseinformation aus mehreren Absätzen, können Sie eine Marginalspalte einbauen, die schlagwortartig den Inhalt des jeweiligen Absatzes wiedergibt. So kann sich der Journalist auf der

Seite nach unten bewegen und wird durch die Marginalspalte geleitet. Sie können auch die wichtigsten Inhalte als Aufzählungspunkte dem Text voranstellen, wie es zum Beispiel DaimlerChrysler macht *(www. daimlerchrysler.de)*.

Die Hypertextualität nutzen Sie, um zunehmend ausführlicher in Hintergründe vorzudringen. Zum Beispiel sind die Presseinformationen von DaimlerChrysler durch Kästen ergänzt, die auf andere Top-Themen hinweisen und das Vertiefen des Themas ermöglichen.

Verteilung

E-Mail mit Kurztext

Presseinformationen im Internet muss der Journalist aktiv suchen. Um die Journalisten auf die Presseinformation aufmerksam zu machen, können Sie diese aktiv per E-Mail verschicken. Die Alternative ist, eine E-Mail mit einem Kurztext zu erstellen, der einen Link zum Volltext auf der Website enthält.

Auf keinen Fall sollten Sie der E-Mail grosse Dateien mit Fotos anhängen!

Viele Online-Zeitungen und Portale bieten News-Ticker mit Agenturmeldungen an. Die Agenturen erreichen den Leser direkt und ohne Umweg über die Redaktionen. Die Nachrichten sind so strukturiert, dass sie sich automatisch in die Online-Angebote einbinden lassen.

Journalisten nutzen E-Mail-Diskussionslisten zu Fachthemen. Doch sollten Sie auf keinen Fall eine Presseinformation in die Liste posten! Möglich ist das Mitführen von Signaturen, das sind Informationen über den Absender der E-Mail, die am Ende der E-Mail stehen und auf einen E-Mail-Presseverteiler oder Presseinformationen im Netz verweisen (durch die URL).

Andere

Wer die Presseinformationen direkt an Journalisten verschicken will, dem ermöglichen Plattformen wie die dpa-Tochter news aktuell *(www. newsaktuell.de)*, Pressemitteilungen gezielt per E-Mail an vorselektierte Presseverteiler zu senden.

Sie sollten On- und Offline-Medienarbeit kombinieren: Wenn der Journalist ausführliche Informationen in Print haben möchte, können Sie ihm ein „Press-Kit" zusammenstellen, das aus Informationen, Erläuterungen und Illustrationen rund um das Thema besteht (siehe Kap. 7.5.1.2). Diesen Press-Kit gibt es natürlich auch als digitale Pressemappe!

Der Medienspiegel

Erfolgskontrolle

Hat sich die Mühe gelohnt? Haben die Medien berichtet? Sind Ihre Informationen „rübergekommen"? Haben Sie alle erschienenen Beiträge erfasst? Werten Sie die Veröffentlichungen aus, um den Erfolg Ihrer Bemühungen zuverlässig zu kontrollieren: Sammeln Sie die erschienenen Beiträge und stellen Sie diese im Medienspiegel zusammen. Die Beiträge können Sie bei Bedarf kommentieren, etwa dann, wenn Sie auf bestimmte Beiträge hinweisen wollen oder Informationen anders oder falsch von den Medien aufgenommen und weitergegeben wurden. Sie können hierfür einen professionellen Medienbeobachtungsdienst beauftragen. Es gibt auch mehrere gute (teilweise kostenlose) Quellen, um Veröffentlichungen im Netz aufzuspüren. Beispiele: PAPERBALL *(www.paperball.de)*, PAPERAZZI *(www.paperazzi.de)* und der PRESSE-MONITOR DEUTSCHLAND *(www.pressemonitor.de)*. Kostenpflichtige Dienste sind zum Beispiel NEWSEDGE *(www.newsedge.com)* und PRESSWATCH *(www.presswatch.de)*.

Beispiel PressWatch

Mit PRESSWATCH können Kunden rund um die Uhr nach vorgegebenen Stichworten, Themen und Presseaussendungen forschen. Der Dienst durchsucht mehr als 800.000 Artikel in über 1.450 wichtigen deutschen und internationalen Online-Medien sowie 65.000 Newsgroups und Foren. Die Ergebnisse können Sie täglich zu einem gewünschten Zeitpunkt erhalten und auch im Internet abrufen. Sie bekommen die Ergebnisse als E-Mail oder im Login-Bereich. Ihre Fundstücke enthalten das Datum der Veröffentlichung, den Namen des Online-Mediums, dessen Page Impressions, Informationen zur Fundstelle, Kontext-Auszüge etc. Darüber hinaus erhalten Sie als Kunde ein Log-in für Ihren individualisierten „My PressWatch-Bereich“, in dem Sie sich Ihre Statistiken und Charts ansehen und Profile einstellen können.

7.8.3 Pressefoto

Grobe Vorauswahl und hochwertige Fotos

Fotos können Sie in schwarz-weiß und in Farbe anbieten. Um das Laden zu verkürzen, eignen sich Miniaturfotos („Thumbnails“). Die Fotos sollten Sie für eine Vorauswahl mit einer Auflösung von 72 dpi (dots per inch) anbieten. Hochwertige Fotos mit 300 dpi bieten Sie zum Abfordern per E-Mail und CD-ROM an.

Niemals unaufgefordert Fotos als Anhänge von E-Mails schicken! Stellen Sie sich vor, was passiert, wenn ein Journalist täglich 50 oder 100 E-Mails mit Anhängen von jeweils 1 MB erhält!

Größere Datenmengen wie Videosequenzen, Fotos, Sounddateien können Sie erheblich schneller über einen FTP-Server übermitteln (File Transfer Protocol) als durch Anhänge an eine E-Mail. Allerdings muss sich der Nutzer durch ein Verzeichnis arbeiten, aus dem er nur anhand des Dateinamens auf die angebotenen Informationen schließen kann.

Erklären Sie das Fotomotiv, zum Beispiel ein Gebäude. Personen stellen Sie mit vollem Namen und Funktion im Unternehmen vor. Vergessen Sie nicht, deren Zustimmung einzuholen, denn sie haben ein Recht am Bild! Nennen Sie die Fotoquelle, also den Namen des Unternehmens oder des freien Fotografen. Das Veröffentlichen von Fotos sollte honorarfrei sein.

Tipp: Nutzen Sie Fotoarchive im Netz. Zum Beispiel bietet die Metasuchmaschine FOTOMARKTPLATZ *(www.fotomarktplatz.de)* kostenlos Zugriff auf über 1 Million Bilder von über 120 Fotoagenturen und Bildsuchmaschinen. Auch die Bilddatenbank der DEUTSCHEN PRESSE-AGENTUR (DPA) ist eine lohnende Quelle *(www.dpa.de)*. Weitere Links finden Sie im Serviceteil.

7.8.4 Virtuelle Pressekonferenz

Elektronischer Austausch

Mit der virtuellen Pressekonferenz können Sie viele Menschen erreichen (Broadcasting). Die Möglichkeiten des Internet schöpfen Sie aus durch

- **Multimedialität**, zum Beispiel, indem parallel zur Übertragung der Reden Folienpräsentationen zu sehen sind;
- **Hypermedialität**, indem Sie Fotos, Texte, Bilder und Audio-Elemente verknüpfen;
- **Interaktivität** ist durch gegenseitiges Fragen und E-Mail-Kontakt etc. gegeben.

Es ist natürlich auch möglich, eine virtuelle Pressekonferenz per E-Mail bzw. als Diskussionsforum durchzuführen (siehe Kap. 14.3.4).

Formen der virtuellen Pressekonferenz

Für die Durchführung einer virtuellen Pressekonferenz gibt es zwei Formen:

- **Pressekonferenz ins Netz übertragen:** Eine herkömmliche Pressekonferenz wird mit den Mitteln des Internet angereichert und übertragen, wie dies z.B. BERTELSMANN, BAYER und IBM tun. Vorteile: Die Pressekonferenz ist nicht an einen Ort gebunden. So können zum Beispiel auch ausländische Journalisten an der Pressekonferenz teilnehmen. Nachteile: Die Teilnehmer tauschen sich nicht direkt aus. Sind Fragen aus dem Internet zugelassen, sind die Fragenden für die anderen Journalisten meist nicht sichtbar, außer, sie verfügen über ein eigenes Videokonferenzsystem.
- **Pressekonferenz findet im Netz statt:** Die Pressekonferenz findet ausschließlich im Internet statt. Die Meinungen über die bisherigen rein virtuellen Pressekonferenzen sind sehr geteilt: Sie reichen von „wichtiges Informationsmedium" bis „Spielerei ohne Nutzen". Vorteile: Journalisten können teilnehmen, die sonst aufgrund der geografischen Umstände nicht dazu in der Lage wären. Der Aufwand vor Ort hält sich in Grenzen, da vor allem das organisiert werden muss, was im Bild sichtbar ist. Eine Aufzeichnung der Pressekonferenz gibt ziemlich genau den Originalablauf mit seinen Details wieder. Nachteile: Die Teilnehmer stehen nicht persönlich in Kontakt, was ein vertrauensvolles Gespräch hemmt. Die Diskussion kann schwer in Gang kommen.

Bei der Organisation und Durchführung von virtuellen Pressekonferenzen helfen professionelle Dienstleister: Sie stellen Kamerateams, die die

Pressekonferenz auf eigenen Plattformen ins Internet übertragen. Das Präsentationsmaterial wie Presseinfos, Redetexte, Hintergrundmaterialien lässt sich direkt von der Seite herunterladen.

7.8.5 Erfolgsfaktoren

Empirische Ergebnisse

Abschließend die Erfolgsfaktoren für Medienarbeit im Internet, die die Studie „Journalist 2000" erbrachte:

Informationsbedürfnis	häufig	selten	nie	oh. Angabe
Hintergrundinformationen	80 %	19 %	–	1 %
Nachrichten	68 %	28 %	3 %	1 %
Kontaktadressen	65 %	31 %	3 %	1 %
Pressemitteilungen	43 %	48 %	–	9 %
Anregungen (Themenfindung)	27 %	52 %	20 %	1 %
Grafiken und Bildmaterial	21 %	49 %	29 %	1 %
Termine	18 %	54 %	27 %	1 %
Audiobeiträge	4 %	21 %	74 %	1 %
Videobeiträge	2 %	20 %	77 %	1 %

Abb. 7.15: Angebot und Nachfrage im Vergleich (nach Studie „Journalist 2000")

Aktualität ist Trumpf

Die Möglichkeit der einfachen Vorrecherche ist für Journalisten in Hinblick auf das Internet von übergeordneter Bedeutung. Darum ist es für jedes Unternehmen oder jede Organisation elementar wichtig, ständig aktualisierte Informationen im Netz bereitzustellen. Das Bedürfnis, zu jeder Tages- und Nachtzeit im Web recherchieren zu können, ist ein weiterer Grund, die Inhalte von Websites stets auf dem neuesten Stand zu halten.

Die Information steht im Vordergrund

Hochwertige Information ist im Internet schwer zu finden. Ein übersichtlicher Aufbau einer jeden Website ist daher zwingend. Kontaktadressen oder Pressemitteilungen dürfen bei keinem Internetauftritt fehlen. Navigationshilfen und Suchfunktionen sind weitere empfehlenswerte Hilfsmittel, um das Suchen und vor allem das Finden von Informationen zu erleichtern.

Wer seine Presseinformation mit Sites verbindet, die von Journalisten häufig genutzt werden, erhöht zudem die Möglichkeit, Informationen schnell zugänglich zu machen. Um den Informationszugriff rund um die Uhr zu gewährleisten, ist ein technisch einwandfreier Internetauftritt unabdingbar.

Webpräsenz als Dienstleistung

Der Servicegedanke muss im Vordergrund stehen

Für Journalisten sind geeignete Bilder und Grafiken im Web Mangelware. Bild- und Grafikmaterial gehört auf jede Website, wenn Journalisten effizient informiert werden sollen. Der Servicegedanke muss auch hier im Vordergrund stehen: Gängige Dateiformate und schnelle Download-Zeiten erhöhen den Nutzwert erheblich.

E-Mail im Zentrum elektronischer Pressearbeit

Der Empfang von Pressemitteilungen ist ein bedeutender Vorteil der elektronischen Post. Auch der direkte Kontakt zu Pressestellen wird sehr geschätzt. Pressereferenten und PR-Abteilungen müssen daher die kompetente Abwicklung der elektronischen Pressearbeit ebenso sicherstellen wie die Bearbeitung „analoger" Anfragen.

Anders als noch vor einigen Jahren wird eine Fax-Belieferung der E-Mail nicht mehr unbedingt vorgezogen. Die digitale Belieferung hat in den letzten Jahren erheblich an Bedeutung gewonnen. Unternehmen und Organisationen, die heute bei ihrer Pressearbeit in erster Linie auf Fax setzen, sollten diese Strategie überdenken.

Relevant informieren heißt gezielt informieren

Als die größte Schwäche von E-Mail bezeichnen Journalisten die tägliche E-Mail-Flut. Elektronische Pressearbeit muss stets, genau wie papiergestützte PR, die journalistische Relevanz im Blick haben. Pressemitteilungen sollen unterstützen, nicht behindern. Insbesondere vom Spamming, dem unaufgeforderten Zusenden von E-Mail, kann nur abgeraten werden.

Elektronische PR sind dynamisch

Alle Journalisten sind heute über E-Mail und Internet erreichbar. Online-Medien entwickeln sich rapide zu den effektivsten Kommunikations- und Informationsmitteln. Befragt nach den Auswirkungen dieser Entwicklung auf ihren Arbeitsalltag, nannten die Redakteure vor allem zwei Hauptveränderungen: der höhere Aktualitätsanspruch und die größere Schnelllebigkeit von Informationen. Die Pressearbeit über E-Mail und Internet muss diesem Trend gerecht werden.

Digitalen Pressemappen wird das größte Zukunftspotenzial zugesprochen

Das größte Zukunftspotenzial wird laut Umfrage den digitalen Pressemappen zugesprochen. Pressekonferenzen und Events sollten zukünftig in dieser Form begleitet werden. Dabei reicht das einfache Einstellen einer Imagebroschüre nicht aus. Nichts ist für Journalisten uninteressanter als veraltete Geschäftszahlen. Das Internet bietet jedem Unternehmen die Möglichkeit, tagesaktuell zu arbeiten. Diese Chance sollte – mehr als dies bisher der Fall zu sein scheint – genutzt werden.

E-Mail ist für Journalisten das schriftliche Kommunikationsmittel Nummer eins. Die Möglichkeit der schnellen und relativ unproblematischen, flächendeckenden Erreichbarkeit sollte PR-Abteilungen aber nicht dazu verleiten, ihre Botschaft durch reine Masse breit zu kommunizieren. (nach Studie „Journalist 2000“)

7.9 Medienkooperationen

Zusammenarbeit von Unternehmen und Massenmedien

In jüngster Zeit gehen immer mehr Unternehmen Medienkooperationen ein. Hintergrund ist zum einen der Wunsch der Unternehmen, in der Medienberichterstattung präsent zu sein; zum anderen können die Massenmedien attraktive Themen oft nur durch exklusive Kooperationen besetzen und sich hierdurch einen Wettbewerbsvorteil verschaffen.

Medienkooperationen bzw. Mediensponsoring tritt in sämtlichen Formen der Unterstützung von Presse-, Radio- und TV-Sendungen auf und wird in Radio und Fernsehen mit sog. „Billboards“ angekündigt, das sind Vorspann und Abspann der gesponserten Sendung, mit dem Hinweis auf den Sponsor (Logo).

Überlegen Sie, wo Sie Ihre Interessen mit jenen der Medien verbinden können. Stellen Sie die Kontakte zu den Medien her und starten Sie ein Projekt zum beiderseitigen Nutzen. Viele Redaktionen sind bereit, mit einem Unternehmen zu kooperieren und gemeinsam Sonderbeilagen und Sonderseiten zu Schwerpunktthemen zu veröffentlichen. Dabei müssen Sie gewährleisten, dass es sich nicht um eine Werbebeilage handelt.

Als Themen für Medienkooperationen eignen sich zum Beispiel das Besetzen einer Hotline, Vorträge und Preise. SIEMENS MOBILE hat sein Engagement im Fußball-Sponsoring durch Kooperationen mit regionalen Print- und AV-Medien bekannt gemacht.

Kooperationen mit Printmedien

Bei Medienkooperationen im Printbereich fungiert meist das Medium als Multiplikator und der Partner steuert Redaktion, Layout und einen Produktionskostenzuschuss bei.

Folgende Hinweise:

- Ermöglichen Sie das Anfordern von Informationsmaterial und nutzen Sie dies zur Erfolgskontrolle, zum Beispiel in Form von Coupons bei Printkooperationen.
- Beachten Sie den gesetzlichen Rahmen, der die Trennung von Redaktion und Anzeige bzw. entgeltlicher Veröffentlichung regelt: Zur Trennung müssen Sie Vorgaben für die Gestaltung und Kennzeichnung einhalten. Die Vorgaben sind in individuellen Absprachen mit den einzelnen Medien abzustimmen.
- Nutzen Sie alle Sonderveröffentlichungen als eigenständige Produkte, zum Beispiel indem sie diese als Mailing an Bezugsgruppen schicken, bei Veranstaltungen auslegen oder Ähnliches.

Das Beispiel Firstfive

Beispiel

FIRSTFIVE ist ein in Deutschland, Österreich und der Schweiz operierendes Finanzinformationsunternehmen. FIRSTFIVE und seine Finanzexperten haben in den letzten zwei Jahren eine Datenbank aufgebaut, die Fakten über die Kauf- und Verkaufsentscheidungen und Ergebnisse professioneller Vermögensverwaltungen enthält. Mithilfe dieser Datenbank

- vergleicht und bewertet FIRSTFIVE für vermögende Privatkunden die Leistungen und das Servicelevel von Vermögensverwaltungen und Privatbankiers,
- vermittelt FIRSTFIVE privaten Anlegern einen Einblick in die realen Depots der Besten,
- analysiert FIRSTFIVE Trends und Kauf- bzw. Verkaufssignale am Aktienmarkt.

Das Unternehmen hat auf seiner Website folgende Medienkooperationen aufgelistet:

- BLOOMBERG: Jeden Donnerstag um 17.20 Uhr (und zwei Wiederholungen) mit einem Gast von FIRSTFIVE in der Sendung „Kursziel".
- CASH: In jeder Ausgabe dieser schweizerischen Wirtschaftszeitung erscheint eine Kolumne von FIRSTFIVE im Teil „Invest".
- DIE PRESSE (Wien): Jeden Montag erscheint eine Kolumne in der wichtigsten Tageszeitung Österreichs!
- FTD: Die FINANCIAL TIMES DEUTSCHLAND veröffentlicht monatlich ein jeweils aktuelles 12-Monats-Ranking von FIRSTFIVE in der Print-Beilage „Portfolio". Darüber hinaus greift die Redaktion regelmäßig auf FIRSTFIVE-Informationen zurück.
- WIRTSCHAFTSWOCHE: In regelmäßigen Abständen veröffentlicht das Magazin die Rankings von FIRSTFIVE. Hinzu kommen Kolumnen der aktuell erfolgreichsten Vermögensverwalter aus dem FIRSTFIVE-Ranking.
- ZDF-WISO: Monatlich veröffentlicht das WISO-Magazin eine Zusammenfassung des Geschehens in den von FIRSTFIVE beobachteten Depots. Der Text findet sich auch auf den WISO-Seiten im Internet.

Medienkooperationen im Internet

Im Internet sind die Redaktionen angewiesen, ihre Websites mit attraktivem, günstigen Inhalt zu füllen. Nutzen Sie diese Chance: Bieten Sie den Journalisten einen Experten-Chat oder eine Gewinn-Aktion, die sich als Online-Spiel darstellen lässt. Alle Maßnahmen sollten Sie mit Ihrer sonstigen Internetkommunikation verbinden (siehe Kap. 15.3): Zum Beispiel kann ein Link vom Spiel auf die eigene Website führen oder ein Banner im Chat auf den Kooperationspartner hinweisen.

Der Vorteil von Medienkooperationen im Internet ist, dass Sie Ihre Bezugsgruppen gezielt ansprechen können. Hierfür können Sie mit einem Spezialmagazin kooperieren. Geeignete Partner für Online-Medienkooperationen sind demzufolge (nach Jörg Hövener, ECC Düsseldorf):

Geeignete Partner für Online-Medienkooperationen

- Medienanbieter wie SPIEGEL ONLINE, FAZ.NET, N-TV, CNN oder regionale wie RP-ONLINE.DE, BERLIN-ONLINE.DE

- Fachinformationsdienste, wie das BAUNETZ.DE
- Verbraucherinformationsdienste wie das MEDIENETZ.DE
- Nachrichtendienste und Nachrichtendistributoren wie REUTERS.COM, NEWSAKTUELL.DE, PRESSRELATIONS.DE
- Privatpersonen, die sich qualifiziert mit bestimmten Produkten oder Themen auseinander setzen, häufig anzutreffen in der Telekommunikation und der Informationstechnologie
- Anbieter von E-Mail-Newslettern
- Foren für Meinungsaustausch: Newsgroups, webbasierte Diskussionsforen (häufig Teil von Medien-Sites), Chat-Angebote
- Mobile (Nachrichten-)Dienste.

7.10 Preisgünstige Medienarbeit

In Zeiten begrenzter Mittel steht auch für die Medienarbeit immer weniger Geld zur Verfügung. Je weniger Geld vorhanden ist, desto besser müssen daher Ihre Einfälle sein:

GEIST SCHLÄGT GELD!

Aber Achtung: Zu sehr mit Geld zu sparen, kann gefährlich werden. Unprofessionelle Medienarbeit mit Bordmitteln kann das wenige Geld nicht wert sein. Wie lässt sich Medienarbeit möglichst günstig gestalten?

Anregungen für preisgünstige Medienarbeit

Einige Anregungen:

- **Text:** Benötigen Sie nur hin und wieder Texte, können Sie über die Zeitung freie Texter oder freie Journalisten suchen. Vergleichen Sie Preisangebote! Das Honorar verringern Sie, indem Sie alle nötigen Informationen möglichst sorgfältig vorbereiten und einen Textvorschlag liefern. Dies erspart dem Redakteur Zeit für das Bearbeiten. Sollte das Geld für einen Profi nicht ausreichen, können Sie Studenten der Journalistik oder Publizistik mit dem Schreiben beauftragen. Schriftlich Auftragsumfang, Zeitplan und Honorar festlegen!
- **Vordrucke:** Reicht das Geld nicht für den Druck von Formularen für Presseinformationen, Eildiensten oder andere regelmäßige Druckschriften, beschriften Sie Geschäftspapier mithilfe des Computers und kopieren diese Vorlage bei Bedarf. Auch mit Rubbelbuchstaben lassen sich im Notfall Buchstaben auf Vorlagen bringen. LETRASET beispielsweise bietet ein ungemein reichhaltiges Sortiment von Buchstaben, Vignetten, Illustrationen, Linien, Zeichen, Symbolen und vieles mehr – alles erhältlich in verschiedenen Größen, Farben und Ausführungen.
- **Illustrationsmaterial:** Vergeben Sie Fotoaufträge an Hochschulen für Bildende Künste (Fachbereich Fotografie), Film- und Fernsehakade-

mien oder Fotoschulen. Vielleicht arbeitet bereits für die Mitarbeiterzeitung ein guter Fotograf aus Ihrer Belegschaft, der für Sie Fotos anfertigt. Auch Grafiker finden Sie an Hochschulen, Kunstschulen oder Ausbildungsstätten.

- **Pressemappe:** Statt der herkömmlichen teuren Hochglanzmappe können Sie einen farbigen A-3-Karton falten und mit Firmenaufdruck versehen (Druck oder Aufkleber). Günstige Varianten von Pressemappen sind Klarsichthüllen oder Schnellhefter, die den Firmenaufkleber tragen.
- **Raumkosten:** Kein Raum für eine Pressekonferenz? Lokale und Restaurants verfügen oft über repräsentative Gesellschaftszimmer. Die Raummiete könnten Sie durch die Getränkepreise und den Verzehr abgelten. Bieten Sie an, als Gegenleistung für die Miete das Podium mit einem Tischtuch zu bestücken, das den Namen der Lokalität trägt. Geeignete Veranstaltungsräume finden Sie auch in kleinen Theatern, Kinos, Bibliotheken, Bürogemeinschaften, Universitäten, Stiftungen und Hotels.
- **Büroleistungen:** Servicefirmen decken das komplette Spektrum an Büroarbeiten vom Briefe schreiben über Telefonieren und Faxen bis hin zur Buchführung ab. Einzelleistungen wie Telefondienst und Faxen bietet auch die TELEKOM. Fragen Sie im nächsten Servicezentrum.
- **Schreibarbeiten:** Schreibbüros bieten zuverlässige Leistungen an. Die Kosten geben Sie direkt an Kunden oder Auftraggeber weiter.
- **Leihen und Kaufen:** In Spezialzeitungen findet sich allerhand zum Ausleihen und Tauschen: ZWEITE HAND heißt eine dieser Zeitungen, die in Berlin erscheint *(www.zweitehand.de)*. Zusätzlich veröffentlicht der gleichnamige Verlag mehrmals jährlich eine Sonderzeitschrift mit vielen Adressen.
- **Möbel:** Einige Möbelhäuser versprechen schon für vergleichsweise wenig Geld eine komplette Büroausstattung. Neu sind Möbel aus Pappe, die günstig und stabil sind (!), gut aussehen und leicht aufzubauen sind. Das Spektrum reicht von Schreibtischen über Regale bis zu Stehpulten; diese Firmen bieten auch Präsentationsmöbel wie Treppen, Displays (Auslageständer) und Stellwände.
- **Arbeitskraft:** Was tun, wenn einem plötzlich die Arbeit über den Kopf wächst? Kurzzeitige Jobs vermitteln Zeitarbeitsfirmen sowie studentische Arbeitskraftvermittlungen, die es an fast jeder Universität gibt. Viele Kommunikationsleute greifen für Projektarbeit auf Praktikanten von Weiterbildungseinrichtungen oder Universitäten zurück. Hierdurch entlasten sie sich einerseits durch qualifizierte Mithilfe; andererseits bieten sie den Teilnehmern und Studenten die Möglichkeit zu einem Blick in die praktischen Tätigkeiten einer Agentur oder UK-Stelle. Aber Vorsicht: Informieren Sie sich genau über die Konditionen, zu denen eine Zusammenarbeit möglich ist und sorgen Sie dafür, dass auch die Praktikanten von der Mithilfe profitieren!

Noch einmal: Natürlich sollten Sie immer die Leistungen von ausgebildeten, erfahrenen Handwerkern und Künstlern nutzen: Nutzen Sie Profis wo immer möglich! Steht Ihnen aber nicht genügend Geld zur Verfügung, müssen Sie Alternativen finden, um nicht auf Unternehmenskommunikation zu verzichten. Sparen Sie aber nicht an den falschen Stellen: Selbst geringe Kosten für einen Fotografen sind zu hoch, wenn die Leistung nicht stimmt. Und denken Sie daran:

SIE KÖNNEN ZWAR IM WINTER DIE HEIZUNG DROSSELN, UM GELD ZU SPAREN. PASSEN SIE ABER AUF, DASS SIE NICHT ERFRIEREN!

8 Kommunikation mit weiteren Bezugsgruppen

Neben Mitarbeitern und Journalisten gibt es noch weitere Bezugsgruppen, zu denen es sinnvoll ist, eine vertrauensvolle und dauerhafte Kommunikation aufzubauen.

8.1 Nachbarschaftskommunikation

8.1.1 Bedeutung

Ein Blick über den Zaun

Viele Beispiele aus jüngster Zeit zeigen die Bedeutung der Menschen, die in unmittelbarer Nähe zu einem Unternehmen leben: die Nachbarschaft. Sie ist in vielerlei Hinsicht direkt oder indirekt vom Handeln des Unternehmens betroffen. Sie muss sich deshalb auf das Unternehmen verlassen können – zum Beispiel auf dessen Sicherheitsvorkehrungen, damit sie in einem Schadensfall geschützt ist.

Interessant ist, was um einen herum passiert

Aus Sicht der Kommunikationswissenschaft zeigt sich, dass sich Menschen vor allem dafür interessieren, was direkt um sie herum geschieht. Forscher haben herausgefunden, dass Leser vor allem den Lokalteil lesen – dann erst folgen andere Ressorts. Für Ihre Unternehmenskommunikation bedeutet dies:

BEZIEHEN SIE DIE NACHBARSCHAFT IHRES UNTERNEHMENS IN DIE UNTERNEHMENSKOMMUNIKATION EIN!

Dies könnte schon bald hilfreich sein, zum Beispiel wenn Sie neue Mitarbeiter suchen oder einfach nur, wenn ein Journalist einen Anwohner aus der Umgebung des Unternehmens befragen will. Es gibt viele Auslöser, in Konflikt mit seiner Nachbarschaft zu geraten: Sei es, wenn Bäume oder Grünflächen einer Gebäudeerweiterung weichen sollen; sei es, dass lautstarke Umbauarbeiten den Anwohnern den Schlaf rauben; sei es, dass Ihre Kunden ständig die Fahrräder falsch abstellen und sich häufig bei Anwohnern nach Ihrem Unternehmen erkundigen. Bauen Sie daher auf gute Nachbarschaft! Hierzu folgende Tipps:

- Reden Sie mit Ihren Nachbarn. Erklären Sie, wer Sie sind, welche Ziele Sie verfolgen und wie.
- Sprechen Sie persönlich mit den Anwohnern. So lernen Sie am besten deren Bedenken, Kritik und Argumente kennen. Gehen Sie hierauf ein.
- Warten Sie nicht, bis eine Krise eintritt: Sprechen Sie frühzeitig mit Ihren Nachbarn, wenn Sie ein Problem erkennen, das Ihr Umfeld berührt. Nur so haben Sie die Chance, das Gespräch aktiv zu führen, anstatt Angriffe abzuwehren.
- Informieren Sie umfassend und geben nicht nur solche Informationen, die Sie ohnehin hätten geben müssen.
- Bekennen Sie sich zur Verantwortung, die Ihr Unternehmen gegenüber seinen Nachbarn trägt. Sorgen Sie dafür, dass die Anwohner dies erkennen.
- Lösen Sie ein, was Sie in Ihren Broschüren und Anzeigen versprechen. Sie werden letztlich einzig an Ihren Taten gemessen - nicht an den Worten.
- Geben Sie Antworten auf die Fragen der Nachbarn. Nicht das interessiert, was aus Ihrer Sicht wichtig ist, sondern das, was die Menschen hören wollen.
- Sorgen Sie dafür, dass Menschen aus Fleisch und Blut für Fragen bereitstehen und nicht Telefax und Anrufbeantworter. Vertrauen und Überzeugung sind an persönlichen Kontakt gebunden. Dies gilt auch für eine Krise.

8.1.2 Instrumente

Gezielt die Bedürfnisse der Nachbarschaft befriedigen

Wenn die Nachbarschaft eine eigene Bezugsgruppe ist, dann sollte es Instrumente geben, die gezielt auf deren Kommunikationsbedürfnisse eingehen. Hier zwei Beispiele:

Tag der offenen Tür

Auf dem Programm: Kritischer Austausch

Eine gute Möglichkeit, ein Unternehmen bekannt zu machen und mit Nachbarn zu reden, ist eine Einladung zum Tag der offenen Tür! Eine bekannte Kosmetikfirma lädt ihre Nachbarn jährlich zum informativen Rundgang ein. Hautnah verfolgen die Besucher die Produktion von Shampoo und Deodoranzien, sie nehmen an Führungen durch die Herstellung und Abfüllung teil und der Unternehmenssprecher erzählt aus der Firmengeschichte. Selbst die Auszubildenden sind mit von der Partie und zeigen wichtigste Bausteine ihrer Ausbildung in einer Sonderschau.

Eine Chemiefirma setzt auf kritischen Austausch: Auf dem Programm der „Umweltschutz-Offensive“ stehen Gespräche mit Politikern, Umweltschützern und Abfall-Spezialisten. Die Besucherroute führt durch mehr als 30 Stationen quer über das Werksgelände. Die Besucher können sich so ein Bild machen von Anlagen, die Abluft und Abwasser reinigen, Lösemittel wiedergewinnen und Sonnenenergie zur Energieerzeugung nutzen. Der Clou: Kinder bis 14 Jahre verlesen eine eigene Umweltmeldung für eine Tagesschau im Jahr 2012.

Ermöglichen auch Sie Ihren Nachbarn einen Blick hinter die Kulissen Ihres Unternehmens: Zeigen Sie Menschen, die sich engagieren. Bieten Sie Fakten und Gespräche und heben Sie Ihr Unternehmen aus der Anonymität heraus – Sie müssen keine Aufsehen erregenden Attraktionen bieten. Mitunter reicht die Vorführung eines Unternehmensfilms oder einer Diaschau aus. Wichtiger ist die Diskussion, in der Sie auf Fragen Ihrer Nachbarn eingehen. Nichts ist für die Besucher unbefriedigender, als das Gefühl zu haben, durch ein Unternehmen geschleust und mit Fragen und Gefühlen nicht ernst genommen zu werden. Schlimmstenfalls schlägt Ihre gute Absicht ins Gegenteil um, dann nämlich, wenn Sie die Nachbarn durch Ihr Verhalten in ihren Vorurteilen bestätigen.

Nachbarschaftszeitung

In der Zeitung berichten

Einige Firmen geben Nachbarschaftszeitungen heraus, die über Neues aus Forschung und Entwicklung informieren, über Verwaltung, Produktion und Vertrieb und neueste Angebote. „Hallo Nachbarn“ oder „Ihr Nachbar informiert“ heißen diese Zeitungen, die meist über die Hausbriefkästen in den umliegenden Straßen oder Wohnbezirken verteilt werden.

Die Themen einer Nachbarschaftszeitung umfassen naturgemäß das Unternehmen, seine Aktivitäten und Produkte, aber auch wichtige Informationen für Anlieger. Die Herstellung einer solchen Nachbarschaftszeitung muss nicht teuer sein. Bei der Herstellung können Sie sich an den Tipps für Mitarbeiterzeitungen orientieren (siehe Kap. 6.5.2.2).

8.2 Finanzkommunikation

8.2.1 Bedeutung

Die Finanzgemeinde ist wichtig geworden

Die Kommunikation mit Finanzanalysten, institutionellen Anlegern und privaten Kleinaktionären **(Investor Relations)** gehört mittlerweile in vielen Unternehmen zur Kernaufgabe der Unternehmenskommunikation. Der Deutsche Investor Relations Kreis definiert: *„Investor Relations besteht in der zielgerichteten, systematischen und kontinuierlichen Kommunikation mit tatsächlichen und potenziellen Anteilseignern (Entscheidungsträgern) einer börsennotierten Aktiengesellschaft sowie mit Finanzanalysten und Anlageberatern (Meinungsbildnern) über das vergangene, laufende und vor allem zukünftige erwartete Geschäft des Unternehmens unter Berücksichtigung der Branchenzugehörigkeit und der gesamtwirtschaftlichen Zusammenhänge.“* Ziele der Investor Relations (IR) sind die faire Unternehmensbewertung und das angemessene Unternehmensimage bei den Bezugsgruppen der IR.

Emotionalität wird auch in den IR wichtiger

Bis vor wenigen Jahren war die professionelle Beziehungspflege mit der Finanzgemeinde noch in den Finanzabteilungen angesiedelt. Mittlerweile gehört sie immer häufiger zur Funktion Unternehmenskommunikation. Grund: Die Investoren wollen sich professionell mit dem Unternehmen austauschen. Sie wollen nicht nur nüchterne Zahlen über das Unternehmen sehen, sondern in persönlichen Gesprächen durch schlüssige Managementstrategien überzeugt werden, sie wollen etwas über die Ziele und die Visionen des Unternehmens und dessen Management erfahren. Sie wollen von der Geschichte des Unternehmens fasziniert und begeistert werden und sie wollen wissen, warum sie gerade dessen Aktien kaufen und empfehlen sollen. Also: Informieren Sie die Finanzgemeinde über das Zukunftspotenzial sowie den Geschäftsgang Ihres Unternehmens!

Die steigende Bedeutung der emotionalen Ansprache bestätigt das KOHTES KLEWES MEINUNGSBAROMETER „OPINION LEADER", für das über 100 hochrangige Kapitalmarktexperten interviewt wurden. Ergebnis: Finanzanalysten geben ihre Investitionsempfehlungen nicht nur aufgrund von nüchternen Zahlen und sachlichen Analysen ab: Fast jeder dritte befragte Börsenprofi gibt an, sich bei den Empfehlungen auch vom Gefühl leiten zu lassen. Jeder Zehnte vertraut sogar zusätzlich auf seine Intuition. Als Grundlage für ihre Einschätzungen suchen Analysten vor allem den persönlichen Dialog mit den Unternehmen. 89 Prozent der Befragten führen One-to-one-Gespräche und besuchen Unternehmen. Ebenso wichtig ist den Börsenprofis die Recherche in Branchen-Datenbanken (89 Prozent). Auch Printmedien (80 Prozent) und das Internet (79 Prozent) sind entscheidende Informationsquellen.

Kriterien für die Einschätzung von Firmen

Auf drei Merkmale achten die Finanzprofis bei ihrer Einschätzung der Unternehmen ganz besonders:

1. professionelles Management (95 Prozent)
2. strategische Ausrichtung (93 Prozent)
3. Glaubwürdigkeit (92 Prozent)

Dies sind Kriterien, die professionelle Unternehmenskommunikation hervorragend vermitteln kann.

EXPERTEN SCHÄTZEN, DASS DIE KOMMUNIKATION ERHEBLICH DEN BÖRSENWERT EINES UNTERNEHMENS BESTIMMT!

Harte Zahlen spielen für 85 Prozent der Befragten die entscheidende Rolle. Die Unternehmensvision ist für 70 Prozent der Kapitalmarktexperten ausschlaggebend.

Als wichtigste Säule professioneller Unternehmenskommunikation sehen die Börsenprofis die Medienarbeit. Aufmerksamkeit wird ihrer Meinung nach vor allem durch Medienpräsenz, wichtige und interessante Meldungen und fachkundige Ansprechpartner erreicht. Jedoch sehen die befragten Finanzexperten bei der Verfügbarkeit der Ansprechpartner Nachholbedarf.

Die Herausforderung in den Investor Relations ist die Verknüpfung von professioneller Kommunikation und Finanz-Know-how!

Vorteile professioneller Finanzkommunikation

Der Kommunikationsberater Dirk Bläse hat Aufgaben der professionellen Finanzkommunikation aufgelistet:

- Systematischer und kontinuierlicher Kommunikationsprozess mit unternehmensrelevanten Investoren und Anlegern.
- Gezielte Darstellung von Unternehmensstärken.
- Steigerung der Bekanntheit und der Unternehmensakzeptanz.
- Förderung des Aktionärszuspruchs.
- Engere Bindung der Aktionäre an das Unternehmen.
- Verbesserung des Unternehmens- und Finanzimages.
- Positive betriebswirtschaftliche Effekte durch Stabilisierung und Steigerung des Aktienkurses (Shareholder Value).
- Minderung von hohen Schwankungen des Aktienkurses.
- Stärkung der Marktposition.
- Stärkung der Kapitalstruktur.
- Stärkung der Unternehmensposition bei Finanzverhandlungen.
- Schutz vor „feindlichen Übernahmen“.

8.2.2 Bezugsgruppen

Konkret umfasst die Finanzgemeinde („Financial Community“) drei Teilbezugsgruppen: Privatinvestoren, institutionelle Investoren und Multiplikatoren.

- Die **Privatinvestoren** sind die zahlenmäßig größte Bezugsgruppe. Allerdings verfügt sie über das geringste Anlagekapital pro Entscheider. Privatinvestoren sind vor allem aus zwei Gründen bedeutend: Zum einen wird ihre Zahl künftig weiter steigen, da die Aktie als Geldanlage etabliert ist, besonders in wirtschaftlich guten Zeiten; zum anderen ist das Anlageverhalten der Privatinvestoren eher auf langfristige Rendite ausgerichtet, was bei Börsenschwächen ausgleichend wirkt.
- Die **institutionellen Investoren** bilden die zahlenmäßig kleinste Teilbezugsgruppe. Jedoch verfügen sie über das größte Anlagekapital pro Entscheider. Ihre Orientierung an der Leistung der Aktie ist sehr hoch, ihr zeitlicher Anlagehorizont eher kurz. Institutionelle Anleger erwarten eine professionelle Finanzkommunikation, die zeitnah detaillierte Informationen bereitstellt. In den Investor Relations genießen institutionelle Investoren traditionell hohe Aufmerksamkeit, da ihre Anlageentscheidung andere Investoren beeinflusst, vor allem Privatinvestoren. Dies kann Kursschwankungen nach sich ziehen.

- **Multiplikatoren** sind Banken, Fondsmanager, Finanzanalysten, Rating-Agenturen, Wirtschaftsjournalisten und Nachrichtenagenturen. Da sich vor allem Privatanleger nach den Empfehlungen der Multiplikatoren richten, ist die Ausrichtung der Investor Relations an den Bedürfnissen und Anforderungen dieser Teilbezugsgruppe besonders wichtig.

8.2.3 Instrumente

Viel persönliche Kommunikation

Zu den Instrumenten für die Kommunikation mit Investoren und Wirtschaftsjournalisten gehören Analystenkonferenzen, Geschäftsberichte, Finanzanzeigen, Unternehmenspräsentationen (zum Beispiel auf Roadshows des Vorstands), Hauptversammlungen und Bilanzpressekonferenzen, Telefon- und Videokonferenzen, Call-Center und Unternehmensbesuche:

Individuelle Gespräche mit Unternehmensrepräsentanten

- **Analystenkonferenzen:** Studien zeigen, dass sich Analysten vor allem individuelle Gespräche mit Unternehmensrepräsentanten als wichtige Informationsquelle wünschen. Die Gesprächsrunden mit Analysten setzen objektive und glaubwürdige Informationen über die aktuelle und künftige Unternehmenssituation voraus, über Chancen, aber auch Risiken. Bei der Vorbereitung von Analystentreffen muss beachtet werden, dass sich die Analysten branchenmäßig und/oder regional spezialisiert haben. Analystenpräsentationen verfolgen als oberstes Ziel, das Unternehmen der Finanzwelt vorzustellen. Die Firma erläutert dabei ihre Geschäftsaktivitäten und ihre Branchenpositionierung. Analystentreffen sollen die Glaubwürdigkeit des Unternehmens unterstreichen und festigen. Sie bieten ebenfalls die Gelegenheit, Kontakte auszubauen.

Professionelle Unternehmensdarstellung im Rahmen von Roadshows

- **Unternehmenspräsentationen:** Zu den so genannten Roadshows werden die wichtigsten institutionellen Anleger und Finanzanalysten geladen. Zunehmend finden die Roadshows auch in bedeutenden ausländischen Finanzzentren wie New York, London oder Zürich statt, um die Internationalisierung der Unternehmen zu unterstützen. Das Management hat hierbei die Aufgabe, die Gesprächspartner von den Aussichten des Investments zu überzeugen und die Zukunftsstrategien des Unternehmens zu erläutern. Bei diesen Veranstaltungen sind die professionelle Unternehmensdarstellung und der glaubwürdige Auftritt der Geschäftsführung von entscheidender Bedeutung – das Management kann mit seinem individuellen Stil und seiner Überzeugungskraft das Vertrauen der Fachöffentlichkeit gewinnen. Der Einsatz modernster Präsentationstechniken und -methoden mittels Beamer und Videofilmen etc. steigert die Professionalität der Darstellungsform. Sie können Handouts, Broschüren und Produktbeigaben verteilen.

Persönliche Gespräche

- **Einzelgespräche:** Persönliche Gespräche gewinnen auch in den Investor Relations an Bedeutung, da sie die Voraussetzung für ein besonderes Vertrauensverhältnis zwischen den Kommunikationspartnern schaffen. Hierbei handelt es sich um Einzelgespräche, die unter vier Augen zwischen ausgewählten Investoren oder Finanzanalysten und der Geschäftsleitung erfolgen. Die Einzelgespräche finden je nach Ziel entweder im Anschluss an die Unternehmenspräsentation oder auf speziellen Wunsch zu einem anderen vereinbarten Zeitpunkt statt. Das Einzelgespräch stellt den effizientesten Weg im Rahmen der Finanzkommunikation dar. Ein gut vorbereitetes Gespräch ist zwar mit einem hohen Aufwand verbunden, die Erfolgsaussichten sind jedoch im Vergleich zur unpersönlichen Kommunikation erheblich höher.

Das Interesse potenzieller Anleger wecken

- **Bilanzpressekonferenzen:** Diese Veranstaltung ist das persönliche Gespräch mit den Wirtschaftsjournalisten. Deren Berichterstattung soll zum Beispiel das Interesse potenzieller Anleger wecken. In der Pressekonferenz wird das Ziel des abgelaufenen Jahres mit dem Erreichten verglichen und erklärt. Die Geschäftsleitung wirft einen Blick in die Zukunft und erläutert die wirtschaftliche Entwicklung des Unternehmens. Hierbei stehen aber nicht nur nüchterne Zahlen im Vordergrund: Die Journalisten wollen von der positiven Zukunft des Unternehmens auch emotional überzeugt werden.

Geschäftsbericht als Basismedium

- **Geschäftsbericht:** Er bietet eine Zusammenfassung des abgelaufenen Geschäftsjahres und stellt die Unternehmensentwicklung dar. Trends sind für jeden Leser über Jahre hinweg nachvollziehbar. Er erscheint allerdings nur einmal im Jahr, ist also wenig dynamisch. Der Geschäftsbericht ist für Unternehmen zweifellos ein wichtiges Medium. Er ist für viele Unternehmen nach dem Handelsgesetzbuch gesetzlich vorgeschrieben. Ziel des Geschäftsberichtes ist, auf die besondere Stärke des Unternehmens hinzuweisen und die Aktiva aufzuzeigen, die Ertragskraft und künftiges Wachstum verbürgen. Solche Mitteilungen sind natürlich vor allem für potenzielle Käufer von Aktien bestimmt, aber auch für Banken, Lieferanten, Kunden und Geschäftsleute sowie Regierungsstellen im In- und Ausland und die Mitarbeiter des Unternehmens.

Mit dem Geschäftsbericht kann ein Unternehmen der Öffentlichkeit grundlegende Leistungen vermitteln, wie finanzielle Stärke, Produktivität, Technologie, Zusammensetzung des Managements und dessen Unternehmenskonzeption sowie Forschungsprogramme, Absatzmärkte und Neuerwerbungen. Neben der inhaltlichen und technischen Verständlichkeit ist es der lebendige Schreibstil und die interessante Darstellung, die einen guten Geschäftsbericht auszeichnen. Im Gegensatz zum hohen Preis steht allerdings eine oft niedrige Qualität dieser Veröffentlichung, dies besagen Untersuchungen. Bemängelt wird vor allem ein dünner Inhalt und „Floskeln“ statt handfester Informationen. Dabei könnte ein Geschäftsbericht ein informatives Bild des Unternehmens darstellen:

Neben Zahlen des abgelaufenen Jahres, einem Ausblick auf das eigene Unternehmen und die Branche sowie das betriebliche Umfeld kommen Themen und Fotos infrage, die den Leser in die Aktivitäten des Unternehmens einbinden, wie Weiterbildung, Aktionäre, Produkte, Forschung, Richtfeste, Messebeteiligungen, eine abgeschlossene Zertifizierung nach DIN ISO, die wichtigsten Ereignisse des Jahres, ein Überblick über die bestehenden und künftigen Niederlassungen, Mitarbeiterthemen, Wandel in der Belegschaftsstruktur, Verlauf der Aktie im Vorjahr, Umweltschutz und das betriebliche Umfeld. Sogar politische Forderungen können ihren Ausdruck im Geschäftsbericht finden. Ein Interview mit der Geschäftsführung lockert auf und lässt ein persönliches Bild vom Unternehmen beim Leser entstehen.

Emotionalisierung der Finanzgemeinde

- **TV-Spots:** Sie dienen vor allem der Aktualisierung und Emotionalisierung der Finanzgemeinde. Da Spots für die Darstellung komplexer Inhalte weniger geeignet sind, weisen sie häufig auf weitere Kommunikationsangebote hin wie Teletext, Hotlines oder Internet-Chats, die weiter gehende Informationen vermitteln. TV-Spots werden zum Beispiel in den Sendungen des Nachrichtensenders N-TV geschaltet (TELEBÖRSE, HANDELSBLATT-TICKER, BÖRSE LIVE und MÄRKTE AM MORGEN). Diese Sendungen werden vor allem von Analysten sowie von institutionellen und privaten Anlegern gesehen.

  Bei der Umsetzung der Spots werden häufig prominente Darsteller eingesetzt: Der Schauspieler Manfred Krug warb für die TELEKOM-Aktie und erregte damit bundesweit Aufsehen. Der Telekommunikationsanbieter TELEGATE setzte bei seiner Börseneinführungskampagne auf die TV-Moderatorin Verona Feldbusch.

Ansprache der breiten Finanzöffentlichkeit

- **Fernsehberichte:** Sie dauern meist 15 bis 20 Minuten. Im Vorfeld eines Börsengangs zielen sie auf die Ansprache der breiten Finanzöffentlichkeit ab. Durch ihre breite Streuung kommen TV-Berichte zunehmend für die Betreuung kleinerer Anleger in Betracht. Kleinere mittelständische Unternehmen, die weniger bekannt sind, können gut über die Einzelheiten der bevorstehenden Börseneinführung hinaus ihr Unternehmen sowie ihre Produkte vorstellen. Die erfolgreiche Unternehmenspräsentation kann so den Aktienabsatz fördern. Umgekehrt kann ein weniger gelungener Auftritt negative Folgen haben. Daher sollten Sie Fernsehinterviews und andere TV-Auftritte sehr gut vorbereiten (siehe Checkliste im Serviceteil).

Gedankliche Präsenz des Unternehmens sichern

- **Finanzanzeigen:** Finanzanzeigen frischen die gedankliche Präsenz des Unternehmens auf und emotionalisieren durch Bilder und wenige Kernbotschaften. Finanzanzeigen werden meist in auflagenstarken und themenspezifischen Wirtschaftszeitschriften und im Wirtschaftsteil von überregionalen Tageszeitungen geschaltet. Unter den überregionalen Zeitungen führt das HANDELSBLATT vor der FAZ, gefolgt von BÖRSEN-ZEITUNG, SÜDDEUTSCHE ZEITUNG und DIE WELT. Unter den Wirtschaftsmagazinen steht an erster Stelle CAPITAL, gefolgt von WirtschaftsWoche, Börse online, DM, Finanzen sowie manager magazin. Ohne große Streuverluste können Sie potenzielle Anleger auch mit einer Anzeige in der speziellen Ausgabe von Handelsblatt News am Abend erreichen, die abends bei der Lufthansa auf innerdeutschen Flügen an Reisende der Business Class verteilt wird.

Nachschlagewerk für Anleger und Analysten

- **Investoren-Handbuch:** Dieses Handbuch ist ein kleines Nachschlagewerk für Anleger und Analysten. Interessierte Anleger erwarten nämlich außer dem Geschäfts- bzw. Zwischenbericht weitere Hintergrundinformationen in einer zusammengefassten Datensammlung. Im Rahmen eines Börsengangs wird das Handbuch zum Beispiel bei Pressekonferenzen, Roadshows und Investorenkonferenzen eingesetzt.

  Das Handbuch fasst die Geschäftsentwicklung der vergangenen fünf bis zehn Jahre zusammen, anhand derer wichtige Kennzahlen verglichen werden. Es enthält neben den wichtigsten Zahlen auch Angaben über Geschichte, Aufbau, Tätigkeit, Ziele und Strategien, Hintergrundinformationen zur Branche, aktienbezogene Berichte, Kontaktadressen etc. Damit stellt es für Finanzanalysten, Wirtschaftsjournalisten und institutionelle Investoren eine detaillierte Grundlage für die Vorbereitung ihrer Recherchearbeit, Presseberichte und Unternehmensanalysen dar. Darüber hinaus vermittelt das Investoren-Handbuch investorenrelevantes Datenmaterial im Vorfeld von Einzelgesprächen zwischen dem Emittenten und der Finanzöffentlichkeit, wodurch zeitaufwändige Einführungen vermieden werden können. Das Handbuch sollte im Interesse ausländischer Investoren auch in anderen Sprachen erscheinen, vor allem in Englisch.

Transparenz für erklärungsbedürftige Produkte

- **Präsentationsvideos:** Präsentationsvideos können entweder emotionalisieren oder das Verständnis schwieriger Themen ohne entsprechendes Fachwissen erleichtern. Insbesondere für Chemie- und Technologieunternehmen empfiehlt es sich, ihre erklärungsbedürftigen Produkte und Dienstleistungen transparent und leicht begreiflich zu machen. Präsentationsvideos können Sie auf Roadshows und Betriebsbesuchen einsetzen. Die Vorführung von fünf bis zehnminütigen Videofilmen, die Produkte und/oder Dienstleistungen nahe bringen, ist ein guter Einstieg in die Unternehmensdarstellung.

Schwerpunkt Internet

Das Internet wird wichtiger

Unternehmen wollen ihre Investor Relations im Internet in den kommenden Jahren ausbauen. So lautet das Ergebnis der Studie „Branchenkompass Unternehmenskommunikation" der NetFederation und des F.A.Z.-Instituts. Die Befragten sehen die Chancen für die Unternehmenskommunikation vor allem im schnellen Datenfluss und in der Zielgenauigkeit des Mediums. Ein weiterer Grund für die steigende Bedeutung des Internet für die Investor Relations ist, dass sich das Verhalten der Privataktionäre immer stärker dem der institutionellen Anleger anpasst: Kaufen und Verkaufen geht mittlerweile schnell und direkt online mit dem Broker. Das Warten auf die Tageszeitung, um die Kurse von gestern zu studieren, ist passé. Im Internet können sich alle die gewünschten Kurse mit 15 Minuten Zeitverzögerung anschauen. Und: Gerüchte verdichten sich auf dem Kommunikationsmarkt schnell zu Tatsachen. Es gibt einige Unternehmen, deren Wert sich auf diese Weise über Nacht halbiert hat.

Voraussetzungen für professionelle Investor Relations im Internet

Professionelle Investor Relations im Internet können die guten Beziehungen zur Finanzgemeinde stärken. Hierfür müssen Sie einige Voraussetzungen erfüllen:

- Geben Sie Informationen früh und offen weiter, damit Vertrauen entstehen kann. Teilen Sie auch schlechte Nachrichten mit und nutzen Sie die Gelegenheit, diese zu erläutern, Gründe anzugeben und Ihr geplantes Handeln darzustellen.
- Wecken Sie keine übersteigerten Erwartungen: Schnell ist ein Unternehmen durch den Druck der Analysten verleitet, zu ehrgeizige Ziele zu nennen. Das rächt sich!

  VERSPRECHEN SIE NUR DAS, WAS SIE HALTEN KÖNNEN!

- Vertrauen stärkt, wenn Sie einen Blick über Ihr Unternehmen hinaus werfen und den Anlegern Bewertungen von Analysten zugänglich machen – das Hypertextprinzip des Internet macht dies möglich (siehe Kap. 15.2) und die Analysten tun dies sowieso. Sollte es erforderlich sein, können Sie die Bewertungen erläutern und kommentieren.

Inhalte der Microsite für Investoren

Für die Kommunikation mit Investoren haben viele Firmen „Microsites" (eigene kleine Websites) in ihre Webauftritte integriert, die ein Kommunikationspaket aus Unternehmensinformationen, Aktienkursentwicklung und Finanzkennzahlen bieten:

- **Allgemeine Unternehmensinformationen:** Geschäftsmodell, Unternehmensstruktur, Unternehmensstrategie, Produkte und Kunden. Informationen über die Firmenhistorie können Ihre Kompetenz unterstreichen.
- **Finanzzahlen:** Kennzahlen, Inhalte aus dem Geschäftsbericht, Aktienkurs etc.
- **Informationen zu Kommunikationsmaßnahmen:** Informationen und Material zur Hauptversammlung, zur Bilanzpresse- und Analystenkonferenz etc.
- **Management:** Vorstand samt Fotos und Lebensläufen.
- **Aktuelles:** Aktuelle Pressemitteilungen, Pressespiegel, Ad hoc-Meldungen und ein Unternehmenskalender, der möglichst lange im Vorfeld informiert.
- **Service:** Finanzkalender, Archiv, Fragen und Antworten sowie die Möglichkeit, wichtige Dokumente als PDF-Datei (Portable Document File) herunterzuladen. Videos von Veranstaltungen wie der

Hauptversammlung gibt es samt Software zum Abspielen als Download. Für Privatanleger ist ein Glossar hilfreich.

- **Kontakt:** Fragen? Anregungen? Sie sind nur einen Mausklick entfernt!

Das Deutsche Aktieninstitut befragte seine E-Mail-Abonnenten, welche Anforderungen sie an IR-Sites von Unternehmen stellen. Hier das Ergebnis aus 838 Fragebögen:

Anforderungen an IR-Sites	
Unternehmensbeschreibung	99,0 %
Prognosen über Unternehmensentwicklung	98,0 %
Pressemitteilungen	97,7 %
Kennzahlen (Kurs-Gewinn-Verhältnis, Kurs-Cash-flow-Verhältnis, Investitionskennzahlen, Angabe der prognostizierten Dividende, Renditekennzahlen)	96,5 %
Produkte	96,5 %
Geschäftsbericht	96,4 %
Analystenmeinung	96,2 %
Aktienkurs	95,6 %
Zwischenbericht	93,3 %
Unternehmenskalender	92,6 %
Aktionärsstruktur	92,2 %
Hauptversammlung	92,2 %
Häufige Fragen (FAQ)	90,9 %
Mitglieder des Vorstandes / Aufsichtsrates	86,9 %
Satzung	80,1 %

Abb. 8.1: Anforderungen an das Internet-Angebot börsennotierter Gesellschaften (Deutsches Aktieninstitut, 2000)

Aufmerksamkeit durch Banner auf anderen Websites

Setzen Sie Banner ein, z. B. zum Börsengang: Geeignete Plattformen sind die Websites der konsortialführenden Banken, betreuenden Finanzagenturen sowie Wirtschafts- und Finanzdienste. Ihre Website versorgt interessierte Anleger und Multiplikatoren mit ausführlichen Informationen rund um Ihre Finanzkommunikation. Die Onlinekampagne sollte die Printkampagne stützen und deren Gestaltung mediengerecht weiterentwickeln. Zunehmend setzen die Firmen virtuelle Hauptversammlungen und virtuelle Pressekonferenzen ein (siehe Kap. 7.8.4). Nehmen Sie auch an Gesprächen in virtuellen Gemeinschaften teil und stellen Sie dort direkten Kontakt zu Ihren Bezugsgruppen her – ein sehr effizienter Weg!

Virtuelle Pressekonferenzen

Ein Portal speziell für Aktionäre ist um Beispiel *www.more-ir.de.* Den Anleger erwarten Nachrichten, Geschäftsberichte, Presseveröffentlichungen, Termine, Unternehmensporträts, Interviews und Reportagen. Ein personalisierbarer Newsletter ergänzt das Angebot. Eine andere nützliche Adresse ist *www.investor-relations.de.*

Tipps

Weitere Tipps

- Prüfen Sie für die Kommunikation mit Ihren Investoren, ob ein Button mit Link auf der Startseite sinnvoll ist, der die Investoren direkt auf Ihr Angebot leitet (Beispiel: *www.volkswagen.de*).
- Prüfen Sie, welche Sprachversionen sinnvoll sind.
- Weisen Sie mit einem Laufband auf den aktuellen Börsenkurs und wichtige Termin hin.

Ihre Unternehmenskommunikation!

- Ist für Sie die Kommunikation mit der Finanzgemeinde wichtig?
- Aus welchen Sub-Bezugsgruppen besteht Ihre Finanzgemeinde, zum Beispiel Finanzanalysten, private Anleger etc.
- Welche Ziele wollen Sie mit Ihren Investor Relations erreichen?
- Wie überzeugen Sie die Finanzgemeinde von der positiven Zukunft Ihres Unternehmens?
- Welche Medien sind hierfür angemessen?

Buchtipps

- Droste, H.W.: Praktiker-Handbuch Investor Relations. Mit IPO-Kommunikationskalender für die erfolgreiche Börsenpräsenz, Stuttgart 2001
- Kirchhoff, K.-R./Piwinger, M. (Hrsg.): Die Praxis der Investor Relations. Effiziente Kommunikation zwischen Unternehmen und Kapitalmarkt, Kriftel 2001

8.3 Kundenkommunikation

8.3.1 Bedeutung

Basis des wirtschaftlichen Erfolgs

In der Kommunikationsbranche ist noch nie so viel über die Kundenbeziehungen geredet worden wie derzeit: Begriffe wie „Kundenkommunikation", „Kundenbeziehungen" und „Kundentreue" sind allerorten zu hören. Nicht ohne Grund: Die Kunden sind eine der wichtigsten Bezugsgruppen eines Unternehmens, denn sie sichern durch den Kauf von Produkten dessen wirtschaftliche Grundlage.

Allerdings zeigt die Marktforschung, dass Kunden immer weniger Treue zeigen, wenn es um den Produktkauf geht. Ein Grund liegt darin, dass sich die Produkte kaum noch voneinander unterscheiden (siehe Kap. 1.1). Ein Unternehmen kann daher versuchen, Kunden durch persönliche und intensive Betreuung an sich zu binden. Marketingexperte Philip Kotler hat herausgefunden, dass ein unzufriedener Kunde etwa 15 Bekannten von seinen schlechten Erfahrungen erzählt, ein zufriedener Kunde dies aber nur 3 berichtet.

KUNDEN ZU HALTEN IST ALSO VIEL WICHTIGER ALS NEUE KUNDEN ZU GEWINNEN!

Studien belegen, dass der Schaden durch den Verlust loyaler Kunden bis zu siebenmal so hoch ist wie die Kosten für das Gewinnen neuer Kunden. Eine Faustregel lautet, dass etwa 80 Prozent des Umsatzes mit 20 Prozent der Kunden erzielt werden (80 : 20-Regel). Die Erklärung liegt auf der Hand: Der Umsatz steigt mit der Zufriedenheit und dem Vertrauen des Kunden in die angebotene Leistung; die Vertriebskosten für die Kundenbindung sind wesentlich geringer als die Kosten für die Akquisition neuer Kunden, und die Preissensibilität eines Stammkunden ist wesentlich geringer als die von Neukunden. Ist ein Kunde zufrieden mit einem Unternehmen, wird er nicht wegen eines geringeren Preisvorteils zu einem anderen Anbieter wechseln.

Aufgabe der Unternehmenskommunikation

Bedeutung des Unternehmens für Kunden

Die Aufgabe der Unternehmenskommunikation in der Kommunikation mit den Kunden ist, die Bekanntheit und das angemessene Vorstellungsbild vom Unternehmen bei den Kunden zu sichern. Hintergrund ist, dass Verbraucher zunehmend Produkte auch danach bewerten, von welchem Hersteller sie kommen (siehe Kap. 1.1). Erklären Sie also, was Ihr Unternehmen ist und was es kann. Zeigen Sie den Kunden, welche Leistungen Sie heute und künftig anbieten, um die Wünsche und Erwartungen der Kunden dauerhaft zu befriedigen. Weisen Sie auch darauf hin, wenn andere Geschäftsbereiche Leistungen anbieten, die für Ihre Kunden interessant sein könnten. Hierdurch wird die Kundenkommunikation zur Schnittstelle zwischen Unternehmenskommunikation und Marktkommunikation (siehe auch Kap. 2.1).

8.3.2 Instrumente

Umfangreiche Investitionen in Instrumente

Ob Präsente, Gutscheine, Events, Preisnachlässe, Printmedien, CD-ROMs oder ein Geschäftsbericht: Die Firmen investieren derzeit viel in die Kundentreue. Hier einige Instrumente etwas genauer.

Kundentelefon

Direkter Draht

Einen direkten Draht bietet das Kundentelefon: Solche „Hotlines" bieten zum Beispiel PROCTER & GAMBLE, NESTLÉ, BAUKNECHT. Auch die Berliner S-Bahn und der ADAC sind per Hotline erreichbar. Der Automobilclub bietet aber noch viel mehr und ist damit zu einem Paradebeispiel für Kundenpflege geworden: Die „gelben Engel" sind bei einer Panne auf der Autobahn meist nur einen Steinwurf entfernt. ADAC-Hubschauber brummen am Himmel und die Kundenzeitung liegt jeden Monat im Briefkasten. Das Unternehmen bietet Straßenkarten, Versicherungen, Ratgeber, Bildbände, Reisen. Warum bieten nicht auch Sie Service per Telefon? Stehen Sie für Fragen und Hinweise zur Verfügung und beweisen Sie Fachkunde und Serviceorientierung.

Ein Info-Telefon ist eine wichtige Informationsquelle, wenn es schnell gehen muss und wenn Ihre Kompetenz oder ein persönlicher Kontakt gefragt sind.

Kundenzeitschriften

Kostenlose Magazine

ALFA ROMEO hat sie, JAGUAR hat sie und VOLVO hat sie auch. Gemeint sind Kundenzeitschriften. Aber nicht nur die Automobilindustrie hat die Vorteile dieses Mediums erkannt: Die FLIEGENDEN BLÄTTER von CONDOR informieren und unterhalten die Fluggäste an Bord. Die Hamburger-Kette McDONALD's gibt gemeinsam mit dem Hauptverband deutscher Filmtheater die KINO NEWS kostenlos heraus. Das Gästemagazin „Mövenpick-Magazin" bietet Berichte über Essen, Trinken, Reisen und Kultur und Neues aus der MÖVENPICK-Organisation. Weitere bekannte Kundenzeitschriften sind die APOTHEKEN-UMSCHAU, das TASCHENBUCH MAGAZIN, der WEGWEISER DER APOTHEKE und der REFORMHAUSKURIER. Viele Kundenmagazine gibt es auch im Internet.

Kundenmagazine unterscheiden sich von anderen Magazinen darin, dass sie nicht einzeln am Kiosk oder über ein Abonnement verkauft, sondern kostenlos vom Unternehmen an Kunden abgegeben werden. Der Inhalt besteht aus einer Mischung von Information und Unterhaltung. Eine Reihe von Magazinen richtet sich vor allem an Kinder.

Das Problem der Kundenmagazine sind die unterschiedlichen Bezugsgruppen: alt und jung, groß und klein. Daher bieten die Zeitschriften meist ein breites Spektrum an Themen, die versuchen, alle diese Bezugsgruppen zu erreichen. Folge ist, dass viele Kundenmagazine ungelesen in den Papierkorb wandern. Versuchen Sie stattdessen, möglichst fokussiert zu sein und die Wünsche der wichtigsten Kunden zu treffen.

Kundenfest

Höhepunkte in der Freizeit

Kümmern Sie sich um die Freizeit Ihrer Kunden und setzen Sie attraktive Höhepunkte. Wie wäre es mit einem Kundenfest (zum Thema Event siehe Kap. 16)? Lassen Sie sich aber etwas Besonderes einfallen, denn normalerweise beschränkt sich der Beitrag des Gastgebers auf Essen und Trinken. Wie langweilig! Sorgen Sie dagegen für ein interessantes Erlebnis, damit die Gäste lange davon sprechen und zum nächsten Fest wiederkommen. Einen geeigneten „Aufhänger" brauchen Sie nicht lange zu suchen: Den bietet die Einführung eines neuen Produktes und/oder seine Präsentation speziell für Kunden. Den bietet auch eine attraktive Veranstaltungsstätte in Ihrem Unternehmen, zum Beispiel ein neues Gebäude oder eine alte Fabrikhalle. Sie suchen ein Thema? Bitte sehr!

Wie wäre es mit einem Kulturabend? Schon für wenige hundert Euro können Sie Musikstudenten, Sänger oder Schauspieler aus einem nahen Theater oder von freien Gruppen engagieren und einen genussvollen Musikabend in historischer Kulisse bieten. Vergessen Sie nicht, darauf hinzuweisen, dass dies zugleich eine hervorragende Werbung für das Theater ist und zudem Programme der laufenden Spielzeit ausliegen können.

Apropos: Denken Sie auch daran, Generalproben für Theater- oder Musikstücke für Ihre Kunden aufführen zulassen. Die Qualität der Stücke ist am Abend vor der Premiere so gut, dass die Aufführung Ihren Kunden gefallen wird. Überzeugen Sie sich in jedem Fall vor der Aufführung, ob sie den Geschmack Ihres Publikums trifft. Noch einmal: Bieten Sie Ihren Gästen, was sie noch nicht kennen!

Das dürfte nicht allzu schwer fallen. Es ist erstaunlich, wie einfallslos die meisten Feste ablaufen. Kein Wunder, wenn sich die Gäste langweilen und schon nach ein bis zwei Stunden nach Hause gehen. Also her mit den guten Ideen! Wie wäre es mit einem ausgefallenen Fortbewegungsmittel? Eine rauschende Ballnacht auf einem Dampfer zum Beispiel? Oder im Abteil eines Zuges unter dem Motto „Orient Express“?

Wie wäre es mit einem Fest an einem ungewöhnlichen Ort: ein venezianischer Ball in einem nahe gelegenen Schlosshotel? Oder ein Opernbesuch mit anschließendem Büfett auf der Bühne, bei dem die Künstler kleine Reprisen Ihres Könnens geben? Laden Sie in ein gemietetes Zirkuszelt und bieten Sie einen Abend lang akrobatische Attraktionen. Eine ausgefallene Idee für einen gelungenen Abend, der den Gästen lange in Erinnerung bleiben wird. Selbst ein Weihnachtsfest oder Jahreszeitenfeste können mit verhältnismäßig geringen Mitteln zu einem unvergesslichen Erlebnis gestaltet werden (siehe ausführlich Kap. 16).

Höhepunkte schaffen

Welche Art von Fest Sie auch immer veranstalten: Erhöhen Sie die Aufmerksamkeit durch eine Versteigerung oder eine Tombola für einen guten Zweck. Damit können Ihre Gäste auch etwas Gutes tun. Zugunsten des karitativen Zwecks können Sie Lose verkaufen. Niemand wird Anstoß nehmen und am Ende kommt eine stattliche Summe für einen guten Zweck zusammen. Die Preise stiften befreundete Unternehmen mit Artikeln aus der eigenen Produktpalette. Und Sie gehen mit gutem Beispiel voran!

Ein Kundenfest bietet Gelegenheit, die ganze Familie einzuladen, für die sonst wenig Zeit bleibt. Damit sich auch die Kleinen und Kleinsten tüchtig amüsieren, gibt es bunte, mit Firmenlogo bedruckte Luftballons, einen Clown, einen Zauberer, Schminkutensilien und einen riesigen

Berg leckerer Eiscreme. Besonders begehrt sind witzige Anstecknadeln (Buttons), welche die Kinder selbst beschriften und zusammenbauen können. Suchen Sie sich dazu in den „Gelben Seiten" des Branchenfernsprechbuches oder im Internet einen Händler, der Ihnen eine solche Maschine für einen Tag ausleiht. Dort erhalten Sie auch die weiteren Einzelteile. Sie werden sehen: Vor allem bei den Ansteckern herrscht reges Gedränge, jeder will seinem Freund, seiner Freundin oder dem Schulkameraden ein persönliches Exemplar mitbringen.

Testen Sie Ihre Ideen im kleinen Kreis

Sollten Sie sich nicht gleich ein großes Fest zutrauen, können Sie sich und Ihre Ideen mit einem Fest im kleinen Kreis testen. Laufen diese Veranstaltungen gut ab, wächst die Sicherheit. Wenn Sie dann eine persönliche Karte drucken lassen und sich für den Besuch bedanken, ist der Erfolg komplett und dokumentiert.

Unterstützung durch Dienstleister

Noch ein Wort zur Organisation: Schrecken Sie nicht vor dem Aufwand zurück. Sie können vieles in die Hände von Serviceunternehmen legen. Als Showprogramme bieten diese unter anderem: Sänger mit mehrsprachigem Repertoire, mit Volksliedern, Operetten und Chansons, Jazz, Evergreens und aktuellen Hits und auch Oper und Klassik; Clowns und Gaukler, Artisten und Akrobaten, Feuerschlucker, Parodisten und Stimmenimitatoren, klassische und moderne Pantomime, Zauberer, Scherenschneider, Karikaturisten und Schnellzeichner, Disc-Jockeys, Travestie-Stars, Tanz-, Ballett- und Rock'n Roll-Shows, deutsche und internationale Volkstänze, Komiker und Kabarettisten, Talk- und Showmaster, Moderatoren und Conférenciers, populäre Sportler, Western-Shows, Lesungen und Rezitationen.

Um Ihnen allein einen Eindruck zu geben von den Möglichkeiten der musikalischen Gestaltung: Leierkasten und Schifferklavier, mobile Discos und Alleinunterhalter, Pianisten und Harfenisten, Teufelsgeiger, Spielmannszug, Musiker in historischen Kostümen, deutsche und internationale Folklore, Trio als Dinnerbegleitung, Dixieband, Show- und Big-Bands, klassische Musik und Oper.

Überdies stellen solche Firmen auch Beleuchtung, Musikanlage, Mikrofone und Mischpult zur Verfügung. Sie sorgen für Fotografen, Hostessen, Bustransfer, Blumenschmuck, Werbegeschenke und Präsente, Kameras, Leinwände, Großbildprojektionen, Multimedia-Shows oder spezielle Effekte wie einen Lasertunnel. Fehlen Ihnen Zelte, Marktstand oder Schirme? Kein Problem! Ein Blick in die „Gelben Seiten" oder ins Internet offenbart Ihnen Party- und Veranstaltungsservices, die Ihnen alles bieten, was zu einem gelungenen Fest gehört (zum Beispiel *www.b4event.de*).

Internet

Dialog mit den Kunden

Zentrale Bedeutung hat das Internet für die Kundenkommunikation erlangt: Es kann die bestehenden und potenziellen Kunden durch ein attraktives Angebot aktivieren und zum Dialog anregen. Doch die Konkurrenz schläft nicht: Am Computer ist sie noch näher und der Internetsurfer kann per Knopfdruck oder Mausklick in Sekundenschnelle entscheiden, ob er auf der Website des Unternehmens bleibt oder nicht.

Beispiele

Was kann ein Autohersteller tun, um ein möglichst attraktives Angebot für seine Kunden bereitzustellen? Über aktuelle Angebote informieren, exklusive Servicetipps anbieten oder mit den Kunden auf eine simulierte Probefahrt gehen. Warum nicht ein Reparaturforum von Markenverwendern schaffen? Warum nicht ein Forum für gebrauchte Produkte schaffen? Warum nicht den Kunden das Vergleichen erleichtern? Macht es Sinn, dass sich Ihre Kunden auf Ihrer Website darstellen? Dies zeigt Nähe und sorgt für ständige Aktualisierung. Könnten Ihre Kunden das Unternehmen bewerten und sagen, was sie sich von ihm wünschen? Es gibt so viele Möglichkeiten, persönliche Interaktivität im Internet zu schaffen (siehe Kap. 15.3.3).

PERSÖNLICHE INTERAKTIVITÄT IST FÜR DAS VERTRAUEN ESSENZIELL UND MACHT DEN MEISTEN SPASS, LÄDT ALSO DAS UNTERNEHMEN EMOTIONAL AUF!

Kundenbindung durch die Website

Ihre Website kann Kunden (dauerhaft) binden, indem sie ihnen das Gefühl vermittelt, dass sie das Medium aktiv gestalten können. Auf und über die Website können Sie sich direkt mit Ihren Kunden austauschen und dabei mit Ihren Kommunikationspartnern die optimale Form wählen.

INTERAKTIVITÄT ERMÖGLICHT IHNEN GROSSE NÄHE ZUM VERBRAUCHER!

Die Praxis ist hiervon allerdings noch weit entfernt: Zum Beispiel nutzen nur wenige Versicherungen die Interaktivität des Internet für innovativen Service, intensiven Dialog und langfristige Kundenbindung. Zu diesem Ergebnis kommt eine Studie des Online-Dienstleisters DIRACTIVE, der die Online-Auftritte der 53 größten deutschen Versicherungen untersucht hat. Nur 15 Prozent ermöglichen, individuelle Geschäftsvorfälle in personalisierten, durch ein Passwort geschützten Bereichen der Website abzuwickeln.

Oft wissen die Hersteller nicht, wie sie den Austausch gestalten können, da sie bisher keinen direkten Kontakt zu ihren Kunden hatten. Diesen müssen sie jetzt aufbauen.

Herausforderung der Interaktivität

Die Chancen der Interaktivität sind auch Herausforderungen: In den neuen Kommunikationsräumen (Verbraucherforen, Chats, Newsgroups, Communities etc.) kann ein unzufriedener Kunde tausenden und hunderttausenden anderen Kunden von seinen Erfahrungen berichten (z.b. *dooyoo.de, ciao.com*). Beobachten Sie deshalb diese Foren (oder lassen sie beobachten). Ist es sinnvoll, sollten Sie dort Stellung beziehen.

Intensive Bindung durch Gemeinschaften

Besonders durch Internet-Gemeinschaften (Communities) wird der Konsument an das Unternehmen und seine Leistungen gebunden. Sie stellen ein soziales Erlebnis für ihn dar, was Instrumente wie Events online und offline unterstützen können (siehe Kap. 16). Gemeinschaftsformen erhöhen die Attraktivität der Website und die des Unternehmens. Mitunter entstehen begeisterte Kundengruppen, die sich zu Experten entwickeln. In einigen kleineren Nischen werden sie sogar zum Markt.

Dies beeinflusst die Kundenbindung	
Ökonomische Gründe	Kaufanreize des Anbieters Kosten des Anbieterwechsels
Psychologische Gründe	Vertrauen Gemeinsame Werte und Ziele Verbundenheit mit dem Anbieter und/oder der Marke
Soziale Gründe	Meinungen von Bekannten, Freunden etc.
Zufriedenheit	Zufriedenheit mit bisherigen Leistungen
Konkurrenzangebote	Vergleich mit den Alternativen
Abwechslung	Wunsch, öfter mal etwas Neues auszuprobieren

Abb. 8.2: Faktoren für Kundenbindung

Kundenprobleme lösen

Beratung als Mehrwert

Zufriedene Kunden sind eine Voraussetzung für langfristige Kundenbeziehungen. Probleme, die ein Kunde hat, müssen aktiv gesucht, gelöst und Hindernisse beseitigt werden. Ein eindeutiger Mehrwert des Internet kann die Beratung vor, während und nach einem Kauf sein:

> Durch eine professionelle Beratung im Internet können Sie sich einen dauerhaften Wettbewerbsvorteil verschaffen und Ihre Fachkunde unterstreichen!

Beratung gehört zu den häufigsten Wünschen und Erwartungen von Online-Shoppern, besonders in Branchen wie Tourismus, Finanzdienstleistungen und Versicherungen, Computer, Autos und Wellness. Konkret wünschen sich zwei Drittel der Onliner Beratung per E-Mail, an zweiter und dritter Stelle stehen die persönliche Beratung am Telefon und der Rückruf durch das Unternehmen (Studie des Deutschen Direktmarketing Verbandes im Juni 2001 bei 500 Internutzern).

Verkäufer als Berater, Dienstleister und Problemlöser

Im Internet wird aus dem Verkäufer ein Berater, Dienstleister und Problemlöser!

Die Online-Beratung kann in einer interaktiven Beschwerdestelle bestehen, in kostenfreien Anrufmöglichkeiten, im direkten Kontakt zum Management.

Allerdings könnte die Qualität der Beratung im Internet deutlich besser sein: In der Studie des Hamburger Marktforschungsinstitutes eMind@emnid gab über die Hälfte der 500 befragten Kunden an, schlechte Erfahrungen mit der Beratung im Internet gemacht zu haben. Entweder mussten sie zu lange am Telefon auf den Rückruf warten oder ihre Anfragen per E-Mail wurden zu spät oder gar nicht beantwortet. In einer anderen Studie von Mummert und Partner wurde nur jede vierte E-Mail-Anfrage beantwortet. In den meisten Fällen wurde entweder überhaupt nicht auf die vom Kunden gestellte Frage eingegangen, oder der Kunde wurde schlicht aufgefordert, sich mit diesem Problem entweder persönlich, telefonisch oder per Post an einen Mitarbeiter zu wenden. Nicht selten seien die Mails in einem jugendlichen Stil geschrieben und von Tippfehlern übersät. Manche Berater geben selbst bei einfachen technischen Fragen unverblümt zu, selbst keine Ahnung zu haben. In einigen Fällen bestritten sie schlicht, das Problem könne überhaupt aufgetreten sein. Aber:

WIE SOLLEN IHNEN DIE KUNDEN IHR GELD GEBEN, WENN SIE DIESE AUF ABSTAND HALTEN?

Beratung spielt auch außerhalb des Internet eine große Rolle: Der Kundenservice hat in der Regel wesentlich mehr Informationen zu Produkten, Produktvarianten, Preisen und Lieferzeiten zur Verfügung als dem Kunden online angezeigt werden. Sympathisches und gut geschultes Personal kann persönlich oder am Telefon (Call Center etc.) die Kaufentscheidung erleichtern und zu einer hohen Kundenbindung beitragen.

BERATEN SIE IM NETZ UND AUSSERHALB!

Individuelle Angebote

Eingehen auf jeden Einzelnen

Interaktivität ermöglicht, die Kommunikation an die Kundenwünsche anzupassen. Interessiert sich zum Beispiel ein Kunde besonders für Reiseliteratur, kann ihn sein Online-Buchhändler regelmäßig über Neuerscheinungen informieren; virtuelle Reisebüros können ihm Reisen in ausgewählte Regionen bieten. Banken können Geldanlagen bieten, die dem Bedarfs- und Risikoprofil des Anlegers entsprechen. Solche individualisierten Produkte erhöhen nicht nur die Zufriedenheit des Kunden, sondern halten ihn auch vom Anbieterwechsel ab.

WER WEISS, WAS DER KUNDE WILL, KANN SICH SCHNELLER DEN BEDÜRFNISSEN DER NUTZER ANPASSEN. DIESE KUNDENBEZIEHUNG KANN DER WETTBEWERB NICHT OHNE WEITERES KOPIEREN!

Grenzen der Individualisierung

Individualisierung hat ihre Grenzen dort, wo die Verbraucher keinen Nutzen in einer persönlichen Ansprache sehen und lieber anonym bleiben. Individualisierung macht beim Computerkauf Sinn, aber bei Möbelpolitur und Mehl?

NICHT ALLE UNTERNEHMEN KÖNNEN DIE POTENZIALE DER WEBSITE GLEICHERMASSEN NUTZEN!

Individuelle Angebote festzulegen bedeutet auch, von anderen Informationen abgeschnitten zu sein: Wer also sein Wunschprofil eingibt, der schließt Rubriken aus, die ihn interessieren könnten. Prüfen Sie also, ob Ihre Kunden die Individualisierung wünschen. Eine weitere Grenze ist dort erreicht, wo jemand ein Buch über JAVA gekauft hat, aber keine weiteren Empfehlungen hierfür will. Die Grenze ist auch dort erreicht, wo die Individualisierung nur im Internet stattfindet:

INDIVIDUALISIERUNG MUSS ZUM TEIL EINES GESAMTKONZEPTES WERDEN!

Kundeninformationen als Grundlage

Informationsplattform als Grundlage

Voraussetzung für das Aufbauen einer Beziehung zwischen Unternehmen und Kunde ist die genaue Kenntnis von Wünschen und Bedürfnissen auf der Basis zuverlässiger Verbraucherinformationen. Unterschieden werden können hierbei Stammdaten, Bewegungsdaten und Profil- bzw. Inhaltsdaten:

- **Stammdaten**, die für eine Bestellung notwendig sind, wie der Name, die Adresse und Abrechnungsinformationen übermittelt der Nutzer bewusst und freiwillig an das Unternehmen.
- **Bewegungsdaten** sind Informationen zu Gewohnheiten des Nutzers.
- **Profil- bzw. Inhaltsdaten** beschreiben Vorlieben und Verhalten des Kunden. Sie können durch Pflichtregistrierungen, freiwillige Angaben sowie durch technische Programme erstellt werden, zum Beispiel durch Cookies.

Wechselt der Kunde den Anbieter, gehen diese Informationen verloren. Da der Kunde sie erneut eingeben muss, stellen persönliche Profile eine Wechselbarriere dar. Persönliche Informationen wird der Kunde aber nur in einem vertrauensvollen Verhältnis geben: 40 Prozent der Internetnutzer verlassen eine Website, wenn persönliche Angaben verlangt werden; jeder vierte Teilnehmer gibt falsche Daten an (Studie ETRUST). Andererseits hat die Untersuchung gezeigt, dass 90 Prozent der Befragten bereit wären, persönliche Informationen herauszugeben, wenn sie dafür eine Gegenleistung erhalten, zum Beispiel Service:

DER KUNDE WIRD NUR IN EINER VERTRAUENSVOLLEN UND NUTZEN BRINGENDEN BEZIEHUNG INFORMATIONEN VON SICH PREISGEBEN!

Sehen Sie daher Ihren Kunden nicht bloß als Lieferanten von Daten, dessen Spur Sie (auch gegen seinen Willen oder sein Wissen) verfolgen. Stattdessen ist er jemand, der Ihnen freiwillig seine persönlichen Daten gibt und Ihnen damit die Chance eröffnet, seine Probleme zu lösen.

Ihre Unternehmenskommunikation!

- Was wollen Ihre Kunden über Ihr Unternehmen wissen?
- Was sollten Sie wissen, um sich gezielter für die Produkte entscheiden zu können?
- Haben Sie Marktkommunikation und Unternehmenskommunikation aufeinander abgestimmt?
- Bilden alle Kommunikationsinstrumente einen starken Mix, der Sie von anderen Unternehmen unterscheidet?

Buchtipps

- Bruhn, M./Homburg, C. (Hrsg.): Handbuch Kundenbindungsmanagement, Wiesbaden 1998
- Hesse, J./Kaupp, P. (Hrsg.): Kundenkommunikation und Kundenbindung: Neue Ansätze zum Dialog im Marketing, Berlin 1997
- Homburg, C./Werner, H.: Kundenorientierung mit System, Frankfurt/Main 1998
- Töpfer, A. (Hrsg.): Kundenzufriedenheit messen und steigern, Frankfurt/Main 1998

Teil D

Spezielle Felder der Unternehmenskommunikation

In diesem Teil stelle ich Ihnen spezielle Felder der Unternehmenskommunikation vor, um deren Einsatz zu beschreiben und um auf Themen hinzuweisen, die in Zukunft an Bedeutung gewinnen werden, wie die internationale Kommunikation, die Kommunikation für Dienstleister sowie die Krisenkommunikation.

9 Internationale Unternehmenskommunikation

Unternehmer haben davon lange geträumt - heute ist es Wirklichkeit: Sie können ihre Leistungen weltweit anbieten oder sogar vor Ort auf den Märkten handeln. Ermöglicht haben dies fallende Grenzen und Handelsschranken, zum Beispiel in Osteuropa und China, die verbesserte Infrastruktur und weltumspannende Medien, wie die Fernsehsender MTV und CNN sowie das Internet.

Alle Unternehmen haben eine Chance

Die Chancen der Internationalisierung locken nicht nur große Unternehmen: Auch mittelständische Unternehmen im Werkzeugmaschinenbau und sogar kleine Unternehmen haben die weltweite Führung erobert, z. B. in der Augenoptik. So verlockend die Chancen der Internationalisierung sind: Der Auftritt auf internationalem Parkett ist mit großen Herausforderungen in der Kommunikation verbunden. Entscheidend für deren Gestaltung ist zunächst das Ausmaß der Internationalisierung.

9.1 Formen

Ausmaß der Internationalisierung

Folgende Grade der Internationalisierung lassen sich unterscheiden:

- **Internationale Unternehmen:** Die wichtigsten Unternehmensfunktionen sind im Heimatland angesiedelt, also Forschung und Entwicklung, Produktion, Verwaltung etc. Sie sind in zwei oder mehr Ländern vertreten. Durch Internationalisierung wollen diese Firmen ihren Inlandsabsatz um den Auslandsabsatz erweitern. Für die Unternehmenskommunikation gibt es eine Funktion UK am Hauptsitz, die die Kommunikation in den Ländern verantwortet oder zumindest stark regelt.
- **Multinationale Unternehmen:** Diese Unternehmen erzielen mehr als die Hälfte ihres Umsatzes im Ausland. Im Ausland liegen auch die meisten Unternehmensfunktionen. Meist gibt es eigene Kommunikationsfunktionen in den (Schwerpunkt-)Ländern, die mehr oder weniger selbstständig von der Zentrale agieren.
- **Globale Unternehmen (Global Player):** Diese Unternehmen kennen keinen Heimatmarkt mehr, sondern sind weltweit mit allen wichtigen Unternehmensfunktionen vertreten, also Forschung und Entwicklung, Produktion etc. Die Unternehmen siedeln dort ihre Unternehmensfunktion an, wo es für sie am vorteilhaftesten ist. Für die Unternehmenskommunikation bedeutet dies meist, dass sie stärker koordiniert ablaufen muss, um Widersprüche in der Kommunikation der Länder und Regionen zu vermeiden.

Internationalität prüfen

Für viele Firmen spielt es keine Rolle, ob ihr Angebot außerhalb von Deutschland zugänglich ist, weil die derzeitigen und künftigen Marktpartner nur national zu finden sind. Prüfen Sie daher, welche Chancen die geografische Ausweitung Ihres Angebotes für Sie hat, denn Internationalisierung erfordert erhebliche Ressourcen, zum Beispiel für die Informationssammlung über die Märkte, den Wettbewerb, die Kommunikation etc. Zudem hat die Globalisierung ihre Grenzen, zum Beispiel bei Sprachproblemen, der Distribution von Informationsmaterial und der Rechtssicherheit.

9.2 Begriff

Konstituierende Merkmale

Fragt man Experten danach, was internationale Kommunikation kennzeichnet, nennen sie deren größere Komplexität, deren höheres Risiko und den erhöhten Informationsbedarf. Jedoch ist auch nationale Kommunikation aufwändig, risikoreich und komplex. Was also kennzeichnet die internationale Unternehmenskommunikation, was die nationale Unternehmenskommunikation nicht hat? Antwort: Internationale Unternehmenskommunikation muss Rückkoppelungen managen. Das heißt, sie muss dann aktiv werden, wenn ein Land etwas kommuniziert, das sich auf ein anderes Land oder die Zentrale auswirkt beziehungsweise auswirken könnte. Um Widersprüche in der Kommunikation zu vermeiden, muss es eine angemessene Organisation geben, die sicherstellt, dass das Unternehmen inhaltlich, zeitlich und formal mit einer Stimme spricht („One voice policy“).

> INTERNATIONALE UNTERNEHMENSKOMMUNIKATION IST DAS MANAGEMENT VON RÜCKKOPPELUNGEN IN DER KOMMUNIKATION!

9.3 Strategien

Grundsatzverhalten in der Internationalisierung

Für das Management solcher Rückkoppelungen gibt es unterschiedliche Strategien. Die beiden wichtigsten:

Zentral oder dezentral

- **Zentrale Unternehmenskommunikation** bedeutet, dass sie an einer Stelle gebündelt ist, meist in der Konzernzentrale. Der Vorteil ist, dass die Unternehmenskommunikation in einer Hand liegt und deren Umsetzung gut gesteuert werden kann. Nachteilig kann sein, dass eine Zentralstelle die lokalen Märkte nicht angemessen bedienen kann.
- **Dezentrale Unternehmenskommunikation** bedeutet, dass die Funktionen weltweit verteilt sind. Der Vorteil ist, dass die Unternehmenskommunikation den lokalen Bedürfnissen der Bezugsgruppen angepasst werden kann und die Verantwortlichen großen Handlungsspielraum haben. Nachteilig ist, dass die Steuerung und Kon-

trolle aufwändig ist, um widerspruchsfreie Aussagen in den Ländern sicherzustellen.

Standardisierung und Differenzierung

Eine zentrale Frage ist, ob sich das Unternehmen und seine Leistungen weltweit einheitlich präsentieren oder sich den Märkten lokal anpassen will:

Kulturungebundene Marken

- **Standardisierung:** Der standardisierte, einheitliche Auftritt ist sinnvoll im Fall von kulturungebundenen Marken, wie z.B. Sportschuhen von NIKE, ADIDAS und REEBOK, Kleidung von BENETTON, PRADA, GUCCHI und Druckern von HEWLETT-PACKARD. Standardisierung ermöglicht, Kosten zu sparen und durch Synergien starke Wettbewerbsvorteile aufzubauen, wie dies HEINECKEN und MARLBORO vormachen; jedoch sind Steuerung und Kontrolle der weltweiten Kommunikation sehr aufwändig.

Ausrichtung an lokalen Märkten

- **Differenzierung:** Differenzierung bedeutet, sich an den lokalen Märkten auszurichten, die Wünsche und Bedürfnisse seiner Bezugsgruppen gezielt zu befriedigen und dabei Sprache, Kultur und Produktverwendung zu berücksichtigen. Dies ist erforderlich bei kulturgebundenen Marken wie Brot, Bier, Kaffee, Eiskrem und Möbeln. Jedoch sind die Kosten wesentlich höher, für jedes Land eigene Kommunikationsmittel erstellen zu müssen, wie dies für LANGNESE in Deutschland und ESKIMO in Österreich der Fall war. Zudem besteht die Gefahr, dass das Unternehmen durch landesspezifische Kommunikation sein einheitliches Erscheinungsbild weltweit verliert.

Praxiserfahrung

In der Praxis zeigt sich bislang, dass Standardisieren nur selten möglich ist, weil die Unterschiede in der Kultur und den Bedürfnissen der Märkte noch zu groß sind. Es wird noch viele Jahre dauern, bis die Standardisierung ausgeschöpft werden kann. Bis dahin finden sich Mischformen, nach dem Motto: Soviel Standardisieren wie möglich, soviel Differenzieren wie nötig. Beispiel NIVEA: Der Schriftzug in lateinischen Buchstaben erscheint in Ländern des ostasiatischen und arabischen Raums zusätzlich in der landesüblichen Schrift; in einigen Ländern, zum Beispiel Südafrika, ist ein stilisiertes „N" angebracht.

9.4 Organisation

Globale Politik wird national umgesetzt

Was bedeutet dies für die Organisation der internationalen Kommunikation? In der Praxis bewähren sich Formen der Zusammenarbeit im Unternehmen, die von einem globalen Strategiedach der Zentrale ausgehen (Corporate Policies), unter dem die Landesgesellschaften ihre taktischen Maßnahmen den Erfordernissen der lokalen Märkte anpassen. Sie können dies mit einem Haus vergleichen, in dem zwar alle Mieter der Hausordnung folgen, aber ihre Wohnungen nach ihren eigenen Bedürfnissen einrichten. Schließlich ist jede Wohnung individuell und dem jeweiligen Nutzer angepasst – aber dennoch gehören alle Mieter zum Haus und bilden eine Gemeinschaft mit gemeinsamen Spielregeln.

Ein Vorteil ist das koordinierte Vorgehen: Alle Beteiligten verpflichten sich, die Unternehmenspersönlichkeit widerspruchsfrei zu vermitteln. Ein anderer Vorteil ist der große Handlungsspielraum: Die Kommunikationsverantwortlichen in den Tochtergesellschaften und Regionen können die Unternehmenskommunikation an den Bedürfnissen ihrer lokalen Bezugsgruppen ausrichten. Dies hält den lokalen Gestaltungsspielraum so groß wie möglich.

Machen Sie Betroffene zu Beteiligten!

In jedem Fall sollten Sie die Kommunikationsverantwortlichen in den Ländern so weit wie möglich einbeziehen. Gibt es Probleme in der Zusammenarbeit, sind alle Beteiligten für die Lösung verantwortlich.
Eine weitere Konsequenz von internationaler Unternehmenskommunikation für die Organisation ist die steigende Bedeutung von Netzwerken (siehe Kap. 5.8). Sie sollen sicherstellen, dass die Kommunikation mit den globalen und nationalen Bezugsgruppen schnell und koordiniert verläuft, zum Beispiel die Zeitpunkte der Veröffentlichung von Presseinformationen in den jeweiligen Ländern aufeinander abgestimmt sind und keine Widersprüche auftreten, zum Beispiel auf den lokalen Websites im Internet.

Auswirkungen auf die Unternehmenskultur

Internationale Unternehmenskommunikation hat in jedem Fall Auswirkungen auf die Unternehmenskultur (siehe Kap. 5.6): Bei standardisiertem Vorgehen werden der Zusammenhalt und das Einordnen gestärkt, differenziertes Vorgehen fördert dagegen die Individualität und Vielfalt im Unternehmen, die als „Diversity" bezeichnet wird.

9.5 Einflussfaktoren

Viele Einflussfaktoren wirken auf die internationale Kommunikation. Einige Beispiele:

Emotionale Ansprache im internationalen Kontext

- **Sprache:** Die Sprache sollte dem Empfänger schnell, einfach und prägnant die Unternehmensbotschaften vermitteln. In der internationalen Kommunikation kann sie eine große Hürde sein, wenn sie in diesem Sinn keine Verständigung erzielt. Sprache soll auch emotional ansprechen. Das Problem ist, dass viele internationale Unternehmen ihr Unternehmensmotto der Einfachheit halber in englischer Sprache formulieren und argumentieren, dass dies heutzutage jeder versteht. Was sie vergessen ist, dass die Wörter zwar verstanden werden, aber nicht emotional ansprechen, weil sie nicht der Muttersprache entstammen. Beispiele sind *„You can`t beat the feeling"* (COCA-COLA) und *„In touch with tomorrow"* (TOSHIBA).

FREMDSPRACHLICHE TEXTE SPRECHEN WENIGER EMOTIONAL AN!

Kommunikation ist vom Bildungsniveau der Bezugsgruppen abhängig

- **Bildung:** Die Gestaltung der Kommunikation ist auch vom Bildungsniveau der Bezugsgruppen abhängig. Dieses kann sich innerhalb einer einzigen Bezugsgruppe von Land zu Land erheblich unterscheiden. In der Praxis hat dies zur Folge, dass Kommunikation in Ländern mit höherem Bildungsniveau (Deutschland, Schweiz, Kanada etc.) mehr technische Informationen enthält als in einem Land mit niedrigerem Bildungsniveau (Türkei etc.), wo mehr Bilder zum Einsatz kommen. Für die Zukunft ist zu erwarten, dass die Bedeutung von Informationen generell nachlässt und die Bedeutung von Bildern steigt (siehe Kap. 14.4).
- **Religion:** Zum Beispiel verbietet in arabischen Ländern der muslimische Glaube den Alkoholgenuss und Geldspiele. Da irreführende Aussagen als Betrug gelten, muss sich die Botschaft auf zentrale Leistungsmerkmale konzentrieren und subjektive Wahrnehmungen zurückstellen. Der Einfluss der christlichen Religion auf die westliche Welt ist ebenso offensichtlich: In Deutschland sind Anzeigen verpönt, die den religiösen Glauben verletzten.
- **Werte und Normen:** Ein nackter Körper in Frankreich weckt positive Verbindungen zu Schönheit und Vorzüglichkeit. Dagegen gilt in China bereits die Darstellung einer nackten Schulter als anstößig. Schönheitsideal im arabischen Raum ist ein rundlicher Körper, der von Reichtum zeugt. Dagegen gilt in der westlichen Welt ein schlanker, sportlicher Körper als begehrenswert.
- **Gesetze:** Zum einen müssen Sie Richtlinien und Verordnungen von internationalen Gemeinschaften beachten, zum anderen das nationale Recht, das sich von Land zu Land erheblich unterscheiden kann. Zum Beispiel ist Werbung in einigen Ländern verboten, in anderen zeitlich begrenzt und in anderen Ländern völlig frei.
- **Mediennutzung:** Hierzu gehören die Verbreitung und Nutzung von Zeitungen, Radio und Fernsehen und Internet.

Prüfen Sie welche weiteren Einflüsse Sie in Ihrer internationalen Unternehmenskommunikation berücksichtigen sollten.

9.6 Instrumente

Starker Kommunikationsmix

Für die internationale Unternehmenskommunikation gibt es eine Reihe hervorragend geeigneter Instrumente:

Interne Instrumente

Die internen Instrumente haben zum Ziel, die erforderliche Kommunikation und das für die Zusammenarbeit notwendige Vertrauen zwischen den Kommunikationsverantwortlichen zu schaffen:

- **Persönliche Kommunikation** ist für ein vertrauensvolles Verhältnis aller Beteiligten essenziell. Veranstalten Sie daher zum Auftakt der Zu-

sammenarbeit ein Treffen zum Kennenlernen (Kickoff-Meeting). Wiederholen Sie die Treffen regelmäßig, damit sich das Vertrauen festigt.
- **Elektronische Kommunikation:** Für die Prozesskommunikation können Sie E-Mail, Intranet, Telefonkonferenzen und Videokonferenzen nutzen. Diese Instrumente sind für die Beteiligten jederzeit und überall zugänglich, was auch wegen der unterschiedlichen Zeitzonen wichtig ist (siehe Kap. 15.3.4).
- **Print:** Newsletter informieren über Aktuelles, eine Zeitschrift liefert Hintergrundberichte auch für Mitarbeiter in Ländern, die keinen oder nur eingeschränkten Zugang zu den Onlinemedien haben.

Intranet als Leitmedium

Das Intranet hat sich zum Leitmedium in der internationalen Unternehmenskommunikation entwickelt. Gründe hierfür sind vor allem die Möglichkeit zur Interaktion, der weltweite Zugang und der zeitunabhängige Zugriff. Einige Einsatzmöglichkeiten:
- **Information:** Die Kommunikationsverantwortlichen können sich informieren, welche Presseinformationen veröffentlicht werden und welche Kampagnen laufen.
- **Kommunikation:** Die Beteiligten können sich über das gemeinsame Vorgehen abstimmen und über Pläne austauschen.
- **Transaktion:** Presseinformationen können in einem festgelegten Freigabeverfahren zwischen den betroffenen UK-Verantwortlichen der Länder austauscht werden.

Ausführlich sind die Möglichkeiten des Intranet in Kapitel 6.6 dargestellt.

Externe Instrumente

Das Beispiel Sponsoring

Für die externe Unternehmenskommunikation eignet sich zum Beispiel das internationale Sponsoring (siehe Kap. 17). Hierbei sollten Sie darauf achten, dass das Ereignis und Ihr Engagement das Medieninteresse in verschiedenen Ländern auslösen. Typische Beispiele für Sportsponsoring sind Formel-1-Rennen, Europa- oder Weltmeisterschaften und Olympische Spiele, internationale Konzertereignisse im Rahmen des Kultursponsoring sind zum Beispiel, Die drei Tenöre oder die Rockgruppe Bon Jovi. Unternehmen, die diese Veranstaltungen unterstüzen, sind oft große Automobilhersteller (VW, BMW) oder Hersteller von Zigaretten (Marlboro, Camel).

Ein Vorteil des internationalen Sponsoring ist die hohe Reichweite bei Veranstaltungen von internationalem Interesse. Ein anderer Vorteil ist, dass Sie rechtliche Einschränkungen (Werbeverbote etc.) durch Sponsoring umgehen können (siehe Kap. 3.3). Zu den Nachteilen gehört, dass sich Ihre Unternehmensdarstellung meist auf Namen und Logo beschränkt. Ein Risiko stellt dar, wenn gesponserte Personen in den Ländern ein unterschiedliches Image und unterschiedliche Beliebtheit besitzen.

Internet

Leitmedium der externen Kommunikation

Das Internet hat sich zum Leitmedium der externen internationalen Unternehmenskommunikation entwickelt (siehe auch Kapitel 15). Journalisten schätzen es, auf Informationen aus aller Welt zugreifen zu können. Stellenbewerber sehen sich auf dem internationalen Stellenmarkt um, Aktionäre bewerten das Unternehmen im internationalen Vergleich.

Die Bedeutung des Internet für Journalisten bestätigt die internationale Studie „Wie nutzen Journalisten das Internet?“ des Agenturnetzwerks PR-COM NET. Für die Studie wurden 418 Journalisten in 14 Ländern befragt. Ergebnis: 40 Prozent aller Journalisten nutzen das Internet seit 1995 regelmäßig. 62 Prozent surfen mehr als fünf Stunden pro Woche im Internet.

Hier Vorteile für Surfer – dort Herausforderungen für Unternehmen: Die Websitebesucher müssen das Unternehmen stets widerspruchsfrei wahrnehmen, egal, welche Website sie weltweit anklicken. Geschieht dies nicht, können Glaubwürdigkeit und Vertrauen schwinden. Jedoch sind die Kommunikationsauftritte fast nie angemessen aufeinander abgestimmt, so Studienergebnisse.

Weltweite Koordination ist erforderlich

Daher ist weltweite Koordination erforderlich durch ein übergreifendes und langfristiges Kommunikationskonzept, das lokale Spielräume ermöglicht. Da vor allem die lokalen Subsites globaler Angebote genutzt werden, ist es sinnvoll, eine globale Unternehmenssite (in englischer Sprache) anzubieten und lokal zu ergänzen (.it, .fr., de), um die Nähe zu den Bezugsgruppen sicherzustellen.
Fazit:

> KOMMUNIKATION VON DER STANGE SCHEINT FÜR DIE INTERNATIONALISIERUNG BISHER NICHT ANGEMESSEN: DIE MEISTEN UNTERNEHMEN BENÖTIGEN WEITERHIN MASSGESCHNEIDERTE KONFEKTION FÜR IHREN INTERNETAUFTRITT!

Größte Fehler im Internet

Als die sechs größten Mängel im internationalen Internetauftritt der Unternehmen zeigen sich:

- Viele Firmen sind zwar international tätig, aber sie nutzen das Internet nicht zusätzlich regional als Kommunikationskanal.
- Bei fast allen Unternehmen sind die Auftritte nicht konsistent: Gute Lösungen in einem Land kontrastieren mit fehlenden oder mangelhaften Auftritten in anderen Regionen. Zufall und Beliebigkeit finden sich zu oft.
- Manche Unternehmensauftritte sind so stark von der Zentrale bestimmt, dass die Landesgesellschaften aufgrund mangelnder Identifikation die lokalen Inhalte ignorieren. Andere Angebote erwecken deutlich den Eindruck, dass sie noch nie ein Kommunikationsverantwortlicher der Zentrale gesehen hat.

- Nahezu ungenutzt sind die Chancen der Informationsgewinnung und des Ausbaus der Kundenbeziehungen.
- Die Websites sind in Form und Inhalt nicht den unterschiedlichen Kulturen angepasst. Zufälle und Baustellen beherrschen das Erscheinungsbild vieler Unternehmen – vor allem außerhalb Europas.

Ihre Unternehmenskommunikation!

- Gibt es international unterschiedliche Wahrnehmungen Ihrer Unternehmenspersönlichkeit? Soll sie aufgrund der Imagepositionierung unterschiedlich sein?
- Welche inhaltlichen und gestalterischen Konsequenzen hat die geografische Ausweitung: Müssen Sie Ihr Angebot in mehreren Sprachen anbieten? Wie sind Sie gewappnet, wenn fremdsprachliche Anfragen bei Ihnen eingehen?
- Prüfen Sie unter dem Aspekt der globalen Verfügbarkeit von Informationen, ob Ihre Unternehmenspersönlichkeit klar erkennbar ist. Unterscheidet sie sich deutlich genug von anderen Unternehmen? Können Sie sich hierdurch bei Ihren wichtigen Bezugsgruppen ausreichend profilieren (siehe Kap. 2.5)?
- Entspricht die Website den Kommunikationsbedürfnissen der jeweiligen Nutzer, zum Beispiel deren Nutzungsverhalten, Erwartungen an Inhalte, Sprache und Kultur (siehe Kap. 15)?

Buchtipps

- Backhaus, K. et al.: Internationales Marketing, Stuttgart 1996
- Berndt, R./Fantapié Altobelli, C./Sander, M.: Internationale Marketing-Politik, Berlin und andere 1997
- Johanssen, K.-P. und Steger, U. (Hrsg.): Lokal oder global?, Frankfurt/Main 2001
- Meckel, M. et al.: Internationale Kommunikation, Opladen 1997

10 Unternehmenskommunikation für Dienstleistungen

Besondere Herausforderung für die Kommunikation

Unternehmenskommunikation gibt es für klassische Konsumgüterhersteller, aber auch für Dienstleistungsunternehmen und Investitionsgüterhersteller. Speziell die Unternehmenskommunikation für Dienstleister stellt aufgrund der Besonderheiten des Angebots höchste Anforderungen an die Professionalität der Kommunikation.

10.1 Bedeutung

Bedeutung von Dienstleistungen nimmt zu

Unter einer Dienstleistung soll hier verstanden werden *„jede einem anderen angebotene Tätigkeit oder Leistung, die im Wesentlichen immaterieller Natur ist und keine direkten Besitz- oder Eigentumsveränderungen mit sich bringt“* (Kotler, 1995, S. 708).

Dienstleistungen umgeben uns überall: Unternehmensberatungen, Reiseanbieter, Taxiunternehmen und Friseure. Die Bedeutung von Dienstleistungen wird künftig weiter steigen. Gründe hierfür sind gesellschaftliche Entwicklungen, Veränderungen im Konsumentenverhalten, demographische Kriterien und veränderte Konsumgütereigenschaften:

- **Gesellschaftliche Entwicklungen:** Beispielsweise führen die Zunahme von Singlehaushalten und die Berufstätigkeit beider Haushaltspartner zu einer stärkeren Nachfrage nach Dienstleistungen wie Liefer- und Abholservice, Reinigungsservice, Gastronomieangeboten etc.
- **Veränderungen im Konsumentenverhalten** zeigen sich durch den Trend zu mehr Komfort und Bequemlichkeit. Hierdurch werden Taxifahrten und Reisen stärker nachgefragt.
- **Demographische Entwicklungen** wie das Anwachsen der älteren Bevölkerung ziehen eine stärkere Nutzung von Versorgungsleistungen nach sich, zum Beispiel Pflege und Hauspersonal.
- Zu den **Veränderungen der Konsumgüter** zählt, dass komplexe technische Produkte eine große Nachfrage nach begleitenden Dienstleistungen auslösen, wie zum Beispiel Reparaturen, Schulungen und Hotlineservices.

10.2 Merkmale

Kommunikation ist für die Vermarktung essenziell

Bei der Vermarktung von Dienstleistungen spielt die Kommunikation eine herausragende Rolle, denn Orientierung und Vertrauen sind hierbei doppelt wichtig:

- **Dienstleistungen sind meist sehr erklärungsbedürftig:** Der Grund ist, dass Dienstleistung auch Prozess ist, zum Beispiel eine Beratung, und nicht nur Ergebnis, wie ein industrielles Fertigprodukt. Der Dienstleister bringt Wissen und Erfahrung in den Prozess ein (Input), er gestaltet den Prozess (Throughput) und erreicht ein festgelegtes Ergebnis (Output). Dies alles muss er erklären, da erst das Zusammenspiel die Güte der Dienstleistung ausmacht.
- **Der Nutzen ist schwer darstellbar:** Der Nutzen ist den Bezugsgruppen oft schwer darstellbar, wodurch sie ein höheres Risiko empfinden, von der Leistung enttäuscht zu werden.
- **Die Leistung ist nicht greifbar:** Die Leistung ist nicht gegenständlich, wie im Falle von Software, Reisevermittlung, Versicherungen und Geldgeschäften.

- **Die Güte lässt sich nicht vorher prüfen:** Der Nutzen der Leistungen kann oft nicht vor dem Kauf geprüft werden: Wird ein Anlagetipp erfolgreich sein?
- **Die Produkte ändern sich schnell,** wie im Fall von elektronischen Tageszeitungen und Software.
- **Die Qualität der Leistung ist subjektiv,** da sich der Wert nicht objektiv messen lässt.
- **Dienstleistungen sind Erfahrungsgüter:** Ihre Qualität wird erst durch den Umgang erkannt.
- **Sie sind nicht lager- und transportfähig:** Aufgrund der Immaterialität des Gutes kann dieses nicht gelagert und transportiert werden.
- **Hohes wahrgenommenes Risiko:** Schlechte Leistungen verursachen Einbußen beim Kunden – sie können nicht einfach ausgetauscht werden wie eine schlechte Ware. Das Vertrauen spielt daher die entscheidende Rolle.

Das Vertrauen spielt die entscheidende Rolle

- **Die Dienstleistung entsteht erst durch ihre Nutzung.** Der Leistungsnehmer gewinnt daher zentrale Bedeutung.
- **Der Kunde muss selbst aktiv werden,** die Distanz überwinden und sich zum Standort der Leistung begeben.
- **Dienstleistungen sind kaum standardisierbar:** Kein Haarschnitt und keine Unternehmensberatung gleichen einander, da Erbringer, Ort und Zeitpunkt der erbrachten Dienstleistung wechseln.
- **Dienstleistungen bedingen Nachfrage nach Komplementärgütern,** die teilweise von Dritten erbracht werden.

Unter diesen Bedingungen wird der Leistungsnehmer zum größten Risikofaktor: Er ist ausschlaggebend für die Bewertung und muss deshalb auf besondere Weise in die Kommunikation einbezogen sein. Vertrauen ist hier noch wichtiger für die Schaffung von dauerhaften Beziehungen als bei standardisierten Industriegütern.

Der Leistungsnehmer wird zum größten Risikofaktor

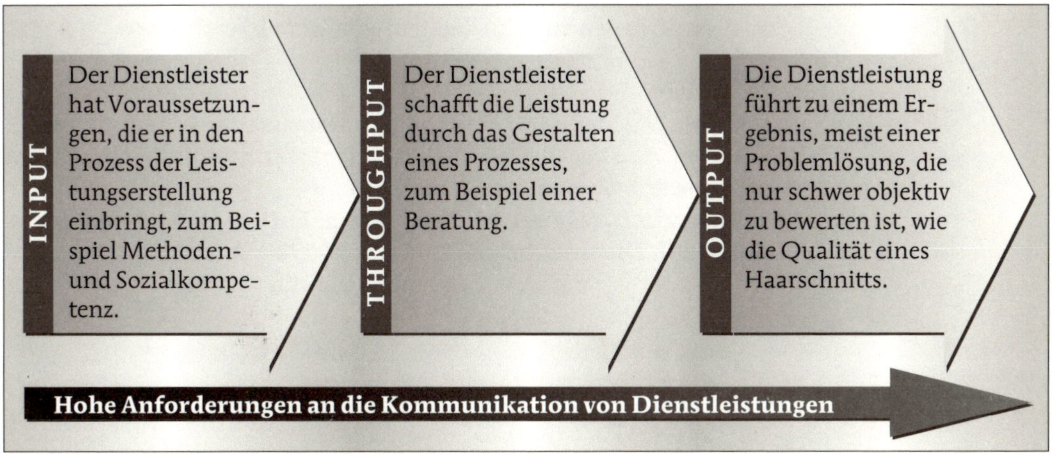

Abb. 10.1: Herausforderung einer Dienstleistung

10.3 Kommunikation

Informationen und Emotionen sind wichtig

Welche Konsequenzen haben diese Merkmale von Dienstleistungen für die Unternehmenskommunikation?

- **Großer Erklärungsbedarf:** Die Leistung muss ausführlich erklärt werden, denn deren Nutzen lässt sich oft nicht konkret und anschaulich darstellen.
- **Leistung bestmöglich vermitteln:** Dienstleistungen sind einmalig und lassen sich vorher oft nicht exakt bestimmen. Die Leistung muss daher optimal an den Nutzer und die in den Prozess eingebundenen Mitarbeiter kommuniziert werden. Herausragend ist hierbei die persönliche Kommunikation, die Leistungsbeweise dokumentieren und ein entsprechendes Vertrauen aufbauen sollte, um das wahrgenommene Risiko zu verringern.

Herausragend ist die persönliche Kommunikation

- **Kunden in die Leistungserstellung einbeziehen:** Durch die meist fehlenden objektiven Bewertungsmaßstäbe der Dienstleistung stellt der Kunde einen Unsicherheitsfaktor dar. Er sollte daher so weit wie möglich in die Leistungserstellung einbezogen sein.
- **Leistung personifizieren:** Sie sollten Ihre Leistung möglichst durch Personen darstellen, weil diese einen Vertrauensanker darstellen (siehe Kap. 14.4.5.1).
- **Leistung visualisieren:** Die Erklärungsbedürftigkeit beziehungsweise Komplexität der Dienstleistung sollten Sie durch ein Schlüsselbild veranschaulichen (siehe Kap. 14.4.5), das das Typische der Dienstleistung in Kernaussagen zusammenfasst.

Referenzen überzeugen

- **Meinungen Dritter nutzen:** Stellen Sie Nachweise der Güte Ihrer Dienstleistungen durch die Meinungen Dritter dar. Diese sollten ihre persönlichen Erfahrungen mit der Dienstleistung schildern, damit sie erfahrbar wird.

Die Instrumente, um diese Anforderungen angemessen umzusetzen, sind bereits in den anderen Kapiteln ausführlich beschrieben.

Buchtipps

- Bruhn, M., Meffert, H.: Dienstleistungsmarketing, Wiesbaden 1995
- Meyer, A.: Dienstleistungsmarketing, Erkenntnisse und praktische Beispiele, 6. Auflage, München 1994
- Tomczak, T., Schögel, M. und Ludwig, E. (Hrsg.): Markenmanagement für Dienstleistungen, St. Gallen 1998

11 Wissensmanagement

11.1 Bedeutung

Quelle für den Unternehmenserfolg

Wissen ist eine wichtige Quelle für den Unternehmenserfolg: Mitarbeiter können Aufgaben besser bearbeiten, Entscheidungen fundierter und gezielter treffen und neue Ideen schneller in die Tat umsetzen. Mithilfe von Wissen können sie Prozesse beschleunigen, Leistungen optimieren und Kosten senken. Wissen ermöglicht ihnen, Angebotslücken im Markt wahrzunehmen und damit neue Märkte zu erschließen. Das Wissen der Mitarbeiter zielorientiert zu gestalten, ist die Aufgabe von Wissensmanagement.

Kaum systematisches Nutzen von Wissen

Zwar sitzen schon immer Mitarbeiter zusammen, sprechen über ihre Arbeit, suchen nach Lösungen für Probleme, halten diese Lösungen in Dokumenten fest und verbreiten sie über Bibliotheken, Datenbanken und Weiterbildungsabteilungen; jedoch ist der Umgang mit Wissen bisher eher unsystematisch, zufällig und informell. In drei von vier Unternehmen ist nicht klar, wer welche Kenntnisse hat – die Unternehmen dokumentieren weder Entscheidungen noch Arbeitsergebnisse. Informationen für wichtige Entscheidungen fehlen und nur wenige finden es leicht, im Unternehmen vorhandenes Wissen zu nutzen.

Folge: Vorhandenes Wissen liegt brach und für Wissen, das über den künftigen Unternehmenserfolg entscheidet, fühlt sich niemand verantwortlich. Fehlentscheidungen häufen sich, wichtige Geschäftsprozesse laufen schleppend. Die Situation verschärft sich, wenn Wissen durch häufigen Arbeitsplatzwechsel von Mitarbeitern, Kündigungen und Ruhestand verloren geht.

Höchste Zeit also für professionelles Wissensmanagement: Es hat die Aufgabe, Wissen in einem Unternehmen systematisch zu sammeln, zu verbreiten, zu entwickeln und unternehmensweit verfügbar zu halten – heutiges Wissen und jenes, das ein Unternehmen für eine erfolgreiche Zukunft benötigt. Die Unternehmenskommunikation kann zum einen alle Phasen des Wissensmanagements unterstützen; zum anderen ist Kommunikation selbst ein Lernprozess (siehe Kap. 2.3.3).

11.2 Begriffe

Wissen als Netz aus Kenntnissen, Fähigkeiten und Fertigkeiten

Wissen soll hier als Netz aus Kenntnissen, Fähigkeiten und Fertigkeiten verstanden werden, das jemand zum Lösen einer Aufgabe einsetzt. Wissensmanagement ist ein Führungskonzept, mit dem ein Unternehmen sein Wissen bewusst aktiv und systematisch gestaltet. In diesem kontinuierlichen Prozess entwickelt es seine Wissensbasis aus Einzelwissen und Gemeinschaftswissen so, dass es langfristig zum Erreichen der Unternehmensziele beiträgt.

WISSENSMANAGEMENT IST EIN MITTEL, UM DIE UNTERNEHMENSZIELE BESSER UND SCHNELLER ZU ERREICHEN – UND KEIN SELBSTZWECK!

Kein zielloses Streuen von Informationen

Das Gestalten von Wissen erfolgt bedarfsgerecht: Unternehmen und Mitarbeiter verfügen im richtigen Umfang am richtigen Ort und zur richtigen Zeit über jenes Wissen, das ihren Aufgaben und Zielen sowie der Situation gerecht wird. Wissensmanagement ist also **nicht** das ungeordnete Streuen von Informationen an alle Mitarbeiter, sondern der tätigkeits- und zielgerichtete Zugang zu Informationen, damit diese in Wissen transformiert werden können.

ALLE SOLLTEN JENES WISSEN BESITZEN, DAS SIE FÜR DAS ERREICHEN IHRER HEUTIGEN UND KÜNFTIGEN ZIELE BENÖTIGEN!

Ganzheitliches Führungskonzept

Wissensmanagement durchzieht alle Funktionen und Hierarchiestufen des Unternehmens entlang der Wertschöpfungskette. Die Wertschöpfungskette umfasst

- **Primäraktivitäten,** die unmittelbar mit der Herstellung und dem Vertrieb eines Produktes beziehungsweise einer Dienstleistung verbunden sind, zum Beispiel Eingangslogistik, Produktion, Marketing, Vertrieb, Service,
- **unterstützende Aktivitäten,** mit denen die primären Abläufe vorbereitet, ermöglicht und gesteuert werden, zum Beispiel Verwaltung, Finanzen, Personalmanagement, Forschung/Entwicklung und Beschaffung.

Die Wissensvermittlung entlang dieser Wertekette funktioniert bisher nicht angemessen, weil die Funktionen zu wenig miteinander verknüpft sind: Informatiker sind für Aufbau und Pflege der Daten verantwortlich; die Ausbildungsabteilung vermittelt individuelle Fähigkeiten; Forschung und Entwicklung sind für Produktinnovation zuständig.
Diese Grenzen hemmen das Potenzial, das im gezielten Management des Unternehmenswissens steckt: Für die schnelle, kundengerechte Produktentwicklung ist eine Verknüpfung der Erfahrungen und Informationen von Produktentwicklern, Marketingfachleuten und Fertigungsspezialisten notwendig. Das Fachwissen wird nicht bloß zusammengetragen, sondern so in den gemeinsamen Zusammenhang der Produktentwicklung eingeordnet und bewertet, sodass daraus neues Wissen entsteht (ein Beispiel zeigt Abb. 11.1).

Wissensmanagement ist eingebettet in andere Managementprozesse, die die Wettbewerbsfähigkeit steigern sollen, wie zum Beispiel das Corporate Identity Management, Business Reengineering und Change Management.

Die Prozesse sollen koordiniert ablaufen und sich gegenseitig unterstützen: So sollte in einem Prozess der Formung von Geschäftsprozessen auch das Wissen berücksichtigt werden.

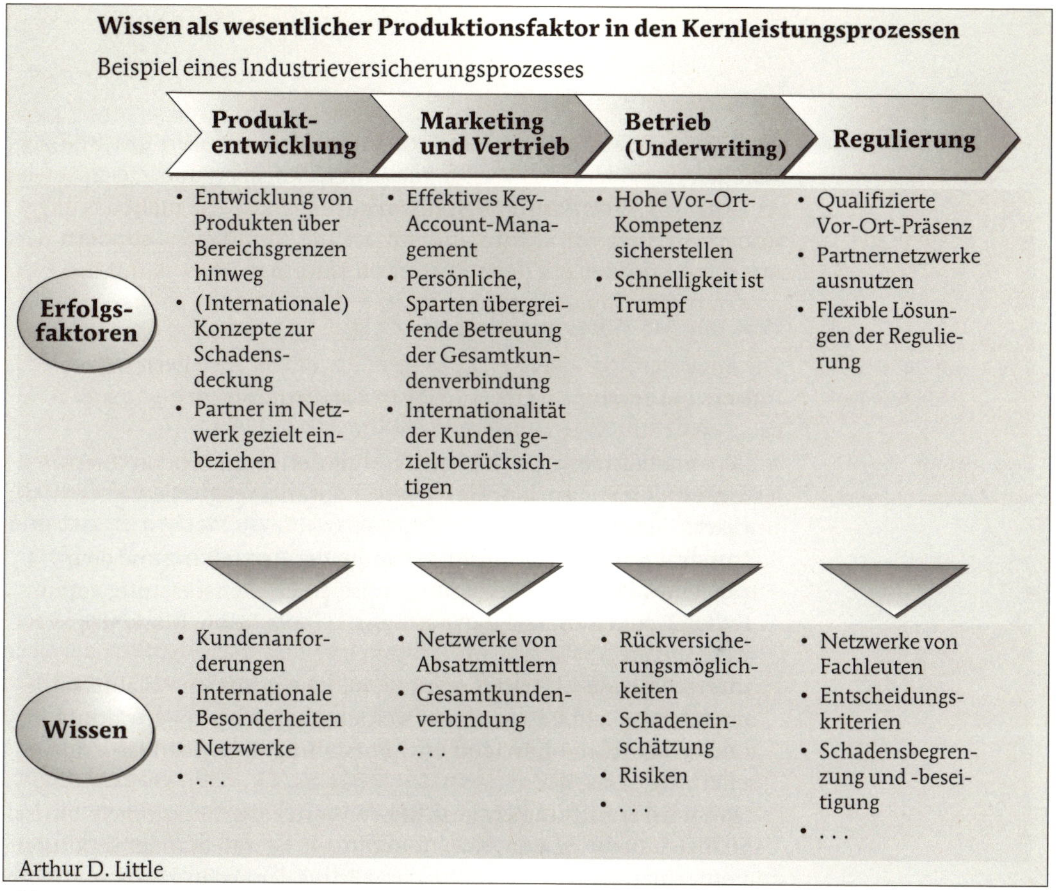

Abb. 11.1: Wissen entlang der Wertschöpfung am Beispiel der Versicherungswirtschaft

Ziel ist die lernende Organisation

Wissensmanagement ist der Weg zum Ziel, eine lernende Organisation zu sein. Damit beschreibt Peter Senge eine Organisation, *„die wahrhaft ‚lernfähig' ist, die ihre Fähigkeiten ständig weiterentwickelt, um ihre höchsten Ziele zu verwirklichen."*

Sand im Getriebe: Hier ist professionelles Wissensmanagement gefragt

- Langes Suchen nach Wissen bremst den Arbeitsprozess.
- Überschneidende, widersprüchliche Informationen führen zu Fehlentscheidungen.
- Wissen geht verloren.
- Das Unternehmen hat Experten, aber es nutzt deren Wissen zu wenig.
- Notwendiges Wissen ist schwer zugänglich.

- Wissen wird wenig wiederverwendet.
- Wissen wird nicht effektiv genutzt.
- Wissen ist nicht transparent.
- Wissen wird von seinen Trägern nicht an andere Mitarbeiter weitergegeben, die es für ihre Arbeit dringend benötigen.
- Die Motivation fehlt, Wissen zu teilen.

Abb. 11.2: Gründe für Wissensmanagement

Was neu am Wissensmanagement ist

Alter Wein in neuen Schläuchen?

Die Einzelschritte – Wissen aufzeigen, erwerben, speichern, verbreiten, nutzen und bewerten – gibt es schon jetzt in den Unternehmen und es liegen viele Erfahrungen und Beschreibungen vor. Jedoch:

Ganzheitlicher, übergreifender Managementprozess

- **Wissensmanagement ist kein Teil des strategischen Gesamtkonzeptes:** Unternehmen sorgen nicht ausreichend dafür, dass Wissen in einem Gesamtprozess unternehmensweit systematisch erfasst und gestaltet wird; der Faktor Wissen ist kaum in der strategischen Unternehmensplanung verankert.
- **Keine Bewertung der Anwendung:** In den meisten Unternehmen werden Informationen in Bibliotheken und Datenbanken abgelegt und verteilt. Weitgehend unbeachtet ist die Interpretation und Bewertung durch die Nutzer, was erst zum Entstehen von Wissen führt (siehe Kap. 11.4.1). Es fehlt die Kontrolle über die Anwendung. Neues Wissen wird nicht systematisch erzeugt. Dr. Ellen Walther-Klaus, Leiterin des Informations- und Kommunikationsmanagements bei Siemens, meint, dass viele Unternehmen auf der Stufe des Informationsmanagements stehen geblieben sind. Sie vergleicht den Unterschied zwischen Informations- und Wissensmanagement mit dem Nutzen einer Landkarte einerseits und einem Reiseführer andererseits. Technik sei nur das Fundament, aber eigentliches Wissensmanagement brauche Menschen. Und die Fachzeitschrift Manager Seminare schreibt: *„Eine Information, die nichts ändert, ist Ballast. Egal, wie effizient sie verwaltet wird.“*

  Eine Information, die nichts ändert, ist Ballast
- **Konsequente Mitarbeiterorientierung fehlt:** Nicht allein jene Informationen zählen, die das Unternehmen bereitstellt, sondern das, was die Mitarbeiter für ihre heutigen und künftigen Aufgaben benötigen. Zu häufig wird sehr aufwändig ein Intranet eingerichtet, das die Mitarbeiter aber kaum nutzen, weil es die eigene Wissensbasis nicht nutzbringend vergrößert.

WISSENSMANAGEMENT WIRD NUR DANN ERFOLGREICH SEIN, WENN ES SICH NACH DEN BEDÜRFNISSEN VON MENSCHEN RICHTET UND IHRE ARBEITSWEISEN UND DIE UNTERNEHMENSKULTUR BEI DER BEWÄLTIGUNG VON PROBLEMEN BERÜCKSICHTIGT!

Wissensmanagement funktioniert wenn,

- Informationen in Wissen transformiert werden,
- Wissen in wertschöpfendes Handeln umgesetzt wird,
- neue Ideen gefördert werden,
- die Informationsbeschaffung strukturiert ist,
- Wissen an der richtigen Stelle verfügbar ist,
- Fehler als Erfahrungsgewinn gesehen werden,
- Wissen durch Erfahrung systematisch entwickelt wird,
- Wissen wieder verwendet wird,
- die Fähigkeiten der Mitarbeiter bekannt sind,
- Informationen bedarfsgerecht vorliegen,
- für das Teilen von Wissen unter den Mitarbeitern ausreichend Zeit zur Verfügung steht,
- einzelne Wisseninseln miteinander verknüpft sind,
- die Mitarbeiter bereit sind, ihr Wissen miteinander zu teilen,
- Strukturen und Prozesse des Unternehmens das Gestalten von Wissen unterstützen.

Abb. 11.3: Wenn Wissensmanagement funktioniert

11.3 Kommunikation über Wissensmanagement

Kommunikation hat drei Aufgaben im Wissensmanagement

Kommunikation hat mehrere Aufgaben im Wissensmanagement:

- **Kommunikation erklärt internen und externen Bezugsgruppen die Bedeutung von Wissen für das Unternehmen und den speziellen Nutzen für die Bezugsgruppen.** Dies kann Mitarbeiter anspornen. Dies kann sich auf den Verkauf der Leistungen auswirken, aber auch auf neue Bewerber, die in dem Unternehmen einen attraktiven Arbeitgeber sehen, der einen interessanten Arbeitsplatz bietet.
- **Sie dient der Verständigung über das Wissensmanagement und die erforderlichen betrieblichen Veränderungen:** Durch Kommunikation erklären Sie den Mitarbeitern Ziele, Vorgehen und Konsequenzen von Wissensmanagement und halten sie ausführlich auf dem Laufenden. Da dieser Prozess anderen betrieblichen Veränderungen sehr ähnlich ist, verweise ich auf die ausführlichen Erläuterungen in Kapitel 6.
- **Kommunikation unterstützt alle Kernprozesse:** Kommunikation schafft Transparenz und transportiert Wissen. Drei Beispiele:
  - Ein Experte ist in einem großen Unternehmen den anderen Mitarbeitern meist nicht mehr persönlich bekannt, der informelle und Gewinn bringende Austausch mit Kollegen fehlt.
  - Wertvolles Wissen ist zwar vorhanden, wird aber nicht genutzt.

- In vielen Unternehmen arbeiten häufig mehrere Teams an den gleichen Aufgaben und Problemen, ohne voneinander zu wissen.

Kommunikationsinstrumente sind häufig auch Instrumente des Wissensmanagements

Kommunikation schafft hier Transparenz, verringert Doppelarbeit und stärkt die Zusammenarbeit nach dem Motto: 1 + 1 = 3. Häufig sind deshalb Kommunikationsinstrumente auch Instrumente des Wissensmanagements.

11.4 Unterstützung der Kernschritte und Maßnahmen

Unterstützung aller Schritte möglich

Kommunikation kann sämtliche Kernschritte des Wissensmanagements unterstützen:

- **Wissen aufdecken:** Welches Wissen gibt es im Unternehmen? Wer verfügt über dieses Wissen?
- **Wissen erwerben:** Wie kann benötigtes Wissen im Unternehmen entstehen? Wie kann externes Wissen integriert werden?
- **Wissen speichern:** Wie kann Wissen bewahrt werden, dass es schnell und überschneidungsfrei verfügbar ist? Wie kann ein geeigneter Wissensspeicher aufgebaut werden?
- **Wissen verteilen:** Wie kann das Wissen so verteilt werden, dass es in der richtigen Menge, zur richtigen Zeit am richtigen Ort bereitsteht?
- **Wissen nutzen:** Wie kann sichergestellt werden, dass bereitgestelltes Wissen tatsächlich genutzt wird?
- **Wissen bewerten:** Wie wird geprüft, ob das Wissensmanagement sein Ziel erreicht hat?

Welchen Beitrag kann die Unternehmenskommunikation für die Kernschritte und die Instrumente leisten? Die UK-Mitarbeiter informieren die Belegschaft, dass es solche Instrumente im Unternehmen gibt und welchen Nutzen sie bieten. Sie motivieren die Mitarbeiter, sich aktiv zu beteiligen und ihr Wissen zur Verfügung zu stellen, um das Erreichen der Firmenziele zu unterstützen. Sie beraten die Verantwortlichen bei der professionellen Erstellung der Instrumente in Wort und Bild.

Im Folgenden stelle ich Ihnen beispielhaft einige Instrumente vor. Eine ausführliche Beschreibung finden Sie in meinem Buch „Erfolgsfaktor Wissensmanagement“, das 2002 im Cornelsen Verlag erschienen ist.

11.4.1 Wissen erkennen

Vorhandenes Wissen aufdecken

„Wen würden Sie fragen, wenn Sie folgendes Problem hätten …?“, auf diese Frage tritt oft eisiges Schweigen ein, denn die Mitarbeiter haben den Überblick verloren. Fehlender Durchblick ist für Unternehmen sehr problematisch, weil dies enorm viel Zeit kostet und zu Doppelarbeit führt: Einer Studie zufolge wendet der Mitarbeiter durchschnittlich 35 Prozent seiner Arbeitszeit dafür auf, das im Unternehmen vorhandene Wissen zu finden. In einem großen Konzern sollen zeitweise 49 Abtei-

lungen in 27 Geschäftsbereichen dieselben Wettbewerber analysiert haben, ohne dass einer von dem anderen wusste.

Damit Sie das Rad nicht ständig neu erfinden müssen, sollten Sie feststellen, wo welches Wissen vorhanden ist. Dies umfasst das Einzelwissen, zum Beispiel von Experten, als auch Kollektivwissen, zum Beispiel von Abteilungen, die erfolgreich ein Projekt durchgeführt haben. Auf der anderen Seite sollten Sie berücksichtigen, dass wichtiges Wissen das Unternehmen unbeabsichtigt verlassen kann („Spionage").

Wissensmanagement schafft Orientierung

Wie kann Unternehmenskommunikation unterstützen, vorhandenes Wissen aufzeigen?

- **Wissenslandkarten:** Sie geben einen anschaulichen Überblick über das verfügbare Wissen, die Potenziale und ihre Verteilung. Hierzu identifizieren Sie wichtige Kernprozesse in Ihrem Unternehmen und kategorisieren das Wissen danach, welches Wissen Sie zur Erfüllung ihrer Aufgaben besitzen müssen (dies umfasst nicht nur die Inhalte der Stellenbeschreibung, sondern auch das erforderliche berufliche Alltagswissen). Dies geschieht zum Beispiel mittels ausführlichem Fragebogen, in dem die Mitarbeiter über ihr Wissen einschließlich ihrer Teilnahme an Projekten, Seminaren, Weiterbildungsmaßnahmen Auskunft geben. Zusätzlich zum Inhalt erfassen Sie Ort und Quelle des Wissens. Wissensquellen sind also das zweite Suchkriterium: Zum Beispiel kann ein Verkäufer nach dem Stichwort „Wettbewerberaktivitäten im Bereich Anlagenbau" suchen und die Suche auf Expertenmeinungen einschränken. Die gesammelten Informationen lassen sich aufbereiten und zum Beispiel in einem firmeneigenen Wissensbranchenbuch darstellen.
- **Eigene „Gelbe Seiten":** Wer kennt und nutzt sie nicht – die „Gelben Seiten"? Immer, wenn ein Fachmann für ein Problem gesucht wird, heißt es „Nachschlagen im großen Gelben". Dieses Prinzip übertragen Sie auf das Unternehmen: Heraus kommt das Wissensbranchenbuch, auch „Gelbe Seiten" (Yellow Pages) genannt. Die „Gelben Seiten" enthalten Informationen über die Kernprozesse im Unternehmen sowie die Namen der Träger von Wissen und Entscheidungen, damit sie direkt angesprochen werden können. Meist befindet sich dieses Wissensbranchenbuch im Intranet. Hilfreich sind persönliche Homepages von Wissensträgern, die Arbeitsgebiete, Projekterfahrungen sowie Kompetenzen der Gegenwart und Vergangenheit enthalten. SIEMENS hat für den konzernweiten Wissenstransfer der 8000 Vertriebsmitarbeiter das Projekt „Knowledge 2000" ins Leben gerufen. Prunkstück sind die „Gelben Seiten", die jeden Mitarbeiter auf einer eigenen Homepage vorstellen: mit Foto, Telefonnummer, E-Mail-Adresse und Schwerpunktthemen.

  Firmeneigenes Wissensbranchenbuch
- **Wissensagenten:** Wissensagenten tragen gezielt unternehmensweit Wissen über vorhandenes Wissen zusammen: Hierzu erstellen sie per-

  Wissen über Wissen

sönliche Nutzerprofile und durchforsten das Unternehmen gezielt nach benötigtem Wissen. Sie bereiten Informationen auf, wie zum Beispiel umfangreiche Projektberichte, um dem Nutzer die Zeit für die Auswertung zu verkürzen. Als interne Dienstleister nehmen sie Aufträge an und erledigen sie maßgeschneidert, was die konstante Qualität und größtmögliche Anwenderorientierung sicherstellt. Sie unterstützen das Entstehen von Wissen, indem sie entsprechende Impulse geben.

Wo befindet sich Wissen?	
In den Köpfen der Mitarbeiter	42 Prozent
In Papierdokumenten	26 Prozent
In elektronischen Dokumenten	20 Prozent
In elektronischen Wissensdatenbanken	12 Prozent

Abb. 11.4: Quellen für Wissen im Unternehmen

11.4.2 Wissen erwerben

Quellen für Wissen

Der Erwerb von Wissen hat zum Ziel, neue Fähigkeiten, neue Produkte, bessere Ideen und leistungsfähigere Prozesse zu entwickeln. Hier einige Quellen, an deren Gestaltung die Unternehmenskommunikation beteiligt sein kann:

Individuell zugeschnittene Ausbildung

- **Firmenuniversitäten:** Firmenuniversitäten sind besondere Ausbildungsstätten, die eine auf das Unternehmen zugeschnittene akademische Ausbildung anbieten. Ziel ist, die Mitarbeiter unternehmensbezogen zu qualifizieren, damit sie den steigenden internen und externen Anforderungen gewachsen sind. Kritiker mäkeln, dass die Firmen viel Geld in ihre Lehranstalten stecken, ohne zu prüfen, ob ihre Angestellten mit dem vermittelten Wissen überhaupt etwas anfangen können. Doch für die Firmenuniversitäten gilt, was für das Wissensmanagement insgesamt gilt: Das vermittelte Wissen ist zielgerichtet. Die Firmenuniversität stellt sicher, das alle Unternehmensbereiche vom selben Wissenspool profitieren und sich an denselben Zielen orientieren. Sie sind Plattform, um den Strategieprozess zu unterstützen und die strategischen Initiativen des Unternehmens umzusetzen. Gleichzeitig haben sie integrierende Funktion, denn sie sollen vor allem in globalen Konzernen das Gemeinschaftsgefühl stärken.

Beste Voraussetzungen für neues Wissen bieten Teams

- **Teams und heterogene Lerngruppen:** Teams bieten hervorragende Voraussetzungen für das Entstehen von neuem Wissen: Die Mitglieder tauschen ihr Wissen aus, kombinieren es neu und schaffen hierdurch ungewöhnliche Ideen und neue Lösungen. Unterschiedliche Ansichten und Deutungen setzen mehr kreative Prozesse in Gang, als das bei den Einzelnen der Fall wäre. Als eine spezielle Form von Team haben sich heterogene Lerngruppen bewährt: Die Zusammenarbeit mit Menschen aus anderen Fachgebieten lässt auch das Misstrauen gegenüber Unbekanntem geringer werden, das so genannte „not invented here“-Syndrom nimmt ab (siehe Kap. 1.2). Teams haben den besonderen Vorteil, dass sie die unterschiedlichen Kompetenzen der Mitarbeiter fördern. Die Deutsche Vereinigung zur Förderung der Weiterbildung von Führungskräften unterscheidet in:

- **Fachkompetenz:** Fachwissen, spezifische Fähigkeiten etc.
- **Methodenkompetenz:** Probleme erkennen, strukturieren, hinterfragen und lösen.
- **Sozialkompetenz:** Fähigkeit, sich situations- und personenbezogen zu verständigen, auf Gedanken, Gefühle und Einstellungen anderer angemessen einzugehen und kompromissfähig zu sein.
- **Persönlichkeitskompetenz:** Bereitschaft zur sozialen Verantwortung, Handeln nach der eigenen Überzeugung etc.

Die Kunden wissen es häufig am besten

- **Externes Wissen von wichtigen Bezugsgruppen:** Ein marktgerechter Weg, sich Wissen zu beschaffen, ist der enge Kontakt zu den Bezugsgruppen, vor allem den Kunden. Sie können in die Produktentwicklung einbezogen sein, wie es der Jeanshersteller LEVIS vormacht. Mitarbeiter des Kleidungsherstellers HENNES & MAURITZ halten sich regelmäßig an den wichtigsten Stellen auf, an denen sich neue Mode zeigt - sei es die Berliner LOVE PARADE oder eine internationale Modenschau. Die neuen Trends geben geschulte Beobachter („Scouts“) blitzschnell an die Zentrale weiter, die schon im Vorfeld Designer und Produktionsstätten in Asien beauftragt hat. So kommt die angesagte Mode auf schnellstem Weg in die Regale der Händler. METTLER TOLEDO, Hersteller von Präzisionswaagen, lässt seine Entwickler beim Kunden arbeiten, zum Beispiel in einer Großbäckerei, um die Erfahrungen und Erkenntnisse für die Optimierung von Produkten und neuen Produktideen zu nutzen.

Quellen für Wissen in deutschen Unternehmen	
Weiterbildung	Kongresse, Foren
Kooperation mit Kunden	Marktforschung
Recherche in Fachzeitschriften	Vergleichsanalysen
Konkurrenzanalysen	Neueinstellung von Experten
Kooperation mit Zulieferern	Kooperation mit Universitäten

Abb 11.5: Woher Unternehmen ihr Wissen erhalten (Fraunhofer Institut für Arbeitswirtschaft und Organisation)

11.4.3 Wissen speichern

Auswählen, Dokumentieren und Aktualisieren

Aufgabe der Wissensspeicherung ist es, Transparenz über das vorhandene Wissen herzustellen, es zu erhalten und Vergessen zu verhindern. Die moderne Computertechnologie bietet als elektronisches Gedächtnis viele Möglichkeiten, Wissen aufzubewahren.

Instrumente, um Wissen zu speichern

An dieser Stelle wird der Unterschied zwischen Informationen und wissen deutlich: In der Datenbank befindet sich Wissen, das ein Mensch dort verfügbar macht. Sobald dies ein anderer Mensch abruft und nutzen will, wird das Wissen zu Informationen, die der Aufnehmende erst in eigenes Wissen verwandeln muss. Wissensspeicher sind zum Beispiel:

- **Intranet:** Das Intranet ermöglicht, Wissen zu speichern, aber auch darüber zu sprechen und Wissen auszutauschen.
- **Lessons Learned:** *„Hauptsache, man hat seine Lektion gelernt"*, was der Volksmund weiß, gilt auch für das Wissensmanagement: Zum Beispiel kann ein Projektteam nach Ende des Projektes die Erfahrungen besprechen, wichtiges Wissen diskutieren und die Erfahrungen samt Erfolgen und Misserfolgen („Do's and dont's") dokumentieren. Diese Erfahrungen helfen anderen Teams, ähnliche Fehler zu vermeiden. Die Philosophie bei BP (BRITISH PETROLEUMS) lautet: *„Every time we do something again, we should do it better than the last time."* (Wenn wir etwas noch einmal tun, sollten wir es besser machen als zuvor).

  FEHLER SIND NICHTS SCHLECHTES –
  AUSSER, MAN LERNT NICHT AUS IHNEN!

  Bei der Pharmafirma SOLVAY veröffentlichen alle vier Unternehmensbereiche – Chemie, Kunststoffe, Kunststoffverarbeitung und Pharma – regelmäßig ihre Erfahrungen, die andere Abteilungen übernehmen können.

11.4.4 Wissen verteilen

Verteilen ist die Voraussetzung für Nutzen

Das Verteilen von Wissen im Unternehmen ist die Voraussetzung, um Wissen zu nutzen. Sind die Berichte der Marktforscher den Produktentwicklern nicht bekannt, können diese die Kenntnisse nicht für neue Leistungen nutzen. Die zentralen Fragen lauten:

1. Wer benötigt Wissen?
2. Welches Wissen soll transportiert werden?
3. Wie soll das Wissen transportiert werden?

Ziel ist das schnelle, aktuelle und korrekte Übermitteln von Wissen: Nicht ohne Grund sind Gespräche mit Kollegen und kurze Anrufe beliebter als die Recherche in einer Datenbank oder einer Bibliothek. Im Beratungsunternehmen ARTHUR-ANDERSEN ist jeder Mitarbeiter verpflichtet, täglich 15 Minuten sein Wissen zu teilen und seine Erfahrungen an Kollegen weiterzugeben. Zahl und Qualität der Beiträge fließen in die Gehaltsfindung ein!

Internationales Verteilen wird immer wichtiger, damit die Mitarbeiter von weltweit tätigen Unternehmen ihre Kollegen in anderen Ländern über ihre speziellen Erfahrungen oder Kenntnisse befragen können, auch wenn der gesuchte Experte aus Asien oder Amerika kommt. Hierzu müssen sie auf Hilfsmittel zurückgreifen können. Die Technik ermöglicht Ihnen heutzutage, Wissen zeitgleich im Unternehmen zu verteilen und den Austausch von Beteiligten unabhängig von Zeit und Raum zu gewährleisten. Beachten Sie beim Verteilen, dass Wissen nicht verändert wird, zum Beispiel durch fehlerhaftes mündliches Übertragen.

Wissen eignet sich unterschiedlich gut zum Verteilen

Nicht jedes Wissen können Sie gleich gut verteilen: Allgemeine Informationen, zum Beispiel über die Unternehmensstrategie, werden meist automatisch an alle Mitarbeiter weitergegeben oder sie haben Zugriff durch Computernetze. Komplexe und erklärungsbedürftige Inhalte müssen Sie dagegen oft persönlich übermitteln. Dies trifft auch für das Weitergeben von Wissen zu, das nicht explizit sprachlich vorliegt, vergleichbar mit einem Meister, der seinem Lehrling die Tipps und Tricks seines Handwerks beibringt. Diese Übertragung kann verlaufen, indem Verhaltensweisen und Reaktionsmuster beim Gegenüber beobachtet und übernommen werden.

Barrieren können das Verteilen behindern

Das Problem der Bereitschaft zum Teilen

Das Verteilen von Wissen kann durch mehrere Barrieren gebremst werden: Eine der häufigsten ist die fehlende Bereitschaft. Diese Einstellung geht grundsätzlich auf die starke Kultur der Individualisierung in den Unternehmen zurück; es handelt sich um dauerhafte und gefestigte Werte und Normen, die nur schwer und langsam zu ändern sind (siehe Kap. 5.6). Mittlerweile haben die Unternehmen erkannt, wie schädlich eine solche Haltung für die Produktivität ist: Sie lähmt Zusammenarbeit, Kommunikation und den Wissensaustausch. Sie können solche Tendenzen zum Individualismus durch unterschiedliche Formen der Zusammenarbeit verringern:

Unterschiedliche Formen der Zusammenarbeit

- **Kommunikationsforen:** Mitarbeiter tragen Wissen in sich, das sie nicht ohne weiteres weitergeben können, weil sie es durch Erfahrungen und Erlebnisse in jahrelanger Berufstätigkeit erworben haben. Es ist daher sinnvoll, Gelegenheiten zu schaffen, bei denen sich Mitarbeiter austauschen können. Durch systematisches Rückkoppeln können die Beteiligten prüfen, ob das jeweilige Wissen angekommen ist und ob es nützlich war. Kontinuierlicher Austausch im Unternehmen wird durch formelle Gruppenbesprechungen, wie zum Beispiel Newsgroups im Intranet und informelle Foren möglich, wie zum Beispiel Kantine, Flur-Gespräche und E-Mail. Mitarbeiter müssen diese Möglichkeiten regelmäßig nutzen können. Dies fördert eine offene und kommunikative Unternehmenskultur.

  Sogar die Mittagspause kann zum Wissenstransfer genutzt werden. Ein mittelständischer Dienstleister nutzt Pausen, um den Erfahrungsaustausch zu fördern: Während der Mittagszeit stellen einzelne Mitarbeiter ihren Kollegen einmal pro Woche neue Softwareprodukte, veränderte Dienstleistungen oder einfach die Aufgaben ihrer Abteilung vor. Die Teilnahme an diesen Veranstaltungen ist freiwillig, das Unternehmen stellt die Verpflegung. Der Veranstaltungsplan wird drei bis vier Monate im voraus von der Personalleitung festgelegt und veröffentlicht. Er orientiert sich an dem Informationsbedarf der Mitarbeiter und den Bedürfnissen des Unternehmens. Zum Beispiel wurde im Anschluss an eine Umfrage eine Informationsveranstaltung der Buchhaltung anberaumt. Das Ergebnis der Umfrage hatte signalisiert, dass die Buchhaltung wenig Akzeptanz bei den anderen Mitarbeitern genoss. Die Abteilung versuchte nun, dieser negativen Einschätzung durch die Veranstaltung entgegenzuwirken.

„*Keine Zeit*", werden viele Manager jetzt sagen. Wie wäre es mit folgendem Vorschlag? Einmal pro Woche fassen Mitarbeiter auf einer Seite zusammen, was sie in dieser Woche gelernt haben und was für Kollegen wichtig ist. Dieses Ergebnis stellen sie in der nächsten Mitarbeitersitzung vor.

Netzwerke verbinden über Funktionsgrenzen hinweg

- **Netzwerke:** Netzwerke sind Gemeinschaften von Menschen, die an ähnlichen Problemen arbeiten und die durch ihr Engagement verbunden sind (siehe Kap. 5.8). Sie können gerade in großen Unternehmen die einzelnen Organisationseinheiten enger miteinander verbinden. Netzwerke sind nicht auf Unternehmensgrenzen beschränkt, sondern können und sollten auch darüber hinweg gebildet werden. Kernelement von Netzwerken ist die Gegenseitigkeit: Nur wenn die Beteiligten geben und nehmen, können alle profitieren und das Netzwerk wird dauerhaft bestehen.

  Besondere Kommunikationsforen tragen bei, den persönlichen Kontakt zu fördern. Der Baumarkt OBI hat ein solches Netzwerk aufgebaut: Die einzelnen Baumärkte geben ihre Erfahrungen über Produkte oder Kundenwünsche an die Zentrale weiter, die diese anderen OBI-Märkten zur Verfügung stellt. Dieses Informationsnetzwerk hat sich sehr positiv auf das Erweitern des Leistungsangebotes der einzelnen Märkte ausgewirkt.

  Informelle Netzwerke

  Eine wichtige Rolle spielen auch informelle Netzwerke. Dies erkennen derzeit jene Firmen, die durch Reorganisation und massiven Stellenabbau einen Teil ihres Gedächtnisses verloren haben. Informelle Netzwerke sind im Lauf der Zeit durch persönlichen Austausch untereinander entstanden. Jetzt, da sie unbedacht zerstört wurden, zeigt sich beispielsweise, welche unbeachteten Prozesse sie steuerten.

Austausch von Dingen mit Wert

- **Wissensmärkte und Messen:** Wissensprozesse sollten nach Marktmechanismen funktionieren: Es gibt Angebot, Nachfrage und Konkurrenz, die den Handel regeln. Dies greift NOKIA auf und schafft mit seinem Wissensmarkt Anreize und Mechanismen, dass sich Wissensträger als Nachfrager gegen „Geld" austauschen. Dieses fiktive Geld stellt eine Bewertungsgröße für die Attraktivität des Angebotes dar.

  Auch eine Wissensmesse fördert den Austausch: Die Geschäftseinheiten präsentieren ihre Funktion, die Mitarbeiter und das Wissen, über das sie verfügen. Die Veranstaltung wird dokumentiert und regelmäßig aktualisiert. Das persönliche Zusammentreffen auf der

Messe ist besonders geeignet, um Vertrauen zu fördern, das im Wissensmanagement eine große Rolle spielt.

11.4.5 Wissen nutzen

Erst das Anwenden von Wissen schafft Wert

Erst wenn Sie Ihr Wissen zielgerichtet anwenden, können Sie Wert für das Unternehmen schaffen. Bis zu dieser Stufe ist nämlich noch kein Wert entstanden, weil Wissen lediglich generiert, gespeichert oder transferiert wurde. Jetzt geht es darum, mit dem Wissen Entscheidungen gezielter zu treffen, Probleme zu lösen und in Handlungen umzusetzen.

WISSEN DARF NICHT VERWALTET, SONDERN ES MUSS ZIELORIENTIERT ANGEWENDET UND DER ERFOLG KONTROLLIERT WERDEN!

Welche Instrumente fördern das Nutzen von Wissen?

Entlohnung für angewandtes Wissen

- **Anreize:** Es soll reizvoll sein, Wissen anzuwenden. Dies erfordert, den Mitarbeitern mehr Verantwortung zu geben und Anreize zu schaffen. In der Praxis sind solche Systeme erst wenig verbreitet. Voraussetzung für den Einsatz von Anreizen ist das Festlegen von Zielen, deren Erreichen belohnt wird, zum Beispiel mit einem Bonus oder Karrierechancen. Anreize sollen ein Lernumfeld schaffen, in dem Fehler nicht bestraft werden, sondern der belohnt wird, der aus Fehlern lernt. SMITHKLINE BEECHAM fördert Kommunikation, Kreativität und Engagement durch eine Auszeichnung, die an Mitarbeiter verliehen wird, die sich besonders für ein Projekt eingesetzt haben oder außergewöhnliche Ideen hatten.

Kopieren leicht gemacht

- **Imitationswettbewerb:** Warum belohnen Sie nicht denjenen, der eine Idee am besten kopiert hat? Eine Fluggesellschaft kann beispielsweise den Boxenstopp bei der Formel 1 daraufhin prüfen, ob sich dies auf die Abfertigung am Flughafen übertragen lässt.

  IDEENRAUB SOLL SPASS MACHEN!

Insgesamt kann die Unternehmenskommunikation wesentlich dazu beitragen, die Bedeutung von Wissensmanagement für das Unternehmen zu vermitteln. Sie kann fördern, dass die Mitarbeiter den Wandel unterstützen, der durch Wissensmanagement erforderlich wird. Und sie kann die Kernschritte des Wissensmanagement direkt unterstützen, da dessen Erfolg direkt an eine funktionierende, professionelle Kommunikation gebunden ist.

Ihre Unternehmenskommunikation!

- Welche Bedeutung hat Wissen für Ihr Unternehmen?
- Schlägt sich diese Bedeutung in den Unternehmenszielen und dem Unternehmensleitbild nieder?

- Sind Ihre internen und externen Bezugsgruppen über die Bedeutung des Wissensmanagements informiert? Haben sie ein angemessenes Vorstellungsbild von den Aktivitäten?
- Wie kann Unternehmenskommunikation die Kernschritte des Wissensmanagements unterstützen?
- Wissen Ihre Mitarbeiter, welche Vorteile das Wissensmanagement für das Unternehmen und ihre tägliche Arbeit hat?
- Sind Sie motiviert, Wissen zu erwerben, weiterzugeben, anzuwenden und zu entwickeln?

Buchtipps

- Davenport, Th. H./Prusak, L.: Wenn Ihr Unternehmen wüsste, was es alles weiß. Das Praxisbuch zum Wissensmanagement, Landsberg 1998
- North, K.: Wissensorientierte Unternehmensführung. Wertschöpfung durch Wissen, Wiesbaden 1998
- Probst, G./Raub, S./Romhardt, K.: Wissen managen – Wie Unternehmen ihre wertvollste Ressource optimal nutzen, Frankfurt 1997

12 Krisen

Krisen lauern überall

Brent Spar, Elchtest oder ICE-Katastrophe: Ereignisse, bei denen Unternehmen gehörig ins Schleudern kamen. Flugzeugabstürze, Störfälle und Tankerunglücke – Krisen lauern überall. Krisen gab es um verseuchte Strände, gepanschte Weine, Krebs erregende Zigaretten. Krisen können jederzeit ausbrechen – Unternehmen, die sich heute sicher vor ihnen fühlen, können morgen in eine gefährliche, die Existenz bedrohende Lage geraten.

Konflikte, Krisen und Katastrophen sind der Stoff, aus dem Nachrichten sind: Das Interesse der Öffentlichkeit und der Wettstreit der Medien um Auflagen und Einschaltquoten verstärken die Suche nach spektakulären Meldungen. Der Druck auf das Unternehmen in der Krise steigt – Fehlentscheidungen häufen sich. Eine ungeschickte Unternehmenskommunikation verschlimmert die Situation: Sie kann den Ruf des Unternehmens, das Betriebsklima, die Motivation und den Geschäftserfolg nachhaltig beeinträchtigen, ja sogar die Existenz des Unternehmens gefährden. Ein einziger unglücklicher Unfall kann das in Jahren mühsam aufgebaute Unternehmensimage über Nacht zerstören.

Ungeschickte Unternehmenskommunikation verschlimmert die Situation

Unternehmen sind kaum auf Krisen vorbereitet

Trotzdem sind die meisten Unternehmen nicht genügend auf eine Krise vorbereitet. Die Studie des Mainzer Kommunikationswissenschaftlers Michael Kunczik zeigt, dass nur ein Drittel der 400 größten deutschen Unternehmen einen festen Krisenplan hat, weniger als die Hälfte besitzt einen Krisenstab. Krisenbeobachter Arelmann stellt fest: *„Selbst Top-Unternehmen reagieren kopflos. So, als hätten sie und ihre PR-Abteilungen noch nie etwas über Krisenkommunikation und die Arbeitsweisen der Medien gehört".*

Die Firmen versäumen, durch Beobachten ihres Umfeldes und langfristigen, regelmäßigen Austausch mit ihren wichtigen Bezugsgruppen Krisen zu verhindern oder zumindest die Auswirkungen durch vertrauensvolle und glaubwürdige Kommunikation zu begrenzen. Langfristige, kontinuierliche Kommunikation ist also wichtig, um Krisen vorzubeugen. Jedoch besinnen sich in der Praxis die Führungscrews oft erst in einer Krise auf die Chancen des Austauschs mit ihren Bezugsgruppen – aber dann ist es meist zu spät: Das Image ist ruiniert. Die Folgen sind verheerend.

Gestärkt aus der Krise hervorgehen

Eine Krise muss aber nicht zum endgültigen Imageverlust für ein Unternehmen oder gar eine Branche führen. Max Frisch schrieb, eine Krise könne ein produktiver Zustand sein – man müsse ihr nur den Beigeschmack der Katastrophe nehmen. Krisenprofessor Ulrich Krystek weist darauf hin, dass unter den chinesischen Schriftzeichen das Symbol für Krise dem unseres Begriffes Chance entspricht.

Wie ein Unternehmen sogar gestärkt aus einer Krise hervorgehen kann, zeigt zum Beispiel Wannenhersteller KALDEWEI: Als der „Turbo Whirlpool" in den Verdacht geriet, dass sich möglicherweise lange Haare im Absaugstutzen verfangen könnten, reagierte das Unternehmen prompt: Es informierte die Händler und Käufer der 2200 verkauften Geräte sowie die Öffentlichkeit. Über eine Hotline konnten sich beunruhigte Kunden schnell und kostenfrei informieren. Die schnelle Reaktion verhinderte Unfälle und Verletzungen. Die offene Informationspolitik stärkte die Glaubwürdigkeit des Herstellers und unterstrich seinen Ruf in Sachen Sicherheit.

12.1 Begriff

12.1.1 Krise

Existenzbedrohende Situation

Der Begriff Krise leitet sich aus dem griechischen Wort „krisis" ab und bedeutete ursprünglich den Bruch in einer bis dahin kontinuierlichen Entwicklung. Im deutschen Sprachraum gibt es den Begriff schon seit dem 16. Jahrhundert. Heute bezeichnet er

- eine gefährliche, die Existenz bedrohende Situation;
- die Wende oder den Höhepunkt einer gefährlichen Entwicklung.

Die Definition von Ulrich Krystek hat Eingang in viele Wörterbücher gefunden. Für ihn sind Unternehmenskrisen „*... ungeplante und ungewollte Prozesse von begrenzter Dauer und Beeinflussbarkeit sowie mit ambivalen-*

tem Ausgang. Sie sind in der Lage, den Fortbestand der gesamten Unternehmung substanziell und nachhaltig zu gefährden oder sogar unmöglich zu machen. Dies geschieht durch die Beeinträchtigung bestimmter Ziele, deren Gefährdung oder sogar Nichterreichung gleichbedeutend ist mit einer nachhaltigen Existenzgefährdung oder -vernichtung … .“

Krisen, Katastrophen und Konflikte

Die extreme Form der Krise ist die **Katastrophe,** also ein Ereignis mit verheerendem oder gar tödlichem Ausgang, wie zum Beispiel eine Naturkatastrophe. Für ein Unternehmen bedeutet eine Katastrophe dessen Vernichtung. Der Krise geht häufig der **Konflikt** voraus, also eine Auseinandersetzung zwischen mindestens zwei Beteiligten, bei der eine Seite etwas beansprucht oder fordert, was die andere Seite nicht annimmt, ignoriert oder zurückweist. Können die Beteiligten einen Konflikt nicht beilegen, kann es zur Krise kommen. Da Konflikte Teil einer Demokratie sind, müssen Unternehmen Wege finden, wie sie mit Konflikten umgehen. Dies wird immer wichtiger, da sich Unternehmen immer häufiger öffentlich, gesellschaftlich und politisch bewerten lassen müssen.

Eigenschaften

Krisen
- sind ungeplant und ungewollt,
- bedrohen die Unternehmensziele und bergen die Gefahr eines großen Schadens,
- sind einzigartig und nicht vergleichbar,
- sind sehr dynamisch, sie verlaufen nicht nach einem festen Schema,
- sind kaum zu kontrollieren,
- haben einen offenen Ausgang,
- sind zeitlich befristet und
- häufig sehr komplex.

Herausforderungen einer Krise

Was macht die Krise so gefährlich und anspruchsvoll? In einer Krise muss das Management
- unter starkem Zeitdruck handeln und
- weitreichende Entscheidungen treffen, wobei meist ein
- Mangel an Information herrscht.

Krisenarten

Es gibt unterschiedliche Arten von Krisen. Ihre Bedeutung ändert sich im Lauf der Zeit durch Entwicklungen in den Unternehmen, den Märkten und der Gesellschaft: Standen vor wenigen Jahren Umweltkrisen im Mittelpunkt der öffentlichen Diskussion, sind es derzeit eher Produktkrisen und soziale Krisen.
- **Wirtschaftskrisen** werden ausgelöst durch sinkende Gewinne (Kunststoffindustrie), fehlende Innovationen (Konsumgüterindustrie), durch härteren Wettbewerb (Automobilindustrie), bedrohliche Konkurrenz aus dem Ausland (Elektroindustrie, Mikroelektronikbauteile). Wirtschaftskrisen gehen oft mit Führungskrisen einher, die aber häufig nicht die breite Aufmerksamkeit der Öffentlichkeit

finden, weil sie nicht das allgemeine Interesse an Sicherheit und Lebensqualität berühren.

- **Störfälle, Unglücke, Unfälle, Katastrophen** sind unvorhergesehene Ereignisse, in denen oft Menschen und Umwelt zu Schaden kommen, was diese Krisen besonders brisant macht. Typische Beispiele der letzten Jahre sind der Absturz einer MD-11 der SWISSAIR in Halifax 1998, die Entgleisung des ICE in Eschede 1998, der Terroranschlag vom 11. September 2001 in New York und das Tankerunglück der PRESTIGE 2002.
- **Produktmissbrauch, Sabotage, Produktfehler:** Produktmissbrauch löst eine Krise aus, wenn das Produkt falsch angewendet wird und Schaden entsteht. Ein Beispiel ist das unsachgemäße Anwenden von Pflanzenschutzmitteln und der Zusatz von Hormonen im Tierfutter, die der Mensch über die Nahrungskette aufnimmt. Medien berichten immer wieder über die Folgen, lösen damit Kritik und Zweifel am Produkt aus und führen die Hersteller in Absatzkrisen.

  Produktsabotage tritt zum Beispiel in der Lebensmittelindustrie auf, wenn unzufriedene Mitarbeiter ihrem Arbeitgeber schaden wollen. Es kommt auch vor, dass ein Unternehmen mit der Drohung von Produktsabotage erpresst wird, wie die Beispiele der Giftanschläge auf THOMY, SCHWARTAU und LIDL zeigen.

  Produkthaftung als Folge von Produktfehlern, Sabotage oder falsch angewendete Produkte kann Unternehmen im Umfeld der Rechtspraxis in den USA und der verschärften Gesetzgebung in der EU an den Rand des Ruins treiben. Beispiele sind die Krise der Tabakindustrie durch massive Sammelklagen erkrankter Raucher und die existenzbedrohenden Sammelklagen gegen den Hersteller von orthopädischen Hilfsmitteln SULZER MEDICA aufgrund schadhafter Hüftgelenke.
- **Arbeitsbedingungen, Führungsfehler:** Betriebliche Arbeitsbedingungen, Personalprobleme durch Streiks und Entlassungen sowie Führungsfehler können Krisen auslösen. Beispiele sind der Pilotenstreik der LUFTHANSA und die riskanten Finanzgeschäfte der BERLIN BANKGESELLSCHAFT.

Interne und externe Ursachen

Krisen haben meist nicht nur eine, sondern mehrere Ursachen. Diese können außerhalb und innerhalb des Unternehmens liegen, gemeinsam auftreten und sich überlagern:

- **Ursachen außerhalb des Unternehmens:** Ursachen außerhalb des Unternehmens kann das Unternehmen meist nicht direkt beeinflussen, wie zum Beispiel eine nachlassende Konjunktur, staatliche Eingriffe und Terroranschläge. Sie können Überraschungskrisen auslösen oder ein Klima vorbereiten, in dem leichter eine akute Krise entstehen kann.
- **Ursachen im Unternehmen:** Krisen können durch innerbetriebliche Ursachen ausgelöst werden, zum Beispiel durch Störfälle, Produktfehler, Arbeitsniederlegung, Veruntreuung, schlechtes Betriebsklima,

Eine der häufigsten internen Ursachen sind Führungsfehler

Kurzarbeit, Entlassungen, Streit mit dem Betriebsrat, Verkauf eines Unternehmens, Steuerhinterziehung, Verstöße gegen den Umweltschutz. Eine der häufigsten internen Ursachen sind Führungsfehler: Sie entstehen beispielsweise dann, wenn das unternehmerische Handeln von der Belegschaft oder der Öffentlichkeit nicht akzeptiert wird, die Unternehmensleitung aber versäumt, rechtzeitig den Konflikt zu lösen und die Krise abzuwehren, wie im Fall des Ölmulti SHELL.

Die geschilderten internen Ursachen sollen Ihnen erneut vor Augen führen, dass Sie sich auf eine Krise vorbereiten können.

12.1.2 Krisenmanagement

Kommunikation als Teil des Managements

Krisenmanagement soll alle Prozesse vermeiden oder bewältigen, die das Weiterleben Ihres Unternehmens gefährden können. Krisenkommunikation bedeutet Analyse, Planung, Umsetzung und Kontrolle von Vorbeugung, Vorbereitung, Bewältigung und Nachbereitung einer Krise:

- Wie kann ein Unternehmen Krisen verhindern?
- Wie kann es Krisen frühzeitig erkennen?
- Wie kann es sich optimal vorbereiten?
- Wie kann es in einer Krise wirkungsvoll handeln?
- Wie kann es aus einer Krise lernen?

KRISENMANAGEMENT BEGINNT ALSO NICHT ERST, WENN DIE KRISE EINGETRETEN IST, SONDERN LANG IM VORFELD!

Ziel ist, eine Krise zu verhindern und zumindest so gut wie möglich vorbereitet zu sein, um die Krise zu steuern. Krisenmanagement ist somit ein fortdauernder Prozess im Unternehmen.

Alle Unternehmensfunktionen einbezogen

Krisenmanagement ist Führungsaufgabe und umfasst alle Unternehmensbereiche – von der Unternehmensleitung über Forschung und Entwicklung, Finanzen, Rechtsabteilung, Beschaffung, Personal, Produktion bis hin zu Marketing und Vertrieb. Alle Bereiche müssen sich abstimmen, um eine Krise zu verhindern, zu bewältigen oder das Unternehmen zu sanieren. Je nach Krise sind einige Bereiche wichtiger als andere – Krisenkommunikation ist einer der wichtigsten, weil sie die Betroffenen über Bedrohungen und Auswirkungen der Krise informiert.

12.2 Krisenvorbeugung

Krisenmanagement ist Vorbeugen

Die beste Art eine Krise zu bewältigen ist, sie schon im Vorfeld abzuwenden. Die zweitbeste ist es, gut vorbereitet zu sein, und die schlechteste ist, sich völlig überraschen zu lassen. Krisenmanagement bedeutet also in erster Linie Vorbeugung. Da keine Krise wie eine andere ist oder verläuft, gibt es hierfür kein Patentrezept, aber Instrumente, die Ihr Unternehmen nutzen kann.

12.2.1 Analyse der Krisenanfälligkeit

Welche Krisenherde gibt es?

Ihr Unternehmen sollte prüfen, ob es Krisenherde gibt und wie Sie diese beseitigen können. Einer Studie zufolge untersucht dies nur die Hälfte der größten deutschen Unternehmen. Die Uni Gießen fand heraus, dass nur knapp die Hälfte der befragten Unternehmen definiert hat, was eine Krise überhaupt sein könnte.

Ein Vergleich mit anderen Unternehmen der Branche kann Ihnen helfen festzustellen, wie häufig und in welchen Bereichen Krisen bereits aufgetreten sind. Die erkannten potenziellen Krisenfelder gilt es rasch zu beheben. Das setzt, wie schon erwähnt, das Bewusstsein für Krisenpotenziale im Management voraus, denn ohne dessen Rückendeckung ist es kaum möglich, vorzubeugen und vorbereitende Maßnahmen einzuleiten.

Vorsorgemöglichkeiten

Folgende Vorsorge ist möglich:

Defizite und Fehler	**Beispiel**	**Vorsorge**
„Wenn die Technik perfekt ist, kann uns nichts passieren."	Investitionen allein in Technik, nicht-technische Krisenursachen werden ignoriert	Umfeld beobachten, in Mitarbeiter und Kommunikation mit dem Umfeld investieren
Falscher Optimismus und Übervertrauen	*„Wir sind zu groß und zu gut. Krisen können uns nicht treffen."*	Denken in Szenarien: Was kann im schlimmsten Fall passieren?
„Wo gehobelt wird, da fallen Späne"-Einstellung	Risiko ist überall; andere Risiken sind viel größer	Eigenes Risikopotenzial zum Maßstab nehmen
Totale Kontrollüberzeugung	Störfallausschluss	Vorbereitet sein auf den „Dennoch-Störfall"
Unterdrücken und Ignorieren von Informationen	Beinahe-Unfälle werden ignoriert	„Problemsuche"-Stelle im Unternehmen einrichten
„Doppelgänger"-Effekt: Ausblenden von alternativen Auffassungen	Keine Kritik zulassen, Bestätigung der Chef-Meinung als Prinzip	Kritik installieren
„Schuld sind immer die anderen"-Einstellung	Medien als Brunnenvergifter ansehen	Arbeitsweise der Medien erkennen
Schwarz-Weiß-Denken	Verteufelung der Einwender und Kritiker	Dialog aufnehmen

12.1: Krisenvorsorge (in Anlehnung an Wiedemann, 1993)

Risiko der Produktanfälligkeit

Speziell im Hinblick auf die Produkte kann ein Verwendungsrisiko durch unsachgemäße Nutzung entstehen wie im Fall von Karies bei Kleinkindern nach längerem Konsum von Kindertee. Das Risiko von Missbrauch entsteht durch böswillig veränderte Produkteigenschaften oder unsachgemäßen Produkteinsatz.

Peter Wiedemann hat Risikofaktoren und Krisenanfälligkeit von Produkten aufgezeigt:

Verstärkung der Krisenanfälligkeit durch	Wirkung: Risikoeinschätzung hoch und damit krisenanfällig, wenn	Beispiel
Störfallpotenzial	Hohe Störfallanfälligkeit	Produktrückrufe
(Un-) Kontrollierbarkeit	Geringe Kontrollierbarkeit der Risikoquelle	Holzschutzmittel
(Un-)Vertrautheit	Geringe Vertrautheit mit der Risikoquelle	Chemische Zusatzstoffe in Lebensmitteln
(Un-)Bekanntheit	Kein Wissen über Risikoursachen und Risikowirkungen vorhanden	Gentechnisch hergestellte Pharmazeutika
Substituierbarkeit	Riskantes Produkt ist ersetzbar	Asbesthaltiges Produkt
Vermeidbarkeit, Reduzierbarkeit	Technisches Potenzial zur Risikoreduktion nicht ausgeschöpft	Rückstände in Nahrungsmitteln und Textilien
(negatives) Risiko-Nutzen-Verhältnis	Geringer Nutzen wird angenommen	Schlafmittel
Emotionaler Kontext	Sicherheitsbedürfnis überwiegt Risikosuche	Mikrowelle
Furchterregung	Mögliche beziehungsweise angenommene Verursachung von Krebs	Mobiltelefon
(Nicht)Wahrnehmbarkeit	Wahrnehmbarkeit des Schadens ist gering/nicht möglich	Ionisierende Strahlung
Zeitlicher Eintritt des Schadens	Unmittelbar beziehungsweise ohne große Zeitverzögerung	Nebenwirkung von Medikamenten
Betroffenheit	Besonders verwundbare Gruppen	Kindertees, Kinderspielgeräte
(ungerechte) Risiko-Nutzen-Verteilung	Risiko trifft (auch) andere Personen	FCKW-haltige Sprays

Abb. 12.2: Krisenanfälligkeit von Produkten (Wiedemann, 1993)

12.2.2 Frühwarnsysteme

Signale früh aufnehmen

Frühwarnsysteme sollen Veränderungen im Unternehmen und der Umwelt früh auffangen und verarbeiten. Ziel ist, Prognosen zu ermöglichen und geeignete Maßnahmen einzuleiten. Durch Frühwarnsysteme können Sie sowohl langfristige Entwicklungen als auch kurzfristige Erscheinungen beobachten. Konkrete Maßnahmen, wie zum Beispiel die Neuentwicklung von Produkten oder die Risikostreuung auf mehrere Produkt- und Kundengruppen, können Sie ohne Zeitdruck planen und präzise umsetzen.

Generell sollte ein Unternehmen wissenschaftliche und gesellschaftspolitische Diskussionen wie ein Seismograph beobachten, Signale früh erkennen und prüfen, um im Rahmen der Früherkennung potenzielle Krisenherde auszuloten!

Nur wenige Krisen kommen überraschend wie ein Störfall, eine Erpressung oder ein Terroranschlag. Die meisten sind vorhersehbar, zum Beispiel als Folge von Betriebsstilllegungen, Entlassungen, Produktflops oder stagnierenden Märkten. Das sind mögliche Frühwarnfelder:

Frühwarnbereiche

Externe Beobachtungsbereiche im Hinblick auf Gefährdungen und Chancen	**Interne Beobachtungsbereiche im Hinblick auf Gefährdungen und Chancen**
• Konjunkturelle Entwicklung (nach Ländern, Regionen) • Strukturelle Entwicklung (nach Ländern, Regionen) • Politische Entwicklung (nach Ländern, Regionen) • Soziale Entwicklung (nach Ländern und Regionen) • Technologische Entwicklung	• Produktprogramm • Mitarbeiter • Maschinelle Ausrüstung • Ergebnis- und Finanzlage
Unternehmensindividuelle externe Beobachtungsbereiche	**Funktionsorientierte interne Beobachtungsbereiche**
• Produkte/Regionen des unternehmensbezogenen Absatzmarktes • Kunden der Unternehmung • Konkurrenten der Unternehmung • Produkte/Regionen des unternehmensbezogenen Beschaffungsmarktes • Lieferanten der Unternehmung • Arbeitsmarkt • Kapitalmarkt	• Forschung und Entwicklung • Absatz • Produktion und Beschaffung • Verwaltung • Großprojekte

Abb. 12.3: Bereiche für eine interne und externe Beobachtung durch Frühwarnsysteme (Hahn/Taylor, 1999)

Sensibilisierung des Managements

Ihr Unternehmen sollte die ermittelten Warnsignale verarbeiten und rechtzeitig an die Verantwortlichen weiterleiten. Das Frühwarnsystem trägt also dazu bei, das Management für Krisen zu sensibilisieren. In welcher Form und Ausführlichkeit die Frühwarninformationen erfolgen, ist von der Größe Ihres Unternehmens und seinem Krisenbewusstsein abhängig.

Kriterien der Frühwarnmeldung

Folgende Kriterien sollte die Frühwarnmeldung mindestens enthalten:
- Um welches Ereignis oder welchen Trend geht es?
- Welchem Bereich kann es zugeordnet werden, zum Beispiel Ökologie, Technik, Lebensmittel, Gesundheit?
- Woher stammen die Informationen, zum Beispiel Zeitschrift, Studie?
- Welche positiven und negativen Auswirkungen können Ereignis oder Trend für das Unternehmen haben?

Jedes Unternehmen kann ohne großen Aufwand ein Frühwarnsystem installieren und die betriebseigenen „Antennen" als Radar für Umweltveränderungen nutzen: Der Außendienst kann Kunden und Konkurrenzverhalten im Handel beobachten, der Einkauf achtet auf Lieferanten und Fachberater. Spezielle Mitarbeiter halten Kontakt zu Branchenkennern und Spezialisten für Wirtschafts- und Technologiefragen.

Welche weiteren Instrumente und Verfahren können Signale erkennen und Informationen liefern?

Quellen für Frühwarninformationen

Breiter oder gezielter Einsatz

Grundsätzlich können Sie Frühwarninstrumente eher breit oder eher gezielt einsetzen:
- Durch **Scannen** können Sie Ihr Umfeld eher oberflächlich, breit und ungezielt nach neuen Themen absuchen. Hiermit können Sie bisher als unwichtig geltende Bereiche ermitteln und neue Trends in bereits beobachtbaren Bereichen aufspüren.
- **Monitoring** bedeutet, dass Sie bekannte Themen gezielt und systematisch beobachten und überwachen. Hierfür eignet sich hervorragend das Internet.

Beide Verfahren können Sie gemeinsam einsetzen: Das breite Scannen kann in gezieltes Monitoring übergehen.

Frühwarninformationen		
Quelle	**Beispiele**	**Technik**
Mediapublikationen	Tageszeitungen, Wirtschaftsmagazine	Inhaltsanalyse (Clipping-Service)
Datenbanken	Wirtschaftsdaten der Großindustrie	Datenbankanalyse

Diverse Organisationen	Wirtschaftsverbände, Verbraucherschutz-organisationen	Berichtsauswertung, Konferenzen
Öffentlichkeit	Bestimmte Bevölkerungssegmente	Meinungsforschung
Regierung	Landes- oder Kommunalpolitik	Öffentliche Anfragen
Rechtsprechung	Präzedenzfälle	Juristische Trendanalyse
Universitäten	Stiftungen, Forschungswettbewerbe	Kooperation
Professionelle Forschungseinrichtungen	Unternehmensberatungen	Berichtsauswertung

Abb. 12.4: Quellen für Frühwarninformationen (nach Jeschke, 1993)

Lebensstilanalysen

Analyse komplexer Lebenssituationen

Die Bedeutung und Entwicklung von Themen lassen sich oft aus Lebensstilanalysen abschätzen. Lebensstile sind vielgestaltige und ganzheitliche Verhaltensmuster, die neben konkretem Verhalten auch Größen wie Werte und Persönlichkeitszüge beinhalten, die langfristig das Verhalten eines Menschen bestimmen (siehe Kap. 2.2). Lebensstile sind dynamisch und werden vielfältig beeinflusst, zum Beispiel durch Wirtschaft, Kultur, Umwelt, Technologie, Gesellschaft etc.

Lebensstilanalysen untersuchen systematisch Änderungen im Wertesystem und in den Meinungen wichtiger Bezugsgruppen. Meinungsforschungsinstitute und große Verlage geben Studien heraus, mit denen Sie Trends im Wandel von Lebensstilen besser einschätzen können. Lebensstile sind häufig eng an Trends gekoppelt.

Trendanalysen

Langfristige Entwicklungen

Die Trendforschung ermittelt langfristige Strömungen in der Gesellschaft und unterscheidet, welche bedeutend sind und welche nicht. Hieraus leitet sie Trends ab, die bis zu zehn Jahre gültig sein sollen – hierin liegt der Unterschied zu kurzfristigen Moden.

Trends können Sie aktiv gestalten – vorausgesetzt, dass Sie diese früh erkennen. Hierfür liefert Ihnen die Trendforschung neben der reinen Formulierung von Trends folgende Informationen:

- Trendstärke
- Entwicklungsdynamik
- Bezugsgruppen, die einen Trend tragen
- Ausdrucksformen
- Verlauf

- Reaktion auf zufälligen oder gezielten Einfluss
- Zusammenhänge zwischen verschiedenen Trends.

Bekannte Trendforschungsinstitute sind das TRENDBÜRO in Hamburg und das Marktforschungsinstitut BRAIN RESERVE von Faith Popcorn in New York. Deren Arbeit ist dadurch gekennzeichnet, dass sie neue Trends „ausrufen“, plakativ benennen und in Veröffentlichungen vermarkten. Marktforschungsinstitute, die Trends erforschen, sind zum Beispiel das SINUS-INSTITUT in Heidelberg und das RISC-INSTITUT in der Schweiz. Ihre Forschungsergebnisse beziehen sich größtenteils auf allgemeine Tendenzen des Wertewandels und gesellschaftliche Veränderungen in der Milieustruktur.

Szenarien

Alternative Zukunftsbilder

Die Szenario-Technik wurde in den 50er-Jahren von Hermann Kahn entwickelt. Ziel ist, Entwicklungen einer Situation bei unterschiedlichen Rahmenbedingungen zu beschreiben. Szenarien stellen verschiedene mögliche und denkbare Zukunftsbilder und die Wege zu deren Entwicklung dar. Diese Entwicklungen können positiv und negativ sein, eher wahrscheinlich und eher unwahrscheinlich.

Szenarien erstellen

So erstellt Ihr Unternehmen Szenarien:

- Sie stecken ein Untersuchungsfeld ab und gliedern es. In der Aufgabenformulierung sind der Gegenstand sowie der Raum- und Zeitbezug erkennbar.
- Sie decken die Struktur der Zusammenhänge zwischen einzelnen Faktoren auf sowie deren Entwicklung in der Vergangenheit. Auf dieser Grundlage entscheiden Sie, welche Einflüsse für die künftige Entwicklung des Untersuchungsfelds bedeutsam sind, zum Beispiel wirtschaftliche und politische Einflüsse.
- Mit Hilfe von Prognoseverfahren, zum Beispiel Delphi-Technik und Befragung, werden zwei bis fünf unterschiedliche Entwicklungen aufgezeigt und es wird festgelegt, mit welcher Wahrscheinlichkeit sie eintreten.
- Alternative Entwicklungen prüfen Sie daraufhin, wie verträglich sie sind. Hieraus entwickeln Sie Szenarien.
- Sie fügen Auswirkungen von Störereignissen in die Szenariobilder ein.
- Die unterschiedlichen Annahmen (positivste Entwicklung: „best case“, negativste: „worst case“) bauen Sie zu Zukunftsbildern aus.
- Sie wählen Szenarien aus, die für Ihr Unternehmen strategisch bedeutsam sind und Auswirkungen haben können. Sie entwickeln Maßnahmen.

Auswirkungen auf Bezugsgruppen

Mit Blick auf Ihre Bezugsgruppen klären Sie,

- ob diese Szenarien in Zukunft die Interessen und Aufgaben von Bezugsgruppen berühren können,

- welche Bezugsgruppen künftig Verhandlungsmacht entwickeln können,
- wie sie bereit sind, ihre Verhandlungsmacht einzusetzen,
- ob sie in der Lage sind, ihre Verhandlungsmacht einzusetzen,
- ob und in welchen Feldern das Unternehmen betroffen sein kann.

Die entwickelten Szenarien gewichten Sie nach Bedeutung und Wahrscheinlichkeit. Für drei bis fünf Szenarien erstellt Ihr Unternehmen Handbücher und Krisenablaufpläne, die einen Rahmen für das Handeln in einer Krise abstecken.

12.2.3 Konfliktbewältigung

Konfliktlösung

Zur Krisenvorbeugung gehört die Konfliktbewältigung. Ein Konflikt kann entstehen, wenn das Unternehmen Ansprüche und Forderungen seiner Bezugsgruppen ignoriert oder zurückweist. Können die Beteiligten den Konflikt nicht beilegen, kann sich eine Krise entwickeln.

Ein Weg zur Konfliktlösung ist der systematische, persönliche Austausch mit Bezugsgruppen und ihren Argumenten. Das Ziel ist die Verständigung durch Informieren, Diskutieren und kritisches Auseinandersetzen.

ÜBERREDUNG UND MANIPULATION SIND ZUR KONFLIKTLÖSUNG UNGEEIGNET!

Unternehmensdialoge können Krisen vorbeugen

In jüngster Zeit wird intensiv über die Chancen und Grenzen von Unternehmensdialogen diskutiert. Unternehmensdialoge können Krisen vorbeugen. Auch wenn sie Krisen nicht immer verhindern, setzen sie Lernprozesse im Unternehmen und in der Gesellschaft in Gang. Zum Beispiel zielen alternative Konfliktlösungsverfahren darauf ab, dass Konfliktbeteiligte und Konfliktbetroffene eine gemeinsame Lösung finden.

Grob unterscheiden die Wissenschaftler Kunczik, Heintzel und Zipfel folgende Verfahren:

- Verhandlungen ohne Unterstützung eines unparteiischen Dritten („Negotiation"),
- Verhandlungen mit Unterstützung eines neutralen, verfahrenstechnisch eingreifenden Vermittlers („Facilitation"),
- Verhandlungen mit Unterstützung eines Moderators, der sowohl verfahrens- als auch ergebnisorientiert verfährt („Mediation"),
- Verhandlungen mit Unterstützung eines neutralen Schiedsrichters, dessen Urteile für die Konfliktparteien jedoch nicht zwingend sind („Nonbinding Arbitration").

Das Beispiel: Mediation

Mediation wird seit den 70er-Jahren zur Konfliktlösung eingesetzt. Dieses Verfahren will Positionen und Interessen der Konfliktparteien direkt beeinflussen. Ziel ist, im persönlichen Austausch unterschiedliche Standpunkte und Ziele der beteiligten Gruppen so zu verknüpfen, dass eine gemeinsam getragene Lösung entsteht. Mediation gilt nach vielen Erfahrungen vor allem in der Umweltpolitik als besonders erfolgreich. In den USA ist ein regelrechter „Mediationsboom" entstanden; öffentliche Dienstleistungszentren für Mediation bieten ihre Dienste vor allem für politische Konflikte an.

Kennzeichen idealer Mediation

Folgende Bedingungen kennzeichnen eine ideale Mediation:
- Alle Teilnehmer streben Konsens an.
- Die Vertreter der beteiligten Bezugsgruppen erkennen gegenseitig ihre Legitimität im Verfahren an.
- Sie erkennen eine gleiche Machtverteilung an – vorhandene Unterschiede können sich annähern.
- Sie stimmen der Person des Mediators zu, der in seiner Aufgabe verfahrens- und ergebnisorientiert verfährt.
- Im Vordergrund steht grundsätzlich der zwischenmenschliche Dialog, nicht das geschriebene Wort.
- Repräsentanten aller relevanten Bezugsgruppen sollten teilnehmen, aber die Zahl sollte überschaubar bleiben.
- Bezugsgruppen beziehungsweise Meinungsführer werden frühestmöglich eingebunden, um den Teilnehmern Verantwortung zu übertragen.
- Alle beteiligten Gruppen sind ausführlich informiert.
- Die Bezugsgruppen sollten Alternativlösungen vorschlagen, um zu konstruktiver Kritik angeregt zu sein.
- Die Repräsentanten der Bezugsgruppen sind kompetent genug, um eine Entscheidung im Verfahren zu finden und die Beschlüsse später in ihren Gruppen durchzusetzen.
- Die Finanzierer des Verfahrens dürfen die Ergebnisse inhaltlich nicht beeinflussen.
- Die Beteiligten sind sich einig über die Auswirkungen und Einwirkungen der Mediation auf den ausführenden und juristischen Teil des Planungsprozesses.
- Die Beschlüsse sind verbindlich und nachvollziehbar.
- Es ist ein Zeitrahmen für die Umsetzung gesetzt.
- Für den weiteren Verlauf kann es sinnvoll sein, die beteiligten Bezugsgruppen auch weiter in die Verantwortung einzubeziehen – zum Beispiel über einen Beirat.

Konfliktlösung ist möglich

Erfahrungen zeigen, dass Unternehmensdialoge wie das Mediationsverfahren zur Konfliktlösung eingesetzt werden können, weil sie Meinungen, Ansichten und Wahrnehmungen offen legen und zur sachlicheren Auseinandersetzung beitragen – die Beteiligten reden miteinander statt gegeneinander.

Der Kommunikationswissenschaftler Ansgar Zerfaß betont aber, dass Dialogkonzepte nur situative Elemente einer strategischen Kommunikationspolitik sein können und nicht als allein Erfolg versprechender Königsweg gesehen werden können.

Wichtig ist auch zu beachten, dass Dialoge eine entsprechende Grundhaltung voraussetzen und daher immer mit Lernschritten verbunden sind. Doch Lernen zahlt sich aus, indem das Polster von Vertrauen und Akzeptanz wächst, von dem das Unternehmen in einer Krise profitieren kann. Sten Nadolny: *„Manchmal zahlt sich in Minuten aus, was monatelang vorbereitet wurde. Manchmal beeinflusst etwas, das in einer Sekunde verkehrt gemacht wurde, mehrere Jahre."*

Handlungsoptionen im Konfliktfall

Konflikt verhärtend	**Konflikt entschärfend**
den Gegner einengen	dem Gegner Handlungsspielraum lassen
den Handlungsspielraum begrenzen	die Handlungsalternativen erweitern
eine „Deadline" setzen	Prozessschritte einplanen
polarisieren	den Konsens suchen
persönlich werden	sachlich bleiben
überheblich reagieren	Verständnis zeigen
Dritt-Parteien ausschließen	Drittparteien einschließen (Mediator)
kurzfristiges Handeln	vorausschauend handeln
mit der Lösung beginnen	mit dem Problem beginnen
subjektiv diskutieren	objektivierbare Kriterien verwenden
eigenmächtig handeln	Konfliktgegner in den Prozess einbeziehen

Abb. 12.5: Verhaltensmuster, die Konflikte verschärfen oder entschärfen (nach Jeschke, 1993)

Ihre Unternehmenskommunikation!

- Weiß Ihr Unternehmen, was zur Krise führen könnte?
- Ist das Management Ihres Unternehmens für den Umgang mit Krisen sensibilisiert?
- Wer ist für das frühe Erkennen von Krisen zuständig?
- Betreibt Ihr Unternehmen langfristig und systematisch Kommunikation mit seinen Bezugsgruppen?
- Gilt Ihr Unternehmen als glaubwürdig und vertrauensvoll?

- Verfolgt es die öffentliche Meinung?
- Werden die Medienberichte über Ihr Unternehmen und die Branche sorgfältig beobachtet und ausgewertet?
- Hat Ihr Unternehmen seine Krisenanfälligkeit geprüft?
- Haben Sie mögliche Schwachstellen in Ihrem Unternehmen erkannt?
- Haben Sie einen Plan für den Umgang mit Schwachstellen?
- Verfolgt Ihr Unternehmen interne und externe Entwicklungen in Markt und Gesellschaft?
- Kennen Sie Wünsche und Erwartungen Ihrer Bezugsgruppen?

12.3 Krisenvorbereitung

Panik oder Ordnung?

Die Vorbereitung entscheidet wesentlich darüber, ob in der Krise ungeplante Panikkommunikation entsteht oder eher geordnetes Vorgehen. Sie sollten daher möglichst gut auf Krisen vorbereitet sein, auch wenn Ihr Unternehmen nicht zu den umstrittenen Branchen Chemie, Kernenergie und Gentechnologie gehört; auch kleine und mittelständische Unternehmen anderer Bereiche müssen Mitarbeiter entlassen, Werke schließen, ihre Produktion ins Ausland verlegen, was zum öffentlichen Konflikt und zur Krise führen kann. Sorgfältige Vorbereitung senkt das Risiko, dass die Krise aus dem Ruder läuft. Folgende Maßnahmen haben sich bewährt.

12.3.1 Krisenstab

Zentrales Forum in der Krise

Der Krisenstab wird vorbereitend gebildet und regelmäßig trainiert. Er tritt bei Bedarf zusammen und stellt das zentrale Forum in der Krise dar:

- Der Krisenstab entscheidet und koordiniert die Maßnahmen und hält die Fäden in der Hand.
- Er legt den langfristigen Verhaltensplan (Strategie) für die Krise fest und entscheidet, wer wann welche Information erhält.
- Er arbeitet schriftliche Mitteilungen an die Bezugsgruppen aus, wie Mitarbeiter, Kunden und Medienvertreter.
- Er kommuniziert mit Mitarbeitern, Medien und Behörden.
- Er dokumentiert Ereignisse, Maßnahmen, Medienresonanz etc.

Die Krise wirkt sich auf das gesamte Unternehmen aus und darf daher nicht alleinige Aufgabe eines Ressorts sein. Der Krisenstab setzt sich entsprechend zusammen aus

Zusammensetzung

- dem Chef beziehungsweise einem Vorstandsmitglied;
- Führungskräften aus den wichtigsten Funktionen, zum Beispiel Produktion und Logistik;
- dem Verantwortlichen der Unternehmenskommunikation;

- einem Juristen;
- eventuell dem Betriebsrat, zum Beispiel im Falle einer Standortverlegung;
- eventuell dem Personalchef, etwa bei Massenentlassungen.

Der Krisenstab ist eine unabhängige Gruppe mit Leiter und Mitgliedern, die nach den Regeln des Projektmanagements arbeitet (Literaturhinweise siehe Serviceteil).

Der Vorteil ist, dass so Meinungen aus unterschiedlichen Funktionen einfließen. Ein Nachteil ist, dass es Probleme beim Koordinieren von Kapazitäten und Aufgaben der Mitglieder geben kann. Der Krisenstab ist möglichst klein besetzt (5 bis 7, maximal bis 10 Personen), um schnell entscheiden zu können.

Übergeordneter Lenkungsausschuss

Falls hilfreich, ist dem Krisenstab ein Lenkungsausschuss übergeordnet. Er besteht aus zwei bis fünf Unternehmensvertretern, darunter einem Mitglied der Geschäftsführung, die den Prozess verfolgen und wegweisende Entscheidungen treffen. Der Lenkungsausschuss ist Anlaufstelle für Probleme und Konflikte, die der Krisenstab nicht lösen kann. Er wacht über den Fortschritt der Umsetzung und verabschiedet Ergebnisse des Krisenstabes.

Aufgaben im Krisenstab

Der Leiter des Krisenstabes erstellt Projekt-, Zeit- und Kostenpläne. Er organisiert, koordiniert und unterstützt fachlich die Projektarbeit, bereinigt Konflikte, ist Nahtstelle zur Geschäftsleitung, verarbeitet die unterschiedlichen Projektergebnisse und stellt sie der Geschäftsleitung vor. Der Leiter des Krisenstabs ist verantwortlich für externe Berater. Er gestaltet Arbeitsmethoden, Umgangsstil und Klima. Er ist Ansprechpartner für Konflikte, die während des Prozesses im Unternehmen entstehen, zum Beispiel zwischen Mitarbeitern und Führungskräften. Dieser Beauftragte sollte Autorität besitzen, konsequent und übergreifend kompetent sein – meist ein Topmanager. Und: Er sollte möglichst von seinen anderen Aufgaben freigestellt sein.

Die Arbeit des Krisenstabes erleichtert, wenn Grundregeln für die Zusammenarbeit vereinbart und eingeübt werden und im Krisenplan schriftlich festgehalten sind. Wichtig ist auch, dass sich alle Beteiligten möglichst früh über Ziele und Selbstverständnis einigen: Welche Ziele hat der Krisenstab? Versteht er sich als kurzfristiges Gremium oder als langfristige Einrichtung? Fühlt er sich für seine Entscheidungen verantwortlich? Welche Bedingungen muss der Krisenstab schaffen, um die Krise zu meistern? Nur auf der Basis des gemeinsamen Verständnisses kann die Projektarbeit gelingen. Diese Klärung kann ein externer Berater unterstützen.

Strategischer und taktischer Krisenstab

Je schwieriger und länger die Krise, desto eher kann der Krisenstab in einen strategischen und einen taktischen aufgeteilt werden: Der taktische Krisenstab bewältigt die täglichen Entscheidungen, das strategische Team entscheidet über die langfristige Ausrichtung der Krisenbewältigung. Dies kann erforderlich sein, da die Firmenmanager nicht endlos aus dem Tagesgeschäft herausgelöst werden können.

Voraussetzungen für erfolgreiches Arbeiten

Folgende Voraussetzungen müssen für eine sinnvolle Tätigkeit des Krisenstabes erfüllt sein: Die Mitglieder sind ständig erreichbar, über alle wichtigen Vorgänge informiert und loyal zum Unternehmen. Es gibt möglichst nur einen Sprecher, dies ist meist der Verantwortliche für Unternehmenskommunikation oder der Geschäftsführer. Gibt es mehrere Sprecher, müssen sie sich einheitlich äußern. Einzelne oder alle Mitglieder des Krisenstabes sind während der akuten Krisenphase vom Tagesgeschäft befreit. Der Krisenstab verfügt über ein ausreichendes Budget.

Externe Berater leisten gute Unterstützung

Erfahrene externe Berater unterstützen

Schon beim Zusammenstellen des Krisenstabes sollte ein erfahrener externer Berater mitwirken. Als externe Berater kommen Juristen, Sicherheitsberater und Kommunikationsexperten infrage. Der Berater hat eine wichtige Rolle als Moderator, er unterstützt Klärungsprozesse und greift als unabhängiger Beobachter des Geschehens die unterschiedlichen Meinungen auf. Er schiebt schleppende Prozesse an, unterstützt die Konzeption und die Umsetzung.

Vorteil: Ein Berater bringt Erfahrung auch im Umgang mit den Medien ein. Er ist nicht betriebsblind, hat keine Schere im Kopf und daher Mut zu unkonventionellen Lösungen. Nachteil: Externe Berater sind nicht mit der Unternehmenskultur vertraut. Meinungsverschiedenheiten zwischen Berater und Unternehmen können entstehen, wenn das Beraterkonzept die Änderung bestehender Vorstellungen und Gewohnheiten vorsieht – und das ist in einer Krise häufig notwendig.

DIE EXTERNEN BERATER SOLLTEN DEM UNTERNEHMEN FRÜH VERPFLICHTET WERDEN, UM DIE NÖTIGE VERTRAUENSBASIS AUFZUBAUEN!

12.3.2 Krisenhandbuch

Absprachen werden schriftlich festgehalten

Zur Krisenvorbereitung gehört das Krisenhandbuch. Es enthält Richtlinien für den Umgang und das Vorgehen in einer Krise. Alle Beteiligten sollten diese Richtlinien kennen und sich daran halten, doch bleiben sie oft unbeachtet in den Schubladen. Regelmäßiges Training kann dem vorbeugen. Der Krisenplan kann im firmeneigenen Intranet zugänglich sein (siehe Kap. 6.6).

Das Krisenhandbuch enthält aktuelle Organisationsregeln, einen Adresspool, Zuständigkeiten und Informationsbefugnisse. Der Fall BRENT SPAR hat gezeigt, dass ein solches Handbuch besonders wichtig für international agierende Unternehmen ist, denn hier werden die nationalen und übernationalen Aktivitäten geregelt (siehe Kap. 9).

Selbstverständlich muss der Krisenplan regelmäßig daraufhin geprüft werden, ob er aktuell ist.

Inhalte des Krisenhandbuches

- Wer trifft Entscheidungen und welche?
- Wer hat in einer Krise welche Aufgabe – vom Management bis zum Pförtner? Wer ist für was verantwortlich?
- In welcher Informationskette wird eine Krise gemeldet? Wo läuft die Meldung auf? Wer gibt sie weiter? An wen?
- Hat der Krisenstab ein Medientraining absolviert?
- Wer informiert den Krisenstab? Wie setzt er sich zusammen? Wo tagt er?
- Wann wird der Kommunikationsverantwortliche informiert? Wo ist das Informationszentrum? Wie ist es ausgestattet? Wo findet eine Pressekonferenz statt?
- Wer ist Sprecher im Krisenfall? Wer beantwortet die unzähligen Anrufe von Journalisten, Nachbarn, Angehörigen und anderen Interessierten?
- Wer übernimmt den Kontakt mit Behörden, Polizei, Feuerwehr, technischem Hilfswerk, Bundeswehr, den (örtlichen) Politikern, Krankenhäusern, Medien, Kunden, Lieferanten und Nachbarn?
- Wer kümmert sich speziell um die Mitarbeiter?
- Ist sichergestellt, dass Management und Mitarbeiter benachrichtigt werden, bevor sie alles aus den Medien erfahren?
- Wer vertritt wen?
- Sind sonstige Kompetenzen im Krisenstab klar aufgeteilt?
- Wie werden Mitarbeiter, Öffentlichkeit und Medien informiert?
- Sieht der Krisenplan vor, welche Journalisten persönlich informiert werden und von wem?
- Wie ist die Kommunikationspolitik?
- Wie wird die Krise dokumentiert? Wer hält Abläufe, Probleme, gelungene Schritte fest?
- Welche Regeln gibt es sonst noch?
- Gibt es einen Krisenstab für den Ernstfall?
- Hat der Krisenstab Krisen als Planspiel durchgespielt?
- Entspricht die Zusammensetzung des Krisenstabs der Vielfalt im Unternehmen, zum Beispiel Werkschutz, Marketing/Vertrieb, Forschung und Entwicklung, Werksleitung, Unternehmensprüfung, Öffentlichkeitsarbeit, Personal?
- Liegen im Krisenplan von allen Teilnehmern Adressen, Telefonnummern, Urlaubs- und Freizeitadressen, Funktelefonverbindungen, Kontaktadressen für den Notfall vor?
- Gibt es für Betriebsunfälle eine Liste von Krankenhäusern?
- Ist eine Telefonabfolge vereinbart, nach der einer den anderen informiert?
- Sind ein fester Treffpunkt und ein Ersatztreffpunkt ausgemacht?
- Stehen ausreichend Kommunikationseinrichtungen zur Verfügung?
- Steht ein Sekretariatsservice bereit?
- Kann der Verantwortliche für Unternehmenskommunikation im Ernstfall die Geräte bedienen, also Telefax, Computer etc.?
- Sind Anschriften von Anwälten, Rechtsberatern, Gewerkschaften, Arbeitsämtern vorhanden?
- Legt ein Zeitplan die zeitliche Folge der Information fest?

Abb. 12.6: Inhalte des Krisenhandbuches

Adressenpool und Telefonlisten

Der Adressenpool im Handbuch enthält Namen, Adressen, Telefonnummern, Telefaxnummern und Mailadressen wichtiger Personen. Dieser Verteiler ist aktuell und in Print und online ständig verfügbar. Der

Adressenpool ist ergänzt durch Listen der im Krisenfall zuständigen lokalen Behörden, Untersuchungsbehörden und Gesundheitsämter, chemischen Labors, Krankenhäuser und Polizei.

In einer weiteren Checkliste sind die Mitglieder des Krisenstabs mit Vertretern benannt sowie deren Telefonnummern mit Direktdurchwahl des Arbeitsplatzes und alle privaten Rufnummern. In diese Liste sind auch externe Krisenberater wie Rechtsanwälte und Kommunikationsagenturen aufzunehmen. Zu überlegen ist, ob auch eine Telefonliste der Belegschaft enthalten ist, um sie im Fall einer akuten Krise direkt ansprechen zu können.

12.3.3 Krisentraining

Gute Übung ist alles

Training ist eine gute Vorbereitung des Krisenstabes und anderer Beteiligter auf Krisen. Es besteht aus drei Elementen:
- **Grundlagen** wie Kommunikation und Teambildung.
- **Theorie** wie die Planung, Gestaltung und Sensibilisierung.
- **Praxis** wie Krisenübungen und Medientraining.

Speziell für Krisen sind Simulationen und Medientraining wichtig. Zu den Grundlagen gehören Wissen über den Aufbau und den Ablauf von Kommunikationsprozessen in der Krise sowie Kenntnisse der Teambildung, die für eine reibungslose Zusammenarbeit erforderlich sind. Die Theorie geht auf Planung, Gestaltung und Sensibilisierung in Krisen ein. Ganz wichtig ist die Praxisausbildung:

Krisenübungen

Den Ernstfall üben, hilft Schockreaktionen zu vermeiden

Krisenübungen bereiten auf die Aufgaben in einer Krise vor und helfen, Schockreaktionen zu vermeiden. Sie finden einmal bis zweimal jährlich statt. Die Seminare sind wirklichkeitsnah gestaltet, um zu prüfen, ob die Mitglieder des Krisenstabes ihrer anspruchsvollen Aufgabe gewachsen sind, ob der Alarmplan im Ernstfall funktioniert und wo optimiert werden muss. Wie kann das konkret aussehen?

Eine eigens dafür beauftragte Gruppe, also nicht der Krisenstab, plant einen Störfall und löst zu einem festgelegten Zeitpunkt Alarm aus. Alle Beteiligten müssen jetzt ihre Rolle wie im Ernstfall professionell ausüben. Beobachter verfolgen das Handeln und zeichnen es schriftlich oder elektronisch auf, damit durch Feedback das Vorgehen optimiert werden kann.

Das Ereignis muss zu Beginn nicht komplett vorgegeben sein, sondern Sie können nach und nach neue Informationen ins Geschehen einfließen lassen, um den Ablauf umzulenken und damit die Vielseitigkeit der Beteiligten zu beanspruchen.

Der Kollege als Reporter

Ein Beispiel: Ein Kollege gibt sich als Reporter aus. Er versucht, in der Kommunikationsabteilung anzurufen und sich über den Stand der Ereignisse zu informieren. Ein Tonband schneidet seine Gespräche für die abschließende Manöverkritik mit. Dieses Gespräch könnte wie folgt verlaufen:

„Hallo, hallo, hier ist Manfred Zahn von der Redaktion ‚Das Neueste vom Tag', wir sind auf Sendung. Ich fliege gerade mit einem Hubschrauber über das Gelände der Firma HEBA. Dicke, schwarze Rauchwolken steigen auf. Umliegende Häuser sind eingehüllt. Menschen stehen auf der Straße und sind tief erschrocken. Ich bin verbunden mit dem Pressesprecher der HEBA, Harry Manns. Was ist geschehen? Gibt es Tote? Ist die Bevölkerung gefährdet?"

Die Krisenübung kann so weit gehen, dass Sie eine Pressekonferenz simulieren. Spätestens jetzt wird den Beteiligten klar, was auf sie im Ernstfall zukommt. Der Krisenstab wertet die Krisenübung aus, zum Beispiel um das Krisenhandbuch zu aktualisieren und weitere Trainings für die Beteiligten zu planen.

Medientraining

Im Fernsehstudio

Medientraining unterstützt und begleitet die Krisenübungen, indem Anfragen und kritische Interviews unter wirklichkeitsnahen Bedingungen eines Fernsehstudios oder Hörfunkinterviews stattfinden. Die Manager lernen, wie sie Reporterfragen beantworten und überzeugend argumentieren. Solche Seminare erleben in letzter Zeit starken Zulauf, da die Unternehmer begreifen, wie wichtig das souveräne Auftreten des Unternehmenssprechers ist und wie schädlich unsicheres, unglaubwürdiges Verhalten wirkt.

Studien haben gezeigt, dass es genau so entscheidend für die Wirkung einer Aussage ist, welche Meinung oder Vorstellung ein Publikum vom Redner hat, wie das, was er sagt. Das heißt, bei gleichen Argumenten wird ein Publikum unterschiedlich beeinflusst – je nach Glaubwürdigkeit und Kompetenz des Kommunikators. Der Akteur wird besonders positiv wahrgenommen, wenn er persönliche Ausstrahlung besitzt, kompetent und sensibel im Umgang mit öffentlichen Anliegen ist und Ungewissheit zugibt. Seine Glaubwürdigkeit wird umso größer, je mehr sich seine Ziele und Motive auf zentrale Werte wie Umwelt, Sicherheit und Gesundheit beziehen, die auch für die Bezugsgruppen wichtig sind.

Merkmale für die Glaubwürdigkeit eines Unternehmenssprechers

Peter Wiedemann nennt als Merkmale für die Glaubwürdigkeit eines Unternehmenssprechers:

Glaubwürdigkeit eines Unternehmenssprechers	
Person negativ	**Person positiv**
schablonenhaftes und stereotypes Verhalten	persönliche Ausstrahlung
Unsicherheiten werden deutlich	souveränes Auftreten
zeigt sich unwissend	legt fachliche Kompetenz an den Tag

wirkt ignorant	zeigt sich sensibel im Umgang mit öffentlichen Anliegen
wirkt falsch, unfair und unaufrichtig	wird als ehrlich, fair und aufrichtig wahrgenommen
verbirgt persönliche Interessen	macht persönliche Interessen deutlich
es bleibt unklar, was er beabsichtigt	macht deutlich, was er will
macht großspurige Zusagen und Versprechungen	gibt auch Ungewissheiten zu

Abb. 12.7: Positive und negative Wirkung eines Unternehmenssprechers

12.4 Krisenbewältigung

Informationen über den Krisenverlauf

Krisenbewältigung umfasst alle Entscheidungen und Maßnahmen in einer bereits eingetretenen und in ihren Wirkungen fühlbaren Krise. Die Kommunikation hat in dieser akuten Situation die Aufgabe, Mitarbeiter und Betriebsrat, Behörden, Journalisten, Kunden, Nachbarn und andere externe Bezugsgruppen über den Krisenverlauf zu informieren.

Die Bezugsgruppen wollen darauf vertrauen können, dass das Unternehmen die Krise im Griff hat! Mehr noch: Belegschaft und Öffentlichkeit haben ein Recht darauf, zu erfahren, was sich im Unternehmen ereignet hat und wie das Unternehmen die Krise meistern will. Die PR-Agentur Porter/Novelli in New York hat herausgefunden, dass zwei Drittel der Befragten glauben, dass es ein Schuldeingeständnis ist, wenn ein Unternehmen in einer Krise schweigt.

Auffallend ist, dass nicht das Unglück selbst als Skandal betrachtet wird und Kritik auslöst, sondern die Kommunikation in der Krise. Grund ist zum einen, dass die „Macht der öffentlichen Meinung“ unterschätzt wird; zum anderen sind Unternehmen nicht in der Lage, angemessen auf die öffentliche Meinungsbildung zu reagieren, geschweige denn, aktiv daran einzuwirken.

Die Unternehmenskommunikation muss in der Krise interne und externe Bezugsgruppen über die Krise und deren Verlauf informieren und auf Fragen und Bedenken eingehen. Die Unternehmenskommunikation sollte verdeutlichen, wie das Unternehmen größere Gefahr abwehrt. Dies soll Glaubwürdigkeit, Vertrauen und Akzeptanz stärken, die Sie schon lange im Vorfeld durch langfristige Kommunikationsarbeit aufgebaut haben müssen (siehe Kap. 2.4).

Vertrauen ist eines der wichtigsten Gefühle, die Unternehmen in der Krise stärken, im Falle von Vertrauensverlust aber auch vernichten können!

Für die Krise gilt besonders, dass Kommunikation nicht zustande kommen kann. Alle Beteiligten entscheiden, ob sie kommunizieren – oder nicht! Kommunikation kann nicht zustande kommen, weil das Unternehmen dazu nicht bereit ist oder nicht kann (Mangel an Informationen) oder nicht will, weil es sich der Kommunikation nicht gewachsen fühlt.

Aus Bezugsgruppensicht kann Kommunikation nicht zustande kommen, weil die Bezugsgruppen nicht bereit sind, weil sie nicht können (keine Instrumente verfügbar) oder nicht wollen (sie lehnen das Unternehmen ab, haben kein Vertrauen).

Die Unternehmenskommunikation abstimmen

Werbung in der Krise ist meist sinnlos

Die Krisenkommunikation sollte mit den anderen Kommunikationsinstrumenten abgestimmt sein, also Werbung und Verkaufsförderung. Werbung hat die Aufgabe, Marktanteile zu erobern und zu verteidigen. Verkaufsförderung soll die Verkaufsbemühungen des Handels unterstützen. Beide Instrumente sind also marktgerichtet und haben das Ziel, das Kaufverhalten zu steuern. In einer Krise ist für den Einsatz dieser Instrumente zu beachten:

- Werbung und Verkaufsförderung werden von den Verbrauchern als einseitig beeinflussende Instrumente bewertet und weniger als Maßnahmen, die Informationen vollständig und glaubwürdig vermitteln.
- Sie richten sich nur an Marktpartner und nicht an alle Bezugsgruppen des Unternehmens, also nicht an Mitarbeiter, kritische Gruppen, Behörden, Politiker, Journalisten (siehe Teil C, „Kommunikation mit wichtigen Bezugsgruppen“).
- Werbung und Verkaufsförderung beziehen sich in der Regel auf Produkte und Leistungen des Unternehmens und weniger auf das Unternehmen selbst. Eventuell müssen sie in akuten Krisen sogar vorübergehend eingestellt werden, da ein Produkt, das öffentlich angeprangert wird, keinen Kaufanreiz für den Verbraucher bietet und sogar negative Gefühle auslöst.

Fazit: Werbung in der Krise kann nicht nur sinnlos, sondern auch teuer sein – das Geld ist besser in Maßnahmen des Krisenmanagements investiert. In der Sanierungsphase kann Werbung wieder sinnvoll eingesetzt werden und ein neues Markenkonzept oder eine neue Marketingstrategie wirkungsvoll unterstützen.

12.4.1 Planung der Krisenkommunikation

Keine Standardrezepte

Für die Planung der Krisenkommunikation gibt es keine Standardrezepte, denn jede Krise ist einzigartig. Es gibt daher keine Lösungen quasi von der Stange, sondern nur Prozesse, die der spezifischen Situation angemessen sein können. Doch können Sie auch hier die bewährten Konzeptschritte aus Analyse, Planung, Gestaltung und Kontrolle als systematischen und flexiblen Handlungsrahmen nutzen (siehe Kap. 4).

Die Wahl der Strategie

Beispiele für Strategien in der Krise

Die Wahl der Strategie, also des Handlungsrahmens, hängt vom Unternehmen, der Situation, den beteiligten Bezugsgruppen ab (siehe ausführlich Kap. 4.3.2). In der Krise sind die häufigsten Grundsatzentscheidungen:

- **Monolog oder Dialog:** In der akuten Phase kann es weder möglich noch sinnvoll sein, mit allen Bezugsgruppen einen Dialog herzustellen. Stattdessen müssen Sie schnell und direkt die wichtigsten Informationen vermitteln und Maßnahmen zur Schadensbegrenzung aufzeigen. Sie können auch in einer Pressekonferenz mit Medienvertretern persönlich sprechen und andere Bezugsgruppen schriftlich informieren, zum Beispiel durch einen Kundenbrief und einen Eildienst.
- **Offensiv oder defensiv:** Bei einer zurückhaltenden Informationspolitik besteht die Gefahr, dass die Berichterstattung durch Journalisten völlig fremdbestimmt wird. Dadurch erhöhen und verlängern sich Krisenintensität und Krisendauer. Durch Ihre Offenheit wird das Interesse schneller befriedigt.
- **Aktiv oder passiv:** Informieren Sie aktiv, offen und möglichst vollständig. Dies ist zwar eine wichtige Forderung, aber was sie genau bedeutet, zeigt sich erst in der Krise: Dann erst wird nämlich das Dilemma offenbar, zwar schnell und aktiv informieren zu wollen, aber nicht über genügend gesicherte Informationen zu verfügen. Wichtig ist daher, diesen Konflikt anzusprechen und anzukündigen, wann weitere Informationen vorliegen, die Sie umgehend weitergeben.

Aktiv, offen und möglichst vollständig informieren

RÜCKHALTLOSE OFFENHEIT UND TRANSPARENZ, UM VERTRAUEN ZU ERHALTEN!

Immer mehr Unternehmen erkennen, dass diese Strategie die einzige ist, um langfristig überleben zu können. Offene Informationspolitik bedeutet, Informationsdefizite über das Unternehmen abzubauen, Gesprächsbereitschaft zu signalisieren sowie Ursachen und Hintergründe der Krise offen zu legen. Um es noch einmal zu betonen: Krisenkommunikation sollte Ihre langfristig angelegte Kommunikationsarbeit fortsetzen. Will ein Unternehmen erstmals in einer Krise offene Kommunikation betreiben, löst dies eher Misstrauen aus nach dem Motto: *„Warum so plötzlich ...?“*.

Bezugsgruppen der Krisenkommunikation

Andere Bezugsgruppen in der Krise

Die Bezugsgruppen Ihrer Krisenkommunikation können andere sein als in Ihrer herkömmlichen Unternehmenskommunikation. Ausschlaggebend für die gezielte Ansprache sind Typ und Reichweite der Krise: Direkt Betroffene und Geschädigte sprechen Sie anders an als Personen, die die Krise beeinflussen oder Journalisten, die über sie berichten. Anwohner und Nachbarn müssen bei einem Störfall mit Umweltschäden zuerst informiert werden, Kunden, Lieferanten und Händler bei Produktfehlern. Wichtig und eilig ist die Kommunikation mit solchen Bezugsgruppen, die von einer Krise direkt oder indirekt betroffen sind oder die Krise beeinflussen können. Folgende sind fast immer betroffen:

Bezugsgruppen, die fast immer betroffen sind

- **Mitarbeiter,** die um ihren Arbeitsplatz fürchten und als Meinungsmultiplikatoren in der Öffentlichkeit wirken.
- **Aufsichtsbehörden,** in deren Verantwortungsbereich die Auswirkungen einer Krise fallen und die zum Teil die Verantwortung für den weiteren Krisenverlauf übernehmen.
- **Massenmedien,** über die das Unternehmen auch Bezugsgruppen erreicht, die direkt nur schwer zu informieren sind.
- **Anspruchsgruppen** („pressure groups“) wie Bürgerinitiativen, Verbraucherschutzorganisationen, Umweltschützer. Sie wollen die Interessen der Betroffenen direkt vertreten und haben häufig großen Einfluss auf die Meinungsbildung.

12.4.2 Instrumente der Krisenkommunikation

Die Instrumente in der Krise sind weitgehend die der Unternehmenskommunikation überhaupt. Hier die in einer Krise häufig eingesetzten:

Viele Standardinstrumente

12.4.2.1 Interne Kommunikation

Auch in der Krise beginnt Unternehmenskommunikation im eigenen Unternehmen: Die Mitarbeiter wollen wissen, was geschehen ist, welche Auswirkungen die Krise auf das Unternehmen und ihren Arbeitsplatz hat und wie das Management die Folgen der Krise minimieren will. Die Mitarbeiter sind auch Multiplikatoren nach außen und müssen in der Familie, im Freundes- und Bekanntenkreis Rede und Antwort stehen. Sind sie schlecht informiert, können sie das Vertrauen in das Unternehmen verlieren. Sie werden sich auch außerhalb der Werkstore abfällig äußern. Wenn Sie bedenken, dass sich schlechte Nachrichten schneller verbreiten als gute, wird deutlich, dass Versäumnisse bei der internen Kommunikation fatale Folgen haben können.

Erst die Mitarbeiter informieren

Aufgabe des Unternehmens ist es, die Mitarbeiter sofort und umfassend über das Vorgefallene und die Maßnahmen zu informieren. Mitarbeiter vertragen die härteste Wahrheit besser als falsche Informationen und Hoffnungen, an deren Ende Enttäuschungen stehen. Grundsatz ist, dass die Mitarbeiter nie ein ihr Unternehmen betreffendes Ereignis zuerst aus den Massenmedien erfahren, egal ob positiv oder negativ.

IMMER ZUERST DIE MITARBEITER INFORMIEREN!

Besonders wichtig ist, um Einsicht und Verständnis für die Entscheidungen der Unternehmensleitung zu werben. Das in Krisen häufig durch die drohende Gefahr entstehende Gemeinschaftsbewusstsein sollte durch gezielte Mitarbeiterinformation gestärkt werden, denn Mitarbeiter, die selbst in schweren Zeiten zu ihrem Arbeitgeber stehen, werfen ein positives Licht auf das Unternehmen.

Geeignete Instrumente

Welche Instrumente eignen sich zur internen Kommunikation in einer Krise? Welches sind die wichtigsten Vor- und Nachteile?

Eildienst

Kurzinformation

In der akuten Krise informiert ein Eildienst die Mitarbeiter kurz und aktuell über Ereignisse, Termine und Veranstaltungen.

Vorteile	**Nachteile**
Er informiert schnell und aktuell.	Er kann nicht ausführlich genug informieren und keine Hintergründe liefern.
Der Eildienst erreicht die Mitarbeiter direkt.	Er ist nicht für schwierige Themen geeignet.
Er ist organisatorisch vergleichsweise wenig aufwändig.	Die Leser können nicht sofort fragen.
Informationen liegen den Mitarbeitern schriftlich vor. Dies ermöglicht zum einen Nachlesen und Archivieren, zum anderen kommt es seltener zu Missverständnissen.	Er kann kaum Gefühle wie Trauer, Mitgefühl, Bedauern und Besorgnis transportieren, was in einer Krise wichtig ist.
Gelesene Worte bleiben länger im Gedächtnis als gehörte Worte.	Er kann kaum Sichtbares verdeutlichen, wie zum Beispiel einen Schaden.
Durch gezieltes Verteilen entstehen keine Streuverluste.	
Er ist günstig in der Herstellung (was in einer Krise aber meist keine Rolle spielt).	

Abb. 12.8: Einige Vor- und Nachteile des Eildienstes in der Krise

Infotelefon

Elektronische Erklärungen

In der Krise sollten Sie ein Infotelefon einrichten, um besorgten Mitarbeitern schnell und kundig Auskunft geben zu können. Falls es nicht anders geht, können Sie vorgefertigte Endlosbänder einsetzen. Die Telefonnummer ist schon im Unternehmen bekannt und kann erneut mit dem Eildienst bekannt gegeben werden.

Vorteile	**Nachteile**
Das Telefon informiert im Fall einer Krise schnell und aktuell.	Die Leitungen sind überlastet und es ist keine ausführliche Information möglich.
Es ist für alle Bezugsgruppen zugänglich.	Es kann Sichtbares nicht verdeutlichen, wie zum Beispiel einen Schaden.

Es ermöglicht zu prüfen, ob Informationen verstanden wurden.	Das Gesagte liegt nicht schriftlich vor; es kann zu Missverständnissen kommen.
Es ist organisatorisch und finanziell vergleichsweise wenig aufwändig.	
Es ist für ausführliche Informationen und Hintergründe geeignet.	
Es eignet sich auch für schwierige Sachverhalte.	
Es ermöglicht sofortiges Rückfragen.	

Abb. 12.9: Einige Vorteile und Nachteile des Krisentelefons

Intranet

Interaktion

Das Intranet ist das hausinterne Internet (siehe Kap. 6.6). Im Falle einer Krise können Informationen schnellstmöglich übermittelt oder aktualisiert werden. Es bietet nicht nur Text, sondern auch Fotos, Grafiken und sogar Kurzvideos. Rückfragen von Mitarbeitern sind ebenfalls möglich. Zu weiteren Vor- und Nachteilen des Intranet siehe Kapitel 6.6.1.

Mitarbeiterzeitung

Ausführliche Informationen und Hintergründe

Die Mitarbeiterzeitung gehört zu den ältesten und wichtigsten Instrumenten der internen Kommunikation. Sie kann Sichtbares visualisieren und ist auch für ausführliche Informationen und Hintergründe geeignet. In der Regel ist sie nicht tagesaktuell, kann im Rahmen einer Krise jedoch als Sonderausgabe erscheinen. Zu weiteren Vor- und Nachteilen der Mitarbeiterzeitung siehe Kapitel 6.5.2.2.

Auch hier gilt: Nicht allein das zählt, was die Geschäftsleitung sagen möchte, sondern auch das, was die Mitarbeiter wissen wollen. Die Mitarbeiter entscheiden, wie sie ihren Bedarf an Informationen über ihren Arbeitsplatz und das Unternehmen decken wollen. Halten Sie die Angebote der internen Kommunikation für nicht glaubwürdig und unkritisch, weichen sie auf Quellen wie Kollegen oder den „Flurfunk" aus. Dies gilt vor allem in der Krise.

Veranstaltungen

Persönliche Kommunikation

Wichtig in einer Krise ist der Austausch von Informationen und Meinungen. Dies ermöglichen Veranstaltungen, wie zum Beispiel Betriebsversammlungen, Informations- und Diskussionsveranstaltungen, Präsentationen.

Vorteile	Nachteile
Veranstaltungen erreichen die Mitarbeiter gleichzeitig am selben Ort mit derselben Botschaft.	Eine Veranstaltung ist vergleichsweise aufwändig.

Informationen werden sofort besprochen und erklärt, um Missverständnisse zu vermeiden.	Veranstaltungen müssen besonders gut vorbereitet werden.
Gefühle können authentischer und glaubwürdiger vermittelt werden als über andere Instrumente.	Die Diskussion ist mitunter schwer zu steuern.
In einer Krise unterstreicht eine Veranstaltung die Bedeutung, die die Firmenleitung dem Ereignis und den Mitarbeitern beimisst.	Die Firmenvertreter sollten Veranstaltungen meiden, wenn sie nicht auf kritische Fragen antworten wollen und nicht überzeugend argumentieren können.
Veranstaltungen verdeutlichen Sichtbares besser als ein Text.	

Abb. 12.10: Einige Vor- und Nachteile von Veranstaltungen in der Krise

12.4.2.2 Externe Kommunikation

Medienarbeit

Unternehmen als wichtige Infoquelle

In der Krise steht die klassische Medienarbeit an oberster Stelle der externen Unternehmenskommunikation. In einer Krise sind die Journalisten auf das Unternehmen als Informationsquelle angewiesen, doch sie ergänzen ihre Recherche häufiger durch Drittquellen wie Betroffene und unabhängige Experten.

Massenmedien können die negative Wirkung einer Krise verstärken

Je besser Sie informieren und je vertrauenswürdiger die bisherige Zusammenarbeit mit den Journalisten war, desto stärker können Sie auf die Berichterstattung einwirken. Dies sollten Sie unbedingt tun, denn die Massenmedien können durch aktive Berichterstattung die negative Wirkung der Krise verstärken. Hierfür sind besondere Bedingungen der Medienarbeit verantwortlich:

- Journalisten haben oft keine naturwissenschaftliche oder technische Ausbildung, sollen aber über solche Themen kompetent berichten.
- Medienvertreter stehen unter Zeitdruck, deshalb wird oft nicht gründlich genug recherchiert.
- Die unterschiedlichen Kenntnisse ihres breiten Publikums zwingen sie, Sachverhalte zu vereinfachen.
- Journalisten verstehen sich selbst oft als Kritiker und Warner der Öffentlichkeit. Sie betonen deshalb besonders die bedrohlichen Aspekte.
- Da sie Spektakuläres und Neues bringen sollen, sind ausgefallene und einmalige Themen wichtiger als die alltäglichen.

Hinzu kommt, dass Unfälle und Skandale die Aufmerksamkeit der Leser erhöhen. Da Journalisten selbst trockene Wissenschaftsthemen interessant darstellen müssen, neigen sie dazu, Vorfälle zu dramatisieren und Opfer-Täter-Bilder zu zeichnen. Persönliche Schicksale und konkrete Fälle sind interessanter als Zahlen und Statistiken.

Hier einige Nachrichtenfaktoren in der Krise (siehe auch Kap. 7.5.1.1):

Nachrichtenfaktoren in der Krise

- **Bedeutsamkeit:** Je größer die Tragweite des Ereignisses ist, je mehr es persönliche Betroffenheit auslöst, desto höher ist sein Nachrichtenwert.
- **Überraschung (Unvorhergesehenes/Seltenheit):** Überraschendes im Rahmen der Erwartungen hat die größte Chance, zu einer Nachricht mit hohem Nachrichtenwert zu werden.
- **Personalisierung:** Je stärker ein Ereignis personalisiert ist, sich im Handeln oder Schicksal von Personen darstellt, desto eher wird es zur Nachricht.
- **Negativismus:** Je negativer ein Ereignis durch Konflikte, Kontroversen, Aggressionen, Zerstörung oder Tod ist, desto eher wird es von den Medien beachtet.

Kritik und Konflikte erregen in der Bevölkerung mehr Aufmerksamkeit als Übereinstimmung und Bejahungen. Kontroversen werden deshalb in den Mittelpunkt der Medienberichterstattung gerückt. Da Reporter versuchen, gegensätzliche Positionen zu Wort kommen zu lassen, bekommt die Öffentlichkeit den Eindruck, als seien die Konfliktparteien gleich stark vertreten. Ein Beispiel ist die Kritik einer Expertengruppe an der Einführung des Euro in Deutschland, die monatelang die Diskussion bestimmte.

Wie können Sie aktive Medienarbeit in der Krise gestalten?

Telefonische Anfragen/Infotelefon

Infos per Sondernummer

Telefonanfragen gehen in der Krise zuhauf ein. Stellen Sie daher ausreichend Telefone für die Anfragen von Journalisten, Nachbarn und Behörden bereit. Besonders eignet sich das Schalten von Telefonnummern, die für die Anrufer kostenlos sind (sie beginnen mit 0800 -). Sind alle Telefone belegt, sollte die Telefonzentrale die Namen und Telefonnummern der Anrufer notieren und einen Rückruf zusagen.

Die Vor- und Nachteile des Infotelefons sind bereits in Kapitel 12.4.2.1 aufgelistet.

Presseinformation

Die Presseinformation (siehe Kap. 7.5.1) ist eines der wichtigsten Instrumente der Krisenkommunikation, denn sie informiert die Journalisten schnell und aktuell über die Entwicklung. Allerdings können Sie nicht sicherstellen, dass der Journalist die Information verstanden hat und korrekt wiedergibt. Nachteilig ist auch, dass die Presseinformation Gefühle wie Trauer, Besorgnis und Beunruhigung nur schwer transportieren kann, die in der Krise eine besondere Rolle spielen.

Ein Tipp: Nummerieren Sie die Presseinformationen und versehen Sie diese möglichst mit Uhrzeit, weil sich der Informationsstand mehrmals täglich ändern kann.

Pressekonferenz

Gespräch in der Gruppe

Die Pressekonferenz gibt der Unternehmensleitung die Möglichkeit, mit den Medienvertretern persönlich über ein aktuelles und wichtiges Ereignis zu sprechen. Neben den allgemeinen Vor- und Nachteilen der Pressekonferenz (siehe Kap. 7.6) ist in der Krise wichtig, dass sie die Bedeutung des Ereignisses unterstreichen kann. Gefühle können Sie authentisch und glaubwürdig vermitteln. Nachteilig kann sein, dass der Ablauf schwer zu steuern ist und die Journalisten auch jene Fragen stellen, auf die Sie noch keine Antwort haben. Gegebenenfalls sagen Sie dies offen und teilen mit, wann Sie die gewünschten Informationen geben können.

Weitere persönliche Medienkontakte

Persönliche Gespräche mit Journalisten in der Krise können zuvor aufgebautes Vertrauen stärken:

- **Pressegespräch:** Das Pressegespräch eignet sich, wenn die Journalisten über aktuelle Schritte und Hintergründe zur Krisenbewältigung informiert werden sollen (siehe Kap. 7.7).
- **Fachtagung:** Renommierte Vertreter eines Themas tauschen sich mehrere Tage lang über aktuelle Fragen rund um Möglichkeiten der Krisenbeseitigung aus. Mit dabei: die Journalisten.
- **Journalistenreise:** In einer Krise kann sich auch eine Pressereise eignen, wenn sich ein Schaden nicht im lokalen Umfeld ereignet hat. Die Zahl der Journalisten ist meist auf vier bis fünf begrenzt, um den Aufwand für das Unternehmen zu begrenzen.

  Wichtig: Eine Teilnahme bedeutet nicht zwingend eine (positive) Berichterstattung, sie signalisiert aber große Offenheit und Gesprächsbereitschaft.

Internet

Das Internet ist für die Krisenkommunikation sehr gut geeignet

Das Internet ist für die Krisenkommunikation aus zwei Gründen wichtig: Zum einen kann es Ausgangspunkt der Krise sein; zum anderen ist es wichtige Kommunikationsplattform in der Krise.

Das Internet als Ausgangsort einer Krise

Kritiker können sich im Internet schnell sammeln

„Eine Lüge ist schon um die halbe Welt gerast, während sich die Wahrheit immer noch die Schuhe bindet." Das Zitat von Mark Twain gilt in den Zeiten des Internet mehr denn je! Das Internet bietet durch seine besonderen Kommunikationsräume wie die Newsgroups (siehe Kap. 15.3.4.5) neben den Chancen auch die Gefahr, selbst Gegenstand einer kritischen Berichterstattung oder Diskussion zu werden. Verbraucher und andere Bezugsgruppen können sich schnell und mit geringstem Aufwand im Netz organisieren, sie rufen zum Boykott auf, berichten von Produktfehlern, moralischen Verfehlungen. Hierfür müssen sie nicht einmal ihre Identität preisgeben (*www.boykott.de*).

Jeder kann alles ins Internet stellen – vorbei an den sorgfältig recherchierenden und bewertenden Journalisten!

Der amerikanische Spielzeugkonzern eToys wollte sich die Internet-Adresse etoys.com, die von einer kleinen Künstlergruppe belegt war, per Gerichtsbeschluss aneignen, was eine bislang beispiellose Online-Kampagne von Künstlern und Aktivisten heraufbeschwor *(www.toywar.com, www.etoy.com)*.

Krisenprofi Frank Roselieb berichtet in seinem Online-Dienst Krisennavigator vom Fall der Berliner Strato Medien AG: *„Noch im Sommer 1999 wurde das junge Berliner Internet-Unternehmen für erstklassige Dienstleistungen mit Auszeichnungen überhäuft. Wenige Wochen später hat sich das Blatt grundlegend gewendet. Managementquerelen und Gerüchte über einen bevorstehenden Unternehmensverkauf sorgten sowohl bei den Mitarbeitern als auch bei den Kunden für Verunsicherung. Mitte September 1999 – also wenige Tage nach den ersten Negativschlagzeilen – stellten zwei verängstigte Strato-Kunden eine Website mit aktuellen Informationen über das Unternehmen ins Netz. In Online-Diskussionsforen konnten die Kunden fortan ihrem Unmut über den immer schlechter werdenden Service des Unternehmens, die temporären Totalausfälle der Mail- und Web-Server sowie über Doppelabbuchungen von Rechnungen Luft machen. Demgegenüber hat die Unternehmensführung in den ersten Monaten beharrlich geschwiegen. Ein Informationsvakuum entstand. Auch die Medien haben sich daher bevorzugt im unabhängigen Kundenforum über die Ereignisse informiert. Mehr als 12.500 Beiträge unzufriedener Strato-Kunden – allein bis zum Jahresende 1999 – boten reichlich Stoff für spannende Medienberichte." (www. krisennavigator.de)*.

Informationsquellen im Internet

Im Netz gibt es viele weitere Informationsquellen, durch die kritische Nachrichten entstehen oder verteilt werden können:

- Online-Angebote von Redaktionen wie Focus oder Spiegel Online, Rheinische Post Online oder CNN.
- Mailinglisten, Newsgroups und Diskussionsforen.
- Verbraucherforen, in denen sich täglich Tausende von Verbrauchern über ihre guten und schlechten Erfahrungen austauschen, wie *www.ciao. com, www.dooyoo.com, www.vocatus.de.*
- Websites von nicht-publizistischen Anbietern, wie zum Beispiel Greenpeace oder von Bürgerinitiativen.
- Der Webkatalog Yahoo *(www.yahoo.com)* bietet eine Sparte mit der Überschrift „consumer opinion", die Anti-Sites von über 150 Firmen listet.

Regelmäßige Umfeldbeobachtung gehört zum Standard der Unternehmenskommunikation

Sie können hieran erneut sehen, wie wichtig es ist, Ihr Umfeld regelmäßig zu beobachten und das Internet einzubeziehen. Durch systematisches Beobachten und Bewerten von Inhalten im Internet können Sie Krisenpotenziale aufspüren oder einfach nur sehen, was online über Ihr Unternehmen oder für Sie wichtige Themen berichtet und diskutiert wird.

UMFELDBEOBACHTUNG SOLLTE ZU DEN ROUTINEAUFGABEN IHRER UNTERNEHMENSKOMMUNIKATION GEHÖREN – DAMIT KÖNNEN SIE AUCH KRISEN AM BESTEN VORBEUGEN!

Das Internet als Kommunikationsinstrument in der Krise

Aktuelle Informationen aus erster Hand

Das Internet eignet sich durch seine besonderen Eigenschaften hervorragend zur Krisenkommunikation – vorausgesetzt, ein Unternehmen beherrscht seinen Umgang.

Vorteile	**Nachteile**
Sie können sich an ein breites Publikum mit Informationen aus erster Hand wenden, z. B. an Medienvertreter, Anwohner, Kunden.	Die Bezugsgruppen könnten sich aus anderen Quellen als dem Internet informieren.
Die Informationen können Sie schnellstmöglich anbieten und aktualisieren. Zum Beispiel hat die DEUTSCHE BAHN aktuell über das Unglück von Eschede und die Bergung berichtet.	Die Informationen müssen aktiv vom Nutzer gesucht werden.
Sie können den Verlauf der Krise chronologisch und transparent darstellen.	In einer Krise müssen Sie mit vielen Anfragen rechnen. Hierauf müssen Sie sich durch zusätzliche Kapazitäten einstellen, zum Beispiel Telefonhotlines.
Das Internet bietet nicht nur Text, sondern auch Fotos, Grafiken und sogar Kurzvideos.	Es können sich Probleme durch geringe Leitungskapazitäten ergeben (Stichwort: Ladezeiten).
Das Internet hat interaktive Elemente (zum Beispiel Newsgroups, Chat, Videokonferenz), die einen direkten Austausch ermöglichen, der auch die Beziehungsebene umfasst.	Sie müssen offline das Onlineangebot kommunizieren.
Listen mit E-Mail-Adressen ermöglichen den Aufbau von Verteilern.	

Abb. 12.11: Einige Vorteile und Nachteile des Internet in der Krise

Tipps

Sie können also das Internet hervorragend für Ihre Krisenkommunikation nutzen. Hierfür stehen Ihnen konkret einige Instrumente zur Verfügung, deren (kombinierten) Einsatz Sie jeweils prüfen müssten:

- **Bereiten Sie eine Krisenseite vor:** In einer Krise muss es oft schnell gehen. Eine Krisenseite wird mit Hintergrundinformationen über Ihr Unternehmen, seine Produkte und Führungskräfte gefüllt. Bei Bedarf ergänzen Sie die aktuellen Informationen, Lagebeschreibungen und Hintergrundinformationen. Keinesfalls dürfen Ansprechpartner und Kontaktmöglichkeiten fehlen.

- **Bieten Sie einen Newsletter und Antworten auf häufig gestellte Fragen an:** Aktualität und Prozesskommunikation sind in einer Krise Trumpf. Ermöglichen Sie deshalb, dass Interessierte einen Newsletter abonnieren. Das kommt den Wünschen der Bezugsgruppen nach Aktualität nach; und Sie profitieren, weil sie Informationen zeitgleich an viele Interessierte geben und nicht unzählige Einzeltelefonate führen müssen. Diese Aufgabe erfüllt auch ein Fragen- und Antworten-Katalog, den Sie auf der Website anbieten (FAQ, Frequently Asked Questions).

Aktualität und Prozesskommunikation

- **Schaffen Sie eine Dialogplattform:** Bieten Sie eine Plattform auf Ihrer Website an, auf der Betroffene und Interessenten fragen und ihre Meinungen äußern können, wie dies der Mineralölkonzern SHELL vorgemacht hat *(www.forums.shell.com)*. Große Unternehmen richten Call Center mit geschulten Mitarbeitern ein, die an das Internetangebot gekoppelt sind. Kleinere Unternehmen sollten Kapazitäten schaffen, um Anfragen via Telefon, Fax und E-Mail zu beantworten und sich an Online-Diskussionen zu beteiligen.
- **Binden Sie das Intranet und das Extranet ein:** Mitarbeiter, Geschäftspartner, Kunden und Lieferanten wollen auf dem Laufenden sein:
  - Mitarbeiter sind von einer Krise meist direkt betroffen (Wirtschaftskrise, Produktkrise, Unfall). Zudem sind sie wichtige Multiplikatoren nach außen (siehe Kap. 6.1).
  - Kunden können wichtige Fragen haben, wenn es um eine Produktkrise geht, zum Beispiel in der Computerindustrie.
  - Händler sind wichtige Multiplikatoren und Meinungsbildner in der Krise. Beweisen Sie Ihre Vertrauenswürdigkeit, indem Sie die Händler durch geeignete Maßnahmen im Internet zur Kommunikation mit den Kunden befähigen, zum Beispiel durch spezielle Newsletter, Antwortkataloge etc.

BINDEN SIE DAS INTRANET UND DAS EXTRANET IN IHRE KOMMUNIKATION EIN!

- **Stimmen Sie die Kommunikation ausreichend ab:** Das Internet wird eines der wichtigsten Kommunikationsinstrumente in einer Krise sein. Jedoch müssen Sie die Aktivitäten unbedingt mit den sonstigen Kommunikationsaktivitäten abstimmen, also mit der Medienarbeit etc. Ziehen Sie hierzu Ihr vorsorglich erstelltes Krisenkonzept heran.

Beispiel für gelungene Krisenkommunikation

Krisenfachmann Roselieb nennt als Beispiel für erfolgreiche Krisenkommunikation im Netz die Ereignisse um den Absturz einer SWISSAIR-Maschine vom Typ MD-11 am 3. September 1998 vor der kanadischen Küste: *„Innerhalb weniger Stunden hat die Swissair auch im Internet über die Ereignisse informiert. In drei Sprachen (Deutsch, Englisch und Französisch)* *konnten Pressemitteilungen, Hintergrundinformationen zum Flugzeugtyp und zur Flugroute abgerufen werden. Außerdem waren Telefonnummern für Angehörige, eine Kondolenzseite, Informationen über Entschädigungsregelungen und die Termine der Trauerfeierlichkeiten rund um die Uhr online verfügbar. Sogar den kompletten Funkverkehr zwischen den Piloten und der Flugsicherung hat die Swissair konsequent ins Netz gestellt ... Die Journalisten wurden aus erster Hand und in Echtzeit über die Ereignisse informiert ... Die Swissair hat übrigens die Internet-Seiten zum Flugzeugabsturz vom September 1998 bis heute im Netz gelassen. Damit dokumentiert das Unternehmen einerseits Verantwortung gegenüber den Opfern und Hinterbliebenen. Andererseits wird deutlich, dass die Swissair auch dunkle Kapitel der Unternehmensgeschichte nicht leugnet und hieraus Lehren für die Zukunft ziehen will." (www.krisennavigator.de)*

Das Internet in einer Krise	
Besonderheit des Mediums	**Leistung im Krisenfall**
Interaktivität	Betroffene und Interessierte können Fragen stellen. Sie können auf den Nutzer zugeschnittene Infos anbieten.
Hypermedialität	Das Unternehmen kann Links zu Experten, Gutachten und Behörden setzen, damit sich die Bezugsgruppen intensiver – und aus anderen Quellen – über die Ereignisse und ihre Folgen informieren können.
Multimedialität	Zusammenhänge können sehr anschaulich dargestellt werden: Zum Beispiel kann ein Unfall durch den Einsatz der unterschiedlichen Medien hervorragend erklärt werden.

Abb. 12.12: Nutzung der Besonderheiten des Internet in Krisen

12.4.2.3 Weitere Instrumente

Alphabetische Liste

Hier eine alphabetische Liste mit weiteren Instrumenten. Manche eignen sich vor allem für eine akute Krise (zum Beispiel Handzettel, Besichtigung), andere dagegen eher für eine langfristige Krise (zum Beispiel Anzeigen, CD-ROM, Fallstudien, Geschäftsbericht und Videos) und die Nachbereitung der Krise (siehe Kap. 12.5):

- **Anzeigen:** Anzeigen können in einer Krise einer breiten Öffentlichkeit die zentralen Argumente des Unternehmens vermitteln. Es hat sich bewährt, die Anzeige mit einer Einladung zum Unternehmensbesuch zu koppeln oder dem Angebot, die kritisierten Produkte einzutauschen. Anzeigen sind natürlich auch in der Sanierung ein sinnvolles Instrument, die Wende zu einer neuen Unternehmenspolitik bekannt zu geben.

- **Beratungsdienst:** Ist Kompetenz gefragt, dann eignet sich ein telefonischer oder schriftlicher Beratungsdienst: Geben Sie hierzu die Telefonnummern von Experten im Unternehmen bekannt. Der Anruf sollte für den Anrufer kostenfrei sein (Vorwahl „0800"). Notieren Sie die Zahl der Telefonate und die Fragen, damit Sie einen Überblick über die Intensität der öffentlichen Aufmerksamkeit und die gewünschten Informationen erhalten. Dies können Sie an die Medien weitergeben.
- **Betriebsbesichtigung:** Durch eine Betriebsbesichtigung können Sie wichtigen Bezugsgruppen eine Schadensstelle, Qualitätsmaßnahmen oder eine Anlage persönlich vorstellen. Die Besichtigung endet mit einem persönlichen Gespräch, bei dem die Teilnehmer des Rundgangs und Experten aus dem Unternehmen Fragen und Antworten austauschen.
- **CD-ROM:** Sie ist durch ihre Multimedialität geeignet, sowohl Informationen zu vermitteln als auch Gefühle anzusprechen. Doch ist die Herstellung aufwändig, wodurch die CD-ROM eher für längere Krisen oder die Nachbereitung geeignet ist.
- **Fallstudie:** Besprechen Sie Ihre Krise als Fallstudie in einem Fachartikel. Das Interesse der Leser ist bei der Darstellung persönlicher Erfahrungen weitaus größer als bei abstrakter Theorie. Die Glaubwürdigkeit des Beitrags steigt, wenn Sie Personen, Zahlen, Fakten und Ergebnisse nennen.
- **Geschäftsbericht:** Der Geschäftsbericht kann Vertrauen wieder aufbauen durch Hinweise auf künftige Forschungsprogramme, Absatzmärkte und Neuerwerbungen. Er muss nicht nur dann informieren, wenn sich die Krise direkt auf Umsatz oder Gewinn ausgewirkt hat.
- **Handzettel, Informationszettel:** Besonders einfach sind Handzettel herzustellen. Diese Informationsblätter informieren kurz und aktuell über Ereignisse, Termine und Veranstaltungen.
- **Infomobil:** Um breit zu informieren und Fragen zu beantworten, bietet sich ein Infomobil an. Zum Beispiel könnte es in Großstädten Halt machen und zu Diskussionen einladen.
- **Informationstisch:** Ein Infotisch besteht in der einfachsten Version aus einem Tisch, der mit Handzetteln oder Plakaten umklebt wird. Dieser Tisch kann im eigenen Unternehmen stehen, zum Beispiel am Eingang, oder er findet auf Messen und Ausstellungen oder sonstigen Anlässen seinen Platz.
- **Informationszentrum:** Ein Infozentrum bietet Zugriff auf Datenbanken, Fachliteratur, persönliche Auskunft, Vermittlung von kompetenten Ansprechpartnern, Literaturrecherche, Unterstützung bei der Erstellung von Diplomarbeiten, Broschüren und Schriftenreihen – alles rund um das Krisenthema.
- **Gespräche, Infotelefon und Zeitungen für Nachbarn:** Diese Instrumente liefern aktuelle Informationen und Einschätzungen aus erster

Hand. Die Nachbarschaftszeitung sollte selbstverständlich auch über Neues aus der Krise berichten – wenn es nicht ohnehin Sonderausgaben aus diesem Anlass gibt.

- **Podiumsdiskussion:** Beziehen Sie in einer öffentlichen Informations- und Diskussionsveranstaltung Stellung. Ist Ihre gesamte Branche von der Krise betroffen, wie im Fall der Fischwirtschaft und der Zigarettenindustrie, kann stellvertretend ein Unternehmensvertreter sprechen. Podiumsdiskussionen können lokal begrenzt sein, beispielsweise wenn sich eine Bürgerinitiative heftig gegen die Eröffnung eines Zweigwerkes wehrt.
- **Rundschreiben (Mailings):** Sie können wichtige Bezugsgruppen, wie Kunden, Händler, Mitarbeiter, Pensionäre oder Aktionäre direkt und individuell ansprechen und ihnen die Sachlage aus Unternehmenssicht erläutern. Ziel ist speziell, den Angeschriebenen Argumentationshilfen für Diskussionen im Familien- und Bekanntenkreis bereitzustellen. Firmen, bei denen Rundschreiben ohnehin Teil des Kommunikationskonzeptes sind, sollten diesen Kommunikationskanal in Krisen unbedingt nutzen. Aufgrund der einfachen und schnellen Herstellung und der persönlichen Ansprache ist das Rundschreiben für den ersten Kontakt mit bestimmten Bezugsgruppen geeignet.
- **Tag der offenen Tür:** Dieser ist hervorragend geeignet, Ihren Bezugsgruppen einen Blick hinter die Kulissen zu bieten, um das Vertrauen wiederherzustellen.
- **TV-Spot:** Ein TV-Spot kann informativ oder emotional sein und sich direkt auf eine Krise beziehen. Klaus Birkel, Geschäftsführer des gleichnamigen Teigwarenunternehmens, nutzte den TV-Spot, um die Qualität seiner Produkte zu betonen und durch seine Person Vertrauen zu erhalten. Das Erstellen eines TV-Sports ist sehr (zeit-)aufwändig und birgt die Gefahr, den eventuell schon Monate oder Wochen zurückliegenden Skandal erneut zum Leben zu erwecken und die damit in Verbindung gebrachten Bilder und Berichte ins Gedächtnis zurückzuholen.

12.4.3 Medienbeobachtung und Medienanalyse

Anforderungen in der Krise

Die Medienrecherche ist ein Standardinstrument der Unternehmenskommunikation. In einer Krise versorgt sie schnell und effizient mit wichtigen Informationen. Grundsätzlich sind drei Informationsquellen bedeutsam, davon sind die zweite und dritte Quelle das Ergebnis von Medienanalysen im eigentlichen Sinne:

- **Direkte Informationen aus der Bezugsgruppe:** Was denkt die Bezugsgruppe? Was weiß die Bezugsgruppe?
- **Direkte Informationen aus den Medien:** Was berichten die Medien? Was passiert im Internet?
- **Indirekte Informationen aus den Medien:** Analyse und Zusammenfassung der Medienberichterstattung.

Direkte Informationen aus der Bezugsgruppe

Meinungsbild der Bezugsgruppe

Die direkte Information beschreibt das Meinungsbild der Bezugsgruppe:
- Welche Informationen sind bekannt?
- Welche Einstellung hat sich entwickelt?
- Welche Fakten werden als glaubhaft empfunden und akzeptiert?
- Welches Verhalten wird aus dem Wissen abgeleitet?

Durch diese Informationen können Sie schon zu Beginn der Krise eine fundierte Strategie entwickeln. Aus dieser Strategie leiten Sie dann entsprechend die einzelnen Kommunikationsmaßnahmen ab und legen deren Ziele fest.

Oft basiert die Strategie nur auf einer Annahme, welche Informationen und Meinungen in den Bezugsgruppen vorhanden sind. Diese Informationen können Sie durch eine kurze Meinungsumfrage bestätigen, sodass das Fundament für die Maßnahmen stabilisiert wird. Der Umfang von Meinungsumfragen muss aus Zeitgründen meist gering gehalten sein.

Direkte Information aus den Medien

Tenor der Medien

Für das Beschaffen und Verwerten dieser Informationen haben Sie im Krisenfall nicht genügend Zeit. Ein Unternehmen für Medienrecherche kann die wichtigsten Informationen kurzfristig beschaffen (Adressen siehe Serviceteil):

- **Was berichten die Nachrichtenagenturen?** Als Grundlage für die Berichterstattung in den Medien kommt den Nachrichtenagenturen (siehe Kap. 7.5.1.1) eine wichtige Rolle in der Krise zu. Sie müssen auf Meldungen schnellstmöglich reagieren und sicherstellen, dass der Standpunkt Ihres Unternehmens aktuell und angemessen kommuniziert wird.

Schnelle Berichterstattung

- **Was berichten Radio- und TV-Sender?** Diese Medien zeichnen sich durch eine besonders schnelle Berichterstattung aus: Sie senden Berichte, die erst kurz zuvor über die Nachrichtenagenturen verbreitet wurden. Auch hier ist es wichtig, dass Sie die entscheidenden Stationen beobachten lassen, um auf jede Meldung angemessen reagieren zu können.

Schlüsselpublikationen ausmachen

- **Was berichten die Zeitungen?** Hier gilt die Devise „weniger ist mehr“: In Deutschland erscheinen täglich rund 200 Hauptausgaben deutscher Tageszeitungen und über 600 Unterausgaben. Über diesen Berg von Publikationen kann man in einer Krise keinen Überblick gewinnen.

  Wichtiger ist es vielmehr, die Schlüsselpublikationen auszumachen. Professionelle Unternehmen für Medienrecherche können Sie bei der Wahl unterstützen und für Sie bestimmte Publikationen ausmachen, deren Berichterstattung Sie nicht nur passiv verfolgen, sondern durch aktive Arbeit beeinflussen können. Hierfür sind Lieferungen per Fax oder E-Mail kurz nach Erscheinen der Zeitung wichtig.

- **Was läuft im Internet?** Bezugsgruppen werden in bestimmten Branchen zu einem immer größer werdenden Teil von der Berichterstattung im Internet beeinflusst (siehe hierzu die Ausführungen in Kapitel 12.4.2.2).

Indirekte Informationen über die Medien

Zusammenfassende Analysen

Die Presselandschaft ist zu komplex, um durch das Lesen aller Artikel den Überblick behalten zu können. Deshalb sind Analysen sinnvoll, von denen es zwei Varianten gibt:

Die Medienanalyse während der Krise

Die Medienanalyse während der Krise zeigt auf, welche Aussagen die Journalisten in der Berichterstattung aufgreifen (Issue Tracking). Sie dient somit der Feinabstimmung Ihrer Kommunikation. Diese Analyse ist kurz und übersichtlich gestaltet. Sie fasst das Meinungsbild der Medien übersichtlich und kompakt auf ein bis zwei DIN A-4 Blätter pro Tag zusammen. Die Ergebnisse des jeweiligen Tages müssen hierbei immer tagesaktuell verfügbar sein, damit Sie Ihr Verhalten entsprechend anpassen können. Wichtige Elemente einer solchen Analyse, die jeden Artikel erfasst und statistisch auswertet, sind unter anderem:

Tagesaktuelle Analyse

- **Abdeckung:** Welche Medien greifen das Thema auf? Mit dieser Information können Sie zielgerichtet auf die Verbreitung reagieren.
- **Issues:** Welche Aspekte der Krise werden diskutiert und mit Fakten unterlegt? Durch diese Information können Sie gezielt auf einzelne Themen reagieren.
- **Personen:** Wer tritt zu dem Thema in den Medien auf und wie wird er zitiert? Mit dieser Information können Sie feststellen, wer die Diskussion beherrscht.
- **Auflagen/Verbreitung:** Wie hoch war die Auflage und die Verbreitung des Mediums? Hiermit können Sie zusätzlich gewichten.
- **Beurteilung:** Ist die Kernaussage des Artikels positiv, negativ oder neutral? Auch dies zeigt Ihnen, ob und wie Ihre Maßnahmen das Meinungsbild in den Medien beeinflussen.
- **Journalisten:** Wer schreibt über die Krise? Durch die Antwort können Sie Journalisten, die sich während der Krise als Meinungsführer abzeichnen, gezielt mit Informationen versorgen.

Durch die Verfügbarkeit dieser Informationen wird es weiterhin möglich:

- die Auswirkungen auf die Reputation des Unternehmens zu beurteilen,
- die Veränderungen des „Goodwill" zu erkennen,
- begleitende Maßnahmen mit Gewerkschaften, Umweltorganisationen und Stadtverwaltungen zu koordinieren,
- die Relevanz rechtlicher Schritte zu beurteilen.

Wichtige Fragen für eine Medienanalyse:

- Welche Medien haben in welcher Weise und welchem Umfang über die Krise berichtet?
- In welchem Umfeld spielte sich die Berichterstattung ab, also prominent oder nebensächlich?
- In welchem Umfang erzielte die Krise publizistische Wirkung, also regional oder national?
- Wie haben die Journalisten das Geschehen kommentiert?
- Welche Strukturdaten über die Leserschaft sind erhältlich?
- Ist die Gesamtberichterstattung tendenziös, emotional oder überwiegt die sachlich-kritische Berichterstattung?
- Sind die Aussagen der Unternehmensleitung glaubwürdig in die Beiträge eingeflossen?
- Sind die Aussagen der Unternehmensleitung eher nebensächliche oder eher dominante Merkmale der Medienberichterstattung geworden?
- Ist die Berichterstattung durch erkennbare Gegenströmungen gekennzeichnet, zum Beispiel Gewerkschaften, Betriebsräte, Politik?
- Wer ist der Absender der Gegenbotschaften gewesen?
- Wie gravierend ist die Abweichung zwischen den Inhalten zum Beispiel eines Interviews und veröffentlichten Krisendarstellungen?

Abb. 12.13: Fragen für die Medienanalyse

Die Medienanalyse nach der Krise

Langfristiges Messinstrument

Genau genommen trifft die Bezeichnung „nach der Krise“ nicht zu, da diese Analyse schon während der Krise startet. Doch dient sie nicht zur operativen Unterstützung, sondern als langfristiges Messinstrument, das den Krisenablauf dokumentiert und langfristige Auswirkungen erfasst. Hierdurch können Sie Ihre Ablaufpläne optimieren und den Gremien Ihres Unternehmens und den Investoren Rechenschaft geben.

Eine Krise kann Ihr Image in einer Bezugsgruppe nachhaltig ändern. Daher sollten Sie auch nach der Krise die Berichterstattung in den Medien verfolgen, um erkennen zu können, wie dauerhaft sich die Krise auf Image und Produkte auswirkt.

12.5 Nachbereitung

Aus Schaden klug werden

Kaum ist die akute Krise vorüber, zieht meist der Alltag wieder in das Unternehmen ein. Jedoch gibt es eine Nachphase, die sich zur chronischen Krise entwickeln kann. Es ist schwer zu sagen, wann eine Krise tatsächlich bewältigt ist - manche Unternehmen kämpfen jahrelang mit den

Folgen. Auch wenn die Medien nicht mehr berichten, das Unternehmen wirtschaftlich gesundet und ein Konkurs abgewendet ist, kann der Imageschaden spürbar sein und sich auf das Kaufverhalten auswirken. Die Nachbereitung soll verhindern, dass aus einer akuten Krise eine chronische Krise erwächst. Sie hat eine weitere Aufgabe:

Chronische Krise verhindern

MAN SOLLTE AUS SCHADEN WENIGSTENS KLUG WERDEN – DIE KRISE WIRD ZUM LERNSCHRITT IN EINER KONTINUIERLICHEN ENTWICKLUNG!

Dokumentation

Aufbereitung und Bewertung der Krise

Zur Nachbereitung der akuten Krise dokumentieren Sie Daten und Fakten und analysieren den Krisenverlauf. Diese Dokumentation könnte zum einen als Beweis in einem Rechtsstreit dienen; zum anderen können Sie Konsequenzen für den Krisenplan und das künftige Verhalten formulieren, um in ähnlichen Situationen Stärken zu nutzen und Schwächen zu vermeiden.

Die Dokumentation bleibt gewöhnlich in den Händen der Unternehmensleitung. Mitunter entsteht eine Druckschrift für interessierte Bezugsgruppen, wie dies SHELL nach dem Fall BRENT SPAR getan hat.

Nachsorgeinstrumente

Vertrauen und Glaubwürdigkeit müssen sich in der Krise bewähren. Das Unternehmen muss also schon in „Schönwetterzeiten" mit seinem Beziehungsmanagement beginnen und dies nach der Krise kontinuierlich fortführen. Damit zeigen Sie, dass Sie Konsequenzen aus der Krise ziehen und schnell umsetzen. „Vertrauen wiedergewinnen" heißt das Motto in der langfristigen Phase, für die sich folgende Maßnahmen eignen:

Vertrauen wiederherstellen

- In Broschüren, Zeitschriften und Zeitungsbeilagen ist die Krise kritisch aufbereitet, Fragen sind beantwortet und Beschwerden aufgegriffen.
- In Fachartikeln und Anzeigen in Fachzeitschriften erreichen Sie ausgewählte Bezugsgruppen ohne große Streuverluste.
- In Tagungen und Seminaren können Sie sich gezielt mit Personen austauschen, z.B. zur nachhaltigen Vermeidung ähnlicher Krisen.
- Wichtige Meinungsbildner wie Lehrer und Wissenschaftler erreichen Sie über Lehr- und Lernmittel: Der Chemieverband bietet solche Anschauungsmittel Lehrern für den Unterricht an.
- Durch Filmdokumentationen vermitteln Sie den Sachverhalt detailliert und umfassend einem großen Publikum, zum Beispiel Schulen, Universitäten, Unternehmen, Verbänden und Kirchen.
- Sponsoring kann langfristiges Instrument zum Aufbau von Glaubwürdigkeit und Vertrauen sein (siehe Kap. 17).
- Durch Ausstellungen und Besichtigungen signalisieren Sie Offenheit und schaffen durch den „Blick hinter die Kulissen" Verständnis bei den Besuchern.

12.6 Spannungsfelder der Krisenkommunikation

Gründe für schwierige Krisenkommunikation

Eigentlich sind die Erfolgsfaktoren der Krisenkommunikation klar: Aktive, offene, umfangreiche Informationen. Doch immer wieder gerät nicht die Krise zum Skandal, sondern die Krisenkommunikation. Grund hierfür sind die unterschiedlichen Arbeitsweisen von Unternehmen und Massenmedien. Einige Beispiele:

Frühes Besetzen von Themen	
Sicht der Massenmedien	**Sicht der Unternehmen**
• Medien greifen Themen früh auf und stellen Fragen.	• Unternehmen sollen sehr früh Antworten liefern, obwohl sie diese oft noch nicht haben.
Lösung: Unternehmen können aktiv Themen früh besetzen oder zumindest vorbereitet sein, zum Beispiel durch Frühwarnsysteme und Umfeldbeobachtung (siehe Kap. 12.2.2).	
Unterschiedliche Erwartungen	
Sicht der Massenmedien	**Sicht der Unternehmen**
• Medien wollen in einer Krise schnell und aktuell auf dem Laufenden gehalten werden (Prozesskommunikation).	• Firmen wollen gesicherte Erkenntnisse berichten (Ergebniskommunikation).
Lösung: Etablieren einer Organisation, die Prozesskommunikation ermöglicht.	
Schwierige Themen	
Sicht der Massenmedien	**Sicht der Unternehmen**
• Medien wollen Meinungsspektrum mit knappen und kontroversen Statements abbilden.	• Unternehmen wollen eigenen Standpunkt zusammenhängend und ausführlich erklären.
Lösung: Sorgfältiges Vorbereiten, zum Beispiel durch Schulung und Training (siehe Kap. 12.3.3).	
Sach- und Beziehungsebene	
Sicht der Massenmedien	**Sicht der Unternehmen**
• Sensations- und Boulevardjournalisten suchen spektakuläre Themen und „Opfer“.	• Unternehmensvertreter konzentrieren sich auf Sachebene und sind tückischen Fragen nicht gewachsen.
Lösung: Sorgfältiges Vorbereiten durch Schulung und Training (siehe Kap. 12.3.3).	

Sicht der Massenmedien	Sicht der Unternehmen
Mangelndes Eingehen auf Gefühle	
Sicht der Massenmedien	**Sicht der Unternehmen**
• Je stärker Ängste und Befürchtungen der Beteiligten sind, desto weniger können Informationen sie erreichen.	• Unternehmen gehen häufig nur auf Informationen ein.
Lösung: Das Unternehmen muss lernen, die Gefühle der Beteiligten zu achten.	
Schwierige Fachdiskussionen	
Sicht der Massenmedien	**Sicht der Unternehmen**
• Medien stellen unterschiedliche Expertenmeinungen dar.	• Unternehmen versucht, eigenen Standpunkt fachlich darzustellen.
Lösung: Glaubwürdigkeit durch langfristige Kommunikation wird zentrales Bewertungskriterium!	
Schwierige Auswahl von Repräsentanten	
Sicht der Massenmedien	**Sicht der Unternehmen**
• Medien wollen sachlich kompetenten Ansprechpartner, der Verantwortung trägt und medientauglich ist.	• Unternehmen verfügen kaum über solche Manager.
Lösung: Die Repräsentanten müssen frühzeitig professionell geschult werden (siehe Kap. 12.3.3).	
Fehlentscheidung durch Stress	
Sicht der Massenmedien	**Sicht der Unternehmen**
• Das Umfeld erwartet souveränen Umgang mit der Krise.	• Das Unternehmen befindet sich in höchster Anspannung (Stress!).
Lösung: Vorbereiten durch Krisenpläne, Schulungen und entsprechende Trainings (siehe Kap. 12.3).	
Wenig dauerhafter Kontakt	
Sicht der Massenmedien	**Sicht der Unternehmen**
• Der Austausch muss langfristig sein, damit Vertrauen entstehen kann.	• Jedoch wechseln die Ansprechpartner in den Redaktionen häufig.
Lösung: Ein langfristig aufgebautes Image des gesamten Unternehmens wird wichtiger.	

Abb. 12.14: Spannungsfelder in der Krise

12.7 Tipps

Hinweise für den Umgang mit Krisen

In einer Krise gelten grundsätzlich die gleichen Bedingungen für Ihre Unternehmenskommunikation wie in normalen Zeiten (siehe Kap. 2). Darüber hinaus gibt folgende Liste Hinweise, die speziell in Krisen hilfreich sein sollen:

- **Geben Sie die Kontrolle nicht aus den Händen:** Sie sind durch Ihre Krisennähe eine der wichtigsten Informationsquellen für Ihre Bezugsgruppen. Dies eröffnet Ihnen die Chance, die Kommunikation zu steuern. Geben Sie die Kontrolle aus den Händen - ob freiwillig, aus Arroganz oder mangelnder Krisenplanung - entstehen Halbwahrheiten, Irrtümer, Spekulationen, Vermutungen, Agitation oder falsche Behauptungen. Selbstverständlich können Sie nicht verhindern, dass sich Journalisten auch aus anderen Quellen über die Krise informieren; aber je professioneller und glaubwürdiger Ihre Unternehmenskommunikation ist, desto stärker werden Sie die Berichterstattung beeinflussen. Je weniger Sie offen, ausreichend und glaubwürdig informieren, desto stärker werden andere Beteiligte die Kommunikation bestimmen, wie Journalisten, Mitarbeiter, die Feuerwehr, Polizei, Hilfskräfte oder sogar die Konkurrenz.

  KOMMUNIKATION, DIE IN DER KRISE OHNEHIN EINGESCHRÄNKT VERLÄUFT, SOLLTEN SIE DURCH UNGESCHICKTES HANDELN NICHT VOLLENDS ZERSTÖREN!

- **Informationen offen geben:** Informieren Sie nur unter Druck, entstehen Zweifel an Ihrer Glaubwürdigkeit. In der Studie der PR-Agentur PORTER/NOVELLI in New York gaben drei Viertel der Befragten an, dass sie glauben, nur einen Teil der Wahrheit zu erfahren und dass Verantwortliche nicht die Wahrheit sagen. Nur 20 Prozent meinen, dass ein Unternehmen in einer Krise offen informiert.

  Die Karten offen auf den Tisch legen

  In einer Krise sollten die Karten auf den Tisch gelegt werden - Zurückhaltung schadet meist. Gelangen Informationen zu spät, zufällig oder ungewollt an die Öffentlichkeit, kann Vertrauen verloren gehen.

  Auch schlechte Nachrichten sollten Sie schnell und präzise veröffentlichen. Nutzen Sie die Chance, diese zu erläutern. Wollen Sie zwar schnell und aktiv informieren, aber haben nicht genügend Informationen, sagen Sie dies den Journalisten: Informationen sollten mit dem Vorbehalt an die Medien gegeben werden, dass sie dem „derzeitigen Stand der Erkenntnisse“ entsprechen. Gibt es neue Informationen, kann das Unternehmen diese nachreichen beziehungsweise korrigieren.

- **Akzeptieren und befriedigen Sie das Recht der Beteiligten auf Information:** Damit stärken Sie das Vertrauen und tragen zur sachlichen Berichterstattung bei.

- **Sie müssen nicht zu allen Fragen Stellung beziehen:** Fragen zu Betriebsgeheimnissen, wie Produktionsverfahren, Patente oder Ähnliches, können Sie mit einem entsprechenden Hinweis verweigern. Rechnen Sie aber damit, dass Ihnen dies als „Geheimniskrämerei" ausgelegt werden kann.
- **Nur wenige Sprecher:** In der akuten Phase der Krise sollte es möglichst nur einen oder wenige Sprecher geben, damit keine Verwirrung durch widersprüchliche Information entsteht.

Wer die Begriffe prägt, prägt die Diskussion

- **Besetzen Sie Begriffe:** Das Besetzen von Begriffen ist ein wichtiges Instrument in der Krise. Haben Sie einen Begriff etabliert, kann er kaum noch ersetzt oder verdrängt werden, beispielweise „Wertstoffe" statt „Abfall".
- **Informieren Sie ernsthaft:** Misstrauen schafft, wenn Sie Fragen der Journalisten überhaupt nicht oder nur scheinbar beantworten, von der Frage ablenken oder keine konkreten Antworten geben. Die Floskel „kein Kommentar" wirkt wie ein Schuldeingeständnis und klingt arrogant. Wenn Sie eine Frage nicht beantworten können, sollten Sie die Gründe nennen und erläutern. Sichern Sie zu, die Antwort nachzuliefern.
- **Sachverhalte nicht verschleiern:** Journalisten haben schon immer herausbekommen, was sie wissen wollten – das ist gut so. Je schneller und offener Sie informieren, desto schneller ist die Krise vorbei.
- **Spekulieren Sie nicht:** Voreilige Aussagen können Ihre Rechtsposition beeinflussen. Ohnehin ist es nicht Ihre Aufgabe, Vermutungen über die Schuldfrage oder Versäumnisse anzustellen – dies besorgen die zuständigen Behörden, die ihrerseits Medien und Öffentlichkeit informieren. Machen Sie auch keine voreiligen Angaben zur Schadenshöhe und den Kosten für die Beseitigung, auch wenn Journalisten auf eine verkaufsträchtige Schlagzeile aus sind. Schätzungen von Schadenshöhen sind Versicherungssache!
- **Schützen Sie die Privatsphäre:** Sind Tote und Verletzte zu beklagen, äußern sich die behandelnden Ärzte. Namen von Toten oder Verletzten werden nicht genannt, damit die betroffenen Familien nicht über die Medien von dem Vorfall erfahren oder von den Journalisten bedrängt werden. Der Schutz der Privatsphäre geht vor!
- **Kernbotschaften wiederholen:** Wiederholen Sie wichtige Botschaften mehrfach. Unterstreichen Sie dies durch angemessene Körpersprache, damit zentrale Kommunikationsinhalte stark und stimmig sind.

Wichtige Botschaften schwarz auf weiß festhalten

- **Kernbotschaften schriftlich festhalten:** Halten Sie wichtige Botschaften schriftlich fest und erläutern Sie komplizierte Sachverhalte auch schriftlich. Die Journalisten können dies nachlesen und originalgetreu zitieren.
- **Beziehen Sie wichtige Kontaktstellen ein:** Ein häufiger Fehler ist die mangelnde Information von Personen und Stellen, die eine zentrale

Position im Kommunikationsnetz einnehmen. Hierzu gehören intern der Werkschutz sowie die Mitarbeiter der Telefonzentrale. Extern sind dies Behörden, Feuerwehr etc. Der Störfallplan muss vorsehen, diese zentralen Anlaufstellen immer auf dem Laufenden zu halten.

- **Über Prozesse informieren, nicht nur über Ergebnisse:** Die Untersuchung einer Schadensursache dauert oft lang. Dies ist für die Bezugsgruppen oft nicht verständlich. Daher sollten Sie zwischendurch informieren, auch wenn es nichts Neues gibt. Dies signalisiert, dass Sie die Bedeutung der Prozesskommunikation erkennen.

Prozesskommunikation wahrt Kontinuität

- **Manipulation aufdecken und benennen:** Decken Sie aggressive Kommunikation und Beeinflussungsversuche der Kritiker auf und verurteilen Sie diese als Manipulation.

Buchtipps

- Krystek, U.: Unternehmungskrisen. Beschreibung, Vermeidung und Bewältigung überlebenskritischer Prozesse in Unternehmungen, Wiesbaden 1987
- Kriebel, W.-H.: Crashkurs Medienauftritt. Überzeugen in Interviews mit Gegenwind, Wien/Frankfurt 2000

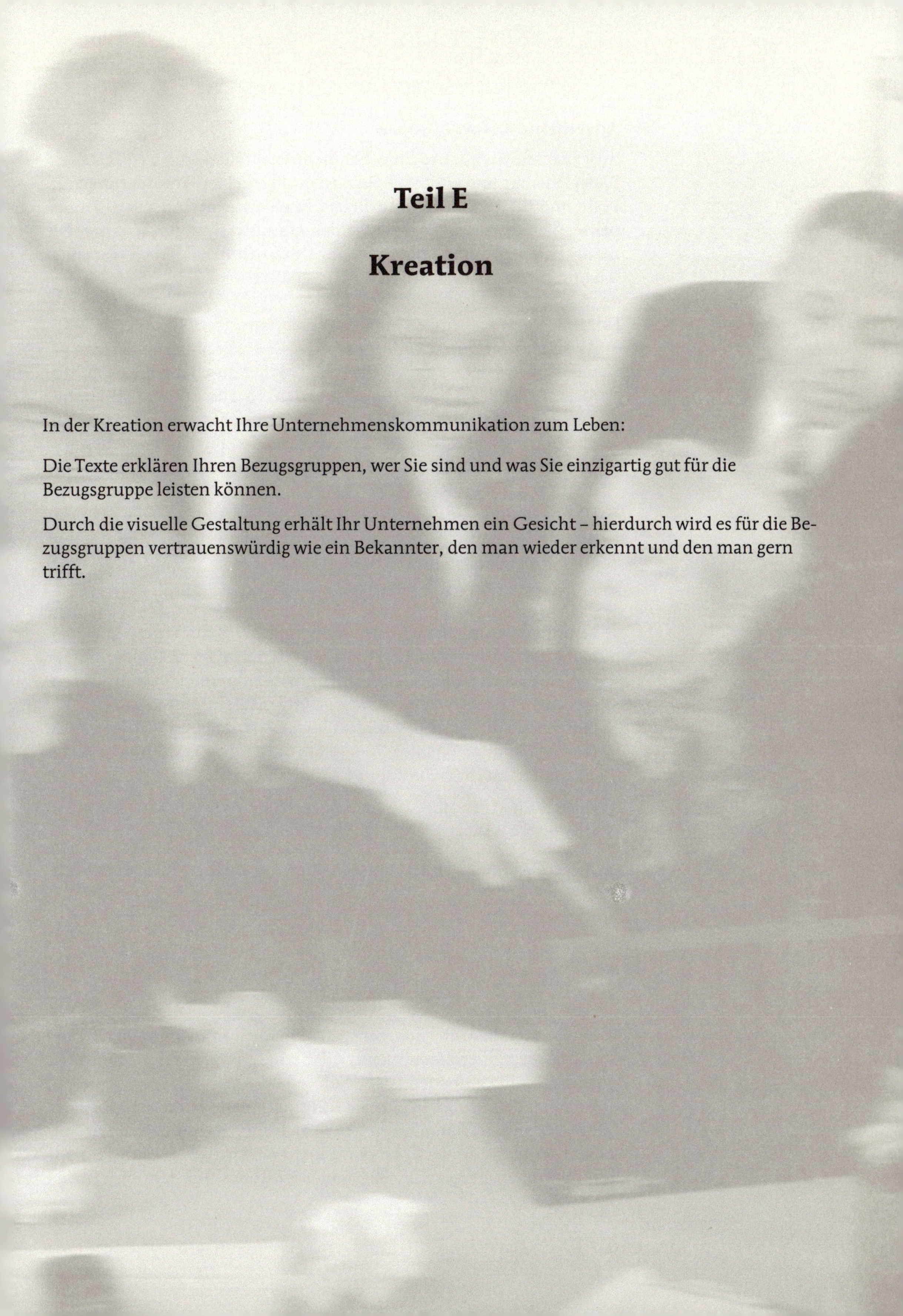

Teil E

Kreation

In der Kreation erwacht Ihre Unternehmenskommunikation zum Leben:

Die Texte erklären Ihren Bezugsgruppen, wer Sie sind und was Sie einzigartig gut für die Bezugsgruppe leisten können.

Durch die visuelle Gestaltung erhält Ihr Unternehmen ein Gesicht – hierdurch wird es für die Bezugsgruppen vertrauenswürdig wie ein Bekannter, den man wieder erkennt und den man gern trifft.

Allgemeine Anforderungen

In der Kreation wird Ihre Unternehmenspersönlichkeit durch Texte und Bilder lebendig und anschaulich. Zu den allgemeinen Anforderungen an Texte und Bilder gehört, dass diese schnell erkannt und Ihrem Unternehmen eindeutig zugeordnet werden können (Gestaltprägnanz). Die Bezugsgruppen können hierdurch Ihr Unternehmen deutlich von anderen unterscheiden und wissen dies zu schätzen.

Folgende Voraussetzungen müssen geschaffen sein:

- **Aktivieren Sie durch Reize:** Das Interesse der Bezugsgruppen lässt generell nach (siehe Kap. 1). Sie sollten daher durch die Kreation Aufmerksamkeit und Engagement auslösen. Hierfür können Sie Gestaltungsprinzipien nutzen, wie etwa die Abweichung vom Erwarteten, die Werner Gaede in seinem hervorragenden Buch „Abweichen von der Norm" ausführlich und anschaulich beschrieben hat (siehe Buchtipps im Serviceteil).
- **Unterscheiden Sie sich:** Ein wirklich vermeidbarer Fehler in der Kreation sind austauschbare Motive, wie zum Beispiel in der Automobilindustrie, bei Banken und Versicherungen.

  ACHTEN SIE DAHER AUF DIE EINZIGARTIGE GESTALTUNG IHRER MEDIEN!

- **Knüpfen Sie an Gedächtnisinhalte an:** Ihre Bezugsgruppen wollen nicht überfordert werden. Deshalb sollten Ihre Texte, Bilder und Aktionen an vorhandene Gedächtnisinhalte anknüpfen – natürlich entsprechend Ihrer Unternehmenspersönlichkeit interpretiert.
- **Nutzen Sie die Kraft der Bilder:** Bilder aktivieren und wirken stark. Nutzen Sie diese Chance, indem Sie durch Ihre Texte innere Bilder entstehen lassen (siehe Kap. 14.4).

  KOMMUNIKATION MUSS AUFMERKSAMKEITSSTÄRKER, PLAKATIVER UND BILDHAFTER WERDEN!

Im Folgenden finden Sie Hinweise für die Kreation Ihrer Texte und Bilder.

13 Texte

Wege zum Wissen

Texte können die Unternehmenspersönlichkeit mit Worten darstellen und angemessen erklären, damit die Bezugsgruppen das erforderliche Wissen hierüber aufbauen (siehe Kap. 2.5).

So banal dies klingt: Wenn Sie Informationen vermitteln möchten, sollten Sie sich fragen, an wen genau sich Ihre Texte richten. Dies geschieht oft nicht! In der Praxis wird meist ein einziges Medium für alle Bezugsgruppen hergestellt. Begründet wird dies mit dem begrenzten

Vor- und Nachteile von Texten	
Vorteile	**Nachteile**
Texte können einen Sachverhalt erklären, bis das erforderliche und angemessene Wissen aufgebaut ist.	Die Auseinandersetzung mit Texten, die Wahrnehmung, das Aufnehmen und Verarbeiten ist gedanklich aufwändig und erfordert daher ein gewisses Interesse der Bezugsgruppen.
Texte können nachgelesen und archiviert werden.	Kein direktes Nachfragen möglich.
Zitate, die als Text festgehalten sind, können ohne Verfälschung wiedergegeben werden.	Texte müssen attraktiv gestaltet sein, damit sie bis zum Ende gelesen werden.
Texte können im Gegensatz zum Bild logische Gedankenketten herstellen.	Texte interessieren immer weniger.
	Es wird immer schwerer, sich in der Informationsüberflutung mit Texten durchzusetzen.

Abb. 13.1: Einige Vor- und Nachteile von Texten

Budget. Jedoch haben Ihre Bezugsgruppen unterschiedliche Informationsinteressen, sodass ein Text niemals alle interessiert: Den Mitarbeiter interessiert die Bedeutung einer Information für seinen Arbeitsplatz, der Kunde möchte wissen, wie sich die Information auf die Produkte auswirkt. Der Aktionär möchte die Konsequenzen für den Börsenwert erfahren (siehe Kap. 2.2). Dies müssen Sie mit gezielt erstellen Texten erklären!

Wenn Sie eine Broschüre für alle erstellen, wird sich letztlich niemand wirklich angesprochen fühlen. Oder Sie beschränken sich auf Grundbotschaften, dann aber können Sie keine Details erläutern.

LESERGERECHTE TEXTE SIND WIE EINE LAMPE MIT EINEM STARKEN, HELLEN STRAHL. DIE BREITE ANSPRACHE WÄRE EINE LAMPE MIT DIFFUSEM, SCHWACHEN LICHT!

Ein einziger Text für alle wird nicht alle interessieren!

Die Bezugsgruppen entscheiden auch darüber, ob es sich um einen informativen Text, einen unterhaltenden Text oder beides handelt. Lesen Sie den Text, weil der Inhalt interessant ist? Lesen sie aus Angst, etwas zu verpassen? Wollen sie sich zerstreuen? Nochmals: Ein einziger Text für alle wird nicht alle interessieren!

Aus Sicht der professionellen Kommunikation sollten Sie daher Bezugsgruppen gezielt ansprechen. Essenziell hierfür ist die Argumentationsstrategie, in der Sie den Nutzen, die Begründung und die Anmutung der Botschaft festlegen (siehe Kap. 4.3.2).

Zum Argument des niedrigen Budgets ist zu sagen: Was nutzt eine Broschüre, die letztlich niemand liest, weil sie für keinen so richtig interessant ist?

Legen Sie stattdessen sorgfältig fest, wer wirklich wichtig für Sie ist. Richten Sie den Text dann gezielt auf diese Menschen aus!

Folgende weiteren Anforderungen sollten Ihre Texte erfüllen: Die Texte sollten in Form und Inhalt Ausdruck der Unternehmenspersönlichkeit sein. Deshalb sollten Sie die Elemente der Argumentationsstrategie sorgfältig festlegen und textlich angemessen gestalten.

Informationswege und Konsequenzen

Schritt	Konsequenz für Unternehmenskommunikation
Wahrnehmung	Die Informationen müssen durch ausreichend starke Reize dargestellt sein, damit die erforderliche Aktivierung eintritt (siehe Kap. 14.4.4).
Aufnahme	Der Bezugsgruppe muss klar sein, welchen Nutzen die Informationen für sie hat, damit sie die Informationen aufnimmt (siehe Kap. 2.3).
Verarbeitung	Die Informationen müssen so aufbereitet sein, dass die Einordnung in das vorhandene Wissen möglich ist, zum Beispiel durch angemessenes Erklären (siehe Kap. 2.3).
Speicherung	Nur wenn die Informationen nützlich sind, wird sie der Mensch dauerhaft speichern. Die Informationen müssen in ausreichender Frequenz wiederholt werden, zum Beispiel bei niedrigem Involvement mindestens zehn Mal und selbst bei hohem Involvement mindestens fünf Mal.

Abb. 13. 2: Weg der Informationen und einige Konsequenzen für die Unternehmenskommunikation

13.1 Stil

Gebote für guten Stil

Es gibt einige Regeln, die Sie beim Erstellen von Texten beachten sollten:

Texte sollten interessant, wichtig und verständlich sein!

Hier einige Umsetzungstipps:

- **Formulieren Sie aktiv:** Der Leser will erfahren, wer etwas macht. Dies bringt Handlung in den Text und macht ihn reizvoll. Also kein Passiv (Leideform), wo Aktiv möglich ist! Beispiel: nicht *„Ein neuer Vorstand ist gewählt worden"*, sondern *„... haben die Mitglieder einen neuen Vorstand gewählt."* Nutzen Sie das Passiv nur dann, wenn der Handelnde verborgen bleiben soll *(„... mussten die Preise erhöht werden")* oder wenn selbstverständlich ist, wer handelt. Die Journalisten hinterfragen Passivkonstruktionen schnell:

  NENNEN SIE IMMER ROSS UND REITER!

- **Formulieren Sie kurz:** Für den Text gilt, dass ihn Kürze interessant macht. Die meisten wichtigen Wörter der deutschen Sprache bestehen aus ein bis zwei Silben: Leben, Tod, Liebe, Wut, Trauer etc. Verwenden Sie daher möglichst keine Wörter, die länger als drei Silben sind, höchstens sechs. Sätze sollten nicht aus mehr als 12 Wörtern bestehen.
- **Vermeiden Sie Streckungen und Überflüssiges:** Um Kürze zu erreichen, sollten Sie auf überflüssige Vorsilben verzichten, wie zum Beispiel „abändern", „abklären", „abmildern", „absichern", „absinken". Vermeiden Sie auch überflüssige Anhängungen: Schreiben Sie also „Frage" statt „Fragestellung", „Ziel" statt „Zielsetzung", „Gebäude" statt „Gebäudekomplex". Verzichtbar sind fast immer die Endungen auf „-system", „-bereich", „-stellung".
- **Vermeiden Sie leere Begriffe:** Verzichten Sie auf Wörter wie „innovativ", „kompetent" und „kundenfreundlich". Gegen die Verwendung solcher Begriffe gibt es mehrere Gründe:
  - Die Bezugsgruppen setzen solche Eigenschaften als selbstverständlich voraus.
  - Die Begriffe sind durch ihre häufige Verwendung inhaltsleer geworden.
  - Sie bieten keine Abgrenzung im Wettbewerb, weil auch alle Konkurrenten dies behaupten.
  - Die Begriffe sind weder anschaulich noch lebendig und lösen keine Aktivierung durch Reize aus.
- **Umgehen Sie Substantivitis:** Damit ist gemeint, dass viele Verben in Substantive umgewandelt werden, die dann schwer zu lesen und schwer zu verstehen sind. Verwenden Sie stattdessen Verben: „sparen" statt „Optimierung der Kostensituation", „erklären" statt „Erklärung abgeben", „beschreiben" statt „Beschreibung abliefern". Versuchen Sie es: Fast alle Wörter mit der Endung „-ung" können Sie in ein starkes Verb umwandeln, das lebendiger ist und aktiviert.
- **Vorsicht vor Adjektiven:** Sie sind als schmückende Beiwörter meist verzichtbar: „Lautes Geschrei" (Geschrei ist immer laut), „schwere Verwüstungen" (Verwüstungen sind immer schwer), „steile Felswände" (Felswände sind immer steil).

- **Vorsicht vor Superlativen:** Sie erwecken leicht den Eindruck von Übertreibung. Verwenden Sie Superlative wirklich nur dort, wo sie angemessen sind.
- **Wiederholen:** Fast jeder hat in der Schule gelernt Wiederholungen zu vermeiden. Doch erhöhen gerade Wiederholungen die Verständlichkeit! Der angebliche Zwang zur Abwechslung führt oft dazu, auf abgegriffene Alternativen zurückzugreifen, wie zum Beispiel „der Leimener“ für Boris Becker, „die Stadt an der Spree“ für Berlin und das „Dampfross“ für Bahn. So etwas zeugt aber eher von fehlender Individualität in der Sprache als von Sprachgeschick!
- **Satzlänge:** Kurze Sätze von bis zu 12 Wörtern sind meist verständlicher als lange. Ein sparsamer Hauptsatz-Stil ist also leichter zu verstehen als viele Schachtelsätze. Aber Vorsicht, dass aus vielen kurzen Sätzen kein Stakkato-Stil entsteht, der keine Satzmelodie mehr hat. Mischen Sie daher Hauptsätze und Nebensätze sinnvoll (Hauptsachen in Hauptsätze, Nebensachen in Nebensätze).
- **Bilder nutzen:** Wenn künftig Bilderwelten immer wichtiger werden, um die Unternehmenspersönlichkeit zu transportieren (siehe Kap. 14.4), dann sollten Sie diese Bilder auch in Ihren Texten aufgreifen, um die Aussagen durch multimodale Vermittlung stärker bei Ihren Bezugsgruppen zu verankern. Wenn Sie alles aus einer Hand bieten, dann nutzen Sie dieses Bild auch im Text durch das Bild der Hand.

13.2 Formen

Für die Aufbereitung Ihrer informativen und emotionalen Texte haben Sie viele Möglichkeiten. Fragen Sie Ihre Bezugsgruppe, welche sie sich wünscht.

13.2.1 Pressetexte

13.2.1.1 Presseinformationen

Die Presseinformation ist der gebräuchlichste Text für Journalisten. So sollte sie getextet sein:

Jede Presseinformation trägt eine Überschrift (Titel). Sie nennt dem Journalisten das Thema der Presseinformation, damit er entscheiden kann, ob es seine Leser interessieren könnte.

> EINE FEHLENDE ÜBERSCHRIFT IST WIE DIE BILD-ZEITUNG OHNE AUFMACHER! (Mike Barowski)

Die Überschrift entscheidet oft, ob der Journalist weiterliest oder nicht: Er muss nämlich unter Zeitdruck urteilen, welche der vielen Presseinformationen interessant für seine Leser, Zuschauer oder Zuhörer sind. Er blättert daher die vielen Informationsblätter durch und entscheidet innerhalb von kürzester Zeit, ob er sich einem Thema widmet oder nicht. Wichtig zu wissen:

EIN AUFSEHEN ERREGENDER TITEL IST NICHT ALLES!

Selbst eine spektakuläre Schlagzeile garantiert nicht, dass sie der Redakteur wörtlich oder auch nur sinngemäß für seinen Artikel übernimmt. Journalisten wählen sogar hin und wieder Schlagzeilen, die nur ein Detail betreffen oder dem Inhalt der Presseinformation geradewegs widersprechen. Deshalb sei auch hier betont: Es entscheidet einzig der Redakteur, ob und wie er Ihre unaufgefordert zugesandte Presseinformation bearbeitet.

Dachzeile

Bei längeren Presseinformationen ist eine Dachzeile (nennt den Rahmen der Meldung) oder ein Untertitel (genauere Angaben über den Inhalt oder besondere Teilaspekte) sinnvoll, die den Journalisten über den wesentlichen Inhalt der Meldung informiert und zum Weiterlesen anregt.

Beispiel 1

Dachzeile: *Fortschritt in der Früherkennung:*
Titel: *Luftbläschen spüren Krankheiten auf*
Die Dachzeile führt zum Titel hin.

Beispiel 2

Titel: *Die HEBA will Arbeitsplätze abbauen*
Unterzeile: *Abbau soll sozialverträglich erfolgen*
Die Unterzeile erklärt die Überschrift.

Begrenzen Sie die Breite der Spalten

Damit der Redakteur den Text (Lauftext) besser bearbeiten kann, begrenzen Sie die Breite der Spalten: Schreiben Sie mit 35 bis 45 Anschlägen. Links lassen Sie einen breiten Rand von etwa 5 Zentimetern, damit der Journalist Bemerkungen und Hinweise wie Kürzungen und Erklärungen einfügen kann. Rechts beträgt der Rand etwa zwei bis zweieinhalb Zentimeter.

Der Text wird mit einem Abstand von eineinhalb Zeilen geschrieben. Hilfreich für die Journalisten ist es, wenn Sie die Gesamtzahl der Zeilen am Ende der Presseinformation angeben.

Absätze gliedern

Absätze trennen Sie durch Leerzeilen. Als Schrifttype verwenden Sie eine gebräuchliche Schrift wie Helvetica, Arial oder Verdana. Dies ist wichtig, damit Sie den Text leicht ins Internet übernehmen können.

Verzichten Sie auf Sperrungen (Leerraum zwischen Buchstaben eines Wortes), Unterstreichungen, Versalien (Großbuchstaben). Heben Sie möglichst selten durch Fettdruck, Kursivschrift oder Unterstreichen hervor.

Die wichtigsten Informationen am Anfang

Der erste Absatz (Lead) beantwortet die W-Fragen: Wer? Was? Wann? Wo? Wie? Warum? Hilfreich für das Formulieren ist, sich vorzustellen, man würde diesen Text als Telegramm schicken: Wie würden die ersten drei oder fünf Sätze lauten? Außerdem sollte man sich in den Leser hineinversetzen und sich fragen, ob es noch weitere Fragen gibt, die der Leser stellen könnte?

Abnehmende Wichtigkeit

Für den weiteren Text gilt: Je länger er ist, desto eher wird ihn der Journalist zusammenstreichen. Das Wichtigste kommt daher an den Anfang; die folgenden Informationen werden immer unwichtiger. Grund: Der Redakteur kürzt in umgekehrter Reihenfolge, nämlich vom Ende der Presseinformation nach vorn. Daher gilt für den Aufbau einer Presseinformation: Erst der Kern, danach die näheren Umstände, schließlich die Einzelheiten.

Längere Presseinformation werden durch Zwischenüberschriften strukturiert. Diese geben – möglichst in ein bis maximal zwei Zeilen – den Inhalt des folgenden Absatzes wieder. Für Presseinformationen von mehr als drei Seiten sollte eine kurze Übersicht angeboten werden. Ein knapper Vorspann reicht aus, wenn im ersten Absatz die Hauptbotschaft mitgeteilt wird.

Kontaktdaten am Ende

Am Ende der Pressemitteilung stehen Datum und Name eines Ansprechpartners sowie dessen Telefonnummer, Telefaxverbindung und E-Mail-Adresse. Eine fortlaufende Nummerierung der Presseinformation erleichtert das gezielte Nachfragen sowie das Archivieren.

Informativer und lebendiger Text

Die Presseinformation ist verständlich und lebendig formuliert, damit sie wörtlich von den Medien übernommen werden kann. Dies geschieht bei professionell aufgemachten Pressetexten ziemlich oft: Untersuchungen zeigen, dass etwa 50 bis 70 Prozent der Presseinformationen abgedruckt werden, ohne dass der Journalist die Mitteilungen prüft oder selbst nachforscht. Je kritischer beziehungsweise facettenreicher allerdings ein Thema ist (zum Beispiel eine aktuelle Kontroverse, eine Krise), desto weniger beschränken sich die Journalisten auf die Presseinformation, sondern recherchieren selbst und beziehen auch andere Quellen ein.

Tipps

In jedem Fall erleichtert ein gut formulierter Text dem Redakteur die Arbeit und die Entscheidung, eine Meldung zu drucken oder nicht. Hierzu noch einige Tipps:

- Die gute Presseinformation ist logisch und klar gegliedert. Sie enthält einfache Worte und einfache Sätze – also kein Fachchinesisch und keine Schachtelsätze. Selbstverständlich sollten Sie die korrekten grammatikalischen Formen und Fälle und die richtige Interpunktion verwenden.
- Die Presseinformation ist kein Ort für geschönte Selbstdarstellungen – im Mittelpunkt stehen Informationen, Daten und Fakten. Verwenden Sie Adjektive sehr gezielt (zum Beispiel „gut“, „billig“, „schnell“, „beliebt“, „bekannt“, „gigantisch“) und Superlative („revolutionär“, „sensationell“, „der Beste“, „der Schnellste“, „der Beliebteste“). Kommentare und Glossen sind tabu!

- Die Presseinformation ist kein Ort für Personen- oder Produktkult: Nennen Sie nicht pausenlos den Namen Ihres Geschäftsführers oder Ihres neuen Produktes. Verdeutlichen Sie aber, dass Mitarbeiter hinter den Schreibtischen sitzen und an den Maschinen stehen. Übrigens: Sollten Sie Namen nennen, geben Sie auch den Vornamen an (ohne „Herr" oder „Frau"). Fügen Sie Zitate ein, die den Text auflockern.

Kein Informationsmüll

Dass diese Hinweise nicht selbstverständlich beachtet werden, zeigte eine Untersuchung, nach der mehr als 70 Prozent der 50 befragten Journalisten Presseinformationen als „Informationsmüll" bezeichneten. Hauptmangel sei fast immer, dass sie keinen Informationsgehalt hätten. Mehr als die Hälfte waren verärgert, dass nur Werbesprüche geschrieben wurden. Daher hatten die Presseinformationen auch für mehr als die Hälfte der Befragten nur geringen oder keinen Lesernutzen.

Buchtipp

Eine sehr gute Hilfe sind die Bücher von Wolf Schneider, dem ehemaligen Leiter der Hamburger Journalistenschule (diese und weitere zum Thema Journalistisches Schreiben finden Sie im Anhang).

13.2.1.2 Fachbeitrag

„To feature a story" heißt im Jargon der amerikanischen Journalisten, einem Zeitungsartikel den gewissen Akzent zu geben. Ein Feature macht einen spröden Stoff schmackhaft: Es zielt auf die sinnliche Erfahrung von Lesern, Hörern oder Zuschauern. Das gelingt nur, wenn neben dem tatsächlichen Geschehen der Hintergrund, das Drumherum anschaulich illustriert wird.

Großer Bruder der Presseinformation

Der Fachbericht wir auch als der „Große Bruder" der Presseinformation bezeichnet. Die Form macht es möglich, Nachrichten aus einer Pressemitteilung ausführlicher darzustellen, ein Stück Atmosphäre einzufangen. Einzelheiten, die in der Nachricht nicht auftauchen, finden hier ihren Platz. Der Autor beleuchtet Zusammenhänge, geht ausführlicher auf handelnde Personen ein und verdeutlicht die Hintergründe. Dabei sollte er trotzdem um eine sachliche Darstellung bemüht sein, denn nicht seine Meinung steht im Vordergrund.

Hinweise

- Schauen Sie sich vor der Gestaltung eines Fachbeitrags stets Beispiele aus der Zielpublikation an.
- Vergessen Sie die Bezugsgruppe nicht. Benutzen Sie deren Vokabular, auch wenn es gemeinsprachlich nicht gebräuchlich ist. Wer ist der Leser? Was darf ich an Vorwissen, Interesse und Abstraktionsvermögen voraussetzen? Welche Sprache benutzt und versteht mein Leser?
- Konzentrieren Sie sich auf das Wesentliche. Arbeiten Sie das für den Leser Interessante heraus.

- Vermeiden Sie Eigenlob und Übertreibungen.
- Erläutern Sie mindestens einmal die verwendeten Abkürzungen.

Die Fakten müssen stimmen

- Die Fakten müssen stimmen: Schreiben Sie Namen richtig! Initialen oder „Herr" und „Frau" sind kein Ersatz für den Vornamen. Zahlen sollten korrekt wiedergegeben werden.
- Firmen und Produktnamen werden nicht typographisch oder gestalterisch hervorgehoben.
- Hilfsmittel machen Ihren Bericht verständlicher: Fotos, Illustrationen, Grafiken etc.
- Kästen sind eine großartige Erfindung: Darin können Sie alles abhandeln, was den Leseablauf eines Textes stören würde (Erläuterungen, Stichworte, Zusatzinformationen, Nebenaspekte).

Bitten Sie den Redakteur um offenes Feedback

- Bitten Sie den Redakteur um offenes Feedback. Seien Sie bereit, manche Abschnitte zu überarbeiten.
- Ärgern Sie sich nicht, wenn nicht gleich der erste Beitrag veröffentlicht wird. Oft liegt er bei Redaktionen in der Pipeline und wird in einer späteren Ausgabe verwendet.

Bedenken Sie beim Schreiben immer
- Früheres rekapitulieren,
- Ausblicke eröffnen,
- mehrere Sichtweisen erwähnen,
- alle wichtigen Meinungstrends berücksichtigen,
- den Leser stimulieren: Zitate, Sprichworte, Reizwörter etc. verwenden.

13.2.1.3 Weitere Pressetexte

Eine Person im Mittelpunkt

- **Personalie:** Die Personalie rückt eine Person in den Mittelpunkt (Kurzporträt). An erster Stelle stehen Informationen über die Position des Mitarbeiters im Unternehmen (genauer Titel): Wo liegen Schwerpunkte und Ziele seiner Arbeit? Auch Informationen über sein Alter und den Beginn seiner Tätigkeit für das Unternehmen sollten in den ersten Absatz einfließen. Danach folgen die bisherigen Stationen seiner Karriere – chronologisch geordnet, in umgekehrter Reihenfolge. Die Personalie schließt mit Informationen über Berufsausbildung und Studium.

Kurze Stellungnahme des Unternehmens

- **Statement:** Das Statement ist eine kurze Stellungnahme des Unternehmens, zum Beispiel zu einem neuen Gesetz oder einem anderen aktuellen Anlass. Der Autor geht davon aus, dass seine Leser über das Thema schon informiert sind; sein Ziel ist es, Ereignisse zu interpretieren und zu bewerten. Das Statement geht über sachliche Informationen hinaus, es stellt sie in einen größeren Zusammenhang, diskutiert ihren Inhalt, mögliche Konsequenzen und Meinungen. Sie können das Statement vorbereiten, um es bei Bedarf an die Redaktionen zu geben (Stand by) oder Sie können es aktiv an die Journalisten verteilen, wenn Sie damit rechnen können, dass Ihre Stellungnahme interessiert und berücksichtigt wird.

Statements eignen sich hervorragend, um sie auf der Website zu veröffentlichen: So kann die Bezugsgruppe sehen, zu welchen Themen Sie sich äußern und was Sie zu sagen haben. Dies kann das Vertrauen stärken, weil Ihr Meinungsspektrum deutlich wird. Ihr Unternehmensstatement können Sie durch ein Foto ergänzen, das den Vorstandsvorsitzenden zeigt oder den Fachmann zum Thema in Ihrem Haus, zum Beispiel einen Wissenschaftler.

- **Anwenderbericht:** Der Anwenderbericht ist ein ausführlicher Text, der zum Beispiel den Einsatz eines Produktes, die Nutzung einer Leistung zeigt oder ein neues Verfahren vorstellt. Der Anwenderbericht kann für Laien geschrieben sein, wenn es darum geht, kompliziertes Vorgehen anschaulich zu erläutern und damit die Hemmschwelle für die Nutzung zu senken, wie dies in den Frühzeiten des Internet der Fall war. Der Anwenderbericht kann aber auch für Fachleute geschrieben sein, zum Beispiel um Details vorzustellen, die Ihnen einen entscheidenden Wettbewerbsvorteil bringen. In jedem Fall ist der Anwenderbericht praxisnah, anschaulich und lebendig geschrieben. Sie können ihn in allen Stilarten umsetzen, zum Beispiel als klassischen Bericht oder als Reportage. Ergänzen Sie den Bericht durch Illustrationsmaterial wie Fotos und Grafiken. Im Internet können Sie sogar Videos und Hördateien nutzen, um Abläufe oder Geräusche zu vermitteln.

Ausführlicher Text über die Nutzung eines Produktes oder einer Leistung

- **Unternehmens-Info:** Die Unternehmensinfo enthält in wenigen Sätzen alle wichtigen Informationen über Ihr Unternehmen, wie dessen Leistungen, die Position im Wettbewerb, die Pläne, die Mitarbeiterzahl, wichtige Kennzahlen etc. Diese Unternehmensinfo können Sie vielseitig einsetzen, zum Beispiel unter jeder Presseinformation (Boiler Plate), auf der Website, in der Unternehmensbroschüre. Die Unternehmensinfo sollte im Unternehmen gelernt werden, damit jeder Mitarbeiter sein Unternehmen in wenigen Worten vorstellen kann.

Alle wichtigen Informationen über Ihr Unternehmen

- **Themenbeitrag:** Profilieren Sie sich als Experte auf dem Gebiet Ihrer Kernkompetenzen. Nutzen Sie hierzu Themenbeiträge, die Sie zu wichtigen Fragen rund um die Leistung Ihres Unternehmens veröffentlichen. Unterscheiden Sie auch hier, ob Sie Laien oder Fachleute ansprechen. Der Themenbeitrag ist meist ein klassischer Text in neutralem Berichtsstil. Bieten Sie den Themenbeitrag individuell einem Top-Medium an und ergänzen ihn durch Hintergrund-Informationen zu Unternehmen, Produkten und Verfahren.

Profilieren Sie sich als Experte

13.2.2 Weitere Textformen

13.2.2.1 Mailings

Studien zeigen, dass Informationsschreiben (Mailings) noch immer ein wichtiges Informationsmedium sind.

Voraussetzungen für Mailings

Damit sie genutzt werden, müssen einige Voraussetzungen geschaffen sein:

- **Wahrnehmung:** Ihr Mailing sollte so gestaltet sein, dass es unter den vielen Mailings auffällt, die täglich bei Ihrer Bezugsgruppe eingehen. Dies kann durch die ungewöhnliche Form des Mailings sein, dessen Material und Farbe.
- **Aufnahme:** Sorgen Sie durch eine informative Überschrift dafür, dass der Leser schnell den Nutzen des Mailings begreift, sonst legt er es aus der Hand. Halten Sie die Spannung, indem der Leser von der Überschrift direkt in den Text gleitet. Der Text ist so formuliert, dass der Leser nach jedem Satz abbrechen könnte - aber doch die wichtigsten Aussagen aufgenommen hat.
- **Verarbeitung:** Knüpfen Sie am Informationsinteresse bzw. am Problem der Bezugsgruppe an. Sagen Sie, warum das Mailing wichtig ist, um das gewünschte Wissen aufzubauen.
- **Speicherung:** Die Informationen werden besser behalten, wenn sie wiederholt werden - auch durch andere Instrumente Ihrer Unternehmenskommunikation, wie etwa den Internetauftritt. Zur Speicherung trägt auch bei, wenn Sie Bilder anbieten.
- **Handeln:** Ihr Mailing sollte einen Appell transportieren, damit der Leser weiß, was er zu tun hat, zum Beispiel eine Antwortkarte ausfüllen, anrufen oder auf der Website nachsehen.

Personalisieren oder Standardisieren

Ein Fehler, der oft in Mailings gemacht wird ist, dass zwar die Adresse (wenn sie überhaupt korrekt angegeben ist) und die Ansprache persönlich gehalten sind (*„Lieber Herr ...“*). Jedoch ist der Folgetext dann so allgemein, dass der Leser oft keinen direkten Bezug mehr zu seiner Person herstellen kann. Solche Mailings sind widersprüchlich: Soll etwa der Leser annehmen, dass Sie ihn auch sonst zwar persönlich ansprechen, aber dann doch Standardlösungen anbieten (siehe hierzu auch die Ebenen der Nachricht in Kap. 2.3.2).

Tipp

Legen Sie bei Mailings besonders viel Wert auf die Betreffzeile und das Postskriptum (PS), da diese beiden am häufigsten gelesen werden.

Mailings texten

- Wecken Sie Aufmerksamkeit.
- Geleiten Sie in den Text („Schöne Rodelbahn“).
- Halten Sie das Interesse.
- Bieten Sie Lösungen.
- Formulieren Sie Appelle.
- Bieten Sie Handlungsoptionen.
- Verwenden Sie eine übersichtliche Form.
- Zeigen Sie sich deutlich als Absender.

Abb13.3:Tipps für Mailings

13.2.2.2 Broschüren

Optimieren Sie Ihre Broschüren

Wer liest heute schon gern Unternehmensbroschüren? Meist sind sie uninteressant, austauschbar und reizlos. Machen Sie es anders: Optimieren Sie Ihre Broschüren. Folgende Tipps:

- Legen Sie die **Kernaussagen** fest, die Sie mit der Broschüre übermitteln wollen.
- Finden Sie für die Kernaussagen eine **zentrale kreative Idee,** die Sie in Wort und Bild umsetzen können. Wenn Sie zum Beispiel alle Leistungen aus einer Hand anbieten, könnte eine Hand diese zentrale Idee sein. Die Hand (Broschüre) öffnet sich, jedes der 5 Kapitel entspricht dem Finger einer Hand. Jeder Finger stellt ein Thema vor usw.
- Erstellen Sie eine **Dramaturgie**, wie Sie die Kernaussagen auf die Broschüre verteilen (siehe Kap. 4.6).
- **Denken Sie in Bildern:** Bilder wirken besonders stark. Knüpfen Sie daher an die Bilderwelt Ihres Unternehmens an. Sollte es diese nicht geben, sprechen Sie gelernte Gedächtnisinhalte Ihrer Bezugsgruppen an. Diese Bilder sollten natürlich auch grafisch umgesetzt werden, zum Beispiel als Illustrationen.
- Gestalten Sie die Broschüre so, dass der Leser schon auf dem **Deckblatt** (Cover) die wichtigste Botschaft erfährt. Gestalten Sie die einzelnen Kapitel und die Seiten so, also würde der Leser diese nur anlesen. In Zeiten von geringem Involvement müssen Sie hiermit rechnen (siehe Kap. 2.7.2.4).

SELBST WENN DER KONTAKT ZUR BROSCHÜRE NUR WENIGE SEKUNDEN BETRÄGT, SOLLTE IHRE BOTSCHAFT „RÜBERKOMMEN"!

Ihre Unternehmenskommunikation!

- Erzählen Sie in Ihrer Broschüre eine packende Geschichte?
- Stimmen Inhalt und Form überein?
- Sind Sie der Moderator durch das Thema?
- Sind Ober- und Unterpunkte sinnvoll gegliedert?
- Haben Sie eine angemessene Bilderwelt entwickelt, die Ihrer Unternehmenspersönlichkeit entspricht?

13.2.2.3 Internet

Besonderheiten der Texte

Das Lesen von Internettexten unterscheidet sich in mehrfacher Hinsicht vom Lesen einer Broschüre. Diese Unterschiede sollten Sie berücksichtigen:

- Webseiten haben durch den Computermonitor ein anderes Format und eine geringere Auflösung als gedruckte Seiten. Das Lesen längerer

Texte am Bildschirm wird von den meisten Menschen als unangenehm empfunden, sie brauchen hierfür 25 Prozent länger als zum Lesen einer Broschüre.

Texte werden im Netz eher quergelesen

- Texte werden von den Nutzern im Netz eher gescannt (quergelesen) als Wort für Wort gelesen, dies belegen mehrere Studien. Um Zeit und Geld zu sparen, verschafft sich der Besucher erst einmal einen schnellen Überblick und überfliegt die Texte.

  Entspricht das Gescannte nicht den Erwartungen des Besuchers, wird der Rest nicht mehr gelesen und er klickt weiter. Ermöglichen Sie Ihren Besuchern, potenziell interessante Seiten mit den Augen schnell zu scannen!
- Jakob Nielsen fand heraus, wie wichtig die Formulierung des Textes ist: Bei gleicher Informationsdichte unterschiedlicher Versionen von Seiten schätzen Nutzer die Nützlichkeit eines in objektiver, distanzierter Sprache geschriebenen Textes um fast 30 Prozent höher ein als eines im Werbejargon anpreisenden Textes. War der Text dazu noch klar und übersichtlich gegliedert, wurde er sogar um fast 50 Prozent besser eingeschätzt.

AM BESTEN SCHNITT JENER TEXT AB, DER DIE WESENTLICHEN INFORMATIONEN DES AUSGANGSTEXTES ZUSAMMENFASSTE UND MIT DER HÄLFTE DER WORTE AUSKAM!

Allgemeine Anforderungen

Welche allgemeinen Anforderungen ergeben sich hieraus an Internettexte?

- **Informativ und knapp:** Der Betrachter will schnell erkennen, was Sache ist und sachlich über das Wichtigste informiert werden. Aber Achtung: Erwartet er tief gehende Informationen, reichen knappe Aussagen nicht mehr aus. Geben Sie ihm alle Informationen, die er erwartet, aber bleiben Sie sachlich und prägnant. Verschaffen Sie dem Besucher am besten schon auf der Startseite („Homepage“) einen kurzen Überblick darüber, was ihn erwartet und welchen Nutzen ihm die Site bietet.
- **Aktualität:** Sollen die Besucher wiederkommen, müssen Sie Ihre Meldungen häufig aktualisieren – dies ist der Schwachpunkt vieler Websites. Aktualisierungen geben dem Nutzer immer neue Anreize, sich Ihre Site anzusehen. Weisen Sie darauf hin, wann Sie Ihre Website zuletzt aktualisiert haben.
- **Glaubwürdigkeit:** Der Text beeinflusst die Glaubwürdigkeit einer Website. Wie vertrauenswürdig die Aussagen sind, beurteilt der Leser, indem er sich ein Bild von der Motivation, Qualifikation und Kompetenz des Autors macht. Deshalb lassen Sie ihn nicht im Ungewissen: Sagen Sie ihm wer, was, wann, wo, warum und wie gemacht hat und woher diese Informationen stammen. Ergänzen Sie Ihre Aussagen durch Hyperlinks zu Websites, die Ihre Aussagen bestätigen oder ergänzen.

Spezielle Anforderungen

Welche weiteren speziellen Anforderungen sollten Ihre Internettexte erfüllen?

Der Nutzer konzentriert sich zuerst auf den Text

- **Schlagzeilen sind Hauptblickfang:** Eine von der Stanford University veröffentlichte Studie zeigt, dass sich der nach Informationen suchende Nutzer beim Betrachten einer Website zuerst auf den Text konzentriert. Multimediale Elemente werden anfangs völlig ignoriert und erst später betrachtet. Zwar erzielten Fotos bei zwei Drittel der Betrachter Aufmerksamkeit, sie wurden aber erst nach dem Lesen der Texte betrachtet. Nur 22 Prozent der Nutzer betrachteten auch Grafiken.
- **Formulieren Sie knapp:** Richtwert ist ein Umfang von maximal 50 Prozent jener Menge, die Sie für ein Printmedium verfassen würden.
- **Begrenzen Sie die Länge:** Die Länge des Fließtextes sollte auf 3 Scroll-down-Längen begrenzt sein. Längere Fließtexte verteilen Sie auf mehrere Seiten.

Lesehilfen und Zwischentitel dienen der Orientierung

- **Bieten Sie Lesehilfen:** Hilfreich für den Leser ist es, wenn Sie eine kleine Zusammenfassung zu Beginn eines längeren Textes bieten. Er kann dann entscheiden, ob er weiterliest oder nicht.
- **Strukturieren Sie:** Verwenden Sie Überschriften und Zwischentitel, die den Text strukturieren und das Scannen unterstützen. Zwischentitel geben das Wesentliche des folgenden Textabschnittes wieder und wecken Neugier auf den Einstieg in den Text. Hilfreich ist, die Zwischenüberschriften mit Textmarken zu versehen, die dem Leser ermöglichen, vom Kopf der Seite zu jeder beliebigen Zwischenüberschrift zu springen – und wieder zurück! Heben Sie Zwischenüberschriften durch Fettdruck hervor. Unterstreichungen sind den Links vorbehalten.
- **Vermeiden Sie Versalien (Großbuchstaben) und Kursivschrift.** Sie sind auf dem Bildschirm schwer zu lesen.
- **Verwenden Sie keine Schmuckschriften für Texte:** Nicht jeder Browser kann sie lesen und häufig sind sie schlecht zu erkennen. Solche Schriften eignen sich nicht für den Fließtext, sondern eher als Überschriften.
- **Begrenzen Sie Aufzählungen** auf 5 Punkte.
- **Geben Sie keine langen Erklärungen:** Zerlegen Sie die Informationen in übersichtliche Einheiten und ermöglichen Sie dem Leser, dass er sich bei Bedarf weiterklickt.
- **Große Schrift:** Für die gute Lesbarkeit sollte die Schriftgröße mindestens 10 Punkt betragen. Gut lesbare Schriftarten sind serifenlose Schriften, wie zum Beispiel Verdana, Arial, Helvetica. Verwenden Sie nicht zu viele Schriften.
- **Vermeiden Sie zu lange Satz- oder Spaltenbreiten:** Nicht mehr als 60 Anschläge pro Zeile.

Für den Schreibstil gelten die Hinweise, die auch für Presseinformationen gelten (siehe Kap. 13.2.1).

14 Design

Prägnantes visuelles Erscheinungsbild

Das Design vermittelt die Unternehmenspersönlichkeit durch das prägnante visuelle Erscheinungsbild, das durchgängig durch alle Medien bei allen Bezugsgruppen einen hohen Wiedererkennungswert sichert.

14.1 Bedeutung

Das Erscheinungsbild vermittelt die Unternehmenspersönlichkeit

Eine konservative Firma tritt mit ihren Geschäftspapieren, Geschäftsberichten, Anzeigen und Werbespots mit eher konservativen Stilmitteln auf. Ein fortschrittliches Unternehmen signalisiert dies durch den Einsatz zukunftsweisender Logo-Formate, progressiver Schriften und durch ungewöhnliche Architektur. Die DEUTSCHE BAHN AG hat in den vergangenen Jahren viele Milliarden Euro in das Erneuern ihres Erscheinungsbildes investiert – von neuen Bahnsteigen bis hin zu Ladengalerien in den Bahnhöfen. Dies soll einen Wandel des bürokratischen, wenig kundenorientierten Unternehmens zum straff organisierten Dienstleister signalisieren, bei dem der Kunde im Mittelpunkt steht.

Das Erscheinungsbild besteht aus Gestaltungskonstanten wie Logo, Farbe, Schrift, der typographisch gestalteten Form des Slogans, dem Gestaltungsraster und stilistischen Vorgaben für Abbildungen, Fotos und andere Illustrationen. In den kommenden Jahren werden Bilderwelten das visuelle Erscheinungsbild der Unternehmen wesentlich prägen. Diese Konstanten bestimmen die visuellen Äußerungen des Unternehmens, zum Beispiel die Kommunikationsmittel und Sonderbereiche wie das Fotodesign. Solche Designelemente tragen erheblich zur Markierung des Unternehmens bei (siehe Kap. 2.5.3).

Da sich die Unternehmenspersönlichkeit entwickelt, muss sich auch das Design entsprechend dem Unternehmensleitbild entwickeln und langfristig auch mit dem allgemeinen ästhetischen Zeitgefühl.

14.2 Gestaltungselemente

Logo, Hausfarbe, Hausschrift und Gestaltungsraster als einheitliche Konstanten

Das Corporate Design, das ist das visuelle Erscheinungsbild des Unternehmens, umfasst Logo, Hausfarbe, Hausschrift und Gestaltungsraster, die als einheitliche Konstanten zum Erkennen und Unterscheiden des Unternehmens dienen (siehe Abb. 14.1).

Logo

Logo – Symbol der Unternehmenspersönlichkeit

Das Unternehmenszeichen, auch Logo genannt, weckt Aufmerksamkeit und hat Signalwirkung; es informiert und hat Erinnerungswert; es hat einen ästhetischen Wert, der eigenständig und langlebig ist; es integriert, es kann variiert und auf vielfältigsten Vorlagen angebracht werden.

Abb. 14.1: Gestaltungselemente des visuellen Erscheinungsbildes

Die Zeichen sind unterteilt in
- Bildmarken,
- Wortmarken und
- kombinierte Marken.

Bildmarke

Ein Bild markiert das Unternehmen

Die Bildmarke ist ein Symbol, das im Zusammenhang mit dem Unternehmen eine herausgehobene Stellung hat, wie der Mercedes-Stern, die Silhouette eines Frauenkopfes von Schwarzkopf, der Ankerkern eines Elektromotors von Bosch, die Kranich-Silhouette der Lufthansa.

Die Bildmarke bietet den Vorteil, dass sie auf einen Blick erfasst, gelernt und wieder erkannt wird. Ein Schriftzug erfordert höhere Aufmerksamkeit, um den Namen zu erkennen.

Die Bildmarke kann einen starken und verständlichen Bezug zum Unternehmen herstellen. Aber auch von den Unternehmensaktivitäten abweichende Markeninhalte wie das Krokodil des Bekleidungsriesen Lacoste und der Hasenkopf von Vaillant können sich durchsetzen. Der amerikanische Computerhersteller Apple hat mit den herkömmlichen Erscheinungsbildern der Computerindustrie gebrochen, die durch IBM geprägt waren: Der angebissene Apfel in Regenbogenfarben setzt sich völlig von der Konkurrenz ab, ebenso wie der Name der Rechner, der auf eine Apfelsorte zurückgeht: Apple Macintosh.

Die Bildmarke von Apple

Wortmarke

Die „Unterschrift" des Unternehmens

Eine Wortmarke, auch Firmenschriftzug genannt, ist die grafisch gestaltete Form, den Namen eines Unternehmens zu schreiben: Sie wird zur „Unterschrift" wie im Fall von Coca-Cola und Nestlé. Ein Schriftzug hat den Vorteil, dass er eindeutig auf den Absender bezogen wird und kaum verwechselt wird.

Es geht auch beides

Eine kombinierte Marke, also Wort- und Bildmarke, verwenden zum Beispiel adidas, Wella oder Schwarzkopf.

Der Autobauer BMW wird durch ein rundes Zeichen markiert, in der Mitte die blauweißen Farben Bayerns und der Schriftzug in einem schwarzen Ring. Der Schriftzug erleichtert das Erkennen und Zuordnen des Logos.

Abb. 14.2: Entwicklung des BMW-Logos

Die Hausfarbe

Das bringt Farbe in die Identität

Die Hausfarbe ist ein weiteres wichtiges, weil sehr unmittelbar einprägsames Erkennungs- und Unterscheidungsmerkmal für Unternehmen. Yello hat gelb gewählt, die Dresdner Bank grün. Blau sind Aral, Hoesch und Linde. Rot signalisiert Ferrari, Sanyo und Coca-Cola. Blauweiß steht für BMW, durch die rotgelbe Farbe ist der Drive Inn von McDonald's schon von Ferne zu erkennen.

Schriften

Keine Mode aber zeitgemäß

Hausschriften drücken ebenfalls Selbstverständnis aus: Fortschrittliche Firmen zeigen auch hier Fortschritt und verwenden keine klassisch konservativen Schriften wie Helvetica oder Times, sondern beispielsweise Meta oder Thesis. Und dennoch gilt:

> DIE HAUSSCHRIFT SOLLTE MÖGLICHST ZEITLOS SEIN UND KEINEM MODETREND FOLGEN!

Gestaltungsraster

Durch dieses Raster fällt keine Broschüre

Durch Gestaltungsraster werden Komponenten eines Entwurfes (Unternehmenszeichen und andere Gestaltungskonstanten, Texte und Abbildungen) in ein einheitliches feststehendes Ordnungssystem eingebunden. Auch dies ist ein sehr wichtiger Faktor der Wiedererkennbarkeit des Unternehmensauftritts, der darüber hinaus den Entwurf und die Realisierungsarbeiten vereinfacht.

14.3 Einsatz der Gestaltungskonstanten

Die konstanten Gestaltungselemente werden
- im **Produktdesign,**
- dem **Kommunikationsdesign** sowie
- dem **Architekturdesign**

eingesetzt.

Produktdesign

Äußere Gestalt

Das Produktdesign ist die äußere Gestaltung des Produktes. Ein Produktdesign, das einem Leitbild folgt, trifft auch Aussagen über den Hersteller. So kann die Unternehmensführung das Produktdesign als Instrument der Darstellung ihres Leitbildes nutzen. Paradebeispiel sind BANG & OLUFSEN, die ihre Position gegenüber der Konkurrenz wesentlich dem Design ihrer Produkte verdanken.

Weitere bekannte Beispiele sind VITRA (siehe Abb. 14.3), ERCO, BULTHAUP und VIESSMANN. Die Produkte von BRAUN stehen mittlerweile im New Yorker Museum of Modern Art.

ROSENTHAL begann schon früh, renommierte Künstler heranzuziehen, um einzelne Porzellankollektionen zu entwerfen – Image-Transfer sichert der Firma Marktanteile. Die italienische Firma ALESSI begann 1980 auf Anregung von Alessandro Mendini, verschiedene Architekten und Designer „Tea and Coffee Piazzas" entwerfen zu lassen. Die in limitierter Auflage von 99 Stück produzierten Ensembles wurden zu Höchstpreisen verkauft und stehen in vielen Museen und Galerien.

Es geht auch eine Nummer kleiner: Ein kleines Unternehmen kann seine Kunden und Mitarbeiter für die Abbildung auf der Verpackung eines Produktes zu einem Fotoshooting in eine alte Fabrikhalle einladen. Die Gezeigten äußern sich zu ihrer Arbeit und ihrer Leistung und übertragen so ihre positive Einstellung auf das Unternehmen. Hierdurch entsteht eine Sammlung von Porträts, die Kunden und Unternehmen aus der Anonymität hebt.

Kommunikationsdesign

Überall zeigt sich Ihr Selbstverständnis

Das Kommunikationsdesign umfasst zum Beispiel das Printmediendesign, Fotodesign, das Messedesign, das Bekleidungsdesign, das Design für audiovisuelle Medien wie Videos, CD-ROM sowie Web-Design im Internet.

- Macht **Berufskleidung** einen Sinn, kann dies zum einheitlichen visuellen Erscheinungsbild beitragen. Vor allem im direkten Kontakt mit Kunden ermöglicht attraktive, einheitliche Berufskleidung ein schnelles Wiedererkennen.
- **Geschäftsausstattung: Visitenkarte, Rechnungsbögen und Briefpapier** gehören zur „Grundausstattung" in der Kommunikation. Sie tragen das charakteristische Firmenlogo und sind mit der Hausfarbe und

Hausschrift gestaltet. Gerade bei Kleinunternehmen vermittelt die Visitenkarte den ersten (häufig bleibenden) Eindruck gegenüber dem Kunden oder Interessenten.

- **Faltblätter, Unternehmensbroschüren sowie Präsentationen in Printmedien** können mit einem vom Standard abweichenden Format versehen werden, welches das Wiedererkennen erheblich steigern kann.
- Einheitlich und unternehmensspezifisch sind auch die **illustrativen Stilmittel der Abbildungen und Fotos.** Gleiches gilt für Streugeschenke und Garantiescheine, die durch wiederholtes Betrachten oder Nutzen das visuelle Erscheinungsbild und die entsprechenden Aussagen beim Betrachter dauerhaft verankern können.

Architekturdesign

Die Architektur der Identität

Auch im Architekturdesign drückt sich Selbstverständnis aus: Wirken die Gebäude wie durcheinander gewürfelt oder verfolgen sie einen einheitlichen Stil? Legendär das Beispiel des AEG-Hausarchitekten und Generalgestalters Peter Behrens: Er gestaltete mit seinem Team, zu dem Walter Gropius, Mies van der Rohe und Le Corbusier gehörten, nicht nur Produkte, Kataloge und Preislisten für die AEG, sondern auch Ausstellungsräume und sogar Wohnungen für die Arbeiter. Glanzstück war eine Montagehalle für die Turbinenfabrik in Berlin-Moabit, die er 1909 schuf und die Fortschritt demonstrierte.

Abb. 14.3: Gebäude von VITRA als Ausdruck der Unternehmenspersönlichkeit

Firmentypische Architektur

Eindrucksvollstes Beispiel unserer Zeit sind die Gebäude des Möbelherstellers VITRA in Weil am Rhein. Sie spiegeln die Produktphilosophie wider: zeitgenössische Kunst von hochrangigen Künstlern.

Das Büro drückt Unternehmenskultur aus

Büroausstattung und Bürogröße signalisieren immer noch die Bedeutung von Mitarbeitern und Mitarbeitergruppen durch die Größe von Büros und deren Ausstattung mit Pflanzen, Gardinen und Möbelprogrammen. In manchen Unternehmen lässt sich der Rang eines Mitarbeiters sofort an solchen Statussymbolen ablesen. In jüngerer Zeit, die durch den mobilen Manager gekennzeichnet ist, verlagern sich solche statischen Symbole hin zu modernen Formen, wie etwa der Wahl des Hotels.

Aber bitte keine Lösungen wie diese: In einem Standardwerk des Marketing heißt es: „*Wenn sich zum Beispiel Mitarbeiter der Deutschen Bundespost im Bereich der rentablen Telefondienste ihren Kollegen in defizitären Sektoren wenig verbunden fühlen, kann hier die Einführung einheitlicher Uniformen und ähnlicher Maßnahmen ein alle erfassendes Wir-Bewusstsein entstehen lassen.*“ Dazu gehört wohl mehr als eine farbige Mütze!

14.4 Top-Thema: Bilderwelten

14.4.1 Bedeutung

Starke und einzigartige Bilderwelten werden in den kommenden Jahren wesentlich den Erfolg der Unternehmenskommunikation mitbestimmen. Gründe hierfür sind die zunehmende Informationsüberlastung der Menschen sowie deren generell nachlassendes Interesse an Informationen (siehe Kap. 1). Attraktive Bilderwelten werden in den visuell ausgerichteten Bereichen Mode und Automobile geradezu erwartet.

Die Milka-Kuh

Allgemein wird unter einem Bild die „Aufzeichnung eines realen oder fiktiven Gegenstandes, die dem Gegenstand ähnlich ist und deswegen wie der Gegenstand wahrgenommen werden kann“ verstanden.

In der Werbung gibt es schon viele erfolgreiche Beispiele für strategische Bilderwelten, wie zum Beispiel Milka und Marlboro (siehe Teil B, Abb. 3.2). Zu Bacardi gehören brasilianische Musik, Sand, Palmen, Kokosnüsse und braungebrannte, dunkelhaarige Brasilianerinnen, die das Markenerlebnis brasilianische Exotik und Erotik umsetzen (siehe Abb. 14.4).

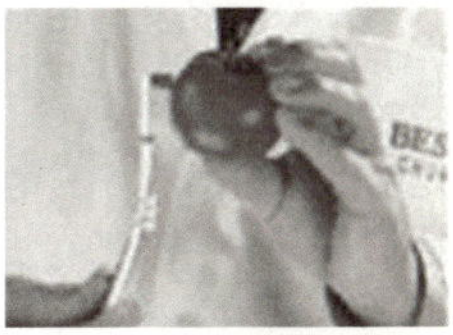

Dr. Best Zahnbürsten

Die Bilderwelt von Dr. Best ist verbunden mit der Tomate, die beweist, wie behutsam diese Zahnbürste putzt. Mit Bärenmarke sind die natürliche Bergwelt und das Bärchen verbunden. Aber welche starken und einzigartigen inneren Bilder entstehen in Ihnen spontan, wenn Sie an Microsoft, General Electric, eBay, Google und AOL denken?

In der Unternehmenskommunikation gibt es nur wenige Beispiele für die prägnante Gestaltung von Bilderwelten, wie im Fall des Bekleidungsunternehmens Bennetton und Alpirsbacher Klosterbräu. Ein schlechtes Beispiel gibt die Autoindustrie ab, die bislang lediglich die Fahrzeugmodelle in aufwändigen Werbefilmen zeigt, die schnell wechseln.

Bärenmarke

Abb. 14.4: Die Bilderwelt von Bacardi

Herausragend ist die Bilderwelt der Berliner Kreativagentur PLANTAGE*, die eine natürliche, traditionelle Herangehensweise vermitteln soll:

- „Plantage" steht für die Nähe zu natürlichen, organischen Strukturen und Abläufen.
- Das Unternehmensmotto (Claim): „*What you seed is what you get*" bündelt diese Aspekte und drückt den menschlich-strategischen Anspruch aus.

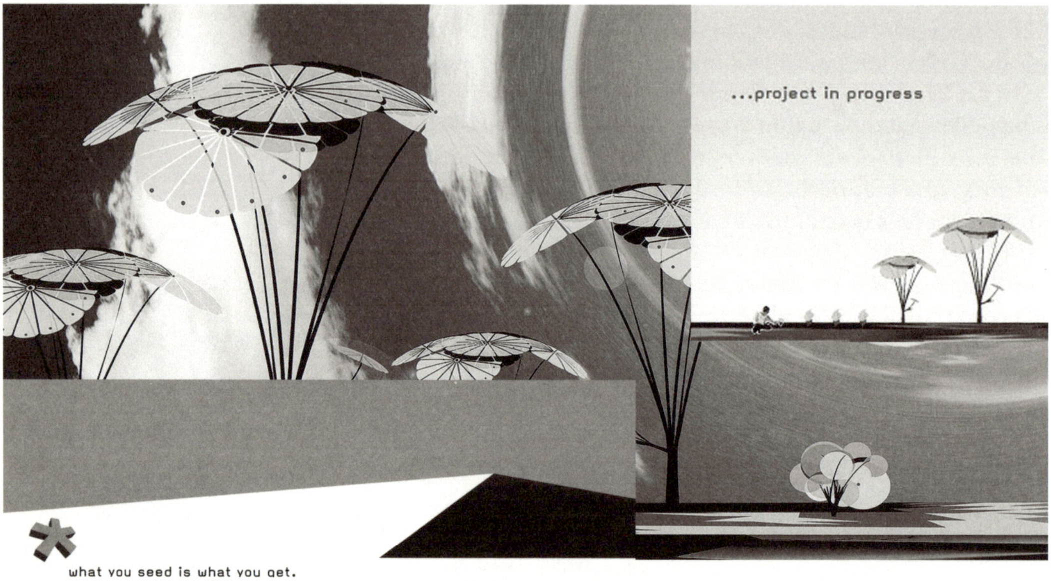

*Abb. 14.5: Gestaltungselemente der Kreativagentur plantage**

- Begriffe wie „Bodenprobe“, „sähen“, „wachsen“, „pflanzen“ und „ernten“ stehen für festgelegte Arbeitsabläufe.
- Formulierungen wie *„Draußen auf dem Feld ackern ...“* oder *„ein Erntedankfest feiern“* vermitteln ehrliches, menschliches Handwerk und traditionelle Schaffenskraft.
- „Himmel“, „Felder“ und der „Horizont“ stehen für Weite, Tiefe und die Visionskraft der PLANTAGE*.
- Das Logo symbolisiert Bewegung, Offenheit, eine Idee (Samen, Blüte, etc.).

Wichtig war den Gründern zum einen, dass sich auf den Feldern der PLANTAGE* alle Mitarbeiter zu Hause fühlen (Innenwirkung); zum anderen soll die einzigartige Bilder- und Emotionenwelt die Agentur kraftvoll bei den Kunden profilieren (Außenwirkung).

Damit eine starke, einheitliche Bildsprache entsteht, sind sämtliche Gestaltungselemente wie Name, Logo, Designs, Bildsprache, Textsprache und sogar Audiogeräusche auf die Schlüsselidee abgestimmt.

Unternehmenskommunikation wird meist mit klassischer Medienarbeit gleich gesetzt

Ein Grund für die allgemeine geringe Beachtung von Bilderwelten in der Unternehmenskommunikation liegt darin, dass Unternehmenskommunikation meist mit klassischer Medienarbeit gleichgesetzt wird. Die dort eingesetzten Einzelmotive von Produkten und Maschinen lassen aber keine lebendigen, gefestigten, inneren Bilder der Unternehmenspersönlichkeit entstehen. Dies ist ein großes Versäumnis, denn die Forschung hat herausgefunden, dass innere Bilder besonders stark wirken und das Verhalten von Menschen nachhaltig steuernd beeinflussen (siehe Kap. 14.4.3).

PRÜFEN SIE SORGFÄLTIG, MIT WELCHER BILDERWELT SIE IHRE UNTERNEHMENSPERSÖNLICHKEIT ANGEMESSEN VERMITTELN KÖNNEN!

Die wissenschaftliche Auseinandersetzung mit dem Einsatz und der Wirkung von Bildern in der Werbung ist relativ jung und in ihrem Kern interdisziplinär ausgerichtet. Beiträge stammen dabei vor allem aus den Bereichen der Hemisphärenforschung und der Imageryforschung. Die Hemisphärenforschung befasst sich mit den funktionalen Unterschieden der beiden Großhirnhälften für die geistigen Aktivitäten des Menschen. Gegenstand der Imageryforschung ist die Analyse, ob und welche Unterschiede in der mentalen Verarbeitung von verbalen und nichtverbalen Reizen bestehen.

14.4.2 Formen

Wahrnehmungsbilder und Gedächtnisbilder

Bildliche Darstellungen lassen sich in Wahrnehmungsbilder und Gedächtnisbilder unterteilen:

- **Wahrnehmungsbilder** entstehen bei direkter sinnlicher Wahrnehmung des Bildes. Diese Form steht meist im Mittelpunkt der Unter-

nehmenskommunikation. Derartige Bilder hinterlassen jedoch keine gedanklichen Spuren.
- **Gedächtnisbilder** dagegen sind im Gedächtnis gespeichert und können auch in Abwesenheit des Gegenstandes abgerufen werden.

Gedächtnisbilder verbinden die Bezugsgruppen mit Bedeutungen

Es sind diese Gedächtnisbilder, die die Bezugsgruppen mit Bedeutungen verbinden. Der Einsatz von Bilderwelten sollte also langfristig erfolgen, um gefestigte innere (Gedächtnis-)Bilder beim Betrachter entstehen zu lassen. Sie unterscheiden sich von kurzfristig eingesetzten Einzelmotiven wie im Fall von EON (Veronika Ferres, Götz George, Arnold Schwarzenegger) und AOL (Boris Becker).

Der Einsatz solcher Testimonials ist mit Risiken verbunden, zum Beispiel dann, wenn sich das Image des Testimonials ändert (Jan Ullrich), der Star das Produkt überstrahlt (Mika Häkkinen) oder für zu viele Produkte wirbt („Wear out"-Effekt), wie im Fall von Verona Feldbusch.

14.4.3 Eigenschaften

Gravierender Unterschied zu Texten

Die Verarbeitung von Bildern unterscheidet sich gravierend von der Verarbeitung von Texten. Der Grund ist, dass Bilder von der rechten Gehirnhälfte aufgenommen und verarbeitet werden, die für die Gefühlswelt des Menschen zuständig ist. Für Texte ist dagegen die linke Gehirnhälfte zuständig, die das sachlich-rationale, logische Denken steuert.

Bilder werden schneller und ganzheitlicher wahrgenommen als Texte

Dieser Unterschied hat gravierende Konsequenzen:
- **Wahrnehmung:** Bilder werden schneller und ganzheitlicher wahrgenommen als Texte. Der Marketingexperte Werner Kroeber-Riel drückt dies so aus: *„Bilder sind schnelle Schüsse ins Gehirn!"*.
- **Aktivierung:** Bilder aktivieren stärker als Texte und werden daher schneller aufgenommen und verarbeitet als Texte.
- **Reihenfolge:** Durch die höhere Aktivierung werden Bilder vor Texten betrachtet (Bilddominanz). Der Betrachter empfindet ein Bild meist interessanter als einen Text und bevorzugt es deshalb bei der Informationsaufnahme. Zum Beispiel verteilt sich die Betrachtungszeit einer Anzeige wie folgt: 76 Prozent Bild, 16 Prozent Überschrift, 8 Prozent Text.

BILDER WERDEN SOWOHL VON STARK INVOLVIERTEN ALS AUCH VON WENIG INVOLVIERTEN MENSCHEN BEVORZUGT!

- **Aufnahme:** Die Inhalte eines Bildes werden gleichzeitig bzw. ganzheitlich erfasst, während Texte schrittweise (linear) aufgenommen werden.
- **Verarbeitung:** Bilder werden schneller, automatisch und mit geringer gedanklicher Beteiligung aufgenommen und verarbeitet: Um ein Bild mittlerer Komplexität so aufzunehmen, dass es später erinnert wird, sind 1,5 bis 2 Sekunden erforderlich. In derselben Zeit kann lediglich ein Satz mit einer Länge von 7 bis 10 Wörtern aufgenommen werden.

Durch diese geringe oder fehlende gedankliche Verarbeitung ist zu erklären, warum wir Produkte kaufen, deren Werbung wir unter Einschaltung unseres Verstandes eigentlich scheußlich finden. Das bedeutet auch, dass Bilder, die dem Empfänger gefallen, automatisch und unkontrollierbar emotionale Haltungen hervorrufen können.

- **Gedächtnis:** Bilder werden besser erinnert als Texte, denn die höhere Aktivierung des Gehirns stimuliert das langfristige Erinnern. Untersuchungen haben gezeigt, dass Konsumenten sogar die Hutkrempe des Cowboys aus der MARLBORO-Werbung beschreiben können.

Bilder werden besser erinnert als Texte

- **Erlebnis:** Bilder eignen sich besser als Texte zur Vermittlung emotionaler Erlebnisse.
- **Bilder wirken besonders stark auf das Verhalten:** Durch die erhöhte Aktivierung können Bilder nachhaltig auf das Verhalten wirken.

Zu den Grenzen von Bildern gehört, dass abstrakte Begriffe wie beispielsweise „Moral" nur sprachlich verarbeitet werden können und sich der bildlichen Darstellung entziehen (weitere Grenzen finden Sie in Kap. 14.6).

14.4.4 Aktivierungsreize

Ein Grund für die starke Wirkung von Bildern ist, dass sie enorm aktivieren können. Aktivierung sorgt für innere Wachheit des Organismus, wodurch der Körper mit Energie versorgt und in erhöhte Leistungsbereitschaft und Leistungsfähigkeit versetzt wird.

Bilder können enorm aktivieren

Sie können durch kognitive, emotionale und physische Reize aktivieren:

- **Emotionale Reize haben den höchsten Stellenwert:** Sie sprechen die Gefühle und Motive des Menschen an und nutzen sich kaum ab. Zu den emotionalen Reizen gehören unter anderem Erfolg, Freiheit, Schönheit, Kultur, Essen und Trinken, Liebe und Erotik, Familie, Gesundheit und Reisen.

  Folgende Schlüsselreize sind Garant dafür, die Aufmerksamkeit der Bezugsgruppen zu gewinnen:

Schlüsselreize, die die Aufmerksamkeit der Bezugsgruppen wecken

  - **Erotische Reize:** Diese verursachen die stärkste Aktivierung, aber sie lenken möglicherweise vom Kommunikationsobjekt ab.
  - **Biologisch programmierte und kulturübergreifende Bilder:** Kindchenschema, Tiere und Helden etc.
  - **Kulturell geprägte Bilder:** Tropenschema, Bayernschema etc.
  - **Bezugsgruppenspezifisch gelernte Bilder:** Fußballschema etc.
  - **Archetypische Darstellungen:** Traumbilder, Märchenfiguren, Gestalten aus Sagen und Mythologien etc.
  - **Körpersprache:** zum Beispiel die Mimik bei Freude, Wut, Überraschung, Trauer, Ärger und Ekel. Dieses Verständnis ist kulturübergreifend.

  Ein inneres Bild ist zum Beispiel ein alter Mensch mit weißem Bart. Dieses Bild gehört zu einer Autoritätsperson. Der alte Mann ist also ein so genannter „Archetyp", mit dem man Erfahrung, Wissen und Weisheit verbindet.

- **Kognitive Reize können durch gedankliche Konflikte aktivieren:** Widersprüche und Überraschungen stellen die Wahrnehmung vor unerwartete Aufgaben und sollen die Gehirntätigkeit des Betrachters stimulieren. Am stärksten aktivieren Bilder, die nicht völlig neu, sondern schon etwas vertraut sind. Kognitive Reize wirken nicht so spontan und stark wie emotionale Reize. Am sinnvollsten setzen Sie diese für Bezugsgruppen mit hohem Interesse ein.
- **Physische Reize aktivieren immer,** weil sie unübersehbar sind, wie zum Beispiel ein Plakat und eine große Anzeige. Studien haben gezeigt, dass die durchschnittliche Betrachtungsdauer mit der Größe der Anzeige zunimmt. Beachten Sie auch die Abbildungsgröße im Verhältnis zum Text. Nahaufnahmen aktivieren stärker als Übersichtsaufnahmen. Allerdings hat sich auch gezeigt, dass der Wechsel von einer einseitigen zu einer zweiseitigen Anzeige selten sinnvoll ist, denn die Zahl der zusätzlich gewonnenen Leser steht in keinem akzeptablen Verhältnis zu den zusätzlichen Kosten.

Die Betrachtungsdauer nimmt mit der Größe der Anzeige zu

Die Farbe spielt eine entscheidende Rolle für die Wahl der Bilderwelt, denn Farben aktivieren unterschiedlich stark: Die „warmen" Farben Rot, Orange und Gelb lösen die höchste Aktivierung aus, die „kalten" Farben wie violett, grün und blau lassen auch den Betrachter eher kalt. Wichtig ist, auf den Kontrast, die Klarheit und die Prägnanz der Bilder zu achten: Zum Beispiel sollte sich die Abbildung klar vom Hintergrund abheben (hoher Figur-Grund-Kontrast). Hohes Aktivierungspotenzial haben Bilder, die Bewegung zeigen. Zum Beispiel können Sie einem Foto Dynamik verleihen, indem Sie Scheinbewegungen durch unscharfe Konturen darstellen.

14.4.5 Techniken und Motive

Gegenständliche Motive wirken stark

Die Bilderwelt kann im Zusammenhang mit der Bezugsgruppe stehen, mit dem Gebrauch der Leistungen, dem Unternehmen selbst und den durch das Unternehmen ausgelösten Assoziationen. Die Bilderwelt kann kombiniert sein mit einem Motto, wie im Fall der Württembergischen Lebensversicherung („Fels in der Brandung") als Ausdruck der soliden, zuverlässigen und vertrauenswürdigen Leistung.

Die Wirkung der Bilderwelten wird erhöht, wenn die Bilder gegenständlich sind. Beispiel ist die Bilderwelt von Schwäbisch Hall (*„Auf diese Steine können Sie bauen"*). Abstrakte Zeichen können dagegen nur schwer gelernt und behalten werden.

Schwäbisch Hall
Auf diese Steine können Sie bauen

Abb. 14.6: „Auf diese Steine können Sie bauen" – Slogan von Schwäbisch Hall

Die gebräuchlichsten Gestaltungstechniken für den Stil

Die gebräuchlichsten Gestaltungstechniken für den Stil sind:

- **Slice-of-Life-Technik:** Zufriedene Bezugsgruppen sind in realitätsnahen Situationen des täglichen Lebens zu sehen (Kunden, Aktionäre, Mitarbeiter etc.).
- **Lifestyle-Technik:** Diese Technik betont, wie gut das Unternehmen zu einem bestimmten Lebensstil passt, wie im Fall von DISNEY oder MCDONALD'S.
- **Traumwelt:** Das Unternehmen wird in eine traumgleiche Atmosphäre eingebunden.
- **Stimmungs- oder Gefühlsbilder:** Es wird eine besondere Stimmung bzw. ein besonderes Gefühlsbild geschaffen, wie zum Beispiel in der Autowerbung.
- **Musical-Technik:** Personen oder künstliche Figuren besingen das Produkt („Imagine“, RWE).
- **Persönlichkeit als Symbolfigur:** Eine Symbolfigur personifiziert das Produkt, wie zum Beispiel „Herr Kaiser“ von der HAMBURG-MANNHEIMER LEBENSVERSICHERUNG (siehe 14.4.5.1).
- **Technische Kompetenz:** Das Unternehmen zeigt Kompetenz und Erfahrung des Unternehmens mit dem Produkt: *„Audi - Vorsprung durch Technik“*.
- **Wissenschaftlicher Nachweis:** Vorzüge oder besondere Eigenschaften werden mit einem Hinweis auf eine wissenschaftliche Untersuchung versehen, wie im Fall der Zahnbürste von DR. BEST.
- **Testimonial-Werbung:** Das Unternehmen wird von einer glaubwürdigen, sympathischen oder kompetenten Person präsentiert.

Innere Bilder werden am wirksamsten durch audio-visuelle Medien aufgebaut und verstärkt, weil sie mehrere Sinne ansprechen und sich durch Bewegung und Töne Informationen besser in Geschichten einbetten lassen.

Hier einige konkrete Umsetzungen in Motiven:

14.4.5.1 Menschen

Menschen transportieren Persönlichkeit

Menschen sind in besonderer Weise für den Aufbau von Bilderwelten geeignet, denn sie transportieren in einzigartiger, komprimierter Weise die Unternehmenspersönlichkeit: Jene Werte, für die der Mensch steht, werden auf das Unternehmen übertragen - und umgekehrt. Beispiele sind Arthur „Addi“ Darboven und Onkel Dittmeyer.

> EIN UNTERNEHMEN SOLLTE EIN GESICHT WIE EIN MENSCH BESITZEN. NUR VON DEM KANN MAN SICH EIN BILD MACHEN, DER EIN GESICHT BESITZT. BILDER ODER UNTERNEHMENSGESICHTER SIND DAHER WICHTIGER DENN JE!

Zum Beispiel gilt Richard Branson, Gründer von VIRGIN, als unkonventionell und als David, der gegen Goliath kämpft, wie im Fall der britischen Luftfahrtgesellschaft BRITISH AIRWAYS. Diese Eigenschaften überträgt er auf seine Unternehmen, von denen er mittlerweile über 200 besitzt.

Der Erfolg der Unternehmen ist nicht zuletzt auch den vielen Medienauftritten von Branson zu verdanken, zum Beispiel im Rahmen seines Prozesses gegen BRITISH AIRWAYS und seines spektakulären Versuchs der Atlantiküberquerung mit einem Heißluftballon. Mit den Werten der Person kann sich die Bezugsgruppe identifizieren, weil sie deren eigenen Werten entspricht oder entsprechen sollte.

Mit den Werten der Person kann sich die Bezugsgruppe identifizieren

Weitere Gründe:
- **Aufmerksamkeit:** Personalisierte Unternehmen lösen stärkere Aufmerksamkeit aus.
- **Verarbeitung:** Die Unternehmenspersönlichkeit wird durch die Personifizierung zum Typischen zusammengefasst.
- **Einzigartigkeit:** Das Unternehmen wird mit einem einzigartigen Bild assoziiert.
- **Konkretisierung:** Personifizierung macht abstrakte Unternehmen und Produkte nachvollziehbar. Besonders wichtig ist dies für Dienstleistungsunternehmen (siehe Kap. 10).
- **Emotionalität:** Menschen kommen dem Wunsch der Bezugsgruppen nach Kontakt, Zuneigung und Wärme entgegen. Auf Großunternehmen, Konzerne und Firmenkonglomerate reagieren viele Menschen eher mit gemischten Gefühlen – ihnen fehlt Menschlichkeit und Glaubwürdigkeit. Derartige Mängel kann das personifizierte Unternehmen verringern.
- **Authentizität:** Personen können wesentlich authentischer wirken als sachliche Botschaften, von denen der Empfänger nicht weiß, wer sie geschickt hat.
- **Kontrastierung:** Die ein Unternehmen personifizierende Figur kann durch Kontrastierung eine Spannung zu dem Unternehmen herstellen, die die Aufnahme und Verarbeitung der Kommunikationsbotschaft erhöht, wenn die Spannung nicht zu groß ist.
- **Identifikation:** Die Personifizierung bietet den Bezugsgruppen Persönlichkeiten an, die diese sympathisch finden und mit denen sie sich identifizieren können (siehe Kap. 2.5.6).

Claus Hipp steht für sein Unternehmen

Welche Menschen eignen sich für den Aufbau von Bilderwelten von Unternehmen?
- **Personen aus dem Unternehmen:** Der Gründer, der Vorstandsvorsitzende oder ein Manager können die Unternehmenspersönlichkeit transportieren, wie im Fall von Claus Hipp, Rolf Dittmeyer, Bill Gates und Richard Branson. Vorteil: Der Gründer bzw. Vorstand kann am glaubwürdigsten und authentischsten sein. Nachteil ist, dass die Bilderwelt des Unternehmens an eine Person gebunden ist.

- **Neutrale Personen:** Herr Kaiser von der HAMBURG-MANNHEIMER LEBENSVERSICHERUNG transportierte die Seriosität und Vertrauenswürdigkeit des Unternehmens.

  Der Vorteil ist, dass die Person problemlos für vielfältige Kommunikationsmaßnahmen eingesetzt werden kann, ohne wichtige Ressourcen zu blockieren. Nachteil: Die Person könnte als „Werbefigur" gelten, weil sie keinen Bezug zum Unternehmen hat.
- **Testimonials:** Prominente können sich in der Kommunikation positiv über das Unternehmen äußern oder für das Unternehmen auftreten. Testimonials können zum Beispiel bekannte und beliebte Sportler sein und Unterhaltungskünstler.

  Zum Beispiel ist der Schauspieler Manfred Krug eng verbunden mit der TELEKOM, Mika Häkkinen mit T-MOBIL, die Gottschalk-Brüder mit der DEUTSCHEN POST AG und Verona Feldbusch mit TELEGATE. Joschka Fischer gewinnt durch die FAZ-Kampagne an Seriosität und Publizität, PEEK & CLOPPENBURG versuchen durch Nina Hagen als Testimonial hip und trendy zu werden.

  Vorteil: Bekanntheit und Image des Prominenten übertragen sich auf das Unternehmen.

  Nachteil: Sobald sich das Image des Prominenten verschlechtert, wirkt sich dies negativ auf das Unternehmen aus, wie im Fall des Schauspielers Walter Sedlmayr für den Münchener Bierbrauer PAULANER.

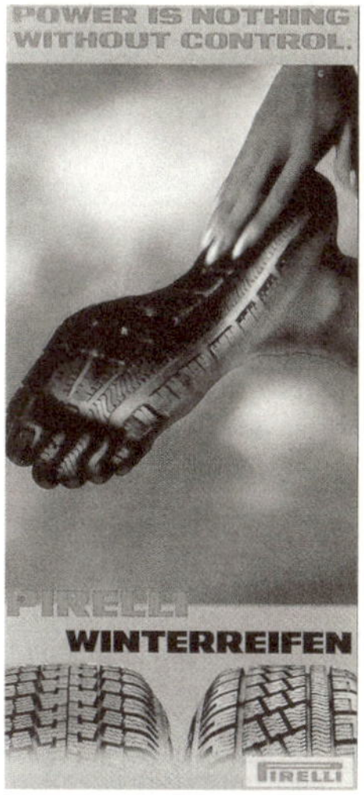

Manchmal ist es auch nur der Teil eines Menschen wie bei Pirelli (www.pirelli.de)

Abb. 14.7: Die Post setzt auf das Gottschalk-Duo (Deutsche Post AG)

Chancen und Risiken

Insgesamt hat also der Einsatz von Menschen beim Aufbau der starken und einzigartigen Bilderwelt des Unternehmens viele Vorteile. Jedoch wirken sich Veränderungen bei den Menschen durch Skandale, Krankheit und Tod auch auf das Unternehmen aus.

Esso ist immer noch mit dem Tiger verbunden

Der Spürhund von Lycos

Die Ameise von Letsbuyit.com steht für die Idee des Power-Shopping

14.4.5.2 Andere Lebewesen

Tiere und andere Lebewesen eignen sich ebenfalls, um die Unternehmenspersönlichkeit zu vermitteln und dafür zu sorgen, dass ein starkes, einzigartiges inneres Bild vom Unternehmen entsteht. Beispiele sind Esso („Der Tiger im Tank"), der Spürhund von Lycos (Internet-Suchmaschine), die Ameisen des Internetanbieters LETSBUYIT.COM (Power-Shopping).

Den Indianern dienten zum Beispiel Dachs, Adler und Berglöwe als Symbole ihrer Persönlichkeit. Der Dachs ist fleißig, der Adler steht für einen freien Geist, der Berglöwe symbolisiert Findigkeit und Führungstalent. Solche Grundmotive können auch Ihnen als Schlüsselbilder dienen, die den Kern Ihrer Unternehmensbotschaft darstellen.

14.4.5.3 Symbole

Symbole sind Zeichen, die eine Bedeutung transportieren. Ein Beispiel für den Einsatz von Symbolen beim Aufbau von Bilderwelten ist die WÜRTTEMBERGISCHE LEBENSVERSICHERUNG (*„Der Fels in der Brandung"*).

Abb 14.8: „Der Fels in der Brandung" – Slogan der Württembergischen Lebensversicherung

14.4.6 Imagetransfer

Grundlage der Nutzung von Motiven für Bilderwelten ist, dass sich deren Bedeutung auf das Unternehmen überträgt. Images lassen sich also systematisch und gezielt zwischen Meinungsgegenständen übertragen und stärken.

Wichtig zu beachten: Der Imagetransfer ist keine einseitige Übertragung, sondern ein wechselseitiger Vorgang: Es handelt sich also nicht um einen Imagetransfer **von etwas zu etwas,** sondern immer um Imagetransfers **zwischen** Meinungsgegenständen. Verbinde ich Michael Schumacher mit FERRARI, verbinde ich umgekehrt FERRARI mit Michael Schumacher. Durch die wechselseitige Verbindung verknüpfen sich idealerweise die Wertewelten beider Meinungsgegenstände.

Drei Formen des Imagetransfers

Es gibt drei Formen des Imagetransfers:

- **Imagetransfer gleicher Eigenschaften:** Durch den Imagetransfer werden bestehende Imagekomponenten gestärkt: Durch den Einsatz von Thomas Gottschalk für die DEUTSCHE POST WORLD NET wird die Internationalität einer deutschen Leistung betont.

- **Imagetransfer ungleicher Eigenschaften:** Es kann angemessen sein, eigentlich unpassende Prominente einzusetzen. So hat der amerikanische Schauspieler James Garner für die japanische Automarke MAZDA geworben. Ziel der Kampagne war das Verschmelzen der Gegensätze, das heißt die Amerikanisierung eines japanischen Autos.

  In den meisten Fällen aber werden nur einzelne unterschiedliche Imagekomponenten genutzt, um die Verschiebung in ein anderes Wertefeld zu erreichen beziehungsweise neue Imagekomponenten zu ergänzen.
- **Transfer neuer Imagekomponenten:** Die dritte Variante des Imagetransfers ist der Transfer von einzelnen Imagedimensionen, die vorher nicht mit dem Unternehmen verknüpft waren.

14.5 Hilfsmittel

Stimmungsbilder

Das Entwickeln von eigenständigen Bilderwelten Ihres Unternehmens können Sie durch Stimmungscollagen (Mood Boards) unterstützen. Hierbei handelt es sich um Poster, die die kreative Idee der Bilderwelten sichtbar darstellen. Sie zeigen vor allem das Farbklima, die Objektnähe und Objektschärfe. Das Unternehmen kann prüfen, ob diese Stimmungsbilder zum Angebot und zur Lebenswelt der Bezugsgruppen passen: Sind die Bildwelten jugendlich, kühl, urban, distanziert, hart, modern, sachlich, frisch, neuartig?

Abb. 14.9: Beispiel für ein Stimmungsbild (InsideOut Werbeagentur & Cross Media GmbH, Neckarsteinach/Heidelberg)

Zum Erstellen von Stimmungsbildern können Sie Bildkataloge nutzen, aus denen Sie eine Auswahl zusammenstellen, die in einer Zusammenschau eine gewisse Anmutung ausdrückt. Die Stimmungscollage kann sich aus mehreren Bildern oder Überschriften zusammensetzen.

Stimmungscollagen sind Entscheidungshilfen

Wichtig zu beachten: Stimmungscollagen sind noch keine konkreten Gestaltungsvorschläge, sondern Entscheidungshilfen, die die gestalterische Umsetzung wesentlich unterstützen können.

14.6 Chancen und Grenzen

Chancen

Vorteile von Bilderwelten

Starke und einzigartige Bilderwelten haben viele Vorteile:
- Sie können besonders gut erinnert werden, weil die Bilder und deren Bedeutung bereits gelernt sind und vom Unternehmen nur entsprechend seiner Unternehmenspersönlichkeit neu ausgelegt werden müssen.
- Komplexe Bilderwelten können spannende Geschichten erzählen, die Bezugsgruppen immer neu faszinieren. Das Unternehmen kann so das Bedürfnis seiner Bezugsgruppen nach Abwechslung befriedigen (Variety Seeking), auch wenn diese mit dem Unternehmen zufrieden sind.
- Die Bezugsgruppen können erkennen, dass die Lebenswelt ihrer eigenen entspricht oder jener, die sie anstreben (Identifikation).
- Lebenswelten können multimedial umgesetzt werden, also in Printmedien, elektronischen Medien und in Veranstaltungen.
- Bilderwelten können alle Sinne ansprechen, also Sehen, Hören, Riechen, Schmecken und Tasten. Dieses multimodale Vermitteln verankert Ihre Botschaft nachhaltig.

REDUZIEREN SIE ALSO DIE VISUELLE GESTALTUNG IHRER UNTERNEHMENSPERSÖNLICHKEIT NICHT AUF EINE FARBE UND EIN LOGO – NUTZEN SIE STATTDESSEN DIE VIELFÄLTIGEN MÖGLICHKEITEN VON BILDERWELTEN!

Motive für Bilderwelten	
Sport:	Bogenschütze, Gewichtheber, Hochspringer, Siegeslauf
Natur:	Wasser, Erde, Himmel
Nautik:	Wasser, Leuchtturm, Bojen, Quelle, Strömung, Mündung
Weltraum:	All, Sterne, Sonne
Kultur:	Gemälde, Oper, Konzert
Fauna:	Tiere, denen bestimmte Eigenschaften zugeschrieben werden

Abb. 14.10: Beispiele für Bilderwelten

Selbst wenn einer dieser Sinne nicht durch das Medium direkt angesprochen werden kann, wie etwa der Geruchssinn durch das Internet, kann die Unternehmenskommunikation bestimmte Mechanismen nutzen, um dies auszugleichen:

- **Imagery Transfer:** Sinneseindrücke werden aus anderer Quelle aktiviert: Das innere Bild einer Karibiklandschaft kann schon durch die Geräusche von Wellen und Wind entstehen.
- **Synästhesien:** Zwischen Reizen besteht deutliche Abhängigkeit. Zum Beispiel wirkt sich die glatte Oberfläche des Café-Tischs auf den Geschmack des Kaffees aus. Blaue Wände lassen den Raum kälter erscheinen. Der dicke, griffige Kranz eines Lederlenkrads vermittelt den Eindruck eines Sportautos, Wein schmeckt im Urlaubsland häufig besser als zu Hause.

	Gelb	**Grün**	**Blau**	**Rot**	**Rosa**
Gewichtsempfinden	leicht, je heller, desto leichter	variiert mit der Helligkeit	variiert mit der Helligkeit	variiert mit der Helligkeit	leicht
Tastempfinden	weich, besonders, wenn es ins Rötliche geht	nicht ausgeprägt dunkel = hart	hellblau = weich	dunkelrot = eher rau	zart, sehr weich
Geschmack	grünlich= sauer, rötlich=süß	bitter, salzig	fast neutral	würzig, knusprig, scharf	süßlich
Temperatur	warm, rötlich heiß	frisch, kühl	kühl, frisch bis sehr kalt	warm, heiß	Hauttemperatur

Abb. 14.11: Bedeutung von Farben für die Wahrnehmung anderer Sinne

Grenzen

Der Einsatz von Bilderwelten hat Grenzen:

- Zu den Gefahren gehört, dass die Bilderwelt nicht die Unternehmenspersönlichkeit transportiert, sondern lediglich als Blickfang dient, der von der eigentlichen Kommunikationsbotschaft ablenkt – die Bezugsgruppe erinnert sich an das Motiv, aber nicht an das Unternehmen.

  STELLEN SIE IMMER DEN ZUSAMMENHANG ZWISCHEN MOTIV UND UNTERNEHMEN SICHER!

- Die Bilderwelt allein garantiert nicht, dass sich das Unternehmen in den Köpfen der Bezugsgruppen einprägt. Ein Text muss anfangs mitunter begründen und erklären, warum das Bild die Unternehmenspersönlichkeit transportiert. Haben die Bezugsgruppen dies gelernt, reicht das Bild allein aus.

- Da Bilder die individuellen Gefühle der Menschen ansprechen, muss geklärt sein, dass die Bilderwelt bei der Bezugsgruppe nur positive Verbindungen mit dem Unternehmen auslöst.
- Bilder haben keine eindeutige Bedeutung. Die Bedeutung von Wörtern kann im Wörterbuch nachgeschlagen werden. Für Bilder gibt es kein Wörterbuch, wie der italienische Filmemacher Pier Paolo Pasolini einmal sagte.
- Häufig sind Bilderwelten austauschbar, wie das Beispiel der Autowerbung zeigt. Schaffen Sie stattdessen eine Bilderwelt, die Ihre Bezugsgruppen spontan und einzig mit Ihrem Unternehmen verbinden.
- Die Bilderwelt muss von Ihren Bezugsgruppen gelernt werden. Sie sollten daher die Motive häufig wiederholen, bis feste Gedächtnisstrukturen entstanden sind. Ihre Bezugsgruppen sollten bei jedem Betrachten den gleichen visuellen Eindruck erhalten, damit sich die Gedächtnisspur festigt, die frühere Kontakte geschaffen haben.

Ihre Unternehmenskommunikation!

- Welche Texte bringen Ihre Unternehmenspersönlichkeit am besten zum Ausdruck?
- Wie gestalten Sie den Text, dass ihn die Bezugsgruppen eindeutig Ihrem Unternehmen zuordnen?
- Was und wie formulieren Sie, damit Ihre Bezugsgruppen Ihre Texte gut finden, weil sie ihre Sprache sprechen?
- Welche Bilder vermitteln Ihre Unternehmenspersönlichkeit?
- Sind die Bilder einzigartig?
- Sind die Bilder leicht zu erkennen und deren Bedeutung schnell und eindeutig zu entschlüsseln?

Buchtipps

- Heller, E.: Wie Farben wirken. Farbpsychologie, Farbsymbolik, kreative Farbgestaltung, Reinbek 2002
- Kroeber-Riel, W.: Bildkommunikation. Imagerystrategien für die Werbung, München 1996

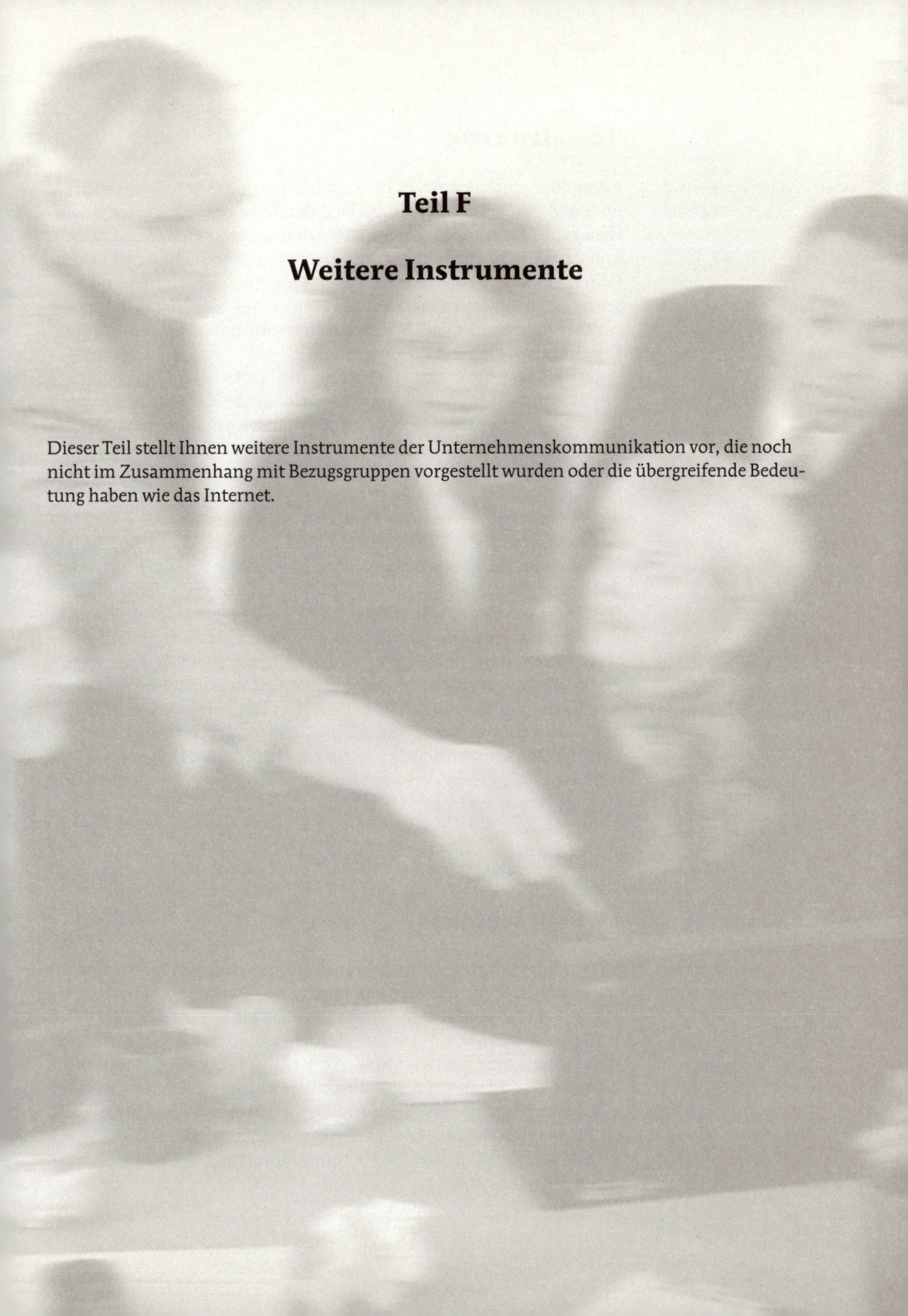

Teil F

Weitere Instrumente

Dieser Teil stellt Ihnen weitere Instrumente der Unternehmenskommunikation vor, die noch nicht im Zusammenhang mit Bezugsgruppen vorgestellt wurden oder die übergreifende Bedeutung haben wie das Internet.

15 Internet

Technisch vermittelte Kommunikation

Internetkommunikation ist die technisch vermittelte Kommunikation über und durch das Internet. Ziel ist, durch die Besonderheiten des Internet dazu beizutragen, die Bekanntheit des Unternehmens zu steigern und das Vorstellungsbild der Unternehmenspersönlichkeit zu vermitteln. Hierfür bietet das Internet durch seine große Flexibilität und Vielseitigkeit einzigartige Chancen, die aber immer auch Herausforderungen sind. Diese muss das Unternehmen erkennen und seine Kommunikation konsequent hierauf ausrichten.

Neue und einzigartige Chancen

Das Internet bietet neue und einzigartige Chancen für die Unternehmenskommunikation: Noch nie konnten Sie die Kommunikation mit Ihren Bezugsgruppen so flexibel gestalten und sogar auf einzelne Nutzer abstimmen. Diese Chancen sind aber auch Herausforderungen: Finden Ihre Besucher nicht das, was sie suchen, verlassen sie nach wenigen Sekunden die Website und kehren möglicherweise nie mehr zurück. Damit nicht genug: Im Internet ist die Konkurrenz nur einen Mausklick entfernt!

Das Internet ist eine Plattform

Grundsätzlich gilt: Das Internet ist kein herkömmliches Kommunikationsinstrument, wie zum Beispiel eine Broschüre oder ein Firmenvideo. Stattdessen ist das Internet eine Plattform, auf der ein Unternehmen zu Gast sein kann und für die anderen Gäste ein Angebot bereitstellen darf.

Grenzenlosigkeit und Flexibilität erfordern aber auch, seinen Besuchern Orientierung im Angebot zu ermöglichen, sich klar abzugrenzen und deutlich zu positionieren. Sie müssen sich an Regeln und das Selbstverständnis der Gemeinschaft halten. Dies hat Konsequenzen für Ihre Kommunikationsarbeit! Damit Sie die Chancen des Netzes optimal ausschöpfen können, müssen Organisation, Planung und Umsetzung stimmen. Ein erfolgreicher Webauftritt muss konsequent Nutzen stiften und die Eigenheiten des Internet beachten:

OHNE NUTZEN KEINE NUTZUNG!

15.1 Bedeutung

Einer der wichtigsten Kommunikationskanäle

Das Internet hat in der Unternehmenskommunikation inzwischen einen zentralen Stellenwert eingenommen:

- Alle Journalisten nutzen Online-Medien für ihre Arbeit. Nur jeder fünfte ist weniger als eine Stunde täglich online. Der Großteil nutzt das Internet ein bis zwei Stunden oder länger. Das zeigt, dass das Internet heutzutage aus dem Arbeitsalltag der Journalisten nicht mehr wegzudenken ist. Zu diesem Fazit kommt die media studie 2002 „Journalisten online“ der DPA-Tochter NEWS AKTUELL.
- Das Internet ist wichtig für Meinungsführer fand das Bielefelder EMNID-INSTITUT heraus.

- Alle großen deutschen Unternehmen sind im Internet präsent. Von den Börsenneulingen nutzen fast alle das Internet, um Informationen zum Börsengang bereitzustellen.
- Das Internet wird wichtiger für die Krisenkommunikation: Krisenexperte Frank Roselieb hat in seiner Datenbank mehrere Hundert Krisenfälle zusammengetragen und festgestellt, dass jede vierte Krise direkt oder indirekt mit dem Internet zusammenhängt (siehe Kap. 12.4.2.2).

Unterstützung der internationalen Unternehmenskommunikation

Besonders zur Unterstützung der internationalen Unternehmenskommunikation ist das Internet hilfreich: Die internationale Studie „Wie nutzen Journalisten das Internet?" des Agenturnetzwerkes PR-COM NET kam zu dem Ergebnis, dass das Internet für Journalisten die Informationsquelle Nummer eins ist, noch vor persönlichen Kontakten und anderen Medien. Für die Studie wurden 418 Journalisten in 14 Ländern befragt.

Das Internet dient den Journalisten zur Recherche von Themen, an denen sie gerade arbeiten (90 Prozent), sie suchen nach Veröffentlichungen zu bestimmten Themen (60 Prozent), Anregungen für neue Themen (46 Prozent) und neuen Quellen beziehungsweise Informanden (31 Prozent).

Ernüchternde Praxis

Umsetzung mangelhaft

Trotz dieses Stellenwerts des Internet ist ein Blick in die Praxis ernüchternd:

- Die größte Schwäche des Internet ist aus Sicht der Befragten „das Auffinden von qualitativ hochwertigen Informationen", so die media Studie 2002 von NEWSAKTUELL.
- Die meisten Websites genügen nicht den geringsten Anforderungen an Benutzerfreundlichkeit, interne Verlinkung und Datenschutz. Zu diesem Ergebnis kommt die Studie der GIGA INFORMATION GROUP, einem führenden amerikanischen Marktforschungs- und Beratungsunternehmen.
- Die Hamburger Unternehmensberatung MUMMERT + PARTNER prüfte das Internet-Angebot deutscher Stromversorger. Ergebnis: Nur jedes zweite Unternehmen hat eine E-Mail-Anfrage beantwortet; fast die Hälfte erhielt für die Qualität ihrer Antworten die Schulnote 6. Besonders kritisch war, wenn der Kunde nicht um Fachinformationen (zum Beispiel den Strompreis), sondern um technische Hilfe bat: Nur jede fünfte Anfrage wurde ausreichend beantwortet.
- Der Düsseldorfer Personalberater Dieter Moellhoff hat Bewerbungen an 500 Top-Unternehmen geschickt. Obwohl fast jedes zweite Unternehmen über das Internet Jobs ausschreibt, wurden die Bewerbungen intern nicht entsprechend weitergeleitet. Es sei erschreckend, wie unsensibel viele Firmen mit Bewerbungen umgingen: Nur jede dritte Bewerbung wurde beantwortet. Selbst wenn Anfragen zum Chef gelang-

ten, gab es nur in zwei von drei Fällen eine Reaktion *(www.axis-personalberatung.de)*.

Die Studie des Wirtschaftsmagazins Bizz *(www.bizz.de)* kam zu einem ähnlichen Ergebnis: Mehr als die Hälfte der untersuchten 100 umsatzstärksten Firmen Deutschlands erhielt die Note ausreichend und schlechter!

Erklärung für Mängel

Wie lassen sich solche Mängel erklären?

- Der Internetauftritt wird nur nebenbei und ohne ausreichende Fürsorge gestaltet.
- Das Internet ist nicht in das Gesamtkommunikationskonzept integriert. Hierdurch ist das Vorgehen der Beteiligten nicht koordiniert.
- Die Internetauftritte sind aus Anbietersicht und nicht aus Nutzersicht konzipiert: Was es auf Papier gibt, wird ins Netz gestellt. Dies erfüllt aber nicht die gezielten Informationsbedürfnisse der Internetbesucher.
- Die Unternehmenskommunikation im Internet bietet keinen Mehrwert gegenüber den sonstigen Kommunikationsmedien, wie zum Beispiel den schriftlichen Presseinformationen, Broschüren und Tagen der offenen Tür. Folge: Die Vorteile des Netzes werden nicht ausgeschöpft. Ein fehlender einzigartiger Nutzen macht den Webauftritt unattraktiv. Wechselwirkungen zwischen einzelnen Medien werden nicht für die Kommunikation genutzt.

Es reicht nicht mehr aus, im Internet lediglich präsent zu sein: Längst zählen Qualität und Alleinstellung!

Anschauliche Vergleiche der Mängel

Folgender Vergleich soll dazu dienen, dass Sie sich die Situation vor Augen führen:

Wie das Internet die Kommunikation verhindert

- **Würden Sie lange am Eingang eines Unternehmens warten wollen, bevor man Sie eintreten und Sie eine Frage stellen lässt?**
  Im Internet dauert es oft viel zu lang, bis sich die Seiten laden. Folge ist, dass sich die Besucher entscheiden, erst einmal woanders zu schauen und dann später noch einmal wiederzukommen – vielleicht!
- **Wie würden Sie zu einer Informationsveranstaltung gelangen, deren Türen verschlossen sind?**
  Im Internet lassen sich die Startseiten häufig nicht überwinden, weil die für das Laden benötigten Kleinprogramme (Plug Ins) fehlen. So können auch auf der Site selbst einzelne Angebote nicht genutzt werden.

- **Würden Sie eine Zeitschrift kaufen, auf deren Titelblatt nur *„Willkommen beim Focus“* oder *„Willkommen beim Stern“* steht?**

  Im Internet ist so etwas normal: Viele Startseiten bieten außer dieser inhaltsarmen Floskel nicht viel. Der Besucher erkennt keinen Nutzen und verschwindet – dies fand die Studie „Innovative Wirkungsanalyse für Websites“ der FACHHOCHSCHULE DÜSSELDORF und BBDO INTERACTIVE 2000 heraus.

- **Würden Sie eine Zeitung abonnieren, ohne zu wissen, was Sie erwartet?**

  Im Internet ist alles möglich: Es gibt Websites, die einmalige Vorteile durch den Eintrag in eine Mailingliste oder eine geschlossene Nutzergruppe versprechen, ohne Beispiele zu zeigen.

- **Wie würde ein Unternehmen auf Sie wirken, das unorganisiert ist und von dem Sie nicht erkennen können, was es eigentlich macht?**

  Experten schätzen, dass mindestens 60 Prozent aller Transaktionen nicht abgeschlossen werden, weil sich die Nutzer nicht zurecht finden und auf wichtige Fragen keine Antwort erhalten.

- **Wie könnten Sie mit einem Unternehmen reden, in dem es keine Mitarbeiter gibt?**

  Im Internet ist das tägliche Praxis! Dialogangebote gibt es kaum und die Antwort auf eine E-Mail lässt mitunter tagelang auf sich warten – wenn sie überhaupt kommt.

- **Würden Sie sich als Interessent an eine Baugrube führen lassen, um lediglich zu erfahren, dass dort gebaut wird?**

  Im Internet scheint es immer noch üblich, sogar mit ladeintensiven Animationen, auf Baustellen hinzuweisen („Under construction“) und nicht zu sagen, was es dort geben wird und wann.

- **Würden Sie nur Informationen über den Hersteller erwarten und niemanden, der Ihnen erklärt, warum dieses Unternehmen besser ist als die Konkurrenz?**

  Im Internet ist das so: Informationen stehen bereit, aber niemand, der mit dem Besucher gemeinsam die Informationen bespricht und diese erklärt.

- **Würden Sie sich in einem Unternehmen wohl fühlen, von dem Sie das Gefühl haben, dass Sie der einzige Besucher sind?**

  Den Websites im Internet fehlt der Austausch: Er findet weder mit dem Anbieter statt noch mit anderen Besuchern. Wie langweilig!

- **Würden Sie ohne besonderen Grund jedem Unternehmen Ihre persönlichen Daten preisgeben?**

  Im Internet erwarten viele Anbieter, dass die Besucher bereitwillig Fragebögen ausfüllen und über ihre Wünsche und Bedürfnisse Auskunft geben: Und dies schon kurz nach Betreten der Website, ohne den Anbieter zu kennen und ohne zu wissen, welchen Gegenwert es gibt. Und dies, obwohl den Besucher jede Minute eigenes Geld kostet! Internetnutzer sind jedoch sehr zurückhaltend, wenn es darum geht, ihre persönlichen Daten preiszugeben. Untersuchungen des Unternehmens eTrust haben ergeben, dass 40 Prozent der Internetnutzer eine Website verlassen, wenn persönliche Angaben verlangt werden. Darüber hinaus gibt jeder vierte Teilnehmer falsche Daten an.

Fazit

Schwerpunkt der Fehler

Zusammengefasst zeigen sich derzeit folgende Fehler:

- **Die Anbieter denken zu sehr vom Unternehmen aus:** Sie übertragen klassische Broschüren und Presseinformationen ins Internet, ohne dessen Besonderheiten zu beachten. Solche Angebote bieten keinen Mehrwert und sind deshalb nicht attraktiv.

  Das Internet wird sich – wie dies auch bei Fernsehen und Radio geschehen ist – nur deshalb durchsetzen, weil es etwas Eigenständiges bietet!

- **Die Anbieter denken zu sehr vom Internet aus:** Sie reizen die Technik aus, aber das Unternehmen kommt zu kurz – das vermittelte Erscheinungsbild stimmt nicht mit jenem überein, das die Bezugsgruppen kennen.

Bieten Sie etwas Einmaliges

Machen Sie es anders – bieten Sie etwas Einmaliges: Die Besucher Ihres Internetangebots erfahren, was sie sonst nicht erfahren. Ihre Besucher treffen Leute, die sie sonst nicht treffen. Ihre Besucher fühlen, was sie sonst nicht fühlen. Ihre Besucher sehen, was sie sonst nicht sehen.

Nehmen Sie Ihren Besucher ernst: Begrüßen Sie ihn freundlich und geleiten Sie ihn aufmerksam und ohne Tricks und Umwege zu seinem Ziel. Belästigen Sie ihn nicht schon am Eingang mit Fremdwerbung. Lassen Sie ihn nicht minutenlang anstehen, bevor er die gewünschten Informationen erhält. Ermöglichen Sie ihm zu finden, statt zu suchen. Regen Sie seine Sinne an und unterhalten ihn.

„Ich bin schon drin“? Das reicht heute nicht mehr aus!

15.2 Besonderheiten

Viele Chancen

Das Internet hat zum Ziel, durch seine Besonderheiten dazu beizutragen, dass das Unternehmen und seine Leistungen bekannter werden und die Bezugsgruppen ein festgelegtes Image von Ihrem Unternehmen entwickeln.

Unterscheiden Sie diese Besonderheiten zum einen in jene Eigenschaften, die dem Medium eigen sind und die daher jeder nutzen kann, wie seine Fähigkeit zur Integration, seine grenzenlose Verfügbarkeit und seine Vernetzung; zum anderen gibt es eine Eigenschaft, mit der Sie Ihrem Unternehmen einen einzigartigen und dauerhaften Wettbewerbsvorteil verschaffen können: die Interaktivität.

Interaktivität kann einen einzigartigen und dauerhaften Wettbewerbsvorteil verschaffen

Eigenschaften des Internet

- **Integration**
  - Kommunikationsplattform
  - Internetdienste (E-Mail, Newsgroups etc.)
  - Multimedialität
- **Verfügbarkeit**
  - Zeitlich
  - Räumlich
- **Vernetzung**
  - Hypermedialität
  - Andere Netze (Intranet, Extranet)
  - Andere Technologien (PDA, WAP/UMTS, Fax)
- **Interaktivität**
  - Technische Interaktivität
  - Persönliche Interaktivität

Abb. 15.1: Eigenschaften des Internet

15.2.1 Integration

Das Internet ist durch seine Fähigkeit zur Einbindung gekennzeichnet:

Fähigkeit zur Einbindung

- Das Internet ist eine technische Plattform, die sämtliche Kommunikationsinstrumente einbinden kann und auf der ein Unternehmen ein Angebot bereitstellen darf.
- Das Internet bietet Dienste wie E-Mail, WWW, Newsgroups und Chat.
- Das Internet ist multimedial und kann Texte, Fotos, Grafiken, Videosequenzen, Animationen und Töne einbinden.

15.2.1.1 Kommunikationsplattform

Das Internet ist eine Plattform, auf der sämtliche Kommunikationsinstrumente zusammenfließen können:

Plattform für mehrere Instrumente

- **Marktkommunikation** mit Werbung (absatzorientierte Kommunikation über Produkte und Leistungen, zum Beispiel Produktankündigungen) und Verkaufsförderung (Unterstützung des Handels beim Verkauf, zum Beispiel durch kurzfristige Kaufanreize im e-Shop).

- **Unternehmenskommunikation**, zum Beispiel Medienarbeit, Investor Relations.

Information, Kommunikation, Transaktion

Im einfachsten Fall kann das Internet Ihre Unternehmenskommunikation durch das Bereitstellen von **Informationen** unterstützen, wie im Fall von Presseinformationen in Datenbanken. Einen Schritt weiter geht die Nutzung des Internet zur **Kommunikation:** Das Internet ermöglicht aktiven, zeitgleichen und Hierarchie unabhängigen Austausch über das Unternehmen in Diskussionsforen und Newsgroups. Der nachhaltigste Schritt sind **Transaktionen,** wie das Verschicken von Geschäftsberichten und digitalen Produkten wie Software.

Synergien durch starken Mix

Das Zusammenspiel der Kommunikationsinstrumente ermöglicht Synergien, indem sich Unternehmenskommunikation und Marktkommunikation gegenseitig unterstützen (siehe Kap. 3). Synergien können Sie aber nur dann nutzen, wenn Sie aus den Kommunikationsinstrumenten einen starken Mix zusammenstellen, der Ihre Botschaften widerspruchsfrei vermittelt.

Bisher ist Studien zufolge nur ein Drittel der Websites inhaltlich auf die übrige Kommunikation abgestimmt, also Teil einer vernetzten Strategie. Passt die Website nicht in die sonstige Kommunikation, wirkt sie weniger: Statt das vorhandene Wissen über das Unternehmen zu stärken, verursacht sie ein diffuses Erscheinungsbild. Ursache für diese fehlende Koordination kann sein, dass unterschiedliche Personen, Abteilungen oder Agenturen die Instrumente gestalten und sich zu wenig absprechen. Zum Beispiel setzen viele Unternehmen für Ihre Website eine Spezialagentur ein, die sich nicht hinreichend mit der Hausagentur abstimmt. Die Lösung kann in einem Kommunikationskonzept liegen, dem sich alle Beteiligten verpflichten (siehe Kap. 3).

15.2.1.2 Internetdienste

Mehr als das WWW

Die meisten Menschen verbinden mit dem Internet seinen Dienst World Wide Web. Das Internet bietet aber auch andere Dienste wie:

- **E-Mail:** Elektronische Post ist zweifellos der populärste Internet-Dienst. Mehr Leute nutzen E-Mail als das WWW.
- **FTP (File Transfer Protocol):** Dieser Dienst erlaubt das Herunterladen von Text- und Software-Dateien.
- **Newsgroups:** Über diese „schwarzen Bretter" des Internet kann jeder seine Nachricht verbreiten oder auf Beiträge antworten.
- **Chats:** Live plaudern die Teilnehmer im WWW oder Online-Diensten via Tastatur.

Diese Dienste sind nicht an den Browser gebunden. Prüfen Sie daher, durch welche Dienste Sie Ihren Webauftritt sinnvoll anreichern.

15.2.1.3 Multimedialität

Kombination von Medien

Das Internet kann Texte, Fotos, Grafiken, Videos, Animationen und Töne einbinden. Das Besondere im Internet: Die Besucher bestimmen, welche Angebote sie wählen und in welcher Reihenfolge: Möchten sie einen Text lesen? Oder ein Kurzvideo betrachten? Der Besucher entscheidet!

Eignung für Aufbau von Bilderwelten

Multimedialität eignet sich, um das Unternehmen erlebnisreich zu inszenieren und damit emotional aufzuladen. Themen sind zum Beispiel Schönheit, Kultur, Essen und Trinken, Liebe und Erotik, Familie, Gesundheit und Reisen. Diese Erlebniswelten bieten Raum für Inszenierungen von unterschiedlicher Art und Stärke. Die multimodale Vermittlung hinterlässt tiefere Spuren im Gedächtnis der Bezugsgruppen als eine Anzeige oder eine Broschüre. Besonders der Einsatz von Bildern stärkt Ihr Unternehmensimage (siehe Kap. 14.4).

Durch Multimedialität können Sie ein neues Herstellverfahren durch einen Text erläutern und durch Fotos, Grafiken sowie ein Ablaufschema anschaulich machen. Die Rede des Vorstandsvorsitzenden bieten Sie als Text, den Fotos, Schaubilder und eine Audio-Datei zum Hören ergänzen.

Ähnlich der realen Welt können Sie Ihr Unternehmen präsentieren, zum Beispiel durch klickbare Fotos und erläuternde Texte per Audio-File, die Ihre Besucher durch die Website führen.

Im Internet können Sie eine nahezu reale Kommunikationssituation herstellen: Die Gesprächspartner können sich auf Fotos oder in einem Kurzfilm sehen, sie können sich hören, sich unterhalten – zeitgleich über Videokonferenz oder zeitlich versetzt über ein Diskussionsforum oder E-Mail. Kein anderes Medium kommt so nahe an ein persönliches Gespräch heran – und dies ohne Bezug zu Raum und Zeit!

Nicht zu viel Technik

Aber Vorsicht: Übertreiben Sie nicht! Im Internet ist derzeit nicht das Zuwenig, sondern das Zuviel von Technik das Problem! Hier eine Flash-Animation, dort ein sich öffnendes Zusatzfenster (Popup) – und alles ohne erkennbaren Nutzen für den Besucher, der dies zu allem Übel in Form von Telefongebühren bezahlen muss.

Prüfen Sie Ihre Informationen sorgfältig, wie sie sich am besten umsetzen lassen – nur Texte zu präsentieren ist langweilig und nutzt zu wenig die Stärken des Internet. Das Angebot sollte die optimale Mischung aus Text-, Bild- und auditiven Elementen ergeben. Das Kommunikationskonzept legt fest, wie Sie die Chancen der Multimedialität im Internet ausschöpfen und Themen angemessen darstellen. Zerlegen Sie hierzu die Informationen und entscheiden, wie Sie diese optimal im Netz präsentieren. Beachten Sie den Stand der Technik und die sinnvolle Kombination der Medien.

BIETEN SIE DIE OPTIMALE MISCHUNG AUS TEXTEN, BILDERN UND AUDITIVEN ELEMENTEN!

Knappe Leitungskapazitäten und langsame Modems schränken die Nutzung des Internet derzeit ein. Jedoch wird nur für das Übertragen von Bewegtbildern mehr Bandbreite benötigt; für grafisch aufbereitete Texte reicht eine schmalbandige Übertragung über Modem und Telefonnetz aus.

15.2.2 Verfügbarkeit

Ständiger Zugang

Mehrwert bietet das Internet durch den grenzenlosen Zugang zum Unternehmen – unabhängig von Ort und Zeit: Sie können Kommunikation mit neuen, wichtigen Bezugsgruppen sogar international aufbauen und gestalten: So erreichen Sie durch eine virtuelle Pressekonferenz auch lokal nicht ansässige Journalisten, die bisher nicht an Pressekonferenzen teilnehmen konnten (siehe Kap. 7.8.4). Für Ihre eigenen Recherchen können Sie weltweit auf Datenbanken und andere Informationsquellen zugreifen.

Unternehmen müssen neue Bezugsgruppen erkennen und bestimmen. Ihr Kommunikationsangebot muss den jeweiligen Kommunikationsbedürfnissen entsprechen, zum Beispiel dem unterschiedlichen Nutzungsverhalten, den Erwartungen an Inhalte, an Sprache und Kultur (siehe Kap. 15.2). Überall verfügbare Informationen verschärfen den Wettbewerb und den Kampf um die Aufmerksamkeit der Bezugsgruppen.

15.2.2.1 Internationalität

Informationen ohne Grenzen

Die Nutzer können weltweite Internetangebote nutzen: Informationen über das Unternehmen in Deutschland anfordern? Dessen preiswerte Produkte aus Kalifornien bestellen? Kein Problem! Ein weiterer Vorteil des weltweiten Surfens für den Internetnutzer liegt im besseren Überblick über Unternehmen aus unterschiedlichen Ländern. Die Unternehmen können über das Internet neue Bezugsgruppen ansprechen, zum Beispiel Stellensuchende. Drei Viertel der Unternehmen verfolgen dieses Ziel mit ihrem Internetauftritt.

Folgende Tipps:

Ist Internationalisierung strategisch sinnvoll?

- Prüfen Sie sorgfältig, welche Chancen das geografische Ausweiten des Angebotes für Sie hat: Für viele Firmen ist es unwichtig, ob ihr Angebot auch außerhalb von Deutschland zugänglich ist, weil die Bezugsgruppen (auch künftig) nur national zu finden sind. Unterscheiden Sie also, ob Sie das Angebot international lediglich ausweiten, weil das Internet dies einfach ermöglicht, oder ob die internationalen Bezugsgruppen strategische Bedeutung für Ihr Unternehmen haben und Sie daher die Kommunikation mit diesen systematisch und langfristig aufbauen sollten. In den meisten Fällen ist Internationalisierung allein über das Internet nicht sinnvoll.

  INTERNATIONALISIERUNG IM INTERNET SOLLTE TEIL DER GESAMTEN INTERNATIONALISIERUNGSSTRATEGIE DES UNTERNEHMENS SEIN!

Bleibt die Unternehmenspersönlichkeit klar erkennbar?

- Prüfen Sie unter dem Aspekt der globalen Verfügbarkeit von Informationen, ob Ihre Unternehmenspersönlichkeit klar erkennbar ist. Unterscheidet sie sich deutlich genug von anderen Unternehmen? Können Sie sich hierdurch bei Ihren wichtigen Bezugsgruppen ausreichend profilieren (siehe Kap. 2.5)?

- Ist Globalisierung sinnvoll, wenn zwar der Vertrieb überall hin erfolgt, aber keine Maßnahmen dies außerhalb des Internet begleiten?
- Internationalisieren erfordert erhebliche Ressourcen, zum Beispiel für Medienbeobachtung.
- Wie soll Interaktion stattfinden, wo keine englische Sprache gesprochen wird? – Dies ist in einem großen Teil der Welt der Fall!
- Globalisierung hat ihre Grenzen, z. B. bei der Rechtssicherheit.
- Können und wollen Sie den weltweiten Bedarf an Informationsmaterial befriedigen?

15.2.2.2 Aktualität

Zugriff rund um die Uhr

Die Internetnutzer können Ihre Website jederzeit abrufen, sich beliebig Informationen herunterladen und Fragen stellen.

IM INTERNET SIND SIE AN 7 TAGEN DER WOCHE TÄGLICH 24 STUNDEN ERREICHBAR (24 X 7-REGEL)!

Da Ihre Besucher selbst bestimmen, wann sie Ihr Angebot nutzen, wird Ihr Internetangebot den individuellen Anforderungen Ihrer Bezugsgruppen stärker gerecht. Sie können Ihre Informationsangebote kurzfristig und schnell anpassen und hierdurch in Inhalt und Gestaltung stets auf dem neuesten Stand halten, wie dies etwa für Krisen und Veranstaltungshinweise wichtig ist.

Aktuelle Inhalte

Ständiger Zugriff auf Ihre Website bedeutet jedoch auch, dass Sie die Inhalte aktualisieren müssen: Alte Informationen ärgern den Besucher und schaden Ihrem Image. Nur rund ein Drittel der Unternehmen schafft es, seine Unternehmensergebnisse zur gleichen Zeit online zu stellen, zu der sie an der Börse bekannt gegeben werden. Dies ist das Ergebnis einer Befragung von TRIDION unter 46 börsennotierten Unternehmen im Zusammenhang mit der Veröffentlichung der Unternehmensergebnisse im Juli und August 2002.

PRÜFEN SIE, WELCHE ZEITGEBUNDENEN INHALTE SIE ANBIETEN, ZUM BEISPIEL BÖRSENKURSE, UND WELCHE ZEITLICH UNABHÄNGIGEN, ZUM BEISPIEL UNTERNEHMENSGESCHICHTE!

Kommunikationsbedürfnisse prüfen

Sie sollten das Nutzungsverhalten Ihrer Bezugsgruppen kennen, um zu wissen, ob Sie zu bestimmten Zeiten online verfügbar sein und wann Sie Ihr Angebot aktualisieren müssen.

Aktualität bedeutet auch, auf Anfragen schnell zu reagieren – möglichst innerhalb weniger Stunden. Bei schwierigen und umfangreichen Fragen wird der Absender verstehen, dass bis zur Antwort mehr als ein Tag vergeht. In diesem Fall sollten Sie mitteilen, dass Sie die Anfrage erhalten haben und sich um eine schnelle Antwort bemühen. Ihr Besucher sollte merken, dass Sie mit ihm kommunizieren wollen.

AKTUALITÄT BEZIEHT SICH AUF DIE INHALTE DER WEBSITE UND DIE SCHNELLIGKEIT IHRER REAKTION!

Anfragen schnell beantworten

Einige Tipps:

- Organisieren Sie, dass Ihnen aktuelle Informationen zugänglich sind und Sie Anfragen schnell beantworten können. Dauern Ihre Antworten zu lang, wird Ihr Besucher Anbieter kennen, die schneller antworten. Im Internet haben Sie oft keine zweite Chance!
- Stellen Sie durch angemessene Technik sicher, dass Sie Informationen schnell aktualisieren können. Zum Beispiel können Sie für Krisenkommunikation eine Standardseite erstellen, die Sie im Ernstfall schnell füllen und veröffentlichen können (siehe Kap. 12.4.2.2).
- Aktualität bedeutet nicht, stets die neueste Technik und erst kürzlich erschienene Softwareversionen einzusetzen. Seien Sie hiermit zurückhaltend! Denken Sie an die vielen Nutzer, die über ältere Computer und Programme verfügen.

Kommunikation zwischen allen Beteiligten sorgfältig abstimmen

- Die Aktualität des Internet kann Sie dazu verleiten, dass Sie Botschaften vermitteln, die Sie außerhalb des Internet noch nicht geben. Dies kann sinnvoll sein, wenn Sie auf Ihren Webauftritt aufmerksam machen und die Aktualität des Internet betonen wollen. Dies könnte aber auch die Kontinuität Ihrer Unternehmenskommunikation gefährden, wenn Bezugsgruppen keinen Zugang zum Internet haben, sich aber aktuell informieren wollen. Stimmen Sie daher die Kommunikation zwischen allen Kommunikationsbeteiligten sorgfältig ab.

Informationszugang gestern und heute	
So war es bisher	**So ist es jetzt**
Der Interessent muss eine Broschüre in einem Unternehmen bestellen.	Der Nutzer gibt den Namen des Unternehmens als URL ein.
Ruft an und muss sich mit der Kommunikationsabteilung verbinden lassen.	Er landet auf der Homepage des Unternehmens und erhält eine Übersicht, wo er welche Informationen finden kann. Eine Suchmaschine der Site und andere Orientierungsinstrumente helfen ihm bei der Orientierung.
Telefonisch wird ihm erklärt, welche Medien das Unternehmen hat – ohne dass er hineinsehen und prüfen kann, ob es die Informationen sind, nach denen er sucht.	Er klickt ein Angebot an und prüft, ob es das Gewünschte bietet.
Kommt die Broschüre bei ihm an und er findet die Informationen nicht, muss er sich erneut an das Unternehmen werden.	Findet er die gesuchten Informationen nicht, klickt er sich weiter, bis er erfolgreich ist.
Gesamtdauer: Mehrere Tage	Gesamtdauer: Wenige Minuten

Abb. 15.2: Informationszugang gestern und heute

15.2.3 Vernetzung

Neue Verbindungen

Eine Besonderheit des Internet ist seine Möglichkeit, Inhalte zu vernetzen:

- **Informationen im Internet** sind vernetzt (Hypermedialität).
- Das Internet ist **mit anderen Netzen vernetzt,** wie dem Intranet und dem Extranet.
- Das Internet ist **mit anderen Technologien vernetzt,** wie zum Beispiel dem Fax, dem PDA (Personal Digital Assistant, zum Beispiel Palm Pilot), WAP/UMTS und sogar dem Fernsehen.

15.2.3.1 Hypermedialität

Verknüpfen von Medien

Im Internet können Sie Informationen miteinander verknüpfen, egal wo diese sich befinden. Dies wird in der Fachsprache „Hypermedialität" genannt. Der Nutzer springt durch Hyperlinks zu jenen Inhalten, die ihn interessieren: Er beginnt einen Text zu lesen, zwischendurch schaut er sich ein Foto an, hört gleichzeitig einer Audiodatei zu und kehrt zum Text zurück. So beschreitet jeder Besucher seinen persönlichen Informationspfad. Zwar kann er auch in einem Buch blättern, doch:

IM INTERNET IST SPRINGEN UND NAVIGIEREN DAS PRINZIP!

Beispiel für Hypermedialität

Nutzen Sie die Hypermedialität für Ihre Unternehmenskommunikation: Sie stellen ein neues Produkt vor, indem Sie es kurz beschreiben und einige Fotos oder kurze Videoclips aus unterschiedlichen Perspektiven zeigen. Ein Audio-File vermittelt einen Klang. Legen Sie einen Link zur Geschichte jenes Mitarbeiters, der die Idee zu diesem Produkt hatte. Ein anderer Link führt zum Zitat Ihres Geschäftsführers, der die strategische Bedeutung des Produktes erläutert. Ein Testbericht lässt Verwender mit einem Erfahrungsbericht zu Wort kommen. Ein Link zur Konkurrenz unterstreicht, dass es kein vergleichbares Produkt gibt.

Neue Kommunikationswege

Verlinken ermöglicht Kommunikationswege, die außerhalb des Internet kaum denkbar sind:

- Links leiten Ihren Besucher direkt auf ein verbundenes Angebot, zum Beispiel eines Kooperationspartners.
- Durch Links integrieren Sie fremde, thematisch passende Unternehmensangebote und Leistungen in Ihre Website.
- Sie können Informationspakete unterschiedlicher Anbieter schnüren: Zum Beispiel zu den Themen Reisen und Versicherungen.
- Sie können mit einem anderen Unternehmen gemeinsam eine Website aufbauen: Ein Fachverlag und ein Verband gründen ein gemeinsames Portal, ohne dass beide Partner sichtbar sind.
  Solche Formen sind sinnvoll, wenn
  - Die Website für ein Unternehmen allein zu teuer ist,
  - zwei oder mehrere Unternehmen sich online wechselseitig ergänzen und stützen können (Inhalt, Promotion),

- zwei oder mehrere Unternehmen ihre Schwächen ausgleichen können (Inhalt für ein Portal gegen Reichweite und Besucher für ein neu gegründetes Unternehmen).

Orientierung ist das A und O

Verlust der linearen Struktur

Das Problem der Hypermedialität ist, dass der Besucher ohne lineare Struktur die Orientierung verliert: Beim Buch weiß er, wo es beginnt, dass ein Kapitel dem anderen folgt und wann das Buch zu Ende ist. Im Internet weiß er dies nicht. Da aber der Besucher handeln muss, ist Orientierung das A und O im Internet: Erkennt er nicht sofort, welche Informationen die Website bietet und wo er sie finden kann, wo er schon war und was er noch nicht gesehen hat, verlässt er die Site – Studien zufolge nach etwa 8 Sekunden (zum Beispiel ZONA RESEARCH).

ENTWICKELN SIE EINE STRUKTUR, DIE IHREM BESUCHER SCHNELL EINLEUCHTET. LEITEN SIE IHN, ABER LASSEN SIE IHM DENNOCH DIE FREIHEIT, SELBST ZU ENTSCHEIDEN, WOHIN ER GEHT!

Die Orientierung unterstützen Navigationsleisten, Sitemaps und übersichtliche Einstiegseiten. Links müssen funktionieren – Untersuchungen zufolge tun sie dies häufig nicht.

Dramaturgie ist gefragt

Das Angebot soll Geschichten erzählen

Eine Parallele haben Buch und Internet: Beide müssen dem Nutzer eine dramaturgisch aufbereitete Geschichte erzählen und nicht bloß Sätze und Seiten aneinander reihen (siehe auch Kap. 4.6). Zerlegen Sie also Ihre Texte nicht lediglich in ihre Einzelteile oder bieten sie als Textschlauch an, sondern formulieren Sie eine zusammenfassende Einleitung und gehaltvolle Kurztexte (Umfang: etwa eine Bildschirmseite), die Sie auf der jeweils nächsten Seite vertiefen. Durch die unbegrenzte Speicherkapazität des Internet können Sie dies in beliebiger Breite und Tiefe fortsetzen. Der Besucher entscheidet, wie ausführlich er die Informationen abruft.

VERTEILEN SIE NICHT EINEN TEXT AUF MEHRERE SEITEN, SONDERN VERTIEFEN SIE!

Sie können neue Erzählformen nutzen, um Ihre Informationen optimal darzustellen. Durch Verlinken mit externen Informationen steigern Sie Glaubwürdigkeit und Nutzen. Sie können (eigene) Themenseiten einbinden und Links zu Testberichten und Verbraucherforen anbieten, um Meinungsvielfalt und Offenheit zu beweisen.

Buchtipp

Viele Beispiel für die gelungene Dramaturgie im Internet finden Sie in dem Buch „Internet-Journalismus“ von Klaus Meier (siehe Serviceteil).

15.2.3.2 Andere Netze

Internet und Intranet

Das Internet wächst mit dem Intranet zusammen. Das Intranet ist – ähnlich dem Internet – eine Kommunikations- und Arbeitsplattform, auf der Text, Bild und Ton elektronisch, schnell und günstig übertragen werden. Im Unterschied zum Internet ist das Intranet nicht von außen zugänglich, um Datensicherheit zu gewährleisten (siehe Kap. 6.6).

Das Intranet verfügt über interaktive Elemente (zum Beispiel Newsgroups, Chats, Videokonferenzen), die den direkten Austausch zwischen Mitarbeitern ermöglichen und daher die Beziehungsebene beeinflussen. Der Zugang zum Intranet kann unabhängig vom Internet eingerichtet werden, Nutzer können aber auch beide Services nutzen. Das Intranet richtet sich gewöhnlich an alle Mitarbeiter, kann aber auch nur für geschlossene Nutzerkreise zugänglich sein, wie zum Beispiel Führungskräfte oder Mitglieder eines Projektes.

Internet und Extranet

Wird das Intranet auf Externe erweitert, zum Beispiel auf Agenturen, Berater und Kunden, spricht man vom Extranet. Hierfür wird im Internet ein gesicherter Kanal zwischen Firmennetzwerken errichtet. Anwendungen ermöglichen das Arbeiten in gemeinsamer Umgebung, die durch ein Passwort geschützt sein und auf die alle Beteiligten zugreifen können (Groupware). Zu den Bestandteilen dieser Anwendungen gehören E-Mail, Videokonferenzen, Dokumentenverwaltung oder Diskussionsforen.

Diese Netze ermöglichen Ihnen, sämtliche Bezugsgruppen angemessen in Ihre Unternehmenskommunikation einzubeziehen. Zum Beispiel können autorisierte Mitarbeiter wie der Außendienst die bereitgestellten Informationen nutzen, um das Unternehmen einheitlich nach außen darzustellen.

15.2.3.3 Andere Technologien

Internet und Handy

Das Internet können Sie mit anderen Formen technisch vermittelter Kommunikation verbinden, die keinen Internet-Zugang erfordern, zum Beispiel mit Fax, PDA, Technologien wie UMTS und dem Fernsehgerät. Vorteil: Ihre Bezugsgruppen können aktiv, jederzeit und überall auf neueste Meldungen, wichtige Adressen und Informationen zugreifen. Allerdings steigt der Aktualitätsdruck weiter und das Aufbereiten der Informationen kann Doppelaufwand verursachen.

15.2.4 Interaktivität

Größtes Potenzial

Das größte Potenzial des Internet liegt in seiner Interaktivität. Sie erlaubt es Ihren Bezugsgruppen, die Kommunikation mit Ihnen nach individuellen Wünschen zu gestalten.

Unterscheiden Sie zwei Formen von Interaktivität: Die technische Interaktivität ist der Austausch zwischen Mensch und Computer. Die persönliche Interaktivität ist der Austausch zwischen Menschen im Internet.

15.2.4.1 Technische Interaktivität

Mensch und Maschine

Technische Interaktivität bedeutet, dass der Besucher Art, Inhalt, Zeitpunkt, Dauer, Folge und Häufigkeit seines Informationsabrufs weitgehend selbst bestimmt. Er zieht quasi die Informationen aus dem Computer, weshalb dieses Prinzip „Pull" genannt wird. Nur wenn Ihnen der Internetnutzer ausdrücklich erlaubt, ihm einen Newsletter zu schicken, dürfen Sie dies tun.

Besucher können in das Geschehen eingreifen und dieses nach ihren Wünschen ändern. Das Internet ist also ein aktives Medium: Der Besucher will nicht warten, bis etwas passiert, sondern er will etwas passieren lassen. Konsequenz für Ihre Unternehmenskommunikation: Sie muss den Nutzer ständig einbeziehen. Sie muss Seiten zum Handeln und nicht nur zum Lesen bieten (Stolpmann), denn zur Nutzung des Internet lehnt sich der Nutzer vor und nicht zurück (Aacker und Joachimsthaler).

UNTERNEHMENSKOMMUNIKATION IM INTERNET BEDEUTET DEN WANDEL VOM PASSIVEN ZUM AKTIVEN ERLEBNIS!

Beispiel: Persönlicher Rundgang

Zum Beispiel kann ein Nutzer auf seinen persönlichen Rundgang durch Ihr virtuelles Werk gehen, sich Maschinen und Produktionsverfahren ansehen, die er in der realen Welt aufgrund von Sicherheits- und Sauberkeitsbestimmungen nicht sehen könnte. Wird ein solches Online-Angebot optimal gestaltet, kann es lästiges Wälzen von Informationsmaterial und aufwändige Besuche sparen. Das Unternehmen senkt Kosten, da ein Teil der Beratung durch Mitarbeiter entfällt. Sehr gelungene Beispiele für gut strukturierte, praktische und hilfreiche Websites sind jene der DEUTSCHEN BAHN *(www.db.de)* und der LUFTHANSA *(www.lufthansa.de)*.

DIE PERSÖNLICHE BERATUNG DURCH E-MAIL ODER EINEN CHAT DARF DENNOCH NICHT ZU KURZ KOMMEN!

Weitere Beispiele

Technische Interaktivität ermöglicht Ihren Besuchern, Ihr Angebot oder einzelne Seiten anderen Internetnutzern zu empfehlen („Recommend a site", wie im Online-Angebot der INTERNATIONAL HERALD TRIBUNE). Solche Empfehlungen sind sehr glaubwürdig und wirken daher stark.

Schreiten Sie durch das Hotel DANIELI in Venedig und schwenken Sie die Kamera vom Boden bis zur Decke. Zur technischen Interaktivität gehören auch Online-Games und andere Zusatzangebote.

Mit Dialog ist technische Interaktivität nicht gleichzusetzen, denn der Nutzer kann nur jene Informationen abrufen, die der Anbieter bereitstellt. Dagegen wäre ein Dialog, wenn alle Beteiligten Form und Inhalte der Kommunikation festlegen, zum Beispiel als E-Mail, Forum oder virtuelle Konferenz (siehe Kap.15.3.4).

TECHNISCHE INTERAKTIVITÄT IST KEIN DIALOG!

15.2.4.2 Persönliche Interaktivität

Mensch und Mensch

Persönliche Interaktivität bedeutet Austausch zwischen Menschen. Ihrer Unternehmenskommunikation bietet die persönliche Interaktivität die Chance, eine persönliche Beziehung zu Ihren wichtigen Bezugsgruppen aufzubauen.

> DAS INTERNET BRINGT MENSCHEN ZUSAMMEN UND SCHAFFT BEZIEHUNGEN!

Aktive Kommunikation ist die wichtigste Anwendung

Aktive Kommunikation ist mittlerweile für rund 75 Prozent der Internetnutzer die wichtigste Anwendung. Zu diesem Ergebnis kommt die Benutzer-Analyse W3B von FITTKAU UND MAASS *(www.w3b.de)*. Der Wunsch nach Information ist innerhalb der vergangenen drei Jahre von 82 auf 76 Prozent zurückgegangen. E-Mail ist das vorherrschende Online-Kommunikationsmittel (84 Prozent), gefolgt von Chatten (14 Prozent), eCards (9 Prozent) und Newsgroups (5 Prozent). Von Null auf 15 Prozent kletterte das erstmalig untersuchte Instant-Messaging (siehe Kap. 15.3.4.2).

Jeder kann mit jedem reden

Beteiligte an der Kommunikation

Die Zahl der Kommunikationsteilnehmer im Internet kann erheblich variieren: von Einzelpersonen über Kleingruppen bis hin zum Massenpublikum:

- Zwei Menschen tauschen sich zum Beispiel per E-Mail aus (one to one).
- Ein Einzelner wendet sich an eine klar begrenzte Interessengruppe, zum Beispiel in einer Newsgroup (one to few).
- Ein Einzelner wendet sich an viele, zum Beispiel über einen Newsletter oder Web-TV (one to many).
- Viele reden mit vielen (many to many), zum Beispiel in Diskussionslisten und virtuellen Gemeinschaften. Dies ist so nur im Internet möglich.

Diese Formen können schnell wechseln: Der Besucher einer Website stellt dem Anbieter eine Frage per E-Mail, danach schließt er sich einer Diskussionsgruppe an. Wechseln kann die öffentliche Kommunikation in Diskussionsforen und Chats mit privater Kommunikation per E-Mail. Der Dialog kann direkt und zeitgleich im Rahmen von Live-Chats stattfinden oder indirekt und zeitlich versetzt in Diskussionsforen. Es gibt so viele Möglichkeiten, persönliche Interaktivität im Internet zu gestalten.

> PERSÖNLICHE INTERAKTIVITÄT IST FÜR DAS VERTRAUEN ESSENZIELL UND MACHT DEN MEISTEN SPASS! PERSÖNLICHE INTERAKTIVITÄT LÄDT ALSO DAS UNTERNEHMEN EMOTIONAL AUF!

Kaum Interaktivität in der Praxis

Die Praxis ist hiervon noch weit entfernt: Zum Beispiel nutzen nur wenige Versicherungen die Interaktivität des Internets für innovativen Service, intensiven Dialog und langfristige Kundenbindung. Zu diesem Ergebnis kommt eine Studie des Online-Dienstleisters DIRACTIVE, der die Online-Auftritte der 53 größten deutschen Versicherungen untersucht hat. Nur 15 Prozent ermöglichen, individuelle Geschäftsvorfälle personalisiert und passwortgeschützt abzuwickeln.

Die Chancen der Interaktivität stellen auch Herausforderungen dar: In den neuen Kommunikationsräumen (Verbraucherforen, Chats, Newsgroups und Communities) kann ein unzufriedener Besucher Tausenden und Hunderttausenden anderer Nutzer von seinen Erfahrungen berichten (dooyoo.de, ciao.com). Beobachten Sie deshalb diese Foren oder lassen diese beachten. Ist es sinnvoll, sollten Sie dort Stellung beziehen.

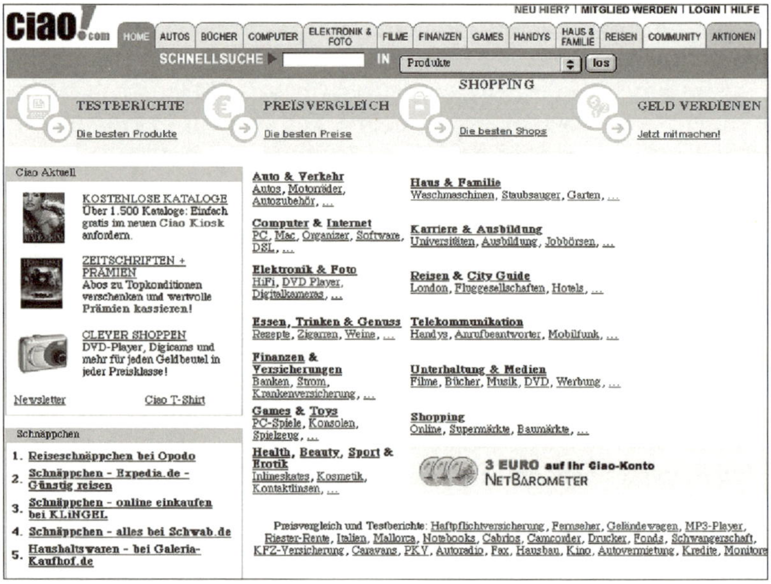

Abb. 15.3: Auf der Site von ciao.com können die Besucher Produkterfahrungen austauschen

Anforderungen an Interaktivität

Folgende Anforderungen sollten Sie beachten:

- Sie müssen zum Dialog bereit und dazu fähig sein: Die neuen Kommunikationsformen erfordern, dass Sie sich auf neue Verhaltensweisen, Sprachen und Kulturen Ihrer Bezugsgruppen einstellen.
- Sie müssen diese neuen Kommunikationsformen lernen und trainieren: Aussagen in einem Chat können Sie nicht ohne weiteres zurücknehmen. Dies erfordert Souveränität!
- Je mehr Kommunikationspartner beteiligt sind, desto schwerer lässt sich Kommunikation steuern.
- Der Aufbau von Gemeinschaften ist sehr anspruchsvoll und die kontinuierliche Gestaltung erfordert große Ressourcen. Der Nutzen der Gemeinschaft muss klar formuliert und immer neu bestätigt werden.

- Interaktivität erfordert technische Voraussetzungen und Kenntnisse in der Mediengestaltung.

Interaktivität kann Besucher binden

Ihre Website kann Besucher (dauerhaft) binden, indem sie ihnen das Gefühl vermittelt, dass sie das Medium aktiv gestalten können. Auf der Website und über die Website können Sie sich direkt mit Ihren Bezugsgruppen austauschen und dabei mit Ihren Kommunikationspartnern die optimale Form wählen.

Bindung durch aktives Gestalten

INTERAKTIVITÄT ERMÖGLICHT DEM UNTERNEHMEN GROSSE NÄHE ZU SEINEN BEZUGSGRUPPEN!

Besonders durch Gemeinschaften, die im Internet Communities heißen, wird der hoch involvierte Besucher an das Unternehmen gebunden (siehe Kap. 2.7.2.4). Die Community stellt ein soziales Erlebnis für ihn dar, was Instrumente wie Events online und offline unterstützen können. Laut einer Studie der JUPITER MMXI besuchten im Februar 2001 in Deutschland 3,6 Millionen Menschen mindestens einmal eine virtuelle Gemeinschaft – ein Jahr zuvor waren es 500.000. Gemeinschaftsformen erhöhen die Attraktivität der Website und die des Unternehmens. Mitunter entwickeln sich begeisterte Gruppen, die zu Experten werden. In einigen kleineren Nischen werden sie sogar zum Markt.

Unternehmen, die ihre Website als Dialogplattform nutzen und eine Gemeinschaft (Community) einrichten, erreichen eine höhere Kundenbindung. Das ergab die Untersuchung des Marktforschungsinstitutes EMIND@EMNID, das im Oktober 2002 rund 1.200 Internetnutzer befragte.

Grund: Gemeinschaften im Internet profitieren von viralen Effekten, das ist die virenähnliche Ausbreitung von Informationen durch die Hypermedialität, und geringen Streuverlusten. Schon 40 Prozent der privaten Internet-User, die älter als 14 Jahre sind, sind Mitglied einer Internetgemeinde. Davon besucht jeder vierte täglich oder mehrmals wöchentlich die Site des Betreibers. Die Mitglieder haben durchschnittlich mit acht weiteren Personen, die noch nicht der Gemeinschaft angehören, über das Online-Angebot gesprochen. Fünf der Angesprochenen werden danach laut Studie ebenfalls Mitglieder der Dialogplattform.

Gemeinschaften im Internet profitieren von viralen Effekten

15.3 Angebot

15.3.1 Form

Ihre Unternehmenspersönlichkeit transportieren im Internet drei Elemente: Design, Kommunikation, Verhalten.

Drei Elemente

Inszenieren Sie Ihre Botschaften immer wieder neu, damit sie nicht langweilig oder nicht mehr beachtet werden. Dies ist möglich durch Aussehen, Worte und Taten. Erstellen Sie einen Monats- und Jahresplan, der festgelegte Aktualisierungen festhält, zum Beispiel neue Themen, neue Links, Services und Events. So können Sie sich Ihre Kräfte einteilen und verschießen Ihr Pulver nicht auf einmal.

15.3.1.1 Design

Visuelles Erscheinungsbild im Internet

Der erste Blick entscheidet auch im Internet: Gelangen Besucher auf eine langweilige oder unübersichtliche Site, verlassen sie diese schon nach wenigen Sekunden. Ihrem visuellen Auftritt sollten Sie daher gerade im Internet besondere Aufmerksamkeit schenken.

Ihre Seiten sollten übersichtlich und dem Medium angemessen gestaltet sein (siehe Kap. 15.2). Falls möglich und sinnvoll, sollten Sie eine eigenständige Bilderwelt entwickeln (siehe Kap. 14.4).

Die Beratungsgesellschaft INTERBRAND hat herausgefunden, dass viele Websites austauschbar erscheinen, wenn das Logo entfernt ist. So erkannte nur jede fünfte der 50 Testpersonen die Startseite eines Internetbuchhändlers, obwohl mehr als die Hälfte aller Befragten die Site schon genutzt hatten. Die Einstiegsseite von COCA-COLA hatten dagegen fast alle sofort erkannt. Sorgen Sie für ein prägnantes und einzigartiges Design.

Das Design steht für Persönlichkeit

Bekannte Gestaltungskonstanten verwenden

Das Design sollte in allen Elementen die Unternehmenspersönlichkeit ausdrücken: Eine konservative Firma tritt mit konservativen Stilmitteln auf; ein fortschrittliches Unternehmen setzt fortschrittliche Gestaltungskomponenten und -prinzipien ein, wie zukunftsweisende Logo-Formate und progressive Schriften.

Gestaltungskonstanten für den Webauftritt können sein: Logo, Hausfarbe, Hausschrift, typographisch gestaltete Form des Slogans, Gestaltungsraster und stilistische Sollvorgaben für Abbildungen, Fotos und andere Illustrationselemente.

Sie sollten möglichst die bisherigen Konstanten Ihres Unternehmensdesigns (Corporate Design; siehe Kap. 14) verwenden und auf ihre Eignung für das Netz prüfen und gegebenenfalls anpassen – zum Beispiel das Firmenlogo in 3D.

Die Kanzlei UJCIC & SCHRÖDER präsentiert auf der Homepage ein Foto der beiden Inhaber. Dies wirkt sehr persönlich und ist gerade für Dienstleister sehr geeignet (*www.steuerundrecht.de*).

15.3.1.2 Kommunikation

Sprache im Internet

Die Sprache der Website drückt ebenfalls die Unternehmenspersönlichkeit aus. Dies betrifft sowohl die zentralen Kommunikationsinhalte als auch die Tonalität, also die sprachliche Anmutung:

- Ist der Stil aggressiv oder bescheiden?
- Sachlich oder blumig?
- Kurz und prägnant oder ausschweifend und nichts sagend?

Die zentralen Botschaften werden geprüft, ob sie widerspruchsfrei sind und dann in konkrete Texte angemessen umgesetzt.

Sprachhülsen vermeiden

Ein wichtiger Rat:

> VERMEIDEN SIE SPRACHHÜLSEN UND NICHTS SAGENDE WÖRTER, WIE „INNOVATIV", „KOMPETENT" UND „KUNDENFREUNDLICH"!

Zum einen haben diese Begriffe durch ihre häufige Verwendung keine prägnante Bedeutung mehr; zum anderen nimmt auch die Konkurrenz diese Eigenschaften für sich in Anspruch. Sie bieten daher keine Möglichkeit, sich im Wettbewerb kraftvoll zu positionieren.

Mehr Aufmerksamkeit erregen Sie allein schon durch die deutschen Übersetzungen „neuartig" und „fachkundig". Auch diese Begriffe stellen Sie so plastisch wie möglich dar und machen sie durch Beispiele lebendig: Was also bedeutet neuartig für Ihr Unternehmen?

- Arbeiten Sie nach den neuesten Methoden?
- Sind Ihre Leistungen stets auf dem neuesten Stand?
- Bringen Sie neuartige Produkte auf den Markt?
- Sie sind Vorreiter in sozialen Belangen?
- Worin sind Sie kompetent?
  - In dem, was Sie wissen?
  - In dem, wie Sie etwas bearbeiten?
  - Oder darin, wie Sie Probleme lösen?

Gerade Dienstleister haben es schwer, dies auf den Punkt zu bringen. Aber:

> SIE MÜSSEN IHREN BEZUGSGRUPPEN IHRE STÄRKEN KONKRET UND ANSCHAULICH VERMITTELN, DAMIT DIESE IHRE EINZIGARTIGE UNTERNEHMENSPERSÖNLICHKEIT ERKENNEN UND SCHÄTZEN LERNEN!

15.3.1.3 Verhalten

Wichtig und schwierig

Das Verhalten ist zentraler Bestandteil Ihres Internetauftritts, denn Ihr Unternehmen wird an seinem Verhalten gemessen. Ihr Handeln muss deshalb einlösen, was Design und Kommunikation versprechen. Wollen Sie als kundenorientiert gelten, dann sollten Sie sich auch so verhalten, zum Beispiel durch Service rund um die Uhr oder individuelle Lösungen.

Hilfreiche Übersicht

Stellen Sie sicher, dass Sie mit Ihrem Internetauftritt die festgelegten Kommunikationsziele verfolgen! Erstellen Sie eine Übersicht, aus der die angestrebten Imagekomponenten sowie die jeweilige Umsetzung deutlich werden. Hier einige Beispiele:

Angestrebtes Image / Umsetzung	Design	Kommunikation	Verhalten
1. neuartig	neuartiges Logo, neuartige grafische Umsetzung von Inhalten	Erklärung der Neuartigkeit der Leistungen	innovativer Service
2. kompetent	professionell	Begründung der Kompetenz durch Beispiele	Expertenservice, Beratungshotline
3. dialogorientiert	interaktives Design, das der Besucher steuert	Hinweis auf Gesprächsangebote, Berichte über Diskussionsveranstaltungen	Aufruf zu Feedback, E-Mail, Telefon, Videokonferenz

Abb. 15.4: Beispiele für die stimmige Umsetzung der Unternehmenspersönlichkeit

15.3.2 Inhalt

Der Nutzen muss stimmen

Ihre Unternehmenskommunikation im Internet muss den Besuchern konsequent Nutzen stiften. Immerhin kostet der Besuch Zeit und Geld! Dieser Nutzen kann in drei Bereichen liegen: Information, Service und Unterhaltung.
Diese Unterscheidung bietet sich aus folgendem Grund an: Untersuchungen zeigen, dass Besucher von Websites vor allem Informationen suchen. Sind sie kürzer als 3 Monate im Netz, surfen sie übrigens ungezielter und suchen stärker nach Unterhaltung.

Der Mehrwert kann auch im zusätzlichen Service liegen – er unterstreicht die Kompetenz Ihres Unternehmens und stärkt die emotionale Bindung der Bezugsgruppen.

Da Menschen allgemein aber immer weniger Involvement zeigen und unter Informationsüberflutung leiden (siehe Kap. 2.7.2.4), können Sie die Besucher durch ein attraktives Unterhaltungsangebot auf Ihrer Website binden.

Eine Übersicht zeigt, welche Bezugsgruppe Sie mit welchen Inhalten bedienen:

Bezugsgruppe / Inhalte	Information	Service	Unterhaltung	Aufteilung Summe = 100 %
1. Presse	Presseinformationen	Expertenchat	Online-Events	80 : 5 : 15
2. Kunden	Produktinformationen	Infoline	Gewinnspiele	40 : 50 : 10
3. Bezugsgruppe				0 : 100 : 0
4. Bezugsgruppe				50 : 50 : 0

Abb. 15.5: Übersicht über die Kommunikation mit Bezugsgruppen

Die Kombination von Information, Unterhaltung und Service bietet viele Möglichkeiten, sich gegenüber seinen Konkurrenten abzugrenzen:

Abgrenzung zur Konkurrenz

- Das Unternehmen bietet andere Informationen als seine Wettbewerber.
- Es bietet anderen Service als seine Konkurrenten.
- Es bietet andere Unterhaltung.

Ihre Website kann sich auch durch alle drei Aspekte oder die Kombination einzelner abgrenzen:

ES GIBT VIELE MÖGLICHKEITEN, SICH ABZUHEBEN UND EIN EINZIGARTIGES ANGEBOT AUFZUBAUEN!

Was auch immer es ist: Irgendetwas müssen Sie den Besuchern Ihrer Site bieten! Warum sollte Sie sonst jemand besuchen?

Was können Sie an Information, Unterhaltung und Service konkret bieten? Hier einige Anregungen:

15.3.2.1 Information

Folgende Informationen über die Unternehmenspersönlichkeit Ihres Unternehmens kann die Website beinhalten:

Mögliche Inhalte

- **Allgemeine Unternehmensinformationen:** Firmenprofil (Leitidee, Leitsätze und Motto), Strategie, Unternehmensgeschichte, Wirtschaftskennzahlen (Finanzinformationen, wie zum Beispiel Geschäftsberichtsinhalte, aktueller Aktienkurs), Neues aus Forschung und Entwicklung, Aus- und Weiterbildung, Standorte, Stellenausschreibungen.
- **Informationen über Mitarbeiter:** Vorstand/Geschäftsleitung, Verzeichnis der Mitarbeiter mit Kundenkontakt, zuständige Ansprechpartner.
- **Aussagen des Unternehmens:** Pressemitteilungen, Pressespiegel, Reden von Mitarbeitern, Geschäftsbericht, Informationen zu Kommunikationsmaßnahmen (zum Beispiel Hauptversammlung).
- **Projektarbeit:** Kooperationen mit anderen Firmen etc.
- **Informationen über das gesellschaftliche Engagement:** zum Beispiel Umweltschutz und Sponsoring (zum Beispiel *www.adidas.de*).

Umfangreichere Dokumente sollten Sie im üblichen PDF-Format anbieten. Dieses Format ermöglicht, Texte samt Abbildungen ins Web zu stellen, per E-Mail zu versenden oder auf verschiedensten Ausgabegeräten mit immer gleichem Layout auszudrucken.

Umfangreichere Dokumente sollten Sie im PDF-Format anbieten

Im Internet können Sie eine Fülle von Informationen anbieten. Sie müssen allerdings für die Bezugsgruppen bedeutend, nützlich und gut strukturiert sein!

Häufig gestellte Fragen zum Unternehmen können Sie in so genannten FAQs (Frequently Asked Questions) beantworten. Sie gehören zu den Standardinstrumenten im Internet. Ermöglichen Sie den schnellen

Frequently Asked Questions

Überblick, indem Sie die Fragen nach Themen gliedern. Aktualisieren Sie diesen Katalog durch häufige Fragen, die Sie in E-Mails erhalten.

15.3.2.2 Service

Nähe zu den Bezugsgruppen

Service unterstreicht Ihre Nähe zu den Bezugsgruppen und zeigt, dass Sie deren Wünsche und Bedürfnisse kennen.

- **Fachbeiträge:** Schreiben Sie eigene Fachbeiträge, die Sie auf der Website veröffentlichen:
  - Bäcker: Regelmäßig neue Rezepte (zum Beispiel der Jahreszeit entsprechend),
  - Steuerberater: Rechtstipps zu ausgewählten Themen,
  - Museum: Künstlerportraits,
  - Bank: Anlageempfehlungen,
  - Reisebüro: Reisetipps.

  Diese Beiträge unterstreichen Ihre Kompetenz.

Terminservice

- **Termine:** Bieten Sie einen Terminplaner mit aktuellen und interessanten Terminen:
  - **Aus dem Unternehmen:** Pressekonferenzen, Schulungen in Ihrem Unternehmen, der Tag der offenen Tür,
  - **Aus der Branche:** Messen, Präsentationen, Ausstellungen, Praktikums- und Stellenbörse,
  - **Aus der Region:** Eröffnungen, Feiern, Veranstaltungen, Wettbewerbe,
  - **Zu einem Thema:** Tourneedaten.

  Der Terminkalender darf keine Termine ankündigen, die bereits stattgefunden haben. Er bietet eine mehrmonatige Vorschau auf künftige Ereignisse.

Bestellangebote

- **Bestellangebote:**
  - Ermöglichen Sie, Ihre Informationsmaterialien abzufordern. Vorteil für Sie: Aufgrund der eingehenden Bestellungen (ebenfalls via E-Mail) können Sie Rückschlüsse auf die Interessen und Informationsbedürfnisse sowie Namen und Adressen der Nutzer ziehen.
  - Stellen Sie allgemeine Informationen zu Themen aus Ihrem Unternehmen und Ihrer Branche bereit, zum Beispiel einen Hochschulführer für Deutschland, eine Landkarte für die Region, einen Ratgeber für Belletristik, Testberichte.
- **Weitere Serviceangebote:**
  - Allgemeine Infoline: Zum Beispiel bietet *www.team-telekom* eine Anti-Doping Hotline mit Informationen für Sportler, Trainer, Eltern und Betreuer sowie einen Bestellservice für Broschüren.
  - Kundenschulung und -Weiterbildung
  - Ferndiagnose, Wartung und Reparatur
  - Interaktive Beratungsprogramme: Beratung zu Versicherungen, Bank/Finanzdienstleistungen, Reisen, Autos, Computerhardware, HiFi-Produkten etc.

- Jobbörse und Trainingsprogramme
- Kostenlose Downloads (zum Beispiel Bildschirmschoner, Kleinanzeigen)
- Recherche- und Archivservice: Studien, Reports, Medien, Links und Lexika etc.

15.3.2.3 Unterhaltung

Emotionaler Mehrwert

Unterhaltung kann der Mehrwert des Internet sein, um informationsübersättigte Bezugsgruppen auf der Site zu binden. Unterhaltung und die damit verbundenen Emotionen ermöglichen einen Wettbewerbsvorteil (siehe Kap. 2.4).
Unterhaltungsangebote sind eine große Herausforderung, weil sie so attraktiv sein müssen, dass die Besucher wiederkommen. Starten Sie zum Beispiel eine regelmäßige Meinungsumfrage zu einem aktuellen Thema als „Frage der Woche" oder „Frage des Monats", die Ihre Besucher beantworten können und deren Auswertung sofort angezeigt wird. Die eingesetzten Spiele und Rätsel nutzen Sie für Ihre eigene Unternehmenskommunikation: Stellen Sie Fragen, die mit Ihrem Unternehmen zu tun haben und verlosen Sie attraktive Preise.

Verankern Sie Informationen mit einem spielerischen Mehrwert

Zum Beispiel können Sie im *www.genusstempel.de* testen, ob Sie ein Feinschmecker sind. Dort finden Sie auch den Rezepttipp des Monats. Im Gewinnspiel können die Besucher einen 60-minütigen Champagner-Flug über München gewinnen – so verankern Sie Informationen mit einem spielerischen Mehrwert.

Weitere Beispiele

Weitere Beispiele für Unterhaltung:
- Spiele (Rollenspiele, Phantasie- und Strategiespiele)
- Preisausschreiben und Gewinnspiele (*www.jaxx.de* und *www.team-telekom.de*).
- Chatrooms *(www.west.de)*
- Gimmicks zum Versenden per E-Mail (zum Beispiel elektronische Postkarten)
- Unterhaltsame Beiträge: Filme, Comics, Glossen, Musik etc.

Eine unterhaltsame Bereicherung Ihrer Website können auch Events sein. Sie werden in Kapitel 16 vorgestellt.

15.3.2.4 Beispiel Themenplattform

Gebündelte Informationen rund ums Thema

Information, Service, Unterhaltung rund um ein Thema – Themenplattformen sind ein einzigartiges Forum, das es so nur im Internet gibt. Bisher ist es so, dass ein Unternehmen eine eigene Broschüre herausgibt, eine eigene Pressekonferenz veranstaltet und einen eigenen Tag der offenen Tür durchführt. Im Internet kann es durch die Besonderheiten der Multimedialität, Interaktivität und Hypermedialität eine eigene Themenplattform gestalten oder sich an Themenplattformen anderer Anbieter beteiligen.

DAS UNTERNEHMEN KANN SICH IN EINEM THEMA ZUM EXPERTEN PROFILIEREN!

Die Grundidee dieser Sammlungen ist, nicht aus Anbieter-, sondern wesentlich stärker aus Nutzersicht zu denken. Und der Nutzer sucht meist ein breites Spektrum an Informationen, aus dem er auswählen kann, und nicht nur einen Anbieter.

Informationen unterschiedlicher Anbieter zu einem umfassenden Infopaket zusammenstellen

Was liegt also näher, als Informationen unterschiedlicher Anbieter zu einem umfassenden Infopaket zusammenzustellen und mit einem reichhaltigen Service- und Unterhaltungsteil anzureichern? Beispiele lassen sich im Bereich Sport, in der Medizin und vielen anderen finden.

15.3.3 Dialog mit Bezugsgruppen

Viele Instrumente

Das Internet ermöglicht Ihnen hervorragend den Austausch mit Ihren Bezugsgruppen, zum Beispiel durch E-Mail, Diskussionsforen und interaktive Fragestunden. Für welches dieser Instrumente Sie sich entscheiden, sollte sich aus Ihren Kommunikationszielen und den Wünschen Ihrer Bezugsgruppen ergeben.

Richten Sie einen virtuellen Begegnungsraum mit Ihren Bezugsgruppen ein, der einen Marktplatz der Informationen und des Austauschs zu bestimmten Themen darstellt. Aber vergessen Sie nie:

SIE DÜRFEN DAS INTERNET ALS GAST NUTZEN. VORAUSSETZUNG HIERFÜR IST, DASS MAN DIE VORHANDENEN REGELN EINHÄLT!

Zeitgleich – oder nicht?

Synchrone und asynchrone Kommunikation

Bei den Kommunikationsformen wird zwischen synchronen und asynchronen Medien unterschieden: Für die Nutzung synchroner Medien müssen die Beteiligten gleichzeitig online sein; die Kommunikation über asynchrone Medien kann zu beliebiger Zeit erfolgen.

- **Asynchrone Kommunikation:** WWW, E-Mail (Mailingliste), Diskussionsforen (Newsgroups und Webforen), Teile von Groupware wie zum Beispiel Dokumentenverwaltung.
- **Synchrone Kommunikation:** Chat, Video- und Audiokonferenzen, Whiteboard, 3D-Chats mit Avataren.

Synchrone Medien erlauben stärkeres Interagieren der Beteiligten und spontane Reaktionen; dafür sind Sie zeitlich festgelegt und die Termine müssen mit allen Beteiligten abgestimmt sein. Asynchrone Medien können Interessenten jederzeit nutzen, sie können Beiträge anderer in Ruhe lesen, eigene einstellen und Dokumente herunterladen.

Dialog stimulieren

Stimulieren Sie den Dialog, indem Sie auf Ihrer Website betonen, dass Sie sich Anfragen und Austausch wünschen. Nennen Sie die Ansprechpartner mit Namen (keine unpersönlichen Mailadressen wie *„Unter-*

nehmensname.de") und stellen Sie diese mit den Mitteln des Internet angemessen dar, zum Beispiel mit Bildern und Kurzvideos.

Hier einige Instrumente für den Dialog mit Ihren Bezugsgruppen:

15.3.3.1 E-Mail

Standard-Instrument

Die E-Mail ist bereits in der internen und externen Kommunikation etabliert. Sie bietet viele Vorteile, wie schnelle und kostengünstige Übermittlung. Ein Nachteil ist, dass sich viele Menschen von einer Flut von E-Mails belästigt fühlen. Den Nutzen der E-Mail sollten Sie daher klar herausstellen – möglichst schon in der Betreffzeile.

STIFTEN SIE NUTZEN, DAMIT DIE MAILBOX NICHT ZUR MÜLLBOX WIRD!

15.3.3.2 Instant Messaging

Schnelle und spontane Kommunikation

Instant Messaging (IM) ist die sofortige und spontane Kommunikation über das Internet: Benutzer können mit einer Software dringende Nachrichten verschicken und empfangen, zum Beispiel mit dem AOL INSTANT MESSAGER oder dem MICROSOFT NETWORK (MSN). Nachrichten erscheinen in Windeseile auf dem Bildschirm des Empfängers. Nutzer können feststellen, wer gerade online ist, zum Beispiel andere Mitarbeiter im Unternehmensnetzwerk. Hierzu ist eine „Awareness Software" erforderlich wie zum Beispiel ICQ („I seek you"; *www.icq.com*).

Viele Unternehmen setzen bereits IM ein, vor allem für Konferenzschaltungen und die informelle Kommunikation unter Mitarbeitern. Die RADICATI GROUP nimmt in ihrer Marktstudie an, dass Instant Messaging im Lauf der nächsten drei Jahre in Unternehmen selbstverständlich wird. Die Zahl der IM-Konten für Geschäftszwecke werde von 28 Millionen im Jahr 2000 auf 687 Millionen im Jahr 2004 steigen.

Für Ihre Unternehmenskommunikation bietet Instant Messaging Vor- und Nachteile: Sie können schnell und einfach mit Ihren Bezugsgruppen kommunizieren. Wenn die Bezugsgruppen wissen, dass Sie schnell und leicht zu erreichen sind, könnten sie übermäßig Gebrauch davon machen. Aber:

VERSPRECHEN SIE SPONTANEITÄT, MÜSSEN SIE DIES HALTEN!

15.3.3.3 Mailinglisten

Der klassische Verteiler

Die Urform der Mailingliste ist der klassische Verteiler: eine Liste mit Namen, an die Sie regelmäßig Ihre Mitteilungen schicken. Im Internet ist dies einfacher: Sie schicken eine E-Mail an eine zentrale Adresse. Dort verteilt ein Computer (Listserver) die E-Mails an die Abonnenten der Liste. Prinzipiell kann jeder, der über einen Listserver verfügt, seine eigene Mailingliste einrichten und seine Bezugsgruppen als Abonnenten zulassen. Ein Verzeichnis findet sich unter *www.liszt.com*.

Newsletter und Diskussionslisten

Es gibt zwei Formen von Mailinglisten: Newsletter und Diskussionslisten.

- Bei **Newslettern** erfolgt die Kommunikation nur vom Anbieter (Listeneigner) zum Abonnenten. Will dieser reagieren, muss er andere Kommunikationskanäle nutzen, zum Beispiel E-Mails.
- Bei **Diskussionslisten** erhalten alle Abonnenten jede an die E-Mail-Adresse der Liste gerichtete Mail. Es handelt sich also um Kommunikation zwischen vielen Absendern und vielen Empfängern.

Newsletter

Aktive Kommunikation

Newsletter versorgen Empfänger aktiv mit Informationen. Der Newsletter ist ein kontinuierlich erscheinender Informationsdienst in Form von E-Mails, der kostenlos abonniert werden kann. Die Inhalte sind ausschließlich vom Anbieter erstellt. Mehrwert von Newslettern können schwer zugängliche Informationen sein, Themen mit hohem Informationsbedarf, Themen mit schneller Informationserneuerung.

Der Mehrwert muss stimmen! Nur jener wird sich in die Liste eintragen, der sich einen deutlichen Nutzen verspricht!

Zu den Vorteilen von Newslettern gehört, dass sie die Bezugsgruppen direkt und ohne großen Streuverlust erreichen. Sie sind von den Empfängern abonniert und werden daher stärker beachtet.

E-Mail-Newsletter bieten viele Kontaktchancen: Neben den herkömmlichen Möglichkeiten traditioneller Medien (*„Rufen Sie uns an!“, „Schreiben Sie uns eine Postkarte, um an der Verlosung teilzunehmen!“*) können die Abonnenten den Anbieter sowohl per E-Mail als auch über das WWW kontaktieren. Dies bedarf nur eines Mausklicks – hierdurch ist die Hemmschwelle zur Kontaktaufnahme deutlich niedriger als bei traditionellen Medien.

Maßgeschneiderte Informationen

Bieten Sie einen Fragebogen auf Ihrer Website an, in den Ihre Besucher ihre Informationswünsche eintragen können. Erstellen Sie hieraus maßgeschneiderte Newsletter. Sofern dies für Ihr Unternehmen sinnvoll ist, können Sie Newsletter mithilfe von externen Dienstleistern individualisieren: Jeder Empfänger erhält so sein eigenes Exemplar der Aussendung. Möglich ist dies durch Entbündeln in einzelne Bestandteile (zum Beispiel Rubriken, verschiedene Angebote) und anschließendes Zusammenführen entsprechend den Empfängerprofilen, die eine Datenbank verwaltet.

Erscheinungsweise und Versand

Newsletter sollten regelmäßig erscheinen, also täglich, wöchentlich, monatlich oder als Zusammenfassung in größeren Abständen. Der Versand kann mit einem herkömmlichen E-Mail-Programm (zum Beispiel Microsoft Outlook, Eudora, Pegasus) erfolgen. Achten Sie darauf, dass Sie die Empfänger als Blindkopie eintragen, denn sonst beginnt die E-Mail mit einer langen Namensliste, die zudem die Vertraulichkeit stört. Ist der Aufwand höher, sollten Sie auf Spezialprogramme wie Listserver oder Mailinglist-Programme zurückgreifen (ListServ, Majordomo etc.).

Wichtige Regeln

Wichtige Regeln

- Schicken Sie niemals Newsletter, ohne das Einverständnis der Empfänger eingeholt zu haben.
- Die Abonnenten müssen sich darauf verlassen können, dass Sie mit den Daten vertraulich umgehen.
- Schicken Sie keine E-Mails im HTML-Format. Dies führt immer wieder zu Problemen, da sie meist mit Grafiken, Animationen, Scripts und Ähnlichem gespickt sind und viel Speicherplatz benötigen. Stattdessen lassen sich Standard-E-Mails leicht archivieren, ausdrucken, bequem löschen und automatisch umleiten. Sie werden daher viel häufiger abonniert als HTML-Dokumente.

Einige Tipps zu Aufbau und Gestaltung:

Aufbau und Gestaltung

- Der Newsletter zeigt schon im Kopf die Themen, damit sie auf den ersten Blick und ohne Scrollen erkennbar sind.
- Trennen Sie Werbung und Inhalt deutlich, damit der Newsletter ein Infobrief bleibt und nicht zur Werbesendung verkommt.
- Der Abspann enthält Hinweise zum Bestellen und Abbestellen des Newsletters. Das Impressum und der Haftungsausschluss sollten nicht fehlen.
- Die Ansprache ist gezielt und persönlich: Absender ist eine Person, der man antworten kann – also „claus.meier@meine-firma.de".
- In der ersten Mail stellen Sie klar, wie Sie an die Adresse gekommen sind („ ... *Sie haben sich auf unserer Website* ... ") und dass der Empfänger **nichts** erhält, wenn er nicht antwortet.
- Die Betreff-Zeile ist aussagekräftig, damit der Empfänger neugierig wird. Hier gelten die gleichen Regeln wie für Presseinformationen (siehe Kap. 13.2.1).
- Der Aufbau folgt nach dem Prinzip: Kopf, Textkörper und Fuß.
- Wichtige und aktuelle Meldungen stehen am Anfang. Je aktueller die Nachrichten, desto höher ist der Nutzen für den Leser.
- Achten Sie auf ein übersichtliches, wiederkehrendes Layout, um das Wiedererkennen zu gewährleisten.
- Die Überschriften der einzelnen Artikel sind kurz und prägnant. Ein Link auf Ihre Website ist hilfreich. Dort können Sie das Thema mit allen Vorzügen des Internets aufbereiten.
- Der Newsletter enthält kurze, prägnante Sätze sowie einen Ansprechpartner.
- Der Text enthält maximal 70 Zeichen pro Zeile. Achten Sie auf eine Schriftgröße von 10 bis 12 Punkt und eine gut lesbare Schriftart, zum Beispiel Verdana oder Arial.

Diskussionslisten

Kommunikation in beiden Richtungen

In Diskussionslisten findet Kommunikation in beiden Richtungen statt: Die Teilnehmer sind zum einen Empfänger der E-Mails über den Verteiler, zum anderen können sie selbst Sender sein und E-Mails an alle Abonnenten schicken.

Arten von Diskussionslisten

Im Gegensatz zum Newsletter stellt der Betreiber einer Diskussionsliste eher die Infrastruktur als den Inhalt zur Verfügung, mit der die Abonnenten kommunizieren. Folgende Arten gibt es:

- **Unmoderierte Diskussionslisten:** Alle eingehenden Beiträge werden automatisch an alle Teilnehmer weitergeleitet.
- **Moderierte Diskussionslisten:** Der Betreiber der Liste sichtet eingehende E-Mails, ehe er sie an die anderen Mitglieder weiterschickt. Damit kann er verhindern, dass unpassende Beiträge und Werbung in die Liste gelangen. Sollten Sie eine eigene Diskussionsliste erwägen, ist eine behutsame Moderation empfehlenswert, mit der Sie Hinweise auf die Regeln der Diskussionsliste geben können.
- **Offene Diskussionslisten:** Jeder kann sich eintragen, der E-Mails aus der Liste erhalten und sich an den Diskussionen beteiligen möchte.
- **Geschlossene Diskussionslisten:** Die Teilnahme ist nur unter bestimmten Voraussetzungen möglich. Manchmal muss sich sogar ein „Bewerber" kurz mit einer E-Mail vorstellen oder bestimmte Qualifikationen nachweisen.

Starke Beziehungen möglich

Eine Diskussionsliste lebt von und mit ihren Abonnenten – sie produzieren den Inhalt und können eine ausgeprägte Beziehungsstruktur untereinander schaffen. In diesem Fall spricht man von einer Interessengemeinschaft (Community of Interest) oder virtuellen Gemeinschaft (*www.senior.com*).

15.3.3.4 Gemeinschaften

Soziale Gruppen

Als Gemeinschaften im Internet werden Gruppen verstanden, die an einem bestimmten Ort im Internet zusammenkommen, sich austauschen und einen Nutzen davon haben. Dieser Nutzen kann sachlich-rational sein (Information, Wissen) oder emotional (Unterhaltung). Vielfach vernachlässigen dies die Unternehmen und sehen ihre Aufgabe vor allem darin, eine geeignete Plattform ohne Inhalt zur Verfügung zu stellen. Warum sollen Surfer diese nutzen? Daher:

BIETEN SIE FORM UND INHALT!

Neues Wissen aus der Gemeinschaft

Ideal für neues Wissen

Gemeinschaften bieten hervorragende Voraussetzungen für das Entstehen von neuem Wissen: Die Mitglieder tauschen Informationen aus, kombinieren sie neu und schaffen hierdurch ungewöhnliche Ideen und neue Lösungen. Unterschiedliche Ansichten und Deutungen setzen mehr kreative Prozesse in Gang, als das bei den Einzelnen der Fall wäre.

Die Zusammenarbeit zwischen Menschen aus unterschiedlichen Fachgebieten bewährt sich besonders gut, weil sie über unterschiedliche Kompetenzen verfügen.

Funktionsprinzip

So funktioniert eine virtuelle Gemeinschaft:

- Die Informationen fließen gut.
- Die Beteiligten teilen Wissen und Fähigkeiten.
- Sie stellen die eigene Kompetenz in den Dienst der gemeinsamen Sache.
- Sie unterstützen sich gegenseitig.
- Sie lassen intensive Beziehungen zu.
- Sie zeigen Anerkennung und Aufmerksamkeit.
- Sie nehmen die Bedürfnisse anderer ernst und äußern eigene.
- Sie sind authentisch.
- Sie lassen andere neben sich und öffnen sich für andere.

Vorteile der virtuellen Gemeinschaft

Virtuelle Gemeinschaften können für Ihre Unternehmenskommunikation sehr nützlich sein:

- Sie lernen die Teilnehmer, deren Interessen, Wünsche und Bedürfnisse genau kennen.
- Gemeinsam können Sie Themen entwickeln und neue Lösungen formulieren.
- Gemeinschaften fördern die Identifikation und das Entstehen von Vertrauen zwischen allen Beteiligten und schaffen damit die Grundlage für eine langfristige Beziehung.

Aufbau und Gestaltung sind sehr anspruchsvoll

Virtuelle Gemeinschaften bieten zwar Vorteile, doch der Aufbau und die Gestaltung sind sehr anspruchsvoll:

- Die Gemeinschaft benötigt ein gemeinsames Selbstverständnis (Identität), das sie formulieren und leben muss: Ist sie elitär? Oder für alle Interessierten zugänglich? Wie ist der Umgangston?
- Es muss Regeln geben, die alle Teilnehmer befolgen.
- Es muss feststehen, wie mit Konflikten und Regelverstößen umgegangen wird. Alle Teilnehmer müssen sich hierzu bekennen. Eine Gemeinschaft teilt nicht nur gemeinsame Interessen, sondern auch ein Selbstverständnis, das die Beziehungen regelt!
- Möglichst schnell muss eine bestimmte kritische Masse an Mitgliedern erreicht sein, damit sich das Angebot mit Inhalten füllt. Für die erforderliche Zahl an Teilnehmern gibt es keine Regel – schon zehn aktive Besucher können eine kleine Gemeinschaft bilden (zum Beispiel Journalisten).
- Die Gemeinschaft muss aktiv sein und lebendig gehalten werden, damit die regelmäßige Teilnahme für alle Beteiligten nützlich ist.
- Mitglieder könnten sich negativ über das Unternehmen äußern und so dessen Image schädigen.

- Die rechtliche Verantwortung für die Inhalte ist nicht eindeutig geregelt.

Erheblicher Aufwand

Fazit: Eine virtuelle Gemeinschaft ist aus Sicht der Unternehmenskommunikation ein attraktives Instrument, weil sie eine langfristige, nutzbringende Kommunikation mit den Bezugsgruppen ermöglicht. Der Aufwand ist jedoch erheblich! Prüfen Sie sorgfältig, ob Sie eine eigene virtuelle Gemeinschaft aufbauen sollten!

Alternativ können Sie sich in Diskussionslisten anderer Unternehmen einschreiben. Machen Sie hierzu jene Listen ausfindig, die Ihre Bezugsgruppen lesen. Beteiligen Sie sich mit Beiträgen und antworten Sie kompetent auf Fragen. Vergessen Sie in der Signatur Ihre Kontaktdaten nicht!

15.3.3.5 Newsgroups

Pinnwände im Internet

Newsgroups sind die Pinnwände im Internet. Ihr Bereich im Internet heißt **Usenet**. Da viele Online-Nutzer noch nicht mit dieser Technik vertraut sind, greifen viele Organisationen auf webbasierte Newsgroups zurück – dies vermeidet Medienbrüche.

Jeder kann in einer Newsgroup Beiträge schreiben, die weltweit in einem Netz von News-Servern bereitgestellt werden. Jeder Interessent kann die Beiträge lesen, beantworten und kommentieren. Die Beiträge sind meist unverbindlicher, anonymer und ungewöhnlicher als in Mailinglisten, weil sie sich meist an keine so klar umrissene Gruppe richten. Aber gerade deshalb kann der Blick in eine Newsgroup interessant sein.

Newsgroups können Sie nicht abonnieren. Stattdessen wählen Sie eine Newsgroup auf einem News-Server an und laden herunter, was dort in den vergangenen Stunden oder Tagen angepinnt wurde. Bevor Sie sich beteiligen, sollten Sie die Gepflogenheiten der Newsgroup beobachten – Klima und Diskussionskultur können sehr unterschiedlich sein. Es gibt Richtlinien, wie sich Besucher zu verhalten haben.

AUCH IM INTERNET KANN NICHT JEDER TUN, WAS ER WILL!

Forum der Meinungsbildung

Newsgroups haben sich als wichtiges Forum der Meinungsbildung etabliert: Menschen diskutieren kritisch und kontrovers über Themen und Trends aus allen Gesellschaftsbereichen. Die veröffentlichten Meinungen und Informationen unterliegen keinem institutionellen Filter. Dies birgt die Gefahr, dass veröffentlichte Informationen falsch sind und der Anbieter nur schwer identifizierbar ist. Eine systematische Beobachtung und Auswertung der Inhalte ist daher sinnvoll, um Themen und Trends früh zu erkennen (siehe auch Kap. 12.4.3).

WWW

Linktipp

Newsgroups zu einem bestimmten Thema können Sie unter *http://groups.google.com* finden.

Buchtipp

Viele Hinweise zu Newsgroups enthält das gleichnamige Buch von Bins und Piwinger. Empfehlenswert für das Verstehen von Newsgroups und anderen Dialogformen im Internet ist das Buch „Sozialpsychologie des Internet" von Nicola Döhring (weitere Hinweise siehe Serviceteil).

15.3.3.6 Weitere Instrumente

Es gibt noch weitere Instrumente, mit denen Sie den Austausch mit Ihren Bezugsgruppen über das Internet gestalten können:

- **Interaktive Fragestunden:** Sie sind eine ausgezeichnete Möglichkeit, gezielt auf Fragen einzugehen. Sie können damit Kompetenz beweisen und langfristige Kundenbindung erzeugen. Eine regelmäßige Fragestunde können Sie asynchron als Diskussionsforum gestalten, aber auch als synchrones Medium mit Bildtelefon und Videokonferenzen unterstützen. Nehmen mehrere Teilnehmer teil, ist Moderationsgeschick erforderlich.

Gezielt auf Fragen eingehen

- **Chat:** Zu den Vorteilen von Chats gehört, dass die Teilnehmer spontan reagieren. Chats bieten Raum für informelle Kontakte und fördern den Gruppenzusammenhalt. Allerdings eignen sie sich nur begrenzt für inhaltliche Diskussionen, weil die Kommentare kurz gehalten sein müssen – die Zeit ist sehr knapp, sich Antworten auf Fragen zu überlegen. Am besten sind sie zeitlich festgelegt und stark moderiert, da sonst Durcheinander entsteht.

  Beispiele für den Einsatz von Chats in der Unternehmenskommunikation sind virtuelle Gespräche mit Prominenten als Events oder lockerer Erfahrungsaustausch. Das ZDF veranstaltete im November 2002 einen 26-Stunden-Nonstop-Chat zum iDay, dem „Internet-Tag" des Senders. Das Programm wurde im Internet und im Fernsehen übertragen und die Zuschauer konnten die Sendung mitgestalten: Per SMS oder Computertastatur war es möglich, mit den Moderatoren und anderen Zuschauern zu kommunizieren.

Informelle und spontane Reaktionen

- **Videokonferenzen:** In Videokonferenzen können sich die Kommunikationspartner sehen, was vertrauensbildend wirkt. Sie erfordern jedoch eine vergleichsweise aufwändige Technik: Zur Durchführung benötigen Sie Digitalkamera, Soundkarte, Mikrofon, Lautsprecher und Software. Sind mehr als zwei Teilnehmer zugeschaltet, ist die sorgfältige Terminabsprache erforderlich. In der Regel können Sie in einer Videokonferenz auch Dokumente, Videos und Kurzanimationen übertragen. Das Sehvergnügen ist aber aufgrund von begrenzten Bandbreiten durch ruckelnde Bilder noch getrübt.

Auge in Auge

- **Whiteboards:** Whiteboards sind elektronische Schreibtafeln. Sie eignen sich zum gemeinsamen Erstellen von grafischen Dokumenten oder zum gegenseitigen Vorführen von Dateien mit Texten, Bildern, Grafiken und Simulationen. Projektteams können gemeinsam auf aktuelle Informationen und Dokumentationen zugreifen, sie können

Elektronische Schreibtafeln

sich an Pinnwänden über aktuelle Ereignisse und offene Fragen informieren, Texte und Grafiken zeitgleich abstimmen. Die Zugriffsrechte können so gesteuert sein, dass einer oder mehrere Benutzer ein Dokument ändern und dies die anderen Beteiligten zeitgleich auf ihrem Bildschirm sehen können.

Nachteile von Whiteboards sind Bearbeitungsprobleme, die durch ungenügende Rechnerkapazität und unzureichende Bandbreite entstehen können. Der Umgang mit Whiteboards bedarf einer gewissen Übung. Komfortable Arbeitsplattformen, die Sie zum Beispiel für die Kommunikation mit Ihren Dienstleistern nutzen können, finden Sie bei der Firma LOTUS, wie den TEAMROOM oder QUICKPLACE (*www.lotus.com*).

Besucher hinterlassen ihre Spuren

- **Gästebücher:** Sie sind beliebt, weil die Besucher ihre Spuren durch einen Eintrag per E-Mail hinterlassen, Fragen stellen, auf eigene Angebote verweisen und auch ihre Meinung zum Unternehmen kundtun können. Da alle Besucher die Gästebücher lesen können, kann jeder diese Kritik sehen. Dies kann als Zeichen eines souveränen Umgangs des Unternehmens mit Kritik gewertet werden. Die meisten Provider stellen kostenlose Gästebücher zur Verfügung. Andere Anbieter im Netz sind zum Beispiel *www.guestbook.de.*

15.3.4 Umsetzung

Besucher orientieren sich nur wenige Sekunden

Folgende Ergebnisse sollten Sie sich immer vor Augen halten: Vor allem bei großen Unternehmen werden durchschnittlich nur drei Seiten angeschaut, bevor auf eine andere Domain gesurft wird (Studie der Fachhochschule Düsseldorf). Ein Besucher orientiert sich durchschnittlich acht Sekunden auf einer Seite. Findet er nicht, was er sucht, ist er wieder weg – womöglich auf Nimmerwiedersehen! Für Ihre Unternehmenskommunikation im Internet müssen Sie daher die Besonderheiten der Umsetzung kennen, um sie angemessen zu berücksichtigen.

Elemente der Umsetzung

Hierbei können Sie unterscheiden in:

- **Struktur:** Sie umfasst sowohl die Gliederung des Gesamtinhalts und einzelner Webseiten als auch die Beziehung zwischen den Informationen und die Entwicklung von Elementen zur Navigation in der Website.
- **Text und Inhalt** beschäftigen sich mit der webspezifischen Aufbereitung und Formulierung.
- **Grafische Gestaltung:** Sie reicht von der generellen visuellen Anmutung über die Entwicklung eines Gesamtlayouts, die Auswahl einzelner Grafiken oder die Formatierung von Texten bis hin zur Anordnung von Elementen auf einer Webseite.
- **Technik:** Sie beinhaltet alle Faktoren der technischen Realisierung eines Web-Projekts. Dies umfasst z.B. die Organisation des Web-Ser-

vers, die Anlage des HTML-Quellcodes oder die Optimierung von Ladegeschwindigkeiten.

Der Begriff für die Ergonomie im Internet lautet **Usability.** Die Website mit guter Usability ermöglicht schnelles und intuitives Erfassen der Navigierbarkeit, der Inhalte und sonstiger interaktiver Anwendungen (zum Beispiel eines Diskussionsboards). Wichtig ist auch die Lesbarkeit von Online-Texten: Hierzu hat die Usability-Forschung herausgefunden, was beim Verfassen und Layout von Bildschirmtexten zu beachten ist. Die folgenden Informationen können Ihnen lediglich einen ersten Eindruck verschaffen, was Sie bei der mediengerechten Umsetzung Ihrer Unternehmenskommunikation im Internet beachten sollten. Im Serviceteil finden Sie Literaturhinweise zum Vertiefen.

Ergonomie im Internet

15.3.4.1 Struktur

Schnelles Finden durch gutes Gliedern

Nichts mögen Besucher weniger, als auf eine Website zu kommen und mühsam nach versteckten Informationen suchen zu müssen. Ein Klick, und der Besucher wendet sich spannenderen Angeboten zu. Geben Sie daher Ihrem Besucher eine Vorstellung vom Gesamtkonzept, von den einzelnen Seiten und dem Weg, der durch Ihr Angebot führt. So erfährt der Besucher,

Auf einen Blick

- wie groß Ihr Gesamtangebot ist,
- wie umfangreich die Website ist,
- welche Informationen enthalten sind,
- wo der beste Einstieg und der optimale Weg durch die Website ist,
- wie er zu bestimmten Informationen gelangt, die er im Angebot vermutet,
- wo genau er sich auf der Website befindet,
- und wie er zu einer bestimmten Stelle zurückgelangt,
- ob er wirklich alle relevanten Informationen der Website gefunden hat.

Ein Vergleich kann dies verdeutlichen: Haben Sie schon einmal eine Überweisung an einem Bankautomaten getätigt? Sie stehen davor und benötigen zunächst einen Überblick über die möglichen Vorgänge, zum Beispiel „Überweisungen", „Kontostand anzeigen", „Daueraufträge". Wenn Sie eine Überweisung veranlassen wollen, muss für Sie dann jeder Schritt transparent sein - in der Struktur, in der grafischen Gestaltung und durch verständliche Texte, die Sie durch die Schritte führen. So soll es auch im Internet sein!

Website-Architektur

Wenig berücksichtigt und systematisch durchdacht ist bisher die Gesamtstruktur der Websites: Das Internet ermöglicht, eine Website mit einzelnen Seiten anzubieten, aber auch eine komplexe Struktur aus Hauptsites und Subsites.

Zum Beispiel könnte Ihre Firmensite das Zentrum Ihres Webauftritts darstellen, die Produktsites sind ihr untergeordnet. Es kann auch genau andersherum sein. Sie können mehrere, unterschiedliche Websites für

Ihre Bezugsgruppen gestalten, falls diese zu unterschiedliche Wünsche und Erwartungen haben, zum Beispiel an Inhalt und Gestaltung. Diese Sites können Sie untereinander verlinken, falls dies sinnvoll ist.

ERSTELLEN SIE EINE WEBSITE-ARCHITEKTUR, DIE IHREN ANFORDERUNGEN ANGEMESSEN IST!

Mitunter interessieren vor allem das Unternehmen, mitunter stehen die Produkte im Vordergrund, wie bei Konsumgütern. Berücksichtigen Sie dies in einer intelligenten Struktur. VW hat eine eigene Website für den NEW BEETLE *(www.beetle.de)*, den LUPO *(www.vw.lupo.de)* und den PASSAT *(www.der-neue-passat.de)*, aber auch für seine Gesellschaften, wie zum Beispiel SKODA *(www.skoda.de)* und SEAT *(www.seat.de)*. Die Telekom *(www.telekom.de)* bietet unter anderem auch *www.team-telekom.de, www.t-mobil.de* und *www.t-online.de.*

So könnte Ihre Website-Architektur aussehen:

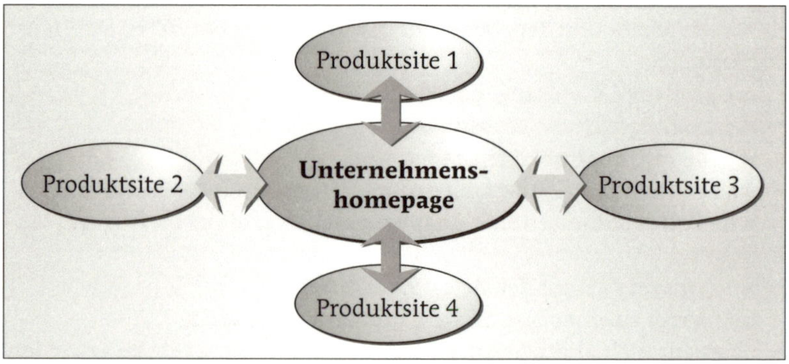

Abb. 15.6: Beispiele für eine Website-Architektur

Für welche Lösung Sie sich auch entscheiden: Machen Sie die Struktur für Ihre Besucher transparent!

Die Homepage

Die Homepage (Startseite) ist der Eingang zu Ihrem Webauftritt. Ihre Gestaltung und Funktionalität ist entscheidend. Sie soll nicht nur visuell ansprechend sein, sondern sofort verdeutlichen, was den Besucher auf dieser Site erwartet und wo das zu finden ist. Am besten ist: Auf die Seite kommen, schnell erkennen, was es gibt und dann Kontakt zum Anbieter aufnehmen.

Merkmale der guten Startseite

Welche Merkmale hat eine gute Startseite?

- **Kompaktes Design:** Ein Höchstmaß an Information, das auch bei einer Auflösung von 640 x 480 auf einen Blick und ohne zu Scrollen erfassbar ist.

- **Firmenname, Logo** etc. zeigen dem Besucher deutlich, wo er sich befindet.
- Das **Inhaltsverzeichnis** zeigt dem Besucher, was er auf der Website erwarten kann.
- Die **Navigation** zeigt dem Besucher den Weg zu seinem Ziel. Zumindest sollte die erste Ebene (Hauptmenüs der Site) aufgeführt sein und auf jeden Fall als schlichte Textzeile am Ende der Seite stehen. Alternativ wäre ein Link zur Angebotsübersicht möglich, die in der Fachsprache Sitemap heißt.
- Eine E-Mail-Adresse nennt den **Ansprechpartner** des Besuchers. Die E-Mail des Webmasters ist für Technikfragen vorbehalten.
- Das **„Last Update"** nennt den Zeitpunkt der letzten Aktualisierung.

Nach welchen Kriterien kann eine Startseite strukturiert sein?
- **Inhalte:** Unternehmen, Produkte, Service
- **Bezugsgruppen:** Presse, Investor Relations, Kunden

Beachten Sie unbedingt: Die Struktur Ihrer Website sollte sich an den Besuchern orientieren und nicht an Ihren Abteilungsnamen! Mit internen Kürzeln und Bezeichnungen kann kein Besucher etwas anfangen!

Alles auf einen Blick

Der Besucher einer Website sollte schnellstmöglich einen Überblick über die Inhalte gewinnen. Orientierung betrifft vor allem die Frage des Aufbaus, die Gliederung des Angebots sowie die Möglichkeit, gewünschte Informationen ohne Umwege gezielt und schnell ansteuern zu können. Einfachheit ist das oberste Prinzip!

Navigationshilfen

Wichtig für die Orientierung sind Navigationshilfen. Hier bietet das Internet eine Reihe von Standardinstrumenten:
- Eine **lokale Suchmaschine** ermöglicht, den Inhalt einer Website nach Begriffen oder Phrasen zu durchsuchen.
- Die **Sitemap** ist die Wanderkarte für Ihr Angebot: Sie zeigt dem Besucher Struktur und Inhalte auf einen Blick.
- **Guided Tours** sind Führungen durch Ihre Site: Auf einer festgelegten Route erhält der Besucher einen guten Einblick in Website und Unternehmen. Geschwindigkeit und Länge des Rundgangs kann er selbst bestimmen und jederzeit aussteigen, damit Sie ihn aktiv einbinden. Solche Touren können Sie durch die Multimedialität des Internet sehr schön und interessant gestalten.
- Die **dynamische Navigation** ist interaktiv und ändert ihr Aussehen während der Nutzung und passt sich dem Weg des Nutzers an. Sie zeigt dem Besucher, wo er schon war und was er noch nicht gesehen hat. Die dynamische Navigation ist für umfangreiche Seiten mit vielen Ebenen geeignet. Jedoch ist die Programmierung vergleichsweise aufwändig. Eine Form dynamischer Navigation sind Pull-down-Menüs, wie sie der Besucher von herkömmlichen Computerprogrammen wie dem OFFICE-Paket von MICROSOFT kennt.

- **Multimediale Navigation:** Die multimediale Navigation mit Tönen und Effekten ist aufwändig zu erstellen. Vorreiter ist die Firma MACROMEDIA, die eine animierte Navigation mit minimalen Bandbreiten ermöglicht *(www.macromedia.com)*. Aber Achtung: Plug-ins sind nötig, die manche Besucher nicht installiert haben.

Weitere Navigationstipps

Weitere Tipps für die gelungene Navigation:

- Eine Navigationsleiste bietet Links zu den Einstiegsseiten der Rubriken einer Website. Jener Bereich, in dem sich der Besucher gerade befindet, ist deutlich hervorgehoben, zum Beispiel durch eine andere Farbe.
- Der Zurück- und Vorwärts-Button des Browsers reicht nicht aus, weil der Besucher nur eine Seite zurückgehen kann.
- Bieten Sie auf jeder Page weiterführende Links zu den anderen Seiten oder zumindest zu den Hauptmenüs der Site.
- Ermöglichen Sie, dass der Nutzer von jeder Seite im Angebot aus weiterklicken kann und nicht jedes Mal zur Startseite zurückkehren muss.
- Bieten Sie neben gestalteten Navigationselementen (zum Beispiel Buttons) auch Textelemente, falls Grafiken nicht geladen werden.
- Verwenden Sie stets die gleichen Navigationselemente an der gleichen Stelle, um Wiedererkennen zu gewährleisten.

Ihre Unternehmenskommunikation!

- Spielen Sie Besucher und verfolgen Sie den Weg, den Sie Ihren späteren Besuchern bereiten:
- Wo beginnt der Weg?
- Über welche Etappen führt er?
- Geht es immer weiter oder bleiben Sie unterwegs stecken?
- Wie gelangen Sie zum Ziel?
- Was hat sich verändert, nachdem Sie am Ziel angelangt sind?

15.3.4.2 Text und Inhalt

Texte müssen im Internet anderen Anforderungen entsprechen als im Printbereich. Dies beschreibt Kapitel 13.2.2.3. Informieren Sie sich außerdem über die Rechtslage im Internet (aktuelle Links finden Sie auf meiner Website).

Redaktionssysteme

Bei der Erstellung und Pflege der Seiten helfen Ihnen Redaktionssysteme beziehungsweise Content Management Systeme (CMS). Sie ermöglichen, Seiten einheitlich zu gestalten sowie Änderungen und Erweiterungen mit begrenztem Arbeitsaufwand umzusetzen. Konkret handelt es sich hier um Software für die Erstellung, Kontrolle, Freigabe, Veröffentlichung und Archivierung von dynamischen Inhalten für Websites. Sie bietet den Vorteil, dass auch Nicht-Programmierer das System verwalten sowie den Inhalt pflegen und aktualisieren können, zum Beispiel über Eingabemasken auf zugangsbeschränkten WWW-Seiten.

Vorteile: Zum Beispiel kann man von unterwegs eine Seite im Standardformat erstellen oder Meldungen zu einem festgelegten Zeitpunkt editieren, zum Beispiel am Ende einer Pressekonferenz. Sie können sich durch einen Dienstleister ein eigenes Content-Management-System erstellen lassen oder auf Standardlösungen zurückgreifen (Marktübersichten: *www.ibusiness.de*).

15.3.4.3 Grafische Gestaltung

Empfehlungen

Hier einige Tipps für die optische Gestaltung:

- Das Design der Website vermittelt die Unternehmenspersönlichkeit. Ihr liegen daher die Gestaltungsrichtlinien (Corporate Design) Ihres Unternehmens zugrunde (siehe Kap. 14).
- *Weniger ist mehr* Weniger ist mehr – so lautet das Motto der visuellen Gestaltung im Internet. Dies liegt zum einen an den langen Ladezeiten von Grafiken bei Nutzern, die über herkömmliche Modems verfügen; zum anderen stehen Informationen im Mittelpunkt – viele Nutzer würden auf aufwändige Grafiken zugunsten von Informationen verzichten. Also keine zappelnden Grafiken, die sind für Anfänger!
- Keine hoch auflösenden Bilder verwenden: 72 dpi („dots per inch") reichen aus.
- Sehen Sie einen möglichst hohen Kontrast zwischen Schriftfarbe und Hintergrundfarbe vor.
- Ein gutes Layout ist übersichtlich, klar und geordnet: Übersichtlich bedeutet, dass der Leser die Struktur einer Seite schnell erfasst – er sieht alle Elemente und erkennt, welche die wichtigsten sind. Klarheit entsteht, wenn die Funktion der Elemente sofort ersichtlich ist. Geordnet ist eine Seite dann, wenn die Anordnung der Elemente einer ersichtlichen Logik folgt. Ein Menü auf einer Webseite sollte so angeordnet sein, dass die wichtigen Auswahlen oben stehen, dort wo der Besucher sie erwartet.

Erstellen Sie ein Gestaltungsraster

Erstellen Sie für die Standardseiten ein Gestaltungsraster (Template), das den Besuchern ein Wiedererkennen der Grundstruktur der Seite ermöglicht. Der Seitenspiegel enthält die Platzierung der Elemente – Text, Fotos, Illustrationen, Links etc.

Wie ein Buchdeckel kann Ihre erste Seite vom Standardlayout abweichen. Achten Sie aber darauf, dass kein optischer Bruch zwischen Homepage und den restlichen Seiten entsteht. Wählen Sie deshalb dasselbe Farbschema oder Thema.

Umstritten sind so genannte „Splash"-Seiten. Das sind Begrüßungsseiten, die keine relevanten Informationen enthalten. Usability-Papst Nielsen lehnt sie strikt ab!

Abwechslung von Harmonie und Spannung

Ein lebendiges und ansprechendes Layout entsteht durch ein angemessenes Verhältnis zwischen Harmonie und Spannung: Harmonische Seiten können langweilig sein, zu viel Unruhe dagegen irritiert und wirkt überladen. Aktivieren Sie durch Reize – aber angemessen!

Wollen Sie auf Ihren Seiten auf etwas Besonderes hinweisen, eignen sich Aktionslinks. Beispiele: *„Klicken Sie hier!" „Wählen Sie aus der Liste!" „Fragen Sie uns!" „Bookmark nicht vergessen!"* Tests zeigen, dass solche Hinweise die Klickrate deutlich erhöhen.

Aus Fehlern der Anderen lernen

Häufige Fehler in Planung und Gestaltung:

- **Zu viele Animationen:** Die Seite wirkt grafisch überladen und unruhig; sie benötigt zu viel Zeit zum Laden. Eine Seite sollte reizvoll sein, aber nicht überfrachtet.
- **Überzogene technische Anforderungen:** Auf Plug-ins sollten Sie eher verzichten oder eine Textalternative anbieten. JAVA und JAVASCRIPT haben manche Surfer aus Sicherheitsgründen deaktiviert; auf ActiveX-Controls sollten Sie verzichten, da sie den Zugriff auf Ihren Computer über das Internet erlauben. Prüfen Sie kritisch, ob die beabsichtigte Technik wirklich notwendig und für Ihre Inhalte angemessen ist!
- **Unauffindbare Navigationselemente:** Die Navigation muss sofort sichtbar sein. Zu den Navigationselementen gehört eine Kontaktmöglichkeit, zum Beispiel als Formular oder E-Mail-Button.
- **Unklares/schlechtes Design:** Die Seite hat keinen Schwerpunkt; dagegen führt gutes Design die Besucher direkt zu den Schwerpunkten und zeigt, was wichtig ist.
- **Farbharmonie:** Achten Sie auf eine harmonische und zu Ihnen passende Farbgestaltung. Verzichten Sie auf bunte Hintergründe.
- **Schreibfehler:** Lassen Sie Ihre Seiten von einer anderen Person (besser: mehreren Personen) Korrektur lesen!

15.3.4.4 Technik

Einfachheit ist Trumpf

Generell gilt für die Technik, was für die anderen Bereiche gilt: Einfachheit zählt. Technik ist kein Selbstzweck! Nicht was machbar ist, zählt, sondern was sinnvoll und angemessen ist, um die Kommunikationsziele zu erreichen! Also nicht ständig neue Browser-Fenster öffnen und keine Pop-ups!

Kurze Ladezeit

Eine wichtige Frage der Technik betrifft die Ladezeit: Eine Studie des Internet-Experte Jakob Nielsen mit über 1850 Testkandidaten kommt zu dem Resultat, dass die schnelle Ladezeit für Anwender dreimal wichtiger ist als die grafische Gestaltung! Die Ladezeit für eine Seite darf 10 Sekunden keinesfalls überschreiten.

Einer anderen Studie zufolge sind Websites mit 89 Kilobytes immer noch wesentlich größer als von Webexperten empfohlen. Während BYTE LEVEL RESEARCH 60 Kilobytes als Normgröße betrachtet, empfiehlt Webforscher Jupiter *(www.jup.com)* einen Umfang von 40 Kilobytes. Achten Sie also unbedingt auf die Schwere der Seiten! Ladezeit geht buchstäblich auf Kosten Ihrer Besucher!

15.4 Bekanntmachung der Website

Maßnahmen im und außerhalb des Internet

Ein Internetauftritt ist vergleichbar mit einer Haustür: Wenn keiner Ihre Adresse kennt, wird keiner klopfen oder Ihnen Post bringen. Um Ihr Webangebot bei Ihren Bezugsgruppen bekannt zu machen, gibt es - außer einer bezeichnenden Internetadresse (zum Beispiel *www.Unternehmensname.de*) - viele Medien und Maßnahmen, die Sie im Internet aber auch außerhalb nutzen können.

Die Wirkung verstärkt, wenn diese Medien aufeinander verweisen - die Broschüre auf die Website, die Website auf Magazine und den Tag der offenen Tür.

15.4.1 Außerhalb des Internet

Ziel: Aktualisierung

Mittlerweile gilt es als selbstverständlich, dass Unternehmen im Internet vertreten sind. Die Maßnahmen zur Bekanntmachung der Website haben daher vor allem die Aufgabe, die Website zu aktualisieren, das heißt die gedankliche Präsenz dafür zu schaffen.

Hierfür sind Maßnahmen außerhalb des Internet besonders wichtig, weil die künftigen Besucher die Site aktiv aufsuchen müssen. Hier einige Maßnahmen:

Mögliche Maßnahmen

- **Alle Kommunikationsmedien Ihres Unternehmens tragen die Adresse Ihrer Website:** Sie darf weder auf dem Briefpapier fehlen noch auf Visitenkarten, in Unternehmenspublikationen und Werbeauftritten und Produktverpackungen.
- Bereiten Sie **kleine Adressaufkleber** vor, auf die Sie Ihre Webadresse drucken. Diese Aufkleber können Sie vielfach verwenden.
- Setzen Sie **Streuartikel** mit dem Aufdruck Ihrer Webadresse ein, zum Beispiel Kugelschreiber, Mouse Pads und Notizzettel.
- **Eigene Events oder gesponserte Veranstaltungen** bieten Gelegenheit, auf das Internet-Angebot aufmerksam zu machen.
- Nutzen Sie Ihre Kunden, Geschäftspartner und Zulieferer, denn **Mund-zu-Mund-Propaganda** ist eines der wirkungsvollsten Instrumente.

15.4.2 Im Internet

Aufmerksamkeit im Netz gewinnen

Im Netz gibt es ebenfalls viele Möglichkeiten, die Aufmerksamkeit der Besucher zu gewinnen und diese auf die eigene Website zu führen:

- **Suchmaschinen und Webverzeichnisse:** Will ein Unternehmen mit seinem Angebot ein bestimmtes Thema besetzen, sollte es bei der Stichwortsuche als eine der ersten Quellen auf der Trefferliste erscheinen. Man unterscheidet zwischen Suchmaschinen und Verzeichnissen.

Suchmaschinen basieren auf Programmen (Robots, Spider), die das Internet automatisch durchforsten: Das Programm ruft die Website ab und merkt sich deren Inhalt und Adresse in einer Datenbank (Indexierung). Es geht dabei von den Startseiten großer Server aus, indem es Links weiterverfolgt, bis große Teile des WWW indiziert sind. Gefundene Seiten werden regelmäßig besucht, um die Datenbank zu aktualisieren. Der Robot durchsucht nur den Kopf (Head) der Seite und wertet dort hinterlegte Informationen (Titel, META-Tags), Überschriften und die ersten Sätze aus. Diese Informationen werden in einer Datenbank in einem Stichwortindex hinterlegt. Bei der Suchabfrage eines Anwenders wird nur der Stichwortindex durchsucht, was die oft enttäuschenden Suchergebnisse erklärt. Nach diesen Kriterien vergeben Suchmaschinen Punkte:
- Vorhandensein des Begriffs im Domainnamen,
- Häufigkeit des Begriffs im Titel,
- Häufigkeit des Begriffs im Meta-Tag „Description“,
- Häufigkeit des Begriffs im Meta-Tag „Keywords“,
- Häufigkeit des Begriffs in den ersten 200 bis 500 Zeichen der Homepage,
- Link-Popularität, also die Zahl der Links, die von fremden Seiten auf Ihre Seite führen.

Der zweithäufigste Grund für einen Webbesuch

- **Mund-zu-Mund-Propaganda:** Mund-zu-Mund-Propaganda ist Studien zufolge der zweithäufigste Grund für einen Webbesuch. Nutzen Sie dieses Prinzip gezielt. Belohnen Sie das Weitersagen mit einem kleinen Geschenk. Richten Sie eine Möglichkeit ein, die Seiten anderen Nutzern zu empfehlen. Erfinden Sie ein interessantes Element, das informativ oder unterhaltend ist und den Hinweis auf Ihre Website trägt. Dieses bieten Sie auf Ihrer Seite an, damit es Ihre Besucher von selbst in Umlauf setzen. Dieses Prinzip wird mittlerweile als „Viral Marketing“ zunehmend eingesetzt.
- **Linktausch:** Links werden zwischen Nutzern getauscht und auf den Homepages in Linklisten empfohlen. Es gibt verschiedene Möglichkeiten zur Platzierung von Hyperlinks auf anderen Web-Sites. Das System ist kostenfrei und beruht auf dem Verfahren des Kettenbriefs.

Kleinanzeigen im Netz

- **Banner:** Banner sind Kleinanzeigen, die durch einen Link direkt zur Site des Anbieters führen. Die Belegung kann auf stark genutzten Seiten erfolgen oder auf speziellen Themenseiten. Jedoch hat die Wirkung von Bannern enorm nachgelassen: Weniger als 1 Prozent der Besucher klickt sie an.
- **E-Mail und Newsletter:** Sie können Ihre Website per E-Mail und Newsletter bekannt machen. Beachten Sie dabei, dass Sie die Empfänger möglichst persönlich ansprechen und mitteilen, woher Sie die

Adresse haben. Erläutern Sie den Nutzen der Site und laden Sie zu einem Besuch ein. Suchen Sie die Websites auf, die Ihre Bezugsgruppen nutzen (zum Beispiel *www.adac.de* für Autofahrer). Melden Sie sich dort mit einer E-Mail und laden ein, sich Ihre Site anzusehen und zu prüfen, ob sie nicht einen Link wert ist.
- **Gästebücher:** Tragen Sie sich in Gästebücher ein. Diese finden Sie auf den meisten Websites. Besucher hinterlassen dort ihre Spuren – und dies sollten Sie auch tun. Natürlich, indem Sie auf Ihre eigene Site und die dortigen Themen hinweisen.

Linktipp

www.werbeformen.de

Buchtipp

Anregungen für Mund-zu-Mund-Propaganda gibt zum Beispiel das Buch „Empfehlen Sie uns weiter!" von Godfrey Harris (Literaturhinweis siehe Serviceteil).

16 Events

16.1 Bedeutung

Direkter Kontakt mit den Bezugsgruppen

In den vergangenen Jahren sind Events immer wichtiger im Kommunikations-Mix geworden. Gründe sind vor allem die nachlassende Wirkung der klassischen Instrumente sowie die gestiegene Bedeutung der emotionalen Ansprache der Bezugsgruppen (siehe Kap. 2.4).

Jedoch gibt es kaum einen Begriff, der abgegriffener und unklarer ist als „Event": So wird als Event sowohl eine trockene Informationsveranstaltung bezeichnet als auch ein Stehimbiss mit kleinen Häppchen und sogar eine Aufsehen erregende Show. Aber was sind Events tatsächlich?

16.2 Begriff

Einmaliges, emotionales Erlebnis

Events (englisch: Erlebnis) sind Veranstaltungen, die ein einmaliges emotionales Ereignis darstellen. Sie vermitteln die Botschaft durch direkt erlebbare emotionale und physische Reize, um die Einstellung der Besucher gegenüber dem Unternehmen und seinen Leistungen zu verändern. Durch diese emotionalen Erlebnisse kann sich das Unternehmen von anderen abheben. Dementsprechend versteht der DEUTSCHE KOMMUNIKATIONSVERBAND unter Events „... *inszenierte Ereignisse sowie deren*

Planung und Organisation im Rahmen der Unternehmenskommunikation …, die durch Erlebnis orientierte Firmen- oder Produktveranstaltungen emotionale und physische Reize darbieten und einen starken Aktivierungsgrad auslösen".

In Anlehnung an die beiden Kommunikationsexperten Zanger und Sistenich gelten folgende Kriterien:

Veranstaltungen ohne Verkaufscharakter

- Events sind vom Unternehmen initiierte Veranstaltungen ohne Verkaufscharakter: Statt der Vermittlung von Informationen steht die Emotionalisierung und die Einbindung in eine inszenierte Unternehmens- und Markenwelt im Vordergrund.

Inszenierte Erlebniswelt

- Events unterscheiden sich bewusst vom Alltag der Besucher: Die Teilnehmer werden in eine Ausnahmesituation versetzt: Für eine begrenzte Zeit brechen sie aus ihrer Routine aus, um in eine inszenierte Erlebniswelt einzutauchen und ihr Bedürfnis nach Individualität zu befriedigen.

Erlebbare Unternehmenspersönlichkeit

- Events setzen die Unternehmenspersönlichkeit in erlebbare Ereignisse um – inszenierte Unternehmens- und Markenwelten werden erlebbar.
- Events werden an den Bezugsgruppen ausgerichtet und stehen für hohe Kontaktintensität.

Interaktionsorientierung

- Events sind interaktionsorientiert: Die Teilnehmer sind nicht auf die Empfängerrolle reduziert, sondern erhalten die Möglichkeit zum direkten Dialog. Dies trägt wesentlich zur Aktivierung bei.
- Events sind Teil integrierter Unternehmenskommunikation.

16.3 Eigenschaften

Drei zentrale Eigenschaften

Events haben somit drei zentrale Eigenschaften. Sie sind:

- **Emotional:** Events appellieren an Erlebniswerte, die in der Gefühls- und Erfahrungswelt der Bezugsgruppen verankert sind, wie zum Beispiel Gesundheit, Genuss, Luxus, Nostalgie und Ästhetik.
- **Interaktiv:** Hierbei lassen sich die organisatorische Interaktivität und die persönliche Interaktivität unterscheiden:
  - **Interaktivität mit der Veranstaltung:** Die Teilnehmer des Events sind nicht passiv, sondern sie können in das Geschehen eingreifen und den Ablauf des Events beeinflussen. Dies gibt ihnen ein Gefühl, wichtig zu sein.
  - **Interaktivität zwischen Personen:** Direkter Austausch zwischen den Teilnehmern. Der Veranstalter tauscht sich mit den Teilnehmern aus und die Teilnehmer untereinander. Der Veranstalter überlässt es also nicht dem Zufall, ob und über welche Themen seine Besucher reden, sondern er inszeniert dies (Zwangsläufigkeit statt Beliebigkeit). Direkte Kontrolle der Kommunikation ist möglich. Eventmanagement ist Beziehungsmanagement!

Eventmanagement ist Beziehungsmanagement!

- **Einzigartig:** Jedes Event gibt es nur ein einziges Mal. Selbst wenn drei Events aufeinander folgen, so bleibt jedes Event für sich einzigartig, zum Beispiel durch die Teilnehmer und deren Austausch. Die Einzigartigkeit wird eingefangen in Fotos, die den Besuchern an den Folgetagen zugestellt werden und die noch lange an das Ereignis erinnern.

16.4 Wirkung

Events können sehr stark wirken

Events können ausgesprochen stark wirken:
- Die herausragende Wirkung von Events gründet in der emotionalen Ansprache aller Sinne (siehe ausführlich Kap. 2.4.3): Visuelle Reize (Bilder, Inszenierungen), akustische Reize (Musik, Geräusche, Sprache), olfaktorische Reize (Geruch), haptische oder taktile Reize (Oberflächen, Böden, Wind), gustatorische Reize (Geschmack).
- Das persönliche Erleben des Events verankert das Unternehmen stark in der Psyche Ihrer Bezugsgruppe.
- Durch Interaktivität wird das Unternehmen authentischer und glaubwürdiger erlebt (Medienrealität versus Alltagsrealität).
- Gemeinsames Erleben kann Wir-Gefühl stärken.
- Die hohe emotionale Beteiligung öffnet für indirekte Informationsaufnahme und ist daher für Unternehmen sehr geeignet, an denen die Bezugsgruppen wenig Interesse haben.
- Die Aktivierung auf dem Event (zum Beispiel Begeisterung) führt zu aktivem Handeln.

Aktivierung führt zu aktivem Handeln

- Events haben eine hohe Initialwirkung, das heißt, sie können sehr gut das Erleben steuern und Verhalten in Gang setzen.
- Events können die Bezugsgruppen mit dem Unternehmen überhaupt bekannt machen und erste Vorstellungen erzeugen, die stärker sind als über andere Medien, wie zum Beispiel eine Broschüre.
- Die Kommunikation wird von Bezugsgruppen als angemessener erlebt, weil sie Form und Inhalt mitbestimmen (Dialog!). Hierdurch können Distanz abgebaut und eine partnerschaftliche Beziehung aufgebaut werden.

Events können sehr stark wirken! Aber Achtung: Events sind auch mit vergleichsweise hohem Risiko verbunden: Ist die Veranstaltung nicht professionell organisiert und läuft sie nicht gut ab, kann die Wirkung ins Gegenteil umschlagen:

> DAS EVENT BIRGT AUCH HOHE RISIKEN: SO WIE SICH POSITIVE ERLEBNISSE EINPRÄGEN, BLEIBEN AUCH FLOPS HAFTEN!

Sie können daher mit einem kleinen Event beginnen, das Fachleute geplant haben und umsetzen. Sammeln Sie damit erste Erfahrungen und gehen Sie langsam an das Thema heran.

16.5 Eventziele

Mehrwert des Events

Events sind aufwändig und risikoreich: Sie sollten daher sorgfältig prüfen und festlegen, welche Ziele Ihr Event erreichen soll – und nur dieses Instrument erreichen kann. Hier einige Anhaltspunkte:

Emotionalität

- Die Bezugsgruppen haben Ihre Unternehmenspersönlichkeit erlebt (emotionale Positionierung).
- Die Unternehmenspersönlichkeit ist Teil der Erlebniswelt der Bezugsgruppen geworden.
- Die Beziehung zu den Bezugsgruppen ist aufgebaut und wird auf der Basis gemeinsamen Erlebens gepflegt.

Interaktivität

- Ihre Glaubwürdigkeit ist durch den Dialog mit Ihren Bezugsgruppen gestärkt.
- Das Bedürfnis der Bezugsgruppen nach Kommunikation ist befriedigt.
- Die im Gedächtnis der Bezugsgruppen vorhandenen Inhalte der Unternehmenspersönlichkeit sind durch modalitätsspezifische und interaktive Wiederholung gestärkt.
- Neue Gedächtnisinhalte sind verankert.

Einzigartigkeit

- Sie haben ein einmaliges Erlebnis geschaffen. Selbst wenn ein zweites Event folgt, wird es nicht wie das erste sein.

16.6 Beispiele

Beispiele für kleine Unternehmen

Wie kann ein Autohaus seine Bekanntheit erhöhen und sein Image als servicefreundliche Werkstatt steigern? Vorschlag: Lassen Sie einen Prominenten in Ihrer Werkstatt oder auf dem Firmengelände auftreten. Kommt die Veranstaltung gut an, machen Sie eine feste Einrichtung daraus.

Der Geschäftsführer eines Tauchzentrums holte zur Eröffnungsfeier einen prominenten Tauchexperten. Aerobic unter Wasser und eine Tombola zugunsten der Rettung der Ostsee rundeten das Ereignis ab. Ergebnis: Viele zufriedene Besucher und viele Medienberichte.

Sicher lässt sich für jedes Unternehmen eine Idee finden, die erfolgreich umgesetzt werden kann. Es müssen nicht immer große Themen oder Aufsehen erregende Einfälle sein. Oft werden auch kleinere Ereignisse von den Medien aufgegriffen wie das ungewöhnliche Firmenjubiläum, einfallsreiche Produktpräsentationen, Feste und Feiern mit Prominenten, neuartig inszenierte Eröffnungen, Versteigerungen, Kinderfeste – Aufhänger gibt es genug.

Die großen Unternehmen machen es vor

Ein Tipp: Nehmen Sie sich ein Beispiel an großen Unternehmen und eifern Sie ihnen nach – nur eben eine Nummer kleiner.

Wie wäre es mit einer Party unter künstlichem Sternenhimmel? Für nur 2500 Euro können Sie das Berliner Planetarium mieten – auch ohne wissenschaftlichen Vortrag! Wäre dies nicht das richtige Ambiente, um auf einer Mitarbeiterveranstaltung oder einem Kundenfest unterhaltend in die Zukunft Ihres Unternehmens zu blicken?

Für 1500 Euro können Sie das Landleben unter dem Motto „Vom Winde verweht" in einer Scheune erleben. Ein romantischer Zirkusabend kostet rund 1000 Euro.

Warum organisieren Sie nicht ein Kleinfeld-Fußballturnier für Mädchen und Jungen und lassen sie auf Trainingsplätzen und ausgesuchten Anlagen an ein oder zwei Tagen nach Weltmeister- und Europameistermodus spielen? Selbstverständlich loben Sie in jeder Altersklasse einen Turniersieger aus.

Ein Beispiel: Unternehmenskommunikation ohne Sicht

Interessante Ausstellungen

Warum müssen Ausstellungen immer so langweilig sein? Warum nicht neue Wege beschreiten: Kreative Kommunikationsexperten setzen auf Gehör, Geruch, Geschmack und andere Sinne, um ihre Botschaft zur Bezugsgruppe zu transportieren.

Die Rauminstallation „Dialog im Dunkeln" führte die Besucher in einen stockdunklen Raum, in dem eine Erlebniswelt mit Elementen des Urwaldes simuliert war: Die Besucher wateten über schlammigen Boden, sie schwankten über eine Hängebrücke, zwängten sich an Pflanzen vorbei, ließen sich Wind um die Nase wehen, lauschten Meeresrauschen, spürten die feuchte Luft, sie vernahmen Vogelstimmen und nahmen fremde Gerüche wahr – aber die ganze Zeit über schritten sie im Dunkeln umher.

Das Ziel ihres Wegs war die „Unsicht-Bar", an der Blinde in totaler Finsternis exotische Drinks, Säfte und Früchte reichten – und dafür natürlich auch im Dunkeln kassierten. Die Geräusche eines Flamenco-Tanzes und Gesang leitete die Gäste zum Ausgang. Auf diese Weise konnten die Teilnehmer ungewohnte Erfahrungen mit dem Kongressthema „Wahrnehmen und Handeln" sammeln.

Eine ähnliche Rauminstallation waren simulierte Stadt- und Naturzonen: Hierzu waren Geräusche aus dem Straßenverkehr installiert, Vogelstimmen, fließendes Wasser, unterschiedliche Bodenbeläge vorbereitet und tastbare Plastiken, Formen und Hindernisse aufgestellt. Höhepunkt auch hier: Die Bar im Dunkeln, an der Blinde und Sehende das Erlebte besprachen. Akustik-Design hat hier dafür gesorgt, dass die Informationen optimal übermittelt wurden und zwar in einer Umgebung, in der sich die Besucher ausgesprochen wohl fühlten.

Diese neuen Möglichkeiten sind auch deswegen besonders attraktiv, weil sie hervorragend von Paaren oder Gruppen genutzt werden können. Untersuchungen an der Freien Universität Berlin haben ergeben, dass solche Ereignisse besonders mit Museen und Ausstellungen konkurrieren, die ebenfalls in Guppen erlebt werden können; statt ins Museum zu gehen, kommen Interessierte vielleicht zu Ihrem Event.

Überlegen Sie, ob Sie auf ähnliche Weise Ihre Produkte und Leistungen nicht besser „im Dunkeln ins rechte Licht rücken“: Wenn Sie Autos, Motorräder oder Stereoanlagen verkaufen – was überzeugt den Kunden mehr als ein Tast- oder Klangerlebnis ohne Ablenkung?

16.7 Erfolgsfaktoren

Diese Punkte müssen stimmen

Folgende Voraussetzungen sollten für den Erfolg von Events erfüllt sein:

- Events sind in die Gesamtkommunikation integriert.
- Events vermitteln die Unternehmenspersönlichkeit durch ein direkt erfahrbares Ereignis. Jedes Element des Events transportiert die Unternehmenspersönlichkeit.
- Das Event ist bezugsgruppen- und mediengerecht inszeniert.
- Sie erzählen eine dramaturgisch entwickelte Geschichte (s. Kap. 4.6).
- Form und Inhalt des Events sind abgestimmt.
- Das Event knüpft an das bestehende Unternehmensimage an.
- Das Publikum ist aktiv einbezogen (Interaktivität!).
- Das Event spricht vorher festgelegte Gefühle an.
- Je aktiver die Zielgruppe eingebunden ist, je mehr Sinne angesprochen werden, desto tiefer das Erlebnis, desto höher die Wirkung.
- Überraschungen sind eingetreten.
- Die für das Unternehmen spezifische Bilderwelt ist aufgebaut.
- Erinnerungswerte sind geschaffen.

Vergessen Sie nicht: Events sind ein strategisches Kommunikationsinstrument. Erst hier zeigt sich Eventkompetenz und nicht darin, beim nächsten Event noch mehr Aufwand an Menschen, Material und High-Tech zu betreiben! Aber: Nur 30 Prozent der Events sind in Form und Inhalt Teil einer vernetzten Strategie, so die Studie der Eventagentur Vok Dams.

16.8 Internet

Zwei Formen

Das Internet eignet sich durch seine Interaktivität und seine Einmaligkeit für die Verbindung mit Events. Es gibt zwei Formen von Events im Internet:

- Events werden im Internet übertragen, wie die Tour de France-Website der Deutschen Telekom.
- Events finden ausschließlich im Internet statt.

Unbegrenzte Besucherzahl

Im Internet können Sie sämtliche Informationen und Services im Umfeld des Events anbieten: So enthielt die Website des Softdrinks Sprite den Hinweis auf den Snowboard-Event Sprite Wilde Ride mit dem Terminplan der Tour, Buchungsangeboten zu Veranstaltungen und Unterkunftsmöglichkeiten. Interessenten konnten die Resultate der Wettbewerbe abrufen und sich zur Teilnahme anmelden. Durch die multimediale Darstellung war es möglich, den Charakter und die emotionale Aufladung des Events einzufangen und zu vermitteln.

Ein Vorteil von Events im Internet ist, dass beliebig viele Menschen an ihnen teilnehmen können, während sie sonst häufig nur einem kleinen ausgewählten Kreis vorbehalten sind.

Beispiele

Folgende Events könnten sich für die Unternehmenskommunikation im Internet eignen (siehe auch Kap. 15.3):

- Live-Chat mit Prominenten,
- Virtuelle Modenschauen,
- Produktpräsentationen als Inszenierungen,
- Parties,
- Auktionen.

16.9 Trends

Events werden wichtiger

Folgende Trends von Events können ausgemacht werden:

- Events werden aufgrund der zunehmenden Emotionalisierung der Kommunikation wesentlich wichtiger werden.
- Der Trend zu noch lauteren und spektakuläreren Shows wird nachlassen. Stattdessen wird die feinfühlige Ansprache über sinnliche Erlebnisse und die bessere Koordination mit den anderen Kommunikationsinstrumenten zunehmen.
- Das Internet wird stärker für die interaktive Vorbereitung, die Begleitung und Nachbereitung von Events genutzt.
- Bestimmte Eventtypen und Eventinhalte werden sich abnutzen, wie Extremsportarten.
- Die Erfolgskontrolle von Events wird zunehmen, um die hohen Kosten und das hohe Risiko von Events zu rechtfertigen.
- Die Unternehmen werden Events zu Dauereinrichtungen machen, wie im Fall der Autostadt von VW, Brand Lands wie Niketown, World of Coca Cola, Legoland, Nivea Kinderland.
- Neben der Unterhaltung bei Events wird die Weiterbildung wichtiger werden, wie die Themenpavillons von General Motors, Kodak und Nestlé zeigen.

Linktipps

www

- Forum Marketing-Eventagenturen FME: *www.fme-net.de*
- Europäische Sponsoringbörse: *www.esb-online.de*

- *www.eventagenturen.de*
- *www.eventmanager.de*
- *www.the-event-site.de*

Buchtipp

Nickel, O.: Event-Marketing, München 1998 (das Muss der Event-Literatur)

17 Sponsoring

17.1 Bedeutung

Etabliertes Instrument im Kommunikationsmix

Sponsoring hat sich zum etablierten Instrument im Kommunikationsmix der Markt- und Unternehmenskommunikation entwickelt. Beim Sport, Kulturereignissen und im sozialen Bereich werden Zuschauer und Teilnehmer mit Unternehmensnamen, Produkten und Dienstleistungen konfrontiert. Dahinter steht die Überlegung, wichtige Ereignisse für Bezugsgruppen und Medien für die eigene Kommunikationsarbeit zu nutzen, um Bekanntheit zu steigern und das angestrebte Vorstellungsbild der Unternehmenspersönlichkeit zu vermitteln.

17.2 Begriff

Leistung und Gegenleistung

Sponsoring funktioniert nach dem Prinzip von Leistung und Gegenleistung: Der Sponsor gibt einem Geförderten Geld, Produkte oder er bietet Dienstleistungen an – dies darf er dann öffentlich bekannt geben. Sponsoren wollen hierdurch positiv auftreten und aufgeschlossen erscheinen; zum anderen wollen sie ihre Bezugsgruppen auf eine neue Art und Weise ansprechen, denn die Möglichkeiten der Produkt- und Namenswerbung sind nahezu ausgereizt – die Menschen fühlen sich von herkömmlicher Werbung zunehmend belästigt und wollen anders angesprochen werden.

SPONSORING DIENT DEM ÜBERMITTELN VON BOTSCHAFTEN,
ES IST ABER AUCH SELBST EINE!

17.3 Voraussetzungen

Voraussetzungen für den Erfolg

Folgende Voraussetzungen muss Sponsoring erfüllen, damit es erfolgreich wirken kann:

- Sponsoring muss in die strategische Linie des Unternehmens passen. Es muss sich an der Unternehmenspersönlichkeit ausrichten (siehe Kap. 2.5). Zu häufig richtet es sich noch nach den privaten Vorlieben der Unternehmensleitung.
- Sponsoring muss auf die anderen Kommunikationsinstrumente abgestimmt sein und diese ergänzen.
- Sponsoring sollte gezielt eingesetzt werden. Verzetteln Sie sich nicht, da sonst die Wirkung nachlässt!
- Kurzfristiges Sponsoring oder die Förderung einer einmaligen Veranstaltung bedeutet eine begrenzte und schnell nachlassende Wirkung, da in einer Veranstaltung meist nur das Firmenzeichen (Logo) und ein Markenzeichen des Sponsors sichtbar sind. Planen Sie daher langfristig.
- Die Botschaften müssen deutlich lesbar, verständlich und möglichst kurz sein.
- Der Geförderte muss einen glaubwürdigen Bezug zu Ihrem Unternehmen haben.

Sponsoring muss in die strategische Linie des Unternehmens passen

Der Bezug des Sponsoring zum eigenen Unternehmen kann wie folgt hergestellt sein:

Bezug zum Unternehmen

- **Durch das Produkt:** Ein Sportartikelhändler unterstützt den örtlichen Sportverein. Ein Musikalienhändler fördert Musikveranstaltungen.
- **Durch die Unternehmenskultur:** Ein Qualitätsanbieter fördert Spitzenleistungen in Sport und Kultur.
- **Durch die Bezugsgruppe:** Ein Bekleidungsgeschäft, das Trendsetter ansprechen will, fördert Trendsportarten oder die aktuelle Musikszene.
- **Durch Kompetenz:** Unternehmen bieten ihr spezielles Wissen, um es in den Förderbereichen einzusetzen. Zum Beispiel stellt ein Computerhersteller seine Produkte Musikern und Filmemachern zur Verfügung.
- **Bewusster Gegenbezug:** Banken ändern durch Kunst- und Kultursponsoring ihr rationales, konservatives Image in ein emotionales, kreatives.

Sponsoring kann also das Vorstellungsbild vom Unternehmen mitgestalten: Das Unternehmen kann sportlicher, sozialer und kultureller wirken. Die Maßnahmen können Sie zur Kontaktpflege mit wichtigen Bezugsgruppen nutzen, zum Beispiel durch Einladungen an Mitarbeiter, Medien, Kunden und Aktionäre.

17.4 Formen

Der Löwenanteil der Sponsoring-Ausgaben fließt derzeit in den Sport, dies wird sich nach Meinung von Experten auch nicht ändern. Neue Ho-

Klassiker: Sport-Sponsoring

rizonte eröffnen sich für die Experten beim Golf und Basketball – beide Sportarten bestätigen damit den Aufwärtstrend der letzten Jahre. Mediensponsoring ist zunehmend attraktiver geworden. Etwa 600 Millionen Euro fließen inzwischen in diesen Bereich. Die Favoriten heißen in Zukunft TV, Radio und Internet. Nach wie vor bietet das Fernsehen ein breites Angebot an Sonderwerbeformen – und damit für zwei Drittel der befragten Experten das größte Sponsoring-Potenzial. Hörfunk konnte in den letzten Jahren an Profil gewinnen. Seine Position von etwa 20 Prozent behaupten wird das Sponsoring für Kultur, Umwelt und Soziales.

17.4.1 Sozialsponsoring

Immer mehr Organisationen können heute kaum noch über die Runden kommen, wenn sie nicht finanziell oder mit Sachmitteln unterstützt werden. Der Staat, der bisher diese Organisationen finanziert hat, kürzt ständig seine Ausgaben, schafft aber spezielle Steuervorteile, um das Interesse der Wirtschaft an der Mitfinanzierung zu wecken. Die Unternehmen beißen an. Steuerliche Anreize sind aber nicht der einzige Grund: Soziales Engagement und Spenden werden heute in der Öffentlichkeit von allen größeren Unternehmen erwartet.

In den USA selbstverständlich

In den USA kann es sich kein Unternehmen erlauben, sich nicht sozial zu engagieren. Die deutsch-amerikanische Handelskammer in New York berichtet, dass deutsche Firmen in den USA für Sponsoring weit mehr tun als in der Heimat: Sie sehen Sponsoring als strategische Chance und unterstützen lokale Projekte wie Museen, Theater oder Schulen. Aber auch hierzulande werden sich Unternehmen zunehmend ihrer gesellschaftlichen Verantwortung bewusst.

Beispiele

Engagieren Sie sich für Verkehrsanfänger. ABC-Schützen ist oft nicht nur die Schulbank neu, sondern auch der Straßenverkehr. Schließen Sie sich daher mit der Verkehrswacht zusammen und rufen zu mehr Rücksicht gegenüber Erstklässlern auf. Weisen Sie auf die Notwendigkeit von Schutzhelmen auf dem Fahrrad und von Kindersitzen im Auto hin.

Engagieren Sie sich allgemein für Kinder. Verkaufen Sie (Weihnachts-) karten des Kinderhilfswerkes UNICEF. Planen Sie mit der Kinderhilfe ein Projekt, mit dem Sie kranken Kindern neue Perspektiven bieten.

Von Unterstützung profitieren können Vereine, Einrichtungen oder Institutionen im sozialen Bereich: Organisationen, Projekte und gezielte Aktionen können finanziell unterstützt werden. Auch können Sie unter Umständen eigene Produkte zur Förderung einsetzen.

Eine nicht so ausgeprägte Leistungsart stellt die Vermittlung von Wissen dar: Hier kann ein Unternehmen durch vorhandene Kenntnisse einen guten Zweck fördern, zum Beispiel Managementschulungen, technische Unterstützung oder Betreuung in Projekten.

Gute Taten erfordern nicht immer einen gefüllten Geldbeutel

Gute Taten erfordern nicht immer einen gefüllten Geldbeutel. Vielleicht wird irgendwo im Unternehmen ein neues Gerät, eine neue Maschine oder ein neues Fahrzeug angeschafft – und dafür ein altes, aber funktionsfähiges ausrangiert, das dann entsprechend eingesetzt werden kann.

Sollten Sie sich im Umweltschutz oder im sozialen Bereich engagieren, vergessen Sie eines nicht: Sie müssen sich an Ihrem Engagement auch selbst messen lassen!

Sie müssen sich an Ihrem Engagement auch selbst messen lassen

17.4.2 Sportsponsoring

Jung, dynamisch, leistungsbezogen – dies sind Eigenschaften, die sich sicher viele Unternehmer zuschreiben. Gehören Sie auch dazu? Ein junges, aufstrebendes Unternehmen der Computerbranche suchte nach neuen Möglichkeiten, sich in der Öffentlichkeit darzustellen. Vieles wurde geprüft. Schließlich entschloss sich der Geschäftsführer, eine am Ort lebende Sportlerin öffentlichkeitswirksam zu unterstützen, damit sich deren Image auf das Unternehmen überträgt.

Übertragung der Werte auf das Unternehmen

Auch Sie können vom Engagement im Sport profitieren:

- Steigern Sie Ihre Bekanntheit: Oft können Sie wichtige Bezugsgruppen am besten über Sportthemen ansprechen, dies ist in allen Bevölkerungsschichten populär.
- Profitieren Sie vom Image: Sport gilt als jugendlich, dynamisch und leistungsbezogen. „Sportlichkeit" ist ein positiver Wert, mit dem Sie Ihr Image aufwerten können.

Profitieren Sie vom Image einer Sportart

- Sie können die Geförderten mit eigenen Produkten ausstatten, um in der Öffentlichkeit wahrgenommen zu werden. Firmen wie PUMA und ADIDAS stellen Schuhe oder Sportkleidung zur Verfügung und bezahlen Sportler dafür, dass sie diese benutzen.
- Stellen Sie sportnahe Produkte wie Trainingsgeräte und Erfrischungsgetränke bereit oder sportferne Produkte, wie zum Beispiel VIP-Bewirtung durch Gastronomie. Auch Dienstleistungen wie die computergestützte Zeitmessung werden für Sportveranstaltungen erbracht, um vom Image des Sports zu profitieren.
- Viele weitere Möglichkeiten stehen Ihnen offen, um sich ins rechte (Vorstellungs-)Bild zu rücken: Lautsprecherdurchsagen und Bandenwerbung, Bildwand, Eintrittskarten, Fahnen, Ankündigungsplakate, Ehrenlogen, VIP-Räume mit Bewirtung, Aktionen während der Pause auf dem Spielfeld, Präsentationen der Produkte am Veranstaltungsort, Gestaltung der Mannschaftsfahrzeuge, Verlosungen, Autogrammstunden auf Autogrammkarten mit Firmenlogo.
- Ganz oben in der Beliebtheitsskala der Sponsoren stehen Trikot- und Bandenwerbung: Sie ermöglichen es den Unternehmen, sogar im Fernsehen, in Zeitungen, Vereins- und Stadionheften sowie in Sportzeitschriften in Erscheinung zu treten.

Trikot- und Bandenwerbung

Eines sollte man allerdings nicht verschweigen: Sportförderung kann problematisch werden, wie die Dopingfälle der vergangenen Jahre beweisen.

17.4.3 Kultursponsoring

Banken werden emotionaler

Die Welt der Kunst und Kultur steckt voller Möglichkeiten, als Förderer aufzutreten. Ein Beispiel: Eine Bank will sich auf höher gebildete und gut verdienende Kunden spezialisieren. Um diese Kundengruppe auf das Unternehmen aufmerksam zu machen und später an die Bank zu binden, entschließt sich die Firmenspitze, eine nahe gelegene Galerie zu mieten und jungen Künstlern zu ermöglichen, ihre Werke auszustellen. Schnell hat sich diese Einrichtung herumgesprochen. Zu jeder Vernissage kommen auch neue Besucher - potenzielle Bankkunden.

Warum engagieren sich Unternehmen in der Kultur? Als Grund nennen fast drei Viertel der befragten Unternehmer ihr gesellschaftliches Verantwortungsbewusstsein. Mit großem Abstand folgen die Motive „Imagepflege" (etwa die Hälfte der Befragten), „persönliches Interesse der Unternehmensleitung" (rund 40 Prozent) und „Kundenpflege" (ein Viertel der Befragten). Nach den „persönlichen Kontakten zu Künstlern" rangiert die Mitarbeitermotivation mit rund 15 Prozent auf einem der letzten Plätze. Kulturelles Engagement, möglichst gepaart mit einem Auftritt in den Medien, ist als Weg wirkungsvoller Unternehmenskommunikation anerkannt.

Kulturelles Engagement gepaart mit einem Auftritt in den Medien

Warum fördern Sie nicht ein Jugend-Orchester oder eine Theatergruppe und fordern bei der nächsten Generalprobe Revanche: Die findet nämlich in der Eingangshalle Ihres Unternehmens statt. Publikum? Natürlich die Mitarbeiter. Diese Idee funktioniert auch außer Haus: Bitten Sie die Theatergruppe um Freikarten oder eine Sondervorstellung. Laden Sie auch Ihre Geschäftspartner, Kunden, Lieferanten und Behördenvertreter ein.

Wenn Sie junge Maler oder Bildhauer unterstützen - was liegt näher, als eine Ausstellung in Ihrem Haus? Die ausgestellten Bilder und Skulpturen stehen selbstverständlich zum Verkauf. Fällt dies in die Vorweihnachtszeit, bietet sich eine Verkaufs-Sonderaktion mit der limitierten Auflage des Werkes eines Künstlers an - exklusiv für Sie und Ihre Mitarbeiter.

Sie können auch einer Behindertenwerkstatt helfen: Lassen Sie kunstvolle Körbe, Dekorationen oder anderen Schmuck anfertigen und bieten Sie diesen zum Verkauf. Der Erlös wandert zurück in die Werkstätten.

17.5 Sponsoring im Internet

Internetbetreiber als Partner

Der im Januar 2000 ins Leben gerufene Arbeitskreis „Sponsoring im Internet" des Deutschen Multimedia Verbandes (*www.dmmv.de*) definiert: *„Sponsoring im Internet einschließlich aller seiner Dienste ist gekennzeichnet durch eine längerfristige Partnerschaft zwischen Sponsoringnehmer (Betreiber einer Internet-Plattform) und Sponsor. Leistung und Gegenleis-*

tung beider Partner sind klar definiert. Der Sponsor stellt Geld-, Sach- und Dienstleistungen zur Verfügung und erhält als Gegenleistung vom Sponsoringnehmer die Integration in die Plattform durch Bild, Text, Ton oder Bewegtbild sowie das Recht, diese kommunikativ zu nutzen."

Beispiele

Beispiele für Sponsoring im Netz:

- Preisgekrönt ist das Sponsoring der Faust-Inszenierung von Peter Stein durch DaimlerChrysler: Die Website bietet ein reichhaltiges und medienadäquates Kommunikationsangebot rund um die Inszenierung *(www.faust-stein.de)*.
- Das Tropeninstitut der Universität München lässt sich seine Website „Fit for Travel" von SmithKlineBeecham Impfstoffe fördern *(www.fitfortravel.de)*.
- Internationales Web-Sponsoring: Intel engagiert sich in England als Sponsor bei *Ft.com,* in Frankreich bei Les Echos und sponsert in Deutschland die Rubrik „E-Business" der Online-Ausgabe der Wirtschaftswoche *(www.wiwo.de)*.

Möglichkeiten des Sponsoring im Internet

Im Internet gibt es zwei Formen:

- **Direktes Sponsoring,** indem Sie zum einen redaktionelle Inhalte finanziell unterstützen: Die Internet-Illustrierte Tomorrow bietet die viel beachtete monatliche Beilage „Die besten Web-Adressen" *(www.tomorrow.de)*.

  Durch die gezielte Unterstützung solcher Angebote können Sie neue Besucher auf Ihre Website hinweisen; zum anderen können Sie durch Verlinken zur gesponserten Site Ihr eigenes Angebot erweitern. Sie können Web-Events unterstützen (siehe Kap. 16.8), Ihr Unternehmenslogo auf einer Webseite anbringen und in Newslettern auftreten.
- **Darstellung der Sponsoring-Aktivitäten:** Die Website von Bayer informiert über geförderte Vereine, große Veranstaltungen und das aktuelle Sportgeschehen. Es gibt ein News-Archiv, eine Link-Sammlung zum Thema sowie Hinweise auf lokale Veranstaltungen, wie zum Beispiel den „Bayer Sport Talk" *(www.sport.bayer.de)*.

Überlegen Sie also für Ihre eigene Internetkommunikation, ob Sie einen Anbieter finanziell unterstützen möchten und dafür auf dessen Website genannt werden wollen.

Prüfen Sie, ob Sie Ihre allgemeinen Sponsoring-Aktivitäten angemessen im Internet darstellen können, um Ihre Bekanntheit zu steigern und Ihr Image gezielt zu gestalten.

Linktipp

Viele Informationen zum Thema bietet die Website der Europäischen Sponsoring Börse: *www.esb-online.de*

www

17.6 Sonderformen

17.6.1 Public Private Partnership

Kooperation von öffentlicher und privater Hand

Eine Form des Sponsoring ist die Public Private Partnership (PPP). Dieser Begriff bezeichnet die Partnerschaft zwischen öffentlich finanzierten Einrichtungen und der Privatwirtschaft. Hintergrund ist zum einen, dass öffentliche Einrichtungen ihre Aufgaben nicht mehr mit öffentlichen Mitteln allein bewältigen können; zum anderen müssen Unternehmen immer stärker ihre gesellschaftliche Verantwortung beweisen.

Public Private Partnership sind projektbezogene Kooperationen, zum Beispiel von Universitäten, Industrie- und Medienunternehmen, die dem Gemeinwohl verpflichtet sind. Im Rahmen der Kooperation wahrt jeder Partner seine Eigenständigkeit und übernimmt eigenverantwortlich Aufgaben.

Nutzen

Diese Kooperationen sollen beiden Partnern nutzen, zum Beispiel durch

- Transfer von Wissen, Personal und Image,
- gezielte Kontaktpflege und Kommunikationsleistungen (Marketing),
- Personalakquisition und Nachwuchsförderung,
- Image-Profilierung und Nachweis gesellschaftlicher Verantwortung.

IBM will der Fachhochschule Bochum innerhalb von vier Jahren Hard- und Software im Wert von 500.000 Euro zur Verfügung stellen sowie Lerninhalte und Curricula erarbeiten. Durch Kooperation zwischen Unternehmen und Universitäten können die Wege von der Ideenfindung bis zur Marktreife deutlich verkürzt und neuartige Produkte schnell an den Markt gebracht werden.

Solche Kooperationen ermöglichen der Unternehmenskommunikation, das Unternehmen als verantwortungsbewusst und sozial darzustellen. Gemeinsame öffentliche Auftritte mit Ihrem Partner, zum Beispiel im Rahmen von Publikationen und Veranstaltungen, stellen den Imagetransfer sicher.

Modelle

Viele Ansätze

Ansätze für Ihre PPP bieten unter anderem die Abfallbeseitigung, Krankenhäuser und Pflegeheime, Museen, Schulen (z.B. Sporthallen), Schwimmbäder, Universitäten und selbst die Entwicklungshilfe:

Beispiele

- **Entwicklungsprojekte:** JACOBS KAFFEE unterstützt Projekte in Peru. Hintergrund: Seit vielen Jahren wird peruanischer Kaffee auf den internationalen Märkten zu geringeren Preisen gehandelt, da er nicht den internationalen Qualitätsansprüchen genügt. In Peru waren internationale Qualitätsmaßstäbe bisher jedoch unbekannt. Landeseigene, allgemein anerkannte Qualitätsstandards gab es nicht. Hierdurch entstanden enorme Verluste.

  KRAFT FOODS, Hersteller von JACOBS KAFFEE, setzt sich schon seit langem für besseren peruanischen Rohkaffee ein: Im Rahmen eines

PPP-Projekts hat der Kaffeeröster ein nationales Qualitäts- und Zertifizierungssystem mit der Kaffeekammer Camera Peruana de Café und der Gesellschaft für Technische Zusammenarbeit (GTZ) aufgebaut: Kleinbauern lernen in Schulungskursen, wie sie Kaffee richtig lagern und trocknen. So steigen die Kaffeequalität und mit ihr die Einkünfte der Bauern. Die Seminare werden von einem ehemaligen JACOBS-Mitarbeiter gehalten – die GTZ berät die Kleinbauern und unterstützt lokale Kooperativen. Erfolg der Kooperation: Der generelle Preisabschlag für peruanischen Kaffee auf den internationalen Märkten wurde erheblich verringert.

Kooperationen mit Hochschulen und Universitäten

- **Hochschulen und Universitäten:** In den letzten Jahren wurden in zahlreichen Bundesländern neue Landeshochschulgesetze verabschiedet, damit sich die Hochschulen unternehmerisch betätigen können. Hinzu kommt, dass sich Patentgesetze geändert haben und die Hochschulen besser an Erträgen aus Erfindungen teilhaben können. Die Universität Bremen hat unter dem Titel „Wissen überwindet Grenzen" ein ingenieurwissenschaftliches und betriebswirtschaftliches Studienangebot für Osteuropa geplant, das den Partnerfirmen hochwertige Kooperationen in dieser Region eröffnet.
- **Schulen:** Die BERTELSMANN STIFTUNG hat mit internationalen Experten vergleichende Studien über Praxiserfahrungen von Schulen mit dem Internet durchgeführt. Hintergrund ist der Umgang mit jugendgefährdenden Inhalten im Netz. Auf der Grundlage der Studienergebnisse hat die BERTELSMANN STIFTUNG einen umfassenden Leitfaden für den sicheren und verantwortungsvollen Einsatz des Internet an Schulen entwickelt.

  INTEL, MICROSOFT und führende PC Hersteller bilden Lehrer fort: Ziel ist, dass Lehrkräfte mit dem Computer und neuen Medien das Lernen unterstützen und die Lernergebnisse ihrer Schüler steigern. Das Material für die Lehrer umfasst ein Schulungskompendium für die Präsenzschulung, 2 Praxis-CD-ROMs, zusätzliche Software und eine Projektdatenbank.
- **Standortmarketing:** Viele Städte (z.B. Berlin) haben Organisationen gegründet, in denen sich Unternehmen am Stadtmarketing beteiligen, zum Beispiel durch Wissen, Geld und Kontakte.

Für die Umsetzung von PPPs haben Sie viele Möglichkeiten: Diese reichen von der Gründung einer Projektgesellschaft (mit der Gemeinde), über Kooperationsverträge bis hin zur Gründung gemeinsamer Unternehmen. In jedem Fall sollten Sie die Aufgaben und Ziele schriftlich festhalten und die Kooperation vertraglich regeln.

17.6.2 Corporate Citizenship

Ihr Unternehmen als guter Bürger

In der öffentlichen Diskussion über bürgerschaftliches Engagement wird zunehmend gefordert, dass sich auch Unternehmen wie gute Bürger verstehen und ihren Beitrag zur Gemeinschaft leisten.

Hieraus ist das Corporate Citizenship entstanden: „*Corporate Citizenship ist das gesamte koordinierte, einer einheitlichen Strategie folgende und über die eigentliche Geschäftstätigkeit hinausgehende Engagement eines Unternehmens zur Lösung gesellschaftlicher Probleme. Hierbei sollen alle Arten von Ressourcen des Unternehmens unter besonderer Berücksichtigung seiner spezifischen Kompetenzen genutzt werden. Wesentliches Element von Corporate Citizenship ist die bewusste und gezielte Kommunikation des gesellschaftlichen Engagements gegenüber möglichst vielen Zielgruppen.*" (Westebbe A./Logan D.: „Corporate Citizenship. Unternehmen im gesellschaftlichen Dialog", 1995)

Entwicklung

Das Corporate Citizenship entwickelte sich, da das bisherige Sponsoring meist aktionistisch und unkoordiniert verlief und eher auf den Vorlieben der Geschäftsführer beruhte als auf strategischen Überlegungen. Gefördert werden meist nur an sich schon in der Öffentlichkeit stehende und von großer Medienpräsenz umgebene Bereiche, wie zum Beispiel Sport oder Kultur. Die Unterstützung des gesellschaftlichen Umfeldes spielt häufig noch gar keine Rolle. Selbst wenn sich ein Unternehmen im Umweltschutz engagiert, wird dies mittlerweile von den Bezugsgruppen geradezu erwartet und ist keine Möglichkeit mehr, sich Wettbewerbsvorteile zu verschaffen.

Stand

Mittlerweile engagieren sich immer mehr Unternehmen über die bekannten Formen des Sponsoring hinaus in sozialen, kulturellen oder ökologischen Initiativen an ihrem Standort. Internationale Unternehmen beteiligen sich an der Lösung globaler Probleme. Die Unterstützung erfolgt in Form von

- Geld,
- Produkten,
- Geschäftsbeziehungen,
- Wissen,
- Mitarbeitern,
- Sachmitteln.

Dieses Engagement geschieht freilich nicht selbstlos: Unternehmen verbinden mit ihrem Engagement auch Interessen wie Imageförderung und die Entwicklung sozialer Kompetenzen. Das Engagement unterstreicht Gemeinschaftsdenken (siehe Kap. 5.6).

Beispiele

DEUTSCHE POST WORLD NET, SAP und WACKER sind nur einige der Unternehmen, die soziale Initiativen und ehrenamtliche Projekte finanziell unterstützen, die sich in Stiftungen für Kultur und Gemeinwohl engagieren, junge Menschen fördern und Hilfebedürftigen helfen. EXXONMOBIL (ESSO) betreibt in vielen Ländern Wiederaufforstungsprojekte. In Deutschland hat das Unternehmen 2001 rund 85.000 Bäume in Schleswig Holstein gepflanzt, in den vergangenen fünf Jahren waren es in Deutschland mehr als 500.000. Esso engagiert sich auch im Tigerschutz: 2001 erhielten die Zoos in Leipzig, Nürnberg, Schwerin und Hamburg Spenden, um ihre Tigerzucht zu erhalten und auszubauen.

Ihr Corporate Citizenship

Tragen auch Sie aktiv zum Gemeinwohl bei: Klären Sie, Bürger welcher Gemeinschaft Sie sein möchten. Bei kleinen Unternehmen ist dies meist die eigene Stadt, bei Großunternehmen das Land oder die Region. Prüfen Sie, welche Aktivitäten Ihre Unternehmenspersönlichkeit und Ihre Fachkunde optimal verdeutlichen können. Honorieren Sie auch das Freiwilligenengagement Ihrer Mitarbeiter. Sie können schon im kleinen beginnen: Warum vermerken Sie nicht das soziale Engagement Ihrer Mitarbeiter anerkennend im Arbeitszeugnis? Weitere Vorschläge:

Vorschläge

- Erlauben Sie Mitarbeitern, die Ehrenämter bekleiden, für diese Tätigkeit Sachmittel zu nutzen, wie zum Beispiel Papier, Kopierer und Computer.
- Nutzen Sie Ihre Beziehungen zum Großhandel, um Material für eine gemeinnützige Einrichtung günstiger zu beschaffen.
- Helfen Sie einer gemeinnützigen Einrichtung bei der Gestaltung einer Kommunikationskampagne.
- Stellen Sie Expertenwissen zur Verfügung, um gemeinsam mit Universitäten oder Schulen Lehrmittel zu entwickeln.
- Nutzen Sie Ihre Infrastruktur in einem Entwicklungsland, um den Transport von Hilfsgütern zu unterstützen.
- Stellen Sie Produkte unentgeltlich zur Katastrophenhilfe zur Verfügung, wie zum Beispiel Nahrungsmittel und Medikamente.

Tipps

Stellen Sie jene Aktivitäten besonders heraus, die einen Bezug zu Ihrer Unternehmenspersönlichkeit haben

Stellen Sie in Ihrer Unternehmenskommunikation jene Aktivitäten besonders heraus, die einen Bezug zu Ihrer Unternehmenspersönlichkeit haben und Ihre Kompetenz unterstreichen: Zum Beispiel könnten Sie als Finanzdienstleister einer gemeinnützigen Einrichtung bei deren Finanzierungs- und Budgetplanung helfen.

Versäumen Sie nicht, Ihr Engagement auch Ihren Mitarbeitern bekannt zu machen, also auch in den Tochtergesellschaften und im Konzern. Externe Zielgruppen sind Entscheider in Politik und Verwaltung, Meinungsbildner, die von den Maßnahmen direkt Betroffenen, die allgemeine Öffentlichkeit und vor allem natürlich potenzielle Kunden.

Kommunizieren Sie Ihr Engagement angemessen nach innen und nach außen.

17.6.3 Corporate Volunteering

Ehrenamtliches Engagement

Der Begriff Corporate Volunteering steht für das ehrenamtliche Sozialengagement von Unternehmen und Mitarbeitern. Unternehmen fördern den freiwilligen Einsatz ihrer Mitarbeiter für gute Zwecke mit Geld, Material, Rat oder Freistellung von der Arbeit. *„Arbeit für die Armen, Schwachen und Kranken wird als sozialer Kitt der Wohlstandsgesellschaft immer wichtiger"*, schreibt die WELT AM SONNTAG in ihrer Ausgabe vom 7.7.2002.

Die Idee stammt aus den USA, wo Corporate Volunteering alltäglich ist und von den Unternehmen erwartet wird. In Deutschland dagegen sehen die meisten Unternehmen gemeinnützige Hilfe als Aufgabe des Staates an. Wenn Unternehmen spenden, dann eher in Form von Geld oder Sachleistungen. Der Münchner Soziologe Gerd Mutz schätzt, dass zurzeit kaum mehr als 50 Unternehmen in Deutschland Corporate Volunteering aktiv betreiben. Doch auch hierzulande wird Corporate Volunteering durch den Aufruf der Vereinten Nationen, die das Jahr 2001 zum „Internationalen Jahr der Freiwilligen" erklärt haben, immer bedeutsamer.

Unternehmen planen soziales Engagement strategisch

Wohlgemerkt: Neu ist nicht, dass Unternehmen Gutes tun. Neu ist, dass sie ihr Engagement strategisch planen.

- Der Versicherungskonzern AXA steckte 2002 den Betrag von 125 000 Euro in soziale Projekte. Doch nicht nur mit Geld will der Konzern helfen: Vor allem die Mitarbeiter sollen Gutes tun. Rund 735 AXA-Angestellte engagieren sich bereits in ihrer Freizeit für Kranke und Alte, Kinder und sozial Schwache.
- Der Autokonzern FORD fördert Projekte im Bereich Umweltschutz und Bildung und schenkt seinen Angestellten 16 bezahlte Arbeitsstunden im Jahr, in denen sie zum Beispiel Gewässer reinigen oder Ställe für einen Pferdeschutzhof bauen können.
- „Miteinander im Team" heißt das Projekt bei HENKEL, das Mitarbeiter fördert, die Ehrenämter privat übernommen haben. Die Förderung erfolgt in Form von Expertenrat, Zeit oder Geld.
- Die Beratungsgesellschaft BOSTON CONSULTING GROUP (BCG) will Schülern Wirtschaft durch das Projekt „Business@school" näherbringen. Schüler aus 50 Schulen lernen, wie Unternehmen funktionieren und sie entwickeln eigene Geschäftsideen.
- NOVARTIS veranstaltet einmal jährlich den „Tag der Partnerschaft": Weltweit können sich Mitarbeiter an einem Partnerschaftsprojekt beteiligen. Solche Projekte umfassen sowohl Betreuung in Alten- und Behindertenheimen als auch Unterhaltsarbeiten in Heimen und öffentlichen Einrichtungen.

Ziele

Corporate Volunteering verfolgt drei Ziele:

- **Gesellschaftliches Engagement** von Unternehmen und ihren Mitarbeitern.
- **Strategische Einbindung von gemeinnützigen Aktivitäten** in die sozialen Unternehmensziele.
- **Ausbau der sozialen Kompetenz** als Erfolgsfaktor.

Wie derartige gemeinnützige Einsätze die soziale Kompetenz entwickeln, hat SIEMENS-Personalleiter Peter Hamel erlebt: Er hat nach einem Vorbereitungsworkshop Anzug und Krawatte gegen einen weißen Kittel getauscht, um als Pfleger eine Projektwoche im Altenheim zu absolvieren.

Nutzen

Corporate Volunteering nutzt allen Beteiligten:

- **Unternehmen** durch den Beitrag zum bürgerschaftlichen Engagement, der Pflege der Unternehmenskultur, der Erweiterung des unternehmerischen Netzwerkes, der Motivation für Mitarbeiter und durch einen Beitrag zum besseren Image.
- **Mitarbeitern** durch den persönlichen Beitrag zum Gemeinwohl, neue Beziehungen zu Menschen und Persönlichkeitsförderung.
- **Sozialen Einrichtungen** durch Bereicherung des Lebens- und Arbeitsalltags, Abwechslung und neue Erlebnisse für Bewohner, neue Aufgaben und Motivationssteigerung.

18 Messen

18.1 Begriff

Messen und Ausstellungen

Eine Messe ist laut Gewerbeordnung eine *„regelmäßig wiederkehrende Veranstaltung, auf der eine Vielzahl von Ausstellern das wesentliche Angebot eines oder mehrerer Wirtschaftszweige ausstellt und überwiegend nach Muster an gewerbliche Wiederverkäufer, gewerbliche Verbraucher oder Großabnehmer vertreibt ...* “.

Oft werden Ausstellungen in einem Atemzug mit Messen genannt. Während sich Messen jedoch vorwiegend an Fachbesucher richten, sprechen Ausstellungen eher Endverbraucher an und finden nicht notwendig turnusmäßig statt.

18.2 Bedeutung

Präsentation der Leistungen

Viele Unternehmen wollen durch den Messeauftritt den Verkauf auf oder nach der Messe fördern, die Bekanntheit des Ausstellers steigern, Marktinformationen gewinnen oder künftige Mitarbeiter werben. Umfragen zufolge stehen vor allem Informationsziele im Mittelpunkt der Messestrategie von Ausstellern: Über das Unternehmen und seine Produkte zu informieren, rangiert weit vor konkreten Umsatzzielen.

Gründe: Die Entscheidungen für Beschaffungen dauern länger, an den Vorbereitungen sind immer mehr Personen beteiligt. Außerdem werden die Produkte technisch komplexer, Methoden und Verfahren werden abstrakter. Das führt dazu, dass sich Produkte und Techniken nur noch schwer präsentieren lassen. Informationen rücken zunehmend ins Blickfeld.

Auf Messen auf sich aufmerksam zu machen, wird immer schwerer. Hier sind gute Einfälle gefragt. Der Geschäftsführer eines Berliner

Tauchzentrums stellte zur Sportmesse AKTIVA gemeinsam mit weiteren Berliner Tauchverbänden den größten Tauchturm Europas in die Messehallen unter dem Funkturm. Dort ließ er Messebesucher für einige Minuten abtauchen – sehr zur Freude des Publikums und der Boulevardpresse, die mit großen Fotos und dicken Lettern berichtete.

18.3 Medienarbeit

Pressearbeit auf der Messe

Trotz der großen Bedeutung der Messen erstaunt es immer wieder, dass viele Aussteller keine Pressearbeit betreiben: So informiert nur jeder vierte Aussteller der HANNOVER MESSE INDUSTRIE die Pressestelle der Messe AG über Neuheiten; demnach nehmen drei Viertel der anwesenden Firmen keinen Kontakt zu den anwesenden Journalisten auf – eine verpasste Chance, zumal auf den großen Messen in Hannover bis zu 8.500 Journalisten angemeldet sind.

Noch ein Argument: Laut Statistik sind Besucher nur durchschnittlich 1,4 Tage auf einer Messe. Die Fachpresse berichtet jedoch schon Monate vorher und nachher über die präsentierten Innovationen. Denken Sie daran: Hinter jedem Journalisten stehen 1000 Leser und damit 1000 potenzielle Kunden!

Werbeprospekte sind für die Medienarbeit auf Messen ungeeignet

Große Unternehmen haben ihre Medienarbeit auf Messen und Ausstellungen meist fest im Griff. Unterstützung brauchen dagegen meist kleine und mittlere Unternehmen, deren Informationsmaterial oft nur aus Werbeprospekten besteht – und die sind tabu für die Medienarbeit auf Messen.

Nutzen Sie den Service der Messegesellschaften

Diese Firmen sollten den Service der Messegesellschaften nutzen: Sie veröffentlichen Informationen über Produktneuheiten vorab, beraten bei der Medienarbeit, geben Hinweise für das Gestalten des Pressematerials, nennen die Namen der anwesenden Journalisten, weisen auf interessante Produkte hin und regen Interviews an. Setzen Sie sich also frühzeitig mit der Messegesellschaft in Verbindung.

Die großen Messegesellschaften geben eigene Ratgeber heraus, um den Ausstellern die Medienarbeit zu erleichtern (Adressen im Serviceteil). Die Ratgeber enthalten Checklisten, Ansprechpartner und Vorlagen für Presseinformationen.

Manche Messegesellschaften wie die DÜSSELDORFER MESSE bieten umfangreichen Service, um die Medienarbeit der Aussteller zu unterstützen:

Pressekonferenzen

- Die Messe nennt Termine und Orte der Pressekonferenzen, die vor der Messe im Aus- und Inland veranstaltet werden.
- Die Messe stellt die aktuellen Anschriften der wichtigsten Fachzeitschriften aus dem In- und Ausland zur Verfügung.
- Im Vorfeld jeder Messe fragt das zuständige Presseteam die Aussteller, was sie auf der jeweiligen Veranstaltung an neuen Produkten oder Dienstleistungen vorstellen werden. Die Aussteller werden aufgefor-

dert, einen kurzen Pressetext zu formulieren, der in einem Sammelband zusammengestellt wird.
- Die Produktinformationen leitet das Presseteam der Messe in seinen Gesprächen an Fachjournalisten, bei der Zusammenstellung von Themenangeboten für Hörfunk und Fernsehen und bei der Auswahl geeigneter Objekte für Fototermine und TV-Aufnahmen weiter.
- Die Presseabteilung der Messe erstellt einen Presseplaner. Diese Broschüre nutzen die Journalisten als Leitfaden und Arbeitshilfe. Der Planer enthält die Termine aller Pressekonferenzen während der Messe sowie die Namen aller Repräsentanten der ausstellenden Unternehmen, die sich als Ansprechpartner für Journalisten an den Messeständen zur Verfügung halten. Inhalt sind auch allgemeine Informationen über die Messe, die Namen des Presseteams, Hinweise zum Service für Journalisten.

Presseplaner als Leitfaden und Arbeitshilfe für Journalisten

- Die Messe berät und unterstützt bei der Planung und Durchführung von Firmenpressekonferenzen.

Die Messe unterstützt bei Firmenpressekonferenzen

- Aussteller können die Pressefächer der Messe nutzen, indem sie ein Pressefach mieten, um dort Presseinformationen oder Pressemappen auszulegen.

Besonderheiten

Für die Medienarbeit auf Messen und Ausstellungen gelten im Großen und Ganzen die gleichen Grundsätze wie für die sonstige Unternehmenskommunikation. Einige Punkte gilt es darüber hinaus zu beachten:
- Bieten Sie einen übersichtlichen Messestand im Erscheinungsbild Ihres Unternehmens (siehe Kap. 14). Vermitteln Sie klare Aussagen. Setzen Sie Höhepunkte und weisen Sie Neuheiten aus.
- Nutzen Sie auf der Messe die hervorragende Chance, mit Journalisten in Kontakt zu kommen – vor allem an Ihrem Stand. Presseveranstaltungen drängen sich zwar besonders auf Messen und Ausstellungen in die vollen Terminkalender; doch nach wie vor sind sie bedeutend, weil Sie hier mit einem Schlag die wichtigsten Redaktionen erreichen können. Selten bekommen Sie zu einer bestimmten Zeit so viele Ansprechpartner an einem Ort zusammen. Doch wie gesagt: Ein Termin jagt auf einer Messe den nächsten – einen Termin aufzuspüren, zu dem möglichst viele Teilnehmer kommen können, ist eine große Herausforderung. Planen Sie daher rechtzeitig die Presseaktionen auf der Messe, da die Terminkalender der Journalisten früh gefüllt sind. Zur Vorbereitung der Messe empfiehlt es sich, wichtige Journalisten drei bis vier Wochen vorher einzuladen. Achten Sie besonders auf Überschneidungen zu Konkurrenten.

Nutzen Sie die Chance, mit Journalisten in Kontakt zu kommen

- Unterscheiden Sie die Ansprache der Journalisten: Fachjournalisten sind oft die wichtigste Bezugsgruppe der Unternehmenskommunikation vor und während der Messe. Fachzeitschriftenleser sind die potenziellen Anwender der Produkte und die Besucher am Messestand. Fachjournalisten interessieren sich für die „harten" Fakten, also Zahlen, Daten, Leistungen etc. Interessant sind zum Beispiel Sachinformationen über technische Einzelheiten, Veränderungen der Produkte und deren Einsatzmöglichkeiten. Wenn ein Unternehmensvertreter hierauf fundierte Auskunft erteilen kann, offen auf kritische Fragen antwortet, kommt dies besser an als ein Werbegag, der meist auf Messen angeboten wird.

Wirtschaftsjournalisten anzusprechen lohnt nur, wenn das Messeangebot beispielhaft für die Entwicklung der Branche ist oder sie langfristig beeinflusst. Wirtschaftsjournalisten orientieren sich an Branchenkonjunkturen und technisch-wirtschaftlichen Entwicklungen. Funk und Fernsehen berichten für eine breite Öffentlichkeit und interessieren sich meist nur für spektakuläre, außergewöhnliche Exponate.

Die Lokalpresse konzentriert sich auf die Ereignisse und Initiativen der heimischen Unternehmen.

Die eigene Präsentation von anderen abheben

- Überlegen Sie, wie Sie Ihre Präsentation von der anderer abheben können. Prüfen Sie Themen und entscheiden Sie, ob sie eine Nachricht wert sind (siehe Kap. 7.5.1.1).
- Bei der Pressekonferenz auf der Messe ist alles eine Nummer kleiner: Auf dem Podium reichen ein bis zwei wichtige Firmenvertreter. Die Statements sind maximal 10 Minuten lang.

Ansprechpartner für die Presse am Stand

- Bereiten Sie sich gut vor: Ist die Presse über Ihren Stand und die Exponate informiert, sollte unbedingt jemand am Ausstellungsstand zur Verfügung stehen, der den Medien Auskunft erteilen kann. Es wirkt unprofessionell, wenn ein Journalist warten muss und immer wieder vertröstet wird, weil gerade wichtige Kunden da sind oder der Experte nicht verfügbar ist.

Pressemappe mit Informationen über die Neuheiten

- Halten Sie für Journalisten eine Pressemappe mit Informationen über die Neuheiten bereit. Für das Zusammenstellen der Mappe und die Auswahl des Presseverteilers bieten die Leitfäden der DÜSSELDORFER und HANNOVER MESSE viele Tipps und Informationen (Adressen im Serviceteil).
- Formulieren Sie Ihre Texte nicht werblich, sondern sachlich (siehe Kap. 13). Dies nicht zu beachten, ist einer der häufigsten Fehler in der Medienarbeit auf Messen, berichten die Messegesellschaften. Anpreisende, werbliche Aussagen interessieren auf der Messe nicht, da hier jeder Aussteller versucht, mit den vollmundigsten Ankündigungen das Interesse der Medien auf sich zu ziehen. Die Journalisten müssen dagegen aus jeder Meldung den Informationskern herauslesen und entscheiden, ob er eine Nachricht für ihre Bezugsgruppen wert ist.
- Geben Sie Raum zum Zeigen und Diskutieren. Besonders die Fachpresse möchte sich eventuell besonders ausführlich informieren. Berücksichtigen Sie dies.
- Bearbeiten Sie Anfragen möglichst schon von der Messe aus. Schnelligkeit zählt im harten Wettbewerb!

- Bereiten Sie die Messe nach: Pflegen Sie also die geknüpften Kontakte und sehen Sie die Messe als langfristige Investition. Ziehen Sie auch ein Resümee Ihres Messeauftritts und prüfen, was Sie beim nächsten Mal besser machen können.

Messehandbücher des AUMA

Der Ausstellungs- und Messe-Ausschuss der Deutschen Wirtschaft e.V. in Köln (AUMA), gibt kostenlos mehrere Messehandbücher heraus (Adressen im Serviceteil).

18.4 Internet

Elektronische Unterstützung

Das Internet kann Ihre Messearbeit folgendermaßen unterstützen:

- **Es kann Ihren Messeauftritt begleiten:** Die Deutsche Post hat auf ihrer Website über die Weltausstellung EXPO 2000 berichtet, Bildmaterial und Pressemitteilungen des eigenen Auftritts bereitgestellt. Das Internet kann tagesaktuell berichten („Zu Gast am Stand“ etc.), um zu weiteren Besuchen auf der Website zu reizen. Sie können auch einen Kupon für weiteres Material (zum Beispiel CD-ROM, Video etc.) auf der Website anbieten, den der Besucher auf dem Messestand einlösen kann.
- **Es kann Ihren Messeauftritt ergänzen:** Die Deutsche Messe nutzt Globis *(www.globis.de)*, um ein adäquates Forum im Internet zu schaffen. Besucher können hier den Messebesuch planen, sich über Produkte vorab informieren, Gesprächstermine für den realen Messebesuch vereinbaren etc. Aussteller können auch solche Interessenten erreichen, die die Messe nicht persönlich besuchen können. Sie können Interessenten computergestützt und ohne Zeitdruck individuell beraten.
- **Ihre Messen können virtuell im Internet stattfinden:** Sie zeigen Präsentationen von Firmen und Produkten, ermöglichen den Austausch mit Medien, Kunden und Lieferanten und die Diskussion mit Experten.

Virtuelle Messen

Veranstalter virtueller Messen sorgen für die Bekanntmachung der Veranstaltung, stellen die entsprechende Plattform für Ausstellungen und Konferenzen zur Verfügung (Web-Server und Konferenzsoftware; Veröffentlichung von Präsentationsdokumenten; Links zu den Web-Servern der Aussteller beziehungsweise Kontaktinformationen) und koordinieren die Navigationsmöglichkeiten (Katalog; Aussteller- und Produktdatenbank) für die Besucher. Die Aussteller zahlen eine Gebühr für den virtuellen Messestand.

Anbieter, wie der Düsseldorfer Online-Spezialist Teamtools *(www.fairtool.de)* bieten eine Plattform zur gemeinsamen Planung und Organisation von Messeauftritten im Internet.

19 Instrumente von A bis Z

Transporteure der Unternehmensbotschaft

Mit den Instrumenten transportieren Sie Ihre Botschaften zu den Bezugsgruppen. Mitunter sind sie ziemlich teuer, vor allem, wenn man auf die üblichen Instrumente wie Broschüren, Tage der offenen Tür oder eine Mitarbeiterzeitung zurückgreift. Kleinere Unternehmen können sich solche Instrumente kaum leisten. Wer mit seinem Etat sparsam haushalten muss, muss überlegen, wie er seine Botschaften preisgünstig an die Bezugsgruppen bringt.

Neue und günstige Instrumente

Hinzu kommt, dass die klassischen Instrumente oft ausgedient haben, weil sie schon seit Jahr und Tag auf die gleiche Weise eingesetzt werden. Die Frage liegt also nahe, ob es nicht neue und günstige Instrumente gibt. Die Antwort lautet eindeutig: Ja! Gehen wir die Sache schrittweise an: Anregungen bringen bereits vorhandene Instrumente. Sammeln Sie also eine Zeit lang alles, was Ihnen an Faltblättern, Prospekten, Handzetteln oder Ähnlichem in die Hände fällt. Gehen Sie auch gezielt auf Suche: In Kinos, Theatern und anderen Veranstaltungsorten liegt oft ein buntes Sammelsurium unterschiedlichster Printmedien aus. Das Rad müssen Sie also nicht neu erfinden. Viel Glück bei der Suche!

Die Instrumente müssen zu Ihren Bezugsgruppen passen!

Bei der Auswahl sollten Sie daran denken, dass die Instrumente in Inhalt und Form zu Ihren Bezugsgruppen passen: Ein teurer vierfarbiger Hochglanzprospekt für einen kleinen Handwerksbetrieb ist übertrieben. Dagegen erwarten die Kunden eines Edelcouturiers aufwändig gestaltete Magazine. Ein Magazin für Apothekenkunden muss Gesundheitstipps enthalten, die Broschüre der Chemiefirma muss auf Anlagensicherheit und Umweltschutz eingehen.

Die Instrumente müssen zu Ihrem Unternehmen passen!

Die Instrumente müssen dem Erscheinungsbild Ihres Unternehmens entsprechen (siehe Kap. 2.5 und 14), denn sie sind Ihre Visitenkarten. Wählen Sie also jene Instrumente, die in die strategische Linie des Unternehmens und seiner Kommunikation passen. Achten Sie auf die durchgängige professionelle Gestaltung. Hängen Sie alle Broschüren, Zeitungen und Anzeigen auf, stellen Sie Faltblätter und den Geschäftsbericht zusammen: Ergibt sich ein einheitliches Bild? Sind sie Ausdruck Ihrer Firmenpersönlichkeit? Auf diese Frage müssen Sie mit einem eindeutigen „Ja“ antworten können.

Hier eine Auswahl von Instrumenten von A bis Z:

- **Ansichtskarte:** Warum schreiben Sie Ihren Geschäftskunden nicht eine Ansichtskarte? Stellen Sie sich dazu Folgendes vor: Sie finden in Ihrer Eingangspost einen Werbebrief und eine bunte Ansichtskarte. Was würden Sie zuerst lesen? Sicher die Ansichtskarte! Aus diesem

Grund verwenden Sie für Ihre nächste Einladung oder andere Informationen eine farbige Ansichtskarte mit einem See- oder Bergmotiv oder eines, das mit Ihrem Unternehmen in enger Verbindung steht. Auf der Rückseite bringen Sie Ihre Informationen handschriftlich (oder als Handschrift gedruckt) an.

- **Anzeigen:** Durch Anzeigen können Sie sich gut ins Gedächtnis Ihrer Bezugsgruppen bringen. Aber denken Sie daran, Anzeigen werden durchschnittlich nur 2 Sekunden lang betrachtet, Fachanzeigen maximal 8 Sekunden. Die Anzeige sollte daher auf ein aufmerksamkeitsstarkes Bild und die prägnante Überschrift konzentriert sein. Zum Beispiel weist der Computerriese MICROSOFT durch Anzeigen auf die Gefahren von unlizenzierter Software hin.

Mit Anzeigen bringen Sie sich ins Gedächtnis Ihrer Bezugsgruppen

- **Auto:** Als Sprecher eines kleinen Unternehmens können Sie Ihr eigenes Auto als Informationsmedium nutzen – kostenlos: Schneiden Sie Pappen oder Folie auf die Form Ihrer Fensterscheiben zurecht und beschriften diese mit einem gewünschten Text – zum Beispiel mit einer Einladung zum nächsten Tag der offenen Tür, zu einer Informations- oder Diskussionsveranstaltung in Ihrem Unternehmen. Parken Sie Ihr Auto an einer günstigen Stelle und kleben Sie die beschrifteten Pappen oder die Folien von innen mit durchsichtigem Klebestreifen oder Haftpunkten an die Fensterscheibe – fertig!

Auto als Informationsmedium

- **Ballon:** Mit einem Heißluftballon können Sie zwei Fliegen mit einer Klappe schlagen: Der Ballon dient zum einen als überdimensionaler und attraktiver Imageträger, wie ihn SAT1 am Potsdamer Platz in Berlin schweben lässt; zum anderen können Sie die Ballonfahrt in Ihrer Mitarbeiterzeitung als Preis für den besten Beitrag oder das attraktivste Foto verlosen oder damit verdiente Mitarbeiter belohnen.
- **Beratungsdienst:** Beweisen Sie Ihre Kompetenz in einem telefonischen und schriftlichen Beratungsdienst. Bemühen Sie sich um eine 0800-Nummer, die für den Anrufer kostenfrei ist. Notieren Sie die Zahl der Telefonate sowie die Fragen. Werten Sie die Ergebnisse nach der Aktion aus und geben Sie die Daten an die Medien weiter.

Beweisen Sie Ihre Kompetenz

- **Betriebsbesichtigung:** Überlegen Sie, wer Ihr Unternehmen noch nicht von innen kennt und sich dafür interessieren könnte, zum Beispiel Schüler, Studenten, Vereine, Behörden, Politiker, Fachleute, Kunden. Sprechen Sie diese Gruppen an und klären Sie mit ihnen, was interessant sein könnte. Organisieren Sie dann die Führung durch einen Betrieb oder das gesamte Werk. Sorgen Sie bei besonders wichtigen Gruppen dafür, dass an den einzelnen Stationen kompetente Mitarbeiter die Führung übernehmen. Die Besichtigung endet bei Kaffee und Kaltgetränken in der Kantine oder einem persönlichen Mittagessen, bei dem die Teilnehmer des Rundganges Fragen und Antworten austauschen.

Innenansichten

- **Buch:** Geben Sie ein eigenes Buch heraus. Lassen Sie dieses im Erscheinungsbild Ihres Unternehmens drucken und verschicken es an

Kunden und Freunde des Hauses. Es gibt Kriminalromane, Sammelbände mit Kurzgeschichten, Unterhaltungsromane bis hin zur Weltliteratur. Alle Bücher sollten eines gemeinsam haben: den Bezug zu Ihrer Unternehmenspersönlichkeit.

Man kann auch eine Sammlung mit von Mitarbeitern selbstgeschriebenen Werken veröffentlichen. Das kann man an einen Wettbewerb koppeln, der in der Mitarbeiterzeitung und im Intranet ausgeschrieben ist (mit Preisen und Preisverleihung etc.).

Wehende Visitenkarten

- **Fahne:** Fahnen machen bekannt und zeigen, wer Sie sind. Diese wehenden Visitenkarten müssen in Farbe, Größe, Schrift und Botschaft dem Bild entsprechen, das Sie von Ihrem Unternehmen vermitteln möchten. Ein pfiffiges Beispiel liefert die Firma BEIERSDORF: Sie hatte die Idee, Baugerüste mit Produktfahnen zu schmücken. Aufschrift in Riesenlettern: „Denkmal Pflege" anstelle des allseits bekannten NIVEA-Schriftzuges.
- **Faltblatt:** Ein Faltblatt können Sie vielseitig einsetzen: als Informationsträger, Einladung oder Unternehmensdarstellung. Es gibt Faltblätter in unterschiedlichen Größen: Einfach zu handhaben ist das Format DIN-A-4, mehr Aufmerksamkeit erregt DIN-A-3 (doppeltes A-4-Format) oder DIN-A-5 (halbes A-4-Format). Günstig hergestellt wird das Faltblatt, indem Papier oder leichter Karton bedruckt/kopiert und dann interessant gefaltet oder beschnitten wird. Ihrer Phantasie sind keine Grenzen gesetzt: Sie können das Blatt zweifach oder dreifach falten, mit Kanten oder Knicken versehen; Sie können es auch farbig variieren. Schreibpapier und Kartons gibt es im Schreibwarenhandel in den unterschiedlichsten Farben.

Unternehmensvideo

- **Film:** Filme kommen zum Beispiel auf Messen zum Einsatz, in Präsentationen oder einer Vorführung im Rahmen einer Firmenveranstaltung – und warum nicht auch zum Versand an ausgewählte Bezugsgruppen? Sparen Sie als Steuerberater lange Erklärungen und packen dafür alles in ein Video! Großunternehmen leisten seit langem vorbildliche Filmarbeit. Mittlerweile ist das Filmen mit Video auch für kleine und mittlere Betriebe einfach und preiswert geworden.

Ungewohnte äußere Formate steigern die Aufmerksamkeit

- **Formate und Material:** Kein eigenes Medium, aber trotzdem eine interessante Gestaltungsidee: Ungewohnte äußere Formate steigern die Aufmerksamkeit. Druckstücke können Sie in jeder Form erhalten: Ob Kreis oder Achteck, Dreieck – vieles mehr ist möglich. Stöbern Sie im Schreibwarenhandel oder in Druckereien und lassen Sie sich ausgefallene Formate stanzen oder schneiden: Die Einladung zu einem feurigen Abendessen wird als Karte in Tomatenform verschickt. Eine Karte mit großem Loch in der Mitte vermittelt Durchblick. Der Weg in ein neues Unternehmen ist nur durch Lösen eines Straßenpuzzles zu finden.

  Neben Stanzen und Schneiden kann auch Falten ein effektvolles Medium schaffen: Stellen Sie sich gewöhnliches DIN A 4-Papier vor – dreifach gefaltet zieht es viel mehr Aufmerksamkeit auf sich. Eine Ecke abschneiden oder knicken – schon entsteht ein weiterer Effekt. Mit einer DIN-A-4-Pappe haben Sie die beste Vorlage für eine vielseitig verwendbare Klappkarte. Das Gleiche gilt für DIN A 3: Mehrmals falten und schon entsteht ein aufklappbares Faltblatt, auf dem die wichtigsten Informationen zu finden sind. Es gibt fast nichts, was Sie nicht mit Texten und Abbildungen versehen könnten. Ein Tipp: Gönnen Sie sich einen ausführlichen Einkaufsbummel in einem Dekorationsgeschäft für den Einzelhandel. Hier finden Sie ausgefallene Materialien wie Glas, Holz, Stoffe, Tapeten, Folien, Kunststoffe, Pappen und sogar Metalle, auf denen Sie eine Botschaften anbringen können.

Folien sind ein ungewöhnliches Medium, das sofort ins Auge fällt. Sie können auch transparentes Papier (Pergamentpapier) auf Fenstern oder sonstigen Glasflächen anbringen. Ein Beispiel: Kopieren Sie mit Ihrem Drucker den Text für eine Einladung auf eine Folie (diese muss hierfür geeignet sein!). Wenn Sie jetzt die Folien an das Schwarze Brett hängen, werden Sie schnell feststellen, welche Aufmerksamkeit diese einfache Lösung auf sich zieht. Folien können außerhalb des Unternehmens zum Einsatz kommen, wenn sie Informationen über wichtige Themen enthalten.

Präsentationselemente aus Pappe

Auf Tagungen, Messen, bei Präsentationen, Sonderaktionen, bei der Einführung neuer Produkte oder im Büro können Einrichtungs- und Präsentationselemente aus Pappe neue Akzente setzen. Diese Elemente sind leicht und erstaunlich stabil, mobil und ausbaufähig, variabel durch Form, Größe und Farbe, einfach zu bedrucken, einfach auszubauen, sauber und leise zu bearbeiten, ansprechend und umweltfreundlich. Möglich macht dies Wellpappe mit weißer, nassfester Oberfläche. Unter dieser Oberfläche verbirgt sich übrigens viel Ökologie: Die Wellpappen sind aus Recycling-Rohstoffen gefertigt und werden zusammengelegt geliefert – auf Palette oder im Paket. Mit wenigen Handgriffen sind die Elemente aufgestellt. Zum Bearbeiten ist keine Werkstatt erforderlich. Farbtopf, Klebefolie, Lineal und Messer helfen dabei, die Elemente Ihren Wünschen anzupassen und Ihre Informationen ins rechte Licht zu setzen. Alles geht staubfrei und leise zu. Es wird nicht mehr gesägt, gehobelt oder geschmirgelt.

- **Informationstisch:** Ein eigener Infotisch besteht in der einfachsten Version aus einem einfachen Tisch, der mit Handzetteln oder Plakaten umklebt wird. Das notwendige Informationsmaterial wie Handzettel und Broschüren legen Sie aus – fertig! Dieser Tisch kann im eigenen Unternehmen stehen, zum Beispiel am Eingang, oder er findet auf Messen und Ausstellungen oder zu sonstigen Anlässen einen Platz. Damit der Stand stärker ins Auge fällt, empfehlen sich „Augenmagneten“ wie große, farbige, sich bewegende oder ungewöhnliche Gebilde, die den Blick auf den Tisch lenken.

Professionelle Informationen

- **Informationszentrum:** Sie können die Fachkunde Ihres Unternehmens beweisen, zum Beispiel in Bezug auf Produkte, Herstellverfahren, Dienstleistungen, Sicherheitsfragen und Umweltschutz. Als Leistungen können Sie bieten: Zugriff auf eine Datenbank, Fachliteratur, persönliche Auskunft, Vermittlung von kompetenten Ansprechpartnern, Literaturrecherche, Beratung bei Studienabschlussarbeiten, Erstellen von Broschüren und Schriftenreihen. Durch intensive Beratung und kompetente Auskünfte können Sie sich einen guten Ruf erwerben.

Mobile Kommunikation

- **Infomobil:** Was bei Politikern aus Wahlkampfzeiten bekannt ist, können auch Sie nutzen: das Infomobil. Sie könnten einen Kleinbus durch Großstädte schicken, informieren und Ihre neuesten Produkte und Dienstleistungen anbieten.

„Heißer Draht" zu Ihren Bezugsgruppen

- **Info-Telefon:** Ein Info-Telefon ist eine wichtige Informationsquelle, wenn es schnell gehen muss und wenn Ihre Kompetenz oder ein persönlicher Kontakt gefragt sind: In einer Krise sollte ein Info-Telefon zur Verfügung stehen, um besorgten Mitarbeitern, Anwohnern und anderen Interessierten aus der Öffentlichkeit schnell und kundig Auskunft geben zu können – falls es gar nicht anders geht, auch mit vorgefertigten Endlosbändern. Ist Ihre Kompetenz gefragt, sollten Sie einen „heißen Draht" zu Ihren Bezugsgruppen schaffen.
- **Karten:** Informationsträger sind einfache Karten im Format A-5 oder sogar A-6, die es im Schreibwarenhandel zu kaufen gibt. Für sie gilt das Gleiche wie für Faltblätter: Sind sie bunt, haben eine ungewöhnliche Farbe oder Form (zum Beispiel dreieckig, vieleckig); sind sie vielleicht durchsichtig (Pergamentpapier), lenken sie besonders stark das Interesse auf die Botschaft.

Fördern Sie Nachwuchskünstler

- **Künstlerwettbewerbe:** Ist es wichtig, den künstlerischen Nachwuchs zu unterstützen? Machen Sie es wie WÜSTENROT: Für kleine Künstler schrieb das Unternehmen einen Malwettbewerb aus, der einen Bezug zum Unternehmen hatte. Loben Sie einen attraktiven Preis aus, der nicht teuer aber ausgefallen sein kann und fordern Sie Nachwuchskünstler auf, sich zu beteiligen. Die Aktion findet unter Mithilfe der Medien statt: Informieren Sie über Ausschreibung, Preis und Bedingungen der Teilnahme; informieren Sie über den Abschluss der Aktion, die Auswahl des Gewinners und den Grund für die Entscheidung. Natürlich dürfen attraktive Fotos nicht fehlen.

Durch Leserbriefe in den öffentlichen Austausch

- **Leserbrief:** Leserbriefe sind eine einfache Möglichkeit, sich am öffentlichen Austausch zu beteiligten. Wählen Sie ein Thema aus, zu dem Sie etwas zu sagen haben und das mit Ihrem Unternehmen in Verbindung steht. Formulieren Sie in einer lesergerechten Sprache Ihre Meinung und senden den Leserbrief an die Redaktion. Auch hier gilt: Die Redaktion entscheidet, ob Ihr Leserbrief gedruckt, gekürzt oder nicht veröffentlicht wird. Seien Sie also nicht enttäuscht, wenn Ihnen nicht gleich der Sprung in das Blatt gelingt. Starten Sie stattdessen einen neuen Versuch. Vergessen Sie aber nicht, dass ein Leserbrief nicht Selbstzweck sein soll: Sie müssen etwas zu sagen haben, sonst schlägt die gute Absicht schnell ins Gegenteil um – dann nämlich, wenn der Inhalt nicht stimmt. Um dies zu vermeiden, zeigen Sie den Leserbrief Ihren Kollegen, Ihrer Familie oder im Freundeskreis – und lassen Sie Hinweise einfließen.

Renaissance der Litfaß-Säule

- **Litfaß-Säule:** Eines der ältesten aber kaum genutzten Informationsmedien ist die Litfaß-Säule. Dieses Schattendasein ist unberechtigt, denn die Vorteile einer eigenen Litfass-Säule liegen auf der Hand: Sie ist auffällig, weil ungewöhnlich, und sie kann individuell gestaltet und immer neu eingesetzt werden.

  Lassen Sie also von einem Schreiner eine eigene Litfaß-Säule zimmern. Die Litfaß-Säule können Sie beim Pförtner am Werkstor aufstellen. Sie ist bei Ausstellungen und anderen Veranstaltungen präsent und bietet einen attraktiven Blickfang für Ihren Informationstisch bei Messen und Kongressen. Zusätzlich können Sie einen kleinen Kasten anbringen, der als Spender für Informationsmaterial wie Handzettel, Broschüren oder Zeitungen dient.

Programmierte, synchrone Wiedergabe von Ton und Bild

- **Multivision:** Die Multivision ist die programmierte, synchrone Wiedergabe von Ton und Bild. Minimale technische Voraussetzung sind zwei überblendfähige Diaprojektoren und eine Tonquelle. Die ununterbrochene Bildwiedergabe, die erst durch die Überblendung von zwei (oder mehr) Projektoren möglich wird, ist somit das eigentliche Merkmal einer Multivision/Tonbildschau. Die Multivision ist vielfältig einsetzbar – stationär unterstützt sie Betriebsbesichtigungen, mobil zeigt sie das Gesicht des Unternehmens auf Messen und anderen Veranstaltungen.

Firmenmuseum

- **Museum:** *„Im Laufe der Jahres sammelt sich manches an, das man besser aufheben sollte“*, dachte sich der Mitarbeiter eines traditionsreichen Unternehmens und begann ab da, alte, ausrangierte Geräte zu sammeln. Er stöberte hierzu nicht nur die Lager seiner Firma durch, sondern ging auch zum städtischen Flohmarkt, er suchte über Zeitungsanzeigen und verloste unter den Mitarbeitern Preise dafür, dass aufbewahrte Werkzeuge, Apparate, aber auch Fotos, Zeitungen und Geschäftsberichte von Angehörigen, die sich schon im Ruhestand befanden, in seinen Museumsbestand übergingen.

  Im Laufe der Zeit kam eine Reihe von Dingen zusammen, die er in einem firmeneigenen „Museum“ ausstellte – zunächst für die eigenen Mitarbeiter, später auch für Besucher. Das sprach sich schließlich auch bei den Medien, befreundeten Firmen und anderen Interessenten herum.

  Fortan gingen zunehmend Anfragen ein, ob er die Fundstücke nicht auch außerhalb des Unternehmens ausstellen könne. Studenten meldeten sich, ob er ihnen bei der Recherche nach Themen behilflich sein könne, die sich um das Gesammelte drehen. Schließlich trat er der Vereinigung der Werksachivare bei und wurde ein gefragter Kenner. Dies ist zwar die wahre Geschichte eines Firmenmuseums, könnte dies nicht aber genauso gut für Ihr Unternehmen zutreffen? Gibt es bei Ihnen nicht auch Sachen, die besser gesammelt als weggeworfen werden sollten? Überlegen Sie, ob es nicht auch etwas für Sie wäre – so ein firmeneigenes Museum!

Postkarten als Multiplikator

- **Postkarten:** In jüngster Zeit sind Postkarten im Kommen, die Sie in Lokalen mitnehmen können („Ad-Cards"). Wer hat nicht schon an ergiebigen Ständern nach kunstvollen, kreativen oder witzigen Karten gestöbert? Nutzen Sie diese (Sammel-)Leidenschaft aus: Stellen Sie Postkarten mit attraktiven Motiven her, die Ihren Bezugsgruppen gefallen könnten – natürlich auf der Vorder- oder Rückseite mit dem Namen Ihres Unternehmens versehen. Je einfallsreicher und interessanter die Wahl des Motivs ausfällt, desto erfolgreicher wird eine Aktion sein und umso mehr werden die Karten an andere Interessenten weitergegeben.

Loben Sie Preise aus und veranstalten Preisausschreiben

- **Preisausschreiben:** Mit einem Preisausschreiben bringen Sie in Ihrer Mitarbeiterzeitung Unterhaltung ins Blatt. Ein Wettbewerb am Tag der offenen Tür erzeugt Aufmerksamkeit und verankert Ihre Botschaften: Welche Produkte stellt das Unternehmen her? Wie viele Mitarbeiter beschäftigt die Firma?
- **Preise:** Durch Preise können Sie auf Ihre Kompetenz und Ihr Engagement in Ihrem Fachgebiet hinweisen.

Referenzen als Zeugnis Ihrer Kompetenz

- **Referenzen:** Referenzen geben angesehene Persönlichkeiten, Firmen oder Institutionen, die mit oder ohne Honorar einverstanden sind, in Zusammenhang mit Ihrem Unternehmen genannt zu werden. Ideal ist, wenn sich eine solche Persönlichkeit hinter die Botschaften Ihres Unternehmens stellt. Möglich ist auch, mit einem Zitat oder einer persönlichen Ansprache an die Bezugsgruppe auf die Kompetenz Ihres Unternehmens hinzuweisen.

  „Testimonial" heißt dies in der Fachsprache und bedeutet, dass ein Dritter freiwillig zu Ihren Gunsten „Zeugnis ablegt" – so die wörtliche Übersetzung des Begriffs. Sicher ist in jedem Fall, dass ein angesehener Dritter Ihre Botschaften erheblich aufwertet und den Aufmerksamkeitswert entscheidend erhöht. Achten sie darauf, dass der Prominente zu Ihrer Unternehmenspersönlichkeit passt (siehe Kap. 14.4).

Rezensieren Sie Publikationen aus Ihrem Fachgebiet

- **Rezensionen:** Rezensionen sind persönliche Stellungnahmen zu neuen Büchern, Produkten oder Dienstleistungen, die mit Ihrer Branche eng verbunden sind. Stellen Sie Neuerungen vor und bewerten Sie diese. Nehmen Sie hierzu Kontakt zu den Medien oder Verlagen auf, fragen Sie, ob Interesse an einer solchen Rezension besteht und ob Sie das Manuskript einsenden können.
- **Schilder:** Schilder sind Signale, ob es sich um Hinweisschilder auf einer Pressekonferenz handelt, ein Hinweisschild an Ihrem Werkstor oder historischen Motiven nachgeahmte Schilder, die Sie als Geschenk verwenden können. Wichtig ist in jedem Fall, dass die Schilder dem Erscheinungsbild Ihres Unternehmens entsprechen. Nichts wä-

re verwirrender, als wenn Ihr Unternehmen auf jedem Schild mit einem anderen Signet, einer anderen Schrift oder einer unterschiedlichen Botschaft auftritt.

- **Sonderauflagen:** Haben Sie ein Buch, eine Zeitung oder Zeitschrift, die Ihnen besonders gefällt oder einen speziellen Bezug zu Ihrem Unternehmen hat, so fragen Sie den Verlag nach einem Sonderdruck. Diesen versehen Sie mit einer Widmung auf der ersten Seite und schenken die Sonderausgabe Ihren Mitarbeitern, Gästen und Kunden.

  Sonderauflagen mit einer Widmung Ihres Unternehmens

  Ein Unternehmen kaufte einige Tausend Exemplare eines MERIAN-Heftes und widmete es „mit freundlichen Grüßen" seinen Geschäftspartnern. Genauso eignen sich Kalender, Übersichten und Kataloge für einen Sonderdruck. Sprechen Sie die Herausgeber an und klären Sie die Konditionen für die Veröffentlichung.
- **Sportwettbewerbe:** Kommen für Sie Sportwettkämpfe infrage? Schreiben Sie einen Wettbewerb aus, der mit Ihrem Unternehmen zu tun hat. Loben Sie einen attraktiven Preis aus und fordern Sie Sportler auf, sich am Sportwettbewerb zu beteiligen. Auch hier nutzen Sie die Unterstützung der Presse zur Ankündigung und zur feierlichen Siegerehrung. Derzeit ist beispielsweise Streetball angesagt: Überall - in Hinterhöfen und Garagen, vor Jugendzentren, in Universitäten und Schulen - wird gespielt. Warum hieraus nicht einen Wettbewerb gestalten, um die Dynamik Ihres Unternehmens zu transportieren?

  Organisieren Sie Sportwettbewerbe
- **Stadtrundfahrt:** Stadtrundfahrt einmal anders: Je nachdem, was Ihr Unternehmen herstellt oder anbietet, können Sie eine entsprechende thematische Stadtrundfahrt ausarbeiten. Dazu drei Beispiele:

  Besichtigungen in Ihrer Region zu unternehmensrelevanten Themen
  - Eine Baufirma arrangiert eine architektonische Stadtrundfahrt, bei der die wichtigsten und interessantesten Bauwerke der Stadt präsentiert und auf unterhaltsame Art erläutert werden.
  - Unternehmen mit Bezug zur Natur (zum Beispiel Bioprodukte) organisieren einen Ausflug aufs Land oder Felder, auf denen die Produkte zu sehen sind. Auf dem Programm steht natürlich ein Besuch auf dem Bauernhof.
  - Besichtigen Sie mit Mitarbeitern und Kunden kulturelle Einrichtungen, wie Gedenkstätten, Musikhochschulen oder Museen - alles mit kompetenter Führung.

  Während der Busfahrt beantworten Mitarbeiter, Freunde, Bekannte und Interessierte Fragen eines Quiz. Als Preise winken Bücher oder Zeitschriften. Die Fahrt endet mit einem gemütlichen Beisammensein.
- **Stiftung:** Stiftungen fördern das Gemeinwohl. Stifter stellen hierzu Kapital bereit, das teilweise erst nach ihrem Tod eingesetzt werden darf, um zum Beispiel Forschung und Weiterbildung zu unterstützen. Stiftungen profitieren von steuerlichen Vergünstigungen, unterliegen aber auch der strengen Auflage, Gelder nur für kirchliche, gemeinnützige oder mildtätige Zwecke einzusetzen.

  Fördern Sie mit Stiftungen das Gemeinwohl

Ein renommiertes Beispiel ist die PHILIP-MORRIS-STIFTUNG, die 1988 erstmals den PHILIP-MORRIS-FORSCHUNGSPREIS verliehen hat. Zweck dieser Stiftung ist die Förderung von Wissenschaft und Forschung, insbesondere in den Bereichen Kultur und Umweltgestaltung, sowie der internationalen Verständigung und der Hilfe der Völker untereinander. Der Preis ist einer der bekanntesten Technologiepreise Deutschlands.

Halten Sie Vorträge

- **Vorträge:** Halten Sie Vorträge. Ergreifen Sie die Gelegenheit, mit einer medienwirksamen Ankündigung vor einer Gruppe von Interessierten zu einem Thema Stellung zu nehmen, zu dem Sie als kompetent gelten. Wie erhält man Einladungen zu Vorträgen?
  - Holen Sie ein Verzeichnis von Veranstaltungen ein, auf denen Redner geladen sind. Solche Listen gibt es bei Messe- und Kongressunternehmen, den örtlichen Behörden und Ordnungsämtern. Nehmen Sie Kontakt zum Organisator der Veranstaltung auf und fragen Sie nach der Möglichkeit, als Redner zu Ihrem Fachthema aufzutreten.
  - Bieten Sie Vorträge im eigenen Unternehmen zu Themen an, welche Ihre Bezugsgruppen interessieren. Dies können umweltschonende Produktionsverfahren oder zukunftsweisende Produkte sein.
  - Auch im Rahmen von Fachtagungen, Symposien oder Kongressen besteht die Möglichkeit, eigene Veranstaltungen durchzuführen oder als Redner aufzutreten.

Starten Sie ein Seminarprogramm zu Ihren Kernkompetenzen

- **Weiterbildung:** Seminare sind eine gute Gelegenheit, etwas für sich, die Mitarbeiter, Nachbarn und andere Bezugsgruppen zu tun. Kündigen Sie Ihr Programm nicht nur bei den Mitarbeitern an, sondern planen Sie eine Eröffnung, zu der Sie kompetente externe Vertreter einladen, die zum Thema Stellung nehmen – am besten auf einem Podium mit anschließender Diskussion. Mit auf der Einladungsliste stehen natürlich die Medienvertreter. Auch die Weiterbildung für Mitarbeiter selbst können Sie zu einem Ereignis ausbauen. Je nach Produktions- oder Dienstleistungszweig bietet es sich beispielsweise an, ein regelmäßig stattfindendes Kolloquium zu veranstalten, zu dem Sie Experten einladen und mit den Mitarbeitern diskutieren lassen.

  Die Vorträge und Diskussionen können Sie anschließend oder jeweils zum Ende des Jahres in eigenen Broschüren oder sogar Büchern veröffentlichen. Weiterbildung bedeutet aber auch, dass Sie selbst in Ihrem Unternehmen, bei der Industrie- und Handelskammer, der Volkshochschule oder einer anderen Weiterbildungseinrichtung unterrichten. Dies hat zudem den Vorteil, dass Sie immer wieder Ihren eigenen Standpunkt prüfen und ständig auf dem Laufenden bleiben.
- **Zeitungen:** Regelmäßig erscheinende Zeitungen oder Broschüren für Mitarbeiter, Kunden, Aktionäre, Anwohner können Sie heute ohne allzu großen Aufwand mit dem Computer erstellen. Die Texte werden

erfasst, Bilder und Darstellungen vom Computer eingelesen. Ein Grafiker oder Layouter bringt Texte und Fotos/Darstellungen in eine professionelle Form. Die Datensätze mit den Texten und dem Layout werden schließlich zum Belichten gegeben, die Filme erhält die Druckerei. Auch her gilt: Je mehr der Auftraggeber selbst erledigt, umso günstiger wird das Endprodukt. Allerdings sollten Sie den Aufwand für die Erstellung eines solchen Mediums nicht unterschätzen. Lassen Sie sich deshalb in jedem Fall vorher beraten.

Noch ein Tipp

Kreativitätstechniken

Auf der Suche nach Ideen sind Kreativitätstechniken hilfreich, wie sie in vielen Fachbüchern beschrieben werden. Die bekannteste Technik ist das „Brainstorming“: Es beruht darauf, dass Sie allein oder in einer Gruppe Ideen sprudeln lassen, ohne sie zu zensieren. Die Regel lautet: Erst sammeln, später sortieren! Hinterher zeigt sich meist, dass selbst vermeintlich unlogische oder unsinnige Vorschläge einen brauchbaren Kern besitzen, der nur nicht stark genug ausgeprägt ist. Suchen Sie diesen Kern!

Teil G

Serviceteil

Was wäre ein Handbuch ohne umfangreichen Serviceteil? Na also!
Im Folgenden finden Sie Umsetzungsbeispiele, Checklisten, Adressen und Buchtipps mit Erläuterungen.

1 Umsetzungsbeispiele: Erfolgsgeschichten

Die Variante des klassischen Leitbilds sind Erfolgsgeschichten („Success Stories"). Die Erfolgsgeschichten erzählen zusammenhängende und faszinierende Geschichten rund um die Erfolgsfaktoren des Unternehmens, wie zum Beispiel seine Leistungen, Mitarbeiter, Wissen, Beziehungen und natürlich seine erfolgreiche Zukunft.

Durch diese Geschichten kommt das Unternehmen der zunehmenden Bedeutung der emotionalen Ansprache seiner Bezugsgruppen nach (siehe Kap. 2.4). Hier ein fiktives Beispiel:

Leitidee der CHRONOS AG

Die CHRONOS AG will erstklassige Uhren mit hohem ästhetischen Wert herstellen und erfolgreich vermarkten. Die Uhren sollen dem Träger das Gefühl von Orientierung, Sicherheit und Schönheit geben. Sie leisten einen Beitrag zum Wohlfühlen des Menschen.

Erfolgsgeschichte

UNSERE MITARBEITER

Unsere Mitarbeiter sind stolz darauf, in unserem Unternehmen zu arbeiten, weil seine Werte zu ihren passen. Sie tragen durch ihre Höchstleistungen zum gemeinsamen Erfolg bei. Hierfür werden sie angemessen belohnt.

Wir stellen die besten Teams zusammen, die gemeinsam neue Ideen entwickeln und kraftvoll umsetzen.

Wir sind stolz auf unser Unternehmen und seine Kultur, mit der wir es immer wieder schaffen, die Besten für uns zu gewinnen und lange an uns zu binden.

UNSER STANDORT

Wir sind ein schweizerisches Unternehmen. Wir fühlen uns dem Land und seinen Menschen verbunden – hier ist unsere Heimat.

Genauso wie die Schweiz steht auch unser Unternehmen für herausragende Leistung und Tradition.

UNSER WISSEN

Wir wissen, wie man hochwertige Uhren herstellt und weltweit vermarktet. Dieses Wissen gestalten wir langfristig, damit wir heute schon die Wünsche unserer Kunden von morgen auf einzigartige Weise erfüllen können.

Da wir nicht allein alles wissen können und wollen, vernetzen wir uns mit den Besten. Hierzu gehören Designer und Forscher an den Hochschulen.

So erfahren wir mehr über aktuelle Trends und können neue Technologien aufgreifen und in unseren Produkten umsetzen.

UNSERE PRODUKTE

Unsere Produkte führen den Wettbewerb weltweit an. Sie entsprechen den höchsten Anforderungen an Qualität, sie bestehen aus dem besten Material und haben herausragenden ästhetischen Wert.

Die besten Handwerker suchen nach Spitzenlösungen zwischen traditionellem Handwerk und neuen Technologien.

Design spielt für unsere Produkte die herausragende Rolle: Es ist zeitgenössisch und wird von den besten Gestaltern entwickelt. Wie auch bei unseren Mitarbeitern ist deren Vielfalt einzigartig.

UNSERE KUNDEN

Wir wollen das Leben unserer Kunden mit unseren Produkten bereichern. Deshalb reden wir mit ihnen über ihre Bedürfnisse und Wünsche. Mit unseren Produkten übertreffen wir deren Erwartungen.

Unsere Kunden schätzen unsere hochwertigen Produkte und unseren exzellenten Service.

UNSERE AKTIONÄRE

Unser Unternehmen schafft Wert für unsere Aktionäre, indem wir die Wünsche unserer Kunden nach einzigartigen Produkten erfüllen. Dies sichert unsere Marktführerschaft und macht uns zum erfolgreichsten Unternehmen unserer Branche.

Unsere Mittel setzen wir wirtschaftlich ein. Wir wachsen durch neue, einzigartige Produkte. Gemeinsam profitieren wir vom Erfolg unseres Unternehmens. Wir handeln schnell und flexibel, damit aus Ideen wegweisende Produkte werden.

2 Checklisten

2.1 Mitarbeiterkommunikation

Checkliste: Erfolgsfaktoren der Mitarbeiterkommunikation

- Interne Kommunikation gibt Orientierung: Was ist stabil? Was ändert sich?
- Sie erklärt aktiv, statt passiv zu verteidigen.
- Sie stellt Verständnis zwischen den Kommunikationspartnern sicher. Dabei hat der persönliche Dialog herausragende Bedeutung.
- Interne Kommunikation hält die Mitarbeiter auf dem Laufenden (Prozesskommunikation statt Ergebniskommunikation).
- Sie bezieht die Kommunikationspartner in die Gestaltung der Kommunikation in Form und Inhalt ein.
- Sie ist stimmig, also widerspruchsfrei.
- Sie erfolgt systematisch und dauerhaft. Der Kommunikationsprozess wird aufmerksam verfolgt und flexibel angepasst.
- Sie stärkt die Kommunikationskultur: Kommunikation ist ein Wert!

- Die Geschäftsleitung gibt ein klares Bekenntnis zur internen Kommunikation ab. Sie ist selbst Vorbild.
- Kommunikation ist Sache aller im Unternehmen, also der Führungskräfte, der Mitarbeiter sowie der Interessenvertretungen. Ein Kommunikationsfachmann bringt Wissen und Erfahrung in den Kommunikationsprozess ein.
- Grundsätzlich gilt, dass die eigenen Mitarbeiter und deren Interessenvertreter wichtige Informationen über das Unternehmen **vor** den externen Bezugsgruppen erhalten.
- Verbindliche Richtlinien und Führungsgrundsätze für Kommunikation sind formuliert, an die sich alle halten müssen und die einklagbar sind.
- Kommunikationsziele sind Bestandteil der Mitarbeitergespräche, auch der der Führungskräfte.
- Mitarbeiterkommunikation ist auf die Anforderungen der Situation sowie die Wünsche und Bedürfnisse der Beteiligten zugeschnitten. Das schließt Standardrezepte aus.
- Kommunikation ist so früh wie möglich Thema von Gremien, Prozessen und Entscheidungen. Wo möglich und sinnvoll, sind Kommunikationskonzepte Bestandteil jeder Vorstandsvorlage. Jedes Ressort, jedes Gremium hat einen Kommunikationsverantwortlichen, der zuständig dafür ist, ob und was und wie etwas kommuniziert wird.
- Unangenehme Themen werden früh angesprochen. Fühlen sich die Verantwortlichen dem nicht gewachsen, schalten sie einen externen Berater bzw. Trainer ein.
- Sämtliche Errungenschaften werden zum Standard, nur so werden sie zur Selbstverständlichkeit und damit Teil der Unternehmenskultur.

Checkliste: Häufige Fehler in der Mitarbeiterkommunikation

- Interne Kommunikation gilt nur als Kostenfaktor. Dies vernachlässigt, dass sie genau die Funktion haben kann, die Zusammenarbeit im Unternehmen effizienter zu gestalten und damit Kosten zu sparen.
- Interne Kommunikation wird nicht systematisch gestaltet, sondern sie geschieht einfach. So kann sie das Erreichen der Unternehmensziele nicht unterstützen.
- Interne Kommunikation wird nur aus Sicht des Managements betrieben, die Meinungen, Wünsche und Erwartungen der Mitarbeiter spielen keine oder eine zu geringe Rolle. Dies kann jedoch dazu führen, dass die Kommunikation ihr Ziel verfehlt oder in ihrer Wirkung viel geringer wird.
- Interne Kommunikation ist nicht in der Geschäftsführung oder deren unmittelbarer Nähe fest und dauerhaft verankert. Sie wird dadurch nicht ernst genommen. Maßnahmen können bei Widerstand nicht energisch genug durchgesetzt werden.
- Interne Kommunikation ist ein Programm, das aus der Tasche gezogen wird, wenn das Unternehmen in Schwierigkeiten steckt. Sind die Probleme gelöst, geht es weiter wie vorher. Die Mitarbeiter stärker einzubeziehen kann kein Programm sein. Es muss Überzeugung und innere Einstellung sein!
- Das Management informiert falsch, zu spät, unzureichend oder vermittelt Informationen, die keinen Neuigkeitswert haben.

Michael Stäbler von der Bertelsmann Stiftung hat eine nicht ganz ernst zu nehmende Checkliste erstellt, wie sich Kommunikation bestimmt verhindern lässt:

Interne Kommunikation verhindern

- „Kommunizieren Sie keines Ihrer unternehmerischen Ziele!
- Streuen Sie falsche Hinweise über Anlässe und Gründe für unternehmerische Entscheidungen aus!
- Noch besser: Informieren Sie nur einen eingeschworenen Kreis unter Geheimhaltungsauflage über Ihre Gründe und Motive für eine unternehmerische Entscheidung!
- Wenn Sie schon unbedingt informieren wollen, dann vertrauen Sie auf den informellen Informationsaustausch oder auch die stille Post, die arbeitet ohnehin viel zielgenauer und schneller.
- Enthalten Sie sich jeglicher Kommunikationsmedien wie zum Beispiel Mitarbeiterzeitung, persönlich adressierter Informationsschreiben, Rundbriefe, Umläufe oder gar öffentlicher Versammlungen!
- Sollten Sie dennoch auf Gedeih und Verderb Kommunikationsmedien einsetzen wollen, berichten Sie lediglich über Lapidares und Beiläufiges, damit Sie Ihre Mitarbeiter nicht mit unnötigen Informationen belästigen.
- Sollten Sie eine Veränderung planen, hüten Sie sich davor, rechtzeitig transparent zu machen, welcher Nutzen für die Beteiligten damit verbunden werden kann.
- Widerstehen Sie auch jeglicher Versuchung, Ihre Mitarbeiter in irgendeiner Weise fit zu machen und zu qualifizieren. Die mannigfachen Möglichkeiten wie Trainings zu Feedback-Gesprächen, Präsentationstechniken, Kommunikationsverhalten, Teamentwicklung beleben nur das Beratungsgeschäft.
- Geben Sie niemandem ein konstruktives Feedback. Sie erhöhen so die Wahrscheinlichkeit, dass eventuelle Lernerfahrungen und Veränderungsprozesse im Keim ersticken.
- Oder aber: Geben Sie laufend Feedback. Und beachten Sie, dass nur Sie den Stein der Weisen besitzen. Damit ersparen Sie sich und Ihrer Umwelt viele Diskussionen!"

2.2 Pressearbeit

Checkliste: Presseinformation

Die wichtigen Fragen im Überblick:

- **Ziel:** Wo hat das Unternehmen Defizite in Bekanntheit oder im Vorstellungsbild? Kann dies die Presseinformation ändern? Was genau ist das Ziel der Presseinformation?
- **Anlass:** Ist eine schriftliche Information angemessen? Lassen sich die Inhalte ausreichend und anschaulich vermitteln? Sollten Illustrationen die Informationen ergänzen, zum Beispiel Fotos, Grafiken, Abbildungen?
- **Zeit:** Wie ist der zeitlich reibungslose Ablauf sichergestellt?
- **Rechtliche Fragen:** Werden in den textlichen und bildlichen Aussagen Persönlichkeitsrechte berührt? Werden mitbestimmungspflichtige Sachverhalte angesprochen? Muss vor einer Veröffentlichung die Einwilligung von Kooperationspartnern, Lizenzgebern, Auftraggebern oder weiteren eingeholt werden? Können patentrechtliche Probleme auftreten?
- **Termine:** Ist der Termin der Presseinformation richtig gewählt? Ist eine Sperrfrist notwendig?
- **Inhalt:** Stehen die wichtigsten Fakten im ersten Absatz? Folgen Erläuterungen? Schildern Sie Einzelheiten und Zusatzinformationen erst am Ende? Reizen Aufbau und Text zum Weiterlesen? Verwenden Sie Wör-

ter und Ausdrücke, die Ihre Bezugsgruppe verstehen? Haben Sie Aktivformen verwendet? Haben Sie Substantivierungen, Adjektive, Superlative möglichst vermieden? Haben Sie die Rechtschreibung und Zeichensetzung noch einmal geprüft?

- **Äußere Form:** Wirkt der Gesamteindruck der Presseinformation professionell? Sind Absender und Hinweis „Presseinformation" auf den ersten Blick erkennbar? Entspricht der Umfang der Presseinformation dem Ereignis? Gibt es eine ansprechende Überschrift, die Interesse am Weiterlesen weckt? Ist der Zeilenabstand eineinhalbfach? Ist die Schrift gut lesbar? Gibt es einen linken Rand für Markierungen und Hinweise des Journalisten? Orientieren Zwischenüberschriften? Sind am Ende angegeben: Datum, Adresse, Ansprechpartner und dessen Telefon? Sind die Kopien lesbar? Ist die Anlage komplett, also Fotos, Grafiken, Abbildungen?
- **Illustrationen:** Verwenden Sie Hochglanzfotos ohne Rand? Haben sie das Format 13 x 18 cm? Befindet sich auf der Rückseite ein informativer Bildtext in zweifacher Ausführung? Sind Quelle (Unternehmen) und Veröffentlichungsrechte angegeben (Hinweis auf freien Fotografen)? Sind die gezeigten Personen mit der Veröffentlichung einverstanden? Sind Grafiken und Abbildungen übersichtlich und gut lesbar? Können sie gut reproduziert werden?
- **Abstimmung:** Sind Texte und Illustrationen mit den Verantwortlichen und Fachleuten im Haus abgestimmt? Sind Bedenken gegen die Veröffentlichung des Materials ausgeräumt?
- **Pressemappe:** Sollte das Material in einer Pressemappe versendet werden? Entspricht die Pressemappe dem Erscheinungsbild des Unternehmens und den sonstigen Presseunterlagen? Ist das Material so untergebracht, dass es nicht herausfallen kann?
- **Kontrolle:** Ist das Erfassen der veröffentlichten Beiträge sichergestellt (Medienbeobachtungsdienst)? Ist geklärt, wie die gesammelten Beiträge aufbereitet werden (zum Beispiel als „Pressespiegel")? An wen werden die Beiträge im Unternehmen geschickt (Geschäftsführung, beteiligte Fachfunktionen, Personen auf den Fotos)? Ist das Ziel der Presseinformation erreicht? Welches sind die nächsten Schritte?

Checkliste: Pressekonferenz

- **Einladung der Journalisten:** Erstellung einer Liste von einzuladenden Medienvertretern, Erstellung einer Presseeinladung, Erstellung einer Antwortkarte und einer Lageskizze, Versendung der Presseeinladung.
- **Termin:** Der Termin der Pressekonferenz richtet sich nach dem Zeitpunkt des Ereignisses: Können Sie den Termin bestimmen, sollte die Veranstaltung an einem Wochentag stattfinden. Ungünstig sind erfahrungsgemäß Montag und Freitag. Wichtig für die Wahl des Termins ist auch, Überschneidungen mit anderen Pressekonferenzen oder Veranstaltungen zu vermeiden, zum Beispiel Hauptversammlungen. Manchmal finden an einem Tag mehrere Veranstaltungen statt: Viele Bilanzpressekonferenzen für Wirtschaftsjournalisten liegen beispielsweise zwischen April und Juli. Muss sich der Journalist entscheiden, wird er die Pressekonferenz wählen, die er für interessanter hält. Weichen Sie also möglichst auf Termine aus, zu denen die Konferenzen nicht dicht gedrängt liegen. Über günstige Zeiten können Sie sich bei den Industrie- und Handelskammern erkundigen oder beim Bundesverband der Deutschen Industrie, der ein Verzeichnis aller großen Pressekonferenzen der Wirtschaft einschließlich Hauptversammlungen anbietet.

- **Beginn:** Der Beginn der Pressekonferenz sollte zwischen 10 und 11 Uhr liegen. Ein zu früher Zeitpunkt ist ungünstig, da die Journalisten meist bis in die Abendstunden arbeiten. Der Nachmittag eignet sich meist nicht, weil die Redakteure der Tageszeitungen ihre Beiträge gestalten müssen und für die Redaktionskonferenz und den Umbruch gebraucht werden.
- **Dauer:** Die Pressekonferenz sollte so kurz wie möglich sein und so lange wie nötig. Denken Sie daran: Eine Pressekonferenz ist ein Arbeitstermin für den Journalisten. Er wird sie nicht besuchen, um unterhalten zu werden oder belegte Brötchen zu essen. Die Pressekonferenz sollte daher innerhalb einer Stunde bis eineinhalb Stunden über die Bühne gehen. Ausnahmsweise, zum Beispiel bei schwierigen Themen oder im Fall einer Präsentation darf sie länger dauern. Dies sollten Sie ankündigen, damit sich die Journalisten darauf einstellen und zeitlich planen können.

  Aufgrund der knappen Zeit müssen Sie die Informationen und Stellungnahmen der Geschäftsführer und anderer Podiumsteilnehmer kurz halten: Planen Sie 10 bis höchstens 20 Minuten für die Erklärungen der Podiumsvertreter. Dies zwingt Sie übrigens auch, präzise zu sein und die wichtigsten Inhalte gründlich zu planen. Für die Abschlussdiskussion veranschlagen Sie etwa 30 Minuten.
- **Ort:** Die Pressekonferenz findet möglichst im eigenen Unternehmen statt. Damit stellen Sie zum einen eine persönliche Atmosphäre her, zum anderen vermitteln Sie – besonders wenn es Ihr Unternehmen noch nicht lange gibt – einen Eindruck Ihrer Firmenpersönlichkeit. Infrage kommt zum Beispiel ein größerer Besprechungsraum, in dem mindestens 10 bis 20 Personen Platz finden. Geeignet sind auch Räume, die mit dem Thema der Pressekonferenz zu tun haben, wie eine Produktionshalle (wenn es dort während der Veranstaltung nicht laut ist), die Ausbildungsabteilung, ein größerer Besprechungsraum in einem Labor.
- **Raum:** Verfügen Sie über keinen geeigneten Raum, können Sie einen Tagungsraum in einem nahen Hotel oder in einem Kongresszentrum buchen. Vergessen Sie aber nicht, dass der Ort einen Eindruck von Ihrem Unternehmen vermittelt. Vermeiden Sie daher Hinterzimmer von Kneipen oder ähnliche ungeeignete Orte. Sind Sie sich unschlüssig, beantworten Sie folgende Fragen:
  - Ist eine Pressekonferenz aufgrund der Informationen oder des Anlasses im eigenen Haus sinnvoll?
  - Wird das Thema hierdurch interessanter und praxisnaher?
  - Lenkt die Betriebsumgebung vielleicht sogar vom Thema ab?
- **Lageskizze:** Wichtig ist, dass der Veranstaltungsort bekannt oder zumindest leicht zu finden ist. Dabei hilft eine Lageskizze, die Sie der Einladung beifügen. Der Ort sollte auch per Bus und Bahn sowie über Autobahn und Bundesstraße gut erreichbar sein. Prüfen Sie, ob ein Lotsen- oder Transportdienst zwischen der Verkehrsverbindung und dem Veranstaltungsort sinnvoll ist.
- **Parkplätze:** Reservieren Sie Parkplätze in der Nähe des Veranstaltungsortes: Die Journalisten wollen keine Zeit für das Suchen eines Parkplatzes oder des Veranstaltungsortes verplempern. Informieren Sie die Pförtner, damit sie die ankommenden Journalisten freundlich weiterleiten.
- **Konferenzraum allgemein:** Ist der Raum groß genug? Ist er nicht zu groß? Ist der Raum hoch genug, um eine Leinwand aufzustellen, die von allen Plätzen aus gut sichtbar ist? Ist der Raum ruhig gelegen? Wie ist die Beleuchtung? Kann verdunkelt werden? Ist eine Heizung oder eine Klimaanlage vorhanden? Kann sie reguliert werden? Wie ist die Akustik?
- **Raumausstattung:** Wie lange steht der Raum vor der Veranstaltung zur Verfügung? Wann können benötigte Einrichtungen installiert werden? Sind genügend Stühle vorhanden? Sind sie bequem genug, um ein bis zwei Stunden darauf sitzen zu können? Gibt

es genügend Reservestühle? Ist eine Verstärkeranlage vorhanden? Wer bedient sie? Kann ein Podium aufgebaut werden? Ist ein Rednerpult vorhanden? Gibt es eine Leinwand? Welche Projektionsapparate (zum Beispiel Overheadprojektor, Diaprojektor) sind vorhanden? Wer wird sie bedienen? Ist eine Schreibtafel oder ein Flipchart vorhanden? Welche Dekoration wird benötigt? Blumen, Plakate, Schrifttafeln, Fahnen, Tischkarten, Tischnummern, Namensschilder. Finden zur gleichen Zeit andere Veranstaltungen in der Nähe des Raumes statt? Wo ist der Sicherungskasten? Sind Reservesicherungen vorhanden? Wo sind Stromanschlüsse? Wie viele gibt es? Wie stark darf das Stromnetz belastet werden?

Bei Bedarf: Sind Telefon- und Telefaxanschlüsse für die Journalisten installiert? Wo liegt die Garderobe? Ist eine Bewirtung nach der Veranstaltung möglich? Ist eine Toilette in der Nähe? Ist eine Hausapotheke vorhanden?

Am besten, Sie erstellen eine Checkliste und haken die Fragen nach Erledigung ab.

- **Pressemappe:** Deckblatt erstellen, Presseinformation erstellen und abstimmen (Standards vorgegeben!), Bildmaterial beschaffen und beschriften, Hintergrundinformationen, Anlagen, Broschüren.
- **Podium:** Liste von Firmenvertretern auf dem Podium erstellen, Statements der Podiumsteilnehmer erstellen, Namensschilder der Podiumsteilnehmer, Schreibunterlagen, Schreibgerät, Erstellung und Betreuung eines Fragen-Antworten-Katalogs, Präsentationsmaterial (zum Beispiel Folien, Grafiken, Zahlenmaterial, Fotos, Legenden).
- **Ablauf planen:** Moderation vorbereiten und besprechen, Ablauf der Pressekonferenz planen und abstimmen.
- **Bewirtung:** Die Bewirtung findet am besten in der Nähe des Veranstaltungsortes statt, damit die Journalisten vor und nach der Veranstaltung nicht so weit laufen müssen. Angemessen vor der Veranstaltung sind Kaffee, Tee, Kaltgetränke und Kekse. Nach der Veranstaltung können Sie Fingerfood anbieten wie Sushi und Quiche. Sorgen Sie für eine professionelle Organisation der Bewirtung, zum Beispiel durch geschultes Servicepersonal.
- **Technische Hilfsmittel organisieren:** Overheadprojektor, Flipchart, Bedienung, Reservematerial etc.
- **Notfallvarianten:** Legen Sie fest, wie im Fall von Problemen zu handeln ist, zum Beispiel bei technischen Schwierigkeiten. Ermöglichen Sie Ausweichlösungen, zum Beispiel indem Sie einen zweiten Laptop bereitstellen.
- **Betreuung der Gäste:** Sorgen Sie für eine fürsorgliche Betreuung Ihrer Gäste während der gesamten Veranstaltung. Dies beginnt beim Empfang mit der Beschriftung der Namensschilder bis hin zur Verabschiedung.
- **Hilfsdienst:** Organisieren Sie einen Hilfsdienst durch ein Sekretariat, „Springer", Taxi etc.
- **Bestimmung aller Verantwortlichkeiten:** Legen Sie alle Rollen und Verantwortlichkeiten fest, die es im Zusammenhang mit der Pressekonferenz gibt. Informieren Sie alle Beteiligten hierüber und halten Sie dies möglichst schriftlich fest, um Missverständnisse zu vermeiden.
- **Budget:** Erstellen Sie ein Grobbudget sowie ein Feinbudget für die Veranstaltung.
- **Vorinformation im Unternehmen:** Informieren Sie alle Mitarbeiter über die Pressekonferenz, damit sich diese darauf einstellen können. Teilen Sie mit, aus welchem Anlass Sie die Pressekonferenz veranstalten. Informieren Sie nach der Veranstaltung über deren Verlauf und Ergebnis.
- **Nach der Veranstaltung:** Koordinieren und betreuen Sie die Einzelinterviews im Anschluss an die Pressekonferenz (die Journalisten wollen Originalzitate, die die anderen Journalisten nicht haben). Senden Sie vorbereitetes Informationsmaterial an nicht anwesende Journalisten. Beantworten Sie

weitere Anfragen von Medienvertretern. Organisieren Sie eine Manöverkritik der gesamten Pressekonferenz. Danken Sie allen Teilnehmern und Helfern.

Hier spezielle Tipps für Statements, zum Beispiel für Veranstaltungen. Statements in Interviews mit Medienvertretern müssen die besonderen Rahmenbedingungen der Medien berücksichtigen:

Checkliste: Stellungnahmen

- Legen Sie fest, welche Botschaften Sie geben und welcher Eindruck beim Publikum haften bleiben soll.
- Bilden Sie einfache, kurze Sätze, die nicht mehr als 12 Wörter enthalten sollten. Keine gestelzten Formulierungen, keine Fremdworte!
- Bauen Sie Statements logisch und nachvollziehbar aufeinander auf.
- Kein Zuhörer kann länger als 3 Minuten reine Informationen „verdauen". Daher sollten Sie nach 3 Minuten ein plastisches Beispiel einschieben, ehe es mit Informationen weitergeht.
- Der Redner sollte sich nicht als Überredungskünstler versuchen oder wie ein Schönfärber wirken.
- Genauigkeit nicht übertreiben: Statt „Umsatz von 12,953 Mio. Euro" reicht es meist aus zu sagen: „Umsatz von rund 13 Millionen Euro".
- Veranschaulichen Sie Ihre Aussage durch Folien, Dias, einen Videofilm oder Flipchart.
- Geben mehrere Firmenvertreter Statements ab, sollten Sie einen Katalog mit vorformulierten Fragen und Antworten erstellen und mit den Beteiligten abstimmen, um einheitliche Aussagen zu gewährleisten.

Krisentrainer Wolf-Henning Kriebel hat eine Checkliste für die Vorbereitung eines Interviews im Fernsehen erstellt. Sie zeigt, wie anspruchsvoll eine professionelle Vorbereitung ist:

Checkliste: Vorbereitung eines Fernsehinterviews

- „Sind Sie mit Fernsehinterviews vertraut? Wenn nicht, haben Sie Interviews vor der Kamera gründlich geübt und die Übungen sorgfältig ausgewertet?
- Haben Sie sich am Ort vorbereitet, an dem das Interview aufgenommen wird? Wenn das im Studio geschehen soll, haben Sie sich unter Studiobedingungen vorbereitet?
- Live oder Konserve - sind Sie auf beide Situationen vorbereitet?
- Sind Sie sich klar über den Anlass der Sendung, die Art der Sendung, das Thema, den Themenhintergrund, das Konzept, die anderen Beiträge neben Ihrem Interview etc.?
- Haben Sie ein gründliches Vorgespräch mit Ihrem Interviewer geführt (Thema, geplanter Ablauf der Sendung, Länge des Interviews, Verwendung Ihres Beitrages)?
- Bei Aufzeichnung Ihres Interviews: Haben Sie einen schriftlichen Vertrag über die Ver-

wendung Ihres Beitrages vorbereitet, der Sie vor Überraschungen schützt (Ihre Freigabe für den geschnittenen Beitrag, die weitere Verwendung und weitere Vereinbarungen)?

- Haben Sie sich – zum Beispiel anhand anderer Sendungen – mit der Person des Interviewers und seinen Eigenarten vertraut gemacht?
- Sind Sie mit allen wichtigen Sachverhalten zum Thema, auch mit den wichtigsten Positionen der Kritiker, vertraut?
- Haben Sie sich ein klares Ziel für das Interview gesetzt – mit Botschaften, die Sie in jedem Fall transportieren werden?
- Haben Sie vereinbart, dass Sie einen Original-Mitschnitt Ihres Interviews zu Dokumentationszwecken erhalten?
- Sind Sie darauf vorbereitet, dass neben den mit der Redaktion abgesprochenen Fragen immer auch Fragen gestellt werden, die Ihnen nicht vorher angesagt worden sind?“

2.3 Konzeption

Fragen zur Konzeption

Analyse

- Welche Bekanntheit hat Ihr Unternehmen? Welche sollte es haben?
- Was wissen Ihre Bezugsgruppen über Ihr Unternehmen? Was sollten sie wissen? Was wollen sie wissen?
- Was meinen Ihre Bezugsgruppen über Ihr Unternehmen? Was sollten sie meinen? Was wollen sie meinen?
- Was fühlen Ihre Bezugsgruppen gegenüber Ihrem Unternehmen? Was sollten sie fühlen? Was wollen sie fühlen?
- Wie bewerten Ihre Bezugsgruppen die Kommunikation mit Ihrem Unternehmen?
- Wie ist Ihre Unternehmenskommunikation organisiert (Menschen, Rollen und Verantwortlichkeiten, Prozesse, Strukturen, Informationstechnik, Kultur)?
- Welche Schwächen ergeben sich hieraus in der Kommunikation? Welche Stärken?
- Welche Chancen bieten sich in der Kommunikation? Welche Risiken müssen Sie berücksichtigen?

Planung

- Was wollen Sie in der Kommunikation erreicht haben? Wann wollen Sie welche Bekanntheit erreicht haben? Welches Wissen ist aufgebaut? Welche Meinungen, Wünsche, Erwartungen sind entstanden?
- Mit welchem Grundsatzverhalten (Strategien) können Sie Ihre Ziele erreichen? Wie setzen Sie Ihre Ressourcen sinnvoll ein?
- Mit welchen Instrumenten (Mittel und Maßnahmen) wollen Sie Ihre Ziele erreichen?
- Welche zentralen Kommunikationsinhalte vermitteln Sie: Welchen einzigartigen Nutzen stellen Sie heraus? Wie begründen Sie diesen Nutzen? In welcher Anmutung stellen Sie diesen Nutzen dar?

Umsetzung

- Wie werden Aktionen, Bilder und Texte gestaltet?
- Wie sieht die Anzeige aus?
- Was zeigt das Mitarbeitervideo?
- Was steht in der Zeitung?

Kontrolle

- Wann soll kontrolliert werden? Vor, während und nach der Kommunikation?
- Wie soll kontrolliert werden? Durch Befragung, Telefonate, persönliche Einschätzung, Workshops?

2.4 Briefing

Das Briefing enthält alle wichtigen Informationen, die für das Lösen einer Kommunikationsaufgabe wichtig sind (siehe Kapitel 4.1).

Typische Fragen des Briefings

Auftrag/Aufgabe

- Worin genau besteht das Kommunikationsproblem?
- Welche Aufgabe soll gelöst werden?
- Welche Lösung streben Sie an?

Bezugsgruppe

- Welche Bezugsgruppe ist von der Aufgabe betroffen?
- Wie wichtig ist diese Bezugsgruppe für das Unternehmen?
- Wie lässt sich die Bezugsgruppe kennzeichnen – anhand von soziodemographischen, psychographischen, und verhaltensorientierten Merkmalen (siehe Kap. 2.2.)?
- Wie ist die Bezugsgruppe durch Instrumente der Unternehmenskommunikation erreichbar?

Kommunikation

- Besteht bereits Kommunikation zu Bezugsgruppen?
- Ist das Unternehmen bei den Bezugsgruppen bekannt?
- Was wissen die Bezugsgruppen vom Unternehmen?
- Was meinen die Bezugsgruppen vom Unternehmen?
- Welche Eigenschaften der Unternehmenspersönlichkeit sollen wie stark transportiert werden?
- Wie bewerten die Beteiligten die Kommunikation im Hinblick auf Form (zum Beispiel eingesetzte Medien) und Inhalt?
- Welche Entwicklungen können sich positiv und negativ auf die Kommunikation auswirken?

Organisation

- Welche organisatorischen Voraussetzungen gibt es im Hinblick auf Menschen, Rollen und Verantwortlichkeiten, Prozesse, Strukturen, Informationstechnik, Kultur (siehe Kap. 5)?
- Welche Vorgaben zum Zeitplan gibt es?
- Welche Vorgaben zum Budget gibt es?

Weitere Vorgaben

- Welche Vorgaben müssen beachtet werden, zum Beispiel Design?
- Gibt es Vorgaben für die Instrumente und deren Einsatz?
- Welche übergeordneten Ziele müssen berücksichtigt werden, zum Beispiel Unternehmensziele?
- Welche Ziele anderer Funktionen müssen berücksichtigt werden, zum Beispiel Marketing, Personal, Produktion?
- Müssen rechtliche Einschränkungen beachtet werden?
- Was ist sonst noch wichtig, um die Aufgabe zu lösen?

2.5 Agenturauswahl

Folgende 50 Fragen sollen Ihnen die Agenturauswahl erleichtern (in Anlehnung an Müller/Kreis-Muzzulini, 2003):

Fragen zur Agenturauswahl

Kompetenz und Motivation

1. Worin bestehen einschlägiges Wissen und Erfahrungen, die die Agentur in das Projekt einbringen will?
2. Weshalb will die Agentur gerade jenen Auftrag gewinnen?
3. Gibt es einen Konflikt zu bestehenden Kunden der Agentur?
4. Was hat die Agentur am Unternehmen und dem Auftrag besonders beeindruckt?
5. Was hat die Agentur im Zusammenhang mit dem Unternehmen verunsichert?
6. Wie will sich die Agentur möglichst effizient und lebensnah in die Kultur des potenziellen Auftraggebers einarbeiten?

Führung

7. Wie viele Berater beschäftigt die Agentur in Vollzeit?
8. Seit wann ist der vorgesehene Projektleiter bereits bei der Agentur tätig?
9. Worin besteht seine herausragende Leistung?
10. Für welche Projekte trägt dieser Projektleiter derzeit die operative Verantwortung? In welche weiteren Projektteams ist er involviert?
11. Welcher Auftraggeber ist bereit, eine persönliche Referenz für den vorgesehenen Projektleiter abzugeben?
12. Weshalb hat der für das Projekt vorgesehene Leiter gerade derart viel freie Kapazität?
13. Welche Aufgaben wird der Projektleiter im Rahmen des Auftrags wahrnehmen?
14. Wie kann das Unternehmen sichergehen, dass die Agentur die ihr übertragene Aufgabe richtig verstanden hat?
15. Wie nimmt die Agentur einen periodischen Leistungsnachweis vor?

Kreativität

16. Welche Mittel, Methoden und Instrumente setzt die Agentur ein, um überdurchschnittlich kreative Lösungen zu finden?
17. Kann die Agentur ein Beispiel für eine ungewöhnlich kreative Lösung nennen, die sie umgesetzt hat?
18. Wie hält es die Agentur mit den Urheberrechten?

Qualitätssicherung

19. Welche zehn Messpunkte sichern die Qualität der Agenturleistungen ab?
20. Verfügt die Agentur über ein Qualitätsmanagement nach ISO-Standard?
21. Wie viel Euro investiert die Agentur im laufenden Jahr für Aus- und Weiterbildung ihrer Mitarbeiter? Worin besteht diese Investition?
22. Wie sichert die Agentur den Verbleib ihrer fähigsten Mitarbeiterinnen und Mitarbeiter im Unternehmen ab?
23. Nach welchen Kriterien erhalten die Berater der Agentur ihren Bonus?

Medienarbeit

24. Mit welchen Journalisten, die für den potenziellen Auftraggeber wertvoll sein könnten, hat die Agentur in den letzten vier Wochen einen persönlichen Kontakt gepflegt?
25. Wer würde die Texte verfassen, welche der potenzielle Auftraggeber benötigt?
26. Wie ist die Mediendatenbank der Agentur strukturiert? Nach welchen Kriterien lassen sich die Medien daraus auswählen?
27. Bezahlt die Agentur Journalisten dafür, dass sie eine Medienmitteilung redaktionell aufnehmen?

Kostenstruktur und Kostenfolgen

28. In welcher Kostentransparenz erfolgt der Leistungsnachweis?
29. Ist die Agentur bereit, Pauschalen für bestimmte Leistungen zu vereinbaren?

30. Ist die Agentur bereit, auf Erfolgsbasis zu arbeiten?
31. Welche Leistungen sind in einer monatlichen Betreuungspauschale eingeschlossen? Wie hoch ist diese Pauschale?
32. Wie viel bezahlt der Auftraggeber dafür, dass die Agentur flexible Kapazitäten für ihn freihält?
33. Wie viel ist für einen monatlichen Pressedienst aufzuwenden?
34. Wie hoch bemisst sich das Agenturhonorar für eine nationale Pressekonferenz?
35. Wie hoch für einen quartalsweise erscheinenden Newsletter von vier Seiten Umfang?
36. Was kostet das Ghostwriting eines Referats von 20 Minuten Dauer?

Kundenstruktur

37. Wie viel tragen die drei größten Kunden zum gesamten Honorarertrag der Agentur bei?
38. Mit wie vielen Kunden erzielt die Agentur die ersten 50 Prozent ihres Honorarertrags?
39. Welchen Honorarertrag erzielt die Agentur pro Mitarbeiter?
40. Welchen Honorarertrag hat die Agentur seit Jahresbeginn erzielt?
41. Welchen Anteil trugen die seit Jahresbeginn neu dazu gewonnenen Mandate zum gesamten Honorarertrag seit Jahresbeginn bei?
42. Wie viele Kunden betreut die Agentur seit drei Jahren oder länger? Welchen Anteil trugen diese Mandate zum gesamten Honorarertrag im letzten Berichtsjahr bei?
43. Welche Mandate hat die Agentur in den letzten zwölf Monaten neu dazu gewonnen?
44. Welche Mandate hat die Agentur in den letzten zwölf Monaten verloren und weshalb?
45. Wie stark und wodurch will die Agentur im laufenden Jahr wachsen?

Positionierung der Agentur

46. Wie ist das anteilmäßige Verhältnis Beratung : Assistenz?
47. Wie lauten die Auswahlkriterien der Agentur zur Einstellung eines Beraters?
48. Wer sind die drei schärfsten Konkurrenten der Agentur und weshalb empfindet die Agentur diese als ihre schärfsten Konkurrenten ?
49. Worin unterscheidet sich die Agentur von diesen Agenturen?
50. Womit begründet die Agentur ihre Kernkompetenz?

2.6 Internet

Es gibt mittlerweile mehrere Studien, die Fehler in den Webauftritten von Firmen untersuchen. Hier einige der häufigsten:

Die häufigsten Fehler im Netz

- **Der Einsatz der Internetkommunikation ist nicht strategisch geplant,** sondern wird als notwendige (und manchmal auch modische) Ergänzung zu den bisherigen Instrumenten gesehen. Es werden weder spezielle Ziele für die Unternehmenskommunikation im Internet formuliert noch werden die Besonderheiten des Internet und die damit verbundenen Chancen voll genutzt.

- **Unternehmenskommunikation wird lediglich als das Bereitstellen von Informationen verstanden und nicht als Kommunikationsprozess,** der wesentlich von den Wünschen, Meinungen, Interessen und Erwartungen des Gegenübers abhängt. Im Internet finden sich nach wie vor häufig nur 1 : 1-Kopien von Firmenbroschüren, ohne auf die besonderen Anforderungen zu achten (zum Beispiele schwere Lesbarkeit) und die Vorteile des Internet zu nutzen, wie die multimediale Aufbereitung sowie das Verlinken innerhalb des eigenen Angebotes und mit anderen Angeboten.
- **Das Angebot wird zu selten aktualisiert:** Damit ist es für die Bezugsgruppen nicht interessant genug, die Site des Unternehmens regelmäßig zu besuchen. Das britische Marktforschungsunternehmen NOP Research befragte mehr als 100 Vertriebsleiter aus den Bereichen Finanzen, Technologie und Medien. Fast 80 Prozent gaben dabei an, dass ihr Unternehmen auf seiner Webseite veraltete Daten publiziere.
- **Nicht funktionierende Links:** Der Nutzer klickt, aber es erscheint nur eine Fehlermeldung. Das kostet Zeit und verärgert, weil es Zeichen von mangelender Sorgfalt ist.

Das Internet ist eine Autobahn und keine Sackgasse!

Die Beratungsgesellschaft Doeblin hat Wirtschaftsjournalisten nach ihrer Kritik an Websites gefragt. Hier das Ergebnis:

Kritik an der Pressearbeit im Internet	Prozent
Fehlende Aktualität der Unternehmens-Site	69
Zu lange Download-Zeiten wegen unnützer Grafik	55
Zu viele Klicks bis zu den Pressemeldungen nötig	48
E-Mail-Anfragen werden zu langsam beantwortet	37
Aufwändige Multimedia-Techniken, die der Browser nicht richtig anzeigen kann	32
Veränderungen in der Unternehmensspitze werden zu spät im Web gemeldet	28
Geschäftsberichte werden nicht zum Herunterladen angeboten	17

Das Internet ist mit den bisherigen Kommunikationsinstrumenten nicht vergleichbar: Vielmehr ist es eine Kommunikationsplattform mit einzigartigen Eigenschaften (siehe Kapitel 15.2), mit eigenen Gesetzen und Herausforderungen und neuen Bezugsgruppen. Dies erfordert für viele Unternehmen eine neue Art der Kommunikation.

Erfolgreiche Unternehmenskommunikation im Internet muss folgende Bedingungen erfüllen:

Erfolgsfaktoren für die Kommunikation im Netz

- **Unternehmenskommunikation muss Teil der Gesamtkommunikation Ihres Unternehmens sein** und mit den anderen Instrumenten (Werbung, Verkaufsförderung) koordiniert werden. Hierzu ist ein langfristiges Konzept erforderlich, das Fragen klärt wie: Welche Aufgabe hat die Unternehmenskommunikation im Internet im Rahmen der Gesamtkommunikation? Ändern Sie bestehende Kommunikationskonzepte und Strukturen? Welchen Mehrwert schaffen Sie? Wie kann dieser Wert als Wettbewerbsvorteil optimiert werden? Wie kann der Wettbewerbsvorteil dauerhaft gesichert werden?
- **Ihr Internetauftritt sollte auf Ihren Kommunikationszielen aufbauen.** Das Internet erweitert Ihre bisherige Kommunikation durch die Kombination aus Multimedialität, Hypermedialität und Interaktivität. Dies kann sich gravierend auf Ihre bisherigen Konzepte, Strategien und Strukturen auswirken.
- Ihr Unternehmen sollte über die **Professionalität** verfügen, die Kommunikation mit Ihren Bezugsgruppen über und mit dem Medium Internet zu gestalten. Dies betrifft auch technische wie kommunikative und verhaltenswissenschaftliche Erkenntnisse.

  UNPROFESSIONALITÄT ÜBERTRÄGT SICH ALS IMAGE AUF IHR GESAMTES UNTERNEHMEN!

- Die Besonderheiten des Internet müssen einen **deutlich wahrnehmbaren Mehrwert schaffen,** den die anderen Kommunikationsinstrumente nicht bieten. Dieser Mehrwert kann aus Information, Unterhaltung und Service bestehen. Diesen Mehrwert sollten Sie bei Ihren Bezugsgruppen deutlich positionieren.
- Die größte Herausforderung des Internet besteht darin, mit den Bezugsgruppen in einen **für alle Beteiligten zufrieden stellenden Austausch** zu treten – Studien zufolge ist dies keinesfalls die Wirklichkeit der Unternehmenskommunikation.
- **Übersichtliches Angebot:** Das Angebot muss übersichtlich gestaltet sein, damit Ihre Besucher Informationen schnell finden können. Das Problem des Internet ist nämlich nicht, Informationen bereitzustellen, sondern diese zu finden.
  Das schätzen Ihre Besucher am meisten:

  AUF DIE SEITE KOMMEN, SCHNELL ERKENNEN, WAS ES GIBT UND DANN KONTAKT ZUM ANBIETER AUFNEHMEN!

- **Kontaktangebote sind ein Muss:** Das Internet ist ein interaktives Medium, dass heißt, es ermöglicht direkten Austausch zwischen zwei Personen. Diese Chance sollte genutzt und die Besucher auf die Möglichkeit hingewiesen werden, wo sie sich weiter informieren und Kontakt aufnehmen können – sei es durch E-Mail, sei es per Telefon und Telefax etc.
- **Das Erscheinungsbild muss stimmen:** Ihr gesamter Internetauftritt sollte dem Erscheinungsbild des Unternehmens entsprechen. Dies beinhaltet das Design, die Sprache und das Verhalten gegenüber dem Besucher, zum Beispiel durch kurze Antwortzeiten auf Anfragen. Natürlich sollten Sie das Erscheinungsbild medienspezifisch auslegen.

  FAZIT: DAS NETZ FORDERT HÖCHSTE QUALITÄT, DAMIT KOMMUNIKATION MIT BEZUGSGRUPPEN ENTSTEHT UND LANGFRISTIG GESTALTET WERDEN KANN!

2.7 Gute Texte

Hier eine Checkliste von Wolf Schneider für Texte, die gelesen werden und wirken wollen:

Checkliste für gute Texte

- Habe ich meinen Text überwiegend in Hauptsätzen geschrieben - und vor allem jedes Satzgebilde vermieden, das einen kurzen Hauptsatz in langen Nebensätzen ersäuft?
- Wenn ich einen Nebensatz voranstelle: Geht er nach höchstens sechs Wörtern in einen Hauptsatz über?
- Wenn ich einen Nebensatz anhänge: Falls er eine zweite Hauptsache oder gar die eigentliche Hauptsache enthält – habe ich ihn in einen neuen Hauptsatz verwandelt?
- Habe ich eingeschobene Nebensätze vermieden, ebenso eine Klammer mitten im Satz oder eine Parenthese (den Einschub zwischen zwei Gedankenstrichen)?
- Habe ich die zweite Hälfte eines zweiteiligen Verbums höchstens um zwölf Silben von der ersten weggeschoben (zwölf Silben = zwei bis zehn Wörter, im Durchschnitt sechs)?
- Habe ich maximal sechs Wörter/zwölf Silben zwischen Subjekt und Prädikat zugelassen (zwischen dem Satzgegenstand/dem regierenden Substantiv und der Satzaussage/dem Verb – es zählt seine zweite Hälfte)?
- Habe ich Attribute zwischen dem Artikel und dem Substantiv vermieden – außer allenfalls ein Adjektiv? Habe ich alle Adjektive gestrichen, die tautologisch sind (tiefe Abgründe, qualitativ hochwertig) und dazu alle, die irgend entbehrlich sind?
- Habe ich, wenn ich dreierlei mitteilen will, es der Reihe nach mitgeteilt, ohne „sowohl als auch", ohne „nicht nur, sondern auch", ohne „neben"?
- Ist im Satz etwas passiert (Wissenszuwachs, Überraschung, Unterhaltungswert), ehe das Fallbeil des Punktes fällt?
- Habe ich jedes Versprechen, das mein Text gibt, auch eingelöst, jede Frage, die er dem Leser zuschiebt, auch beantwortet? („*Die Rede funkelte von Pointen*" - kommt nun eine? „*Berlin steht an dritter Stelle*" – und wer davor?)
- Habe ich für meine Aussagen die simpelsten, also kürzesten Wörter gewählt?
- Habe ich alle Wörter von drei und mehr Silben darauf geprüft, ob sie nicht halbiert werden können? (Nicht: Zielsetzung, Aufgabenstellung, Räumlichkeit, insbesondere – sondern: Ziel, Aufgabe, Raum, vor allem.) Habe ich Wörter von sechs und noch mehr Silben vermieden, getilgt, zerlegt – oder, wenn sie wirklich unvermeidlich sind, sie in kurze Wörter eingebettet?
- Habe ich die konkretesten, farbigsten Wörter gewählt – hohle, ausgleichende Wörter vermieden (Bereich, Segment, innovativ, Aktivitäten) – Begriffe und Abstraktionen nur verwendet, wo sie ausnahmsweise nützlich sind?
- Habe ich künstliche Substantivierungen („das Erbringen einer Leistung") vermieden – möglichst wenig Substantive auf -ung, -heit, -keit, -ik, -iät, -ion und -ismus stehen lassen – in jedem Grenzfall das Verbum vorgezogen?
- Habe ich den Ausdruck gewechselt/Synonyme gefunden für alle Nebensachen (Verben, Adjektive, Präpositionen) – und habe ich für meine sinntragenden Substantive jedes Synonym vermieden?
- Folgt mein Text der Stilregel: „*Gebrauche gewöhnliche Worte und sage ungewöhnliche Dinge*"? (Schopenhauer)

- Folgt mein Text der Stilregel: *„Wer's nicht klar sagen kann, der soll schweigen und weiterarbeiten, bis er's klar sagen kann?"* (Karl Popper)
- Hat mein Text mir gefallen, als ich ihn laut gelesen habe? Hat ein anderer meinen Text gelesen?

2.8 Erfolgskontrolle

Checkliste: Evaluationszeitpunkte

Zeitpunkte	Erläuterung	Erkenntnisinteresse
Vorher (Pre-Test)	Bewertung der Kommunikationsaktivitäten (Maßnahme, Aktion, etc.) vor der Umsetzung. Ziel ist die Optimierung von Kommunikationsaktivitäten und das Verringern von Risiko durch begrenzte Feldtests. Ergebnisse können bei Bedarf mit jenen Werten verglichen werden, die nach einer Kampagne erhoben werden (siehe Posttest).	Wie wird die Bezugsgruppe auf die gestalteten Maßnahmen reagieren? Was lässt sich vor der endgültigen Umsetzung optimieren? Funktioniert die technische Umsetzung, zum Beispiel bei Websites?
Während (In-Between)	Fortlaufendes Prüfen und Kontrollieren der Kommunikationsaktivitäten. Ziel: Schwachstellen erkennen, um das Handeln flexibel anzupassen. Hilfreich sind formulierte Zwischenziele bzw. definierte Meilensteine.	Verlaufen die Kommunikationsaktivitäten wie geplant? Kann die beabsichtigte Wirkung erreicht werden? Was kann optimiert werden?
Nachher (Post-Test)	Bewertung der Kommunikation nach den Aktivitäten. Ziel: Bewertung der gesamten Kommunikation. Vor allem interessiert, ob die Bezugsgruppen erreicht wurden, welche Botschaften sie aufgenommen haben und wie sie diese verarbeitet haben.	Sind die Ziele (Bekanntheit und Image) erreicht und ist das Kommunikationsproblem gelöst? Was hätte besser laufen können, um dies beim nächsten Mal zu berücksichtigen? Was ist gut gelaufen, um dies beim nächsten Mal beibehalten zu können?

Checkliste: Evaluationsinstrumente

Instrument	Erläuterung	Beispiele
Befragung	**Annahme:** Die Auskunftsperson kann auf Fragen die interessierenden Antworten geben. **Vorteil:** Leicht erfassbar. **Nachteil:** Aussagen der Person müssen nicht zutreffen, wie im Fall unbewusster und sozial unerwünschter Antworten. Befragungen unterscheiden sich nach dem Umfang der Vorgaben durch den Forscher: Möglich sind allgemeine Themen bis hin zu konkreten Einzelfragen. Befragungen können mündlich, schriftlich, telefonisch und elektronisch durchgeführt werden.	**Offenes Interview:** Es gibt (fast) keine Fragevorgabe, nur das Thema wird genannt. Der Fragende ist offen für alles, was ihm die Auskunftsperson mitteilen kann/möchte. **Leitfadeninterviews:** Sie enthalten 5 bis 10 Leitfragen, die das Gespräch strukturieren und die Vergleichbarkeit der Ergebnisse erleichtern. Beispiele für Leitfragen: *Welche Meinung haben Sie über das Unternehmen?* *Was erwarten Sie künftig von ihm?* *Was gefällt Ihnen an dieser Broschüre insgesamt, was nicht?* *Wie ist Ihre Meinung beim Durchblättern?* *Was lesen Sie, was nicht?* *Was fällt Ihnen besonders auf?* **Standard-Fragebogen:** Dieser listet konkrete Fragen auf und gibt der Auskunftsperson wenig Freiraum bei der Antwort.
Beobachtung	Erfasst das Verhalten von Menschen. **Vorteil:** Leicht zu erfassen. **Nachteil:** Keine Aussagen über Gründe und Motive des Verhaltens möglich. Daher sind auch nur schwer Aussagen über künftiges Verhalten möglich.	**Print:** Blättern die Leser die Broschüre nur durch, lesen sie einzelne Seiten oder lesen sie jede Seite intensiv? **Online:** Wie verhalten sich Menschen beim Surfen auf der Website: Wie schnell gehen sie vor? An welchen Stellen verweilen sie? **Veranstaltung:** Wie verhalten sich die Teilnehmer einer Veranstaltung, zum Beispiel auf einer Analystenkonferenz: Beteiligen sich alle, viele oder nur wenige? **Medienbeobachtung:** Was haben die Medien veröffentlicht? Welche Aussagen stehen im Vordergrund? Mit welchem Tenor? In welchen Medien? **Auswertung von Leserzuschriften, Hörerpost und Briefen**

Experiment	Herstellen einer künstlichen (Labor-)Situation zur Beantwortung der Forschungsfrage, um störende Außeneinflüsse zu vermeiden.	**Protokoll lauten Denkens:** Menschen „denken laut“ beim Blättern in einer Broschüre oder dem Surfen im Internet. **Schnellgreifbühne:** Menschen sollen aus mehreren Broschüren spontan 3 bis 5 Favoriten wählen.
Spezialform: Panel	Regelmäßig wiederholte Befragungen der gleichen Personen aus einer Bezugsgruppe. Dies kann Auskunft geben über die Entwicklung der Meinungen der Bezugsgruppe.	Mögliche Fragen: Was hat sich in den letzten Ausgaben der Broschüre geändert? Welche Meinung hatten Sie, welche haben Sie heute?

3 Fragebögen

Befragungen spielen in der Erfolgskontrolle eine wichtige Rolle (siehe Kapitel 2.7.2.8. und 4.5.). Hier einige Standardfragen:

Persönliches Mitarbeiterinterview

Einstiegsphase
- Hinweis auf die Anonymität der Befragten
- Name
- Interner oder externer Mitarbeiter?
- Seit wann arbeiten Sie für ... ?
- Art der Beschäftigung?

Motivation
- Wie sind Sie zum Unternehmen gekommen?
- Was macht bei Ihrer Arbeit besonders viel Spaß?
- Gibt es etwas, was Ihnen überhaupt keinen Spaß macht?
- Gibt es Dinge, die Sie ändern würden, wenn Sie Chef wären?

Unternehmen
- Mit welchen Worten sprechen die Mitarbeiter vom Unternehmen? Gibt es einen bestimmten Unternehmensstil? Wie sieht er aus? Gibt es eine Vision und wie lautet sie?
- Wie ist die derzeitige Stellung des Unternehmens in der Branche, in der Volkswirtschaft, international/global und in den verschiedenen Märkten?
- Verfolgt das Unternehmen klare Ziele im Hinblick auf Produkte, Kunden, Mitarbeiter, Gesellschaft, Sonstiges?

Produkte und Dienstleistungen
- Welche Produkte und Dienstleistungen bietet das Unternehmen an? Wie versteht das Unternehmen seine Produkte und Dienstleistungen?
- Welchen Nutzen können die Kunden des Unternehmens aus den Produkten und Dienstleistungen ziehen? Welchen Sinn haben die Produkte und Dienstleistungen? Was will das Unternehmen mit seinen Produkten und Dienstleistungen erreichen?
- Wie ist die Qualität der Produkte und Dienstleistungen? Wie ist die Preispolitik des Unternehmens? Welche Technologie und welche technischen Verfahren setzt es

zur Herstellung der Produkte ein? Gibt es grundsätzliche Aussagen zur verwendeten und verwendbaren Technologie?

Kunden

- Wer sind die Kunden? Gibt es interne Kundschaftsverhältnisse (die eine Abteilung als Kunde einer anderen)? Gibt es Personen beziehungsweise Unternehmen, die das Unternehmen als Kunde will und noch nicht hat?
- Was bedeuten die Kunden für den Erfolg des Unternehmens? Welche Priorität wird der Kundenzufriedenheit eingeräumt? Gibt es einschränkende Bedingungen? Gibt es dazu klare Aussagen?

Geschäftspartner

- Was erwartet das Unternehmen von seinen Geschäftspartnern? Was müssen die Geschäftspartner leisten? Was dürfen sie nicht tun?
- Was erwarten die Geschäftspartner vom Unternehmen? Was bietet das Unternehmen seinen Partnern? Was dürfen die Geschäftspartner vom Unternehmen nicht erwarten?

Umfeld

- Welche gesellschaftliche Stellung und welche damit verbundenen Verpflichtungen nimmt das Unternehmen in der Gemeinde ein, in der Region, im Bundesland, im Staat und international?
- Welche Verpflichtungen nimmt das Unternehmen gegenüber Menschen wahr, die nicht in unmittelbarem Kontakt mit ihm stehen?
- Welche Rolle spielen die Medien für das Unternehmen? Welche Informationspolitik betreibt das Unternehmen? Wie regelmäßig und transparent werden die Medien informiert?

Wettbewerber und Wettbewerbsverhalten

- Wer sind die Konkurrenten des Unternehmens? Wie ist die Stellung des Unternehmens am Markt im Vergleich zu den wichtigsten Konkurrenten?
- Welches Verhalten der Konkurrenten erwartet das Unternehmen?
- Wie verhält sich das Unternehmen gegenüber Wettbewerbern? Wie versucht es, sich gegenüber Wettbewerbern durchzusetzen?

Mitarbeiter

- Was bedeuten die Mitarbeiter für den Erfolg des Unternehmens?
- Was erwartet das Unternehmen von seinen Mitarbeitern (Kompetenz, Engagement etc.)?
- Was bietet das Unternehmen seinen Mitarbeitern? Welche und wie ausgestattete Arbeitsplätze? Welche Chancen und Möglichkeiten der aktiven Selbstverwirklichung (am Arbeitsplatz, im Weiterkommen, in der Aus- und Weiterbildung)?
- Wie werden die Mitarbeiter im Unternehmen geführt (Führungsstil, Hierarchien, Kommunikationsmittel und -wege, Führungsinstrumente)?

Besonderheiten des Unternehmens

- Aussagen, welche die spezifische Struktur des Unternehmens betreffen (Verhalten gegenüber Tochtergesellschaften; bei Beteiligungen, Übernahmeversuchen etc.).
- Aussagen zu spezifischen Leistungen des Unternehmens: Welche Besonderheiten zeichnen die Produkte und Dienstleistungen des Unternehmens gegenüber vergleichbaren Angeboten aus? Welche Besonderheiten der Unternehmenskultur weist das Unternehmen auf (Bauen, Kunst, Sport etc.)? Welche besonderen Stärken zeichnen das Unternehmen aus?
- Welche Schwächen hat das Unternehmen? Wie geht es damit um?
- Welche negativen Klischeevorstellungen und Images gibt es über das Unternehmen und seine Branche? Was tut es zum Abbau dieser negativen Bilder?

Ethik

- Zu welchen Werten als Grundlage des Wirtschaftens bekennt sich das Unternehmen?

- Wird im Unternehmen darauf geachtet, abstrakte, ethische Grundsätze in der Alltagsarbeit zu realisieren?
- Gibt es ein klares Wertgefüge im Unternehmen, zu dem sich die Beteiligten bekennen?

Blick in die Zukunft

- Wo wird das Unternehmen in 5 oder 10 Jahren stehen?
- Wie kann das Unternehmen diese Ziele erreichen?
- Welche Potenziale sind nicht ausgeschöpft? Wie können die Potenziale ausgeschöpft werden?
- Erwartungen an das Management auf dem Weg dorthin?

(in Anlehnung an Kiessling/Spannagl, 1996)

Schriftliche Mitarbeiterbefragung

- Welches Ansehen hat Ihrer Meinung nach das Unternehmen in der Öffentlichkeit?
- Welches Ansehen hat Ihrer Meinung nach das Unternehmen bei der Belegschaft?
- Wenn Sie heute noch einmal zu entscheiden hätten, würden Sie dann wieder zu diesem Unternehmen gehen?
- Was wäre bei dieser Entscheidung besonders wichtig?
- Gibt es etwas, was die Firma an den äußeren Bedingungen an Ihrem Arbeitsplatz verbessern sollte?
- Wie gefällt Ihnen Ihre Arbeit?
- Können Sie bei Ihrer Arbeit Ihr Wissen und Können einsetzen?
- Können Sie eigene Anregungen oder Verbesserungsvorschläge zu Ihrer Arbeit einbringen?
- Wie zufrieden sind Sie mit der Umsetzung Ihrer Anregungen oder Verbesserungsvorschläge?
- Haben Sie Erfolgserlebnisse?
- Wie sind Sie selbst eingearbeitet worden, als Sie Ihren jetzigen Arbeitsplatz übernommen haben?
- Wenn Sie Ihre Leistungsfähigkeit betrachten, möchten Sie dann anspruchsvollere Aufgaben übernehmen?
- Wenn Sie Ihre Arbeitsbelastung betrachten, möchten Sie dann mehr oder weniger arbeiten?
- Welche Auswirkungen hat der technische Wandel in den letzten (ca. 5) Jahren auf Ihre Arbeit gehabt?
- Stört Sie etwas bei der Arbeit?
- Und was gefällt Ihnen besonders bei Ihrer Arbeit?
- Wie beurteilen Sie Ihre Bezüge (Entgelt, Gratifikation/Erfolgsbeteiligung) im Vergleich zu dem, was man über die Entgelte usw. bei anderen Firmen hört oder vermutet?
- Wie zufrieden sind Sie, wenn Sie Ihr Entgelt mit dem vermuteten Entgelt Ihrer unmittelbaren Kolleginnen und Kollegen vergleichen?
- Finden Sie, dass Ihre Arbeit leistungsgerecht bezahlt wird?
- Sind Sie mit den Sozial- und Nebenleistungen zufrieden, die neben dem Entgelt von der Firma gewährt werden?
- Welche Sozial- und Nebenleistungen sind für Sie besonders wichtig?
- Versteht Ihr unmittelbarer Vorgesetzter genügend von Ihrem eigenen Aufgabengebiet?
- Wie sorgt Ihr unmittelbarer Vorgesetzter für die Zusammenarbeit in seinem Verantwortungsbereich?
- Wie arbeitet Ihr unmittelbarer Vorgesetzter mit Ihnen zusammen?

- Informiert Ihr unmittelbarer Vorgesetzter Sie über Dinge, die Ihren Verantwortungsbereich betreffen, angemessen?
- Bespricht Ihr unmittelbarer Vorgesetzter Ihre Aufgaben/Ziele ausreichend mit Ihnen?
- Beachtet Ihr unmittelbarer Vorgesetzter Ihre Meinung bei wichtigen Entscheidungen?
- Wenn Sie von Ihrem unmittelbaren Vorgesetzten für Ihre Arbeit eine Entscheidung benötigen, erhalten Sie diese Entscheidung rechtzeitig und ausreichend?
- Hilft Ihnen Ihr unmittelbarer Vorgesetzter, wenn es einmal Schwierigkeiten bei Ihrer Arbeit gibt?
- Setzt Ihr unmittelbarer Vorgesetzter sich im Rahmen seiner Möglichkeiten für Sie ein, wenn Sie mit einem persönlichen Anliegen zu ihm kommen?
- Erkennt Ihr unmittelbarer Vorgesetzter Ihre Leistungen an?
- Wie kritisiert Ihr unmittelbarer Vorgesetzter, wenn einmal ein Fehler passiert?
- Fördert das Führungsverhalten Ihres unmittelbaren Vorgesetzten Ihre Einsatzbereitschaft?
- Fühlen Sie sich von Ihrem unmittelbaren Vorgesetzten gerecht beurteilt?
- Wie beurteilen Sie das Führungsverhalten des Vorgesetzten Ihres unmittelbaren Vorgesetzten?
- Fühlen Sie sich bei Ihren Aufgaben ausreichend „von oben" (von Ihren Vorgesetzten und der Unternehmensleitung) unterstützt?
- In welcher Hinsicht wünschen Sie sich von Ihren Vorgesetzten und der Unternehmensleitung mehr Unterstützung bei Ihren Aufgaben?
- Wie beurteilen Sie das Betriebsklima in unserem Unternehmen insgesamt?
- Wie beurteilen Sie das Betriebsklima in der unmittelbaren Umgebung, in der Sie arbeiten?
- Wie sind im Großen und Ganzen Aufgaben und Kompetenzen Ihrer Einheit mit denen anderer Einheiten abgestimmt?
- Wie arbeiten die Kolleginnen und Kollegen Ihrer Einheit mit Ihnen zusammen?
- Wie beurteilen Sie die Zusammenarbeit zwischen Ihnen und den Kolleginnen und Kollegen aus anderen Einheiten?
- Fühlen Sie sich über die wesentlichen Dinge im Unternehmen rechtzeitig und ausreichend informiert?
- Worüber möchten Sie mehr wissen?
- Wissen Sie, welchem geschäftlichen Zweck Ihre Arbeit dient und welche Bedeutung Ihre Arbeit für die Erreichung der Unternehmensziele hat?
- Um sich über Ereignisse und Themen im Unternehmen zu informieren, gibt es verschiedene Möglichkeiten. Welche Informationsquellen sind für Sie die wichtigsten?
- Welche Weiterbildungsthemen sind für Ihre Aufgabenerledigung wichtig?
- Fühlen Sie sich ausreichend über die Weiterbildungsmöglichkeiten informiert?
- Sind Sie mit den Möglichkeiten für Ihr berufliches Fortkommen zufrieden?
- Hindert Sie etwas an Ihrer beruflichen Entwicklung?
- Werden in Ihrer Einheit Frauen und Männer gleich behandelt?
- Falls Sie meinen, dass Frauen und Männer nicht gleich behandelt werden: Wodurch wird gegen den Gleichbehandlungsgrundsatz verstoßen?
- Sind Sie daran interessiert, Ihre derzeitige Tätigkeit in Teilzeit auszuüben?
- Glauben Sie, dass eine Teilzeittätigkeit berufliche Nachteile mit sich bringt?
- Halten Sie es für machbar, dass Ihr unmittelbarer Vorgesetzter seine Funktion mit einer anderen Person teilt und beide diese Funktion gemeinsam in Teilzeit ausführen?
- Glauben Sie, dass die Arbeitszeit in Ihrer Einheit flexibler gestaltet werden kann?
- Sind Sie persönlich an einem flexibleren Arbeitseinsatz auch außerhalb Ihrer gewohnten Arbeitszeit interessiert?

- Haben Sie Wünsche für die Regelung der Arbeitszeit?
- Wenn Sie einmal die Zukunftsaussichten des Gesamtunternehmens und die allgemeine wirtschaftliche Entwicklung beurteilen: Für wie sicher halten Sie dann Ihren Arbeitsplatz?
- Das Unternehmen hat sich in den vergangenen Jahren erheblich gewandelt, um auch langfristig erfolgreich im Wettbewerb bestehen zu können. Hat sich diese Wandlung aus Ihrer persönlichen Sicht für das Unternehmen eher positiv oder eher negativ ausgewirkt?
- Das Unternehmen hat in den vergangenen Jahren durch Rationalisierung die Belegschaft erheblich reduziert. Haben Sie den Eindruck, dass das Unternehmen den Personalabbau sozialverträglich gestaltet hat?

Bitte geben Sie zu den folgenden Meinungen an, inwieweit Sie diesen zustimmen können.

	+	–
• In unserer Einheit wird auf die Zusammenarbeit zwischen den Mitarbeitern mehr Wert gelegt als auf die Konkurrenz untereinander.	❑	❑
• In unserer Einheit setzt man viel Vertrauen in die Mitarbeiter.	❑	❑
• In unserer Einheit bemühen wir uns um Gemeinsinn und ein „Wir-Gefühl“.	❑	❑
• In unserer Einheit traut sich niemand, etwas Neues vorzuschlagen und auszuprobieren.	❑	❑
• In unserem Unternehmen hat sich in den letzten 5 Jahren nichts zum Besseren verändert.	❑	❑
• Ich habe den Eindruck, dass von den Mitarbeitern mehr Opfer gefordert werden, als aus wirtschaftlichen Gründen nötig sind.	❑	❑
• Die Führungskräfte wissen über die Stimmung bei den Mitarbeitern und deren Meinungen recht gut Bescheid.	❑	❑
• In unserer Einheit herrschen Druck und Kontrolle vor.	❑	❑
• Wenn es in unserer Einheit Probleme gibt, dann wird sehr offen und konstruktiv darüber gesprochen.	❑	❑
• Ich habe den Eindruck, dass der Stil, wie Führungskräfte und Mitarbeiter miteinander umgehen, sich positiv verändert hat.	❑	❑
• Die Unternehmensführung nimmt bei ihren Entscheidungen keine Rücksicht auf die Interessen der Mitarbeiter.	❑	❑
• Die Stimmung in der Belegschaft wird inzwischen schon wieder deutlich besser.	❑	❑
• Wenn ich an andere Unternehmen unserer Branche denke, dann bin ich froh, in diesem Unternehmen zu arbeiten.	❑	❑

Externe Befragung

Bekanntheit:

- Wie bekannt ist das Unternehmen?
- Ist das Unternehmen jederzeit gedanklich präsent?
- Können Angehörige der Bezugsgruppe den Namen des Unternehmens nennen? Oder müssen sie aus einer Liste auswählen?
- Wie bekannt ist es im Vergleich zu anderen?

Image:
- Welches Vorstellungsbild hat die Bezugsgruppe vom Unternehmen?
- Über welches Wissen verfügt die Bezugsgruppe? Über welches Wissen will sie verfügen?
- Was meint sie über das Unternehmen? Was sind ihre Wünsche und Erwartungen?
- Welche herausragenden Eigenschaften des Unternehmens nennt die Bezugsgruppe?
- Was macht für sie das Unternehmen so sympathisch?
- Wie wird das Unternehmen eingeschätzt im Hinblick auf Qualität, Seriosität, Verantwortung?
- Wie wird das Engagement im Vergleich zu anderen Unternehmen eingeschätzt?
- Welche Erwartungen werden an das Unternehmen gerichtet?

Instrumente:
- Durch welche Medien ist das Unternehmen bekannt?
- An welche Kommunikationsmedien erinnert sich die Bezugsgruppe?
- Kann sie deren zentrale Bilder und Botschaften nennen?
- Durch welche Medien möchten die Befragten Informationen über das Unternehmen erhalten?

4 Wichtige Adressen

Organisationen

- Deutsche Public Relations Gesellschaft e.V. (DPRG): *www.dprg.de*
- Gesellschaft Public Relations Agenturen e.V. (GPRA): Wirtschaftsverband der PR-Agenturen in Deutschland: *www.gpra.de*
- Deutsche Akademie für Public Relations (DAPR): Informiert zu Prüfungsfragen in der PR-Ausbildung: *www.gpra.de*
- Kommunikationsverband.de (ehemals BDW): *www.kommunikationsverband.de*
- Deutscher Marketing Verband e.V. (DMV): *www.marketingverband.de*
- Deutscher Multimedia Verband e.V. (DMMV): *www.dmmv.de*
- Inkom: Bundesvereinigung für innerbetriebliche Kommunikation: *www.inkom-online.de*
- Confédération Européenne des Relations Publiques (CERP) Europäischer Dachverband der PR-Experten und -Berufsverbände Unterorganisationen für Ausbildungsfragen: *www.cerp.org* und *www.prineurope.com*
- International Public Relations Association (IPRA): Internationaler Dachverband der PR-Berufsorganisationen: *www.ipranet.org*
- Public Relations Verband Austria (PRVA): *www.prva.at*
- Schweizerische PR Gesellschaft (SPRG): *www.sprg.ch*
- Bund Public Relations Agenturen der Schweiz (BPRA): Wirtschaftsverband der Schweizer PR-Agenturen: *www.bpra.ch*

- Public Relations Society of America (PRSA): Größter PR-Verband der USA: *www.prsa.org*
- International Association of Business Communicators (IABC): Zweitgrößter PR-Verband der USA: *www.iabc.com/homepage.htm*
- Public Relations Organisation International (PROI): Internationales Netzwerk unabhängiger PR-Agenturen: *www.proi.org*

Selbstkontrolle

- Deutscher Rat für Public Relations (DRPR)
  Der DRPR ist ein Organ der freiwilligen Selbstkontrolle der in Deutschland tätigen PR-Fachleute. Seine Träger sind die Deutsche Public Relations Gesellschaft e.V. (DPRG) und die Gesellschaft Public Relations Agenturen e.V. (GPRA). Hauptaufgabe des DRPR ist es, Missstände und Fehlverhalten zu benennen und zu rügen. Seine Zuständigkeit ist nicht an Personen oder Verbände des Berufsstandes gebunden. Er befasst sich auch mit beanstandeten PR-Vorgängen, die von Nichtmitgliedern der Trägerorganisationen und Nichtfachleuten ausgelöst oder veranlasst wurden.

PR-Berater

- Die Site von Gerhard Pfeffer bietet einen Überblick über PR-Berater in Deutschland: *www.pr-agenturen.de* und *www.pfeffer.de/agenturen/agentur-nav1.htm*

Jobbörsen

- W&V-Online-Stellenmarkt: Jobbörse der Fachzeitschrift Werben& Verkaufen mit Angeboten aus allen Bereichen der Kommunikationsbranche: *www.karriereundjob.de*
- Online-Stellenmarkt der Zeitschrift Horizont: Große Auswahl von Jobs aus dem gesamten Kommunikations- und Marketingbereich: *www.horizont.net/jobs/stellenmarkt*
- Newsroom: Stellenmarkt des größten deutschen Online-Dienstes für Journalisten. Die Anzeigen stammen aus den Stellenmärkten der wichtigsten Tageszeitungen, Wochen- und Fachmedien in Deutschland, Österreich und der Schweiz: *www.newsroom.de*
- Journalist-Stellenmarkt: Online-Version des Stellenmarktes der Fachzeitschrift Journalist: *www.journalist.de/stellenmarkt.html*
- Agenturcafé-Stellenmarkt: Jobangebote, Jobgesuche und Kooperationsangebote aus Journalismus, PR, Werbung, Marketing und Multimedia: *www.agenturcafe.de/jobs*
- Kultur-Stellenmarkt: Bewerber-Pool rund um Kulturmanagement und PR. Bietet überwiegend Stellengesuche, die zwar gut aufbereitet, aber unübersichtlich sortiert sind: *www.klassik.com/de/community/jobs/index.htm*

Ausbildung

- AFK Akademie Führung und Kommunikation: *www.afk-pr.de*
- DIPR Deutsches Institut für Public Relations: *www.dipr.de*
- PR-Kolleg Berlin: *www.prkolleg.com*

- Schweizerisches Public Relations Institut (SPRI): *www.spri.ch*
- Deutsche Akademie für Public Relations GmbH (DAPR): *www.dapr-online.de*
- DPRG-Broschüre „Einstieg in die Public Relations": *www.dprg.de*

Wettbewerbe

- PR Report Awards: Preis entwickelt sich zum Oskar der PR. Weitere Informationen: *www.pr-report.de*
- Goldene Brücke der DPRG: Dieser Preis wird jährlich in mehreren Kategorien vergeben. Weitere Informationen über *www.pr-guide.de*
- Albert-Oeckl-Preis: Wird alle zwei Jahre für hervorragende Leistungen im Bereich der PR-Forschung vergeben. Weitere Informationen über *www.pr-guide.de*

Internet

Das Internet ist eine wichtige Informationsquelle für aktuelle Entwicklungen rund um die Unternehmenskommunikation. Hier einige interessante Adressen:

Wichtige Informationsquellen

- Pförtnerloge: sehr gut gemachter Dienst von Lutz Schildmann aus Berlin: *www.pfoertnerloge.de*
- Agenturcafe: Onlinedienst der Agenturgruppe ECC (European Communication Consultants): *www.agenturcafe.de*
- PR-Guide: Portal für Kommunikationsmanagement. Tagesaktueller, umfangreicher Infodienst: *www.pr-guide.de*

Medien

- Europäische Medien im Internet: Zugang zu Services europäischer und außereuropäischer Zeitungen, Zeitschriften, Rundfunk und Fernsehen, nach Ländern sortiert: *http://userpage.fu-berlin.de/~dittbern/WWW_Media/Europe1.html*
- Nachrichtenarchive: Links zu kostenfreien deutschsprachigen Zeitungs-, Radio- und Fernsehsendungen-Archiven: *www.biblint.de/nachrichtenrecherche.html*
- NewsClub.de: Nachrichten von Anbietern aus dem Netz nach Rubriken sortiert: *www.newsclub.de*
- Presselandschaft Deutschland: Verzeichnis deutscher und ausländischer Zeitungen und Zeitschriften: *www.presse.de*
- German Online Kiosk: Zeitschriften und Zeitungen nach Themen geordnet, über 5.000 Titel im Überblick: *www.onlinekiosk.com*
- Deutsche Presse-Agentur (dpa): *www.dpa.de*

Nachrichtenagenturen

- News Aktuell: Datenbank für Pressematerial von Unternehmen aller Branchen, politischen Organisationen und Behörden, gehört zur dpa-Gruppe: *www.newsaktuell.de*
- Reuters: *www.reuters.com*
- Agence France Presse (afp): *www.afp.de*
- Deutscher Depeschen Dienst (ddp): *www.ddp.de*
- Evangelischer Pressedienst (epd): *www.epd.de*
- Vereinigte Wirtschaftsdienste (vwd): *www.vwd.de*

- Sportinformationsdienst (sid): *www.sid.de*
- Online24/MotorSportNews: Täglich Nachrichten und Berichte von Pressekonferenzen zu aktuellen Sportveranstaltungen: *www.online24.de* und *www.motorsportnews.de*
- Seite1: Klassisches Nachrichtenmaterial wird internetgerecht in zahlreichen Rubriken präsentiert: *http://seite1.de*

Medienbeobachtung

- Observer Argus Media: *www.observer.de*
- Der Ausschnitt Achterberg GmbH & Co: *www.ausschnitt.de*
- media control GmbH: *www.mediacontrol.de*
- Faktum Landau: *www.landaumedia.de*

Eigene Internetrecherche

- Paperball: Auffinden tagesaktueller Artikel in den Online-Ausgaben deutscher Zeitungen: *www.paperball.de*
- Paperazzi: Artikelsuchmaschine, die Überschrift, Quelle, Textlänge und Kurzauszüge der Fundstücke anzeigt: *www.paperazzi.de*

Fachmedien

- Horizont: Fachblatt für Marketing, Werbung und Medien. Erscheint wöchentlich im Deutschen Fachverlag, Frankfurt am Main: *www.horizont.net*
- Werben&Verkaufen: Fachblatt für Marketing, Werbung und Medien. Erscheint wöchentlich im Europa-Fachpresse-Verlag, München: *www.wuv.de*
- PR-Magazin: Erscheint monatlich im Verlag Rommerskirchen, Remagen: *www.rommerskirchen.com*
- Public Relations Report: Informationsdienst für die PR-Branche. Wöchentlich herausgegeben von der Mediengesellschaft für Unternehmenskommunikation, Hamburg: *www.pr-report.de*
- Public Relations Forum: Fachzeitschrift für Öffentlichkeitsarbeit und Kommunikationsmanagement. Erscheint vierteljährlich im Erma-Verlag, Nürnberg: *www.prforum.de*
- Kress-Report: Informationsdienst für die Kommunikationsbranche: *www.kress.de*
- Der Kontakter: Online-Dienst für Agenturen, Marketing und Medien: *www.kontakter.de*
- Text Intern Online: Informationsdienst für Print, TV, Hörfunk, Werbung und PR: *www.textintern.de*
- PR Newswire: Tägliche Nachrichten aus der PR-Branche: *www.prnewswire.com*

Redaktionen und Journalisten

- Kroll Presse-Taschenbücher: *www.kroll-verlag.de*
- Stamm, Leitfaden durch Presse und Werbung: *www.stamm.de*
- Zimpel, Verlag Dieter Zimpel: *www.zimpel.de*

Messen

- AUMA, Ausstellungs- und Messe-Ausschuss der deutschen Wirtschaft e.V.: *www.auma.de*

- FAMA, Fachverband Messen und Ausstellungen: *www.fama.de*
- IDFA, Interessengemeinschaft Deutscher Fachmessen und Ausstellungsstädte: *www.idfa.de*
- HANNOVER DEUTSCHE MESSE AG: *www.messe.de*
- Viele Informationen bietet auch der Hamburger Spiegel-Verlag in seinem Buch: Messen und Ausstellungen in Deutschland: *www.spiegel-online.de*

Bildarchive

- Suchmaschinen: Mittlerweile bieten fast alle guten Suchmaschinen die Möglichkeit, nach Bildern zu suchen (zum Beispiel *www.google.de*). Nehmen Sie bei Interesse am Bild Kontakt zum Anbieter auf und verhandeln die Nutzungskonditionen.
- Professionelle Bilddatenbanken: Sie können hier aus vielen Tausend Motiven auswählen. Eine der bekanntesten Datenbanken ist der MAURITIUS BILDKATALOG: *www.zefa.de*
- Kostenlose Bildarchive: Es gibt auch kostenlose Bildarchive, wie zum Beispiel: *www.visipix.com*
- Übersicht: Eine gute Übersicht bietet zum Beispiel die Website von Kai Hirschmann: *www.info-kai.de* und *www.medialinks.de*

Gemischtes

- Firmendatenbank: Hoppenstedt-Verlag: *www.hoppenstedt.de*
- Europäische Sponsoring Börse (EBS): *www.esb-online.com*
- Leitfaden Sponsoring & Event-Marketing für Unternehmen, Sponsoring-Nehmer und Agenturen. Herausgegeben von Hans-Willy Brockes, Dr. Josef Rabbe Verlag, Schadowstraße 48-50, 40212 Düsseldorf, Telefon: 0211-166750, Telefax: 0211-1667510

5 Verträge und Vertragsbausteine

- Der GESAMTVERBAND KOMMUNIKATIONSAGENTUREN (GWA) bietet in seinem Handbuch „Verträge über Kommunikationsleistungen" Vorlagen und Textbausteine: *www.gwa.de*
- Die GPRA bietet einen „Mustervertrag Public Relations-Volontär" zum kostenlosen Download im Internet: *www.gpra.de*

6 Kosten und Honorare

- Designer-Honorare: BUND DEUTSCHER GRAFIK-DESIGNER E.V.: *www.bunddeutschergrafikdesigner.de*
- Honorare für Werbetexter: „Was gute Texter kosten", FACHVERBAND FREIER WERBETEXTER (FFW): *www.werbetexter.com*

- PR-Honorare: Jährliche Honorarumfrage der DEUTSCHEN PUBLIC RELATIONS GESELLSCHAFT E.V.: *www.dprg.de*
- „Das kostet Kommunikation! Preise und Leistungen im Kommunikationsmarkt 2002/2003" aus dem Fachverlag der Verlagsgruppe Handelsblatt: *www.vhb.de*

7 Zeitschriften

- PRMAGAZIN: *www.prmagazin.de*
- DER JOURNALIST: *www.journalist.de*
- PUBLIC RELATIONS REPORT: *www.pr-report.de*
- W & V (WERBEN UND VERKAUFEN): Kampagnen und viele Informationen aus allen Bereichen des Marketing: *www.wuv.de*
- MEDIUM MAGAZIN: Zeitschrift für Journalisten, die auch interessante Informationen für PR-Leute enthält: *www.mediummagazin.de*
- HORIZONT: *www.horizont.net*

8 Buchtipps

Unternehmenskommunikation

- Ahrens, R./Scherer, H./Zerfaß, A. (Hrsg.): Integriertes Kommunikationsmanagement, Frankfurt/Main 1995 (theoretische Einführung mit Praxisbeispielen von MILUPA, ENERGIE-VERSORGUNG SCHWABEN, ABB, SIEMENS und HEWLETT-PACKARD)
- Mast, C.: Unternehmenskommunikation, Stuttgart 2002 (theoretische Ansätze und ausgewählte Praxisthemen)
- Merten, K. und Zimmermann, R. (Hrsg.): Das Handbuch der Unternehmenskommunikation, Köln 2001 (regelmäßig erscheinendes Handbuch mit Themen rund um die Unternehmenskommunikation; berücksichtigt auch die Markenführung)

Public Relations
eher praktisch ...

- Bentele, G./Piwinger, M./Schönborn, G. (Hrsg.): Handbuch Kommunikationsmanagement, Neuwied/Kriftel/Berlin 2001 (Loseblattsammlung)
- Brauner, D.J./Leitolf, J./Raible-Besten, R./Weigert, M.M. (Hrsg.): Lexikon der Presse- und Öffentlichkeitsarbeit, München 2001 (gutes Lexikon zum schnellen Nachschlagen)
- Herbst, D.: Public Relations, 2. Aufl. Berlin 2003
- Martini, B.-J. (Hrsg.): Handbuch PR, 3 Bände, Neuwied/Kriftel/Berlin 1994 ff. (Loseblattsammlung)
- Merten, K.: Handwörterbuch der PR, 2 Bände, Frankfurt/Main 2000

- Oeckl, A. (Hrsg): Taschenbuch des öffentlichen Lebens - Europa und internationale Zusammenschlüsse 2001/2002, Bonn 2001 (Standard-Nachschlagewerk)
- Piwinger, M., Prött, M.: Ausgezeichnete PR, Frankfurt/Main 2002 (von Profis lernen)
- Schulz-Bruhdoel, N.: Die PR- und Pressefibel, Frankfurt am Main 2001
- Müller, B. und Kreis-Muzzulini, A.: Public Relations für Kommunikations-, Marketing- und Werbeprofis, Frauenfeld 2003 (praktischer Ratgeber mit vielen Checklisten)

eher wissenschaftlich ...

- Brauner, D.J. u.a. (Hrsg.): Lexikon der Presse- und Öffentlichkeitsarbeit, München und Wien 2001
- Dozier, D.M./Grunig, L.A./Grunig, J.E.: Manager's Guide to Excellence in Public Relations and Communication Management, Mahwah/New Jersey 1995
- Faulstich, W.: Grundwissen Öffentlichkeitsarbeit, München 2000
- Grunig, J.E./Hunt, T.: Managing Public Relations, Fort Worth u. a. 1984
- Hunt, T./Grunig, J.E.: Public Relations Techniques, Fort Worth u. a. 1994
- Kunczik, M.: Geschichte der Öffentlichkeitsarbeit in Deutschland, Köln 1997

Kommunikation

- Ahrens, R./Scherer, H./Zerfass, A.: Integriertes Kommunikationsmanagement, Frankfurt/Main 1995 (Sammlung von guten Beiträgen)
- Burkart, R.: Kommunikationswissenschaft, Stuttgart 2002 (Überblick über die wissenschaftliche Diskussion zum Kommunikationsbegriff)
- Schulz von Thun, F.: Miteinander reden, 3 Bände, Reinbek 1981 – 1998 (bekanntestes Kommunikationsmodell, sehr viele anschauliche Beispiele)

Integrierte Kommunikation

- Ahrens, R./Scherer, H./Zerfass, A.: Integriertes Kommunikationsmanagement, Frankfurt/Main 1995
- Kirchner, K.: Integrierte Unternehmenskommunikation, Wiesbaden 2001

Corporate Identity

- Bieger, F. u.a.: Projektarbeit CI – 101 nützliche Erkenntnisse aus der Praxis, Bonn, 1985 (eben eine Sammlung nützlicher Tipps)
- Birkigt, K./Stadler, M.M./Funck, H.J. (Hrsg): Corporate Identity, Landsberg 2002 (Klassiker der Corporate Identity)
- Fenkart, P. und Widmer, H.: CI. Corporate Identity, Zürich und Wiesbaden 1987 (Praktikerbuch mit vielen Beispielen der drei Instrumente)

- Herbst, D.: Corporate Identity, 2. Aufl. Berlin 2003
- Keller, I.: Das CI-Dilemma, Wiesbaden 1993 (ganzheitliche Sicht von CI, viele Praxistipps für die Gestaltung)
- Kiessling, W.F./Spannagl, P.: Corporate Identity, Alling 1996 (gute Checklisten für Ist-Analyse)
- Wache , T. und Brammer, D.: Corporate Identity als ganzheitliche Strategie, Wiesbaden 1993 (ganzheitliche Sicht von CI. Theoretischer, wissenschaftlich gehaltener Teil und Praxisuntersuchung)

Markenführung

- Aaker, A.A./Joachimsthaler, E.: Brand Leadership, München 2001 (Aufbau und Gestaltung der Markenidentität anschaulich und mit vielen Beispielen beschrieben)
- Baumgarth, C.: Markenpolitik, Wiesbaden 2001 (Einführung in das Thema, enthält die wichtigen wissenschaftlichen Konzepte und Erkenntnisse)
- Esch, F.-R.: Strategie und Technik der Markenführung, München 2002 (Dicker Sammelband, der viele Aspekte der Markenführung abdeckt. Das Buch liest sich sehr gut. Allerdings geht es nur um die Markenkommunikation.)
- Köhler, R./Majer, W./Wiezorek, H. (Hrsg.): Erfolgsfaktor Marke, München 2001 (guter Überblick über den aktuellen Stand sowie Chancen und Herausforderungen in der Markenführung).
- Meffert, H.: Markenmanagement, Wiesbaden 2002 (ausführliche Beschreibung des Identitätskonzeptes der Markenführung)
- Schmitt, B./Simonson, A.: Marketing-Ästhetik, München und Düsseldorf 1998 (die Autoren zeigen, wie die Produktpersönlichkeit in die Erlebniskette des Kunden umgesetzt werden kann)
- Tomczak, T./Schögel, M./Ludwig, E. (Hrsg.): Markenmanagement für Dienstleistungen, St. Gallen 1998

Emotionale Ansprache

- Baumgart, G./Müller, A./Zeugner, G.: Farbgestaltung, Berlin 1996 (interessante Informationen für den tieferen Einstieg)
- Gaede, W.: Abweichen von der Norm, München 2002 (Lebenswerk von Gaede, Ehrenmitglied des Art Director Clubs. Auf fast 800 Seiten viele, viele Beispiele. Sehr liebevoll gestaltet. Ein Muss für alle Kreativen!)
- Heller, E.: Wie Farben wirken, Reinbek 2002 (gelungene Einführung in die Farbpsychologie)
- Linxweiler, R.: Marken-Design, Wiesbaden 1999
- Luther, M./Gründonner, J.: Königsweg Kreativität, Paderborn 1998
- Mikunda, C.: Der verbotene Ort oder Die inszenierte Verführung, Düsseldorf 1998 (Toptitel für die dramaturgische Gestaltung von Erlebnissen)
- Mikunda, C.: Marketing spüren, Frankfurt/Wien 2002 (der neue Mikunda, wieder lesenswert!)

- Schmitt, B./Simonson, A.: Marketing-Ästhetik, München 1998
- Urban, D.: Kreativitätstechniken für Werbung und Design, Düsseldorf 1994

Konzeption

- Althaus, M.: Kampagne! Münster 20001 (Schwerpunkt auf kampagnenorientierte Politik)
- Fissenewert, R./Schmidt, S.: Konzeptionspraxis, Frankfurt/Main 2002 (Eines der besten Bücher zum Thema. Etwas kindisches Beispiel eines Unternehmens für Gartenzwerge, das das Buch durchzieht. Weitere Schwäche: Es gelingt nicht, das Thema Kommunikationsziele angemessen darzustellen. Dennoch empfehlenswert)
- Hartleben, R.E.: Werbekonzeption und Briefing, München 2001 (hilfreicher Praxisleitfaden mit einem Taschenplaner)
- Pickert, M.: Die Konzeption der Werbung, Heidelberg 1994 (eines der besten Konzeptionsbücher)
- Röttger, U. (Hrsg.): PR-Kampagnen, Opladen 1997
- Urban, D.: Die Kampagne, Stuttgart 1997 (Werbepraxis in 11 Konzeptionsstufen)

Erfolgskontrolle

- Baerns, B. (Hrsg).: PR-Erfolgskontrolle, 2. Auflage, Frankfurt/Main 1997
- Flick, U.: Qualitative Sozialforschung, Hamburg 2002 (Sehr gelungenes Buch für alle, die sich in das Thema einlesen wollen. Qualitative Forschung wird immer wichtiger, um die Motive, Wünsche und Erwartungen unserer Kommunikationspartner zu verstehen.)
- Kromrey, H.: Empirische Sozialforschung, Stuttgart 2002 (Standardwerk)

Mitarbeiterbefragungen

- Domsch, M. und Schneble, A. (Hrsg): Mitarbeiterbefragungen, Heidelberg 1991 (Enthält Standardfragebogen der Projektgruppe Mitarbeiterbefragungen. Viele Beispiele aus Unternehmen.)
- Freimuth, J./Kiefer, B.-U. (Hrsg): Geschäftsberichte von unten, Göttingen 1995 (Hinweise auch auf qualitative Erhebungsverfahren)
- Holm, K.-F.: Die Mitarbeiterbefragung, Hamburg 1982 (Ebenfalls sehr praxisorientierte Hinweise für die Durchführung von Mitarbeiterbefragungen)

Dramaturgie

- Laurel, B.: Computers as theatre, 9. Auflage, 1993 (Interessanter Vergleich zwischen Dramaturgie im Theater und in der Internetkommunikation. Sehr anregend!)
- Mikunda, C.: Der verbotene Ort oder die inszenierte Verführung, Düsseldorf 1996 (wunderschönes und anregendes Buch)
- Platz-Waury: E.: Drama und Theater, Tübingen 1992 (Einführung)
- Schulz, D.: Lokal als Bühne, Düsseldorf 2000

Interne Kommunikation

Eher wissenschaftlich ...

- Armbrecht, W.: Innerbetriebliche Public Relations, Opladen 1992 (umfassender Überblick über vorliegende Definitionen und Konzepte mit starkem Bezug zur Praxis)
- Bentele, G./Steinmann, H./Zerfaß, A. (Hrsg.): Dialogorientierte Unternehmenskommunikation, Berlin 1996
- Hoffmann, C.: Das Intranet, Konstanz 2001
- Noll, N.: Gestaltungsperspektiven interner Kommunikation, Wiesbaden 1996 (Dissertation. Autorin überträgt den Marketinggedanken auf die interne Kommunikation, greift dabei Strategien, Instrumente und das Controlling auf.)

Eher praktisch ...

- Deekeling, E. und Fiebig, N.: Interne Kommunikation der Zukunft, Wiesbaden 1998
- Herbst, D.: Interne Kommunikation, Berlin 1999
- Klöfer, F. (Hrsg.): Erfolgreich durch interne Kommunikation, Neuwied/Kriftel 1999 (einführender Text von Franz Klöfer, der sich seit vielen Jahren mit interner Kommunikation beschäftigt, sowie 20 Fallstudien)
- Schick, S.: Interne Unternehmenskommunikation, Stuttgart 2002 (Eines der wenigen guten Bücher zum Thema. Autor versteht interne Unternehmenskommunikation als integralen Bestandteil der Gesamtkommunikation des Unternehmens. Leider enthält das Buch keine Literaturtipps und andere Quellenhinweise.)

Unternehmenskultur

Klassiker

- Blom, H.: Interkulturelles Management, Herne/Berlin 2002 (praxisorientiertes Buch mit wissenschaftlichem Hintergrund)
- Dülfer, E. (Hrsg.): Organisationskultur, Wiesbaden 1988
- Heinen, E.: Unternehmenskultur, München und Wien 1987
- Neuberger, O./Kompa, A.: Wir, die Firma, Weinheim/Basel 1987
- Schein, E.H.: Organizational Culture and Leadership, San Francisco/Washington/London 1985
- Sprenger, R.: Mythos Motivation, Frankfurt/New York 2002 (sehr anregende kritische Sicht)

Beispiele

- Bromann, P./Piwinger, M.: Gestaltung der Unternehmenskultur, Stuttgart 1992 (Zwei Praktiker schreiben über Unternehmenskultur und Kommunikation mit wissenschaftlichem Hintergrund und kritischer Betrachtungsweise. Fallbeispiel: VORWERK)
- Scott-Morgan, P./Arthur D. Little.: Die heimlichen Spielregeln, Frankfurt/New York 1994
- Wever, U. und Besig, H.-M.: Unternehmens-Kommunikation als Lernprozess, Frankfurt/New York 1995 (interessante und detaillierte Darstellung eines Fallbeispiels durch Praktiker)

Change Management

- Doppler, K./Lautenburg, C.: Change Management, Frankfurt/New York 1994 (praxisnaher Handwerkskasten für Veränderungsprozesse in Organisationen)

- Mohr, N.: Kommunikation und organisatorischer Wandel, Wiesbaden 1997 (Bedeutung der Kommunikation für Veränderungsprozesse in Unternehmen. Theoretischer Ansatz mit Befragungen von Vorständen und Betriebsräten.)

Journalismus

- Beifuß/Blume/Rauch u.a.: Bild-Journalismus, München 1984
- La Roche, W.v.: Einführung in den praktischen Journalismus, München 1999
- Martini, B.-J.: Journalisten-Jahrbuch, München, erscheint jährlich
- Meissner, M.: Zeitungsgestaltung, München 1995
- Schneider, W.: Deutsch für Profis, München 1999

Investor Relations

- Bittner, Th.: Die Wirkung von Investor Relations-Maßnahmen auf Finanzanalysten, Lohmar und Köln 1996
- Deutscher Investor Relations Kreis e. V. (Hrsg.): Investor Relations – Professionelle Kapitalmarktkommunikation, München/Wien 1995
- Droste, H.W.: Praktiker-Handbuch Investor Relations, Stuttgart 2001 (derzeit bestes Buch zum Thema)
- Dürr, M.: Investor Relations, München 1995
- Kirchhoff, K.-R./Piwinger, M. (Hrsg.): Die Praxis der Investor Relations, Kriftel 2001

Internationale Kommunikation

- Backhaus, K. et al.: Internationales Marketing, Stuttgart 1996
- Blom, H.: Interkulturelles Management, Herne/Berlin 2002 (praxisorientiertes Buch mit wissenschaftlichem Hintergrund)
- Bungarten, T. (Hrsg): Sprache und Kultur in der interkulturellen Marketingkommunikation, Tostedt 1994
- Dmoch, T.: Interkulturelle Werbung, Aachen 1997
- Hofstede, G. (1991): Lokales Denken, globales Handeln, München 2001
- Hofstede, G.: Interkulturelle Zusammenarbeit, Wiesbaden 1993
- Johanssen, K.-P. und Steger, U. (Hrsg): Lokal oder global? Frankfurt/Main 2001
- Thieme, W.M.: Interkulturelle Kommunikation und Internationales Marketing, Frankfurt am Main et al. 2000

Dienstleistungen

- Bruhn, M.: Meffert, H.: Dienstleistungsmarketing, Wiesbaden 1995
- Meyer, A.: Dienstleistungsmarketing, München 1994
- Pepels, W.: Einführung in das Dienstleistungsmarketing, München 1995

Wissensmanagement

- Anderson, J.R.: Kognitive Psychologie, 2. Aufl., Heidelberg 1996
- Baddeley, A.: So denkt der Mensch: Unser Gedächtnis und wie es funktioniert, München 1986

- Davenport, Th./H./Prusak, L.: Wenn Ihr Unternehmen wüsste, was es alles weiß, Landsberg 1998 (praxisnahes Buch mit vielen Beispielen; interessant ist das Übertragen von Marktverhältnissen auf das Wissensmanagement)
- Herbst, D.: Wissensmanagement, Berlin 2000
- Kaplan, R. S./Norton, D. P.: Balanced Scorecard, Stuttgart 1997 (Klassiker für alle, die sich näher mit diesem neuen Instrument beschäftigen wollen.)
- North, K.: Wissensorientierte Unternehmensführung, Wiesbaden 1998 (viele konkrete Hinweise für die Gestaltung des Managementprozesses)
- Probst, G./Raub, S./Romhardt, K.: Wissen managen – Wie Unternehmen ihre wertvollste Ressource optimal nutzen, Frankfurt 1997 (Klassiker; sehr zu empfehlen)
- Stewart, T.A.: Der vierte Produktionsfaktor, München/Wien 1998 (Schwerpunkte des Buches sind das intellektuelle Kapital und seine Auswirkungen auf die Vermögenswerte des Unternehmens)
- Sveiby, K.E.: Wissenskapital - das unentdeckte Vermögen, Landsberg 1998 (sehr praxisnah, gut zu lesen)

Lernende Organisation

- Argyris, C.: Wissen in Aktion, Stuttgart 1997 (Geistiger Vater der Lernenden Organisation. Gute Tipps, wie sich Lernen im Unternehmen fördern lässt und wie sich Lernbarrieren überwinden lassen.)
- Senge, P.: Die fünfte Disziplin, Stuttgart 1997 (umfassende, systematische Betrachtung von Unternehmen. Obwohl der Begriff Wissen nur einige Mal auftaucht, vermittelt das Buch wichtige Anregungen bei der Beschäftigung mit dem Thema.)

Krisenkommunikation

- Jeschke, B.G.: Konfliktmanagement und Unternehmenserfolg, Wiesbaden 1993
- Kaufmann, S.: Gegendarstellung, Widerruf und Unterlassung in Presse, Fernsehen und Hörfunk, Beilage zum Medienspiegel, Jahrgang 22, Nr. 37 vom 7. September 1998 (kompakter Überblick über Chancen und Risiken der Auseinandersetzung mit Medien)
- Krystek, U.: Unternehmungskrisen, Wiesbaden 1987 (Krisen-Klassiker mit betriebswirtschaftlichem Blick; Krysteks Definition des Begriffes Krise hat Eingang in Wörterbücher gefunden)
- Kunczik, M./Heintzel, A./Zipfel, A.: Krisen-PR, Köln u.a. 1995 (empfehlenswerter Band mit Blick in die wissenschaftliche Literatur und Praktikerbücher sowie eine eigene Untersuchung mit Empfehlungen)
- Wiedemann, P.M.: Krisenmanagement und Krisenkommunikation. In: Uth, H.-J. (Hrsg.): Krisenmanagement bei Störfällen, Berlin u.a. 1994, S. 29-49 (nützliche Hinweise und Checklisten eines Krisenerfahrenen, die sich vor allem auf industrielle Störfälle beziehen)
- Wiedemann, P.M.: Krisenkommunikation, Eschborn 1993

Medientraining

- Kriebel, W.-H.: Das 5-Ebenen-Modell, Remagen-Rolandseck 1993 (viele hilfreiche Tipps für eine überzeugende Gesprächsführung in Konflikten und Krisen)
- Kriebel, W.-H.: Crashkurs Medienauftritt, Wien/Frankfurt 2000
- Wachtel, S.: Überzeugen vor Mikrofon und Kamera, Frankfurt/New York 1999

Texten

- Gassdorf, D.: Das Zeug zum Schreiben, Frankfurt am Main 1996 (Stilblüten zum Schmunzeln und Übungen zum Bessermachen. Das Buch hält, was der Titel verspricht: eine sehr praxisnahe Stilkunde mit vielen aktuellen Beispielen und Übungen)
- Schneider, W.: Deutsch für Kenner, Hamburg 1996
- Schneider, W.: Deutsch für Profis, München 1999
- Schneider, W.: Wörter machen Leute, München 2000

Bilderwelten

- Gaede, W.: Vom Wort zum Bild, München 1992 (Kreativ-Methoden der Visualisierung)
- Kroeber-Riel, W./Esch, F.-R.: Strategie und Technik der Werbung, 5. Auflage, Stuttgart 2000 (Klassiker der Positionierungslehre)
- Kroeber-Riel, W./Weinberg, P.: Konsumentenverhalten, München 1999 (umfassendes Werk)
- Kroeber-Riel, W.: Bildkommunikation, München 1995 (Grundlagenwerk. Ein Muss für Einsteiger)
- Paivio, A.: Imagery and Verbal Processes, New York u.a. 1971 (Grundlagenwerk zur Bildwirkung)
- Ruge, H.-D.: Die Messung bildhafter Konsumerlebnisse, Heidelberg 1988

Internet und Multimedia

- Bins, E.K./Piwinger, B.A.: Newsgroups, Bonn u.a. 1997 (Standardwerk für Newsgroups. Sehr empfehlenswert)
- Bremer, C./Fechter, M. (Hrsg): Die virtuelle Konferenz, Essen 1999 (verständlicher und anwendungsorientierter Leitfaden für den Dialog mit Bezugsgruppen)
- Döring, N.: Sozialpsychologie des Internet, Göttingen 1999 (umfangreiches, wissenschaftliches Buch über soziale Beziehungen im Internet. Sehr interessant!)
- Friedlaender, F.: Online-Medien als neues Instrument der Öffentlichkeitsarbeit, Hamburg 1999 (Dissertation zum Thema mit eigener empirischer Untersuchung der Nutzung des Internet in der PR)
- Herbst, D.: Internet-PR, Berlin 2001
- Herbst, D.: E-Branding – starke Marken im Netz, Berlin 2002
- Hooffacker, G.: Online-Journalismus, München 2001
- Holtz, S.: Public Relations on the Net, New York 1999
- Matejcek, K.: Newsletter und Mailinglisten, Wien/Frankfurt 2000 (gute Einführung, sehr praxisnah, viele Tipps)

- Meier, K. (Hrsg): Internet-Journalismus, 2. überarbeitete und erweiterte Auflage, Konstanz 1999 (Anschaulich geschriebenes, praxisnahes Buch für Journalisten. Es ist aber genau so gut für PR-Profis geeignet.)

Gestaltung von Websites

- Lynch, P.J./Hortin, S./Rosdale, R.M.: Erfolgreiches Web-Design, 1999 (Übersetzung des Klassikers ‚Web Style Guide', sehr gutes Taschenbuch)
- Siegel, D.: Das Geheimnis erfolgreicher Web Sites, Haar 1998 (Klassiker)
- Babiak, U.: Effektive Suche im Internet, Köln 1999 (viele wertvolle Tipps, wie Sie gezielt Informationen im Internet finden)

Rechtsfragen im Internet

- Ricke, S.: Ratgeber Online-Recht, Planegg 1998 (guter Ratgeber, der zum Beispiel Themen aufgreift wie die Wahl eines Domain-Namens und eines Providers, Datenschutz und E-Commerce)
- Strömer, T.H.: Online-Recht, Heidelberg 2000 (viele Tipps und Tricks; im Anhang befinden sich wichtige Entscheidungen deutscher Gerichte; auch für einen tieferen Einstieg in das Thema geeignet)

Interaktive Medien und Multimedia

- Fink, D.: Marketing-Management mit Multimedia, Wiesbaden 1997 (viele gute Beiträge)
- Krzeminski, M./Zerfaß, A. (Hrsg.): Interaktive Unternehmenskommunikation, Frankfurt am Main 1998 (sehr empfehlenswerter Sammelband zu unterschiedlichen Aspekten des Themas, mehrere Beiträge speziell zur PR im Internet)
- Levinson, J.C./Rubin, C.: Guerilla Marketing Online, München 1995 (Nicht mehr ganz aktuelles, aber dennoch interessantes Taschenbuch. Offen bleibt nur, wie sich der Titel „Guerilla" rechtfertigt.)
- Silberer, G. (Hrsg.): Interaktive Werbung, Stuttgart 1997 (gute Einführung in die interaktive Kommunikation)

Event

- Flume, P./Hirschfeld, K./Hoffmann, C.: Unternehmenstheater in der Praxis, Wiesbaden 2001 (Schwerpunkt liegt auf der Unterstützung von Veränderungsprozessen durch Theater)
- Schäfer, S.: Event-Marketing, Berlin 2002 (solider Leitfaden zum Thema)
- Nickel, O.: Event-Marketing, München 1998 (sehr gut theoretisch fundiertes und anwendungsbezogenes Buch; sehr zu empfehlen)

Verschiedenes

- Hanstein, C.: Geschäftspartner PR-Agentur, Essen 2002 (Handbuch mit vielen praktischen Tipps für die Zusammenarbeit mit Agenturen)
- Kim, A.J.: Community Building, Bonn 2001 (Gelungene Einführung in das Thema, das ausgezeichnet auf Netzwerke übertragen werden kann. Themen wie die Leitbildentwicklung werden ausführlich behandelt. Leider fehlen Verweise auf weiterführende Literatur.)

Kreativitätstechnik

- Pricken, M.: Kribbeln im Kopf, Mainz 2001

Projektmanagement

- Birker, K.: Projektmanagement, Berlin 1995
- Daenzer, W. (Hrsg): Systems Engineering, Zürich 1992
- Madauss, B.J.: Projektmanagement, Stuttgart 1984

Moderation und Präsentation

- Haynes, M.E.: Konferenzen erfolgreich gestalten, Wien 1991
- Klebert, K./Schrader, E./Straub, W.G.: KurzModeration, Hamburg 1998 (Anwendung der ModerationsMethode in Betrieb, Schule und Hochschule, Kirche und Politik, Sozialbereich und Familie bei Besprechungen und Präsentationen)
- Klebert, K./Schrader, E./Straub, W.G.: ModerationsMethode, Hamburg 2002 (Gestaltung der Meinungsbildung und Willensbildung in Gruppen, die miteinander lernen und leben, arbeiten und spielen)

Stichwortverzeichnis

Quellenverzeichnis

- Seite 48, Abb. 2.11:
  Zühlsdorf, A.: Gesellschaftsorientierte Public Relations, Wiesbaden 2002
- Seite 52, Abb. 2.12 u. 2.13:
  Kroeber-Riel, W.: Bildkommunikation, München 1995
- Seite 55, Abb. 2.15:
  Linxweiler R.: Marken-Design, Wiesbaden 1999
- Seite 67, Abb. 2.21:
  Esch, F.-R.: Strategie und Technik der Markenführung, München 2002
- Seite 101, Abb. 2.40:
  Meffert, H./Burmann, Chr./Koers, M. (Hrsg.): Markenmanagement, Grundfragen der identitätsorientierten Markenführung, Wiesbaden 2002
- Seite 150, Abb. 4.7:
  Meffert, H.: Marketing, 9. Auflage, Wiesbaden 2000
- Seite 153, Abb. 4.11:
  Pickert, M.: Konzeption der Werbung, Heidelberg 1994
- Seite 335, Abb. 12.1; Seite 336, Abb. 12.2:
  Wiedemann, P.: Krisenkommunikation, Eschborn 1993
- Seite 337, Abb. 12.3:
  Hahn, D./Taylor, B.: Strategische Unternehmensplanung, 8. Auflage, Heidelberg 1999
- Seite 503 bis 505: Fragebogen persönliches Mitarbeiterinterview:
  Kiessling, W..F./Spannhagl, P.: Corporate Identity, Augsburg 1996
- Seite 594 bis 497:
  Fragen zur Agenturauswahl
  Müller, B./Kreis-Muzzolini, A.: Public Relations für Kommunikations-, Marketing- und Werbprofis, Frauenfeld 2002

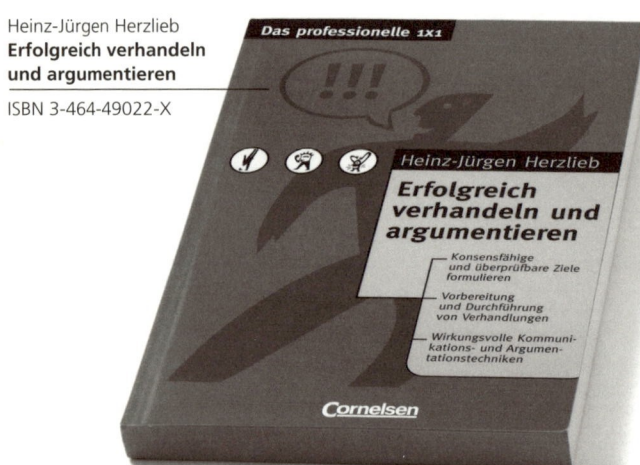